主　编　袁行霈　陈进玉

本卷主编

李联盟

中国地域文化通览

内蒙古卷

中华书局

图书在版编目(CIP)数据

中国地域文化通览.内蒙古卷/袁行霈,陈进玉主编;李联盟本卷主编.—北京:中华书局,2013.2
ISBN 978 - 7 - 101 - 08905 - 9

Ⅰ.中…　Ⅱ.①袁…②陈…③李…　Ⅲ.文化史 – 内蒙古
Ⅳ.K203

中国版本图书馆 CIP 数据核字(2012)第 213426 号

题　签　袁行霈
篆　刻　刘绍刚

书　名　中国地域文化通览·内蒙古卷
主　编　袁行霈　陈进玉
本卷主编　李联盟
责任编辑　贾元苏　许旭虹
美术编辑　毛　淳　许丽娟
出版发行　中华书局
　　　　　(北京市丰台区太平桥西里 38 号　100073)
　　　　　http://www.zhbc.com.cn
　　　　　E-mail:zhbc@ zhbc.com.cn
印　刷　北京瑞古冠中印刷厂
版　次　2013 年 2 月北京第 1 版
　　　　　2013 年 2 月北京第 1 次印刷
规　格　开本/700 × 1000 毫米　1/16
　　　　　印张 32¾　插页 10　字数 480 千字
国际书号　ISBN 978 - 7 - 101 - 08905 - 9
定　价　148.00 元

《中国地域文化通览》组委会、编委会

组织工作委员会

主　任：陈进玉　袁行霈

副主任：陈鹤良

委　员：（以姓氏笔画为序）

丁绍祥　于来山　王　君　王立安　王宪魁　王晓东

王祥喜　孔玉芳　石憘巍　布小林　卢美松　尼玛次仁

多　托　刘　智　阳盛海　杨继国　李　康　李少恒

李明远　李联军　李福春　肖志恒　吴　刚　邱江辉

何天谷　宋彦忱　沈祖炜　张　庆　张正锋　张作哈

张杰辉　张建民　张建华　张建国　张俊芳　张炳学

张晓宁　陈　桦　林　声　范晓军　周　义　郑继伟

屈冬玉　赵　雯　赵安东　胡安平　柳盛权　咸　辉

娄勤俭　贾帕尔·阿比布拉　　　顾　久　徐振宏

曹　萍　曹卫星　韩先聪　程　红　谢　茹　谢庆生

詹文宏　谭　力　滕卫平　魏新民

编撰工作委员会

主　　编：袁行霈　陈进玉

执行副主编：陈鹤良　陈祖武

副　主　编：（以姓氏笔画为序）

王　尧　王　蒙　方立天　白少帆　杨天石　陈高华

赵仁珪　程大利　程毅中　傅璇琮　樊锦诗　薛永年

《中国地域文化通览·内蒙古卷》组委会、编委会

组织工作委员会

主　任：布小林

副主任：张建华　李联盟

委　员：（以姓氏笔画为序）

马庆生　王志诚　孔令勋　邢　野　百　岁　杨茂盛　杨泽荣

吴团英　张　津　阿迪雅

编撰工作委员会

主　　编：李联盟

执行副主编：邢　野

副　主　编：马庆生

编　　委：（以姓氏笔画为序）

苑灯明　赵国春　席仲玉　耿为民　高金来　郭东昉

编撰办公室

主　　任：马庆生

工作人员：（以姓氏笔画为序）

李鲁一　周绍慧

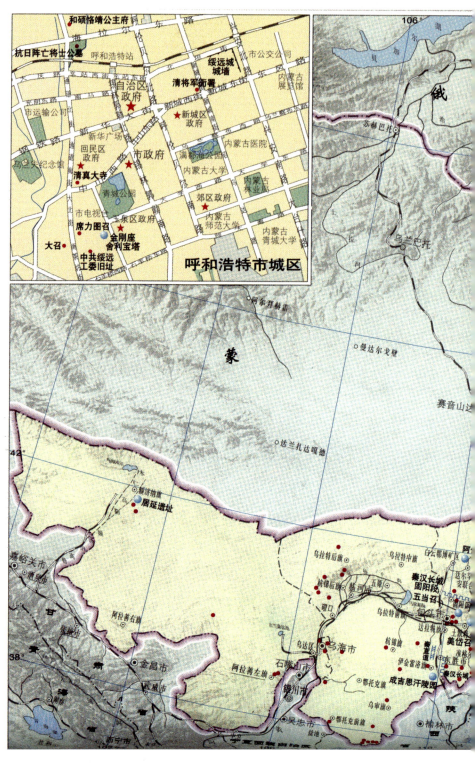

呼和浩特市城区

和硕恪靖公主府
抗日阵亡将士公墓
呼和浩特站
市公交公司
绥远城城墙
清将军衙署
自治区政府
内蒙古展览馆
京藏高速西北路
新城区政府
市运输公司
新华广场
回民区政府
市政府
满都海公园
内蒙古医院
内蒙古大学
内蒙古林业厅
清真大寺
青城公园
郊区政府
内蒙古师范大学
市电视台
玉泉区政府
内蒙古青城大学
席力图召
金刚座舍利宝塔
大召
中共绥远工委旧址

俄
苏赫巴托
希
乌兰巴托
杭

蒙
阿尔拜赫雷
曼达尔戈壁
赛音山达

42°
额济纳旗
居延遗址
达兰扎嘎德

嘉峪关市
酒泉市
甘
张掖市
阿拉善右旗
乌拉特后旗
乌拉特中旗
白云鄂博矿区
阿
秦汉长城固阳段
五当召
杭锦后旗
临河区
五原
磴口
乌拉特前旗
包头市
达茂旗
美岱召
秦汉长城
东胜市
杭锦旗
土默特旗
金昌市
阿拉善左旗
乌达区
乌海市
石嘴山市
伊金霍洛旗
成吉思汗陵园
38°
武威市
锦州市
乌审旗
鄂托克旗
陕
吴忠市
鄂托克前旗
榆林市
四
宁

址分布图

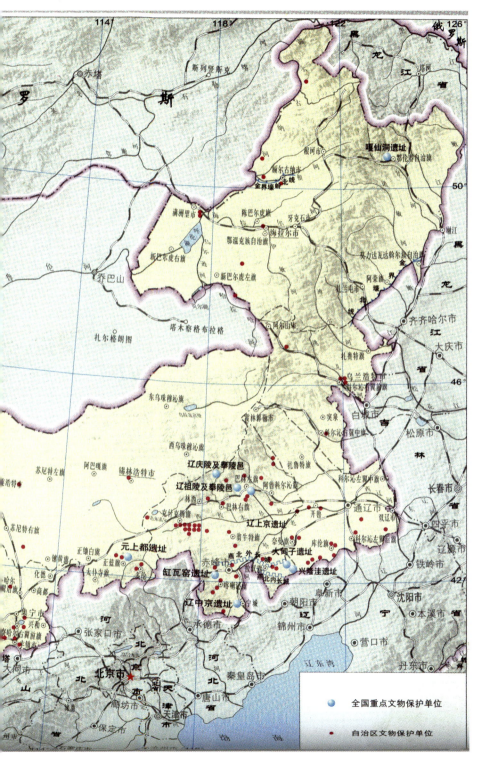

全国重点文物保护单位

自治区文物保护单位

呼和浩特大窑文化遗址　图为大窑四道沟剖面，是地质学更新世早期、中期和晚期的地貌，同时反映出考古学旧石器时代早、中、晚期文化叠压关系，被称为"无字天书"。　孔群摄

红山文化居落遗址复原图　张向东提供资料

百眼窑遗址　位于鄂尔多斯市西北部，始建于北魏，高80米，长300米，共有65个石窟，窟内绘有西夏、元朝的佛教经变图、出行礼佛图等百余幅，被称为"内蒙古的敦煌"。　孔群摄

万部华严经塔（白塔）　位于呼和浩特市东郊，建于辽代。　孔群摄

元上都遗址之大安阁宫殿遗址　大安阁系皇帝举行重大典礼的场所，位于锡林郭勒盟正蓝旗境内。　孔群摄

成吉思汗陵　系后人为纪念成吉思汗而造，位于鄂尔多斯市伊金霍洛旗境内。　孔群摄

大召寺　又称无量寺，位于呼和浩特市城区。　李原摄

五当召　位于包头市东郊，建于清代。　孔群摄

红山文化玉猪龙
赤峰市巴林右旗那斯台出土

红山文化黄玉龙
赤峰市翁牛特旗广德公黄谷屯出土

红山文化双耳双口红陶罐
赤峰市翁牛特旗大南沟出土

夏家店下层文化灰陶爵
赤峰市敖汗旗大甸子遗址出土

战国匈奴鹰形金冠　鄂尔多斯市杭锦旗阿鲁柴登出土，通高7.1厘米，重192克。　现藏内蒙古博物馆

北朝金龙　乌兰察布市达尔罕茂明安旗征集。长128厘米，龙身由金丝编成，环环相扣，盘曲自如，金龙衔环构成一个闭合圈，作为项链使用。龙身上有七件附加装饰。

鄂尔多斯式青铜器骑驼纹柄铜镜

辽三彩摩羯壶

元青花缠枝牡丹瓷罐
包头市郊区燕家梁征集

呼和浩特市和林格尔汉墓壁画

昭君出塞图　明代仇英绘

呼和浩特市大召壁画

包头市美岱召壁画

蒙古族套马人　孔群摄

在锡林郭勒草原上举办的那达慕大会　孔群摄

总绪论

袁行霈

　　早在《尚书·禹贡》和《山海经》中已有关于中国地域的描述，包括九州的划分，各地的土地、山川、动物、植物、农产、矿产，还记载了一些神话，这两部书可以视为地域文化的发轫之作。此后出现了许多地理书籍，其中以东汉班固的《汉书·地理志》和北魏郦道元的《水经注》影响最为深远。前者记载了西汉的区划、户口、物产、风俗等，后者通过对《水经》的注解，记录了许多河流及沿岸的风物，保存了丰富的地理和人文信息。

　　本书对中国地域文化的研究，重视古代的传统，但就观念、方法、论述的范围、传世文献和考古资料的运用诸方面而言，都跟古代的舆地之学有很大区别。本书注重中国文化的空间分布和地域差异，将历时性的考察置于地域之中，而重点在于各地文化的特点和亮点，以及各地文化资源的开发利用。

　　近二十年来国内学术界出现了不少新的学术生长点和热点，地域研究便是其中之一。本书仅从"地域"这个特定的角度切入，至于中国文化的一般问题则不在本书探讨的范围之内。本书限于传统文化的范围，然而希望以古鉴今，面向未来，有助于当前和今后的文化建设。

第一节　多源同归与多元互补

中国文化的多个发源地　多源同归　以汉族为主体的各民族文化
多元互补

中国文化明显地呈现出地域的差异，这些差异乃是统一的中国内部的地域差异[①]，是中国文化多样性的表现。

中国文化具有多个发源地：

黄河流域。黄河发源于青海巴颜喀拉山脉西端卡日扎穷山的北麓，其干流流经四川、甘肃、宁夏、内蒙古、陕西、山西、河南、山东，全长 5464 公里，流域面积 75.24 万平方公里[②]。黄河有众多的支流，这些支流为中华民族的先民提供了优越的生存环境，特别重要的有渭河、汾河、伊洛河、湟水、无定河，在这些支流的两侧分布着数量众多的古文化遗址，例如黄河上游的马家窑文化，黄河中游的仰韶文化—中原龙山文化，黄河下游的大汶口—龙山文化，证明黄河是中国文化最重要的发祥地[③]。标志着中国文化肇始的夏代[④]，文化已相当发达的商代和周代，这三个王朝的疆域均位于黄河流域，可见黄河在中国文化史上的重要地位。

长江流域。长江发源于青海唐古拉山脉最高峰各拉丹东峰的西南麓，其干流流经四川、西藏、云南、重庆、湖北、湖南、江西、安徽、江苏、上海，全长 6397 余公里，流域面积达 180.85 万平方公里[⑤]。其间分布着许许多多古文化遗址。20 世纪以来新的考古资料证明，长江上游的三星堆文化，长江中游的屈家岭文化，长江下游的河姆渡文化和良渚文化，在陶器、青铜器、玉器的制作，以及城市的建筑等方面都已达到相当发达的程度[⑥]。老子、庄子、屈原的出现，以及近年来在湖北、湖南出土的大量秦汉简帛和其他文物，证明了当时的楚文化已达到可以与黄河流域的文化并驾齐驱的辉煌程度。毫无疑问，长江跟黄河一样，是中国文化的摇篮。

此外，辽河流域文化、珠江流域文化，都可以追溯到很早，而且特点鲜明，对中国文化的发展起了重要的作用，这两大流域也应视为中国文化的发祥地。

总之，黄河、长江是中国文化的主要发祥地，在历史长河中，又广泛地吸取了其他地区的文化因素，逐渐交融，深度汇合，就像"江汉朝宗于海"一样，随着中国大一统局面的建立、巩固和发展，发源于不同地区的文化先后汇为中国文化的大海，我们称之为多源同归⑦。

中国文化又是多元互补的文化，以汉族为主体，自周、秦到明、清，在各个历史阶段随着民族间的交往、融合，吸取了少数民族的文化因素，56个民族共同创造出中华民族灿烂辉煌的文化。中国的疆域是各族共同开拓的，少数民族对东北、北部、西北、西南边疆的开发做出了重要的贡献⑧。

汉族的先民主要生活在黄河中下游地区，一般说来仰韶文化和龙山文化是汉族先民的文化遗存。传说黄帝之后的尧禅让于舜，舜或出自东夷⑨；舜禅让于禹，禹或出自西羌⑩，这表明了上古时期民族融合的趋势。汉朝以后，"汉"遂成为民族的名称，汉族的文化也成为中华民族文化的主体。

汉族在发展过程中，吸取了各少数民族的文化成分以丰富自己。赵武灵王推行胡服骑射，唐代吸取今新疆一带少数民族的音乐歌舞，都是很好的例证。中国古代的政治家、作家、书法家、画家中，出身少数民族的可以举出不少。例如唐代的宰相长孙无忌其先出自鲜卑拓跋部，元代著名作家萨都剌是回回人，元代著名书法家康里巎巎是色目康里部人，清代的著名词人纳兰成德是满族人，他们为中国文化的发展做出了重要贡献。另一方面汉族又对各少数民族文化产生重大的影响，有的少数民族入主中原时托黄帝以明正朔，如鲜卑拓跋部建立北魏，自称是黄帝之子昌意之后⑪。北魏孝文帝推行的改革，促进了鲜卑人与汉人的融合⑫。一些曾经入主中原的少数民族，如蒙古人在很大的程度上自觉学习汉人的文化。元朝至元四年（1267）正月，世祖下令修建曲阜孔庙，五月又在上都（今属内蒙古自治区）新建孔子庙⑬。元朝开国功臣耶律楚材，为保存汉族典章制度与农耕文化做出卓越的贡献⑭。满人入主中原前，努尔哈赤、皇太极在政权建设、社会发展等方面就已注意吸收汉文化，学习儒家典籍⑮，入关以后对汉族文化的吸取就更多、更自觉了，《全唐诗》和《四库全书》的编纂就是最好的证明。

各民族的文化互补，是中华文化不断发展的重要动力，也是形成中华民族凝聚力的重要因素。例如，内蒙古等北方草原的游牧文化雄浑粗犷，与汉族的农耕文化可以互补⑯。新疆各族的文化，以及新疆在丝绸之路上对中外文化交流所起的作用十分重要。藏传佛教影响广泛，藏族文化丰富多彩，在中华民族文化中的地位值得充分重视。壮族在少数民族中人数最多，其文化品格和文化成就同样值得充分重视。

总之，各地的文化交融，以及汉族与少数民族的文化交融，使中国文化既具有多样性又具有统一性。多元互补，乃是中国文化的一大特点，也是中国文化进一步发展繁荣的坚实基础。

第二节　文化中心的形成与转移

地域文化发展的不平衡　中心形成与转移的若干条件：经济的水平　社会的安定　教育、藏书与科技　文化贤哲的引领作用

某一地区在某一时期内文化发展较快，甚至居于中心地位，对全国起着辐射作用。而在另一时期，则发展迟缓，其中心地位被其他地区所取代。地域文化发展的不平衡，文化中心的转移，是常见的现象。下面举例加以说明：

陕西西安及其附近本是周、秦、汉、唐的政治文化中心，这几个统一王朝的辉煌，在不胜枚举的文化遗址和出土文物中都得到证实，周原出土的青铜器，秦始皇陵的兵马俑，众多的汉家陵阙和唐代宫阙、墓葬遗址，都是中国的骄傲。包括正史在内的各种文献资料，如诗歌、文章、书法、绘画，也都向世人诉说着曾经有过的辉煌。司马迁、班固等则是这片土地哺育出的文化巨人。但到了元代以后，特别是明清以来，这里的文化已经难以延续昔日的光彩。

河南原是商代都城所在，殷墟出土的甲骨文，证明了那时文化的兴盛。东周、东汉、曹魏、西晋等朝定都洛阳，河南成为全国文化的中心。到了唐代，河南则是文学家集中涌现的地方，唐代著名诗人几乎一半出自河南，杜甫、韩愈、岑参、元稹、李贺、李商隐等人，为唐诗的繁荣发展做出了重大贡献。北宋定都开封，更巩固了其文化中心的地位，张择端的《清明上河图》反映了汴梁的繁华。但在南宋以后，河南的文化中心地位显然转移了。

由上述陕西与河南的变化，可以看出政治中心与文化中心之间的关系。政治中心的迁移，特别是那些维持时间较长的政治中心的迁移，往往造成文化中心的迁移。

山东在先秦是中国文化的中心。曲阜是孔子的故乡，邹城是孟子的故乡，对中国文化影响至深至巨的儒家即植根于此。虽然经过秦始皇焚书坑儒，山东在两汉仍然是儒家思想文化的中心之一，伏生、郑玄这两位经学家都是山东人。但魏晋以后，山东的文化影响力逐渐衰落，儒学的中心也逐渐转移到别的地方。唐代高倡儒学复兴建立儒家道统的韩愈，北宋五位著名的理学家周敦颐、张载、邵雍、程颢、程颐，南宋将理学推向高峰的朱熹、心学家陆九渊，以及明代的心学家王阳明，均非出自山东。

北京一带在春秋战国时期是燕国都城所在，汉唐时称幽州，是边防重镇，与陕西、河南相比，文化显然落后。后来成为辽、金、元、明、清的首都，马可波罗记载元大都之繁华，令人赞叹。元杂剧前期便是以元大都为中心的，元杂剧的杰出代表关汉卿、王实甫，以及其他著名剧作家马致远、杨显之、纪君祥、秦简夫都是大都人。明清两代建都北京，美轮美奂的紫禁城、天坛、圆明园、颐和园，标志着中国古代建筑的辉煌成就。朝廷通过科举、授官等途径，一方面吸纳各地人才进京，另一方面又促使精英文化向全国各地辐射，北京毫无争议地成为全国文化的中心。

上海原是一个渔村，元代开始建城，到了近代才得到迅猛的发展，19世纪中叶已经成为国际和国内贸易的中心，随后又一跃而成为现代国际大都会。各种新兴的文化门类和文化产业日新月异地建立起来，并带动了全国文化的发展。

广东文化的发达程度原来远不及黄河与长江流域其他地方，但到了唐代，广州已成为一个大都会，到了近代，广东在思想文化方面呈现明显的优势，黄遵宪、康有为、梁启超、孙中山等人都出自广东。

文化中心形成和转移的原因十分复杂，需要从多方面探讨。

首先，是由经济发展的水平所决定的。

经济的发达虽然不一定直接带来文化的繁荣，但经济发达的地区文化水平往往比较高。最突出的例证便是江苏和浙江。这两个地区在南朝已经开发，宋代以后以太湖为中心的地区，乃至浙江东部的宁波、绍兴，成为重要的粮食产区。到明清两代，随着精耕细作的农业技术广泛应用，粮食产量大幅增加。在松江、太仓、嘉定、嘉兴等地，棉花耕种面积扩大，棉纺织业迅速发展；植桑养蚕缫丝成为新兴的副业，湖州成为丝织品最发达的地区[17]。农副业的发展带动了商业和市镇的繁荣，以及新兴市民的壮大。经济的发展与经济中新因素的成长，促成了江苏和浙江文化的繁荣，以及文化中新气象的出现。明代王阳明后学中的泰州学派开启了早期启蒙思想的潮流，明末以"公""正"为诉求的东林党具有代表江南地区士人和民众利益的倾向，其领袖顾宪成、高攀龙都是江苏无锡人。明中叶文人结社之风颇盛，如翟纯仁等人在苏州的拂水山房社，汪道昆、屠隆等人在杭州的西泠社，以及张溥在常熟、南京的复社，都在政治文化领域开启了新的风气，社会影响很大。至于文学方面，明清两代江苏和浙江文风之盛更是人所熟知的。著名的文人，明代有文徵明、徐渭、冯梦龙、施耐庵、吴承恩，清代有钱谦益、顾炎武、朱彝尊、沈德潜、郑燮、袁枚、龚自珍、李渔、洪昇等。江浙也是明清以来出状元最多的地方。

然而，文化的发展与经济的发展不一定同步，文化的发展除了受经济的制约外，还有其自身的规律。例如，在清代，晋商特别活跃，金融业发展迅猛。但是在这期间山西文化的发展却相对迟缓，如果与唐代的辉煌相比，已大为逊色。又如，北宋时期，关中的经济已经远不如唐代，但张载却在这里教授生徒，传播儒学，"为关中士人宗师"[18]，关中成为儒学的中心之一。

其次，与社会稳定的程度有很大关系。

东汉首都洛阳，经过一百六十多年的经营，是当时的文化中心。中平六年（189），东汉灵帝病死，并州牧董卓借机率军进入洛阳，废黜少帝刘辩，立九岁的陈留王刘协为帝，是为汉献帝。献帝初平元年（190），在东方诸侯的军事压力下，董卓迁天子于西都。迁都之时，图书文献遭到了极大破坏[19]，东汉王朝在首都积累的文化成果毁于一旦[20]。

南朝齐梁二代文学本来相当繁荣，分别以齐竟陵王萧子良、梁武帝萧衍和昭明太子萧统、梁简文帝萧纲为首的三个文学集团，对文化的发展起了很大的推动作用。齐永明年间周颙发现汉语有平上去入四种声调，"竟陵八友"中的沈约等人根据四声以及双声叠韵，研究诗句中声、韵、调的配合，创制了"永明体"，进而为近体诗的建立打下基础。成书于齐代末年的刘勰所著《文心雕龙》则是中国文学批评史上最系统的著作。由于萧衍、萧统、萧纲父子召聚文学之士，创作诗歌，研究学术，遂使建康成为文化中心。萧统所编《文选》影响尤为深远。可是经过侯景之乱，建康沦陷，士人凋零，江左承平五十年所带来的文化繁荣局面遂亦消失[21]。

与此类似的还有唐朝末年中原一带的战乱对文化的破坏。唐代的首都长安是当时最大的国际都会，居住着许多外国的留学生、商贾、艺术家。在宗教方面，除了道教和佛教，祆教、景教和摩尼教也都得以传播，长安显然是当时的文化中心。到了五代，长安的文化中心地位消失了，而四川因为相对安定，士人们相携入蜀，文化也随之发达起来，俨然成为一个新的文化中心。后蜀主孟昶时镌刻石经[22]，后蜀宰相毋昭裔在成都刻印《九经》《文选》《初学记》《白氏六帖》，对四川文化的发展影响很大[23]。尤其值得注意的是词的繁荣，后蜀赵崇祚所编《花间集》，选录18家"诗客曲子词"，凡500首，其中14位作者皆仕于蜀。《花间集》是最早的文人词总集，奠定了以后词体发展的基础[24]。

我们也要看到，社会变革期往往伴随着社会的不稳定，以及各种思想和主张的激荡，这反而会促进文化的发展，并形成若干文化的中心，如在春秋战国时期，鲁国是儒家的中心，楚国是道家的中心。这从另一个方面提醒我们文化发展的复杂性。

复次，文化中心的形成与教育水平、藏书状况、科技推动有很大关系。

书院较多的地区，私人讲学之风兴盛的地区，蒙学发达的地区，往往也成为文化中心，突出的例子是明代的江西、浙江。据统计，明代江西有书院 51 所，浙江有书院 36 所，这些地方也就成为文化中心[25]。

文化的发达离不开书籍，书籍印刷和图书收藏较多的地区，往往会形成文化中心。例如四川成都是雕版印刷最早流行的地区之一，唐代大中年间已有雕版书籍和书肆[26]。唐末成都印书铺有西川过家、龙池坊卞家等[27]。此后，一直到五代、宋代，成都都是印刷业的中心之一，这对成都文化的发展起了重要作用。又如浙江、福建也是印刷业的中心，到了五代、宋，达到繁盛的地步。这两个地区在宋代人才辈出，显然与此有关。明清两代私家藏书以江浙一带为最盛，诸如范钦天一阁、毛晋汲古阁、黄虞稷千顷堂、钱谦益绛云楼、徐乾学传是楼、朱彝尊曝书亭、瞿绍基铁琴铜剑楼、陆心源皕宋楼、丁丙八千卷楼都在江浙，这对明清时期江浙文化的发展无疑起了巨大作用。

科技带动地域文化发展的例子，可以举李冰父子在四川修建都江堰为例。这项工程创造性地运用了治水的技术，将蜀地造就为"天府之国"，文化也随之发达起来[28]。

最后，要提到文化贤哲或学术大师的引领作用。

山东曲阜一带，如果没有孔子就难以形成文化中心，这是显而易见的。北宋思想家邵雍之于洛中，也是一个显著的例子，《宋史·邵雍传》曰："人无贵贱少长，一接以诚，故贤者悦其德，不贤者服其化。一时洛中人才特盛，而忠厚之风闻天下。"[29]南宋思想家朱熹长期在福建、江西讲学，"诸生之自远而至者，豆饭藜羹，率与之共"[30]。此外，宗教史上如慧能之于广东；思想史上如王阳明之于贵州，王艮之于泰州，都有重大的影响。文学史上也是如此，黄庭坚之于江西，杨慎之于云南，也都有重大影响。明代吴中出现了文徵明等一批兼通诗文、书画的著名文人，形成文化中心[31]。

第三节　地域文化的差异、交流与融合

南北之间的差异　东西之间的差异　沿海与内地之间的差异　文化
交流融合的途径：移民、交通与商贸、科举与仕宦

　　《诗经》与《楚辞》代表了先秦北方与南方两种不同的文化风格，
《诗经》质朴淳厚，《楚辞》浪漫热烈。关于先秦南北思想文化的差异，
王国维的论述具有启发性："我国春秋以前，道德政治上之思想，可分之
为二派：……前者大成于孔子、墨子，而后者大成于老子。故前者北方
派，后者南方派也。"㉜关于南北朝文风的差异，《隋书·文学传序》已
经给我们重要的提示："江左宫商发越，贵于清绮；河朔词义贞刚，重乎
气质。"㉝这种差异在南朝民歌和北朝民歌之间表现得十分清楚。唐代禅
宗有"北渐"、"南顿"二派。中唐时期第一批学习民间词的作家，他们
的作品往往有一种南方的情调。晚唐五代，词的两个中心都在南方。宋
代理学的四个主要学派：以周敦颐为首的濂学，以程颢、程颐为首的洛
学，以张载为首的关学，以朱熹为首的闽学，都带有地域性。在元代盛
行的戏曲，无论就音乐而论还是就文学风格而论，都显然存在着地域的
差异。四折一楔子的杂剧是在北方兴起的一种文艺形式，杂剧创作与演
出的中心在大都。稍晚，南方有一新的剧种兴盛起来，这就是南戏。它
在两宋之际产生于浙江温州一带，先流传到杭州，并在这里发展为成熟
的戏曲艺术，至元末大为兴盛。由宋元南戏发展出来的明代传奇，有所
谓四大腔：海盐腔、余姚腔、弋阳腔、昆山腔，都是南方的唱腔。由苏
州地区兴起的昆曲，在明末清初达到成熟阶段，成为全国最大的剧种。
清中叶至鸦片战争前后，形成五大声腔，除原有的昆腔外，还有高腔（由
弋阳腔演变而成，湘剧、川剧、赣剧、潮剧中都有此腔）、梆子腔（即秦
腔，源于陕西和山西交界处，流行于北方各地）、弦索腔（源于河南、山
东）、皮黄腔（西皮、二黄的合流，西皮是秦腔传入湖北后与当地民间曲
调结合而成，二黄是由吹腔、高拨子在徽班中演变而成），这些声腔都具
有明显的地方特色。乾隆年间四大徽班入京，与来自湖北的汉调艺人合
作，同时吸收昆曲、秦腔的因素，又部分地吸取京白，遂孕育出风靡全

国的京剧㉞，这是地域文化交融的绝佳例证。

东北三省与关内相比，也有自己的特色：粗犷、雄健、富于开拓性。内蒙古的草原文化自然、粗犷，在狩猎、畜牧中形成的与马有关的种种文化很有特色。宁夏回族的宗教、建筑、瓷器等等，都具有独特的民族风情。

东西之间文化的差异首先表现为民族的差异，西部多有少数民族聚居，这些民族的文化各有自己的特色，为中华民族文化增添了亮丽的色彩。其质朴、自然的风格，其文化与大自然的融合，都令人向往。在歌曲和舞蹈方面，更是多姿多彩，显示出少数民族独特的天赋。一些大型的民族史诗，如藏族的《格萨尔王传》、蒙古族的《江格尔》、壮族的《布罗陀经诗》、柯尔克孜族的《玛纳斯》等；还有一些创世纪神话叙事诗，如彝族的《阿细的先基》、瑶族的《密洛陀》、侗族的《侗族祖先从哪里来》、苗族的《苗族史诗》、拉祜族的《牡帕密帕》、阿昌族的《遮帕麻与遮米麻》、哈尼族的《奥色密色》、佤族的《西冈里》等等㉟，都是非常珍贵的文化遗产。

沿海与内地的文化差异也值得注意。早在秦汉时期，齐地多方士，他们讲神仙方术、海外三山，徐福被秦始皇派遣，率领童男童女数千人出海求仙，是颇有象征性的事件。东南沿海与国外的交往较早，南朝、隋唐时期这一地区与印度洋的商旅往来已相当频繁。宋元时期，江苏、浙江、福建、广东都有对外口岸，经这一带出口的瓷器，远销南亚、西亚，直到东非。而明代以后成为中国重要粮食的玉米、马铃薯、番薯等美洲作物，以及在中国广泛种植的烟草，一般认为都是经由东南沿海传入的。明万历年间意大利的耶稣会传教士利玛窦首先到达澳门，再进入内地传教，同时带来西方的科学技术。近代以来，广州、上海、天津等对外口岸在中外文化交流中发挥了重要作用。和内地相比，沿海地区的文化更具开放性和创新性。

文化交流融合有几种途径。

首先是移民，特别是大规模的移民潮。西晋末年、唐末五代以及北宋末年，大批中原的汉族迁徙到江南，对江南经济、文化产生了巨大的作用，移民所带来的文化与当地原有的文化交流融合，使当地文化出现新的特色。闽西和广东梅州客家人聚族而居的土楼（围龙屋），成为当地文化的独特景观。河北、山东一带人民闯关东，推动了东北原住民文化的发展。清代初年"湖广填四川"，促进了西南文化的发展，巴渝会馆的发达，川剧的形成都与移民有关。广西的文化与来自外地的移民和文化名人如柳宗元有关。台湾的文化与闽、粤的移民有极其密切的关系，这表现在民间信仰、建筑风格、生活习惯等许多方面。明末清初是移民台湾的高潮。香港的文化与广东移民有密切的关系，考古发掘证明了香港、澳门与珠江下游地区古代居民之间的关系和交往㊳。

交通与商贸也是各地文化交流融合的重要渠道。汉代以后丝绸之路的开通，对于所经中国内地之间的文化往来，以及中国与中亚、南亚、西亚，乃至欧洲、北非的文化往来，所起的作用显而易见。仅就甘肃河西走廊而言，那是丝绸之路上十分繁忙的一段，在汉唐时的地位类似近代的珠江三角洲和长江三角洲。隋代开通了纵贯南北的大运河，对沟通南北经济、文化起到巨大的作用。唐朝的政治中心在长安，但其经济却在很大程度上依赖江南，运河就成为其经济命脉。沿着运河出现了诸如杭州、苏州、扬州等经济与文化的中心。至于长江航道在交通运输上的作用，及其在文化传播方面的作用更是明显。李白离开家乡四川，沿长江而下，在一生中几乎走遍大江上下，留下许多诗篇。长江沿岸的重庆、武汉、九江、南京、扬州之所以文化发达，得益于这条大江者实在不少。长江流域的洞庭湖与鄱阳湖，以及湖边的黄鹤楼、岳阳楼，还有长江支流赣江边上的滕王阁，成为凝聚着浓厚诗意的地方。明清时期，随着徽商、晋商、粤商、宁波帮等几个活跃的商帮的足迹，文化也得以交流、传播。

科举与仕宦是文化融合的另一条重要渠道。各地的举子进京赶考，考中的或留京任官，或外放任职，考不中的则返回家乡，大批的举子往来于京城和各地之间，成为传播文化的使者。清代钱塘人洪昇，在北京做了约二十年太学生，与京中名流王士禛、朱彝尊、赵执信等人互相唱和。康熙二十七年（1688），其《长生殿》在京城盛演，轰动一时。清代北京的宣南成为进京举子汇聚之地，举子的来来往往，形成文化凝聚与辐射的局面，造就了独特的宣南文化。官员的升迁和贬黜也是文化交流融合的渠道，最突出的例子便是韩愈和王阳明。韩愈贬官潮阳，给当时文化尚不发达的潮州带来了中原文化。王阳明贬官贵州龙场驿，创办龙冈书院，开创了贵州一代学风，他的"知行合一"学说便是在贵州提出来的。此外，李德裕、苏轼等人贬官海南，对当地的文化教育影响巨大。再如清代黑龙江、新疆有许多被流放的官员，其中不乏高级文化人士，他们对当地文化的发展起了重要作用。

第四节　研究地域文化的意义与本书的宗旨

保护地域文化的多样性　地域文化与区域经济·按行政区划分卷
文献考订与田野调查　与地方志的区别　学术性、现实性与可读性
的统一　本书的宗旨与体例

地域文化是按地域区分的中国文化的若干分支。研究地域文化，实际上就是研究文化的空间分布及其特征。研究中国文化如果忽视对其地域性的研究，就难以全面和深入。地域性是中国这个幅员辽阔的大国的特点，是中国文化丰富多彩的重要表现。热爱祖国不是空泛的，首先要热爱生于斯长于斯的家乡。如果对自己家乡的历史文化都不清楚，那么热爱祖国就会落空。有些地区的传统文化正在逐渐削弱甚至濒临消亡，亟待政府采取切实措施加以保护。在文化建设的过程中切忌抹杀地域的特点，避免千城一面、万村一形。如果不论走到哪里看到的是同一种建筑，听到的是同一种戏曲，品尝的是同一种口味，体验的是同一种民俗，既没有关西大汉的铜琶铁板，也没有江南水乡的晓风残月，我们的生活将多么单调，中国展现给世界的形象将多么苍白！在坚定维护国家政治上统一的同时，必须保护各地文化的多样性，保护地域文化的特点，尊重人民群众多种多样的文化需求。这可以视为中国文化发展的战略性举措。地域文化又是港、澳、台人民以及海外华侨、华人寻根的热点，弘扬传统的地域文化有助于祖国的和平统一。从全球的眼光看来，中国这样幅员广阔的大国，如果失去了文化多样性，必然会减弱中国对世界的吸引力。

我们提倡文化的大局观，要站在全国看各地。只有将各地文化放到全国之中，才能更清楚地认识各地文化的特点；只有清楚地看到各地文化的特点，才能更深刻地认识中国文化的面貌。在弘扬地域文化特点的同时，要促进地域之间的文化交流，以推动各地文化共同繁荣。各地文化是互相联系互相渗透的，是在互动中发展的。如果画一幅中国地域文化地图，其中每一板块的变化都会造成整幅地图的变化。没有孤立的安徽文化，没有孤立的河北文化，没有孤立的云南文化，也没有孤立的西藏文化。某一地域文化的发展，都要依靠其他地域，并牵动其他地域。政府在致力于地域经济均衡发展的同时，也要致力于地域文化的均衡发展。再放大一点，在经济全球化的趋势下，国内某一地域文化的发展，也会受到国际因素的影响，上海、天津、福建、广东等沿海地区文化的发展，足以证明这一点。

地域文化的发展对地域经济的依赖和促进是十分明显的，但文化与经济不是搭台与唱戏的关系，应当互相搭台，一起唱戏。发展文化不仅是发展经济的手段，其本身就是目的，因为人民群众的需求以及社会的进步，不仅表现为经济的发展，也表现为文化的繁荣。文化长期滞后于经济快速发展的现状必须改变。发展经济与推动文化，要双管齐下，相互促进。小康社会的指标不仅是经济的，也是文化的。保护地域文化不可追求形式，不可急功近利，要吸取精华剔除糟粕。那种不管好坏，盲目炒作地方名人（包括小说中的人物），简单地打文化牌以拉动经济的风气不可助长。

区域经济的发展已经引起各级领导和全社会的注意，地域文化的发展也应提到日程上来。各地还存在大量文化资源有待开发、研究、利用。《中国地域文化通览》的编撰，就是对我国文化资源的一次普查。我们考察的重点在于各地文化的历史进程、特点、亮点及其形成的原因，各地文化发展的有利条件和制约因素，并力图说明各地文化在整个中国文化发展中的地位、作用，其与邻近地区相互交流相互影响的关系，并着重描述那些对本地和整个中华民族的进步产生过重大影响的标志性成果，彰显那些对本地和中国文化的发展做出重大贡献的人物。我们希望本书能为各地文化建设确立更明确、更自觉的目标提供一点帮助。

关于地域文化，目前已有许多研究成果，但大多是将全国分为几个区域，以先秦的诸侯国名或古代的地名来命名，如河洛文化、燕赵文化、吴越文化、齐鲁文化、荆楚文化、关陇文化、岭南文化等等。也有从考古学的角度，将中国文化分为几个大文化区系的[①]。以上的研究都有学术的根据，也都取得了可观的成就，是我们重要的参考。

本书拟从另一个角度切入，即立足于当前的行政区划，每一个省、自治区、直辖市各立一卷，港、澳、台也各立一卷。本书可以说是中国分省的文化地图。按照行政区划来写《中国地域文化通览》，也是有学理根据的。中国从秦代开始实行郡县制，大致确立了此后两千多年行政建置的基本框架。这既有利于维护大一统的局面，也因为一个行政区划内部的交流比较频繁，从而强化了各行政区划的文化特点。按行政区划分卷，对各地更清楚地认识本地的文化更为方便。其实，今日的行政区划是历史沿革的结果，这种分卷的体例与上述体例可以相互补充，相得益彰。大体说来，所谓齐鲁文化就是山东文化，燕赵文化就是河北文化，三秦文化就是陕西文化，蜀文化就是四川文化，徽文化就是安徽文化，晋文化就是山西文化，吴文化就是江苏文化，越文化就是浙江文化，仍然是与行政区划吻合的，只不过用了一个古代的称呼而已。如果从考古学的角度，研究文化的起源，当然不必顾及目前的行政区划；然而要对包括全国各地的文化分别加以描述，并且从古代一直讲下来，则按照当前的行政区划更为便利。何况，内蒙古、新疆、西藏是中国领土不可分割的一部分，研究中国的地域文化必须包括在内，按照当前的行政区划就不会将这些地区忽略了。

按行政区划编纂当地的文献早已有之，这属于乡邦文献。有的文献所包括的区域比省还小，如汉晋时期的《陈留耆旧传》、《汝南先贤传》、《襄阳耆旧传》等，记录了一郡之内的耆旧先贤。唐人殷璠所编《丹阳集》只收丹阳人的作品，属于地域文学集的编纂。宋人董弅所编《严陵集》，是他任严州（今浙江建德、淳安一带）知州时所编与当地有关的文集。宋人孔延之所编《会稽掇英总集》也属于这一类。近人金毓黻所编《辽海丛书》，张寿镛所编《四明丛书》都是如此。

研究地域文化，必须重视文献资料，特别是乡邦文献，包括各地的方志、族谱、舆图等。文献的搜集、考订和分析，是必不可少的基础性工作。编撰地域文化通览的过程，也就是搜集和整理有关文献的过程。然而文化绝不仅仅体现在文献中，还体现在人们的日常生活中，那是活生生的、每日每时都显现着的。文化除了思想、学术、文学、艺术等内容之外，还包括风俗习惯、衣食住行的方式等等，这乃是社会的各个阶层，尤其是广大民众所创造的。研究地域文化不仅要重视宫廷文化、士大夫文化、精英文化，还要重视平民文化、民间文化、民俗文化。研究地域文化在重视文献的同时，必须注重实地考察，从日常生活中寻找资料。只有将文献资料和实地考察结合起来，并利用新的考古资料，才能见其全貌。

本书跟地方志不同，地方志虽有历史的回顾，但详今略古，偏重于现状的介绍，包括本地当前的自然环境、资源、物产、社会、政治、经济、文化等方面的情况和数据，是资料性的著述。《中国地域文化通览》则是专就传统文化进行论述，下限在1911年辛亥革命，个别卷延伸到1919年"五四运动"。地方志偏重于情况的介绍，注重资料性、实用性、检索性，《中国地域文化通览》则是研究性著作，强调在大量可信资料的基础上，纵横交错地展开论述，要体现历史观、文化观，总结文化发展的历史经验和规律，史论结合。

《中国地域文化通览》以学术性、现实性、可读性三者的统一为目标。

所谓学术性，简单地说就是符合学术规范，立足学术前沿，注重多学科的交叉融合。本书是一部学术著作，而不是通俗读物，更不是旅游手册。要以实事求是的态度，在认真钻研资料的基础上，力求对事实做出准确的描述、分析与概括。概括就体现为理论。

所谓现实性，就是立足现实，回顾历史，面向未来，希望能对本地文化的发展提供启发。立足现实，是从实际出发，关注当前经济社会文化的发展；回顾历史，是总结经验，以史为鉴；面向未来，是注意文化的发展方向，促进文化建设，促使中国文化以丰富多彩的姿态走向世界。地域文化是国情的重要部分，希望这套书能够成为中央和地方各级政府了解各地历史文化、风土人情的参考，成为因地制宜发展文化的参考。文化的主体是人，以人为本离不开对文化的深入理解。为政一方，既要了解当地的经济资源，也要了解当地的文化资源；既要了解现状，也要了解历史，这样才能最大限度地发挥地域的优势。

　　所谓可读性，就是要吸引广大读者，让一般读者看了长知识，专家学者看了有收获，行政领导看了受启发。在文字表达上，力求准确、鲜明、生动。

　　本书各卷都分为上下两编，上编对本地文化作纵向的考察，下编则对本地文化分门别类重点地作横向的论述，纵横结合，以期更深入细致地阐明各地文化的状况。各卷还有绪论，对本地文化从理论上加以探讨。本书随文附有大量插图，图文并茂，以增加直观的感受。

　　本书的编撰带有开拓性和探索性，我们自知远未达到成熟的地步，倘能对中国地域文化的研究，对中国文化的健康发展，起一点促进作用，参加编撰的大约 500 位学者将会深感欣慰。

　　　　　　　　　　　　　2010 年 6 月 2 日初稿
　　　　　　　　　　　　　2010 年 9 月 10 日第 7 次修改
　　　　　　　　　　　　　2010 年 12 月 12 日第 11 次修改
　　　　　　　　　　　　　2011 年 12 月 26 日第 12 次修改

【注释】

① 参见《世界地图集》中华人民共和国概况，中国地图出版社 2004 年版，第 228 页。

②《中国自然地理图集》，中国地图出版社 2010 年版，第 221 页。

③ 参见侯仁之主编《黄河文化》第一编第一章第四节，华艺出版社 1994 年版，第 29 页。袁行霈、严文明、张传玺、楼宇烈主编《中华文明史》第一卷第一章《中华文明的曙光》，北京大学出版社 2006 年版，第 67—73 页。

④ 20 世纪的考古发现，特别是二里头文化的发现，证实了夏朝的存在。参见袁行霈、严文明、张传玺、楼宇烈主编《中华文明史》第一卷第二章《中华文明的肇始》，北京大学出版社 2006 年版，第 95—127 页。

⑤《中国自然地理图集》，中国地图出版社 2010 年版，第 222 页。

⑥ 关于长江流域旧石器和新石器时期的遗址，考古学界有许多发掘报告和研究成果。季羡林主编《长江文化研究文库》中《长江文化议论集》收有陈连开、潘守永《长江流域是中华文明的重要发源地》一文，对此有简明的综合介绍，湖北教育出版社 2005 年版，第 21—41 页。另外，此文库中严文明《长江文明的曙光》、李天元、冯小波《长江古人类》、赵殿增、李明斌《长江上游的巴蜀文化》、张之恒《长江下游新石器时代文化》均有综合性的介绍，本文均有参考。关于这些文化的年代，考古界的说法不尽一致，大致距今都在三千年以上，早的可达五六千年以上或更早。

⑦ 苏秉琦有"多源一统"的说法，见其《关于重建中国史前史的思考》，《考古》1991 年第 12 期。此所谓"多源同归"的提出受其启发，又与之不尽相同，更强调各个源头的文化之间动态的交融、汇合。

⑧ 参见《中国大百科全书·民族》"中华民族"条，中国大百科全书出版社 1986 年版，第 573—574 页。

⑨ 《孟子·离娄下》："孟子曰：舜生于诸冯，迁于负夏，卒于鸣条，东夷之人也。"杨伯峻《孟子译注》，中华书局 1960 年版，第 184 页。

⑩ 汉陆贾《新语·术事第二》："大禹出于西羌。"中华书局《诸子集成》本，1954 年版，第 4 页。《史记·六国年表》："禹兴于西羌。"中华书局点校本，1962 年版，第 686 页。

⑪ 《魏书》卷一《帝纪第一·序纪》："昔黄帝有子二十五人，或内列诸华，或外分荒服。昌意少子，受封北土，国有大鲜卑山，因以为号。……黄帝以土德王，北俗谓土为托，谓后为跋，故以为氏。"中华书局点校本，1974 年版，第 1 页。

⑫ 参见田余庆《北魏孝文帝》，《中华文明之光》上，北京大学出版社 2004 年第 2 版，第 338—344 页。

⑬ 《元史》卷六《世祖本纪》：至元四年正月"癸卯，敕修曲阜宣圣庙"，"五月丁亥朔，日有食之，敕上都重建孔子庙"。中华书局点校本，1976 年版，第 113、114 页。

⑭ 见《元史》卷一百四十六《耶律楚材传》，中华书局点校本，1976 年版，第 3455—3464 页。

⑮ 参见史革新《略论清朝入关前对汉文化的吸收》，《炎黄文化研究》第 2 辑，大象出版社 2005 年版，第 158—169 页。

⑯ 参见苏秉琦《苏秉琦考古学论述选集》，文物出版社 1984 年版。

⑰ 参见袁行霈、严文明、张传玺、楼宇烈主编《中华文明史》第四卷，北京大学出版社 2006 年版，第 26—33 页。

⑱ 《宋史》卷四百二十七《张载传》，中华书局点校本，1977 年版，第 12724 页。

⑲ 《后汉书》卷七十二《董卓传》云：董卓"尽徙洛阳人数百万口于长安，步骑驱蹙，更相蹈藉，饥饿寇掠，积尸盈路。卓自屯留毕圭苑中，悉烧宫庙、官府、居家，二百里内无复子遗。又使吕布发诸帝陵及公卿已下冢墓，收其珍宝"。中华书局点校本，1965 年版，第 2327—2328 页。

⑳ 《后汉书》卷七十九上《儒林列传》云："初，光武迁还洛阳，其经牒秘书载之二千余两，自此以后，参倍于前。及董卓移都之际，吏民扰乱，自辟雍、东观、兰台、石室、宣明、鸿都诸藏典策文章，竞共剖散，其缣帛图书，大则连为帷盖，小乃制为滕囊。及王允所收而西者，裁七十余乘，道路艰远，复弃其半矣。后长安之乱，一时焚荡，莫不泯尽焉。"中华书局点校本，1965 年版，第 2548 页。

㉑ 关于侯景之乱，参见《梁书》卷五十六《侯景传》，中华书局点校本，1973 年版，第 841—861 页。

㉒ 宋范成大《石经始末记》引《石经考异序》云："按赵清献公《成都记》：伪蜀相毋昭裔捐俸金，取九经琢石于学官……依太和旧本，令张德钊书。国朝皇祐中田元均补刻公羊高穀梁赤二传，然后十二经始全。至宣和间，席文献又刻孟轲书参焉。"见孔凡礼辑《范成大佚著辑存》，中华书局 1983 年版，第 159—160 页。

㉓ 参见张秀民著、韩琦增订《中国印刷史》上，浙江古籍出版社 2006 年版，第 32 页。

㉔ 参见袁行霈主编《中国文学史》第二卷，高等教育出版社 1999 年版，第 450 页。"诗客曲子词"之说见于欧阳炯《花间集叙》。又，《四部丛刊》影宋抄本《禅月集》昙域《后序》曰："众请昙域编集前后所制歌诗文赞，日有见问，不暇枝梧。遂寻检稿草及暗记忆者约一千首，乃雕刻成部，题号《禅月集》。"《四库全书总目提要》卷一百五十一《禅月集》曰："昙域《后序》作于王衍乾德五年，称'检寻稿草及暗记忆者约一千首，雕刻成部'。则自刻专集自是集始。"（中华书局影印本，1965 年，第 1304 页）亦可见蜀地文化的发展状况。

㉕ 参见曹松叶《宋元明清书院概况》（续），《国立中山大学语言历史学研究所周刊》第 10 集第 113 期，1930 年版，第 7 页。

㉖ 柳玭《柳氏家训序》："中和三年癸卯夏，銮舆在蜀之三年也。余为中书舍人，旬

休，阅书于重城之东南，其书多阴阳杂记、占梦、相宅、九宫、五纬之流，又有字书、小学，率雕板印纸，浸染不可尽晓。"见《旧五代史》卷四十三《唐书》十九《明宗纪》附《旧五代史考异》引，中华书局点校本，1976 年版，第 589 页。

㉗ 参见张秀民著、韩琦增订《中国印刷史》上，浙江古籍出版社 2006 年版，第22 页。

㉘《史记》卷二十九《河渠书》曰："蜀守冰凿离碓，辟沫水之害，穿二江成都之中。……至于所过，往往引其水益用溉田畴之渠，以万亿计，然莫足数也。"中华书局点校本，1962 年版，第 1407 页。

㉙《宋史》卷四百二十七《邵雍传》，中华书局点校本，1977 年版，第 12727 页。

㉚《宋史》卷四百二十九《朱熹传》，中华书局点校本，1977 年版，第 12767 页。

㉛《明史》卷二百八十七《文徵明传》云："吴中自吴宽、王鏊以文章领袖馆阁，一时名士沈周、祝允明辈，与并驰骋，文风极盛。徵明及蔡羽、黄省曾、袁袠、皇甫冲兄弟稍后出。而徵明主风雅数十年，与之游者王宠、陆师道、陈道复、王穀祥、彭年、周天球、钱穀之属，亦皆以词翰名于世。"中华书局点校本，1974 年版，第 7363 页。

㉜《屈子文学之精神》，见《王国维遗书》第五册《静安文集续编》，商务印书馆，1940 年版，第 31—32 页。

㉝《隋书》卷七十六，中华书局点校本，1973 年版，第 1730 页。

㉞ 参见袁行霈主编《中国文学史》第四卷，高等教育出版社 1999 年版，第 342—343 页。

㉟ 参见《中国大百科全书·中国文学》，中国大百科全书出版社 1986 年版，第 697 页。

㊱ 香港特别行政区民政事务局与中国社会科学院考古研究所联合，在新界与大屿山岛之间的马湾岛东湾仔北，发现新石器时代中晚期至青铜时代早期的居址、墓葬和大批文物。被评为 1997 年全国十大考古新发现之一。见邹兴华、吴耀利、李浪林《香港马湾东湾仔北史前遗址发掘简报》，《考古》1997 年第 6 期。关于澳门的考古发现，参见邓聪、郑炜明《澳门黑沙》，香港中文大学出版社 1996 年版。

㊲ 苏秉琦把现今人口分布密集地区的考古学文化分为六大区系：以燕山南北长城地带为重心的北方，以山东为中心的东方，以关中（陕西）、晋南、豫西为中心的中原，以环太湖为中心的东南部，以环洞庭湖与四川盆地为中心的西南部，以鄱阳湖—珠江三角洲一线为中轴的南方。见《中国文明起源新探》，三联书店 1999 年版，第 35—36 页。

目 录

下编　绚丽丰厚的草原文化

第一章　狩猎与游牧文化

第二章　草原盛会那达慕

图片目录

彩　页

插　图

绪　论

　　被世人誉为"天堂草原"的内蒙古自治区的广袤地域，在数十万年前的旧石器时期就已有人类存在，是中华文明的重要发祥地之一。内蒙古高原上的这片热土，是中华多民族活跃的大舞台。从远古的猃狁、鬼方、诸狄、诸戎，到春秋战国时的林胡、楼烦，再到秦汉以来的匈奴、汉、东胡、鲜卑、敕勒、乌桓、突厥、回纥（鹘）、党项、契丹、女真、蒙古等众多民族。在漫长的历史长河中，他们互相碰撞、互相交流、互相融合，共同创造出具有鲜明地域特色、民族特色的内蒙古文化。在中华民族文化的百花园中，内蒙古文化，是风韵独特的一支奇葩。

第一节　地理环境与内蒙古文化

　　地理环境　中央政权对今内蒙古地区的管辖　两种文化的碰撞与交融

　　内蒙古自治区，位于中华人民共和国北部边疆，横跨中国东北、华北和西北。它的东部分别与黑龙江、吉林、辽宁三省毗邻，西界甘肃，南靠河北、山西、陕西、宁夏四省区，北部与蒙古国和俄罗斯国接壤。土地面积118.3万平方公里，居全国第三位。总人口2422.1万人，其中蒙古族441.6万人（2009年末）。内蒙古自治区地处蒙古高原，平均海拔1000米以上，从东到西依次分布着森林、草原、沙漠和戈壁。森林主要分布在大兴安岭北部；草原有呼伦贝尔、锡林郭勒、科尔沁、乌兰察布、鄂尔多斯和乌拉特六大草原；沙漠有巴丹吉林、腾格里、巴音温都尔、乌兰布和、库布其五大沙漠；戈壁面积约 10 万平方公里，主要集中在阿拉善高原南部和额济纳河两岸。境内草原和沙漠占据了大部。内蒙古的山脉由绵延于东北平原与内蒙古高原之间的大兴安岭山脉，横亘于自治区中部的阴山山脉，屹立于阿拉善高原东缘的贺兰山脉组成，在历史上是众多少数民族的发祥地。内蒙古境内有黄河、永定河、滦河、西辽河、嫩江、额尔古纳河、乌拉盖尔河、锡林郭勒河等主要河流。其中黄河、西辽河孕育了大窑文化、萨拉乌苏文化和兴隆洼文化、红山文化、夏家店文化等远古文明。除此以外，内蒙古还拥有松辽平原的一部分和河套平原、土默川平原。内蒙古属于典型的大陆性气候，具有降水量少而不均、寒暑变化剧烈的显著特点，冬季漫长而寒冷。

地理环境是决定一个民族文化的产生和发展的重要因素。内蒙古自治区这种特殊的地理和生态环境，使北方游牧民族的先民们选择了居无定所、逐水、草而迁徙的游牧生产方式，从而形成以游牧文化为核心的、风格独特的地域文化。

春秋战国时期，今内蒙古地区就曾有秦赵燕等政权进入。秦时期，以修筑在阴山山脉的秦长城为界，今内蒙古地区南部在秦的管辖之下，其北部则属匈奴政权。南匈奴归汉后，今内蒙古地区属汉朝之统辖范围。

南北朝时期，拓跋鲜卑从大兴安岭嘎仙洞南迁，而后入主中原，建立北魏王朝，其疆域囊括今内蒙古大部分地区。

唐代，对归附的北方诸族实行一种特殊的行政区划建置，大的部落称都督府，小的部落称州，总称为羁縻府州，由朝廷任命诸族首领进行管理，使整个今内蒙古地区纳入了唐朝的版图。

宋、辽、金时期，宋与辽、金南北对峙，今内蒙古地区大部属辽、金管辖；西部的鄂尔多斯市与阿拉善盟一带，则在西夏王朝统辖之下。

成吉思汗统一蒙古诸部后，建立大蒙古国；继而忽必烈创建元朝，统一全国。今内蒙古地区，皆在其辽阔的疆域之内。

明代，明朝与北元政权曾在今内蒙古地区一度形成对峙局面，但明、蒙双方在经济文化方面的联系终是主流。

　　清代，整个今内蒙古地区归清王朝统辖。清政府实行盟旗制度，把蒙古地区分为漠南内蒙古、漠北外蒙古，又把内蒙古分为 6 盟 49 旗，把外蒙古分为 4 盟 86 旗。

　　从上述历史沿革可以看出，在大部分历史时期里，今内蒙古地区都归中央政权统辖或与中原地区有着密切联系。这种地域和政治的联系，极大地促进了内蒙古游牧文化与中原农耕文化的交流、互动。首先，中原发达的经济和繁荣的文化对内蒙古文化的影响是巨大的，它不仅大大推进了北方民族的文明进程，而且使内蒙古文化深深打上了中华文化的印记。同时，在中华文化形成和发展的过程中，作为少数民族文化的内蒙古文化不断为其注入新的活力，使之更加绚丽多彩。

第二节　内蒙古文化的发展脉络及其内涵

内蒙古文化的起源　内蒙古文化的形成　内蒙古文化的发展

　　内蒙古文化丰富多彩、源远流长。纵观其发展演变脉络，分为三个阶段。

　　内蒙古文化的起源。近几十年来，内蒙古及周边地区的考古发现，证明生活在内蒙古地区的先民曾创造过辉煌的文明。旧石器时代早期，居住在今内蒙古阴山南麓的古人类，就从事着原始的狩猎采集生产，他们创造的远古文明被称为"大窑文化"。旧石器时代晚期，在今鄂尔多斯市的萨拉乌苏河流域和呼伦贝尔市的扎赉诺尔，也有人类活动的踪迹。新石器时期的人类文化遗址更为丰富。在距今 8000 年的兴隆洼文化遗址中，发现有大型石锄、陶罐等，说明兴隆洼的先民们已开始栽培农作物。在红山文化遗址中发现的祭坛、女神庙、金字塔式巨型建筑、特点鲜明的积石冢群以及成组的玉质礼器，则反映出早期人类崇拜、等级社会的情况，表明在 5000 年前，红山文化就率先由氏族社会跨入"古国"阶段，至此，内蒙古地区的狩猎、游牧及原始的农耕经济已有较明显的发展。出土的石器、陶器和玉器，不仅具有实用性，而且也讲究装饰性。内蒙古地区的先民，已经有了原始的宗教观念和艺术观念，内蒙古文化处于萌芽时期。

内蒙古文化的形成。从诸侯纷争的春秋战国到疆域辽阔的元帝国的近2000年期间，众多北方民族活跃在蒙古高原这个历史舞台上，创造了匈奴、鲜卑、突厥、契丹、女真、党项等多种文化形态。尽管时间有长有短，人口有多有少，地域有大有小，但这些多姿多彩的文化都为中华文明做出了历史贡献。在漫长的历史过程中，这些文化形态先后更替、互相承继，直到13世纪蒙古族兴起，征服了北方各民族，蒙古族实际成为了内蒙古文化的主要代表。蒙古族在其历史发展过程中，继承和发展了古代诸民族的文化，是北方各族各种文化的集大成者①。

在这一历史时期，虽然文字产生的比较晚，但北方民族仍创造了灿烂的文化。如以游牧为主的生产、生活方式，以崇拜自然和灵魂为主的原始宗教，独特的礼仪、习俗等。在政权建设方面，匈奴的"左右贤王制"和十进位的军事组织，汉代在北方民族地区设立的"护乌桓校尉"，唐代推行的"羁縻府州制"，辽代的"南北官制"，大蒙古国的"万户制"等，都是内蒙古地区特有的历史文化现象。虽然没有文字，民间口头文学特别是韵文体却很发达。北方各民族向来都极善于用歌舞来抒发自己的情感，因此创造了丰富的歌舞文化。匈奴族的胡曲、胡舞、胡乐，已达到很高水平，并对中原文化产生了重大影响。北朝民歌内容丰富、形式多样，有牧歌、思乡曲、叙事歌、战歌等体裁，其风格刚健清新、粗犷豪放，富有浓郁草原生活气息。已成为千古绝唱的草原牧歌《敕勒歌》就是最典型的代表。辽代的音乐、舞蹈、戏剧艺术昌盛一时。在赤峰、通辽地区辽墓中发现的大量《散乐图》壁画，形象地描绘了辽代歌舞文化的特色。据《蒙古秘史》载，早在成吉思汗先祖忽图剌汗时代，每有大的庆典，人们便"绕蓬松茂树而舞蹈，直踏出没肋之蹊，没膝之尘也"②。12世纪末至13世纪初，北方草原战火不断，在战斗之前要演奏各种各样的民族乐器，继而高唱战歌，"歌声，敲钹声，击鼓声，响彻云霄，闻之使人惊心动魄"③。在成吉思汗先祖时代，蒙古汗廷中已有专职乐手，男乐手被称为"忽兀尔臣"，女乐手则被称为"忽兀尔臣妃"。元朝对歌舞文化更加重视，收集继承历代北方民族的艺术精华，并吸收西域和阿拉伯、印度等外来文化，发展创造了宫廷乐舞，使之成为蒙古族文化的重要组成部分。

成吉思汗统一蒙古各部，建立大蒙古国后，随着蒙古族统一语言的形成和文字的产生，出现了蒙古族自己创作的各种形式的文学作品，这些作品对蒙古族的历史源流、社会生活、劳动生产和草原风貌都有生动的描绘。其中，尤以《蒙古秘史》价值最高，全书有诸多篇幅为叙事性诗歌和引人入胜的历史故事，集中反映了蒙古族文化的精华。反映蒙古族前辈丰功伟业的故事或传说，如《成吉思汗的两匹骏马》、《孤儿传》等也很流行。元代，《成吉思汗箴言》已形成并流传。《箴言》是成吉思汗与身边人的谈话记录，初以韵文形式口耳相传。《大札撒》是大蒙古国的第一部成文法典，它的制定与颁布进一步安定了社会秩序，为蒙古民族法制的建立奠定了基础。

在漫长的历史进程中，中原农耕文化与北方游牧文化频繁发生碰撞、交流。这种互动、互融，加速了民族融合和文化汇集。春秋战国时期，赵武灵王力排众议，学习北方民族的胡服骑射，主动接受北方游牧文化，影响广泛。西汉前期，匈奴呼韩邪单于入朝事汉，汉元帝诏令宫女王昭君嫁入匈奴，后立为宁胡阏氏。王昭君出塞后 60 年，汉匈和睦相处，整个漠南出现了牛羊遍野、人民炽盛的繁荣景象。唐代更是"胡风劲吹"，正如中唐诗人元稹在他的诗中所言，"自从胡骑起烟尘，毛毳腥膻满咸洛"，"胡音胡骑与胡妆，五十年来竞纷泊"④，可谓是"胡化极盛"了。隋唐以后，汉儒文化逐步被北方民族所接受，大大推进了北方民族的文明进程；丝绸、茶叶、瓷器进入草原，极大地满足了北方民族经济和生活的需要。在这个时期，汉传佛教和藏传佛教、道教、伊斯兰教、基督教、天主教并存和传播。除汉文化外，阿拉伯文化乃至欧洲文化都对内蒙古文化的形成产生了极大影响。通过继承、吸收、发展形成了独具特色的多元文化。

内蒙古文化在广泛吸收外来文化的同时，也对欧洲乃至世界文化史的发展产生了重要影响。大蒙古国和元代，伴随着成吉思汗的西征，四大汗国的建立，蒙古人将中国古代最为重要的发明——火药、指南针、印刷术带入了欧洲，从而极大地丰富了欧洲文明。草原丝绸之路的开拓，引起了西方对中国文化的兴趣，各阶层人士纷纷来东方考察游览，撰写了大量的游记和见闻录，从而产生了当时的西方中国学。

明代，在内蒙古文化发展史上是一个特殊时期。一方面由于北元政权与明朝对峙和蒙古社会内部连年不断内讧和割据战争，使蒙古族文化发展一度受到了严重影响；另一方面则由于从元代开始，漠北草原始终存在着一个强大的游牧贵族集团，使得蒙古族并没有因元朝的灭亡而消失或同化于他族，而是长时期保持了自身的传统和文化。随着达延汗中兴和阿勒坦汗时期蒙古右翼地区的稳定，蒙古族文化得到了恢复与发展。这也正是长篇史诗《江格尔》在明代逐渐完善的一个主要原因。《江格尔》流传于西部蒙古瓦剌部（也称卫拉特蒙古），其中的某些篇章产生于原始公社末期或阶级社会初期阶段，历经不断发展、充实和提高，到 15 世纪趋于完善和定型。民间说唱《江格尔》的艺人被称为"江格尔奇"。蒙古族牧民在劳动之余，常聚集在一起，以四胡、马头琴、火不思等民族乐器伴奏，说唱自娱。说唱的内容多是本民族古今盛衰故事，高兴时笑语喧哗，悲伤时泪流满面，场面宏大热烈。

16 世纪末至 17 世纪初，由蒙古族作家创作的，描写当时蒙古社会生活的小说《乌巴什洪台吉的故事》，表现蒙古族杰出人物的作品《满都海彻辰哈屯的传说》《达延汗所属六万户蒙古人颂》等，流行于内蒙古高原，成为以后"胡尔奇"、"潮尔奇"说唱的主要书目之一。与此同时，内蒙古地区民间故事和叙事诗日趋繁荣，创作题材不断丰富，囊括蒙古族社会生活的每一个领域。"乌力格尔"是蒙古族的说唱艺术形式，汉意为蒙语说书，约形成于明末清初。蒙古族民间将只讲故事而无乐器伴奏的称作"雅巴干乌力格尔"，将用潮尔伴奏说唱的乌力格尔称为"潮仁乌力格尔"，用胡琴（胡尔）伴奏说唱的乌力格尔则称"胡仁乌力格尔"。

内蒙古文化的发展。清代，由于清政府对蒙古采取了众多抚驭政策，特别是蒙旗制度、满蒙联姻措施的实行，使得内蒙古地区社会稳定，文化获得大的发展。清代是蒙古文学蓬勃发展的时期，不仅民间故事、民歌大量产生，文学创作也出现了新气象，《乌巴什洪台吉传》《巴特尔扎布传》代表了这一时期短篇小说的成就。在民间流传百年的叙事诗《成吉思汗的两匹骏马》《征服三百泰亢惕人的故事》《孤儿舌战成吉思汗九卿》等，经著名史学家、文学家罗卜藏丹津等人整理，成为传世之作。清后期，优秀的蒙古族作家尹湛纳希所创作的长篇小说《一层楼》《泣红亭》等，情节丰富，文字优美，乃蒙古族文学的经典作品。

清乾嘉以来，编修字典、辞典成为风气，多种蒙文字书相继问世，翻译文学也随之兴起。在汉族人民中广泛流传的《三国演义》《水浒传》《西游记》等名著，相继被翻译为蒙古文，在蒙古民间传播。清代中叶，蒙古族民间文学迅速发展，大量口头创作的故事、童话和寓言，为民族说唱艺术提供文学素材，传统的民间叙事诗被时代赋予新的内容。《格斯尔传》在 18 世纪初已有木刻本印行。《额尔戈乐岱的故事》，则直接描述人民和统治者之间的矛盾和斗争。《巴达尔沁努乌力格尔》（云游僧的故事）和《巴拉根仓》，用新颖的形式将许多流传于蒙古民间的故事联系在一起，发扬蒙古族口头文学的特长，充满幽默和辛辣的讽刺，独具特色。由文人翻译、整理的《元史》《两汉演义》《清史通俗演义》等历史和通俗读物，在蒙古社会中也拥有广大读者。

清代，不仅是蒙古族文化蓬勃发展期，也是蒙古族文化与汉族文化以及其他少数民族文化的融合期。在蒙古族文化发展的同时，蒙汉文化交流日益广泛，以藏传佛教为代表的藏族文化进入草原，鄂伦春、达斡尔、鄂温克等民族文化形态成为内蒙古文化的组成部分。这一时期，随着"走西口"、"闯关东"等移民现象的产生，晋、陕、冀、鲁等省的大批汉人迁入草原，使内蒙古地区出现了大片农耕区和半农半牧区，蒙汉杂居现象日益普遍，蒙汉文化随之得到了广泛的交流和融合。蒙汉人民在文化、语言及至生活习俗上日益接近，民族间相互影响越来越深。许多汉人进入草原后"依蒙俗、入蒙籍、娶蒙妇"，也有许多蒙古人讲汉语、学汉字、起汉名。在内地盛行的道情、大秧歌、梆子戏等表演艺术形式，也从晋北流传到内蒙古中部地区。如在城镇的酒楼茶肆，常有评书、单弦等艺人活动，戏馆、酒楼常有梆子戏班进出。逢年过节，城市（城镇）周边各村的农民还要组织各式各样的演出队进城演出，规模宏大，场面热烈。随着塞外城镇的不断兴建和交通、商业的发达，以及剧院、戏台的建成，许多剧种、戏班渐次拥有自己的市场和观众，于潜移默化中促进着塞外文化的繁荣。

伴随着走西口而产生的"西口文化"，是由汉族文化与蒙古族文化直接嫁接而成的一种综合文化，多元交融是其最显著的特点。流行于今内蒙古中西部的二人台、爬山调、漫瀚调等艺术形式，就充分体现了蒙古族传统民歌与晋西北的山曲、秧歌，陕北的信天游结合的特点。在这些民歌、曲艺、戏曲的表演中，有些是采用了蒙古族民歌的曲调而填了汉词的，有些是汉族民歌结合蒙语唱词的，有些是蒙、汉两种语言互相穿插的"风搅雪"的艺术表现形式，广受蒙汉人民欢迎⑤。

旅蒙商兴起于清康熙年间。应该说，旅蒙商的产生与走西口、山西晋商的发达有着直接关系。大量的山西商人通过蒙古草原进入西伯利亚，直到欧洲。他们通过庞大的驼队，将内地的茶叶和日用品运送到草原深处和俄罗斯，换回皮毛等畜产品。这种简单的"以货易货"方式，完成了农产品与畜产品的交换，使很多内地商人由此发家致富。当时归化城的大盛魁商号，在其最昌盛时期，固定资产可达2000万两白银，年营业额超过1000万两白银⑥。旅蒙商的发展，带动着加工业、运输业、金融业等各行业的发展和城市的兴盛。"西口文化"和"旅蒙商文化"，对当时蒙古草原的影响是广泛而深刻的。

16世纪，蒙古右翼三万户在阿勒坦汗的率领下皈依藏传佛教。阿勒坦汗在青海湖畔会见格鲁派教主索南嘉措。会见期间，索南嘉措将阿勒坦汗称作忽必烈的化身，赠给他"梵天大力咱克喇瓦尔迪法王"称号，阿勒坦汗将索南嘉措称作忽必烈汗的帝师八思巴喇嘛的化身，赠给他"持金刚达赖喇嘛"称号和金印。达赖喇嘛称号追溯两世，索南嘉措称三世达赖喇嘛。从此开始，达赖喇嘛称号一直沿用至今。入清后，清政府倡导满蒙藏汉为一家，提倡藏传佛教。时至清末民初，内蒙古地区的藏传佛教寺院竟达1600余座之多。藏传佛教在内蒙古地区的传播，客观上促进了蒙藏文化的交流，特别是对《甘珠尔》《丹珠尔》经卷的解释，促进了蒙古族哲学、文学和医学的发展。此外，通过藏传佛教的传播，也加强了藏区与内地的联系，对巩固中央政权、维护国家统一，起到了积极作用。

明清之交，在东起精奇里江流域，西至石勒喀河一带，居住着以游牧渔猎为主的达斡尔、鄂温克和鄂伦春族。上述民族均信奉萨满教，有着相同或相近的文化形态，从古代就和中原地区有着密切的联系。达斡尔族舞蹈、民间叙事诗（也称乌春）和萨满教礼词等，在达斡尔族民间文化中占有重要位置。乌春的演唱形式为说唱相间，散韵结合，具有固定的说唱格式。乌春说唱的内容大多来源于民间故事或叙事民歌，有古代莫日根（英雄）的故事、民间故事、神话传说，有对亲友的祝福，有的传授狩猎和劳动技艺，有的反映婚姻和爱情生活等。鄂温克人世居兴安岭和呼伦贝尔大草原，是能歌善舞的民族，歌舞艺术一直流传在民间，有着悠久的历史传统。"宁恩阿坎"是在鄂温克人中流传的说唱形式，反映的是本民族的宗教、生产和社会活动，如《蟒猊的故事》等。鄂伦春人活动于兴安岭地区。尼莫罕（也称莫斯昆），意为"吟咏故事"，是鄂伦春民族的说唱艺术。其曲目内容包括由口头传授下来的民族古代文化和日常生活的各个方面。鄂伦春民歌题材广泛，反映社会生活的各个方面。口弦是鄂伦春等民族喜爱的乐器，形制与演奏方法均具有特色。

纵观内蒙古文化的发展脉络可以看出，内蒙古文化经历了由多民族文化相互承继，到以蒙古族为代表的游牧文化的集大成，再到以蒙古族文化为主，包括汉族和其他少数民族文化的形成过程。在这漫长的历史进程中，尽管存在着此起彼伏、动荡不安的民族与政权的更替，但因为北方各游牧民族具有很深的历史渊源和族际继承关系，因而他们在文化上的传承、借鉴、融汇，一直是内蒙古文化的主旋律。内蒙古文化的脉络始终没有中断过，是中华文化中最具古老的传统文化之一。

第三节　内蒙古文化的特征

多元共存　崇尚自然　善于包容　崇拜英雄

上至远古，下到今日，在内蒙古这块热土上，先民们和后来的众多北方民族共同创造了内蒙古文化。由于其特有的历史背景与地理环境，内蒙古文化具有以下主要特征。

自古以来在内蒙古高原繁衍生息着众多北方民族，在漫长的历史进程中，其各有特性的文化相互碰撞，交流融合，形成了丰富多彩的内蒙古文化。由于各个民族在文化上拥有各自的特性，又相继活跃于不同历史时期，因而使内蒙古文化在各个历史时期表现出不同的民族形态和样式。比如秦汉时期，主要表现为匈奴文化形态；在魏晋南北朝时期，主要表现为鲜卑族文化形态；在隋唐时期，主要表现为突厥族文化形态；在宋辽金时期，主要表现为契丹、女真、党项族文化形态；元代前后，由于成吉思汗统一了蒙古各部，征服了其他北方民族，蒙古族实际上成为了内蒙古文化的集大成者和主要传承者⑦。内蒙古文化创造主体的多元性说明它不是一种单一的文化，而是有多民族载体的纵贯整个游牧文明的文化⑧，在内蒙古文化这个机体中蕴藏着各个北方民族文化的基因。而且在内蒙古文化形成、发展过程中，还时时受到来自中原的农耕文化的影响。特别是进入 17 世纪以来，随着晋、陕、冀、鲁等省汉族人民的迁入，蒙汉文化得到了广泛的交流和互动融合。明清之交，在今内蒙古东部地区，居住着以游牧渔猎为主的达斡尔族、鄂温克族、鄂伦春族。他们富有特点的文化形态，也成为了内蒙古文化的组成部分。

多元共存是内蒙古文化的基本特征。在数千年的历史发展进程中，虽然因历史阶段不同，文化形态会有所不同，但这一基本特征始终未能改变。

崇尚自然。内蒙古高原自夏商之后发生了深刻的变化，气候趋于干燥和寒冷，生态环境变得相对脆弱，传统的猎业、牧业生产对于自然环境的依赖性越来越大。基于这种情况，北方民族形成了依恋、爱护、珍视自然的情感和思想，以求得人和自然共存共生、和谐两旺。北方民族大都信奉萨满教，这种宗教认为，凡是天地形成的自然物，都有神灵，如果随意破坏，就是对神灵的不敬。受其影响，在北方民族的自然观中，人与万物都由天地生养，人要像爱护父母兄弟一样爱护天空、大地、牲畜、草原。蒙古族早在成吉思汗时期，就将自然的认识上升到生态自觉的高度，通过习惯法及蒙古政权颁布的成文法来规范人们的行为，保护生态环境。这主要体现在《大札撒》《元典章》《阿勒坦汗法典》等法律典籍中。如在《大札撒》中指出：不得损坏土壤，严禁破坏草场，失火、放火者全家问斩。《元典章》三十八记载：诸帝下令，划定禁猎区，限定狩猎期，规定禁杀动物种类。《喀尔喀法典》规定："库伦无论枯树或活树不许砍伐。库伦辖地外一箭之地的活树不许砍伐。"⑨游牧社会的很多民间禁忌也折射出对自然的敬畏，如忌讳在河流中洗不干净的东西，忌讳捕杀正在交配的动物和幼兽等，凡是违犯禁忌的，都要受到公众的指责和讽刺。

北方民族这种对自然的崇拜，以及"天人合一"的文化价值取向，客观上也有效地维护了北方草原的生态平衡，保护了北方草原的生态环境。

善于包容。北方民族的游牧生产生活方式，为他们广泛接触和了解不同地区、不同民族的文化创造了条件，使北方民族具有兼容开放的文化心态，从不妄自尊大、排斥外来文化，而是勇于吸收不同文化以丰富自己。匈奴向中亚学习，形成了独特的青铜器工艺；鲜卑人入主中原后开始使用汉字，讲汉语，仿效推行汉制；契丹广泛吸收汉文化创造了契丹大、小字；蒙古族不仅吸收了汉文化，翻译了大量中原儒家经典著作、史学著作、文学著作，还吸收藏族文化翻译了《大藏经》《格萨尔》等藏族宗教、文学作品，而且还吸收希腊、罗马文化，波斯文化，印度文化，阿拉伯文化。阿拉伯和西域各国的天文学、医学、地理学、建筑学、音乐、舞蹈的传入使内蒙古文化更加丰富。元朝是中国封建历史上唯一明确提出宗教信仰自由的王朝。元朝的大都和上都，既建有孔庙、道观、佛寺等，也建有天主教堂、清真寺；元朝的官员中既有儒士、道教徒、佛教徒，也有伊斯兰教和天主教信徒。正如传教士安德鲁在写给罗马教廷的信中所说："在此大帝国境内，天下各国人民、各种宗教，皆依其信仰，自由居住。"[⑩]这种对宗教的宽容，在世界文化史上是罕见的。

内蒙古文化的这种包容性，丰富和更新着自身的文化传统，推动着本民族的文化发展，使内蒙古文化永远在运动之中，永不停顿、永不封闭、永远充满活力。

崇拜英雄。北方草原严峻的自然条件和艰苦环境，以及频繁的群体对抗，造就了北方民族的英雄史观。匈奴人、突厥人"重兵死耻病终"，乌桓人"俗贵兵死"的习俗，蒙古人的众多英雄史诗，都清晰地体现了北方民族英雄主义人生观的绵延。在北方民族中，人人争当英雄，把效法英雄当做人生的最高追求，已成为社会共识。英雄崇拜首先是对力量的崇拜。游牧人自幼至长，唯力是爱，勇力出众者，众人敬重之。史诗《江格尔》中被称为大力士的洪格尔，一顿能吃下一头小牛，战时能抛掷出公牛般大的巨石，一箭能够射穿三座山峰。但北方民族对英雄的崇拜并没有单纯停留在对力量的崇拜上，而更加崇拜智勇双全的英雄。《成吉思汗箴言》中讲道："力猛者乃一世英雄，智勇者乃万世英雄。"同时这些英雄还要具有不畏强暴、知难而进、视死如归的精神和关注氏族、部落、民族的命运，注重群体荣誉和利益的品格。英雄史诗《江格尔》中所塑造的江格尔、洪格尔，为了保护本氏族和部落的利益，捍卫自己的领地——"宝巴图"，在恶劣的环境中进行艰苦的斗争，战胜侵犯的敌人，为部落坚守领地，不惜牺牲自己的生命。北方民族不但格外尊崇和爱护本民族的英雄，而且对其他民族，甚至敌对阵营的英雄，也同样怀有类似的感情。如匈奴人对汉朝李广、李陵和苏武等重义守信、忠于国家的英雄的尊敬，女真族对南宋岳飞等精忠报国、英勇抗金之士的钦佩等。

正是在"英雄"这种人格理想和价值目标的召唤和推动下，历代北方民族中英雄辈出，用快马利剑缔造了一个又一个伟业。也正是这一理想和追求，锻造了北方民族不畏艰险、不畏强暴的民族性格和开拓进取、崇信重义的民族精神。

第四节　内蒙古文化在中华文化发展中的地位与作用

扩展了中华文化起源的范围　丰富了中华文化的内涵　为中华文化的发展注入活力

内蒙古文化是中华文化的重要组成部分。5000年来博大的中华文化犹如浩瀚的海洋，她既蕴含了勤劳质朴的农耕文化，也容纳了粗犷豪迈、魅力无穷的游牧文化。这两种文化始终是在碰撞、融合，再碰撞、再融合的互动过程中发展的，而且都对中华文化的丰富、繁荣和发展做出了自己的贡献。

近二十年来的考古成果证明，在内蒙古地区发现的人类早期文化，同在黄河流域、长江流域发现的文化一样，具有源远流长的历史。

在呼和浩特市东郊发现的大窑文化，距今已有 70 万年，属于旧石器时代早期。在鄂尔多斯市萨拉乌苏文化遗址发现的人类化石，据鉴定属于晚期智人阶段。在呼伦贝尔市扎赉诺尔发现的人类化石与北京市周口店的山顶洞人一样，是形成中的蒙古人种。新石器时代早期人类文化遗址在内蒙古更为丰富，从东到西有 100 余处，我国著名考古学家苏秉琦先生曾指出，"在史前时代，在这里的社会发展，曾居于领先地位"①。距今 8000 年的赤峰兴隆洼文化，已到了由氏族向国家进行的转折点，其文明的起点期超过 1 万年。在距今 5000 年前，内蒙古红山文化率先由氏族社会跨入"古国"阶段，以祭坛、女神庙、积石冢和玉龙等玉质礼器为标志，表明在这些地方私有化进程已经完成，等级社会组织已经出现，原始宗教开始产生，是我国最早的原始国家。有资料表明，赤峰的夏家店下层文化继承红山文化，完成了从"古国"到"方国"的转折。夏家店下层文化以内蒙古赤峰为中心，势力已达辽宁、河北和京津地区，是雄踞北方的"方国"。这些足以说明，内蒙古地区早在远古时期就已摆脱蛮荒，经历了从氏族社会到古国，又从古国到方国的历程，进入文明的进程，同黄河文化、长江文化一样，也是中华文化的重要发祥地之一。

内蒙古文化肇始于新石器时期，历经不同的社会发展阶段，以狩猎、游牧、农耕等各种经济为基础，汇集历代北方民族的劳动和智慧，传承至今，不仅源远流长，而且还以她特色鲜明、内涵丰富、从不间断的发展历程，为中华文化注入了新的文化因素，从而使中华文化这个大花园更加绚丽多彩。

在漫长的历史发展过程中，北方游牧民族创造了丰富多姿、熠熠生辉的灿烂文化。在兴隆洼文化、红山口文化中发现的众多精美玉器，使以红山文化为代表的"玉文化"和长江流域良渚文化中的"玉文化"，共同形成了中华民族早期的"玉文化"。在朱开沟文化遗址出土的"鄂尔多斯青铜器"，明显带有北方游牧民族的特点。从呼伦贝尔市到阿拉善盟，从东到西，沿着大小兴安岭、阴山山脉、贺兰山脉遍布着的内蒙古岩画，是先人们留下的极为珍贵的历史画卷，它们与中原岩画、南方岩画共同构成了中国岩画文化艺术宝库。以《江格尔》为代表的众多英雄史诗和以《蒙古秘史》为代表的历史文献，丰富了中华文化的内涵。还有那星罗棋布的佛教召寺、佛塔和石窟，记录各少数民族不同语言的文字，豪放的蒙古舞、深沉的马头琴和呼麦、悠扬的蒙古长调，以及在漫长的社会发展过程中，创建传承下来的宗教信仰、哲学思想、伦理道德，形成的独具特色的习俗、礼仪、风情以及生产、生活方式，如此等等，所有这些文化精髓，经过历史的研磨，已都融入了中华文化的机体中。中华文化博大精深，主要基于中原文化的厚重；中华文化丰富多彩，则主要来源于各少数民族文化的多样性。

几千年来，中原的农耕文化不断与北方的游牧文化发生碰撞和交流。这种碰撞和交流使两种文化相互影响、互相渗透，并创造出新的、更加辉煌的文化。

南有大汉，北有强胡。在中国历史上，北方民族被中原发达的经济和繁荣的文化所吸引，总是有一种向南发展的倾向。从文化发展的角度看，伴随着北方民族多次入主中原，是北方民族与中原民族的融合，也是游牧文化与农耕文化的汇聚。匈奴建立了有史记载的第一个草原政权，导致了北方游牧民族与中原汉族的大融合，实现了游牧文化与农耕文化的汇聚。鲜卑第一次入主中原，在民族融合的同时，又一次实现了游牧与农耕两种文化的汇聚。辽宋、宋金虽有对峙，但在相当长的时期内，辽宋、宋金和平交往，兄弟相称，并没有对民族的交融和文化的汇聚造成巨大的阻碍。忽必烈建立元朝之后，中华大地上的各民族在更大的范围内进行了融合，农耕文化与游牧文化在更广阔的领域和更深的层次实现了汇聚。历史证明，这种大规模的融合和汇聚每进行一次，中华民族、中华文化的多元性、包容性就得到一次加强，从而加速推动着中华民族、中华文化多元一体格局的形成[12]。同时，在这种文化的汇聚过程中，不仅使北方民族的社会生活发生了质的飞跃，也给中华文化注入了新的血液、新的活力，使中华文化不断获得勃勃生机，出现一次又一次的文化高潮，并对中国疆域的最终形成做出了重大贡献。

伟大的辛亥革命运动风起云涌，推翻了中国两千年的封建帝制。继孙中山"振兴中华"、"天下为公"的革命理想，草原儿女从此揭开了内蒙古地区现代文明史的篇章。

【注释】

① 参见乌恩：《论北方草原文化在中华文化大系中的地位及其影响》，载《草原文化》第一辑，内蒙古教育出版社 2005 年版，第 41—43 页。

②⑥ 道润梯步译：《蒙古秘史》，内蒙古人民出版社 1979 年版。

③ 梁生智译：《马可·波罗游记》第四卷，中国文史出版社 1998 年版。

④ [唐] 元稹：《和李校书新题乐府十二首·法曲》，载《全唐诗》，上海古籍出版社 1986 年版，第 1024 页。

⑤ 潘照东：《开拓、和谐、繁荣》，载《西口文化》2010 年第五期。

⑦ 《论草原文化的建构特征》，载《草原文化》第一辑，内蒙古教育出版社 2005 年版。

⑧ 李风斌：《草原文化研究·绪论》，中央编译出版社 2008 年版。

⑨ 内蒙古社会科学院课题组：《崇尚自然》，载《草原文化》第五辑，内蒙古教育出版社 2009 年版。

⑩ 史仲文、胡晓林主编：百卷本《中国全史·中国元代政治史》，人民出版社 1994 年版，第 114 页。

⑪ 苏秉琦：《中国文明起源新探》，三联书店 1999 年版，第 132 页。

⑫ 参见内蒙古社会科学院课题组：《论草原文化在中华文化发展史上的地位与作用》，载《草原文化》第一辑，内蒙古教育出版社 2005 年版。

上编

内蒙古文化的起源和发展

第一章

草原文明的曙光
——远古时期

内蒙古文化源远流长。位于阴山南麓的旧石器时代的大窑文化遗址，萨拉乌苏文化遗址出土的"河套人"制造的石器、骨角工具，金斯太洞文化遗址出土的骨骼化石、陶器碎片，证明繁息在这里的先民于数十万年前已能制造生产、生活使用的多种石具。新石器时代兴隆洼文化遗址的远古村落和迄今所知中国年代最早的玉器，以及红山文化遗址的女神陶塑、彩陶艺术和玉龙，老虎山文化遗址的石城聚落等，清晰地印证并展映出内蒙古历史文化发展的轨迹。滥觞于鄂尔多斯地区的青铜器，不仅品种繁多，而且造型精美，其精湛的冶炼技术，为中国古代的青铜文明增光添彩。

第一节　旧石器时代

大窑文化　萨拉乌苏文化　金斯太洞穴遗址

内蒙古地区幅员辽阔，宜耕宜牧，适宜人类生存繁衍，史前的先民们在这里创造出丰富多彩的物质文化和精神文化。远在旧石器时代，人类的祖先就在这里留下原始生产和生活的足迹，考古遗存丰富。内蒙古境内拥有近 50 处旧石器出土地点，年代纵贯旧石器时代早期、晚期，是探索中国早期人类活动的核心地区之一。最早的有呼和浩特市郊区大窑村南山的石器制造场，其年代可追溯到旧石器时代的早期。在鄂尔多斯南部的萨拉乌苏河沿岸发现的河套人化石及其创造的萨拉乌苏文化，属于旧石器时代晚期较早阶段。属旧石器时代晚期的还有位于锡林郭勒草原上的金斯太洞穴遗存。此外，在阿拉善、乌兰察布、巴彦淖尔、赤峰、呼伦贝尔等地，也相继发现若干旧石器时代文化的遗址和遗物。

　　大窑文化。遗址位于内蒙古呼和浩特市东北保合少乡大窑村南山上（图上 1-1），是内蒙古地区发现的年代最早、规模最大的古代石器制造场。该遗址使用时间长达几十万年，分别属于旧石器时代早期、中期、晚期的遗物、遗迹。大窑村南山是阴山山脉大青山南面的丘陵地带，地

图上 1-1　位于呼和浩特市东北方阴山脚下的大窑文化遗址　选自《草原文化》，赵芳志主编，香港商务印书馆 1996 年版，孔群摄。

层基底为元古界的花岗片麻岩、大理石和燧石。由于雨水冲刷，形成若干沟岔，其中的二道沟和四道沟是遗物最集中的区域。遗址所在的山梁，从半山腰至山顶，埋藏或散落着大量燧石块和石制品。燧石质地坚韧，易击打成形，是制造石器理想的原料。从旧石器时代早期开始，猿人、古人和新人就陆续在这里开采石料，制成生产、生活用具。至今，古人类使用过的石核和敲砸器等工具仍随地可见，打击剥落下来的石片、石屑以及未打制成功的半成品更是俯拾皆是，偶尔可从地下堆积层中找到已使用过的石器。

考古发现，在大窑村南山二道沟马兰黄土底部角砾层中有大量石制品。其中，石器 394 件，石片 1200 余件，石核 14 件。石片以中小型者居多，石片角多在 110 度以内，打击点集中，半椎体明显，表明使用石锤直接打片的技术熟练。石核多为小型盘状和多面体，有一件棱柱状石核。根据石器的特点认定，二道沟是旧石器时代晚期的石器制造场，年代距今 2 万—3 万年。"大窑文化"据此命名。

在大窑村南山四道沟发掘有典型的地层剖面，自上而下分为七层：第一层为表土层，形成于全新世，此层开始有少量石制品遗物。第二层为马兰黄土层，形成于晚更新世晚期，也有石制品与动物化石。第三层为灰绿色砂质土，向下渐变为棕黄色砂质土，形成于晚更新世早期，包含啮齿类动物化石和大量石制品。第四层至第七层为棕黄色土层（离石黄土层），形成于更新世中期，发现马和肿骨鹿化石，此层底部发现旧石器早期石器制造场。第五至第七层则不见文化遗物。四道沟出土石制品包括刮削器、砍砸器、石核、尖状器、石片、石锤、石刀等。其中以刮削器、砍砸器为多，显示出远古人类打制石器的宏大规模。

大窑文化遗址四道沟还发现有与人类同期的哺乳动物化石，有三门马、肿骨鹿、啮齿动物、鸵鸟、普氏羚羊、原始牛、赤鹿、披毛犀、虎等。三门马为早更新世代表种，肿骨鹿为中更新世代表种，原始牛、普氏羚羊等为晚更新世代表种，动物化石与出土层年代一致。从各种动物化石来看，这里跨越了更新世早、中、晚三个阶段，延续几十万年。关于大窑文化遗址四道沟地层的绝对年代，至今还有不同观点：有 31 万年、50 万年、70 万年等说[①]。但进入旧石器早期阶段则是毫无疑问的。

大窑文化遗址出土的石器多为石片、石核以及半成品和废品等。石器在早期形状较大，随着时间的推移逐渐变小。大型石器占全部石器组合的 60% 以上，这种情况在华北地区旧石器早期文化中也很少见。刮削器在早、中、晚地层中均有出土，晚期的龟背形刮削器是刮削器中的主要部分。该石器器身厚而重，背部隆起，底部平坦，适于在兽皮上或兽骨上刮削，是原始人类狩猎生活中经常使用的重要工具。砍伐器的数量仅次于刮削器，此类工具适合砍伐树木、加工木棒和狩猎。早、中、晚地层中大大小小的石球，则是当时人类用于打击野兽的工具。大型尖状器和手斧类工具适合于采集作业，但出土数量不多，也不具典型性。石器的数量、种类说明当时人们过着以狩猎为主、采集为辅的生活。

从自然界的演变来看，大窑文化遗址周围曾是气候温和、草木丰茂的地方，是古人类理想的生息繁衍之地。大窑文化遗址出土的石器，透露出丰富的史前人类文明的信息，是内蒙古历史文化的宝贵财富，也为研究中国北方旧石器时代文化的分布和发展提供了重要资料。同时，大窑文化遗址证明了北方阴山之南早已有原始人类活动，把内蒙古的历史提前到几十万年之前，为研究中国原始人类以狩猎为主、采集为辅的生活方式，以及逐步出现的游牧生产、生活状况等提供了珍贵的科学资料。与大窑石器制造场文化特征相近的旧石器时代晚期文化，在呼和浩特市郊区乃莫板、乌兰察布市卓资县境内等地也有发现。

萨拉乌苏文化。内蒙古鄂尔多斯高原东南部的毛乌素洼地，有一条从黄土高原流来的小河，这条夹带着黄色泥沙的小河被当地人称为"萨拉乌苏"，蒙古语意为"黄水"。夏季，小河两岸长满红柳，故又称"红柳河"。萨拉乌苏文化遗址由萨拉乌苏沿岸的清水沟湾、跌哨沟湾、范家沟湾、大沟湾等八个地点组成。萨拉乌苏文化遗址是国内发现的既有大量旧石器，又有大量哺乳动物化石伴生，同时又出土有人类化石的遗址，至今已发现人类化石 23 件，石制品 500 余件，动物化石 45 种。经过对地质、动物化石和石器的综合分析研究，断定萨拉乌苏文化遗址的年代相当于旧石器时代中期向旧石器时代晚期过渡的一种文化，距今约 14 万—7 万年，被称为"河套文化"，后改称"萨拉乌苏文化"。从已发现的人类化石看，河套人体质特征很接近现代人，但仍保留着原始人的某些特点。如头骨骨壁较厚，骨缝简单，下颌体粗壮，颏孔位置偏低，牙齿比较粗大，髓腔较小等。这些原始性状，表明河套人仍属晚期智人。河套人与中国境内发现的其他晚期智人，都是现代中国人的直系祖先。

　　萨拉乌苏各遗址中的石器，多选石英岩和燧石做原料，也存在一定数量的硅质岩砾石。种类有尖状器、刮削器、雕刻器等，其中刮削器数量多，尤以圆头刮削器较为典型。这些石器一般都是采用直接打击和压制方法制成，以长 2—3 厘米、宽 1 厘米左右，重 1—2 克的为多，有的甚至更小，重量在 10 克以上的极少发现。萨拉乌苏文化的石器与中国境内发现的其他相关文化，如北京人文化、山西阳高许家窑人文化，以及比萨拉乌苏文化略晚的山西朔县峙峪文化、河南安阳小南海文化的石器有许多相同之处，说明萨拉乌苏文化与中原文化有着久远而密切的关系。与石器伴生的萨拉乌苏动物化石不仅数量众多、种类丰富、保存完好，而且具有鲜明的特征。萨拉乌苏动物群化石，被看作是华北地区更新世晚期的标准地层剖面，为研究华北地区更新世晚期文化提供确切的地层和动物群标本，成为世界上公认的古生物化石的宝库。萨拉乌苏文化不单纯是一处古遗址，它所包含的科学内容，特别是地质学、考古学、古人类学、古环境学的研究内容，在相关领域中都占有重要地位，蕴藏着巨大的潜力。萨拉乌苏动物群化石，揭示出旧石器时代活动在鄂尔多斯高原及周边地区的较为完整的动物群体，也展示了在这个特殊的地理区域内，同一历史时期内不同的生态小环境以及同一地区不同历史时期冷、暖、干、湿的更迭变化[②]。

　　萨拉乌苏一带曾经气候温暖湿润，植被以针叶、阔叶混交的森林草原为主，哺乳类动物和鸟类繁盛，河湖众多，一派生机勃勃，是人类以及与之共存的动物赖以生存的理想之地。河套人在这里生活、繁衍，创造了萨拉乌苏文化，揭开鄂尔多斯文化史上耀眼的第一章，为人类历史的发展谱写出光辉的一页。

　　金斯太洞穴遗址。位于内蒙古锡林郭勒盟东乌珠穆沁旗海渔尔汗山。洞穴宽 16 米、深 24 米，没有人工开凿痕迹，为自然形成的洞穴。由于古代人类长期在此居住，洞内堆积层最高厚达 5 米，平均厚约 3 米，分为三层，最底层年代为旧石器时代中期晚段；中层为旧石器时代晚期，年代距今 3 万—1 万年；上层相当于商代遗存，距今 3500 年左右。

洞穴遗址下部的地层中出土石器 300 余件，动物骨骼若干。石器个体偏大，制作粗糙，使用痕迹不甚明显，具有很大的原始性。种类有尖状器、石砧、石锤、砍砸器、石片、石核等。石料多是当地的硅质灰岩。打制方法多是直接打击法，既用砸击法，也有锤击法，基本上是单面修理。与石器伴出的动物骨骼化石很少，主要是野马的化石残片。动物的骨骼多残碎，有的骨头上有人工砍砸的痕迹。在该文化层发现少量灰烬，可能是当时人类用火的遗留。

中部地层出土石器 2000 余件，石器大小适中，大型石器相对较少。从类型上看，以石片类的刮削器最为常见，数量多，种类丰富。尖状器、石核、雕刻器、砍砸器等也有发现。制作方法多样化，既有直接打击法，也有间接打击法；既用碰砧法，又用砸击法和锤击法；既有单向加工法，又有错向和双向加工法。石料选材主要有脉石英、硅质灰岩、蛋白石、水晶、玛瑙等。经对周围环境的调查发现，石料均来自以洞穴为中心 5 公里半径的地域内。这表明，当时人们对原料性质的认识有所提高。引人注目的是，这里出现了使用典型"勒瓦娄哇技术"制造的石器③，用技术先进、制作复杂的勒瓦娄哇技术打制的薄刃斧、舌形器等共10 余件石器，说明在此文化层阶段土著文化与外来文化存在交流。与石器制品共存的动物群有野马、披毛犀、鹿、野牛、转角羚羊、鬣狗、旱獭、骆驼等，其中野马数量最多，披毛犀亦不在少数，已绝灭的动物种属占相当大的比例。没有完整的动物遗骸，均是骨骼残片，多四肢骨，骨骼上多有砍砸痕迹，反映了当时生活在草原地区的原始先民主要以狩猎为生。

金斯太洞穴上文化层堆积非常薄，石器工业面貌发生显著变化，出土以各类细石叶石核、刮削器、石钻、舌形器、石镞、石矛头、锛形器等为代表的细石叶工业。石器工业类型可以分为两种类型：一种是继承下、中文化层的小石器工业，以锤击石核，各类刮削器、手锛、砍砸器等为代表；另一种是细石叶工业，以各类细石叶石核、刮削器、石钻、舌形器、石镞、石矛头、锛形器等为代表。金斯太洞穴遗址的细石叶工业工具成器率，明显高于小石器工业。虽然小石器在数量上要多于细石器，但是小石器工业的石制品中石片、断块及天然石块所占比例过大。所以，该阶段石器工业类型是以细石叶工业为主，小石器工业为辅，两种石器工业并行发展。小石器工业有被细石叶工业取代的趋势，出现通体加工的器物。研究者认为在金斯太下层文化阶段，气候冷湿，刮削器和尖状器的石器组合反映人类以狩猎为主要生存方式。中层文化阶段，气候趋于干燥，石器组合发生变化，砍砸器和石球等增加，新的外来文化因素出现，采集经济的比重增加。上层文化阶段，气候愈加干旱，出现细石器，人类的技术愈加进步，石器越来越精致。金斯太洞穴遗址，是内蒙古地区第一个正式发掘的旧石器时代洞穴遗址。该洞穴三个阶段遗存保持着连续性发展，给研究当地环境变迁提供了第一手材料。典型勒瓦娄哇技术制造的石器的发现，为探讨该技术在东亚地区的传播提供了重要的物质标本。

其他旧石器文化遗址。有中晚期发源于海拉尔河流域的扎赉诺尔文化。在蘑菇山一带发现有先民打造的石器，被鉴定为扎赉诺尔地区的先民，一万多年前已在呼伦贝尔湖一带繁衍生息。

第二节　新石器时代

小河西文化　兴隆洼文化　赵宝沟文化　红山文化　富河文化
小河沿文化　白泥窑子文化　庙子沟文化　阿善文化　老虎山文化

内蒙古新石器时代的文化遗存，集中分布在以赤峰市为中心的内蒙古东南部地区和以乌兰察布市、鄂尔多斯市为中心的内蒙古中南部地区。

内蒙古东南部地区，是指以西拉木伦河和老哈河为中心的地区，包括赤峰市全境和通辽市大部。这里分布有小河西文化、兴隆洼文化、赵宝沟文化、红山文化、富河文化、小河沿文化等具有明显新石器时代特征的文化遗存，证明最晚从8000多年前开始，这里就有原始人类居住。这些文化遗存之间存在连续性，有明显的渊源关系。这些独具特色、自成体系的史前文化被统称为"红山诸文化"。这一地区出土的大量磨制的石犁、石斧、石锛、石锄、石磨盘、石刀、石磨棒、陶器、骨制品等等，印证了新石器时期的先民已从事原始农业生产。此外，大量锥、镞、钻、针、带齿骨条、鱼钩、鱼镖、骨饰和野生动物骨骼的出土，反映了这一地区新石器时期的生产方式是复合型的，采集、渔猎和畜牧经济均占有一定比重。这些文化遗存内涵丰富，向世人展现出史前时期内蒙古东南部地区灿烂的文化。

小河西文化属于东部地区新石器时代早期文化，距今约9000年。因敖汉旗孟克河左岸的小河西遗址而得名。属于同类文化的遗址还有敖汉旗西梁、榆树山，翁牛特旗大新井遗址等。小河西先民已经有了原始聚落，村落规模较小，房屋建于向阳或半向阳的坡地上，为凸字形半地穴式，一般房屋面积多在20平方米左右，最大的约50余平方米。聚落房屋成排分布，周围有水源。陶器均为夹砂陶，火候低，陶质疏松，陶胎和底部都很厚，器表没有任何装饰花纹，器形主要是平底筒罐形，说明当时的制陶技术还处于原始阶段。在小河西陶器中发现了高5厘米的陶塑人面像，制作工艺简单，疑为祭祀之用。石器以打制为主，也有少量磨制、琢制石器，主要为原始生产工具。器类有斧、锛、凿、砍砸器、骨柄石刃刀、锄形器、磨盘、磨棒等以及数量最多的亚腰形锄形器。骨器比较多，主要有刀、凿、锥、鱼镖等，其中部分骨刀、鱼镖的刃部镶嵌有细石器。从生产工具来看，小河西先民的生产方式以原始农业为主，同时存在采集、渔猎业。

兴隆洼文化距今约8000年。主要分布在内蒙古西拉木伦河南岸和辽宁省辽西地区，因发掘赤峰市敖汉旗兴隆洼村东南的兴隆洼遗址而得名。兴隆洼文化遗址位于大凌河支流牤牛河上游一块东高西低的岗地上。遗址周围有简易壕沟环绕，内有房址和窖穴等。房址为长方形半地穴式，由东南向西南有序排列，每排10座，有十余排，房址的面积不尽相同。房址中间发现有灶址，还有柱洞和祭祀的小龛，均没有发现门道，或有梯类工具以供出入，房址周围和东北侧有窖藏坑。兴隆洼聚落的规模相当可观，已清理出兴隆洼文化时期的房屋遗址1000余座，灰坑30座，是目前国内保存好、规模大、时代早的新石器时代遗址，被考古界誉为"中华远古第一村"。

兴隆洼文化有特征鲜明的器物群，种类有陶器、石器、玉器和石人

（图上 1-2）等。陶器以夹砂陶和泥质陶为主，烧制火候较低，陶质疏松，表面粗糙，多呈灰褐色和黄褐色。主要器物是口大底小、腹壁斜直的筒形罐，或平底或圆足。其他还有钵类陶器，均为手制。以线性之字纹、网纹、交叉线纹、凹弦纹为常见纹饰。兴隆洼文化早期流行压印交叉席纹，中期在此基础上，又增加之字纹。晚期，席纹消失，只流行之字纹。石制工具多为打制，也有磨制、琢制和压制，种类有石铲、石斧、石锛、石凿、石磨盘、石磨棒等。以肩石器和长方形石铲具有代表性。常见的骨器有骨锥、骨匕、鱼叉等，一般都是将细石器镶嵌在骨柄上制成。在兴隆洼文化遗址的房屋内，还发现多具鹿头、核桃果核等。这些内容都从不同角度反映出兴隆洼文化尚处于农业的初始阶段，渔猎业和采集业仍然占有一定比例的经济特征。

兴隆洼出土的玉器有数十件，多出自墓葬，多数为祭品和装饰品。兴隆洼玉器的制作代表当时先进的技术水平，从出土的玉器可以看出，兴隆洼的先民们已经掌握琢磨成型、抛光、钻孔等技术，也已注意到选材，玉器色泽多为淡绿、黄绿、乳白或浅白色，器体较小，属阳起石、透闪石软玉类。主要器类有玦、匕形器、弯条形器、蝉、管、斧、锛、凿等。玉玦（图上 1-3），是兴隆洼文化典型的玉器之一。

图上 1-2　兴隆洼文化石雕人像
出处同图上 1-1

图上 1-3　兴隆洼文化玉玦　现藏巴林右旗博物馆，出处同图上 1-1。

已知的兴隆洼居室墓葬有两种类型：一为居室墓葬，是一种非常奇特的将死者埋于室内的葬俗。在这类墓葬中，发现人猪合葬现象，即墓主用两头整猪随葬。二为将死者埋于一般的墓地，墓址选择在山顶，用石头围起来或者积石，墓坑为土坑竖穴和石板砌棺两种形式。在兴隆洼文化查海遗址，还发现长20米的龙形——摆塑龙，用相对摆置的两个猪头骨，并用陶片、残石器和自然石块摆放出躯体，形成猪龙形象。这是迄今国内所能确认的猪首龙形象，是当时先民图腾崇拜的真实反映。

除敖汉旗兴隆洼遗址外，经过大面积发掘的同类性质的遗址，还有分布于西拉木伦河流域的白音长汗遗址，大凌河一带的阜新查海遗址，克什克腾旗的南台子遗址等。他们之间存在许多相同之处。这些遗址大多均为长方形或半地穴式建筑，房址均成排，聚落周围有壕沟围绕，灶址设在室内中央部位。陶器均为手制。石器和陶器的种类和器形形状类似，纹饰相近。这些共同点表明它们属于同一文化系统，均被认定为兴隆洼文化遗存。同时，各遗存之间也存在细微差别，如白音长汗类型中很少见兴隆洼类型中的钵、碗等器物，多小型敛口弧腹罐、陶罐（图上1-4），南台子的房址居住面多为垫土面等。所以考古界有以兴隆洼、白音长汗、阜新查海、南台子四种类型命名者。这些细微的差别，主要是兴隆洼文化发展的过程中阶段、地域不同造成的。

赵宝沟文化在敖汉旗东南部小山遗址和赵宝沟遗址。这两处遗址内涵单纯，与已知的文化类型都

图上1-4 兴隆洼文化"之"纹陶罐 现藏内蒙古考古研究所，出处同图上1-1。

有差异，遗址被称为"赵宝沟文化"。根据碳 14 测定，赵宝沟文化距今约 7000 年，略晚于兴隆洼文化，早于红山文化。地理坐标基本同于兴隆洼文化，分布于南起渤海北岸，北达西拉木伦河的内蒙古东部、辽宁西部等地，赤峰市、通辽市分布广泛。遗迹中有房址和灰坑。房址为半地穴式草木混合建筑，打破生土。地穴保存深度一般在 0.3—1 米，北部较高。房址面积不等，平面有长方形、方形和梯形，最大的房址位于中心部位，聚落周围不见壕沟。房屋成排分布，每排从西南向东北一字排开。屋内地面垫土，房址中部或偏北处有灶址，灶址高于居住面。赵宝沟遗址中未发现门道，有柱洞。另外，还出现有专供祭祀使用的房屋。

赵宝沟文化出土的石器以磨制石器为主，同时存在数量较多的细石器。磨制石器主要有石斧、石耜、石楔等。一种顶部较窄，刃部宽，两侧边均磨平，形成一对侧棱的石斧及全身磨光、肩部打出凹缺的宽刃石耜，是赵宝沟石器的典型石质工具，数量较多。还有顶部与刃部几乎等宽的石斧和亚腰舌状刃的石耜。磨制石楔顶部略宽，刃部略窄，有打击痕迹。磨制石器的盛行说明赵宝沟文化较兴隆洼文化已有进步，反映出赵宝沟先民生产技术的提高。此外，石器还有琢制、打制、压制等制作方法。琢制石器有磨盘和磨棒等，打制石器有石片，压制石器均为细石器，有石核、石匕、石镞等。赵宝沟文化中根据石质工具的器形和制作方法不同，采用的岩石原料也有明显的区分，说明当时人们对岩石的属性已有更多的了解。石器钻孔技术在石质工具中比较罕见。在小山遗址 2 号房址中，发现一件精美的穿孔斧石器，这件石器全身磨光，顶端平，圆尖刃，表面呈灰色，杂以黑斑，在靠近顶端处，钻一圆孔，以缚木柄之用。在石斧的顶端位置，有一面刻有人面纹，突出脸、鼻、嘴形状。这件穿孔石斧制作精细，在同类遗址发掘中十分罕见。

在赵宝沟文化陶器中，具有特色的是晚期出现的尊形器，压印有动物纹饰和几何纹饰。特别是小山遗址中出土的印有猪龙、神鹿、飞鸟三种动物形象纹样的尊形器，堪称绝妙。尊形器形状有圆平唇，直领，长粗颈，扁圆腹，底部略内凹，灰褐陶，含细砂，器表有灰黑和浅褐斑。腹部施以鹿、猪和鸟纹饰。三种动物形图像都向一个方向，引颈昂首，首尾相接，绕器一周，均匀地布满尊器的显要位置。头部均采用写实的艺术手法，形象逼真，惟妙惟肖，其他部位则加以适度的艺术夸张，烘托出整个画面的神秘气氛。另外，在南台地遗址也发现类似的尊形器，腹部饰有两只鹿纹，也是首尾相衔，作凌空腾飞状。这些巧妙的艺术构思，印证人们创造性思维的进程。猪首蛇身尊形器，陶尊上刻有被神话的飞鸟和猪首蛇身，说明内蒙古地区是中华龙的重要发祥地。

赵宝沟文化中出土的典型器物还有神兽纹陶尊，刻画有神兽纹天象图案，包含四时天象的内容在内。还出土一件凤鸟造型的陶凤杯。陶凤杯上的凤头、凤冠、凤尾、凤翼特征明显。赵宝沟文化同时存在有兴隆洼晚期文化和红山早期文化的特征，其主要经济形式为原始农业，狩猎业占有一定比重。其社会发展水平比兴隆洼文化要高，出现等级高低之分。刻有神鸟、玉猪龙的陶尊以及刻有人面的石斧，都作为祭祀用的神器和礼器，表现出鲜明的宗教信仰和崇拜。赵宝沟文化与兴隆洼文化有直接性传承关系，对该地区随后出现的红山文化有深刻的影响。

红山文化，因发现于赤峰市红山后遗址而得名。为搞清楚其文化内涵，又发掘西水泉、蜘蛛山等多处遗址，证实这些遗址的文化内涵属于红山文化遗存。同类型的文化遗存，主要分布范围北起乌尔吉木伦河流域，南到辽宁省朝阳、凌河及河北省北部，东至内蒙古通辽及辽宁锦州地区，包括内蒙古、辽宁与河北交界的燕山南北及长城地带，分布面积达 20 万平方公里。赤峰地区是红山文化的核心地区。内蒙古的主要遗址有赤峰的西水泉和蜘蛛山，敖汉旗的三道弯子、四棱山，巴林左旗的南杨家营子，巴林右旗的那斯台，奈曼旗的大沁他拉，翁牛特旗的海金山、三星他拉等。

红山文化陶器，与之前的兴隆洼文化和赵宝沟文化等一脉相承，具有明显的地方特色。红山文化在以往基础上有较明显的发展。红山陶器无论是制作技术还是工艺水平都有很大进步。红山陶器主要分为夹砂陶和彩绘陶两大陶系，泥质彩绘陶质量明显优于夹砂陶。在手制成型的基础上，进一步采用轮盘整形，质地坚硬、细匀，器表光滑，施以彩绘。红山彩绘陶的大量出土，是红山文化制陶工艺和技术较以往进步的主要标志之一。西水泉遗址的彩陶是红山彩陶的典型代表。"红顶碗"式的钵和极有特色的篦、旋纹装饰陶器都是红山文化彩陶艺术的精品，其他还

有双耳彩绘形陶（图上 1-5）等。红山文化的
后期还发明结构进步的双火膛连室陶窑，分火
膛和窑室两个部分，中间有隔梁。这种陶窑面
积大，火温高，而且火势可以分流，使陶器受
热均匀，从而保证所烧陶器质地坚硬，彩绘不
易脱落。红山文化植根于中国古代北方，其陶
艺技术在兴隆洼、赵宝沟等文化基础上更加娴
熟，不仅显示出北方特有的豪迈、粗犷风格，
同时也融入中原后岗、庙底沟文化的成分，因
此被称为是"长城南北远古先民们的一种合璧
杰作"，考古学上又称为"仰韶彩陶文化红山
期"。红山陶器主要用于生活和祭祀，随着制
陶技术和工艺水平的不断改进和提高，红山文
化的陶器制造业逐渐从农业中独立出来，成为
一个重要的手工业部门。

图上 1-5　红山文化双耳彩绘陶
孔群摄

红山文化石器数量大，种类多，分为细
石器、磨制石器、打制石器和琢制石器。红山
文化中磨制石器占很大比重，均经磨光和琢磨
加工而成。从制作工艺来看，红山文化的石器
磨制技术已相当成熟，除石斧、石锛、石刀、
石耜、石犁、石磨盘等生产工具外，还出土有
一些石雕人像（图上 1-6）和石雕饰件，代表
了红山先民发达的石器制作技术和水平。

红山文化玉器，在中国史前玉器的发展
过程中占有十分重要的地位。红山玉文化历史
悠久，早在距今 8000 年左右的兴隆洼文化遗
址中，就发现有琢磨玉器，在同类型文化遗存
的查海遗址中也发现真玉，说明西辽河流域的

图上 1-6　红山文化石雕人像
孔群摄

原始居民已经掌握玉器制作技术。至红山文化晚期，玉文化进入鼎盛阶
段，创造出一批玉猪龙、勾云形玉器、玉箍形玉器及动物造型玉器，形

成绚丽多彩的红山玉文化，与南方的良渚文化并列为中国史前两大玉器雕琢和使用中心。

红山玉器的数量可观，造型独特，种类多样。早期发现的有玉玦、玉匕、管状器、如斧似锛形器等。之后陆续在阜新胡头沟墓葬出土玉龟、玉鸮、玉鸟、玉璧、玉环、鱼形玉佩、联环玉璧，在凌源三官甸子墓葬区发现马蹄形玉器、玉钺、勾云纹玉饰、玉蝉、竹节形玉饰、猪首玉饰，在建平县牛河梁积石冢群发现双联玉璧、马蹄形玉箍、玉猪龙、玉璧、方形玉饰、棒形玉器、勾云形玉饰，在喀喇沁左翼蒙古族自治县东山嘴子遗址出土双龙首玉璜、绿松石鸟形佩，在巴林右旗那斯台遗址发现玉蚕、玉猪龙、玉凤、勾云纹玉佩、玉鸮、鱼形玉饰、三联玉璧、玉斧、玉管等。其中马蹄形玉箍、勾云纹玉饰以及猪龙玦、玉龟、虎形佩和鱼形石坠等动物造型玉器，都极具红山文化特色。

红山文化先民们，对玉器的材质有较高的辨识能力，已能够熟练利用材质的特性，雕琢出造型逼真、生动的玉器制品。玉器制作过程非常复杂，要经过切割、打磨加工、雕刻成型、钻孔、镂空、施纹和抛光等工序。红山玉器整个制作过程已经初步显示出专业化的制作流程，其表面经抛光处理，晶莹剔透，一般在局部雕刻出各种各样纹饰，如凸棱纹、阴线纹、瓦沟纹等，或隐或现，富于变化。红山文化先民的制玉经验、制玉技术对后世产生了重要影响。

"唯玉为葬，唯玉为礼"，是红山文化的重要特征。从考古发掘来看，红山墓葬的随葬品以玉为主，一些处于中心的大墓甚至唯玉为葬。随葬玉器的位置按照装饰类、工具类、礼仪类和动物类等不同的类型摆放。红山玉器除少数具有实用价值外，很多玉器是原始礼器，与祭祀礼仪、图腾崇拜有密切的关系。作为一种思想和信念而存在，是红山先民的审美观念和原始崇拜的一种载体。红山文化的墓葬品中，还有数量不等的猪、狗等，较低等级的墓葬只有陶器陪葬，个别的墓葬没有陪葬品。这说明红山文化时期已经出现阶级分化现象，且等级制度严格。

红山玉龙是红山文化玉器的代表作。赤峰市翁牛特旗出土的一件大型碧玉雕龙，为碧绿色软玉，龙体卷曲成 C 型，高 26 厘米。它的鼻端截平，嘴紧闭，双眼突起，有并排两个鼻孔，尾部尖收而上卷，眼尾细长上翘，无足、爪、角、鳞、鳍，通体光滑。红山玉龙的发现，引起考古界和学术界的关注，拉开红山文化玉器研究的序幕。翁牛特旗广德乡出土一件高16厘米、通体黄色的C形玉雕龙，造型与红山玉龙基本一致。玉龙均出现在墓葬遗址中，可见与祭祀有关。龙是中华民族的图腾，龙的起源一直是学术界关注的问题，红山玉龙的发现，充分印证中国龙的起源同中华民族历史文化的形成和文明时代的肇始紧密相关。红山文化女神像，出现在赤峰水泉遗址中，是一尊泥质褐陶的半身立体圆雕的裸体像，胸前乳房突起。在喀喇沁左翼蒙古族自治县的东山嘴遗址中又出土小型女神塑像和一件中型女神塑像，躯体具有孕妇的特征，引起学术界对红山女神的关注。考古工作者在对牛河梁遗址进行发掘时，发现一处女神庙遗址和一尊较完整的泥塑女神头像，为红山女神的研究提供了极为珍贵的资料。红山文化大量出土的陶塑女性，反映人们对妇女的崇拜，其社会发展阶段应属于母系氏族的繁荣期。

红山文化晚期还出现祭坛、宗庙、积石冢、石砌围墙。其中辽宁省牛河梁遗址最为典型，该遗址坛、庙、冢的规模宏大，以女神庙为中心，用石头砌成大型的祭坛、积石冢，布局统一呈南北一线。在东山嘴遗址中，也发现一座石砌的祭祀建筑基址。它以大型方形祭坛为中心，北翼有两条南北走向的石墙基，南翼有长条形石堆，祭坛前端是石圈形台址和圆形石砌基址。这一系列的发现进一步表明，这一地区曾经出现过辉煌灿烂的人类文明，红山文化对中华文明的产生做出重要贡献。

富河文化以赤峰市巴林左旗北部，乌尔吉木伦河东岸富河沟门遗址而命名，距今约5000年。富河沟门遗址属于细石器文化中的一种。同类型遗存有：金龟山、南杨家营子，巴林右旗古日古勒台、那斯台等遗址。富河文化特征很鲜明，年代略晚于兴隆洼文化，上限早于红山文化，与赵宝沟文化联系紧密，属于在内涵方面与以上文化有着一定相通之处的另一种考古文化类型。它是北方草原狩猎文化和兴隆洼文化的融合，主要经济方式是狩猎和采集。

富河文化遗址分布在河旁的山冈或高地上，地表灰土圈排列有序，灰土圈下的房址数量不一，有多次重叠建筑的痕迹。房址靠山坡呈簸箕形状，上面为长方形，地穴部分以方形为主，中央设方形石板灶，有柱洞，有的房屋靠南部有圆形窖穴。房址面积大小不一，村落的规模大小也不相同，富河沟门遗址的聚落规模要比金龟山遗址大得多。房址的堆积物中发现有大量细石器和动物骨骼，表明这里曾是古代人类居住较长时期的聚落遗址。

富河文化器物群具有鲜明的特征石器数量大，种类多，绝大多数为打制，石器的制作更加精细，形状也趋于规整。出土的石锄、石锛、石凿、石砍砸器等绝大多数有使用痕迹，说明富河文化时期有一定的原始农业。骨器的出土数量多，骨质工具种类有锥、镞、刀柄、针、鱼钩、鱼镖，还有齿骨条、骨饰件等。骨锥的数量多，但制作粗糙。富河沟门遗址中发现的动物骨骼比较多，其种类有野猪、鹿、黄羊、狐、松鼠等。此外，遗址中还发现一些角、蚌、贝、牙质的装饰件等。大量的动物骨骼和渔猎工具表明，渔猎经济在富河先民的生活中占有重要的地位。在富河文化遗址的骨器中发现有卜骨，这种卜骨用鹿或羊的肩胛骨制成，仅有灼而无钻、凿痕迹，未经修整。陶器的质地皆为夹砂陶，均为手制，火候不高，质地疏松，器形种类简单。此外，在房址堆积中，发现一件可以复原的细泥红陶钵，它与红山文化的红陶钵完全一样。由此反映了红山文化和富河文化的相互影响、相互联系，这两种文化的分布范围也有交错地带。

富河沟门遗址，所反映的当时的自然环境属山地森林地带，不同于现代的沙漠草原地区。富河文化是以成熟的细石器、打制石器和夹砂之字纹筒形罐为突出特征，吸收了兴隆洼文化的诸多因素，又显示了不同于周围平行并存着的其他文化遗存的文化面貌，表现了以渔猎经济为主的特点，为新石器文化增添丰富的内容。

小河沿文化以内蒙古敖汉旗小河沿乡白斯朗营子南台地遗址命名，距今5000—4000年，介于红山文化与夏家店下层文化之间。小河沿文化属于新石器晚期文化，反映了父权制确立阶段的基本情况，为北方新石器时代文化领域增添新的文化类型。属于该文化的遗址，还有翁牛特旗解放营子乡大南沟石棚山墓地、敖汉旗新惠石羊石虎山遗址、翁牛特旗老鸹窝梁遗址、赤峰四道井子遗址、克什克腾旗上店村遗址、林西县锅撑子山遗址、喀喇沁旗屡子店西山遗址等。分布范围仍然以老哈河为中心，向北延及西拉木伦河北岸，向南到达渤海一带。

小河沿文化发掘的居址数量较少，居址中有房址、窖穴和灰坑。在南台地遗址中的房址比较典型，该遗址中共发现房址4座，灰坑8个。房址皆为半地穴式建筑，形制分为两种。一种为椭圆形单室，另一种为圆形双室。另有一个小屋，内有大量碎陶片，可能是作为储藏室之用。

在小河沿文化中出土的陶器，无论是制作方法、器形，还是质料、纹饰都有自己鲜明的特点。小河沿陶器多为手制，采用泥条盘筑，在陶泥条的基础上进行螺旋式转动，层层盘筑，较之前的红山诸文化而言，这是一种相对高级的手制陶器。陶器以夹砂陶居多，泥质陶较少。夹砂陶一般分为夹砂褐陶、夹砂黑陶、夹砂红陶、夹砂灰陶。彩陶多为夹砂陶，有红地黑彩、灰地黑彩和红地红彩三种类型，均是烧前绘彩，故触水不脱落，这是小河沿文化一个突出的特点。小河沿陶器还有一个较为明显的特征，即注重造型艺术。器座上出现镂孔的做法，还有造型别致的鸭形壶、鸟形壶等器物，造型生动。南台地出土的猪头饰和狗头饰，形象逼真，堪称新石器时代杰出的艺术品。有的器物周身刻有原始文字符号和原始图案。在翁牛特旗的石棚山墓葬中，发现一个大口深腹罐，上刻有7个符号，引起古文字学家、考古学家和历史学家的极大关注。目前共发现12个这样的文字符号，这些符号表明，人类文明在不断发展。有学者认为，这些符号是商朝时期甲骨文的源头。目前仍然需要大量的工作对这些符号进行考释和破译，以揭开汉字的起源之谜。

小河沿文化的墓葬习俗，以大南沟墓葬群和石棚山墓葬群为典型。氏族墓地选择在高山上，墓地内部分区，区内分为南北向和东西向，纵横密集排列。墓葬形式分为长方形土坑竖穴墓和长方形土坑半洞室墓。有用火烧墓坑的习俗。填土中发现许多烧红土块和木炭屑，部分墓的人骨也经过轻微火烧，说明死者在入土前要举行埋葬仪式。葬式单人仰身屈肢，男女合葬则死者皆头相反，脚相对，屈肢相交。这种葬俗在我国新石器时代墓葬中颇为罕见。绝大部分墓葬有随葬品。随葬器物有生产工具、陶制生活用具和装饰品。随葬品还清晰的反映小河沿文化的社会分工。男性墓多随葬生产工具，女性墓多随葬陶纺轮和蚌质纺轮，可见纺织业由女子承担，男性则主要从事农业生产活动。在石棚山墓葬中的女性头部多佩带蚌珠和发夹，反映小河沿女性的衣着穿戴和追求美的精神生活。石棚山墓葬中还发现4座无骨架墓和4座无头骨墓。无头者用一陶罐代替头部，无骨架者只随葬物品，可能是死者身份低贱或是一种特定的葬俗。

小河沿文化器物的器型、器类和纹饰，既与红山文化内涵上有明显的时代早晚承袭关系，同时也有红山文化所未见或少见的特征。小河沿类型石器中细石器加工更为精致，圆弧骨柄石刃刀更为普遍实用，其中以磨制精致的带孔石铲取代红山文化的石耜，反映出生产技术较红山文化的进步。小河沿文化陶器的早期制作方法、器形、器质与红山文化均有承袭关系。到小河沿后期，泥质灰、黑陶增加，镂空豆、尊等多种器类出现，彩陶图案的几何化，表明制陶业有了新的进步。这些新的因素在夏家店下层文化中都得到充分的发展，具有明显的传承关系，显示出小河沿文化在时代的界定上处于红山文化向夏家店文化的过渡阶段。

内蒙古中南部地区处于阴山以南，长城以北，东西横跨乌兰察布市、呼和浩特市、包头市和鄂尔多斯市辖境。其地理范围内分布着河套平原、土默川平原、鄂尔多斯高原、黄河、大小黑河、阴山山脉等多种地形地貌。由于地处北方季风的尾闾区，受到东南季风、西南季风环流交互作用的地带，又处于黄河流域灌溉范围内，这个地区气候较为温暖，土地肥沃，便于农业经济的初期开发。新石器时代这里人类活动频繁，形成丰富多彩的新石器时代文化遗存。

内蒙古中南部的新石器遗址，主要分布在河套与鄂尔多斯黄河沿岸地区和环岱海地区。诸遗址的聚落形态、墓葬形制、器物群等，反映出新石器时期这一地区先民的经济、文化以及综合生活状态。当时人类已经过着定居的生活，农业经济一直是主要的经济形式。农业生产工具已较先进，以磨制为主，器型多样，广泛使用装柄的复合工具，农业生产技术不断提高。到新石器晚期，农业生产工具发现的数量不多，畜牧经济已开始发展起来。除此之外，新石器时期，内蒙古中南部地区狩猎经济始终存在，是该时期重要的经济形态。多数遗址中出土狩猎工具，有石镞、骨镞、石球、骨梗石刃刀等。

白泥窑子文化遗存得名于清水河县喇嘛湾乡东北白泥窑子遗址。白泥窑子遗址属于一处从新石器时代早期经历新石器时代中晚期，一直延续到青铜时代的新石器时代文化遗址，提供了较为丰富的新石器时代考古资料。学界将白泥窑子遗址的文化遗存分为五种类型：第一种文化的时代大约相当于仰韶文化早期，第二种文化的时代约相当于仰韶文化的半坡晚期，第三种文化的时代界于仰韶与龙山之间，第四种文化的时代相当于龙山时期，第五种文化的时代应属青铜时代的夏至商早期。

这类遗存的房址，一般分布在高出地面的台地上，房基直接建在生土之上或以黄土堆积，平面多呈圆角长方形、方形和梯形，半地穴式，穴壁有轻微弧度，前壁正中有凸出的门道，门道外窄内宽，门向正南或正南偏西。室内有正对门道的灶址，灶与后壁之间有并列的柱洞。居住面抹泥，有的经过烧烤砸实。大部分房址为座西北朝东南，周围水源充沛，适于生产和生活。生产工具常见大型石器和细石器，也有陶质工具和骨质工具。其中大部分是大型石器，从制作方法上看以磨制和打制居多，琢制数量较少。这些工具主要用于农业生产，分工明确。如砍伐农具有石斧、砍砸器，翻土农具有石锄、骨铲，收割农具有石刀，加工农具有石磨盘、石磨棒、石杵等。

陶器分为泥质陶、夹砂陶和砂质陶。以夹砂红陶和泥质红陶为主，其他还有各种质地的灰色陶、褐色陶和白色陶。器形有小口尖底瓶、敛口瓮、钵、杯、假圆足器、器座、哑铃形火种炉等，均为手制，大型器物分段泥条盘筑，而后套接成器。器表以素面和磨光居多。纹饰以线纹为主，还有弦纹、绳纹、彩纹、附加堆纹，镂空极少。彩陶为黑彩，有圆点、弧线三角等组成的花草纹饰图案，属于白泥窑子早期彩陶，是中原彩陶艺术的继续和发展。反映几千年前居住在内蒙古黄河沿岸先民追求美、创造美的过程，从而丰富和发展了我国原始彩陶装饰艺术。彩陶的出现，说明白泥窑子先民的原始农业已经占据主导地位。

白泥窑子一类文化遗存，与中原后岗一期、半坡和庙底沟文化有许多相似之处，但在遗存的形成过程中，又有着自身特征的陶器群，呈现出独特的文化面貌，是仰韶文化的一个地方类型。它对于内蒙古中南部古代文化区、系、类型的研究，具有重要的学术价值。

庙子沟文化遗存相当于仰韶时代晚期的文化，在内蒙古中南部分布广泛。有托克托县海生不浪，和林格尔县二十家子，察哈尔右翼前旗庙子沟（图上 1-7）、大坝沟，丰镇市北黄土沟，凉城县红台坡上、东滩，准格尔旗周家壕、寨子上、白草塔、鲁家坡、张家圪旦与商都县章毛勿素等多处遗址。

图上 1-7 位于察哈尔右翼前旗的仰韶文化庙子沟房基遗址 出处同图上 1-1

庙子沟文化遗存的居址，多选择在靠近水源、背靠山坡的台地上，地表尚见房址、火灶、灰坑等遗迹。房址均为半地穴式建筑，成排分布，平面呈圆角长方形、方形、梯形。门道以斜坡式为多，也见有石板或硬土台阶式。居住面及墙壁用白砂泥或草拌泥抹成，多经烧烤。室内正中靠近门处设有坑灶，有圆形灶或圆角方形灶炕，也有双灶同设，圆形灶在前，方形灶在后。柱洞分布于室内四角周边和门道两侧。在庙子沟遗址中，房内四角一般设有窖穴，有的窖穴及其周围的居住面和灶坑内葬有人骨。成年人的尸骨随意弃置，儿童的尸骨则常葬在灶坑内，葬式较为零乱，无一定头向和形式，这样的尸骨放置方式，显然不属于正常埋葬。值得一提的是，这类文化遗存中，房屋内有一定数量的生活用具和生产用具，并有成人男女和小孩合葬的情况，说明当时已经存在有家庭。

　　生产工具有磨制石器、打制石器和细石器，还有少量的骨器和陶质工具。磨制石器水平较高，制作精细，器形主要有石刀、石斧、石铲、石镞、石凿、石磨盘、石磨棒、石纺轮、石叶、石镞等。骨器皆用动物骨骼加工而成，有骨柄石刃刀、锥状器、骨片等。这些生产工具成套组合用于砍伐、翻土、收割、加工和狩猎，说明当时的先民已经拥有家庭的定居生活。经济以原始农业为主，并且发展水平有了大幅提高。在一些遗址中还出土鹿、狍、獐、虎、野山羊、狐等野生动物和羊、马、猪、狗等家养动物骨骼，以及鱼、龟、螺蛳、蚌壳等水生动物遗骸，表明作为农业经济重要补充的狩猎业和畜牧业同时存在。

　　这类遗存的陶器有泥质陶和夹砂陶。夹砂陶一般为褐色或红色，纹饰以绳纹为主，也有篮纹和附加堆纹，器形多罐、瓮。泥质陶以红褐陶数量为多，灰色和橙色次之，黑陶极少，多素面或磨光。泥质陶中富有特色的是彩陶（图上1-8）。彩绘有单彩和复彩，有内彩和外彩，皆为手制。纹饰往往以网纹、鳞纹、曲线纹、涡旋纹、条纹、锯齿纹和草叶纹等几何图案组成，彩陶多饰于小口鼓腹罐、盆、钵等器表上。在海生不浪遗址中发现一个小口鼓腹罐，口沿处绘有三根竹竿和两片竹叶，反映出较高的制陶工艺水平。

　　庙子沟文化是在继承白泥窑子文化的基础上，吸收周邻地区诸多文化因素的基础上发展起来的，属于仰韶时代晚期文化。这里出现的双灶房址以及用涡纹、菱形网格纹绘制的繁缛彩陶图案，可能受到马家窑文化的影响，同时红山文化因素同庙子沟文化接触、融合，形成内蒙古中南部沿黄河

图上1-8　庙子沟出土的彩陶器盖　现藏内蒙古考古研究所，出处同图上1-1。

区域鲜明的文化特征。其文化因素依地域的差异，在共性的基础上存在区域差异，因此庙子沟文化又可以分为庙子沟类型、海生不浪类型和阿善二期类型。

　　阿善文化是内蒙古新石器时代晚期考古文化。人们曾把这种文化遗存称之为"细石器文化"，后又称"龙山文化"。在包头市东河区东15公里阿善沟遗址，共发现四个时期文化遗存的迭压关系，前三期属于距今6000—4200年的新石器时代，第四期已经进入青铜器时代。其中阿善一期文化的年代，约在公元前4000年，相当于仰韶文化的早中期形态，但其遗存分布较为稀疏，不及白泥窑子遗址第一种文化遗存丰富。原始先民聚落分散，住房为半地穴式的方形间。发现的遗迹、遗物较少，陶器为手制，多泥质红陶和夹砂红褐陶，出土的石器仅见石斧、石刀、石磨盘、石磨棒等生产工具。说明当时这些地区的居民主要从事农业生产。阿善二期文化，年代大体为公元前3700—前3000年，相当于仰韶文化晚期。与一期文化相比，房子的数量明显增加，居住地址都选择在临近水源的高地上。生产工具主要有石斧、石刀、石磨盘、石磨棒等。陶器作为生活用具，形式多样，以褐色陶为主，均为手制。器形有折腹钵、小口双耳瓮、直腹罐、敛口罐、陶埙（图上1-9）等。

图上1-9　阿善文化遗址出土的陶埙　现藏内蒙古考古研究所，出处同图上1-1。

　　阿善三期文化，年代约为公元前3000—前2500年。这一时期的文化遗迹非常密集，遍及整个遗址和临近的山前台地，应该是这一地区原始文化的全盛时期。阿善第三期文化分为早、晚两个发展阶段。早期的房子为长方形、半地穴或沟槽结构的地面建筑，平面多呈梯形或长方形。门设在前墙正中，向南偏西。室内设方形地面灶，有的屋内还设有壁龛。地面和墙涂草拌泥，地面略经烧烤，房址周围有圆形或方形窨穴。晚期的房子新出现石壁地面建筑。墙基均为石块砌筑，有方形、长方形、椭圆形几种，门多向南，多设门坎和石阶，灶坑用石块围砌。房子井然有序，密集排列。在一些房子的一侧还发现耳房，为存放粮食之用。在窨穴中，发现用来贮存水的水窖。在居住区的周围，修筑起环绕村落用于防卫的石筑围墙。石围墙使用交错迭压的方法砌石，依地形而建，上下起伏。这种围墙为了解我国早期城堡式聚居提供了实例。此外，在阿善三期文化中还出现大型石砌祭坛，由圆形与长方形石框组成，象征着"天圆地方"。祭坛遗址的出现，表明阿善三期原始宗教的萌芽和发展。

生产工具有石器、骨角器和陶质品，大型石器居多。骨角器有骨针、骨锥、针筒、骨制刀柄等。此外还发现不少用于装饰的骨制项圈、玉环、石环。从阿善三期出土工具来看，阿善原始先民的主要经济形态是定居农业，同时兼营着狩猎业和渔业。家畜的饲养在当时的经济活动中已占有一定比重。陶器有泥质、夹砂、砂质三种，泥质陶居多，均为手制。早期火候不高，陶色不均，以灰陶为多，黑陶、褐陶次之。晚期烧制火候较高，陶色均匀，质地坚硬。器形增加豆、钵状口瓶等。

以阿善三期文化为代表的文化遗存，晚于庙子沟文化遗存，相当于中原仰韶文化向龙山文化的过渡期。发展时间较长，也较稳定，是一种具有地域性特点的新石器考古文化类型。据调查，阿善三期文化分布范围，北起阴山，南到黄河边，西到鄂尔多斯腹地，东到南流黄河以东。在呼和浩特市的和林格尔县、清水河县，鄂尔多斯市的准格尔旗、达拉特旗、伊金霍洛旗都有发现，主要有古城湾、莎木佳、官地、寨子塔、石佛塔、敖包沟和转龙藏等遗址。这类文化遗存的发现和发掘，为研究内蒙古中南部地区新石器时代文化及我国文明的起源，均提供有重要的实物资料。

老虎山文化得名于老虎山遗址第一、二期遗存，遗址位于乌兰察布市凉城县境内（图上 1-10）。考古工作者先后发现西白玉、狐子山、板城、园子沟、合同窑等遗址，并进行清理和挖掘，认为这些遗址内涵与老虎山遗址的文化内涵有很多相似，因此以"老虎山文化"统一命名这类遗存，其年代距今 4000—5000 年。

图 1-10 老虎山石城遗址 出处同图上 1-1

　　老虎山文化的生产工具主要是石器，也有骨器。石器以磨制石器为主，也有琢制石器、打制石器和细石器。器形有石镞、石斧、石刀、石铲、石镰、石磨盘、石磨棒等，骨器有骨锥和骨针（图上 1-11）。典型的器物是斝、瓹，有圆底和尖底之分，改变以往平底器为炊具的习俗，增加熟食程度。老虎山文化中尖底斝到斝式鬲的发展谱系清晰，为探讨鬲的起源及发展提供了极其珍贵的标本。老虎山文化房址附近，发现有多处专门烧制陶器的小型陶窑，在老虎山遗址二期遗存中还发现由窑室、火口、火膛、火道以及窑箅等构成的更为先进的圆形陶窑。说明当时有一部分人已经脱离农业生产，专门从事手工业。

　　老虎山文化标志性的特征是石城聚落群的出现。老虎山文化的居住址多分布在岱海西、北山前坡地上，周围有石城墙环绕，依地形起伏，呈不规则状。一般在缓坡筑墙，在山势陡峭处筑墙另加石垛，以防倒塌。石城聚落大小不等，以老虎山聚落面积为大。在老虎山二期遗址中，有一段保存比较完好的石围墙，布局清楚，是一处可以复原的比较完整的聚落遗址。石墙西北至东南长 38 米，东北至西南宽 31 米，石墙依山势走向修建，呈不规则的簸箕状。这类文化遗存中还可见排成一排等距离安放的石头方堆，可能是作为祭祀之用。老虎山文化的房址一般

为半地穴式和窑洞式。老
虎山遗址为圆角形半地穴
式建筑，地面铺垫黄土，
门向东南，遗址房屋地面
和墙壁采用白灰涂抹结
构，居住址内仅见个别窑
址。园子沟遗址中发现数
量较多、布局清晰的窑洞
式房屋，墙面普遍使用白
灰涂抹，平面有方形和凸
字形，其中凸字形房屋具
有特色。一般两三座房子

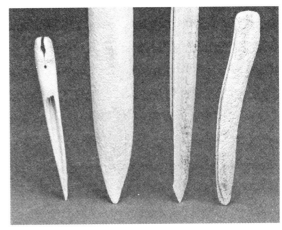

图上 1-11　老虎山出土的骨尖状器、骨柄石刃剑、骨柄石刃刀　现藏内蒙古考古研究所，出处同图上 1-1。

建在一起，共用一个院落，作为活动场地。屋子由前室、后室组成，前室作厨房之用，后室为卧室，分工明确。其文化面貌具有鲜明的地方特色，说明生活在这里的古代人类开始过上定居生活，从事着原始狩猎、农业生产活动。

内蒙古地区的新石器遗存分布密集广泛（图上 1-12、图上 1-13），

图上 1-12　鄂尔多斯出土的石器　现藏呼伦贝尔市博物馆，出处同图上 1-1。

图上 1-13　鄂尔多斯出土的石器　现藏呼伦贝尔市博物馆，出处同图上 1-1。

　　这些文化遗存在与中原文化的碰撞、融合过程中，同时受地理环境和自身发展因素的制约，形成各具特色的文化面貌。这一时期，人们主要从事原始的农业经济，渔猎、采集经济占有较重要的地位，为内蒙古地区的早期开发做出了贡献。

第三节　青铜时代

朱开沟文化　西岔文化　夏家店文化

　　中国北方草原地区处在欧亚大陆草原的东端，邻近古老的文明中心——黄河流域，这里自古以来就是诸多游牧或半游牧民族往返迁徙、交错杂处的地带。在西起黄土高原、鄂尔多斯高原，东到鸭绿江畔的广大北方地区，都有先民们创造的独特文化。当中原地区进入青铜文明时代，这里也有了自己的青铜文明。在相当于中原夏代或商代早期时，北方草原就出现了风格独具的青铜器群，包括夏家店下层文化和夏家店上层文化、大口二期文化、朱开沟文化出土的青铜器以及鄂尔多斯式青铜器，都是中国北方青铜器中重要的组成部分。这些具有草原游牧民族风格的青铜器与中原地区商周时期的青铜器有明显区别，尤其是夏家店下层文化同中原早期青铜文化相比，不仅不落后，而且在某些方面还比较先进。遗址中出现大量中国北方青铜器，为中国古代青铜文明增添了异彩。

朱开沟文化，因内蒙古鄂尔多斯东部伊金霍洛旗纳林塔乡朱开沟遗址而得名。面积2700平方米，加上清理的灰坑和墓葬等，共揭露面积约4000平方米。共发现不同时期的房址83座、墓葬329座、瓮棺葬19座，出土可复原陶器约510件、石器270件、骨器420余件、铜器50余件。还采集到大量可供鉴定种属的动物骨骼等。根据对挖掘的遗址和出土遗物的综合分析，朱开沟遗址的时代上限为距今4200年的龙山文化时代晚期，下限为距今3500年的商代前期，前后延续800年。其文化特征主要表现在陶器制作工艺方面。朱开沟文化遗址中发现数量众多、种类齐全的炊、食、饮、贮、盛陶制器，而且形制复杂多变，制作工艺高超，专业制陶已形成规模[④]。

第一阶段的陶器主要以夹砂灰陶、泥质灰陶、夹砂褐陶、泥质褐陶和泥质黑陶为主，纹饰以篮纹为众，绳纹次之，素面略少，此外还少见磨光、弦纹、压印纹和附加堆纹。在大量陶器的口沿或肩部流行磨光的风格。第二阶段的灰陶数量急剧增多，其中泥质灰陶数量有所增加，但夹砂灰陶数量却相对减少。陶器纹饰仍以篮纹为主，但所占比例比前阶段略有降低，绳纹数量相对有上升趋势。陶器基本上多以手制为主，但一些器型出现模制的部分明显增多。第三阶段的陶器仍以灰陶为重，泥质灰陶在此阶段仍处于上升阶段，夹砂灰陶数量仍处下降趋势。褐陶数量增加，黑陶数量则进一步锐减，砂质薄胎陶的数量有大幅度增加的趋势。陶器纹饰仍以篮纹和绳纹为主，蛇纹和方格纹的数量有所增加，并出现鬲身和三个袋足一次模制成型的新工艺。此阶段还出现少量铜凿、铜针等小型工具及铜臂钏、铜耳环等装饰品，是内蒙古中南部地区出土的早期铜器并且具备准确地层关系的地点之一。第四阶段黑陶不见踪迹。泥质灰陶数量继续减少，褐陶数量依旧呈上升趋势。纹饰中篮纹数量减少，绳纹数量剧增，绳纹加弦纹的组合尤为流行，蛇纹数量也在增多，并出现少量的云雷纹。第五阶段的陶器与前阶段比较，灰陶依旧占据主导地位，但多呈灰褐色。砂质薄胎陶数量继续增多。纹饰方面篮纹继续减少，绳纹依旧处于上升趋势，蛇纹和弦纹的数量没有大的变化。

此阶段铜器除小件工具外，新出现铜短剑、铜戈、铜刀、铜镞、铜护牌、铜项饰等生产工具、兵器和装饰品。

从以上各阶段的出土遗物可以看出，朱开沟文化的陶器依照质地可分为夹砂陶、泥质陶和砂质陶三大类，其中砂质陶数量较少，其余两种占较大比例。陶色则以灰陶为众，夹杂少量褐陶及黑陶。夹砂陶胎体较为厚重，多用于制作高领鬲、斝等大型炊具，胎内所含砂粒粗细相间。泥质陶质地纯净，多用于制作三足瓮、双耳罐、单耳罐、高领罐、盆、大口尊、壶、碗、盉等器具。蛇形鬲、带钮罐等器型陶胎较薄，质地细腻，多用粘土与河湖泥沙土混合物制作。陶器纹饰以绳纹和篮纹为主，也存有一定量的方格纹、附加堆纹、蛇纹，还有少量的弦纹、三角纹、云雷纹、刮线纹、压印纹等。朱开沟遗址的陶器制作普遍采用泥条盘筑、分段套接的方法。存有少量的轮制陶器多为罐类，以慢轮修复为主，少量采取快轮工艺技术。朱开沟遗址中的鼓腹大三袋足瓦鬲自成系列，造型别致多样，且数量多，占全部出土陶器500余件的半数以上。陶鬲器壁轻薄，侈领不高，侈领下接三个肥硕发达的大袋足，主要容积集中于袋足部位，袋足与领部间形成明显的折角状接痕，袋足下几乎不带有实足跟。一些陶鬲颈部附加一对折板耳，多数唇部附加数个舌状小扳钮。陶鬲器表通体施细密的竖绳纹，绳纹之上附有蛇纹或棱纹。既有明显吸收中原仰韶文化因素影响的痕迹，也保持有自身演变发展序列的完整性。花边鬲、蛇纹鬲、单把鬲，以及伴瓦鬲出土的斝、盉和三足瓮等，展示出距今4000年前后，鄂尔多斯地区以朱开沟为代表的鬲文化已发展到很高的水平。

陶器烧制技术的先进，也为后续青铜冶炼、铸造的兴起创造了有利条件并奠定必要基础。朱开沟文化出土有指环、臂钏、凿、锥、针、鼎、爵、戈、刀、剑、镞、护牌、项饰等工具、兵器和装饰品。朱开沟遗址发现的青铜器是时代最早的鄂尔多斯式青铜短剑、青铜刀及随身佩戴的装饰品，基本明确鄂尔多斯式青铜器起源地点。朱开沟遗址的环首剑作为此类剑中年代最早者，对后世影响深远，其造型多见于西周以来的北方长城地带，更远的发现北至外蒙古及外贝加尔地区。

朱开沟遗址发现的卜骨，所用材料主要是牛和鹿的肩胛骨（图上

图上 1-14　朱开沟遗址出土的占卜的牲畜肩胛骨　选自《鄂尔多斯史海钩沉》，高毅、王志浩、杨泽蒙编著，文物出版社 2008 年版。

1-14），另外还有少量猪、羊、骆驼和熊的肩胛骨。多数卜骨在使用前都对所选用的骨料进行刻意加工，常见的方法是将肩胛骨后缘修平，关节角或关节颈亦去掉，仅留少量能够直接使用未加整治的骨料。卜骨上的孔多为灼、钻而致，少数只灼不钻，未发现凿孔。

　　朱开沟遗址各阶段的房屋建筑形式不尽相同。第一阶段主要流行方形和长方形半地穴式白灰面式建筑，此种建筑属朱开沟文化以前内蒙古中南部诸多考古学文化所流行的普遍形式，但圆形半地穴式形态出现。第二阶段圆形房取代前期房址的建筑地位。此种圆形房址与河南安阳后岗、汤阴白营等后岗二期文化的流行建筑类似。第三、四阶段的房址地面建筑很少，白灰抹面现象仅剩残余，居住面采用黄土或红泥铺垫。此阶段房屋建筑比较集中。第五阶段房址以方形为主。朱开沟文化的各阶段房屋建筑形式不一，可明显看出此类建筑是继承内蒙古中南部自仰韶时期以来的建筑传统。晚期阶段，地面存有墙体建筑之外，还保留一定数量的半地穴式建筑，甚至存有少量利用废弃灰坑改建的临时性建筑，此种现象表明朱开沟文化时期存在贫富两极分化现象。大面积居住房址与小型、简陋房屋并存的现象，更能表明上述推断存在的可能性[⑤]。

　　朱开沟遗址墓葬的丧葬习俗，流行仰身直肢葬竖穴土坑墓。第一、二阶段墓葬是长方形竖穴单人葬，随葬品伴出率高，出现少量的木棺葬具，流行殉牲习俗；第三阶段变化较大，墓穴面积明显增大，深度加深，个别墓葬填土有被夯实的现象，并出现多种形式合葬的埋葬方式，其中有夫妻合葬及妻妾殉葬墓、瓮棺葬、三人以上合葬方式。异性合葬墓中，均以男性为主导地位，置于墓坑中部的棺椁之内，女性则多侧身屈从于男性，显示出男女有别和贫富分化的地位差别迹象。此阶段墓葬中也流行殉牲习俗，并数量较大，殉牲的种类除猪下颌骨外，还有羊下颌骨、兽下颌骨和整具狗骨。大型墓葬的妻妾陪葬墓中殉牲数量较多，小型墓葬则无任何随葬品，体现出贫富严重分化的程度。

朱开沟遗址的社会发展阶段，已处于父权制高度发达的"古国"，即高于部落的稳定、独立的政治实体文明的后期，并不逊色于中原地区同时期人类集团的发展进步，已步入文明社会的大门⑥。以朱开沟文化为代表的人类集团，适时改变土地利用方式及经济结构，社会经济由农转牧或半农半牧。中国北方畜牧文化的雏形，首先在鄂尔多斯地区从原始农业文化中分离出来，完成人类历史上的第一次社会大分工，这对于中国古代社会发展史具有划时代的意义。而以鄂尔多斯青铜器为代表的中国北方游牧民族文化，亦是由此在朱开沟文化的基础上逐步发展起来的。

朱开沟文化的集中分布地区虽然不算十分广阔，但向四周地区的渗透力却很强，显示其强大的生命力。鄂尔多斯地区地理位置的特殊和优势，为朱开沟文化的蔓延提供了优越条件。考古证实，朱开沟文化的明显南移，发展成晋、陕黄河两岸的李家崖的商文化遗存，向西南影响到关中北部的商文化遗存，向东影响到河北省北部一带商周之际文化遗存。朱开沟文化的南下对中原农耕文化的反哺，将其文化代表性器物之一的三袋足瓦鬲扎根中原，并以其炊、贮的实用性广为传播，对于黄河流域龙山文化时代鬲文化的兴起，一直延续到青铜时代，发挥决定性的作用。

西岔文化遗址位于内蒙古清水河县单台子乡西岔村南的台地上，西邻黄河，东南环绕西岔沟，北面为狭长的缓坡，地势西北高东南低，东、南、西三面环水，地理环境优越，是人类生产、生活的理想处所。遗址占地面积约120万平方米。出土丰富的陶、石、骨、铜、金器等古代遗物。遗址包含仰韶、龙山、朱开沟及西岔四个阶段的文化遗存。

第一阶段的文化遗存属仰韶时代中期，揭露的一座房址为半地穴式建筑，面积达 12 平方米，平面呈间宽大于进深的长方形，烧土居住面。圆形坑灶位于室内前部。围绕半地穴四周分布有成排的柱洞，内周柱洞分布密集，外周柱洞分布疏散，居住面中央又见相互对称的大型柱洞。门道开于南部，呈斜坡状。灰坑多呈圆形桶状。陶器组合主要为弦纹鼓腹罐、重唇口尖底瓶、宽彩带钵、盆、瓮等。第二阶段的文化遗存相当于龙山阶段晚期。房屋均属圆形半地穴式建筑，白灰居住面，石板灶，门道向南，个别房屋的门道用石块封堵。灰坑多为长方形直壁平底坑。陶窑为横穴式，圆形窑室，其底部发现有放射状的火道。墓地以石板作葬具是其主要特色。根据墓葬形制可分为两类：第一类墓葬分布无一定规律，均为仰身屈肢葬，头向西。合葬墓较为常见，多无随葬品，仅个别墓葬中随葬石制手镯；第二类墓葬布局非常规整，是一处颇为完整的氏族墓地。一排墓葬多以七八座墓构成，整个墓地自东向西共分布九排墓葬。葬式以仰身直肢葬为主，头向东南，尸骨多见扰乱现象。随葬品稀少，随葬的石制手镯与第一类墓葬相同，另见少量的石斧。遗址中出土的遗物以陶器为大宗，双鋬鬲、绳纹夹砂罐、高领折肩罐、斝是陶器群中的主要组合。第三阶段文化遗存属朱开沟文化范畴。房屋为小型方形半地穴式建筑，烧土居住面，流行壁灶，柱洞极少，门道向东南。灰坑多呈圆形袋状。陶窑为竖穴式，圆形窑室，窑箅上有多个分布有序的箅孔，火膛呈穹庐状，火道向西。陶器群主要由蛇纹鬲、三足瓮、侈沿罐、盆、钵等构成。第四期文化遗存分布较为广泛，内涵丰富，房屋、窖穴和陶窑组成 3000 年前的西岔村。

西岔村石城墙宽 1.2—1.5 米，存高 0.6—1.6 米，东西走向，长约 150 米。未发现城门遗迹，利用这道坚固的石城墙及陡坡、冲沟、悬崖等自然屏障，这里形成比较坚固的防御体系[⑦]。墙内半地穴式的方形房屋东西成排，错落有致，多为单间，仅见两组双连间建筑。平面呈长方形，绝大多数四周筑有夯土墙，居住面为垫土面，灶位于房内正中，或有附灶位于房内一角，多用石板围砌或铺就。个别房内有柱洞，门道多向东或东南。灰坑多分布于房屋的周围，以坑口呈椭圆形、圆形的直壁平底坑为大宗。个别灰坑掏有壁龛或有用石片做成可踩踏的阶梯，有的坑壁经过修补，坑壁存有石砌围墙或夯土墙。坑内堆积中大多包含破碎的陶器和其他遗物，但有的灰坑中放置被肢解的人骨和填充石块的现象非常引人注目。抛弃肢解人骨，可能是一种人祭现象。而在灰坑中有意填充石块，也反映另外一种形式即石祭意识，这种石祭现象在青铜时代曾经流行于西北地区。

石城墙外北部和东部，土质优良、临近水源之处建有专门的陶窑区。陶窑均为竖穴式，窑室平面呈圆形，多为单孔窑箅，火膛呈穹庐状，火道向西。在那里工匠们烧造出的颇具商文化风格的鼎和豆，受先周文化影响的双耳鬲和双耳罐，还有独具特色的双鋬鬲和双耳罐。陶器群具有明显的自身特点。陶器以灰褐陶和褐陶为主，主要纹饰为绳纹，另有一些水波状划纹，器物的双鋬非常发达，并有一定数量的双耳。主要器类有高领鬲、侈沿鬲、甗、高领壶、鼎、豆、双鋬罐、单把罐、鼓腹罐、钵、盆等。石器主要为长方形石刀，另见斧、铲、凿、砺石等。从陶器群反映的情况来看，西岔文化既包含来自中原及西北地区的文化因素，又吸收本地早期考古学文化的一些成分，形成多元一体的文化结构。

大规模的墓葬群在第四阶段文化遗存中尚未找到，只在遗址发掘区内和周边山坡上发现零星墓葬。墓葬均为小型竖穴土坑墓，葬式为侧身直肢，头向北。随葬品以玛瑙项链、弹簧式耳环为常见，此外还见有铜管銎斧、戈、铃、镜形饰、泡饰及金耳环等。青铜器多数出土于墓葬，少量出自灰坑。器类有管銎斧、竖銎斧、戈、铃、环首刀等。虽然组合比较明确、简单，但已具备早期北方青铜器的基本内涵，而且体现出一些自身的文化特征。纹饰种类也简单，波折纹、贝纹、弦纹、镂空多见于剑柄，而圆圈纹、凸棱纹则装饰在斧身。刀多素面，个别柄部装饰波折纹。制作工艺粗糙，器型形制固定。刀，可分为环首刀、直柄刀、不规则孔刀三类。直柄刀，凹背，刀尖圆钝，为其他地区所不见。

西岔周围并没有铜矿，推测他们的铜料应为舶来品。人们将交换来的青铜溶化后倒入泥范中，铸成铜斧与铜剑。青铜多用于武器、工具和高档装饰品。其中环首刀是获取生活资料必备用具，而管銎斧作为商周时期北方部族常见的短兵器，适用于近身格斗。值得注意的是，灰坑中集中出土一些铜器铸范，比较完整的有：一块管銎斧外范，一件竖銎斧内范，还有短剑、刀等兵器范，工具范的残片，以及坩埚残片等。这些铸范都是陶范，与陶范伴出的青铜器有管銎斧、竖銎斧、戈、铃、剑等。斧范所铸器型有长管銎斧及銎内斧之分，后者居多。长管銎斧，斧身呈长方形。銎内斧，銎部无突出的管，斧身呈刃面较宽的梯形。饰纹以素面为主，另见圆圈、凸棱纹。剑范出土的数量少于斧范，未见完整者。陶范为确认西岔遗址出土青铜器的产地提供了科学依据。陶范和青铜器的时代相当于商代晚期。西岔遗址出土有陶范，表明商朝时期，陶范铸造技术并非只限于中原，在内蒙古中南部也存在。

西岔遗存出土的青铜器不仅组合明确，具备复杂的地层关系，共存丰富的陶器，而且形成明显的自身特征。因为以往北方长城地带发现的早期北方系青铜器，科学出土的很少，多属零散的采集品，绝少共存陶器，这为年代、产地、考古学文化归属问题的研究带来相当的困难。所以，从西岔文化青铜器群出发，既可解决一部分青铜器的产地、文化归属问题，又可以为早期北方系青铜器的年代分期、群组划分等学术课题的研究提供有益的借鉴。春秋晚期以后，西岔文化已衰亡，但其影响却很深远，代表这一文化较早特征的弹簧式耳环、水波纹至战国时期仍颇流行，尤其是水波纹，甚至成为汉代匈奴文化的代表性装饰花纹。

在内蒙古中南部，早于西岔文化而且年代接近的考古学遗存是朱开沟文化。与朱开沟文化相比，西岔文化不含朱开沟文化的标志性器类三足瓮等，而朱开沟文化中不见西岔文化的鼎、双扳罐、单把罐等典型器类。朱开沟文化的陶鬲和瓿等器物表面的蛇纹（棱纹）几乎不见于西岔文化的陶器之上。二者的指示性器类——陶鬲存在着较大差异，西岔文化的陶鬲体量高大厚重，高筒腹下接三个不太发达的袋足，主要容积集中于上部的筒腹部位，空足与筒腹间无明显接痕，空足下接发达的高锥状实足跟，颈部对称附加两只扳手，器表施竖绳纹，部分口部磨光。而朱开沟文化的陶鬲器壁轻薄，不太高的侈领下接三个肥硕发达的大袋足，主要容积集中于袋足部位，袋足与领部间形成明显的折角状接痕，袋足下几乎不带有实足跟，一些陶鬲颈部附加一对折板耳，多数唇部附加数个舌状小扳钮，不见发达的扳手，器表通体施细密的竖绳纹，绳纹之上附有蛇纹或棱纹[⑧]。

西岔文化的墓葬中不见仰身直肢葬，多见侧身直肢葬。其次，从器类组合方面似乎可以初步看出，西岔文化的陶器群以带双扳的鬲、高领罐、鼎、豆为基本组合。西岔文化中常见的甗、鼎、双扳罐、鼓腹罐等，均已存在于游邀中晚期及娄烦地区二里头晚期遗存中，反映西岔文化在陶器器类方面对早期文化的继承。然而，西岔文化中缺乏前两种早期遗存中的瓮、斝、盉等代表性器类，而新见高领罐（壶）、带耳罐等器类，则反映同一文化系统内在器类组合层面上的阶段性变迁。

西岔文化遗存的发现，填补内蒙古中南部商周考古的空白，为研究这一时期中国北方长城地带考古学文化的布局及互动关系提供了新资料。

夏家店文化遗址。夏家店村位于辽河上游地区，属于内蒙古赤峰市王家店乡。因在这里发现两种时代和文化性质都不同的青铜时代文化，被命名为夏家店下层文化和夏家店上层文化。夏家店下层文化是中国北方青铜时代的早期文化，其年代约在公元前 2000 至前 1500 年，文化延续时间较长，相当于中原地区夏代和商代早期。夏家店上层文化的年代为公元前 1000 至前 300 年，相当于商周之际到战国早期，属山戎文化。夏家店文化的分布范围很广，北部越过西拉木伦河，南面越过河北省拒马河，西到张家口、宣化一带，辽河以西包括京津地区在内的燕山南北，遗址分布以赤峰市、通辽市南部、锡林郭勒盟东南部地区为密集。该文化青铜器的种类繁杂，以工具、武器、饰件为多，在器柄上常铸有动物纹，青铜短剑，剑身多为直刃，也有曲刃的。

夏家店下层文化的重要考古发现，有在赤峰市克什克腾旗和赤峰郊区出土的弦纹青铜甗；在敖汉旗大甸子，出土极为丰富的陶制礼器和部分铜器、骨器等；在翁牛特旗头牌子出土的四件大型青铜器（为一甗三鼎）；在宁城县三座店遗址发掘出的 91 间房屋遗址。其中陶系有夹砂灰陶、夹砂陶褐、夹砂黑陶、泥质黑陶、泥质灰陶和泥质红陶，以夹砂灰陶和褐陶为主，泥质灰陶次之，夹砂黑陶、泥质黑陶和泥质红陶较少。陶器的纹饰以绳纹和绳纹加划纹为主，附加堆纹，素面磨光也占一定比例。实用的夹砂灰陶火候较高，器表除素面外，多饰绳纹，篮纹和附加堆纹也占有相当比重。陶器制法有手制、轮制、模制三种，手制陶器为主，是其传统工艺，后两种制作方法的陶器比较少。陶器中的筒形鬲是夏家店下层文化常见的器形，富有特色，是其他文化所没有的。器型主要有鬲、盆、罐、瓮、壶、豆、盘、尊、鼎、钵，以鬲、盆、罐类为多，腰部饰附加堆纹的肥袋足鬲、筒腹鬲、罐形鼎、鼓腹罐、盂、鼓腹盆为代表性器物。反映夏家店下层文化面貌的大甸子遗址和墓葬中出土的400余件特征鲜明的彩绘陶器，不仅代表该文化制陶工艺的高超水平，而且也是该文化艺术的代表作。作为冥器随葬的陶器，火候低，胎呈红色。在烧制完成的陶器表面，用红白两色矿物颜料，加黏着性调和剂绘画。多以白色画主纹，红色填底。花纹图案有饕餮纹、云雷纹、蟠螭纹、龟蛇纹、鸟蛇纹，更多的是以卷曲的笔道构成的各式单元图案。

夏家店下层文化的生产工具主要还是石器，打制石器、磨制石器、细石器与打磨石器共存，以磨制石器为主，打制石器较少。器类有锄、铲、斧、刀、锛、凿、杵、盘等。条形石斧、扁平石铲、矩形石刀、亚腰形石锄、三角形石镞和刮削器等均有发现。从条形石斧、扁平石铲、矩形石刀、亚腰形石锄这几种生产工具所反映的生产技术发达状况来看，夏家店下层文化是以农业经济为主，其水平并不低于黄河流域同时期的农业文明。玉器制装饰品多出于墓葬，材质有软玉、大理石、绿松石、玛瑙等。种类有斧、璧、环、璜、玦、管珠、筒形器及勾云形佩、鸟形饰、蝉形饰和璜形坠、条形坠、圆柱形坠等，以形体较小的随身佩饰为主。

夏家店下层文化遗址中的弦纹青铜鬲、一鬲三鼎等大型青铜器物和带有铭文的青铜礼器，是内蒙古东部地区早期青铜时代人类文明的重要标志，是研究内蒙古东部地区古代文明史的重要线索。虽然铸造工艺一般都比较原始，但证明夏家店下层文化是与黄河流域青铜文化并存的早期北方青铜文化。铜器的形制和纹饰与夏家店下层文化的陶器相同或有明显的联系，说明这些大型青铜器是夏家店下层文化的青铜器，非外来物。遗址中出土的铜刀、铜耳环、铜镞等小型青铜工具或装饰品，形制与商代的一样，但出土的铜耳环则不见于商文化。从墓葬中出土的小型铜铸件来看，这里的人们已脱离使用金属的初级阶段，较好地掌握了制造青铜铸件的技术。

夏家店下层文化同中原早期青铜文化相比，在某些方面还比较先进。如夏家店下层文化遗址是以若干聚落群组成统一的聚落群群体，群体内有中心与外围的区分。外围的聚落群逐层次地向中心聚落凝聚，特点是出现大小不一的古城。城分石砌和夯土两种，这些城不是孤立的存在，而是统一筹划的整体结构，即聚落群群体。夏家店下层文化先民们居住的房子不仅用土坯造墙，而且在土坯墙外还建有石墙，是二层夹墙。大小城郭的兴建以及居住房子二层夹墙，说明这时期军事活动频繁，反映当时游牧与农耕两种经济矛盾斗争的激烈。城堡的形成是进入文明时期以后的产物。分布在赤峰地区阴河、半支箭河等河流的山前台地上的夏家店下层文化的聚落群群体，大大小小的城，已脱离"国家的雏形"，进入成熟的"方国"文明阶段。再如夏家店下层文化的青铜器，既保持自身具有的特点，又与同时代其他青铜文化进行广泛的交流。经过文化之间的碰撞、交融，使得夏家店下层文化得到更大的发展，因此夏家店下层文化具备的文明时代特征已经相当成熟。这说明，夏家店下层文化分布区已跨进文明时代的门槛，文化发展水平与中原夏文化相比并不逊色。

夏家店上层文化的重大考古发现，有在宁城县甸子乡小黑石沟村发现的大贵族墓，出土文物达 800 余件。其中青铜器种类繁多，内容丰富，铸工精致，包括青铜礼器、武器、工具、车马具以及各种牌饰。此外，在宁城县南山根第 101 号大墓中，也出土青铜器等文物 500 余件。这些大贵族墓及丰富的随葬品，说明宁城这一带是早期的北方民族建立强大邦国的地区之一。

在青铜器方面，特别是相当于中原西周以后，夏家店上层文化将它文化分布区的青铜文化推向一个新的发展阶段，不仅有中原西周文化的青铜礼器，而且还有富有独特自身风格的仿陶铜容器以及曲刃青铜短剑。如宁城县南山根 101 号墓出土的青铜容器、礼器、工具、武器、车马器以及铜镜和各式铜牌饰等达 500 余件[①]，其中大部分是夏家店上层文化具有独特风格的青铜器，同时还有中原贵族常用的青铜礼器。在宁城县甸子乡小黑石村发现的数座石棺墓，是夏家店上层文化贵族墓，出土文物超过南山根 101 号墓，其中青铜器品类众多，内容丰富，铸造工艺精致、美观，显示夏家店上层文化的青铜文明的高度发展。尤其是夏家店上层文化的大井古铜矿遗址，是一个包括露天开采、选矿、冶炼、铸造等全套工序，规模庞大的古代铜矿山遗址。这里发现矿坑 40 余个，在矿坑附近发现八座炼炉遗址，炉址旁有马首鼓风管、炼渣和陶范等[⑩]。大井古铜矿遗址和在相当区域都有青铜铸范的发现，说明夏家店上层文化的青铜器是这一地区的先民们自己铸造的。独立、定型的青铜器群，成套的青铜容器，证明夏家店上层文化的手工业与青铜铸造业已经达到相当高的水平。在青铜器中，銎柄式短剑、实柄曲刃短剑、齿轮刀子、扇形铜斧、仿陶器的铜容器以及各种具有地方特色的青铜制品，是夏家店上层文化中青铜器的基本特征。

夏家店上层文化也有铸造工艺精美的中原传统礼器，这些青铜器上的花纹与商周等时代的一样。这些中原传统礼器出现在夏家店上层文化的贵族墓中，说明当时夏家店上层文化的贵族有效仿中原传统礼俗的倾向，但他们并没有忽视自己民族的特点。贵族墓中的随葬品，大量的还是适应中国北方民族游牧、狩猎、战争需要的兵器、车马器、生活用具以及各式动物纹牌饰等。因此，夏家店上层文化的青铜器既反映地区和民族特色，又体现夏家店上层文化与中原地区文化密切的关系。

从夏家店上层文化出土的文物来看，明显地反映出畜牧业在当时的经济中所占的比重越来越大，不像夏家店下层文化是以农业经济为主的经济结构。这对探讨草原游牧民族的起源和发展是很好的资料。从出土文物明显地看出，夏家店上层文化的先民与中原地区的先民和比它早的夏家店下层文化的先民不一样，是北方草原早期的游牧民族。多数专家学者认为，夏家店上层文化的族属是山戎、东胡等。

第四节　草原陶艺与青铜器

草原陶绘　草原雕塑　造型精美的青铜器

草原陶绘艺术始于新石器早期，延续到青铜时代，大约经历有 4000 年的时间。比较突出且有特色的是内蒙古地区的赵宝沟文化、红山文化、夏家店下层文化。彩陶的绘画使用软体刷笔蘸矿物质颜料作画，并且有专职的画师。距今 7000 余年的赵宝沟文化中精美的陶器纹饰，其装饰手法有压印地纹和刻划主纹相结合的形式，多种动物组合的灵物神兽。红山文化时期的纹饰主要以鳞纹、三角纹、涡纹、鱼鳞纹、连续简化的玫瑰花纹为主题。夏家店下层文化则以兽面纹、云雷纹、凤鸟纹为主题，从那些色泽鲜艳、对比强烈的图案中可以看出商代青铜器庄严、繁缛、诡秘的纹饰源头。它的多效性、概括性、简约性，体现古人对大自然的鉴赏力和审美观，其陶绘纹饰都被广泛地运用到后来的青铜器、瓷器、纺织品等的装饰纹样中。

鹿纹从旧石器时代起，一直是草原地区绘画的主要对象之一。赵宝沟文化中的神鹿纹运用写实与想象相结合的手法，在陶尊的腹部刻饰两个鹿纹。头部写实，双角高耸，竖耳昂首前视，目似柳叶，身躯蜷曲，两侧生翼，作展翅状。鹿尾作海棠式花瓣鱼尾状。有的腹上磨光压印出鹿形轮廓线，线内刻有精细的网格纹，并在鹿尾处伴有月亮、太阳的图案。研究赵宝沟文化的鹿纹尊对探讨古史传说中"生日"、"生月"的神话很有意义。赵宝沟文化小山遗址出土的猪形首、鹿形首和鸟形首三灵物图像尊，其构图精妙，布局奇绝，在陶尊的腹部，饰有飞翔的长喙凤鸟，奔腾的有翼神鹿，翻卷缠绕呈蛇身的猪首龙，三灵物首尾相勾连，奔腾、飞翔、翻卷在太空中。如果将纹饰图展开，可以看出弧形的平面上，采用透视画法，描绘凤鸟、神鹿、猪首龙由低向高呈现在广阔的宇宙空间里，齐头并进地奔驰飞翔，立体感颇强的画境令人神往。

夏家店下层文化中的兽面纹，在黑灰色的陶器上，绘以白红两色花纹。兽面多数左右对称，画工精湛严谨，富于变化而又不离其宗。其眼睛有菱形、圆形。口、鼻均由卷曲成 C、S 形纹画出，似今之京剧脸谱，但又比脸谱复杂得多，令人眼花缭乱。但整体图案却使人感到它的精神性、整体性、装饰性、原始性，在混沌朦胧中流荡着神秘的气韵，感觉到天、地、人之间的沟通，体现出中国古代天人合一的宇宙观念。其纹饰图案应与商青铜器饕餮纹有着源与流的关系。

400 余件特征鲜明的出土彩绘陶器，不仅代表该文化制陶工艺的高超水平，而且也是该文化艺术的代表作。在烧制完成的陶器表面，用红白两色矿物颜料，加黏着性调和剂绘画。多以白色画主纹，红色填底。花纹图案有饕餮纹、云雷纹、蟠螭纹、龟蛇纹、鸟蛇纹，更多的是以卷曲的笔道构成的各式单元图案。

植物纹在彩陶的绘画中很普遍，它或多或少地透视出定居原始农业文明的某种信息。红山文化中有勾连花卉和连续简化的玫瑰花纹、叶状纹。马家窑文化有卷草纹、旋花纹。半山类型有锯齿纹、叶纹、米字形花卉纹、树纹、麦穗纹。马厂文化类型有树纹、叶脉纹、麦穗纹。草原文化的纹饰有三角纹、平行线、菱形、漩涡纹、同心圆、米字、卍字、回字纹、网格纹、编织纹、棋盘纹、芦席纹、梯形等。辛店文化中有太阳纹。红山文化晚期有一带有八角星纹的彩陶器座，其形状同山东大汶口文化的八角星纹彩陶杯相似。

陶绘有三种形式，一种是陶器胎上刻划纹饰，第二种是压印与刻划相结合在陶器上作画，第三种是用颜料在陶器上作画。距今 7000—4000 年，彩陶的绘画可以说是陶器绘画创作繁荣期，达到陶绘的艺术顶峰。精美的彩陶基本上属于礼器、祭器，它记录下远古生产生活情景和先民对美的追求。

草原雕塑艺术，源远流长。远在 8000 年前的兴隆洼文化时期，就有石雕女神像、陶塑女神像。到新石器中晚期，有大量的玉雕、石雕、骨雕、陶塑等雕塑制品涌现。尤为引人注目的是红山文化玉器，以其玉质好、造型古朴精巧、雕工技艺精湛，在玉雕史上占有重要的地位。红山文化的女神庙内的泥塑动物、人物像，形象逼真。

新石器时期，是母系氏族社会发展的繁荣阶段。女性从事采集和家庭手工业，创造财富多于男性，其地位也高于男性。女神是人们普遍信奉膜拜者，以祈求丰衣足食，种胤繁衍。原始人的思维是质朴的，审美情趣亦是直观的。女神一般都被雕塑成巨乳肥臀的形象，赤峰地区已发现 10 尊这类雕塑。兴隆洼文化石质圆雕女神像，是国内迄今为止发现早、体型大、制作完美的石雕女神像，它开创草原石雕人像之先河。从出土的位置显示，这类雕塑，一是集中放置在特殊用途的殿房里，二是置于火膛的正后方，即原始人认为最尊贵的地方。雕塑技法早期为磨制。晚期磨、刻结合，有写实和写意两种风格。其中兴隆洼时期的一尊女神像，高 67 厘米，宽 26 厘米，浅灰色花岗岩磨制而成。光头，颅顶尖耸，双耳，前额和鼻高隆，眼、嘴呈横扁三角形深窝状，裸体，两手一高一低抱于胸前，乳房突出，臀部肥大，其下呈圆锥状。雕法简练明快，线条圆润流畅，风格原始粗犷，为早期雕塑艺术的珍品。赤峰市博物馆收藏一件红山文化时期的女神像，双手抚摸孕育着生命的腹部，凝视前方，观之令人肃然。此时还出现有男女双人合身石雕塑。敖汉旗草帽山红山文化祭祀遗址的石雕人像，其中一尊比真人略小，头戴冠，双目微闭，神态安详，栩栩如生，充满睿智和神秘之感，是红山人留下的艺术珍品。赤峰市还先后发现三件生殖崇拜雕塑，均为紫红色花岗岩制成。

陶塑艺术几乎与制陶工艺同步产生。它是古代先民精神文化的结晶，审美情趣、信仰物化的一种形式。新石器时期草原地区陶塑艺术十分发达。内蒙古的小河西、兴隆洼、赵宝沟、红山诸文化遗址，都有陶塑品出土。进入青铜时代，陶泥塑的品种更多，有人物、动物等。在赤峰的小河西文化遗址中曾出土一件灰陶人头塑像，兴隆洼文化遗址也曾出土灰陶女性小塑像。赵宝沟文化遗址有一陶塑人头像，长 5.1 厘米，宽 5.4 厘米，脑后塑空，口、鼻、眉、目、耳均凸出，耳靠上，双眉相接。值得一书的是辽西牛河梁红山文化女神庙中的女神、祖先像。高者有真人的三倍、二倍及与真人同大。其中一尊较完整的女性头像，残高 24 厘米，通耳宽 23.5 厘米，呈方圆形扁脸，颧骨突起，眼斜立，上眼内角有赘皮，眉弓不显，鼻梁低而短，鼻头圆，鼻底平无钩，上唇长而薄，涂以朱彩。这些都具有蒙古人种的特征。塑像额隆起，耳较小纤细，面圆润丰满，下颏尖圆，呈明显的女性特征。此像刻划细腻，表情相当丰富微妙，上唇外呲富于动感，嘴角圆而上翘，唇肌翕动欲语，眼眶内嵌圆形玉片，使眼睛显得炯炯有神。头像在写实的基础上适当夸大，把传神、表情、动感融合一体，刻划出人的精神状态和内在情感，塑造出一个极富生命力的人头形象。那斯台、西水泉、东山嘴红山文化遗址都有陶塑裸体孕妇小像出土。

新石器时期即有泥塑动物。距今 7000 余年前的赵宝沟文化中，有一长 24 厘米、高 10.5 厘米的红陶牛，造型准确，酷似活牛。在红山文化女神庙内，有龙形动物泥塑，长喙，双爪前伸，长颚涂朱，硕大的白色獠牙。另有一鸟形塑，趾节与爪尖分明，长 15 厘米，为一大型猛禽造像。红山文化中还有彩绘鸟形壶、彩陶猪首罐、陶凤杯、生肖陶猪、人身猪首泥塑和猪、马、羊等泥塑。

　　鄂尔多斯式青铜器滥觞于早商时期（朱开沟文化晚期遗址），当时的青铜器只是铜刀、铜锥和铜镞等小件工具和兵器。大约到了商代晚期，鄂尔多斯青铜器已相当发展，兵器和工具，有短剑、铜刀、铜锥、铜匕、铜斧和铜镞（图上1-15）；生活器皿有铜匙和铜镂等。此时期的青铜短剑和铜刀，包括铜锥在内，普遍流行兽首或铃首。兽首包括鹿头、马头、龙头等。短剑或铜刀的首下，往往带有环扣。铜镞的造型也有所发展，铜斧以双耳为主。短剑和铜刀柄部多装饰写实性花纹。此时期的鄂尔多斯式青铜器的分布地域为：鄂尔多斯、山西北部、陕西北部向南波及渭河流域、豫北殷墟文化和先周文化区域内，向东已达辽河沿海地区。

　　西周时期，鄂尔多斯式青铜器发生较大变化。短剑和铜刀首下的环扣开始消失。双耳铜斧少见，以单耳铜斧为主，有的铜斧还出现钉孔。龙头花纹消失，新出现立式圆雕山羊纹、兽纹、鸟纹和鸟头纹。写实的蛇纹少见，出现了蛇纹的多种变体，如弯曲蛇状纹、折线纹、叶脉纹和长方点纹等。春秋时期，鄂尔多斯式青铜器已相当发达，尤其

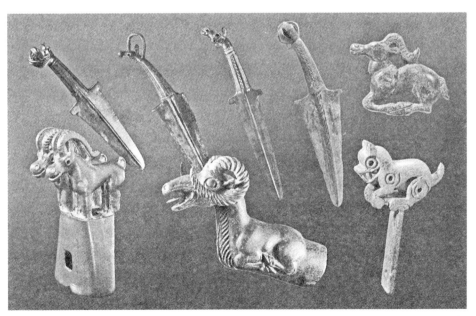

图上1-15　鄂尔多斯式青铜器动物、佩刀　现藏鄂尔多斯博物馆，选自《远祖的倾诉：鄂尔多斯青铜器》，刘兆和主编、杨泽蒙著，内蒙古大学出版社出版，孔群摄。

到春秋晚期达到鼎盛阶段。工具中新出现独具特征的鹤嘴斧和棍棒头。短剑和铜刀的造型，改变前一个时期划一的局面，其剑首开始出现双鸟相对联接的触角式造型。铜刀，以环首为主，但开始向不规则孔形首发展。同时，在短剑和铜刀柄部出现繁缛多变的装饰花纹。种类繁多的装饰品，除连珠状铜饰外，还有双珠兽头饰、兽头饰、双鸟纹饰牌、鸟形饰牌、鸟形带扣、长方形动物饰牌以及由这些饰件组成的腰带饰等（图上1-16）。此外，还有各种小件配饰品。诸如马衔、马镳、马面饰和节约等马具的出现，具有划时代的意义，说明马不仅是用于日常骑乘和驮运，同时也是征战不可缺少的。此时期分布区域，除鄂尔多斯外，在河北省北部和内蒙古东部发现的鄂尔多斯式青铜器，大部分遗存于夏家店上层文化区域内，再北以米怒辛斯克盆地分布比较集中。战国早期的鄂尔多斯式青铜器具有承上启下的特点。原有的兵器、工具、装饰品以及马具均保留。其中青铜短剑，多为触角式短剑的发展式，即变形触角式短剑。这种短剑进一步向环首发展，还出现造型一致的铁短剑。装饰品中，小型动物饰牌开始增多，还有 P 型饰牌。此时期还新出现有车具

图上1-16　鄂尔多斯式青铜器动物饰牌、带扣　现藏鄂尔多斯博物馆，出处同图上1-15。

零件。到战国晚期，鄂尔多斯式青铜器渐趋衰落，铁器数量逐渐增多。兵器、工具和马具等，除铜刀和铜斧外，其余多被铁器取代。铜短剑少见，较多出现铁短剑和长铁剑。铜镞，由三棱带翼式变成三棱有铤镞。装饰品中，诸如双鸟饰牌、鸟形饰牌和兽头形饰等少见，大型长方形饰牌占据主要地位，取代前一个时期流行的环状带扣。车具零件增多，尤其是动物造型竿头饰件的出现，说明这个时期的车上装饰比较讲究。

　　鄂尔多斯式青铜器大多数都是实用器物，根据已知资料，可分为兵器和工具、生活用具、车马器以及装饰品分类。兵器和工具是鄂尔多斯式青铜器的重要组成部分，品种包括短剑、铜刀、铜斧、铜戈、铜矛、铜凿、铜锥、鹤嘴斧、铜镞和鸣镝（图上1-17）等，尤其铜刀和短剑较多。青铜短剑和铜刀是鄂尔多斯式青铜器中具有特点的器物。生活用具与其他类比较数量较少，主要有铜镜、铜匙、铜镂等。这些青铜器虽然受到中原同时期同类器物的影响，但多是鄂尔多斯式青铜器中所特有的，尤其是双耳铜镂，是适应草原游牧民族生活需要的器皿。车马具在鄂尔多斯青铜器中占有突出重要的位置，包括衔、镳、马面饰、轴头、辕饰、竿头饰、车铃等。有的辕头饰和竿头饰为各种姿态的动物形饰件，尤其是竿头饰有鹤头、立鹿、立马、蹲踞马、立兽、狼头以及狻猊

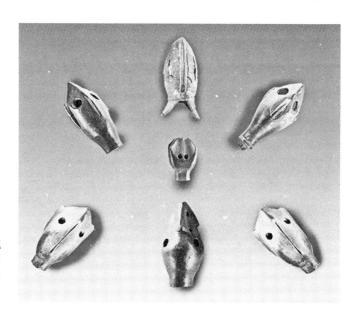

图上1-17　鄂尔多斯式青铜器鸣镝　现藏鄂尔多斯博物馆，出处同图上1-15。

等动物饰件（图上 1-18），饰件上的各种动物均造型逼真，制作很精细[①]。
这些具有浓郁草原游牧气息的车马具以及装饰品，标志着骑马术的出
现，凸现草原游牧青铜文化的独特性。鄂尔多斯式青铜器中的装饰品更
是种类繁多，造型多样，归纳起来有头饰、项饰、腰带饰和佩饰四种。

　　以各种动物纹为装饰的器物，是鄂尔多斯青铜器的典型特征。动
物纹有双牛、双马、双鹿、双驼等，动物头部或相对相背，或相互纠
结。各种动物姿态各异，还有禽与猛兽为争夺食物（小动物）搏斗、骑
士捉俘、骑士驱车出猎等草原生活场景。其制作有浮雕、圆雕、刻画等
手法。不同的时代动物种类不同，不同的时代制作的手法也不相同。这
些动物纹饰件分布面相当广，不仅鄂尔多斯地区有，夏家店上层文化中
有，呼伦贝尔大草原也出土过。邻近地区陕西省北部的神木、府谷，宁
夏回族自治区的固原，河北省北部的怀来、滦平等地也有发现，甚至在
中国境外的南西伯利亚地区也发现有类似的器物。

图上 1-18　鄂尔多斯式青铜器动物形饰件　现藏鄂尔多斯博物馆、内蒙古博物院，出处同图
上 1-14。

　　鄂尔多斯青铜器，是中国北方地区草原游牧文化的产物，但也受到中原文化的影响。如青铜短剑和铜刀的装饰花纹，龙（蛇）纹和鸟纹就可能与中原夏商文化影响有关，而羊、鹿、马等动物纹饰，则是鄂尔多斯式青铜器本土的文化特征，其造型、纹饰，表现出浓郁的地方特色。另一方面，某些青铜器，尤其是礼器，在造型和装饰作风上较强烈地表现出与中原青铜文化的相同或相似，说明它与中原关系密切，曾受到中原高度发达的青铜文化的影响和浸润，是华夏民族文化和北方各民族文化相互交流、融合的见证。通过考古发现，在整个长城沿线地带均发现有鄂尔多斯式青铜器，范围从内蒙古中南部扩大到东至内蒙古东南部的辽西地区，西至甘肃、宁夏、青海地区，南至陕北、晋北地区。

【注释】

① 参见张森水：《中国北方旧石器时代早期文化——中国远古人类》，科学出版社1989年版；田广金、郭素新：《北方文化与匈奴文明》，江苏人民出版社2005年版；汪宇平：《大窑遗址的发现及其在考古学上的意义》，载《中国考古学会1991年年会论文》1991年版。

② 参见杨泽蒙：《萨拉乌苏遗址发现八十五周年回顾与展望》，载《内蒙古文物考古》2007年第二期。

③ 参见王晓琨：《内蒙古旧石器时代考古简史》，载《内蒙古文物考古》2008年第二期。

④ 参见内蒙古文物考古研究所、鄂尔多斯博物馆编：《朱开沟——青铜时代早期遗址发掘报告》，北京文物出版社2000年版。

⑤ 同上④。

⑥ 参见内蒙古文物考古研究所：《内蒙古朱开沟遗址》，载《考古学报》1998年第三期。

⑦ 参见曹建恩、孙金松：《内蒙古清水河西岔遗址发掘取得重要成果》，载《中国文物报》2004年11月19日刊。

⑧ 参见马明志：《西岔文化初步研究》，载《考古与文物》2009年第五期。

⑨ 参见辽宁省昭乌达盟文物工作站、中国社会科学院考古研究所东北工作队编：《宁

城县南山根的石椁墓》，载《考古学报》1973 年第二期。

⑩ 参见辽宁省文物队：《辽宁省林西县大井古铜矿 1976 年试掘简报》，载《文物资料丛刊》第七期 1983 年刊。

⑪ 田广金、郭素新：《鄂尔多斯式青铜器》，文物出版社 1986 年版。

第二章

匈奴飙起　　胡风劲吹
——秦汉时期

先秦及秦汉时期，活动在今内蒙古地区的主要是戎、狄、林胡、楼烦、匈奴、乌桓等民族。在漫长的历史时期中，这些古代民族创造了狩猎、畜牧等多种文化。"胡服骑射"被中原赵武灵王借鉴和推广，提高了中国古代野战军事技术水平。秦直道的修筑，沟通了中原与北方草原政治经济与文化的交流。昭君出塞给汉匈双方带来和平、安宁和兴旺，使汉匈和平相处 60 余年，成为千古佳话。护乌桓校尉的设置，使乌桓的社会生产和生活得到保障，促进了北方各游牧民族与中原民族的友好往来，维护了北方地区政局的稳定和发展。

第一节　匈奴的社会形态

匈奴历史与社会　单于和亲　昭君出塞　使匈奴中郎将　匈奴政权
匈奴的社会经济　互市交易

匈奴是中国古代北方游牧民族中建立强大政权的民族，在北方草原上活跃约 500 年，对中国历史乃至世界历史都产生过巨大的影响。

公元前 4 世纪末期，匈奴乘中原七国争雄之机，向南发展，常往来于楼烦（今山西省宁武县一带）各地，广泛分布于内蒙古中西部地区。匈奴头曼单于在位时，乘秦朝末年的中原混战，得到扩展势力的良机，为匈奴进入全盛奠定基础。其极盛时期，疆域东至辽河，西越葱岭、天山南北，北抵贝加尔湖，南达长城，拥有控弦之士30万。

汉宣帝甘露元年（前53），匈奴呼韩邪单于称臣入朝事汉。汉元帝竟宁元年（前33），呼韩邪再次到长安，汉朝把宫女王嫱（昭君）嫁呼韩邪为妻。昭君出塞到匈奴后，被封为"宁胡阏氏"（图上2-1、图上2-2），把汉匈的和平、团结和友好关系予以进一步巩固和加强，从此汉匈和平相处60余年。昭君去世后，她的女儿、女婿、外孙等秉承其生平之志，继续为汉匈的和平而奔走。

图上2-1 汉代刻有"单于和亲"的瓦当 现藏内蒙古博物院，选自《草原文化》，孙之常、孔群摄。

图上2-2 汉代刻有"单于天降"的瓦当 现藏内蒙古博物院，出处同图上2-1。

东汉初年，汉光武帝与匈奴通好，不断派遣使者前往赐予财物，而单于骄倨益甚，不断率骑入塞掳掠，汉匈关系没有得到实质性改善。汉光武帝建武二十四年（48），匈奴八部族人共立呼韩邪单于之孙日逐王比为单于，与蒲奴单于分庭抗礼，率部众南下附汉称臣，被汉朝安置在河套地区。于是，匈奴分裂为南、北匈奴。汉和帝永元元年至三年（89—91），北匈奴在南匈奴与汉朝军队的共同打击下接连溃败，北匈奴主力被迫西迁，另有一部分留在匈奴故地，融入鲜卑。

　　南匈奴归附于汉，屯居北地、朔方、五原、云中、定襄、雁门、代郡（多在今内蒙古境内）等地区。汉王朝帮助日逐王比在五原（今包头市）设立单于庭，之后迁至云中郡（今内蒙古托克托县），再迁至美稷县（今内蒙古准格尔旗一带）。汉光武帝建武二十六年（50），正式在南匈奴驻地美稷设置"使匈奴中郎将"府。使匈奴中郎将是中央政权的全权代表，持有皇帝授予的节杖，有生杀之权。使匈奴中郎将府，是东汉王朝为解决同南匈奴的关系和边疆地区的事务而设置的。经济方面，使匈奴中郎将监察和协调东汉朝廷对南匈奴的经济支持以及对南匈奴首领的特殊赏赐。政治和军事方面，中心任务是"主护南单于"。南匈奴的部众仍然按照本民族的风俗习惯生产和生活，自行处理本民族内部的人事纠纷和各种事务，并允许其有"胜兵"（常备军）。使匈奴中郎将府主管官员，参加南匈奴族的民事诉讼以及日常事务的商讨。所以，使匈奴中郎将也就成为行政、军事兼而有之的建制。

　　东汉献帝建安二十一年（216），曹操分南匈奴为五部，即左、右、南、北、中，各部贵者为帅，后改称"都尉"，以汉人为司马监督。至此，单于名位撤销，匈奴单于王朝终结。

　　匈奴政权的突出特点是以单于为最高权力的拥有者。单于把土地分配给下属的四个大国，派驻四个封王，依次为左贤王、左谷蠡王、右贤王、右谷蠡王，也称"四角"，是地方的最高军事、行政长官。四个王下各有六个职掌"万骑"的左右大将、左右大都尉、左右大当户。四个王所辖共二十四个军事将领，构成匈奴国家的"二十四长"。上至单于、四大国的王，下至各大臣、小王的名号、地位、分地、权力、财产等均按照血统关系世代传承。除四大王外，还有昆邪王、休屠王、卢屠王、奥鞬王、犁汗王、休旬王、瓯脱王、西祁王、右皋林王、古股奴王、古伊秩訾王等，这些王在匈奴政权中都占有重要地位，各有封地。此外，也有立汉朝降人为王者，如立赵信为自次王，李陵为右校王，史降为天王，卢绾为东胡卢王。匈奴有一套管理匈奴以外其他民族的职官，如僮仆都尉、东胡王等。

　　匈奴古无文字，以言语为约束。单于比使人奉地图求内附，是匈奴亦如华夏，始有文字图籍①。

匈奴民族有比较完善的军事体制、军事装备。匈奴人全民军事化，闲时畜牧，战时"尽为甲骑"。成年"甲骑"主要是通过经常的集体狩猎或实际战斗得到军事训练。马匹在匈奴人的生活中扮演着双重角色，平时是交通工具，战时则成为战马。匈奴马体能充沛，耐力持久，行动迅速。匈奴兵器"其长兵则弓矢，短兵则刀鋋"。优良的战马，矫健的骑士，坚固的盔甲，加上锋利的兵器，使匈奴军队剽悍无比。

匈奴人的社会经济以狩猎业、畜牧业为主，过着逐水草迁徙的游牧生活。匈奴人住的是毛毡所制造的帐幕——穹庐，食畜肉，饮乳浆，衣皮革，披毡裘。匈奴人少儿时期便能弯弓射箭，军事训练与狩猎业关系密切。定居、城市和农业在特定的历史时期也有一定发展。在匈奴活动地区，建有藏谷的谷仓。手工业在匈奴民族经济结构中也具有特殊地位，其中最重要的是冶金业、皮革、木作、毡、篷车等制作业。金、铜、铁制品都有着很高的艺术水平和实用价值。铁制品中有箭杆、箭镞、棍头（图上 2-3、图上 2-4）、鸣镝、马勒、镬、斧、锛等；铜（主要是青铜）制品中有鼎、壶、刀、剑、斧、香炉、饰牌、马勒、车轴头、双耳锅、战马护面等；金制品中有金甲、祭天金人、金留犁以及不同形状和不同用处的金饰片。出土

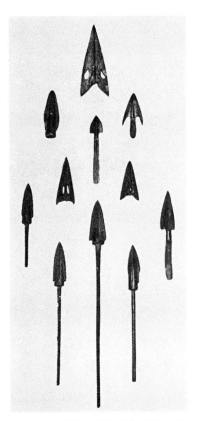

图上 2-3　匈奴人使用的铜箭头　现藏内蒙古博物院，出处同图上 2-1，孔群摄。

图上 2-4　匈奴人使用的铜棍头　现藏内蒙古博物院，出处同图上 2-1。

的短剑、刀、斧、凿、戈、矛、锥、鹤嘴斧、棒头饰、服饰、带饰、马具、车具数量惊人，仅铜箭镞就有近40种样式。

在畜产物的制品中，有㲪、裘、靴、马镫、革笥、马革船、毛织物、马尾制件、骨镞等。木制产品有弓、矢、木薦、车器、輂、舆、鞍、木兽、穹庐架。土石制品如陶器、玛瑙兽、玉珠、佩饰物件等都很讲究。

在匈奴人制作的佩玉等物件上，能够透雕或镂刻出形象生动的对舞双龙。在很多金属物件上，能把金质材料制成三角形、狭长形的薄片，或有压花和嵌有宝石的厚片和圆形的金片。有的在凸金片上刻奔马，把纽扣制成牛头形状。在刀、剑、斧等物上，也往往镂刻着别具风格的动物纹、几何纹以及花饰，即使在一些体积不大的饰牌上也能镂刻出驯鹿、驼、牛羊、猪等形象和射猎、追捕俘虏等图案。匈奴人已掌握金属手工制件镶嵌技术，其木作、车辆制造、穹庐技术在史书中多有记载和称誉。匈奴人也较重视商业贸易，以牲畜去换取消费品、奢侈品。常与汉人互市交易，并将汉人物品转卖到西域各国，包括罗马帝国，在汉对西域通道中断时这种买卖更为频繁。在对匈奴墓的考古发掘中，出土的木器、漆器、丝织品、铁质农具等，证明匈奴与中原地区的商业贸易频繁。

第二节　匈奴习俗与文化

匈奴人的集会　匈奴人的信仰　胡笳　匈奴歌　胡舞与胡戏　与中原汉族文化的碰撞与融合

匈奴人每年有三次集会：正月，诸首领小会单于庭，举行春祭；五月，大会龙城，祭其祖先、天、地、鬼神；秋天，草茂马肥，大会蹛林，课校人畜。南单于内附后，兼祀汉帝。因会诸部，议国事，并揲跤走马斗驼为乐。正月在单于庭，进行小范围的祭祀活动，只有单于以及"诸长"级的贵族才能参与，反映出匈奴族高低贵贱的等级区别已经深入到社会生活的各个方面。五月因"祭其先、天地、鬼神"，所以凡匈奴人皆可以参加此次重要活动。龙城虽然没有记载具体位置，但这类活动一般不会远离单于庭，应该是在距离单于庭比较近的水草丰美处[②]。

匈奴人还有民族摔跤等体育活动。匈奴人的赛马、斗骆驼、摔跤等娱乐项目，随着匈奴人的内迁，后来也深入到中原人民的文化生活中，并给后来的北方游牧民族以影响，如后世的蒙古高原的牧人们也都盛行和喜爱这些竞赛项目。课校人口和畜产品，进行全面统计的活动则安排在秋季，这个季节能够较全面地反映当年人口、畜产品的增减情况，匈奴族各个阶层都很关心一年中关系自身利益的大事。

匈奴单于朝出营，拜日之始升；夕拜月，举事而候星月。而且注重偶像祭拜。汉武帝元狩二年（前121），汉骠骑将军霍去病将兵出陇西击休屠王，所获其"祭天金人"，就是匈奴人用以祭祀而制作的。在诸神崇拜中，特别敬重天神。认为天神是诸神的最高主宰，人世间的得失均仰仗于天。如果人的行动能顺乎天道，天便会赐人以吉祥，否则，便要降灾祸。因此每当行事顺利时，便称之为"天之福"。反之，受到挫折时，也认为是天的意志。由于视天神为最高主宰，故凡设重誓或重要盟约时，往往也以天作担保。

匈奴人信巫。在匈奴人的思想意识中，鬼神支配着人的一切行动。但鬼神生活在太虚之上，人无法与之直接交往，必须通过巫才能窥察其意志。因而在匈奴社会中，便有"胡巫"的宗教职业者，其中大多数是女性。巫通过舞蹈和咒语来显示鬼神的威权。巫除代行鬼神意志外，还兼有医治疾病任务。苏武被拘北地时曾引刀自刺，伤重。卫律立刻召巫，为之医治。巫实为统治阶级中的一员，不但在统治阶级实施重大决策时为之占卜吉凶，还经常出谋划策，起着举足轻重的作用。

匈奴的"法"多由劳动与生活的习俗与禁忌演变而来，有简单的法律观念，与同一时代的汉律相比较，要宽松简捷易行得多。

匈奴人善歌舞，乐器以管乐和打击乐为主，最具有特色的是胡笳、琵琶、鞞鼓等。胡笳是一种芦苇或木制的管乐器，三孔竖吹，音色幽深悲凉，深受匈奴人喜爱。汉将李陵负伤被俘，投降匈奴，身居塞外冰天雪地，闻胡笳音，不觉潸然泪下，牵出一片思乡恋国之情。汉末，滞留匈奴的女诗人蔡文姬所作《胡笳十八拍》，表达了骨肉离散的悲痛情感，是汉匈文化交融的名曲。胡笳，其声哀怨悲怜。《晋书》卷六十九《刘隗传》载：晋时刘畴，曾避乱于坞堡，有匈奴数百人欲害之。刘畴临阵，毫无惧色，用胡笳吹奏思乡曲，以唤起匈奴人的思乡之情。数百名匈奴人听到幽思切切的胡笳之乐，居然悲痛离去。《晋书》卷六十二《刘琨传》也有一段记载：刘琨在晋阳被胡（匈奴）骑所围数重，城中窘迫无计，于是借月光登楼清啸，匈奴人听后，皆凄然长叹。中夜又奏胡笳。匈奴人竟"解除围困撤走"。胡笳可谓是不似刀枪胜似刀枪的武器。枇杷是一种弹拨乐器，刘熙在《释名·释乐器》中说："枇杷本出于胡中，马上所鼓也。""推于前曰枇，引于后曰杷。象其鼓时，因以为名。"鼙鼓也是匈奴人喜爱的乐器。《胡笳十八拍》中说"鼙鼓喧兮从夜达明"，可见是饮宴欢聚时不可缺少的乐器。

汉武帝元狩二年（前121），匈奴被汉朝击败，失去祁连山（今甘肃省河西走廊南境，主峰在酒泉东南）和焉支山（今甘肃省山丹县东南）。对此，匈奴人痛心疾首，悲恸之中乃作歌，以表心境。此歌被世人称为"匈奴歌"：

> 失我焉支山，令我妇女无颜色；
>
> 失我祁连山，使我六畜不蕃息。

——郭茂倩《乐府诗集》

《匈奴歌》不论从内容、意境或是形式上都有其特点。它是匈奴人在痛失祁连、焉支二山后肺腑之声的抒发，是切肤之痛的真实感情的流露与倾泻，无矫揉造作之态，是匈奴人的创作、匈奴人自己的歌。

胡曲、胡乐、胡舞是匈奴人的歌舞艺术。在鄂尔多斯匈奴墓中出土的青铜短刀柄上，铸有多人舞蹈的图案。出土的石刻佩饰上刻绘着形态各异的匈奴舞者，线条流畅、舞姿优美。匈奴人闲暇之时，彼此相聚，载歌载舞，以赞美草原风光。《后汉书·五行一》载："灵帝好胡服、胡帐、胡床、胡坐、胡饭、胡空侯（箜篌）、胡笛、胡舞。"③匈奴舞想必很迷人，不然，也不致令灵帝倾倒、喜爱。贾谊在《新书·匈奴》中提及："令妇人傅白墨黑，绣衣而侍其堂者二三十人，或薄或掩，为其胡戏以相饭。"那么，匈奴当有与胡舞相伴生的胡戏。既有胡戏，当有演戏之人。《盐铁论·散不足》载："今民间……玄黄杂青，五色绣衣，戏弄蒲人杂妇为兽马戏斗虎……奇虫胡妲。"此处之"胡妲"，有人认为是"扮演胡女的表演；又以为是族属'胡'人的女演员，是中国戏剧中'旦'

角的语源"④。

匈奴统一北方草原诸族后，为各民族文化的互相交流提供了可能，同时为匈奴吸收各民族文化之长创造着条件。因而，在这种氛围中，匈奴在对当时的北方各民族文化实施影响之同时，又受到各民族文化的影响，这是必然的。史载，西域之乌孙、月氏等，均"与匈奴同俗"。匈奴文化在以自我为主体成分的基础上，又将诸民族优秀文化成分吸收进来并融为一体，逐渐形成稳固、典型而又颇具特色和影响力的北方游牧文化。这种文化在草原游牧环境中产生，又不断与草原游牧环境相适应而发展，在古代游牧文化中具有承上启下的作用。匈奴文化与周边各少数民族文化互为影响之时，又与中原汉族文化发生强烈碰撞并互为影响、融合，这也是游牧文化与农耕文化互为补充和互为需求的必然趋势。

中原王朝与匈奴通过和亲、通关市、馈赠、使聘、婚姻等途径与方式，进行着广泛深入的、全方位的政治、经济、军事、生活乃至文化的交往与渗透。即便在以兵戎相见的战争年代，也未中断。魏晋南北朝以后，随着匈奴人的渐趋消失和匈奴人最终融合到汉族和其他少数民族之中，匈奴文化的精华部分则被汉文化和各个少数民族文化所吸收、继承和发扬，成为中华民族文化的有机组成部分。

第三节　护乌桓校尉

护乌桓校尉的设置　护乌桓校尉的作用　护乌桓校尉的职权

乌桓又名"乌丸"。乌桓族原为东胡部落联盟中的一支。公元前 3 世纪末，匈奴破东胡后，一部分迁至乌桓山（又曰乌丸山），遂以山名为族号。乌桓山在今内蒙古西拉木伦河以北阿鲁科尔沁旗附近。

乌桓被匈奴攻破后，役属于匈奴，每年向匈奴输送牛、马、羊等牲畜和皮毛。汉武帝元狩四年（前 119），汉军大举出击匈奴，将匈奴逐出漠南。乌桓又臣属汉朝，替汉朝北御匈奴。

护乌桓校尉，是两汉时期中原封建政权为解决北方地区的民族事务而设立的军政机构⑤。又，"掌管乌桓、鲜卑部落的安抚、赏赐、管理、互市贸易以及乌桓、鲜卑朝见天子、纳贡、质子等事项，使其为汉侦候、守边。这个机构初期是以军事职掌为主，后期行政管理的职掌逐渐加重，并与郡县官吏共同管理乌桓、鲜卑事务"⑥。护乌桓校尉设置于汉武帝元狩年间（前122至前116），直到晋元帝建武元年（317），尚见有领护乌桓校尉、镇北将军刘翰的事迹。东晋初年，由于王朝南迁，护乌桓校尉府也随之撤销。此后，史书不再见有关于护乌桓校尉的记载。

护乌桓校尉秩两千石，拥节。在主管官之下，设有长史一人，司马二人，皆六百石，是协助护乌桓校尉工作的主要官员。内蒙古和林格尔汉墓的壁画中，发现"宁城护乌桓校尉幕府图"，除残缺部分外，绘有随行者120人，马129匹，车11辆；有"功曹从事"、"别驾从事"、"校尉行部"等官吏。《后汉书》中载有乌桓吏士、亲汉都尉等官员，均为护乌桓校尉的下属职官。护乌桓校尉有系着青色绳子的"银印"作为行使权力的凭证，标志着其地位相当于中郎将和诸郡都尉，俸禄仅次于郡守。

护乌桓校尉拥有不同于地方行政建制的特殊权力。在解决当地的事务时，一般不用履行上奏请旨的手续。"拥节"又称"持节"，是拥有这种特殊权力的象征。"节"即"符节"，使臣或官员出使、执行特殊任务时，由皇帝亲赐，是最高权力的凭证。两汉时期，把护乌桓校尉任以持节之官，体现出中央政权对这个机构的重视。内蒙古和林格尔汉墓壁画"护乌桓校尉出行图"，描绘的正是"持节"者权高势众、令人惊叹的场面。护乌桓校尉府东汉时治于上谷郡宁城县。曹魏初年治于昌平，魏明帝青龙年间（233—236）后治于幽州。

护乌桓校尉在当地的职责与民族事务有密切关系。首先，按照当地的地区、民族特点、风俗习惯维护社会生产和生活。与护乌桓校尉直接发生关系的北方地区的游牧民族，主要是乌桓族、鲜卑族、匈奴族。第二，护乌桓校尉也担负着组织和促进北方地区各族人民之间贸易往来的相关事务。经济上的友好交往，互通有无，是中国古代北方民族关系发展的基础，自古以来基本没有间断过。东汉初年复置护乌桓校尉于上谷宁城，管理互市是其主要目的。和林格尔汉墓壁画的"宁城图"中，在"市"的东南和西北两个外角上各画一人，隔市场相间而立，可能是巡行市场的市吏。根据市场占据的重要位置和市场管理者的设置可以断定，在护乌桓校尉之下，设有专职人员管理互市，那里的各个民族之间在互市时是有一定秩序的。参加互市的乌桓和鲜卑等民族，欢迎的是农业和手工业产品。第三，代表中央迎接乌桓、鲜卑的使者，办理双方交往的各类事务。从西汉武帝时期迁乌桓于五郡塞外，双方交往频繁，友好关系在交往中不断发展。东汉初年，鲜卑附汉，也归于护乌桓校尉管领。在一般情况下，接待"朝见"汉帝的乌桓、鲜卑大人，转达他们的各种要求，按照汉帝的旨意对归附者封侯、王，予以赏赐等事务，均由护乌桓校尉直接办理。护乌桓校尉在当地较好地履行职责，使得北方各族主动与汉朝友好往来。东汉年间，乌桓、鲜卑就与中原政权交往密切。汉光武帝建武二十五年（49），辽西乌桓大人郝旦等922人率众归汉，诣阙朝贡，汉朝与北方各族的关系出现了令人欣慰的局面。第四，负责监领归附汉朝的乌桓、鲜卑部落，"为汉侦候，助击匈奴、鲜卑"，维护北方地区政局的稳定。汉朝设立护乌桓校尉，其主要意图在于安定边地的政局，以保证各族人民的正常生产和生活。

护乌桓校尉有"乌桓营"的军队可以调动，也可以调动乌桓、鲜卑的骑兵出战。宁城以东及其北部广大地区的政治局势，直至东汉后期鲜卑族称雄于塞外以前，基本是稳定的。而护乌桓校尉在此中的作用绝对不容低估。

历史证明，设立护乌桓校尉这样的机构，因时、因地、因俗地解决多民族地区的有关事务，有益于多民族国家的统一和发展，也有益于各个民族间在各个领域中的互融。而内蒙古和林格尔汉墓壁画的发现，为了解护乌桓校尉的许多情况提供可靠的线索，也为内蒙古地区古代文化增添重要的内容。

第四节　秦汉时期的文化遗存

郡县制　秦直道　匈奴墓　汉墓　护乌桓校尉墓　居延汉简　汉钱范作坊遗址　托克托汉代日晷

秦始皇帝二十六年（前221），秦建立中国历史上第一个统一的封建王朝，实行中央集权的郡县制，置三十六郡。其治所在今内蒙古的有九原郡，治所今包头西，领九原、临河等县；云中郡，治所云中（今托克托县古城村），领云中、武泉等县。另，今东胜、准格尔、伊金霍洛、乌审等地属上郡。乌海、鄂托克等地属北地郡。集宁、丰镇、察哈尔右翼、凉城等地属雁门郡。兴和、商都等地属代郡。锡林郭勒南部部分地区属上谷郡。赤峰南部、喀喇沁、宁城等地属右北平郡。敖汉南部属辽西郡。为防御匈奴的侵犯和东胡的南下，秦始皇派大将蒙恬统帅30万大军北逐匈奴，收复河南地，继而大规模修筑长城，并将原赵秦燕三国北边长城增筑，使其连接在一起。

秦始皇统一华夏之后，还修筑长约700公里的秦直道。由今陕西醇化县以北梁武帝村秦林光宫遗址北行，至子午岭，上循子午岭的主脉北行，直到定边县南，再由此东北行，进入内蒙古鄂尔多斯草原，过乌审旗北，经东胜县西南渡过黄河，到达包头西南秦九原郡治所。《史记·蒙恬列传》云："始皇欲游天下，道九原，直抵甘泉，乃使蒙恬通道，自九原抵甘泉，堑山湮谷，千八百里。道未就。"清顾炎武《日知录》"史记"条注："始皇崩于沙丘，乃又从井陉抵九原，然后从直道以至咸阳，回绕三四千里而归者，盖始皇先使蒙恬通道，自九原抵甘泉，堑山堙谷，千八百里。"直道宽30米以上，并建有诸多亭、障、台、楼及防护设施，成为人类古代史上最早的快速路。在古代没有任何先进机器设备的条件下，同时分段开工修筑，这条长700余公里的南北直行大道，其误差不超5度。因此，秦直道无论在选向，还是在施工难度与施工时间上，都是中国古代筑路史上的重大突破。秦直道是中国古代最重要的军事大道、和亲大道、经济大道。从春秋战国至秦汉时期，阴山南麓为汉匈争夺之地，长期的和战关系，使秦始皇修筑的直道，成为一条重要的运送兵员、粮草辎重的交通命脉。秦直道的修建，主要是为加强中央与北疆边陲的联系，加速驰援北方、有效遏制匈奴的侵扰，巩固对北方的统治。

秦灭亡后，秦直道依然是中原汉王朝控制北方地区的重要通道。西汉时期几次对匈奴大的军事行动，都是通过秦直道来完成的。王昭君北出塞外，与匈奴单于呼韩邪由汉庭沿直道直抵单于庭。秦直道虽经两千多年风雨侵蚀，依然保存完好，成为向世人展示中国劳动人民勤劳、智慧的实物佐证。它的北段属鄂尔多斯，南段属陕北高原。北段的秦直道经过的鄂尔多斯、包头地区，突出保留有大量匈奴以来的游牧文化特征。

匈奴在北方草原活跃500余年，留下了丰富的文化遗存。北方匈奴墓葬有多处，在今内蒙古境内，较重要的有鄂尔多斯市杭锦旗阿鲁柴登墓、准格尔旗西沟畔墓、伊金霍洛旗石灰沟墓。阿鲁柴登墓出土金器218件，其中一套鹰形金冠由鹰形冠饰、半球形冠顶和冠带组合而成，造型生动，充满北方草原生活气息，是匈奴王统治草原民族的王权象征。准格尔旗西沟畔墓出土有金耳坠、金项圈、金饰牌，以及用于剑鞘装饰的各种动物纹饰，如牛、马、羊、鹰、狼、虎等。金耳坠均出土于男性墓中，证明当时匈奴男子有佩戴耳饰的习惯，且造型比较粗大笨重，可能是为炫耀财富和地位。伊金霍洛旗石灰沟墓出土的虎咬鹿形银饰牌、双虎咬斗纹银扣饰、双虎咬斗纹银饰牌均为战国晚期匈奴配饰。具有典型的草原风格，是北方游牧民族重要文化遗存。

汉王朝为抵御匈奴，屯垦戍边三四百年，在阴山以南广大地区置郡县，修障塞，留下许多古城和墓葬遗存。主要有朔方郡故城、霍洛柴登城以及巴彦淖尔的纳林套海墓葬、包尔陶勒盖墓葬、沙金套海墓葬、补隆淖墓葬，鄂尔多斯的三地墓葬、凤凰山墓葬、鲁家坡墓葬、新地墓葬，包头的召湾墓葬、召潭墓葬、观音庙墓葬、窝尔吐壕墓葬，呼和浩特的八拜墓葬、古城村墓葬、土城子墓葬、城麻沟墓葬，乌兰察布的呼和乌素墓葬。这些墓葬的形制和随葬品与中原地区同期墓葬无太大差异，表现出汉匈文化的一种相融现象。如巴彦淖尔地区和鄂尔多斯地区出土的扁壶、胡人俑，包头地区出土的"单于和亲"、"单于天降"瓦当，呼和浩特地区出土的嵌贝铜鹿形镇等，都体现了这一地区汉代墓葬深厚的文化内涵[⑦]。

和林格尔县新店子乡的东汉墓，是东汉时期的护乌桓校尉墓。该墓室由墓道、墓门、甬道、前室、中室、后室及三个耳室构成，是一座穹顶多室砖墓。墓中最珍贵的是精美的壁画。前室、中室及甬道的壁画描绘了墓主人的仕宦经历，以及墓主人在护乌桓校尉幕府中接见乌桓大人时的宏大场面。而后室、耳室则绘有表现墓主人娱乐、宴饮及生产生活场面。各图旁以榜题标明各壁画的内容，详细真实地反映了护乌桓校尉的日常生活和职掌工作情况。

位于内蒙古境内的额济纳河流域，古称"居延"或"弱水流沙"，绵延300公里。由于东西两侧巴丹吉林沙漠与北山山脉的阻挡，额济纳河西岸成为中国西部一条重要的南北通道，即著名的"居延道路"。居延，远控大漠，近屏河西，东西襟带黄河、天山，而且水草丰美，宜于农牧。从汉王朝开始，就在这里大规模修筑军事设施，进行屯田戍边，保存着大量城障烽燧遗迹。而额济纳地区炎热干燥的气候，为历代珍贵文物的保存提供了得天独厚的条件。从殄北塞、甲渠塞和卅井塞，发现汉简1万余枚。居延汉简的出土，使"居延"成为汉简的代名词。其中，居延汉简（图上2-5）以木简为主，竹简占全部简札的0.3%，且字迹漫漶不清，多为残简断牍。木简的材料主要是胡杨、柽柳（别名红柳）等，均为当地所产，保存情况较好。居延汉简尺寸最长者是出土于破城（甲渠塞）的152号简，长57厘米；最短者是出土于破城探方51的166号

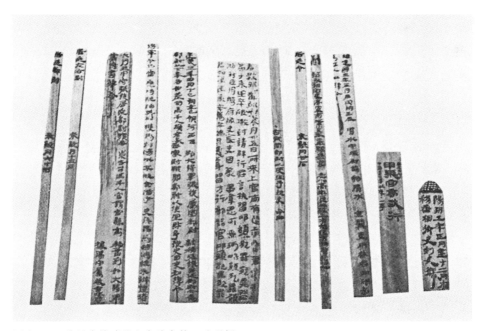

图上2-5　从黑水城遗址出土的木简　孔群摄

简，长 3.8 厘米，系题签简。在全部木简中占比例最大的属于汉制尺牍的简册，长为 22.5—23.5 厘米。居延简牍按本身书写名称，有椠、牍、牒、检、檄、札、册、符、传等。

居延木简因其用途、内容的不同而制形略异，一般是上下两端锯齐后又略磨平。木简两面光滑平整，不见木结。居延汉简是在额济纳旗境内发现的汉武帝至东晋时期的简牍，当为张掖郡居延、肩水两都尉军事行政文书档案，是研究汉晋时期社会历史，包括政治、经济、军事、文化和典章制度等的第一手资料。如政治制度中的官吏秩俸、养老抚恤，经济制度中有关农垦屯田以及度量衡、赏算、上计等都有所反映。军事方面的防御设施、戍卒来源、军队组织系统以及戍边军队的训练、守卫、日常生活等，在《日迹簿》《候望簿》等简册中都有详细记载，堪称汉晋时期居延地区历史百科全书⑧。

汉钱范作坊遗址，位于赤峰市宁城县甸子乡黑城村南。考古工作者挖掘清理出一批新莽时期大泉五十、小泉直一的陶范母。范母大多数经过室内烘干，质地较坚硬，呈红褐色，也有少量制好后尚未烘干的，质地疏松易碎，呈红土色。两种范母均为规整的长方形，前端中央有圆形漏斗状浇口，浇口两侧设有排气沟槽。"大泉五十"的范母每方有钱模 64 枚排为六行，中间四行，每行 11 枚，两边每行为 10 枚，钱模凸起，钱径为 3 厘米。整个范母模长 60 厘米、宽 23.8 厘米、厚 6 厘米，浇口宽 5.2 厘米、深 5 厘米。排气沟槽长 15 厘米、宽 1.5 厘米。"小泉直一范母每方有钱模 150 枚共 10 行，每行 15 枚。范长 49 厘米，宽 22 厘米，厚 4 厘米。浇口深 4 厘米，宽 4.2 厘米，排气沟槽长 13 厘米，宽 1 厘米，钱径 1.4 厘米。范母浇口两侧，制有两竖行阳文隶书反写纪年文字。这里是王莽时期某郡国铸钱遗址。钱文为阳文篆书，字迹清晰。"⑨此外还出土有西汉半两、五铢、大泉五十、小泉直一等货币。

托克托汉代日晷，在托克托城出土。用致密泥质大理石制成，长 27.5 厘米，宽 27.4 厘米，厚 3.6 厘米。托克托汉代日晷是一件实用移动式晷影盘，可以测定任何一个地方的太阳方位，确定白天与黑夜时间的长短。夜晚，通过结合对北极星的观察，可推算日晷所在地的方位、时间、节令及天象、气象变化的规律。

　　日晷为方形，边长 27.5×27.4 厘米，折合市尺 1.2×1.2 尺，即基数为 12。这是一个天文律历用数，取义于一回归年有 12 个月。日晷的中央作一小圆窝，插有立杆，称"表"。小圆窝在日晷的正中央，也即正方形的中点，并有向四边四角的射线，把正方形分割为四等分，又分割为八等分，用为日晷上的四方四隅。又以日晷中央小圆窝为圆心，作两个同心圆，在大圆与小圆间约四分之三的弧面内，画 69 根时刻线。晷面上只刻出 69 根线共 68 刻格，系因夏至日最长昼漏是 65 刻，69 条线即够测影。每根时刻线与大圆的交点，作一个更小的小圆窝，以便观测太阳日影时用来引线插筹。在每个小圆窝的外侧，标刻 1—69 数码，用小篆写成，作顺时针方向旋转。时刻线是等分的，也就是说，等分圆周为 100 分，与一日百刻之数相当，每两条时刻线的夹角等于中国古代地平径度 3.6525 度。在这些数码的外围，画一个同心大圆弧，组成一圈数码带。在大小圆的外围画一个示意性的正方形，边长为日晷外轮廓的三分之一，合 4 寸，以示地平日晷的基数是 4。日晷上有两重方圆相套的形式，符合以"天圆地方"为模式的"盖天说"宇宙论。日晷的四角，画方形角。状内收的角线，以示日晷的外轮廓源于四角内收的亚形方框，用以象征大地的模式。日晷的大圆直径为 23.2—23.6 厘米，合于汉尺 1 尺，1 尺为 10 寸，表示十天干，以示此大圆象征天穹。日晷的外形轮廓边长 1.2 尺，即 12 寸，表示十二地支，以示日晷的外形象征大地。日晷四边长度之和是 4.8 尺，四与八相配，即将日晷立杆的高度分成四段八节，象征大地有四方四隅，一年有四时八节（"四时"即春、夏、秋、冬，"八节"即立春、立夏、立秋、立冬、春分、夏至、秋分、冬至）。地平日晷，包括祭祀用的天坛、地坛，均用此数去推演，它是严格按照"盖天说"的宇宙论模式设计的，所以也简称为"天地盘"。

　　托克托汉代日晷所包含的内容，反映出先民已掌握数学和几何学在空间领域的应用。中国古代天文学或被称为是靠测日影起家的，上观天象，下授人时，用以指导安排农业生产，华夏 5000 年的传统文化和科学史等诸多方面的问题，都可以在这件日晷上得到解释。汉代日晷的出土，表明古代先民们已积累了丰富的天文学基础知识[⑩]。

【注释】

① 参见柳诒徵：《中国文化史》上，东方出版社 2008 年版，第 297 页。

② 参见何天明：《对匈奴创建政权若干问题的探讨——匈奴政权始自冒顿单于说质疑》，载《内蒙古社会科学》2006 年第一期。

③《后汉书》志第十三《五行一》，中华书局 1965 年版，第 3272 页。

④ 参见郭沫若：《为"拍"字进一解》，载《文史论集》第 250—251 页。

⑤ 参见何天明：《瀚海集·汉代北方民族地区的军政建制》，内蒙古人民出版社 1995 年版，第 84、90 页。

⑥ 程尼娜：《护乌桓校尉府探析》，载《黑龙江民族书刊》2004 年第五期。

⑦ 参见魏坚编：《内蒙古中南部汉代墓葬》，中国大百科全书出版社 1998 年版，第 345 页。

⑧ 参见李生昌主编：《额济纳旗志》第八编，方志出版社 1998 年版，第 758—759 页。

⑨ 参见邢野主编：《内蒙古旅游资源通志》卷六第一章第 251 页，内蒙古人民出版社 2002 年版。

⑩ 参见陆思贤：《托克托县日晷研究》，石俊贵主编：《托克托文物志》，中华书局 2006 年版，第 494—505 页。

第三章

拓跋鲜卑入主中原
——魏晋南北朝时期

　　东汉末年，北匈奴西迁，南匈奴连年内讧，中原军阀混战。鲜卑、柔然、敕勒、乌洛侯、库莫奚、室韦等族又先后出现在内蒙古历史舞台上。十六国后期，拓跋鲜卑经过数年的迁徙，崛起于蒙古草原，建立北魏政权。北魏后期倡导使用汉字，讲汉语，推行汉制，极大地促进了文化交流和民族融合，为缔造多元一体的中华文化做出重大贡献。拓跋鲜卑从今内蒙古地区崛起并入主中原，留下了丰富多彩的历史文化。流传在长城内外、大漠南北的北朝民歌，字里行间，无不浸透着北方游牧民族豪放旷达的民族心理，以及他们特有的民俗文化与生活方式。

第一节　拓跋鲜卑及北魏政权

　　拓跋鲜卑的起源　拓跋鲜卑南迁大泽　二次南迁　拓跋建"代"　拓跋珪复国　北魏六镇

　　拓跋鲜卑起源于大鲜卑山。《魏书·序纪》载："国有大鲜卑山，因以为号。其后，世为君长，统幽都之北，广漠之野。"[①]《魏书·乌洛侯传》还记载："乌洛侯国，在地豆于之北，去代都四千五百余里……

世祖真君四年来朝，称其国西北有国家先帝旧墟，石室南北九十步，东西四十步，高七十尺，室有神灵，民多祈请。世祖遣中书侍郎李敞告祭焉，刊祝文于室之壁而还。"②从以上记载可知，拓跋鲜卑最初居住在一个叫大鲜卑山的地方，山中有拓跋鲜卑早期居住的石室，具体方位在"幽都之北"，即今内蒙古鄂伦春自治旗境内的嘎仙洞。

据《魏书·序纪》描写，大鲜卑山时期拓跋鲜卑的经济生活是"畜牧迁徙，射猎为业"，他们的社会是"淳朴为俗，简易为化，不为文字，刻木纪契而已"③，尚处于原始社会初级阶段。当时的鲜卑先民，生活在群山林海之间，活动空间、生活条件和生产方式均受到很大的限制，只有靠采集和游猎维持生活。这些在嘎仙洞地下文化层出土的器物中，均得到证实。在对嘎仙洞的挖掘中发现矛、割削器、尖状器及石核、石叶、石片等细石器，也有部分打制石器。这些石器用途很广，有的用来射猎，有的用来切割，有的则用来钻孔。除了石器外，还出土大量的陶器、骨器。陶器均为手制，器物单纯，以敞口罐为主。骨器有骨镞、骨锥、角锥、牙锥等。其中作为射猎用的骨镞，体身细长，前部为圆形，尾部为楔形。洞中还发现动物骨骼，但仅见野猪、獐、狍等野生动物骨骼，未见家养动物痕迹，可见其狩猎经济类型还比较单一。此外，还出土有少量金属器物，铁刀一件，铜牌饰一件，可能是祭祖时遗留的器物。从嘎仙洞出土的这些遗物来看，狩猎工具与大量的兽骨，与《序纪》"射猎为业"的记载是吻合的。

拓跋鲜卑离开大鲜卑山到占据匈奴故地之前，有两次南迁的记载。这两次南迁，是拓跋鲜卑从森林进入草原，渐渐走进历史视线，逐步发展的过程。

拓跋鲜卑原来在大兴安岭的森林中生活。但大兴安岭的高峻、封闭，狭窄限制了经济的发展。拓跋鲜卑有了走向森林，向南谋求发展空间的要求。毛传五世之后，聪明英武的推寅当上了酋长，逐顺应从望，率部"南迁大泽"（今啤伦湖）。

鲜卑南迁大泽后又过了七代，在邻为拓跋鲜卑的首领时，再次谋议迁徙，到诘汾即位后方实现进一步南迁的愿望。诘汾率领部众历经"山谷高深，九难八阻"进入"匈奴之故地"，即今阴山南麓河套平原、鄂尔多斯高原一带。这就是拓跋鲜卑的第二次南迁。这次迁徙是由一种形似马、声类牛的古神兽先行导引，经过长途跋涉，才居于匈奴之故地的，具有很强的传奇色彩，也有着浓重的鲜卑文化内涵。在扎赉诺尔墓葬中出土的飞马纹动物形铜鎏金带饰，"飞马"有翅膀，鼻长角，被看作是引领鲜卑人走出困境的神兽。拓跋鲜卑的两次南迁多出自推寅和邻的策略，因此二人都被称为"推寅"，即善于钻研的人。说明拓跋鲜卑为寻求更好的生活环境，经过艰苦的实践和智慧的付出。

诘汾之子力微继任拓跋鲜卑首领后，经过多年的发展，终于拥有控弦之士 20 余万，势力日益壮大。于曹魏高贵乡公甘露三年（258），率匈奴、乌丸、敕勒、柔然诸部迁于定襄郡盛乐城（今和林格尔县土城子乡）。晋愍帝建兴三年（315）拓跋鲜卑以盛乐为北都，平城为南都，建立"代"政权。拓跋郁律继代王位后，征服西部的乌桓和东部的勿吉，使拓跋鲜卑成为北方草原上一支强大的力量。

晋成帝咸康四年（338），拓跋什翼犍即代王位，设置百官，分掌众职，任用汉族官吏，制定法律，拓跋鲜卑已经具备奴隶制国家的规模。咸康七年，拓跋什翼犍在盛乐旧城南八里营建盛乐新城，作为代政权的政治、经济中心，拓跋鲜卑进入半定居的生活状态。晋孝武帝宁康二年（374），什翼犍以铁弗依附前秦为由发兵征讨，铁弗匈奴刘卫辰请援于苻坚。晋孝武帝太元元年（376），苻坚发幽、冀、并三州兵，以刘卫辰为向导分三道出击代国，什翼犍领匈奴部帅刘库仁出兵迎战，刘库仁在石子岭（今鄂托克旗东北）被苻坚击败。什翼犍率众逃奔阴山以北，不久被杀，代国遂亡。前秦占据代国后，将代国的领土一分为二，黄河以东云中、雁门一带归库仁，黄河以西朔方一带属卫辰，各领部落，不相统属。拓跋部自身的发展暂时中断。

淝水之战后，前秦统治瓦解，拓跋什翼犍子拓跋珪在独孤部刘库仁的扶持下收集旧部，乘机复国。晋孝武帝太元十一年（386），在牛川（今呼和浩特市东南）大会诸部，即"代王"位，改元"登国"，二月，迁回都城盛乐，不久改称"魏王"。从呼和浩特市托克托县土城出土的北魏佛像纹瓦当（图上3-1）、呼和浩特市郊区北魏鲜卑墓出土的舞乐俑（图上3-2）可以看出，北魏时期，在今呼和浩特地区已建有城池。此后拓跋珪

图上 3-1　托克托县土城出土的北魏佛像纹瓦当　现藏托克托县博物馆，选自《托克托县文物志》，石俊贵主编，中华书局 2006 年版，孔群摄。

通过连年战争，先后打败高车、柔然、库莫奚、刘库仁部、刘卫辰部，攻克后燕都城，尽有山西、河北地区。北魏道武帝天兴元年、晋安帝隆安二年（398），拓跋珪迁都平城（今山西大同市东北），自称皇帝。北魏太武帝拓跋焘时，又灭大夏、北燕、北凉等政权，统一黄河流域。北魏成为这一时期中国历史上代表北方的政权，与南朝刘宋政权形成南北对峙局面。

拓跋鲜卑建立代政权后，成为今内蒙古地区历史上第一个入主中原的

图上 3-2　呼和浩特郊区北魏鲜卑墓出土的舞乐俑　现藏内蒙古博物院，选自《草原文化》，孔群摄。

游牧民族。其疆域包括今内蒙古大部分地区。北魏初年，开始在牧区设置官营牧场。其中平城牧场和漠南牧场都在今内蒙古境内。道武帝天兴三年（400），拓跋珪攻破北方劲敌高车，前后获马 35 万匹，牛羊 160 万头。太武帝神麚二年（429），拓跋焘北征蠕蠕，蠕蠕部落四散，窜伏山谷，畜群遍野尽归北魏。巨型牧场的建立，标志着北魏畜牧业生产的经营和管理等达到一个新的阶段，提高到一个新的水平，大大促进畜牧业生产的向前发展。

北魏从公元 386 年拓跋珪建国至公元 534 年分裂为东魏、西魏，共存在一个半世纪。当时，蒙古草原上另一支强大的游牧民族柔然兴起，作为北魏北边的主要劲敌。道武帝时期，柔然开始南进犯塞，此后双方在大漠南北展开激烈的争战。太武帝始光四年（427）七月，柔然侵入云中，直接威胁京师平城，导致北魏一度出现无岁不惊的恐慌局面。为了防御柔然，稳定和巩固对北方地区的统治，北魏于明元帝泰常八年（423），在平城以北筑长城于长川之南，延袤 2000 余里。太武帝拓跋焘时期，进一步在长城要害处设置六个军镇，形成以长城为主体，依托军镇的防御体系。

北魏太武帝太延五年（439），六镇已具规模。"六镇"之称，始见于孝文帝太和十八年（494）。时孝文帝北巡怀朔、武川、抚冥、柔玄四镇，下诏六镇及御夷城人，年满 80 岁以上而无子孙兄弟，终身给其廪粟，70 岁以上家贫者，各赐粟十斛。可见孝文帝时期，六镇已存在一段时间。六镇名称，由西至东依次为沃野镇、怀朔镇、武川镇、抚冥镇、柔玄镇、怀荒镇，其中除怀荒镇（今河北省张北县）外，其他五镇均分布于今内蒙古辖境内的河套以东，阴山以北地区。

北魏初年，在汉代沃野故城设置沃野镇。故址在今巴彦淖尔市临河区西南黄羊木头古城。沃野镇位于六镇最西边，镇址经过三次迁徙。《魏书·刁雍传》称，太武帝太平真君七年（446），动用 5000 辆车运送谷物 50 万斛抵沃野镇，以供军粮。孝文帝太和十年（486），沃野镇东移至西汉朔方郡治朔方县。故址在今杭锦后旗独贵特拉乡什拉召附近。宣武帝正始元年（504），因沃野镇居南，与其他五镇距离较远，为东西相望，形势相接，又北迁至今乌拉特前旗苏独仑乡根子场古城。古城位于乌梁素海东岸坝头村的天德军故城遗址北 60 里，与《元和郡县图志》记载的"沃野故城在（天德）军北六十里，即是后魏从西第一镇也"相符合。沃野镇城地位险要，控制从狼山各山谷南下的交通要道。沃野故城遗址东西长 1040 米，南北宽近 680 米，残高 0.5—1.3 米，南墙东部还有一座东西约 340 米，南北约 200 米的外城，城内出土有砖瓦、碎陶片等少量文物，其中瘦莲花纹瓦当为典型的北魏文物。沃野镇处于冲击平原地带，是北魏农牧业发展的重要经济区。

北魏太武帝延和二年（433），置朔州，后改为怀朔镇。故址在今固阳（史作稒阳）县白灵淖乡城村古城，是内蒙古西部地区规模较大的北魏古城遗址。城址呈五边形，城垣明显，周长近 5000 米。出土文物有铜菩萨塑像、陶罐、莲花纹三角砖、筒瓦、板瓦、陶片等。太武帝太延二年（436），拓跋焘巡幸固阳，在此置野马苑。太武帝太平真君六年（445），又迁徙杂民 5000 余家，令其在此畜牧，以诱柔然就范。柔然阿那瓌投靠北魏后，被封为朔方郡开国公，在返回途中，怀朔镇将以精锐骑兵千人护卫，可见怀朔镇是北魏时期南北交通的咽喉。孝明帝正光五年（524），北魏改镇为州，以怀朔镇为朔州，后改名云州。

武川镇约在北魏太武帝统治前期就已设置。故址在今内蒙古武川县土城梁古城（一说为东土城古城）。城址地处起伏不平的丘陵地带，分南北两城，南城东西长约 130 米，南北宽约 90 米，四面城垣均系土筑，残垣最高处达 3 米。城中偏北方有长方形的土台基建筑，四周散落有板瓦、筒瓦，此外，还有兽面形瓦当、铜镞、铁镞、铁犁等。北魏孝明帝武泰元年（528），改镇为郡，名"神武郡"，属朔州。

抚冥镇故址在今内蒙古四子王旗乌兰花镇土城子村南。据《魏书·拓跋笃传》称，拓跋笃曾任抚冥镇将，时间约在北魏文成帝末或献文帝年间（465—470）。古城呈正方形，边长约 900 米。城墙用黄土夯筑，残高 1.5 米。出土有板瓦、瓦当、筒瓦、滴水、陶瓮、陶罐等。还出土有一尊黄铜菩萨塑像。

柔玄镇设置于北魏太武帝延和中（432—434）。地处古于延水东，北魏长城内，故址在今内蒙古兴和县台基庙村南城卜子。据《魏书·罗结传》记载，罗结的儿子罗斤曾出任柔玄镇大将。古城背坡面川，西南为滩川地，沿川向东南 2.5 公里处可达古长川地，出土有陶罐、板瓦、筒瓦、瓦当等。怀朔、柔玄是六镇中的主要军镇。六镇不设州郡，以镇、戍统民，镇将既是六镇的军事首领也是行政首领，各镇在划定的防区内行使职权。六镇民众被称为镇民，以鲜卑族为主，还有汉、匈奴、高车、丁零等各族人口。

隋朝统一后，鲜卑族作为一个政治实体退出历史舞台。

拓跋鲜卑从森林到草原直至入主中原，不仅经历本民族自身的蜕变，同时也与北方其他民族和汉族融合，为中原地区的汉文化注入少数民族文化的因素，主导南北文化的合流，为缔造多元一体的中华文化做出重大贡献。

第二节　拓跋鲜卑的习俗与文化

鲜卑人的服饰　饮食　婚俗　葬俗　宗教　语言

拓跋鲜卑早期的服饰以动物皮毛为原材料。在南迁途中，拓跋鲜卑开始与中原交往，服饰中增加外来丝织品，但数量很少。到什翼犍统治代国时期，鲜卑的服饰仍然以皮毛为主，还处于"国中少缯帛"的状态。北魏建立后，鲜卑服装才渐以丝织品为主。鲜卑的服装款式为小袖，长袍，圆领或斜领，男上着衣，下穿小口裤，穿靴；女着衣裙，男女均不束发戴帽。鲜卑服饰一般使用腰带束腰，称为"郭落带"，带上装饰有各种图案的金属饰牌，其中鹿纹矩形饰牌是典型的鲜卑腰带饰品。北魏孝文帝太和元年（477）之前，鲜卑妇女的装扮"夹领小袖"，"冠帽而著小襦袄"。道武帝天兴元年（398），拓跋珪"命朝野皆束发加帽"。孝文帝改革时进一步改变鲜卑人的服饰，要求鲜卑民众穿汉服，又根据中原旧典，制作鲜卑官服，颁赐新朝服，取消传统鲜卑服饰，使"百僚六宫，各有参次"。但在北方边镇地区，鲜卑人仍明显地保留着本土的文化习俗。北魏灭亡后，北朝地区又开始重新流行鲜卑服饰，即所谓"胡服"：窄袖绯绿短衣，长筒靴，有蹀躞带。直到隋唐前期，胡服还非常盛行。

拓跋鲜卑早期的发式为"披发左衽"。进入匈奴故地后，发式由原来的披发改为辫发，即将头发梳成辫，仍不束发，因形似绳索，所以被南朝称之为"索头"。在扎赉诺尔墓葬中，发现一节残存的发辫而得以证实。道武帝拓跋珪迁都平城后，下令朝廷官员及百姓皆束发加帽。

拓跋鲜卑居于大鲜卑山时期，以野猪、野鹿、野羊等野生动物为主要食物。南迁过程中，随着游牧业的发展，饮食以畜养马牛羊的肉食、乳酪为主，同时也食用少量野生动物。除此以外，在扎赉诺尔墓葬中发现装有腐烂谷壳的陶罐，陶罐外表有煮东西的痕迹，说明拓跋鲜卑早期也食用少量的谷物。北魏建立后，部分鲜卑人从事农业，粮食更多的成为日常食物，他们还学会利用粮食酿酒，以致饮酒成风，太武帝时曾多次下达禁酒令。

拓跋鲜卑走出大兴安岭以后以游牧为生，住毡帐，随水草迁徙。北魏时期出现面积较大的"百子帐"，孝明帝时曾赠给柔然百子帐18具。拓跋猗卢时期，在盛乐、平城等地区修筑城池，拓跋鲜卑逐渐开始定居生活。但是终北魏一代，鲜卑人一直存在定居和不定居两种居住方式。

鲜卑的手工业有桦树皮制作、骨器制作、木器制作、金属制作、制陶、纺织、雕刻等。其中桦树皮制作在拓跋鲜卑文化中较为典型。拓跋鲜卑早期生活在大兴安岭密林深处，其生产、生活用具因地制宜，用桦树皮为原料加工成器皿等生活用具。在拓跋鲜卑南迁的早期墓葬中，出土有大量桦树皮制品，如器盖、箭袋、弓袋、明器以及桦树皮棺等。鲜卑人还用桦树皮搭建毡帐。随着南迁的深入，由于桦树皮原料的缺乏，其制品的数量开始减少并逐渐在拓跋鲜卑人的生活中消失。

拓跋鲜卑的婚姻制度，大体上与乌桓相似，保留了掠女，以牛羊为聘礼，为妻家服役，父死，妻后母为妻，女子婚嫁前有一定的性生活自由。史载："以季春月大会于饶乐水上，饮宴毕，然后配合。"④或说："常以季春月作乐水上，嫁女娶妇，髡头饮宴。"⑤髡头是鲜卑发式的一个特点。男子娶妇，女子出嫁，都要髡发，可能就是剃去周围毛发，留顶发之大部分，垂辫于后。拓跋鲜卑所谓的"索头"应该就是辫发。从婚姻现象上看，包含了群婚、对偶婚、个体婚各种形式，但原始婚只是习俗上的残留和仪式上的象征。拓跋鲜卑早期婚俗中比较独特的是王公贵族多实行一夫一妻制，直到拓跋珪入主中原。孝文帝改革后，一夫一妻制的情况得以改变，鲜卑纳妾之风日渐盛行。

拓跋鲜卑的早期墓葬为土坑竖穴式，墓穴近似方形，四壁不规整。

墓底为长方形，铺有长条形木板，木板之上铺一层桦树皮。墓中填满黑褐色黏土，很坚实。墓葬为多人合葬，体现原始社会末期同一氏族中各个大家庭成员一起埋葬的习俗。墓内随葬品丰富，有陶、石、骨、铜、铁、银器及珠饰、桦树皮器皿等。拓跋鲜卑进入平城以后，其墓葬出现砖室墓、石雕棺床，棺木彩绘等。墓内壁画逐渐增多，随葬品中金银器数量也大大增加。《宋书》在提到拓跋鲜卑的葬俗时，记载曰："死则潜埋，无坟垄处所，至于葬送，皆虚设棺柩，立冢椁，生时车马、器用皆烧之，以送亡者。"⑥送葬时唱歌、跳舞、杀牲。文成帝拓跋濬时（452—466），高允上书认为送葬之日唱歌、跳舞不符合汉人礼制，建议进行葬俗改革。孝文帝迁都洛阳后，鲜卑葬俗逐渐趋同于汉族。

　　拓跋鲜卑最初信奉多神崇拜的萨满教，其突出特点即对物的崇拜。拓跋部早期历史中发生过多次灵物的事，如诘汾率众南迁时期，因为困难重重一度想要放弃，时有形状类马、声音似牛的神兽，前行引导带路，才导致拓跋鲜卑第二次南迁的成功。此类将动物神化的故事在拓跋历史上还有很多，如白狼引路、神虫生榆木、埋胎盘处树木成林等。北魏建立以后，大力扶植和提倡佛教，鲜卑人逐渐开始信奉佛教，而摒弃萨满教。孝文帝太和九年（485），孝文帝下令对萨满教"严加禁断"，此后，佛教正式成为占北魏主导地位的宗教。

　　鲜卑人操鲜卑语，进入中原后相当一段时仍然如此。鲜卑语系东胡语分支，属阿尔泰语系。十六国后，因鲜卑纵横蒙古高原，鲜卑语一度成为流行中国北方的主要语言之一。《隋书·经籍志》载："后魏初定中原，军容号令，皆以夷语。"⑦夷语即鲜卑语，可见北魏前期是以鲜卑语为国语的。北魏迁都洛阳之后，孝文帝仿效汉制，推行汉文化，要求朝臣"断诸北语，一从正音"（"北语"即鲜卑语，"正音"指汉语），在朝中禁止使用鲜卑语，违者罢免其官职。其后，鲜卑语逐渐从朝中淡出。但留居塞北的鲜卑人犹多保留旧俗，仍使用鲜卑语，其影响至少延续到隋末唐初。

　　拓跋鲜卑早期没有关于音乐的记载。但是从送葬时的唱歌习俗可见他们早期有自己简单的音乐。北魏建立后，鲜卑宫廷音乐有很大发展，有专门的乐舞制度，创作有《真人代歌》《国语真歌》《国语御歌》等用鲜卑语歌唱的宫廷歌曲。

第三节　北朝民歌

表现北地风光　崇强尚武　渴望和平与安定　反映婚姻爱情　花木兰代父从军

北朝民歌，产生于黄河流域及北方草原、阴山南北。歌辞作者多为鲜卑人，也有其他民族的人民。传世作品六十多首，主要收集在《乐府诗集》中的《横吹曲辞》与《杂曲歌辞》。这些民歌，内容丰富、语言质朴、感情真挚、风格刚健，兼有爽朗、活泼的特色。体现了南北文化交流融合的特征，同时也与北方的地理环境、民俗文化、生活方式有直接的关系。

表现北地风光、游牧生活的篇什多有佳作。流传广泛的如《敕勒歌》：

　　敕勒川，阴山下。

　　天似穹庐，笼盖四野。

　　天苍苍，野茫茫。

　　风吹草低见牛羊。

乐府诗集云："北齐神武攻周玉壁，士卒死者十四五，神武恚愤疾发。周王下令曰：'高欢鼠子，亲犯玉壁，剑弩一发，元凶自毙。'神武闻之，勉坐以安士众，悉引诸贵。使斛律金唱敕勒，神武自和之。其歌本鲜卑语，易为齐言。故其句长短不齐。"⑧敕勒，部族名。早期敕勒不断从阴山山脉由北向黄河流域迁徙，敕勒的南迁促进了蒙古地区草原各族的交流和融合，后期则与鲜卑族关系密切。斛律金生于北魏时期，敕勒人。他的高祖是当时敕勒部落有名的首领，其祖父、父亲都在北魏朝廷中任高官。斛律金性耿直，善骑射，行兵用匈奴法，望尘识马步多少，嗅地知军度远近。因屡立战功，斛律金曾被任命"敕勒第二领民酋长"。北魏分裂为东魏和西魏后，斛律金又被任命为东魏大将军，多次征战，战功卓著。北齐时官居丞相。

《敕勒歌》描写横亘于今内蒙古中西部的阴山脚下土地辽阔，水草丰茂，牛羊繁多的景象。语言简洁苍劲，节奏铿锵有力，意境雄浑，风格奔放，历来被视为北朝乐府民歌中的杰作。开头两句"敕勒川，阴山下"，交代敕勒川位于险峻绵延的阴山脚下，将草原的背景衬托得十分雄伟。接着两句"天似穹庐，笼盖四野"，歌者以自己生活中居住的"穹庐"作比喻，说天空如毡制的圆顶大帐篷，盖住了四面八方，以此来形容极目远望、天野相接、无比壮阔的景象。最后三句"天苍苍，野茫茫。风吹草低见牛羊"，是一幅开阔千里，生机勃勃的草原全景图。全诗二十余字，大气磅礴地展现出中国古代北方民族游牧生活的壮丽景象，鲜卑人对大自然的赞叹之情跃然纸上。金代文学家元好问（鲜卑后裔）赋诗赞《敕勒歌》云："慷慨歌谣绝不传，穹庐一曲本天然。中州万古英雄气，也到阴山敕勒川。"

北朝社会，贵壮尚武，崇强尚健。这种风气自然体现在民歌中，如《企喻歌辞》曰："男儿欲作健，结伴不须多。鹞子经天飞，群雀两向波。""放马大泽中，草好马著膘。牌子铁裲裆，铪铇鹞尾条。"第一首歌颂了勇健的男儿，他们结伴不多，却非常有力量。他们征战一处，就像经天的鹞鹰，而被攻伐者则如同群雀一般，纷纷躲避，仓皇窜逃。第二首写健儿们一边放牧一边练武的情形。他们渴望通过放牧、角逐、比武、战斗，战胜对手，使自己成为人们所崇敬的英雄人物。这两首民歌，自然朴实，色调明快，细致地勾勒出鲜卑人的战斗生活和游牧生活。他们作风剽悍，形象英武，令人敬畏。同时也反映了战争给各族人民带来的苦难，以及北方人民为适应社会环境而能骑善射、好勇尚武的精神。

北人恋土，尽管他们无城郭常住，随逐水草，但是，一走数千里，对故地的游牧生活还是深深怀念的。如《陇头歌辞》曰："陇头流水，流离山下。念吾一身，飘然旷野。"《紫骝马歌辞》曰："高高山头树，风吹叶落去。一去数千里，何当还故处。"一声一行泪，一句一捧血，声声句句唱出征战人厌战思乡，渴望和平与安定生活的情怀。

北方少数民族的社会组织、民俗风情原始朴野，故其爱情、婚姻民歌也热情奔放，很少矫饰。如《地驱乐歌》："驱羊入谷，山羊在前，老女不嫁，塌地呼天！"《折杨柳枝歌》："门前一株枣，岁岁不知老。阿婆不嫁女，那得孙儿抱？"感情真诚，直白爽朗，把少女渴望爱情、渴望出嫁的心情表达得如此明白如话。这在礼教的社会，是不可想象的。

北朝民歌中，描写妇女英雄行为的一首叙事诗是《木兰诗》，与《孔雀东南飞》并称"诗歌双璧"。沈德潜称它"事奇语奇"，具有传奇色彩。《木兰诗》全诗三百多字。以精炼传神、自然生动的笔触，或排比，或设问，或谑语，或庄言，成功地叙述了巾帼英雄木兰临危而出、代父从军，历经百战、功成身退的故事：

唧唧复唧唧，木兰当户织。不闻机杼声，唯闻女叹息。

问女何所思，问女何所忆。女亦无所思，女亦无所忆。

昨夜见军帖，可汗大点兵。军书十二卷，卷卷有爷名。

阿爷无大儿，木兰无长兄，愿为市鞍马，从此替爷征。

东市买骏马，西市买鞍鞯，南市买辔头，北市买长鞭。

朝辞爷娘去，暮宿黄河边。不闻爷娘唤女声，但闻黄河流水鸣溅溅。

旦辞黄河去，暮至黑山头。不闻爷娘唤女声，但闻燕山胡骑鸣啾啾。

万里赴戎机，关山度若飞。朔气传金柝，寒光照铁衣。

将军百战死，壮士十年归。归来见天子，天子坐明堂。

策勋十二转，赏赐百千强。可汗问所欲，木兰不用尚书郎，

愿驰千里足，送儿还故乡。爷娘闻女来，出郭相扶将。

阿姊闻妹来，当户理红妆。小弟闻姊来，磨刀霍霍向猪羊。

开我东阁门，坐我西间床。脱我战时袍，著我旧时裳。

当窗理云鬓，对镜贴花黄。出门看伙伴，伙伴皆惊惶。

同行十二年，不知木兰是女郎。雄兔脚扑朔，雌兔眼迷离。

双兔傍地走，安能辨我是雌雄。

木兰代父从军，慷慨奔赴疆场，不为功名利禄，只为孝顺父母，报效朝廷。一旦战火熄灭，则刀枪入库，马放南山。而木兰最大的心愿就是回到家乡，"还我女儿装"，去过自由自在的生活，享受家人团聚的天伦之乐。诗中在简约而凝炼地表现了木兰的忠、孝、智、勇之后，着重描写了她回归女儿本色的天真与快乐。热情歌颂了这位北地女子勤劳善

良的品质，保家卫国的激情，英勇战斗的精神，以及端庄从容的风姿。全诗不仅反映了北方游牧民族普遍尚武的风气，同时也表现了北方人民憎恶长期割据战乱，渴望过和平安定生活的愿望。全诗剪裁详略得当，音韵流走和谐，风神劲朗，格调明快。

第四节　拓跋鲜卑的文化遗存

嘎仙洞　石刻祝文　扎赉诺尔鲜卑古墓群　盛乐古城

在内蒙古呼伦贝尔市鄂伦春旗阿里河镇西北 10 公里处，发现北魏先祖旧墟石室嘎仙洞（图上 3-3、图上 3-4）。"嘎仙"一词，是鄂伦春语，与满语的"嘎栅"相通，意思是村屯、故乡，在锡伯语中还有亲生故乡的意思。嘎仙洞是一个天然的山洞，位于大兴安岭北段东麓，甘河上源。洞口朝向西南方，洞周围遍布丛密原始森林。洞口悬挂山腰，距地面 25 米，呈三角形，高 12 米，宽 19 米。洞内面积约 3000 平方米，可容纳数千人聚集，南北 92 米，东西 28 米，穹顶高处达 20 余米。与《魏书》记载鲜卑石室规模大体相同。洞内发现有李敞的石刻祝文，祝文与《魏书》记载的内容基本符合，只是字迹略有出入而已。刻辞为竖行，通

图上 3-3　嘎仙洞遗址洞口　出处同图上 3-2

图上 3-4　嘎仙洞遗址　位于呼伦贝尔市鄂伦春自治旗大兴安岭一处高百米的峭壁上，洞口向西南，分为三个相连的洞厅，出处同图上 3-2。

高 70 厘米，通宽 120 厘米，全文 201 字，字的大小不一。

汉字隶书如下：

维太平真君四年癸未岁七月廿五日

太子臣焘，使谒者仆射库六官、

中书侍郎李敞、傅䰚，

用骏足、一元大武、柔毛之牲，

敢昭告于皇天之神：

启辟之初，佑我皇祖，

于彼土田，历载亿年，

聿来南迁，应多受福，

光宅中原，惟祖惟父，拓定四边。

庆流后胤，延及冲人，

阐扬玄风，增构崇堂，

刭翦凶丑，威暨四荒。

幽人忘遐，稽首来王。

始闻旧墟，爰在彼方。

悠悠之怀，希仰余光。

王业之兴，起自皇祖。

绵绵瓜瓞，时惟多祜。

旧以谢施，推以配天。

子子孙孙，福禄永延。

荐于皇皇帝天，皇皇后土，

以皇祖先可寒配，皇妣先可敦配。

尚飨！

东作帅使念凿[⑨]

嘎仙洞的发现，确定了拓跋鲜卑的起源地大鲜卑山，即今大兴安岭北段。

在呼伦湖北面的扎赉诺尔，发现有 300 余座墓的鲜卑古墓群，在呼伦湖东面的完工地区，也发现一些鲜卑古墓。后又在海拉尔伊敏河流域的伊敏和孟根楚鲁发现鲜卑墓葬群，比完工、扎赉诺尔的年代要晚。这些广泛分布在呼伦湖周围以及海拉尔河、伊敏河两岸的墓葬群，被基本认定为拓跋鲜卑南迁大泽过程中的遗迹。在今内蒙古赤峰市巴林左旗林东镇南杨家营子，先后发现鲜卑族的遗址和 20 余座墓葬，其出土物和埋葬习俗与完工、扎赉诺尔墓葬同属一个文化范畴。以上这些墓葬遗存与嘎仙洞文化遗存一脉相承，被认为是拓跋鲜卑从大鲜卑山西南迁至匈奴故地的遗存，证实了推寅率众"南迁大泽"，再迁"匈奴故地"的史实。

从完工、扎赉诺尔出土的遗物看，拓跋鲜卑游牧时居住在木头搭建的半球形帐篷中，帐篷的覆盖物和铺垫物多用桦树皮。墓葬中还发现有金属器物，包括金、银、铜、铁四种，尤其是铜器和铁器多有出现，与生活和生产密切相关。铜一般是饰品，铁器则多为生产工具。可见他们的生产力显著提高，经济生活逐步走向富裕。在南杨家营子遗存中，铁器使用的范围扩大，说明这时拓跋鲜卑的金属冶炼以及铜、铁等手工业已经有了一定的发展。从扎赉诺尔墓葬中出土的东汉织锦、漆器等物品来看，当时拓跋鲜卑与中原王朝已经有了直接或间接的经济上的交换关系。另外，在这些鲜卑墓葬中还出土一批兼具有鲜卑、匈奴、高车等民族文化特色的器物，如具有显著匈奴文化特色的双耳陶壶罐。说明拓跋鲜卑在南迁过程中与其他民族错居杂处，往来频繁。

呼伦贝尔地区降雨量较少，气候干旱，地域开阔，适合于牛、马、羊等动物成群繁殖和发展，畜牧业逐渐占据主导地位。拉布大林鲜卑墓的 24 座墓葬中，除牛、马、羊头骨外还出土有猪头骨，说明当时拓跋鲜卑人还没有完全改变以猎取野生动物为食的习俗。拓跋鲜卑人也吃粮食，但数量较少。

盛乐古城，其遗址位于今内蒙古和林格尔县土城子乡土城子村北（图上 3-5）。古城南依绵延的摩天岭群山，东西两侧为丘陵地带，北通土默川平原，是连接关内至阴山南北的要冲。古城址城郭、城垣、城门、角楼、街道等尽显城市特征，是鲜卑文化的重要遗存。遗址平面呈不规则形，东西约 1550 米，南北约 2250 米，面积达 439 万平方米。墙体用黄

图下 3-5　位于呼和浩特市和林格尔县境内的盛乐古城遗址　孔群摄

色粘土夯筑而成，夯土层厚 15—20 厘米。墙体残留高处 7 米，低处 1.2 米。城内出土有马、牛、羊等动物骨骼，陶器、瓷器，铜器、铁器等生活用具和生产工具，以及大量属于北魏晚期的黑色厚瓦。

盛乐古城始建于战国时期，属赵国云中郡辖境。西汉时名为"成乐县"，汉高祖时期分云中郡另置定襄郡，辖境包括今呼和浩特平原的部分地区，以成乐县为治所。东汉时，改成乐县为"盛乐县"，属云中郡统辖范围。拓跋鲜卑时期，盛乐古城四次为都，分别是曹魏高贵乡公甘露三年（258），拓跋力微迁于定襄郡盛乐城；晋愍帝建兴三年（315），拓跋猗卢自立为代王后以盛乐为"北都"，以平城（今山西省大同市东）为"南都"；什翼犍即代王位后，于晋穆帝永和二年（346）再次迁都盛乐；晋孝武帝太元十一年（386）春正月，什翼犍之孙拓跋珪在牛川（今呼和浩特市南部）召开部落大会，即代王位，年号为"登国"，定都盛乐。由此可见盛乐在拓跋鲜卑历史上所占的重要地位。拓跋鲜卑在这里逐步完善政权机构，发展经济，为入主中原奠定了坚实基础。以盛乐为政治、经济中心，形成早期的拓跋鲜卑奴隶制国家，并不断扩疆拓土，最终实现黄河流域的统一。

【注释】

①③《魏书》卷一《帝纪第一》，中华书局 1974 年版，第 1 页。

②《魏书》卷一〇〇《乌洛侯》，中华书局 1974 年版，第 2224 页。

④《后汉书》卷九〇《乌桓鲜卑列传第八十》，中华书局 1965 年版，第 2985 页。

⑤《三国志·魏书》卷三〇《鲜卑传》，中华书局 1959 年版，第 836 页。

⑥《宋书》卷九五《列传第五十五》，中华书局 1974 年版，第 2322 页。

⑦《隋书》卷三二《经籍一》，中华书局 1982 年版，第 94 页。

⑧《先秦汉魏晋南北朝诗》北齐诗卷三《杂歌谣辞》，中华书局 1983 年版，第 2289 页。

⑨金勋等主编：《鄂伦春自治旗志》，内蒙古人民出版社 1991 年版，第 641 页。

第四章

突厥、回纥纵横大漠
——隋唐五代时期

隋唐时期，活动在今内蒙古地区的主要民族有突厥、回纥以及契丹、奚、室韦等。6世纪到10世纪时，突厥与回纥成为今内蒙古地区直至漠北草原强大的势力。在他们称雄的几百年间，创造出特色鲜明的民族文化。羁縻府州的设置对以后的历史产生很大影响。回鹘文字在中国古代多元文化发展格局中占有重要地位，对契丹小字、蒙古文字和满文的创制有着直接关系。而隋唐五代在大漠南北的文化遗存，进一步说明了北方农耕文化与草原游牧文化的交流融合。

第一节　突厥的起源

突厥的起源和历史　东突厥与隋唐　单于大都护府　羁縻府州

突厥，是活动于中国古代北方地区的一支游牧民族。隋唐时期是突厥活动活跃的时期。据《周书·突厥传》记载，"突厥"一词来源于突厥人兴起的地方——金山（今阿尔泰山），因为金山形状似古代的战盔兜鍪，其俗称兜鍪为"突厥"，因以名其部落。

突厥起源地在准噶尔盆地之北、叶尼塞河上游，是以狼为图腾的部落。5 世纪中叶，柔然人征服高昌，突厥人沦为柔然的奴隶，此后柔然将突厥部落迁徙至金山（今阿尔泰山）南麓，为柔然奴隶主锻铁，被称为"锻奴"。6 世纪初，突厥因为锻铁技术的发展，势力不断壮大。西魏废帝元年（552），突厥与西魏联合攻破柔然，突厥占领柔然故地，阿史那土门自号为"伊利可汗"，建政权于鄂尔浑河流域。此后，突厥先后征服高车、契丹、契骨、吐谷浑等部落，势力日渐强大。疆域东至辽海，西达西海，南到沙漠以北，北过贝加尔湖。

隋文帝开皇元年（581），摄图继承突厥汗位，号沙钵略可汗。汗国内部经过昆季相长、父权相争的继承纠纷后，分化成五个割据势力，出现五可汗分立的局面。开皇三年，突厥汗国正式分裂为东突厥和西突厥，双方以阿尔泰山为界。东突厥控制着东起兴安岭，西到阿尔泰山的蒙古高原大部，西突厥则统治着阿尔泰山以西的中亚地区。突厥分裂后，于开皇五年正式接受隋朝统辖，部分突厥人南迁到漠南一带。唐太宗贞观二年（628），原役属于东突厥的薛延陀在漠北建立政权而独立。贞观四年，东突厥在唐朝和薛延陀的联合进攻下灭亡。

东突厥灭亡后，突厥近 10 万人自愿向南迁徙归附唐朝。时唐朝内部对归附的突厥人口的安置问题存在激烈分歧，多数人认为应乘突厥败亡之机，迁徙这些人口到今河南、山东等地，解散他们的部落，强迫他们耕种土地、变异风俗。中书令温彦博力排众议，主张保全突厥部落，不改变他们的习俗，安置突厥于塞下，充实空虚之地，作为唐朝北边的屏障。唐太宗本人也认为"四夷一家"，不必互相猜忌，终将东突厥的归附部众安置于"河南"，任其畜牧。河南是指河套以南即今内蒙古乌加河以南，包括今巴彦淖尔、鄂尔多斯、陕西部分地区。

唐朝在漠南置定襄都督府、云中都督府，均侨置朔方之地，任用突厥贵族为都督，在漠北地区设置单于都护府、瀚海都护府。唐高宗龙朔三年（663），漠北瀚海都护府南迁至今盛乐一带，曾先后改为云中都护府、单于大都护府等名称，成为今内蒙古中部地区重要的政治、军事中心，是东西方交流的一个重要枢纽。东突厥部众被安置在河南地区之后，唐朝政府充分尊重突厥民族的习俗，其经济生活仍然以畜牧业为主，生产力得到提高，人口不断增加，与唐朝保持着友好关系，为唐朝边疆地区的统治，为内蒙古地区的历史发展和民族融合起到积极作用。涌现出如阿史那忠、阿史那杜尔等为代表的众多名将。唐朝统治下的东突厥各部基本上稳定。

唐高宗调露元年（679）冬十月，单于大都护府下属突厥酋长阿史德温傅，率所辖二部反唐，立阿史那泥熟匐为可汗。二十四州突厥酋长群起响应，反叛部众达数十万人。唐高宗开耀二年（682），漠南一带的东突厥，以阿史那为首领起兵叛唐，正式建立后突厥汗国（682—745）。唐玄宗开元二年（714）后，葛逻禄等部、九姓铁勒、原西突厥十姓部落、胡禄屋等部先后降唐。默啜死后，后突厥因汗位之争，内部矛盾激化。默啜的儿子被阙特勤杀死，拥立其兄毗伽可汗。毗伽可汗初立时，许多属部已经离散，留下的也不稳定，形势困难。毗伽可汗去世后，子伊然可汗和登里可汗相继继位，汗位争夺更加激烈，拔悉密、回纥、葛罗禄等部乘机独立。唐玄宗天宝四年（745），后突厥白眉可汗被回纥怀仁可汗杀死，后突厥汗国灭亡。突厥各部大多数归附回纥政权，部分入居内地，部分西迁至中亚，部分北投薛延陀。

唐朝在防御后突厥的过程中，于唐中宗景龙二年（708）任命左屯卫大将军张仁愿在阴山以南，黄河以北修筑东、中、西三座受降城。东受降城在今内蒙古托克托县西南，振武军驻地；中受降城在今内蒙古乌拉特前旗东、包头市西；西受降城在今内蒙古乌拉特中后旗西南乌加河北岸。三城首尾相应，设置烽候1800所，基本控制阴山以南地区。从此，后突厥不能越山南下放牧，朔方不再遭其寇掠。三受降城都在今内蒙古境内。此举有助于北方地区的经济文化发展，在加强今内蒙古地区各族人民与中原王朝的经济、文化往来上起到重要作用。

在唐代地方行政建置中，有一类特殊的建制，即羁縻府州制，对归服的北方民族实行特殊的行政管理。大的部落称"都督府"，小的部落称"州"，总称为"羁縻府州"。由朝廷任命诸族首领担任都督、刺史，负责本族的事务，并保留其习俗。羁縻府州执行唐朝法令，由边州都督或都护管理，单于大都护府就是其中之一。

在唐代地方建置中，单于大都护府的职官设置和职掌不同于一般的地方统治部门。依据《新唐书·百官志四下》的记载，单于大都护府的职官有大都护一人，从二品；副大都护二人，从三品；副都护二人，正四品。副都护以下为"正五品上"以下的一些职官。大都督府一般负责十个州的事务。而大都护府的职责多与边政有关，辖制的羁縻府州也比大都督府要少。单于大都护府在唐朝北疆有着不可替代的地位，是唐朝处于盛世之时，北方地区有代表性的军政建置。

《新唐书·地理志》"关内道"条下，载有隶属于单于大都护府的五个辖制突厥羁縻府州的都督府，即：云中都督府，辖区相当于今呼和浩特平原及巴彦淖尔北部地区。桑干都督府，辖区相当于今锡林郭勒南部、乌兰察布大部地区。呼延都督府，辖区相当于今阿拉善左旗、右旗等地区。定襄都督府，辖区相当于今锡林郭勒北部地区；狼山都督府，辖区约今乌拉特后旗境。此外，在铁勒诸部设燕然都护府，在契丹族居住区设松漠都督府，在奚部居住区设饶乐都督府，在室韦部设室韦都督府，在霫部居住区设居延都督府。在今内蒙古地区设置的州有：丰州，治所九原，辖境相当于今巴彦淖尔和呼和浩特平原；夏州，治所朔方，辖境相当于今乌审旗、鄂托克前旗东南等地区；胜州，治所榆林，辖今准格尔旗及附近黄河两岸地区；宥州，治所延恩，辖区相当于今乌海、鄂托克前旗北部、鄂托克旗等地区。单于大都护府具有辖制某类都督府的权力。《新唐书·地理志》所载的府州归于道的管理范围之内。唐玄宗开元二十一年（733），设置十五采访使，检查诸道的工作。单于大都护府划归于关内道管领的行政区内，道、州、县也是一种行政区划，是唐朝对一个地区行使有效行政管辖权的标志。道、州、县主要管辖汉人，以农业经济为主，羁縻府州管辖各族部众，实行部落制，以畜牧经济为主。道、州、县官吏由朝廷任命，不能世袭，羁縻府州官吏由朝廷任命各族首领担任，可以世袭。单于大都护府归属于关内道，其重要意义之一在于这个建置所辖地区已正式纳入唐朝版籍。单于大都护府的驻军多时可在万人左右，战斗力也较强。这些部队主要担任辑安、征讨的军务。而叙功、罚过的事务，指对于单于大都护府各级职官的奖惩而言。在内蒙古和林格尔县大梁村发现的唐代李氏墓，是由文林郎守单于大都护府司马牛镇撰写的。墓志详细记述并评价死者先人的官阶履历，人品军功，同时也对死者李氏给予"言行有则，礼客成规"等较高的评价。

由此，可以从一个侧面了解到一些"叙功"的历史情况。而与突厥民户有关的一些日常工作，由突厥人去完成。唐高宗永淳元年（682）前后，突厥人阿史德元珍，就是在单于府检校降户部落的官员。

羁縻府州和单于大都护府的设置，是唐朝在边疆地区实行的特殊政策，这是前代所没有的。在设置初期有利于休战息民，有利于今内蒙古地区的相对安定和经济文化的发展，也符合突厥人要求近塞下而居的要求，是唐代内蒙古地区一种特殊的文化现象，并对以后的历史产生很大的影响。

第二节　突厥的经济及其习俗与文化

狩猎　畜牧业　手工业　习俗　突厥文

狩猎业在突厥的经济生活中占有重要的地位。草原民族经过漫长的狩猎时期，后来因为畜牧业的发展，才成为畜牧经济的辅助手段长期存在。突厥《暾欲谷碑》载："吾等居于彼处，以大兽及野兔为食，民众之口亦无所缺……吾人之境况若此。"可见，突厥人的狩猎是一种古老的生活、生产习俗。

突厥人日常的衣食住行主要依赖于畜牧生产，随水草迁徙，平时吃肉和饮酪，加工动物皮毛为衣服，住毡帐。突厥人曾自言羊马遍满山谷，贫富贵贱唯以羊马的多少为标准。牲畜繁殖很快，能够为突厥民众提供各种生活资料，并且经常用畜产品与中原交换缯絮、粮食种子、农业器具等物品。其中马的饲养尤被重视。战争时，每名士兵各备有两匹以上的马，以便轮流使用。突厥沙钵略可汗时有控弦之士40万，仅供这些骑兵用的马匹就在百万左右。唐朝人赞叹："突厥马技艺绝伦，筋骨合度，其能致远，田猎无比。"[①]突厥人的牲畜大部分属于可汗以及各氏族首领，马匹上烙有不同的印记以表明归属。畜牧业的盛衰直接关系到突厥社会的兴衰。正如唐朝史臣郑元涛所说，"突厥兴亡，唯以羊马为准"。唐太宗贞观三年（629），突厥活动地区经历大雪，牲畜大量死亡，人民饥困，导致突厥经济严重衰落。

　　手工业是突厥人经济的重要组成部分。突厥人的锻铁业起步很早。突厥人建国后，锻铁业技术在已有的基础上有很大发展，锻造技术精湛，并有专业的冶金工匠。其铁器不仅满足自己军事、生产和生活的需要，而且用于对外贸易。除锻铁业外，突厥社会还存在铸铜业、冶金银业、毛皮加工业及制毡业、鱼胶生产、木器制造和车辆制造业等多种手工业门类。

　　突厥人被发左衽，住穹庐毡帐，可汗居住的穹庐称为牙帐。突厥人一个家庭至少有一座毡帐，以帐的多少计算户数。突厥饮食主要以肉食为主，饮品有乳汁、奶酒。突厥人也饮用粮食做的外来饮料，但是他们并不会制作。突厥官制实行世袭制。突厥兵器有弓、矢、鸣镝、甲、矛、刀剑等。突厥人的宗教信仰有萨满教、祆教（拜火教）、景教（基督教的一支）、佛教。突厥人以狼为图腾，旗纛之上，施金狼头，侍卫称为附离，意为狼。突厥本族刑法规定，反叛、杀人及奸人之妇、盗马绊者，皆死；奸人女者，重责财物，即以其女妻之；斗伤人者，随轻重输物；盗马及杂物者，各十余倍征之。

　　隋唐时期突厥人已经实行族外婚，婚姻对象要从本氏族或部族以外选择，也以战争中抢来的女子为妻。突厥有收继婚习俗，即女子丧偶不得外嫁，由家族男性成员收继。其收继方式有父兄死，子弟可以妻其后母及嫂，伯叔死，侄子也可以收继其叔母。隋朝义成公主先嫁突厥启民可汗，启民死后，又先后为其前妻之子始毕可汗、始毕弟处罗可汗、处罗弟颉利可汗之妻。但在突厥收继婚中长辈不允许收继晚辈为妻。突厥婚姻受宗法观念影响，女子出嫁后就成为部族的财产，可以被继承和转移，目的就是使其终身留在部族内部，作为部族内部的一种私有财产。

　　突厥丧葬习俗为火葬，无坟冢。据史书记载，死者首先停尸于帐，子孙及亲属为其举行哀悼仪式，并杀马、羊，陈设于帐前进行祭祀。亲属要绕帐七圈，每次到帐门前，都要以刀劙面痛哭，血泪交流。随后，择日焚尸，焚尸时需把死者生前所乘马及常用物品一起焚烧，然后收骨灰安葬。安葬死者要择时，春夏死则待草木枯黄，秋冬死则待草木茂盛而葬。埋葬时，亲属仍需设祭、劙面、痛哭。安葬死者时，突厥男女都盛装参加，集会于葬所。突厥人崇尚武力，葬俗中比较突出的特点是墓前立杀人石。《北史·突厥传》和《隋书·北狄突厥传》记载，突厥战士生前每杀一人，死后则在墓前立一石，杀人石的数量以墓主人生前所杀人的数量而定，并且将祭祀用的羊头、马头挂于石上，彰显墓主人生前的战功。墓前还立有石人，为墓主人的侍卫。内蒙古中西部地区先后发现有大量的石圈墓和石人、石堆墓，墓前立石。这些墓葬中有一部分是属于突厥民族的墓葬。唐太宗昭陵前有十四蕃王像，唐高宗和武则天合葬之乾陵前也有蕃王像，这种做法显然是在一定程度上受到突厥葬俗的影响。

突厥人是中国古代北方民族中首先创制本族文字的民族。他们创制使用的文字为古代突厥文，也称古代突厥卢尼文、鄂尔浑突厥文、叶尼塞文等。在今蒙古国后杭爱省呼尼河流域布古特一座突厥古墓西南，发现用粟特语言文字书写的突厥可汗纪功碑可以证实（图上4-1，现被称为《布古特碑》）。该碑呈长方体，三面刻写粟特文，直书29行，一面刻写婆罗谜文，横书20余行。因碑文剥蚀严重，碑身已断成三节，故很多文字都难于阅读，但碑上方为表明突厥可汗阿史那家族图腾的母狼浮雕和碑下的龟趺座仍完整可见。突厥文字使用约300年后，逐渐被回纥文代替。

突厥文既不是一种纯粹的音素文字（即一个符号代表一个元音或一个辅音），也不是纯粹的音节文字（即一个符号代表一个音节）。它的字母约有35个（或作39个字母，见图上4-2），有元音5个，半元音2个。辅音分硬性、软性和流性。每个字母各有几种不同的写法。字母与字母之间

图上4-1 刻在石碑上的突厥文 选自《历史文物》，孔群等提供资料。

古突厥文字母形式表

(1)			(21)		
(2)			(22)		
(3)			(23)		
(4)			(24)		
(5)			(25)		
(6)			(26)		
(7)			(27)		
(8)			(28)		
(9)			(29)		
(10)			(30)		
(11)			(31)		
(12)			(32)		
(13)			(33)		
(14)			(34)		
(15)			(35)		
(16)			(36)		
(17)			(37)		
(18)			(38)		
(19)			(39)		
(20)					

图上 4-2　古突厥文字母形式表　孔群等提供资料

介以一个点或两个点，通常由右向左横写，但也有由左向右横写的。

突厥文字体一般可分为三种：楷书体，大部分碑铭文献都是用这种字体刻写的。这种字体笔划粗细一致，有时仅在收笔或起笔处略微尖细。其字母大小相同，十分工整。行书体，多在一些小碑文或不规整的石头以及一些木碑上刻写，书写比较随便，不如楷书体工整，字母符号大小也不尽相同，排列不太整齐，笔划较细。写本体，主要用于纸书文献，内容多为摩尼教文献、占卜书、炼丹术及军事文献。这种字体，多用竹片或木片写成，横细竖粗，典雅秀丽，似汉字仿宋体。

第三节　回纥的起源及其习俗与文化

回纥的起源与历史　回纥与唐朝的关系　回纥习俗与文字

回纥，是铁勒族的一支。南北朝时期，为高车六氏之一的袁纥氏，又名"乌护"、"乌纥"，隋曰"韦纥"。袁纥、韦纥、回纥都是相同发音的音译。唐德宗贞元四年（788），回纥可汗上表唐朝，请改称为回鹘,取"回旋轻捷如鹘"之意。

隋朝末年，以回纥为首联合附近仆固、同罗、拔野古等铁勒部落，成立九姓铁勒部落联盟，总称"回纥"，共同反抗西突厥。回纥在反抗突厥的过程中逐渐强大，拥有部众 10 万。当时铁勒中另一大部落薛延陀也活跃于漠北，并于唐太宗贞观二年（628）建立汗国。回纥一面附于薛延陀，同时又在南面土拉河畔建立牙帐，自称"颉利发"（意为首领），于唐太宗贞观三年（629）朝贡于唐朝。次年，薛延陀联合回纥，与唐军攻灭东突厥。唐太宗贞观二十年薛延陀内乱，回纥乘机与唐朝联合攻灭薛延陀汗国，占据薛延陀统治故地。同年，回纥派遣使者入唐，表达愿归附唐朝，请置唐官的愿望。唐太宗有感于回纥的诚意，于贞观二十一年在其地及其属部置六府七州，以回纥部为燕然都护府，治所故单于台（今乌加河北乌拉特中旗境）。唐高宗龙朔三年（663）移治碛北，改名瀚海都护府，封吐迷度为怀化大将军、瀚海都督，属唐关内道所管辖。唐太宗又答应回纥各部酋长请求，在回纥地区开辟交通大道（参天至尊道）、置邮驿（过邮）68 处，回纥岁纳貂皮为贡。唐朝尊重回纥的民族习俗，双方在政治、经济上保持友好往来，互市贸易频繁。回纥通往长安的驿站，在今内蒙古地区有鸊鹈泉、西受降城（今乌拉特中旗库伦补隆古城）、天德军（今乌拉特前旗）、中受降城（今包头西、乌拉特前旗东）。鸊鹈泉是漠南 68 驿的起点站，对于沟通南北交通运输的积极作用不言而喻。

唐玄宗天宝初年（742），回纥联合葛逻禄、拔悉蜜等部攻杀后突厥白眉可汗，灭亡后突厥，回纥尽有突厥故地，首领骨力裴罗自称骨咄禄毗伽阙可汗，建立回纥汗国。这是回纥历史上第二次建立政权，它在继承吐迷度政权的同时，统治体系进一步完善，与唐朝的关系也发生微妙的变化。骨力裴罗被唐朝册封为怀仁可汗，与先前的拜封大将军相比，唐朝在双方友好的前提下，承认回纥对漠北地区的统治。因此一般提到的回纥汗国时期，是以唐玄宗天宝二年（743）为正式开始的。据《新唐书·回鹘传》记载，此时回纥汗国的统治范围为：东极室韦（今额尔古纳河一带），占据呼伦贝尔草原，西面势力范围到达金山（今阿尔泰山）一带，南控大漠以长城为界，尽得古匈奴地。公元9世纪30年代，漠北草原连年发生自然灾害，社会生产力遭到极大破坏。同时，回纥内部可汗和贵族内讧，彼此杀戮，回纥汗国的统治也走向末路。唐文宗开成五年（840），回纥西北部的黠戛斯乘机进攻回纥，回纥汗国灭亡。

回纥汗国灭亡后，庞特勤率回纥十五部分三路西迁。一支迁于河西走廊，在唐末五代初，建立以甘州为中心的回鹘王国，称"河西回鹘"、"甘州回鹘"。一支留居今吐鲁番盆地，10世纪初建立以高昌为中心的高昌回鹘王国，称"高昌回鹘"或"西州回鹘"。另一支迁入中亚帕米尔高原一带，称"葱岭西回鹘"，10世纪中叶建立喀拉汗王朝。回纥人还有一部分留居漠北草原，逐渐与契丹等民族融合，一部分南下归附唐朝，逐渐融合于汉族和其他民族中。

在中国北方民族的历史上，与中原王朝关系密切的民族以回纥为最。从唐太宗贞观三年（629）开始，回纥就与唐朝建立联系。吐迷度时期正式接受唐朝羁縻府州的管辖，府下置州，州设刺史，其下又有长史、司马等官职，均由各部首领来担任。唐朝又应漠北各族要求，修筑道路，保障了漠北和长安之间交通畅通无阻，各北方民族往来朝贺、经商，络绎不绝。唐太宗以"以德治之，可使如一家"的大一统思想，创立了中原王朝对边疆地区统一管辖的统治方式。虽然双方偶有芥蒂，但并不影响中原王朝与北方民族的友好团结局面。唐玄宗天宝三年至文宗开成五年（744—840），双方的这种中央与地方的关系保持未变。回纥则因为在唐朝的支持下，政治、经济、文化都有了显著发展。

唐玄宗天宝三年（744）骨力裴罗建立汗国后，遣使到唐朝"上状"，唐朝册封他为"怀仁可汗"。怀仁可汗之后，回纥新继位的可汗几乎都遣使到唐朝接受册封。可汗之下，于唐朝有功者，也多得到封赏。如唐肃宗乾元二年（759），唐朝封葛勒可汗之子叶护为左羽林军大将军员外郎，大将军骨咄特勤为光禄大夫鸿胪卿员外郎。唐代宗宝应元年（762），封回纥左杀为雄朔王，右杀为宁朔王。这一时期，回纥的政权组织除沿用突厥官号如"设"、"特勤"、"叶护"等28级外，也采用唐朝的官制，设内宰相三位，外宰相六位，并有都督、将军、司马等官职。在唐朝的影响下，回纥还采用开元历。

唐玄宗天宝十四年（755），"安史之乱"爆发，唐朝先后三次请回纥出兵剿叛。回纥葛勒可汗应唐之请，出兵助战，收复唐西京（今长安）、东京（今洛阳）等地，加速了平叛进程。唐政府除大加赏赐外，增进与回纥之间的贸易。唐肃宗乾元元年（758），唐肃宗为答谢回纥，将亲生女儿宁国公主嫁与葛勒可汗。这是中国古代南北和亲史上的首例帝女出嫁，突出体现唐朝"四夷一家"的思想和政治主张。葛勒可汗死后，牟羽可汗继位。唐朝又以小宁国公主与之和亲，此后崇徽公主、咸安公主、寿安公主相继和亲回纥。同时，回纥贵族也有将女儿嫁与唐朝亲王为妃者。据《九姓回鹘可汗碑》记载，回纥与唐朝以甥舅相称，关系融洽，双方共存期间基本上没有发生武装冲突。此外，回纥与汉族之间也出现民间通婚，有的回纥商人在中原地区娶妻生子，长期居住。和亲在客观上加强了回纥的内向力，促进了回纥与唐之间的经济文化交往。

军事方面，回纥与唐朝一般都是联合出兵。在骨力裴罗建立汗国之前，回纥的军队多次参加唐朝征伐薛延陀和西突厥各部的战争，回纥兵正式作为唐朝的边兵而受其征调。安史之乱后，回纥多次出兵帮助唐朝剿灭内乱。唐穆宗长庆元年（821），又与唐朝联兵出击吐蕃，夺回被吐蕃控制的北庭，一度重开安史之乱后被吐蕃切断的东西陆路交通。

回纥人的经济生活，主要以游牧为生。南迁和西迁以后，虽然回纥经济呈现出多样化趋势，但是畜牧业仍然占据主导地位。回纥汗国时期，草原上处于相对和平阶段，安定促进了畜牧业的发展，以致羊马不知其数。回纥的畜产中，马为重要，故与唐朝的互市中动辄马匹数万。回纥因助唐平乱，要求唐朝每年收购其十万匹马。这种情况持续近20年，致使唐朝出现"府藏空竭"，"税百官俸以给之"的情况。回纥羊的数量也很多，其畜"多大尾羊"。回纥统治阶级占有大量的牲畜，强迫统辖范围内各族人民为其服务。回纥最强大的时候，契丹为其牧羊，鞑靼为其牧牛，札剌亦儿为其牧驼。

狩猎业是回纥经济中的重要组成部分。唐太宗时，回纥各部首领"岁纳貂皮为赋"，说明回纥的狩猎业很发达。同时狩猎活动也是回纥进行军事训练的一种方式，是士兵练习骑射的手段。回纥人善骑射，常以战阵射猎为务。

回纥人也善于经商，与唐朝的贸易往来频繁，互市不断，其中以绢马互市和茶马互市为活跃，官方和私贩都是积极的参与者。回纥在帮助唐朝平定安史之乱后，自恃有功，要求唐以丝绸、茶叶等买回纥马，开始了双方间长期进行的绢马、茶马贸易。贸易中，回纥以高价卖出，低价买入，每年都从唐朝获得上百万丝绸，再把这些丝绸高价销往中亚，为回纥带来巨大的经济利润。回纥商人自由往来于中原和漠北、中亚之间，在中外经济文化交流史上功不可没。

回纥风俗与突厥相似，以狼为图腾，其习俗遇丧事则劐面，遇大典则拜狼。服装以毛皮为主，随着丝绸的输入，丝绸服饰也逐渐增多。"回鹘女供养人，头戴桃形金冠，双步摇，项下戴璎珞珠宝项链。翻领通肩窄袖、拖地红色长袍，领口、袖口用淡色，并饰有绣纹为装饰，脑后有彩色绣纹发带，有着唐与突厥的风格，更多的则是回鹘人自己的特色"[②]（图上4-3）。

回纥可汗与可敦的服装式样和颜色都相对固定，可汗着黄色长袍，可敦着红色长袍。由于与唐朝的文化往来密切，饮食除了肉、酪外，粮食逐渐成为回纥人饭桌上的常见食品，饮茶也渐成俗。受唐朝的影响，回纥的居住方式由游牧逐渐转向半定居状态。

图上4-3　敦煌莫高窟第409窟壁画：回纥人服饰　王瑜、盛丽等提供资料

回纥的原始宗教为萨满教。8 世纪中期，回纥逐渐转奉摩尼教。摩尼教是 3 世纪时由波斯人摩尼创立，在我国又称明教、魔教、牟尼教等，唐中期被禁止。据《九姓回鹘毗伽可汗碑》记载，安史之乱后，牟羽可汗占领洛阳，受西胡摩尼法师教化，改信摩尼教，并定为回纥国教，摩尼教开始在回纥地区迅速传播。8 世纪末 9 世纪初，通过回纥又传入长江流域和黄河流域。此后，回纥与唐朝的关系直接影响摩尼教在中原的传播。

回纥语言属突厥语族，回纥人早期主要使用突厥卢尼文、粟特文、汉文。著名的《九姓回鹘可汗碑》就是用古突厥、汉、粟特三种文字刻成的。摩尼教传入回纥后，回纥人改用粟特文字母拼写自己的突厥族语言，渐渐演变为回鹘文字。回鹘文是拼音文字（图上 4-4），由 18 个辅音及 5 个元音字母来拼写字词。回鹘文字在中国古代多元文化发展格局中占有重要地位，一直使用到 17 世纪，留下了佛教、摩尼教、景教、伊斯兰教各种文献及文学作品、医学著作、历法、字典等。回鹘文字对北方民族文化发展影响重大，契丹小字、蒙古文字乃至满文的创建，都与其有直接关系。

图上 4-4　古回鹘文　张向东、张文平等提供资料

第四节　隋唐五代时期的文化遗存

大利城遗址　西山嘴盐海子古城遗址　单于都护府遗址　西受降城遗址　草原上的石圈墓与石堆墓

内蒙古境内的隋唐时期文化遗存，可分两个部分：一部分是古城遗

址，另一部分是墓葬。

大利城遗址。位于和林格尔县土城子乡南园子村北。城为方形，占地面积约 140 万平方米。隋文帝开皇十九年（599），文帝为突厥启民可汗抵抗其本族政敌都兰所建，并作为启民可汗和安义公主的住所。都兰可汗死后，其部众投归启民可汗。隋王朝又为启民可汗兴筑金河城（今内蒙古托克托县境）和定襄城（今内蒙古和林格尔土城子古城）。唐代，突厥汗国多次南进，占领鄂尔多斯高原。唐太宗贞观三年（629），唐兵部尚书李靖破突厥于定襄，贞观十四年，迁定襄于恒安镇，此城遂废。

西山嘴盐海子古城遗址。在乌拉特前旗政府西北 8 公里盐海子村南。遗址面积 4000 平方米，有土建筑台基残迹，草木灰烬，绳纹长方形青砖、筒瓦等。遗址文化层较复杂，散布大量陶片，其中有泥质灰陶片、夹沙灰陶片、夹褐陶片。纹饰有弦纹、绳纹、附加堆纹等。还有白瓷残片、青瓷残片。据瓷残片可辨器皿有碗、盘、壶、杯等，上有印字和花纹。遗址中还出土了玉环、烟嘴、铜耳勺、纽扣、五铢钱等。据考证，此城为隋朝建造③。

单于都护府遗址。系唐代统领漠南突厥驻地府州单于都护府治所遗址。唐时漠南突厥族的政治文化中心。唐高宗龙朔三年（663），唐王朝在和林格尔筑城，设立云中都护府，次年改称单于都护府。遗址至今清晰可见，城墙用土夯筑，残高 5 米，外城平面略似菱形。东墙长 1750 米，西墙长 1200 米，北墙长 1250 米，南墙已被宝贝河水冲刷，残长 500 余米。在东、西、北三面还可看到城门遗址和瓮城遗址。外城南部有内城，俗称皇城，略呈方形，每面长 500 米。城中有密集碎砖瓦和陶瓷片。从地表调查看出，这座城是唐代在东汉、北魏时期旧城北部废墟上建筑起来的。唐代以后的建筑物又迭压在内城中，形成 3—5 米厚的文化堆积，有的凸出地表 2—3 米。遗址附近还发现很多唐墓④。

西受降城遗址。位于乌拉特中旗乌加河乡西南 15 公里的圐圙补隆村东。东西宽 280 米，南北长 420 米。城墙大部分坍塌，只留北墙和东南城角楼。出土文物有"开元通宝"和"乾元重宝"等铜钱数枚。系唐代设置的军事城堡。

此外，还有唐宥州和长泽县故址（今鄂托克前旗城川古城）和胜州榆林故城（今准格尔旗十二连城古城）。

北部草原地区石圈墓、石堆墓。在阿巴嘎旗巴彦图苏木所在地胡吉日图草原上，发现十余座石人、石堆墓。石堆旁侧立有石人，以一段灰白色石条琢制而成，石条的上部较粗糙地单线阴刻出圆脸形人头像。树立的石人通常面向东南。这些石人往往只是在石条上简单地刻画出头部形象，个别为具有浮雕特点的半身石人像。

在四子王旗红格尔苏木希拉穆仁高勒右岸的高地上，发现数座石圈墓和石堆墓。石圈呈长方形状，一种为单石圈，另一种为石圈当中隔一道石墙，将石墙分为两格的双石圈。

在苏尼特左旗达来苏木海留吐沟附近发现 10 余座石圈墓和石堆墓。分长方形石圈、正方形石圈和椭圆形石堆等数种地表构筑形式，长方形石圈又分单石圈、双石圈和三石圈。有的石圈墓或在中部、或在边框树立一块较高的石板，作为醒目的地面标志，个别石板上刻画符号。此外，在阿巴嘎旗那仁宝力格、阿腾陶高等地也发现数座石圈墓和石堆墓。

在乌拉特后旗巴音宝力格发现十余座石板墓。这些墓葬一般二三座并排分布，方向基本上为东西向。几乎每座墓东端正中略偏南处，都立有一块高出周围石块的石板或石柱。

突厥的石圈墓与匈奴墓有很大的差异。首先，在舆地选择上不如匈奴讲究，匈奴墓葬或位于河畔平坦的山冈上，或位于森林茂密的山谷内，环境优美，而突厥墓葬多见于山顶坡地，墓地内墓葬排列随意；其次，突厥墓葬种类单一，除石圈墓、石堆墓外，很少有其他形制；再次，突厥墓石圈之下的墓圹很浅，人骨不完整，多骨灰葬，少量殉牲，极少随葬品，不如匈奴墓葬墓圹深邃，人骨保存完好，随葬品较为丰富⑤。

【注释】

① 《唐会要》卷七二，中华书局 1957 年版，第 1306 页。

② 参见王瑜：《中国古代北方民族与蒙古族服饰》，北京图书馆出版社 2007 年版，第 30—31 页。

③ 参见王文忠主编:《乌拉特前旗志》第二十四编,内蒙古人民出版社 1994 年版,第 885 页。

④ 参见温明亮主编:《和林格尔县志·文物古迹》卷十,内蒙古人民出版社 1993 年版,第 536 页。

⑤ 参见塔拉:《草原考古学文化研究》,内蒙古教育出版社 2007 年版,第 215—221 页。

第五章

契丹文化的滥觞
——辽时期

    契丹族建立的辽朝，中古时崛起于内蒙古东部大草原。居潢水（今内蒙古西拉木伦河）之南，黄龙（今辽宁辽阳）之北。北魏时，始见契丹族名。"契丹"有"镔铁、钢铁、刀剑"等释意。辽朝在与中原文明和西方文明的碰撞中，善于学习，博采众长，迅速实现了由部族社会向封建社会的跨越发展。辽建五京、创文字，确立官分南北的政治体制，因俗而治国，发展畜牧业、农业、手工业；尊儒学，兴教育，崇佛教，建寺院，促进契丹文化与汉文化交流与融合，在经学、史学、文学和艺术诸方面与中原文化的交流更为密切。佛教的传播、佛经的翻译、佛塔的修建等影响深远。游牧民族特有的传统艺术，如音乐、舞蹈、绘画等独呈风韵。辉煌的契丹文化，在中国文化史上留下不可或缺的一笔。

第一节　契丹族与辽朝

    耶律阿保机建国　北南面官制　西南面招讨司　部族管理　因俗而治

    契丹族，源于东胡部落联盟鲜卑族的一支。契丹人传说中的祖先，是乘白马男子和驾青牛车女子。契丹奇首可汗时期，其所生八子分别组成悉万丹部、何大何部、具伏佛部、郁羽陵部、日连部、匹絜部、黎部、吐六于部，称古八部。隋朝时期，部落渐众，分为十部，形成重大事务协商行动的联合体。唐朝时期，组成大贺氏联盟，确立三年一会选举大人、建旗鼓以统八部的制度，社会进入新的发展时期，与周边各族和政权、特别是唐朝的往来日益密切。唐太宗贞观二十二年（648），唐在契丹活动地区设松漠都督府，以契丹首领窟哥担任松漠都督，以各部为州，下辖达稽、纥便、独活、芬问、突便、芮奚、坠斤、伏（此部分设二州）九部，与大贺氏共为十州，州设刺史，正式纳入唐朝行政建制之中。唐玄宗天宝四年（745），遥辇氏迪辇俎里被立为阻午可汗（唐帝赐名李怀秀），建遥辇氏部落联盟，改组契丹部族，设迭剌、乙室、品、楮特、乌隗、突吕不、涅剌、突举、左大部、右大部共十部。实行联盟长就职的"柴册仪"，遥辇氏因"世选制"而取得连任联盟首领（可汗）的特权。迭剌部是联盟中最强大者，遥辇之世，始终掌握政柄。

唐哀帝天祐四年（907），耶律阿保机取代遥辇氏，国号"大契丹"。辽太祖十年（916），在龙化州（今内蒙古奈曼旗平安乡西孟家段村北）接受"大圣大明皇帝"尊号，建元"神册"，立皇太后、皇太子。自耶律阿保机建国称帝，建年号神册，传至辽天祚帝保大五年（1125），共九帝，209 年。辽朝疆域，约今东临太平洋，西达阿尔泰山，北至贝加尔湖、外兴安岭一带，南界白沟河与北宋对峙，西南与党项族西夏政权在今内蒙古包头市、鄂尔多斯市东胜一线相互为邻。辽朝先后建造五座京城，即辽上京、辽中京、辽西京、辽东京、辽南京，定上京为皇都（今内蒙古巴林左旗林东镇南波罗城）。京城所在地设府，作为行政统治中心。又以五京为核心划分五大行政区，称"道"。道下设州、县、城、部族、属国。州级建置又分为节度使州、观察使州、刺史州、边防州、防御使州、头下州与头下军州。契丹皇帝经常派遣官员巡访、监督各道事务，奖惩地方官员。辽代契丹族统治者在"因俗而治"的总方针下，吸收和改造唐、五代、北宋等政权机构和职官制度，逐步形成具有民族特色和地方特色的辽朝政权体制。辽朝实行北南双轨官制，其政权中包括契丹人、汉人、奚人、渤海人等多民族的成员。实行政治统治的总原则是"以国制治契丹，以汉制待汉人"，但在统治体制的实际运行中，契丹人的地位多高于其他民族。在北南面诸机构中，契丹北枢密院是最高军政统治机关，契丹南枢密院负责与契丹人直接相关的人口、税收等重要事务；南面官系统的中书省（又称"政事省"）主要负责与州县有关的行政、经济等事务，职官多由汉人担任，契丹贵族也占一定比例。辽圣宗统治时期（982—1031）全面推行封建化改革，与北宋形成南北对峙的统治格局。辽朝与北宋先后签订"澶渊之盟"与"关南誓书"，从中得到很大的经济利益。在相当长的历史时期内，辽宋双方和平交往，兄弟相称。辽朝统治区内契丹文化与汉文化广泛交流，协调发展。辽天祚帝保大五年（1125）辽亡。耶律大石率部西迁建立西辽。

辽朝经济是以畜牧业为主，兼有较大比例的农业，狩猎业为生活重要补充的区域性复合经济。手工业、商业发展较快，具有多民族特点。从事畜牧业、渔猎业的主要是境内的契丹族以及其他游猎民族或部族。辽朝建立总典群牧使司，官设总典群牧部籍使、群牧都林牙、侍中、敞使等，对牧业加强管理。今古北口以北是契丹政权牧场分布最为密集的地区，倒塌岭、浑河、漠南、漠北等地都有重要的牧场，设专职机构管理。手工业主要有皮革、弓箭、马具、车具、陶瓷、纺织等制造业，盐铁业、金银冶炼和制造业历史久远，铁器产品以镔铁刀著名。商业贸易也较发达，与周边政权有广泛的经贸往来。辽设有管理货币的机构，制造金属货币，有年号钱、厌胜钱等，辽钱与宋钱、五铢钱等其他钱币共同流通于其统治区内。

西南面招讨司是辽代设立的重要军政机构之一，与之类似的机构还有西北路招讨司、东北路招讨司等。这种将统治区域划分为几个大的区划，设置以军事辖制为主，兼及经济和行政等各类事务的招讨司的施政措施，在中国古代北方游牧民族政治统治的历史中属首创。

西南面招讨司属于辽代北面边防官西京诸司之一。在属于西京道的各个州（军）中，兵事属西南面招讨司的有：丰州天德军、云内州开远军、宁边州镇西军、东胜州武兴军、金肃州河清军。在这几个州军中，从军事地位来看，比较重要的是丰州天德军（今内蒙古呼和浩特市区）。辽太祖神册五年（920）十月，契丹占领天德军，在阴山南安置俘虏及其家属。丰州地区，北阻大漠，有阴山为屏障，东捍晋、冀，为重要门户。辽代西南面招讨司的治所设在丰州天德军。史籍中可以查阅到的辽代西南面招讨使约 36 人次，其下级职官还有副使和太尉，说明这个机构一直存在到辽末。

西南面招讨司的管辖范围，与西夏接壤或与辽朝对西夏的事务有密切关系。西南面招讨司主要负责与西夏、北宋有关的各种事务，其中主要有使节往来，解决边界争端，军事镇戍，战事筹划甚至统兵出战，收纳党项的各种贡赋，同西北路招讨司配合控制西北部族等。在内政方面，西南面招讨司也承担着对畜牧业的管理，保卫漠南畜产等事务。西南面招讨司还可以根据对相应地区各种情况的了解，向辽朝中央政权提出改进当地行政统治或发展经济的建议。辽圣宗开泰六年（1017）七月，朝廷"以西南路招讨请，置宁仁县于胜州"①。辽圣宗太平七年（1027）五月，西南面招讨司奏"阴山中产金银，请置冶，从之"②。可见，西南面招讨司是一个担负着军政双重任务的方面性机构。由于西南面招讨司的军政事务涉及面很宽，对内、对外又都代表着辽朝中央政权，而且又是远离朝廷兵权在握的机构，所以，辽朝在委派其主要长官时均经过慎重挑选，并以先练习边事而后任命作为诠选原则。许多人在担任西南面招讨使之前，在辽朝中央机构中就担任过枢密使、宰相、宣徽使、林牙等职官，有些人则在北院、南院、奚六部担任大王，也有从西北路招讨使、东京留守、西京留守等调任的。辽朝皇帝以"赐剑"的方式给西南面招讨使以特权"许便宜行事"③。代表皇帝直接处理相关的事务，甚至抽调各部的兵马，对"不用命者得专杀"。西南面招讨司的设立，在客观上有利于当时各个民族间政治、经济、文化的交流。在内蒙古历史文化发展进程中，辽代西南面招讨司是政治文化方面具有开创意义的典型要素。

辽朝在中央和地方均设有北南两个系统的统治体系。在地方管理体系中，对以契丹族、奚族等游牧民族，设置北面部族官管理。辽朝部族管理体系是与州县制相对应的，具有鲜明的民族文化特征。由于辽代的契丹族、奚族等游牧民族大多驻牧在今内蒙古行政区范围内，对部族的管理也就构成一种特有的文化现象。

辽代小部族较多，按照《辽史》以及各类资料的记载，有品部、楮特部、乌隗部、突吕不部、突举部、涅剌部、遥里部等几十个。其中有以契丹族民户为主体的部，也有被契丹族降服的奚、室韦、于骨里（有学者认为此为乌古）、突厥、女真、唐古、乌古、敌烈、回纥等古代各游牧民族。小部族的主管官是"令稳"，至辽圣宗统和十四年（996）变更为节度使。辽朝北面朝官系统的北、南宰相府是从行政方面辖制小部族的主管部门。辽朝设节度使司作为主管小部族事务的官属。在有的小部族所在地，也设有某部族司徒府、某部族详稳司等部族统治机构。小部族的节度使司分别归属于西南面招讨司、东北路统军司、东京都部署司、黄龙府都部署司、乌古敌烈统军司、西北路招讨司等几个较大的地区性军政机构。小部族的基层单位有某石烈，官设令稳、麻普、牙书；某弥里，官设辛衮。石烈、弥里是部族的基层单位。对于小部族，辽朝北面地方统治机构，推行"因俗而治"的方针，在行政管理方面推行的是适应游牧习俗的原则。州县建制与部族行政管理体制并行，是辽朝双轨制政权机构的特点之一。

第二节　四时捺钵

行营　巡守　牙帐

捺钵，契丹语，汉语是"住坐处"之意。四时捺钵是辽朝皇帝四季渔猎、议政时设立的行帐，又称"行营"。因其与皇帝避暑消寒、议定重要政务联系密切，所以地点选择十分讲究，是契丹—辽朝有民族特色的制度之一。辽有五京，首都为辽上京，但其北南面官系统在商讨和决定重要国政时，一般不在某一京城，而是随着四季的变化在不断移徙的过程中完成。《辽史·营卫志上》载："有辽始大，设制尤密。居有宫卫，谓之斡鲁朵；出有行营，谓之捺钵。"这种制度，对契丹皇帝和贵族们不弃鞍马，保持游牧和渔猎习俗，强化与契丹各部族的关系有重要作用。一年之中，皇帝有相当一部分时间是在徙驻各个捺钵的过程中渡过。依照辽制，皇帝四时巡守时，经过选择的随行官员是："契丹大小内外臣僚并应役次人，及汉人宣徽院所管百司皆从。汉人枢密院、中书省唯摘宰相一员，枢密院都副承旨二员，令史十人，中书令史一人，御史台、大理寺选摘一人扈从。"④可见，巡守与统治职能的发挥是紧密结合的。在这个机构中，北面官系统的主要军政官员基本随行，而南面官系统则要经过选择。不过，南面官随行人员却基本包括南面朝官系统行政、军事、监察、法律以及管理皇帝饮膳起居的各个部门。这样，在巡守中，就构成以辽朝皇帝为首的统治中心。同时，既保证北面官系统的优势地位，又相应控制南面官系统的枢要部门，进而实现辽帝的集权统治。

　　皇帝的牙帐随四季变化而更换地点。春捺钵在"鸭子河泺"（约位于今吉林省月亮泡）。在此，辽朝皇帝主要是"晨出暮归，从事弋猎"。夏捺钵，"无常所，多在吐儿山"；王易《燕北录》说"夏捺钵多于永安山住坐"。《辽史》卷十六《圣宗纪》记载，永安山原名为"缅山"，辽圣宗赐名"永安"，其地在今内蒙古林西县西北。无论夏捺钵在哪里，都是经"卜吉地"确定的。这与夏捺钵的主要活动内容是"与北南臣僚议国事，暇日游猎"⑤有关（图上5-1）。秋捺钵在"伏虎林"，其位置在永州境内（约今西拉木伦河与老哈河汇合处偏西南）。在此，皇帝与臣僚们"射鹿及虎"。冬捺钵在广平淀，亦位于永州境内。因其地冬月稍暖，故皇帝牙帐多于此坐冬。《辽史·地理志一》载："永州，永昌军，观察。承天皇太后所建。太祖于此置南楼。乾亨三年，置州于皇子韩八墓侧。东潢河，南土河，二水合流，故号永州。冬月牙帐多驻此，谓之冬捺

图上 5-1　赤峰喇嘛沟辽代壁画：契丹出行狩猎图　孔群等提供资料

钵。"在冬捺钵时，皇帝与北南大臣会议国事，校猎讲武，兼受南宋及诸国礼贡。辽太宗耶律德光即位之初，在冬捺钵处理立皇太后、皇后、阅近侍班局、礼天地、派遣使者谕诸国等重大事务。经济事务方面则"阅群牧于近郊"，视察西拉木伦河、老哈河一带的契丹畜牧业情况。

在捺钵中，契丹皇帝的牙帐由警卫部队严密保卫。《辽史·营卫志中》记载：契丹皇帝牙帐，是以枪为硬寨，用毛绳连系。每枪下黑毡伞一，以庇卫士风雪。枪外小毡帐一层，每帐五人，各执兵仗为禁围。南有省方殿，殿北约二里曰寿宁殿，皆木柱竹榱，以毡为盖，彩绘韬柱，锦为壁衣，加绯绣额。又以黄布绣龙为地障，膒、槅皆以毡为之，傅以黄油绢。基高尺余，两厢廊庑亦以毡盖，无门户。省方殿北有鹿皮帐，帐次北有八方公用殿。寿宁殿北有长春殿，卫以硬寨。宫用契丹兵四千人，每日千人轮番宿卫。禁围外卓枪为寨，夜则拔枪移卓御寝帐。周围拒马，外设铺，传铃宿卫。皇帝的牙帐具有浓厚的游牧风格。制作牙帐的原料，大多是采用毛、毡一类的畜产品。木、竹、丝、绢之类的原料也有使用，但数量甚少。这显然与其不方便游牧有关。层层守卫，防范严密的近卫制度，反映出皇帝身处捺钵时对契丹本族军队的信任。这是民族特点非常鲜明的契丹族毡帐文化。

夏、冬捺钵在巡守中占有突出位置。在正常情况下，重大国事的商讨，措施的制定，高级官员的铨选和任命等，都在这两个捺钵形成决议，下令执行。捺钵议政乃是辽朝政权机构行使职权的主要形式之一，而且延续到辽末。后被金朝沿袭。

第三节　文字教育与科技

契丹大小字　契丹书法家　儒学　天文　医学　镔铁　纺织业　辽瓷与辽三彩

契丹人早期无文字，耶律阿保机建国后创制、使用契丹文字，有契丹大字和契丹小字两种。契丹大字由鲁不古和耶律突不吕参考汉字形制，增减笔画而成，有 3000 余字，为表意文字，在辽太祖神册五年

（920）颁行。契丹小字是参照汉字、契丹大字造成原字，并运用汉字反切、回鹘字拼音方法而创造出来的拼音程度较高的文字（图上5-2、图上5-3），在辽太祖天赞元年至四年（922—925）创制完成。耶律阿保机建国后，因契丹大字、小字行用起来十分不便，范围很窄，因此，辽文化主要是以汉字作工具而得到传播和发展的。

图上5-2　（辽）契丹大字银币　直径3.8厘米，厚0.2厘米，重21克，辽上京遗址西古城内出土，正面铸契丹大字。选自《草原文化》，孔群摄。

图上5-3　（辽）耶律祺墓志　90×90×18厘米，赤峰市阿鲁科尔沁旗出土，墓志刻有3000余个契丹大字。出处同图上5-1。

契丹文字颁行后使用近300年，与汉文并行在辽国境内使用，辽亡后又与女真字、汉字并行于金境内。金章宗明昌二年、西辽耶律直鲁古天禧十四年（1191），"诏罢契丹字"，后渐废弃。

书法是辽代艺术中的一朵奇葩。契丹大小字脱胎于汉字，在间架结构，偏旁部首，运笔规则，艺术规范上和方块汉字一脉相承，既讲究间架结构，也注重笔法运用，既有线条形式的外在美，也有富于神韵和气质的内在美，并有楷书、行书、篆书等多种书体形式。契丹族的书法家很多，仅史书记载的就有70余位，还有善书的女书法家。辽朝许多皇帝都是能书善画的高手，道宗皇帝尤好为人书碑赐额，靖安寺、昊天寺等都有其墨宝。后妃、贵族、僧侣如耶律隆绪、耶律洪基、耶律延禧、耶律倍、耶律德光、邢明远、萧观音、庞可升、邢教之、杨又玄、智光、志渊、张恭良、袁修睦、行杰、萧仪薛等也有上乘之作。契丹大字《纪功碑》，碑身厚重，高大、壮观，书体为楷书，结构工整，笔锋遒劲，具险劲之美。契丹小字《道宗皇帝哀册》《道宗懿皇后哀册》《庆陵陪葬哀册·墓铭》均楷体书写，有颜真卿的刚健，褚遂良的潇洒。契丹大字《耶律习涅墓志》有1616字，其书风字体端庄、醇美，类唐虞世南《孔子庙堂碑》之风。契丹大字、小字文银币，为厌胜或祝颂钱，大字字体雄浑、丰润，小字类汉字小篆，笔划粗细相仿，强弱顿挫相宜，古朴凝重。所见传世作品，楷体为主流，承袭魏晋汉唐之楷书传统，其中《邓中举墓志》《上京陀罗尼经幢》，间架结构疏朗，起落舒展，长短宽窄，错落有致，端庄秀美。《韩匡嗣墓铭》字体古朴委婉典雅，让人体味到历史的久远与堂皇。契丹文中最具创意的书法作品，当为契丹小字的篆写形式，它将小字单字拆开书写，整齐美观，是民族文字书法艺术的创举。

契丹大字文印章，其官印受唐以后官印细朱文篆体的影响，屈曲盘绕，多为九叠体，但其叠不离奇，整齐庄重而不拘谨，古拙中透着秀气。也有小篆、颜柳的楷体和行体，钮上正中多有一双钩楷体汉文"上"字，印文多为阳刻或铸。契丹族的押印中有杓窊印，为征讨密印。杓窊，鸷鸟的总称，取其疾速之义，供调发军马使用，也是辽代鹰路上使臣向女真征调海东青时的专用通行印，为契丹族所独有。辽代遗址中还出土过珍贵的巴林石印章，印面3厘米×2厘米。

从辽太祖耶律阿保机开始，契丹族贵族开始盛行尊孔崇儒，把儒学引进到辽朝政治、社会生活中，并注重吸收汉族地主阶级及其知识分子，协助搞好对各族人民的统治，特别是对汉族人民的统治。建元之初，辽太祖曾问侍臣："受命之君，当事天敬神。有大功德者，朕欲祀之，何先？"众皆敬佛。太祖认为佛非中国教。皇太子耶律倍说"孔子大圣，万世所尊，宜先"。于是，"太祖大悦，即建孔子庙，诏皇太子春秋释奠"⑥。辽太祖神册三年（918）五月，"诏建孔子庙、佛寺、道观"⑦，把孔子庙与佛寺、道观同等看待，但把孔子庙置于佛寺、道观之前。神册四年八月，耶律阿保机亲"谒孔子庙"，而"命皇后、皇太子分谒寺观"⑧，表示对三者之中的孔子庙的特别重视。辽圣宗好读《贞观政要》，并由汉臣摘录唐高祖、太宗、玄宗可以取法的事迹进呈。《贞观政要》一书一直受到辽朝的重视。辽兴宗时，萧韩家奴把《贞观政要》译为契丹文，给兴宗阅读。萧韩家奴上疏论政事，也援引唐太宗的"轻徭省役"、"使海内安静"的所谓"治盗之方"。辽道宗时，儒学更盛。道宗大安二年（1086），召翰林学士讲五经大义。辽朝至道宗时，封建的经济制度有很大发展，汉文化为契丹贵族普遍接受，儒家封建政治思想成为统治地位的政治思想。儒学的引进造就一批自己的知识分子和统治人才，如耶律阿保机、耶律倍、耶律德光以及耶律倍的儿子耶律隆先、耶律道隐等。耶律隆先"博学能诗"，"景宗即位，始封平王。未几，兼政事令，留守东京。薄赋税，省刑狱，恤鳏寡，数荐贤能之士"。耶律道隐"性沉静，有文武才，时人称之。景宗即位，封蜀王，为上京留守。（辽景宗）乾亨元年（979），迁守南京，号令严肃，民获安业"⑨。儒学通过各种方式得到广泛传播，不但为统治阶级所尊奉，成为统治者施政治国的指导思想，而且普及深入到民间，成为各阶层奉行的道德准则。辽景宗保宁八年（976）推行科举制，"限以三岁，有乡、府、省三试之设"，"程文分两科，曰诗赋，曰经义，魁各分焉"⑩。儒学对辽的政治、经济、文化发展，起到极大的促进作用。

辽朝将唐代历法引入契丹后，在上京临潢府南面朝官设立司天监，下"有太史令，有司历，灵台郎，挈壶正，五官正，丞，主簿，五官灵台郎、保章正、司历、监候、挈壶正、司辰，刻漏博士，典钟，典鼓"

等⑪。在上京以外的其他四京，设有天文观察机构。最能反映辽代天文学成就的，是表示日月星辰和契丹人宇宙观的星象图。

契丹人原奉巫教，以巫术治病，无医药。辽太祖破吐谷浑，得医人子直鲁古收养。直鲁古长大后，学医，又在实践中总结经验，专门从事针灸。辽太宗时成为皇室太医，著《脉诀针灸书》一卷，传于世，对针灸学作出贡献。辽朝的医学，长时期内主要是依靠针灸。至辽兴宗时又有发展。《辽史·耶律庶成传》载：兴宗时，契丹医人鲜知切脉审药。上命庶成译方脉书行之，自是人皆通习，虽诸部族亦知"医事"，即懂得"切脉审药"⑫。

契丹人精通防腐处理术，简便的方法是"实以盐"，中原人称为"羓"，就是腊肉干的泡制原理。文惟简在《虏廷事实》中记载，处理辽太宗耶律德光尸体时所采用的防腐技术，广为人知。即取其肠胃涤之干净，实以香药、盐矾，又以尖笔简刺于皮肤，沥其膏血殆尽，用金银为面具，铜丝络其手足。实际就是用香料、盐矾这些防腐去湿的干燥剂，使尸体成为现代医学上所谓的干尸。内蒙古察右前旗豪欠营六号辽墓出土一具契丹女尸，"刚出土时，棕褐色的皮肉尚有一定的弹性。发型完整，契丹族妇女髡发发式亦为首次发现。经医学检验，女尸含砷量大大超过正常人体砷的含量，这或许是为防腐而采取的一种方法"⑬。

契丹生活礼品中有涂金银装镶金龙、涂金银龙凤鞍勒的器什。卫国王驸马墓出土的镀金飞凤戏珠银鞍饰、镀金龙戏珠鞍饰、半月形鞍饰一组金镀银鞍辔，在鞍饰件凸起的部分采用鎏金钻花，形成银地金花，光彩熠熠，极为美观。

镔铁术在辽代享有盛誉，镔铁刀常被作为珍稀礼物馈赠他人。镔铁质坚韧，近乎于钢，系经多道工序冶炼锻打而成，学术界或视为精炼的铁，即现代意义上的钢。金镀铁甲、金镀银甲术也普遍使用。在兵器铁矛上，往往使用错金银技术。辽代以浇铸铁为主，大型器如铁佛、铁钟、铁塔，小型器如斧、钵、炉、刀、剪、马镫等⑭。

辽代纺织业卓有成就。南京、东京、上京及其所属州县，设有绫锦织造作坊。内蒙古赤峰市解放营子辽墓出土的丝织品，有各色织锦、绫、罗、绢、刻丝、刺绣等，有些是用"夹缬"或"腊缬"法印染的各种花纹，有的则是绣花和描金花。辽墓出土的丝织品中，有刻丝尸衾（袷被）、绣花棉袍、袍带背饰——捍腰、高翅帽、金线刻丝靴、手套、面纱等，均为桑蚕丝织成，有绢、纱、罗、绮、锦、刻丝、绒圈织物等七类九十余个品种规格。平纹纺织品纺织的工艺很有特点，构成经纬线的茧丝与茧丝之间整齐平行排列，织品格外轻薄柔软。还有个别织品原料丝为蚕茧缲制，薄如蝉翼，这些都说明当时纺织技术的高超。

辽代雕塑是汉、唐以后中国雕塑艺术史上重要发展阶段，具有鲜明的时代特征和民族风格。以密宗教义或佛变故事为题材，通过对佛教经文的理解，精确地把握佛菩萨、力士、护法神、弟子等多种形象特点，从造型到神态，从面容到衣饰，或动或静，或安详慈悲，或勇猛威武。彩塑中常用夸张的手法，表现武士的强壮，夸大重要部位关节、肌肉、骨骼的突起；表示女性的温柔，则肌肤圆润，体态轻俏，面容文雅秀丽，与武士的强壮形成鲜明的对比。

辽代，以上京临潢府、中京大定府（今内蒙古宁城县大明镇）和松山州缸瓦沟（今内蒙古赤峰市郊区缸瓦窑沟村）为中心的陶瓷烧制业，已具相当规模。辽窑陶瓷不仅花纹细腻、釉彩鲜明、造型粗犷大方，且多寓装饰应用为一体。上京御窑规模虽小，但烧造质量极精，该窑烧制的长颈瓶、八曲海棠盘久负盛名。缸瓦窑沟为群窑体，窑点分布面积达5平方公里，窑型多为马蹄窑和龙窑，烧制产品有白瓷、黑釉瓷、绿釉瓷和三彩瓷四种，陶瓷釉彩以黄、绿、白为主。该窑烧制的辽三彩，继承唐三彩工艺，造型独特，具有北方民族特有风格和地区特点，在中国陶瓷史上，一直占有十分重要的位置。

辽瓷器制作在唐、五代制瓷技术的基础上，又有新的发展。大批辽墓和遗址中，出土有大量辽瓷。分布的地区遍及辽代的南京、上京、东京等地。出土瓷器有白瓷、青瓷、三彩以及细胎白黑瓷器，缸胎杂色大型瓷器和翠绿釉瓷等多种，明显地承袭唐和五代制瓷的传统。辽代的制瓷业虽然借鉴唐代和宋代的制瓷技术，但是表现出强烈的游牧民族生活气息。很多用具小口、扁腹、体小，便于在马上携带。最有代表性的是鸡冠壶，因其首部似鸡冠而名。鸡冠壶的首部都有两个穿孔，供穿带用，牧民们出牧时或盛水，或盛酒，挂在身上，方便实用。还有粗如柱、形似牛腿的牛腿瓶，体积较大，胎质厚实，盛水量多且不怕磕碰，是车马为家、四处游牧的契丹人理想的大型盛器。三彩印花方碟和长盘，也是辽瓷所特有。辽瓷中有很大一部分是仿照北宋定州窑烧造的，称为"仿定"。这些瓷器，在造型上受唐代瓷器风格的影响，在工艺上则接近或达到北宋定瓷的水平。

第四节　史学　文学　绘画

建立修史制度　《皇朝实录》　萧观音　耶律倍　胡瓌

耶律阿保机建国后，将契丹大字、小字与汉字并用，提倡研读儒家经典并学以致用。契丹贵族和历史上各民族统治阶级一样，重视本民族历史的修纂。在汉族文化影响下，辽太祖借鉴中原王朝修史制度，设有"监修国史"。辽景宗耶律贤之后，正式建立修史制度，在辽王朝南面官中设有国史院和起居舍人院。国史院为仿宋而设，下设史馆学士、史馆撰修、修国史、同修国史等官职。辽景宗乾亨元年（979），景宗以汉人室昉、韩德让、王师儒等人任监修国史。起居院也是仿宋而置，下设起居舍人、起居郎、修起居注、知起居注等史官。史官的职责是：记录契丹皇帝的言行、修纂日历，逐日撰成有关朝政事务的编年体史册。如辽圣宗统和二十一年（1003）三月，圣宗耶律隆绪即"诏修日历官毋书细事"⑮。可见史官记录皇帝言行也是有忌讳的。编修起居注和实录，培养、造就了一批契丹族、汉族史学家。契丹族史学家有萧韩家奴、耶律庶成、耶律孟简、耶律谷欲、耶律俨等。辽景宗命萧韩家奴与耶律庶成"录遥辇可汗至重熙以来事迹"，宣扬契丹王室的武功文治，将契丹民族自遥辇氏以降的历代事迹爬梳整理，编写多达二十卷的史料；参照、斟酌中原礼法，编制礼仪制度三卷，丰富了契丹史学宝库。契丹史学家耶律孟简主张写"信史"，传之后世。在契丹史家的努力下，汇聚大量契丹与辽朝史料，进而保证了后世对《辽史》的修纂。辽道宗大安元年（1085），史臣进太祖以下七帝实录。辽天祚帝乾统三年（1103），召监修国史耶律俨编纂太祖诸帝实录，修成《皇朝实录》七十卷，辽朝西迁后，仍在金、元保存。金、元修《辽史》，主要依据的便是耶律俨编纂的《皇朝实录》。

唐、五代吟诗、作诗的风气，也影响到辽朝。辽圣宗以后，随着汉文化的传布，契丹贵族多学作诗赋。史载辽圣宗喜吟诗，曾作曲百余首。辽道宗所作诗赋，由耶律良编为《清宁集》。道宗宣懿皇后、天祚帝文妃也都有诗歌流传。经辽朝皇帝的提倡，贵族文人也多作诗编集。辽圣宗耶律隆绪"幼喜书翰，十岁能诗"[16]，有诗集《阆苑集》。萧柳作诗千篇，编为《岁寒集》。耶律良有《庆会集》等等。女诗人有耶律常哥，"操行修洁……能诗文，不苟作"[17]。邢简妻陈氏，"凡览诗赋，辄能诵，尤好吟咏，时以女秀才名之"[18]。

辽道宗耶律洪基的皇后萧观音，"工诗，善谈论。自制歌词，尤善琵琶"[19]。她天生丽质，姿容冠绝，过目能诵，聪颖过人，擅弹琵琶，工诗文。耶律洪基继位后，于道宗清宁元年（1055）十二月，册封萧观音为皇后。她常随皇帝行猎，途中吟诗作赋，以助雅兴。清宁四年，萧观音生皇子浚，更受皇上宠爱。清宁九年，皇太叔重元聚兵造反，被枢密使耶律乙辛擒获处死。耶律乙辛因功自傲，权倾朝野。他怕皇太子浚继位后失去权位，心生歹毒，设计谋杀太子，以斩草除根。耶律乙辛买通宫婢，伺机诬告萧观音与伶官赵惟一私通。辽道宗听信谗言，信以为真，诏令诛灭赵惟一及其宗族，赐萧观音自尽。萧观音自尽前满怀悲愤作《绝命词》一首，流传于世。清人况周颐在《蕙风词话》中评萧观音《回心院》"音节入古，香艳入骨，自是'花间'之遗"，谓其承袭晚唐以来温庭筠为代表的花间派词风。辽天祚帝乾统元年（1101），天祚帝追赐萧观音谥号为宣懿皇后，与辽道宗合葬于庆陵。

萧观音诗作《伏虎林应制》大气磅礴，令人震撼：

　　威风万里压南邦，东去能翻鸭绿江。

　　灵怪大千俱破胆，那教猛虎不投降。

伏虎林是辽朝皇帝秋捺钵之地，在今内蒙古巴林右旗西北察罕木伦河一带。这首诗通过写秋猎，宣扬了契丹族统治者强大无敌的王气。

现存辽朝帝后的一些片断诗句，大多不出宫闱享乐或劝谏之类，显示了汉文化对契丹的深刻影响。辽圣宗曾以契丹文译白居易讽谏诗。《古今诗话》载圣宗佚句"乐天诗集是吾师",想见白诗在辽朝流传甚广。

辽代绘画蔚然成风,从皇帝到臣僚有不少人精于画技,有的专攻骑射图画,有的精于人物肖像,可谓风格明朗,各呈风骚。以耶律倍和胡瓌、胡虔父子为代表的辽代画家,在表现草原风光、北地习俗方面,自成一格,为北方少数民族绘画史增添多彩的一章。

耶律倍,契丹族杰出画家。他擅画马,骨法劲快,不良不驽,体态自然。他画的鹿尤其受到画界称赞,中原地区的许多画家临摹其画。金代大诗人元好问为耶律倍画的《射骑》一画题诗云:

血毛不见南山虎,想得弦声裂石时。

据《宣和画谱》记载,耶律倍有《射骑》《千鹿图》《猎雪骑》《双骑图一》《番骑图六》《千角鹿图一》《吉首并驱骑图一》等15幅画被宋朝御府收藏。

胡瓌,生卒年不详契丹族,辽代云本慎州乌索固部落人。著名画家。他绘画的主题是描写契丹族的游牧和狩猎生活。胡瓌及其作品,在中国绘画史上占有重要地位。《五代名画补遗》一书把胡瓌作品列为神品,说他的作品"能曲尽塞外不毛之景趣","凡握笔落墨,细入毫芒,而气度精神,富有筋骨。然纤微精致,未有如瓌之比者也"。胡瓌作品着力表现草原的辽阔、荒漠的苍凉和契丹民族游牧场景,特别善于表现射猎、牧马,以及塞上草原大漠五彩斑斓的自然景色。他描绘的帐篷、毳幕、弓箭、旗帜等游牧民族的生产生活用具及场面,惟妙惟肖。他一生专于绘画,作品无以数计,可惜大都失传。据《宣和画谱》载,在宋代御府中藏有胡瓌绘画65幅,保存至今的作品有《还猎图》《回猎图》《蕃马图》《卓歇图》等。卓歇的意思是支起帐篷休息,《卓歇图》是胡瓌绘画的代表作品(今存北京故宫博物院),画幅宏大,内容丰富。画面绘描契丹人游牧归来休息时的情景,真实反映契丹族的生活习俗。在绘画技法上,胡瓌继承中原汉唐以来绘画传统,并有所创新。他采用清劲舒展的铁线描,使作品充满浓厚粗犷的草原情调。胡瓌的绘画技法对后世有很大影响,如传世的几种描写文姬归汉的《胡笳十八拍图意》,明代仇英《秋原猎骑图》,都受到他作品的影响。

第五节　乐舞

辽朝乐舞　宫廷雅乐　燕乐　鼓吹乐　教坊　祭山仪舞　海青捕天鹅舞　散乐

辽朝的乐舞，自成特色。雅乐系辽国宫廷盛典所用乐舞，其音乐中正和平，歌词典雅纯正，舞步端庄有序，和中原封建王朝宫廷乐舞相似，意在炫耀功德，故规模宏大，组列气派，为历代统治者所重视。辽代宫廷雅乐宫悬（即钟架组列）一般为 36 架，由 381 人组成。雅乐所用乐曲沿用唐代雅乐曲《十二和》（辽称十二安），即豫和、顺和、永和、肃和、雍和、寿和、太和、舒和、体和、正和、承和等，通过这些曲名，可以想见当年歌舞升平的景象。

《辽史·乐志雅乐》记载辽圣宗太平元年（1021）尊号册礼时的盛况："设宫悬于殿庭，举麾位在殿第三重西阶之上，协律郎（指挥）各入就举麾位，太常博士引太常卿，太常卿引皇帝。将仗动，协律郎举麾，太乐令（乐舞总指挥）令撞黄钟之钟，左右钟皆应。工人举柷，乐作；皇帝即御坐，扇合，乐止。王公入门，乐作；至位，乐止。通事舍人引押册大臣，初动，乐作；置册殿前香案讫，就位，乐止。异册官奉册，初动，乐作；升殿，置册御坐前，就西墉北上位，乐止。大臣上殿，乐作；至殿栏内位，乐止。大臣降殿阶，乐作；复位，乐止。王公三品以上出，乐作；太常博士引太常卿，太常卿引皇帝降御坐入，乐止。"[⑳]整个仪式，都在庄严肃穆的雅乐氛围中进行。

燕乐系辽代宫廷中宴请宾客时所奏的音乐，上承隋唐燕乐传统，下开金元乐舞先河，应用范围广泛，内容风格各异，是辽代最有时代精神和民族特色的乐舞，有大乐和散乐（图上 5-4）之分。大乐用于朝廷欢乐的宾仪和嘉仪，组列堂皇，气氛宏伟，溶金玉、丝竹、匏革于一炉，集打击、鼓吹、弹奏于一腔，乐器有三十余种，舞部最少二十人，以景云乐、庆善乐、破阵乐、承天乐四部乐舞为主。散乐原是古代各种娱乐舞的总称。后晋高祖天福三年（938），后晋左仆射刘昫充任册礼使，代表晋高祖石敬瑭给辽国皇帝及皇太后上尊号，称辽主为"父皇帝"，晋主自

图上5-4　翁牛特旗解放营子二道杖房辽墓原野宴饮图　八人组成散乐队，各持乐器，孔群等提供资料。

称"儿皇帝"。在带来的礼物中，有相当部分是散乐乐器和散乐节目。在文化融合过程中，散乐融入契丹民族的杂戏、手伎、角牴内容，形成散乐体系，比起雅乐、大乐更富有民族特点。散乐所用乐器，大多为龟兹或西凉乐器，以筚篥和琵琶为主，还有箫、笛、笙、五弦、箜篌、筝、方响、杖鼓、腰鼓、大鼓和拍板等十余种。辽代散乐题材广泛，内容丰富多彩，无论在宫廷、民间，均深受欢迎。传入北宋并被记录下的《臻蓬蓬歌》《契丹歌》等，即为契丹乐舞。

　　北方少数民族的军队，向以勇猛雄壮著称，在辽代军旅活动和威严的礼仪中多用高亢嘹亮、威武振奋的军乐，以壮声威。辽代军乐有鼓吹和横吹两类，其中横吹乐以横笛、胡笳、箫、管为主。每逢大的礼仪，鼓吹乐"设而不奏"，起着仪仗壮威的作用。鼓吹乐在辽地草原上有广泛的群众性，上自王公臣僚，下至普通百姓，凡遇婚丧迎送之举，仿效鼓吹作为行进音乐。军乐中的横吹乐，是契丹人马背生活的伙伴，主要是骑在马上演奏。在广袤的草原上，犹如长龙一般的坐骑，前呼后拥，箫、管、笛、笳齐鸣，显示出契丹人草原生活的豪迈气派和壮观景象。13世纪由西辽国耶律大石及其追随者传入西方。

　　辽朝早期教坊的设立，适应并促进辽乐的发展。在南面朝官中设有太常寺，管理用乐事宜，其中太常博士、太常卿、协律郎是主管教坊事务的朝廷命官。教坊规模庞大，包括坐马乐人、太常卿、司差等300余

图上 5-5　敖汉旗羊山 3 号辽墓壁画（临摹本）　门吏（墓门西侧壁）、击鼓者（天井南壁东侧）、吹奏者（天井南壁东侧）　张向东、张文平、孔群等提供资料

图上 5-6　敖汉旗羊山 1 号辽墓壁画：鼓乐图（临摹本）　张向东、张文平、孔群等提供资料

人。辽太祖时（907—927）诸部乐官千人以上。尤其在皇都上京临潢府，邑屋市肆，到处可见伎艺、教坊、角牴的精彩表演。辽国教坊多用汉人，着汉服，男乐工头戴展角或卷角幞头，身穿各色圆领长袍，腰间系带，脚穿高靴或麻鞋（图上 5-5、图上 5-6），舞工窄袖衣裤，散乐百戏者多着短衣。女乐工头梳发髻插饰，身着直领宽袖彩色长衫，腰间束带，彩裙拽地，披长幅装饰彩带，轻盈飘洒，犹如天仙。

辽国大型歌舞乐曲，多用于接待各国使臣的宴会，一般用四部乐，由教坊乐工、歌伎演出。演奏所用乐器几乎包括辽乐中所有的散乐器。与中原地区不同的是，每一乐前，由十余人引吭高歌，在歌声中众乐齐鸣，场面壮观，气氛热烈。

"祭山仪舞"是辽国最隆重的祭祀宗教乐舞。设天神、地祇、白衣观音（家神）于木叶山（今内蒙古翁牛特旗海尔金山），由太巫主持，巫（乐舞）领班，以"君树"、"群树"为朝班，以"二树"为神门，皇帝、皇后、群臣、命妇及部族首领一应参加，庄重的祭奠仪式伴随着歌乐。黑山祭祀活动，有规模壮观的祭祀建筑，仪式森严、庄穆。每岁还有五京进奉的纸人、纸马万余，与乐舞一起，组成一个庞大的祭祀仪式，以至附近部民"非祭不敢近山"。辽国祭山乐舞，源于东胡，盛于大辽，延至蒙古（祭敖包），形成独具特色的祭山文化。

《海青捕天鹅》是契丹舞曲，是辽帝四季捺钵活动中主要的乐舞形式。捺钵活动中最有特色的是海青（鹘）捕天鹅，捕获后皇帝设头鹅宴，饮酒作乐，赏赐大臣。《海青捕天鹅》即根据捺钵生活编创，一般分为布阵、探报、放飞、捕拿、刺鹅、作乐、赐宴等情节，起承转合，激烈生动，为辽国著名舞曲。立帐现场，一般以小乐队伴奏歌舞；宴饮场面，则用大型散乐队（宴乐），规模宏大，场面壮观。其舞曲为历代乐舞大师们所赏识，创编、改编、移植风靡于歌坛，优秀作品层出不穷，尤以琵琶曲为佳。清康熙三十三年（1694）北京智化寺保存的抄本中，有《放海青》、《拿鹅》两首乐曲。《弦索备考》中书录一首《海青》器乐合奏曲，或称《平沙落雁》。元代杨允孚《滦州杂咏》中有诗云："为爱琵琶调有情，月离未放酒杯亭。新腔翻得凉州曲，弹曲天鹅避海青。"明代李开先在《词谑》中记载著名琵琶演奏家张雄，演奏此曲时的生动情景：

"有客请听琵琶者，先期上一副新弦，手自拨弄成曲，临时一弹，令人尽惊，如《拿鹅》，虽五楹大厅中，满厅皆鹅声。"

散乐是辽代民间歌舞。《辽史·乐志》载："辽有国乐，有雅乐，有大乐，有散乐，有铙歌、横吹乐。"㉓散乐题材广泛，内容丰富，既风趣幽默，又喧腾热烈，故在宫廷、民间广为流传。许多节目与祭祀活动结合，成为祭神、祈雨等仪式的乐舞。刘昫晋奉契丹主及太后散乐节目，是辽散乐的雏形。在以后发展过程中，增加不少契丹族特有的内容，如歌舞、杂戏等。今赤峰市巴林左旗杨家营子石匠沟出土辽圣宗统和二十七年（1009）伎乐画像石，是一幅生动的《散乐图》。其青砂岩高115厘米，宽74厘米，厚7.5厘米，四边留有边框，框内有浮雕伎乐人，三排，每排四人，从上至下，分别是：第一人，坐式，头戴展脚幞头，身着紧袖长袍，怀抱琵琶，作弹奏状；第二人，坐式，头戴展脚幞头，紧袖长袍，口吹排箫；第三人，跪式，头戴平头幞头，紧袖长袍，吹笙；第四人，立式，头戴展脚幞头，着宽袖长袍，双手抬至胸前，持简板合击；第五人，跪式，头戴平头幞头，紧袖长袍，身前置一具方响，双手分别握一铁锤，轮番敲击；第六人，跪式，头戴平头幞头，紧袖长袍，口吹笛；第七人，跪式，装束同前，口吹筚篥；第八人，立式，头戴平头幞头，紧袖长袍，马步挺胸站立，手持拍板，随拍击节；第九人，立式，戴平头幞头，紧袖长袍，高靴，前身置大鼓一面，分握鼓槌，一起一落，交替敲打；第十人，立式，戴平头幞头，紧袖长袍，右袍襟掖在腰间，高靴，横挎细腰鼓一具，右手持杖，左手以掌边击鼓边舞蹈；第十一人，立式，头戴平头幞头，紧袖长袍，高靴，吹横笛；第十二人，髡发，面左而立，紧袖长袍，高靴，右袍襟掖在左腰带下，双手紧握短柄铁骨朵，守卫着墓室，此人为门吏。除门吏外，其余11人是一个散乐班子，观其装束为男性乐工。伎乐画像石虽然没有单独雕出舞者，但击腰鼓者的舞姿很动人。伎乐画像石所表现出来的乐器有琵琶、排箫、简板、方响、笛、筚篥、拍板、大鼓、腰鼓、横笛等11种，几乎包括辽散乐所用的主要乐器。散乐画像石的发现，为研究辽代散乐演出形式、器乐配置、乐工装束、器乐形态提供宝贵的资料。

辽壁画狮子击鼓雄鸡起舞图，绘于内蒙古赤峰市敖汉旗丰收乡北三家辽墓天井西壁。画面下半部画一面圆大鼓，鼓边装饰红色围帷，打曲边褶。鼓面绘一雄狮，头脱落仅见一绺长鬣垂于身侧，下身为蹲坐状，下腿平伸，尾向左侧前卷，腿一上一下作踢蹄击鼓状。和该画相对的东壁绘有一幅雄鸡踏鼓起舞图。一雄鸡站在鼓面之上，双腿交替踏击鼓面起舞。在天井的南侧面壁绘两个汉人驯狮者，右边一人吹竽箫，头戴展角幞头，身穿浅蓝色宽袖袍，红色圆领，腰系红色带。左面一人双手持红色鼓槌击鼓，左槌扬起，右槌击鼓面，头戴卷角幞头，身穿浅蓝色圆领宽袖袍，腰系黄色带。整个天井构成一组完整的驯狮、鸡舞的画面，在驯兽者的鼓乐声中，狮和鸡各立于鼓面之上，按照音乐节拍击鼓起舞，使表演和奏乐融为一体，形象生动。

契丹族善于吸收他族文化，丰富自己的乐舞题材。在辽代舞蹈中，还有反弹琵琶舞、假面舞、顶篮舞、剑舞、杖舞、双人舞、塔舞、弓箭舞、队舞和各式独舞。具有谐趣风格的俳优表演活动，在辽国也很盛行。

第六节　京城建筑艺术

五京　上京临潢府　中京大定府

辽朝实行州郡制度，确立五京辖其五道。五道下置州县，大体沿袭汉、唐以来定制。在辽代五京之中，以上京为辽朝的都城。辽圣宗统和二十四年（1006）以后，根据土河（今内蒙古赤峰地区老哈河）北岸优越的自然环境和地理位置，设计并兴建中京城。这座城市在辽朝中期以后，成为辽政权接待宋夏等国使节和处理朝政的主要京城之一，也是经济、文化等方面较为发达的城市。其余三座京城，在辽以前都有较为久远的建城历史。辽代继续建设，并且将其地位升至京城级，使之在经济、文化及对周边政权关系方面发挥重要作用。从地位来讲，除上京外，都应视为陪都。各个陪都在政治、经济、军事、文化各方面所起的作用又各有侧重。辽代在五京分别设有上京留守、中京留守、东京留守、西京留守、南京留守作为主管官。留守兼行京城府尹之事。留守司是五京行政领导机构。各京留守由朝廷有功之臣或朝官中较高级别的职官担任，契丹人、汉人均有任职者。设官除留守外，还设有某京副留守、知某京留守事、某府少尹、同知某京留守事、同签某京留守事、某京留守判官、某京留守推官。从职官设置的完整性可以看出，辽代的五京留守司是一个比较完备的地方统治机构。而且，不论皇帝是否巡守和亲征，五京都作为正式建置存在。此外，辽代京城中还设有五京都总管府、五京都虞侯司、五京警巡院、五京处置使司、五京学等，也有为管理经济而设置的上京盐铁司、东京户部使司、中京度支使司、南京三司使司、南京转运使司、西京计司。在五个京城全部设有这几个机构，也是辽朝所特有的文化现象。

辽太祖神册三年（918），选择契丹族发祥地的中心——今赤峰市巴林左旗林东镇南侧，兴建规模宏伟的都城辽上京。此处面对广阔的草原，背依大兴安岭余脉的崇山峻岭，侧面有潢水及其支流，水草丰美，宜耕宜牧，是兴建城市的“风水宝地”，在战略上还是易守难攻的要冲。辽太祖耶律阿保机初建都城时把它定名为“皇都”，辽太宗耶律德光继位后，下令扩建皇都，改名为“上京临潢府”。契丹族在草原上兴建规模宏伟的都城，这是游牧民族的创举。

上京城在城市制度上和单体建筑物上，都充分体现了既有浓郁的契丹民族特点，又有中原地区的汉文化传统，反映了辽文化的二元性和辽汉文化相融汇的统一性。

上京城由南北两城组成，平面略呈日字形。北城是皇城，是契丹族人聚居区，它由最先兴筑的皇都改建。皇城城墙周长6398米，高5—9米不等，城墙上加筑有马面等防御设施，四面城墙均开一城门。皇都未扩建时，按契丹族习俗，以东门（实际上是东南方向）为正门，辽太宗耶律德光扩建后则以南门为正门。皇城中央筑有宫城，这就是“大内”，是皇帝居住的宫殿区。辽太宗仿照中原王朝的宫门形制，在南门“承天门”上兴筑城楼，并在宫城内兴建开皇殿、安德殿和五銮殿等建筑。宫城内用矮墙隔开“南院”和“北院”，是辽王朝采取“因俗而治”政策的体现。皇城内建筑，包括有临潢府、盐铁司、临潢县、国子监等官署以及府第、寺庙、作坊、仓廪等。宫城外以北的大片旷地，是契丹皇族和卫戍人员搭设毡帐居住的区域。南城是辽太宗扩建时筑的新城垣，以皇城的南墙为北墙，新筑东、南、西三面城墙，这三面城墙共长 5120 米。南城是汉族和其他民族的聚居区，称"汉城"。汉城城墙没有筑马面等防御设施，城内有南北大街和东西横街，大街交叉路中央建有监督和镇守城内居民的市楼据点，附近有贸易活动的市肆。城内还建有专供回鹘商贩居住的"回鹘营"、专为接待宋朝使臣的"同文驿"和接待西夏等国使臣的"临潢驿"。此外，城内还有管领城内及其附近定居的汉、渤海和其他民族的各县衙[22]。汉城是上京重要经济区、贸易区。在上京遗址发现有较大面积的冶炼处，铁渣堆积厚达 3—5 米。城内多见契丹文银币及作坊戳记、押印等，反映出当时手工业、商贸之繁盛景象。

上京城是辽王朝的政治中心，凡是辽王朝的重要礼仪必须在此举行，辽王朝政权机构的大部分臣僚及其下属官吏也都在此处理日常军政事务。建立都城上京，标志着契丹社会已向封建制转化，这是契丹社会发展史上一个重要的里程碑。

继辽上京兴建之后，辽王朝又兴建中京城。中京大定府位于今赤峰市宁城县大明城。这里原是奚王牙帐（政治统领中心）的所在地。奚族（即库莫奚）是东胡的后裔，世居今西拉木伦河和老哈河一带。辽圣宗统和二十五年（1007）开始兴筑中京城，"择良工于燕、蓟，董役二岁，郛郭、宫掖、楼阁、府库、市肆、廊庑，拟神都之制"，"号曰中京，府曰大定"[23]。次年五月初具规模，后来又陆续兴建一些宫殿和庙宇，还扩建坊区。中京城的总体布局基本上采用中原封建王朝都城制度，城墙和建筑物均采用南北向，城内的建筑注意布局，左右对称并有中轴线，同时又结合契丹族的传统习俗。辽中京城是辽王朝的陪都，是草原上的京城。

辽中京城由外城、内城和宫城三重城组成，仿照宋朝汴京开封府的三重城兴建。外城正南北向，东西宽约 4200 米，南北长约 3500 米，周长约合 15 公里，呈横长方形。内城位于外城内的正中偏北，两城呈回字形。宫城位于内城正中偏北，以内城北墙为宫城北墙，只筑东、南、西三面城墙。中京城的外城南部，为汉人聚居和坊市所在区域。金、元、明三朝沿用中京城时，这一区域仍然是市肆和居民区。考古发掘这里的文化层有的厚达 5 米。除辽代遗物外，还有大量金、元、明时代的遗物，说明这里一直是繁华地带。外城南部中央有一条宽达 64 米的大道，路面略凸出并铺有沙砾，大道两侧挖有排水沟。排水沟用不甚规则的条石垒砌沟壁，沟上覆盖木板，排水沟从南城墙下由涵洞穿过，将城内积水送入护城壕内，然后由护城壕东南流入河中。中央大道两侧各有四个坊和居民区，共计八个坊。皇城中有祖庙。此外还筑有接待宋朝使节的"大同驿"，接待西夏使节的"来宾馆"，及接待新罗使节的"朝天馆"。大道两侧为草地，道旁还筑有遮挡的矮墙，空旷的草地是契丹皇帝、臣僚以及卫戍官兵搭建毡帐的所在。宫城是皇帝及太后居住的宫殿区，中间有中央宫殿遗址，自宫殿址至南墙中央也有一条直道。在宫城南墙内东侧和西侧各有两座一大一小的宫殿建筑遗迹，东侧应是武功门和武功殿，是皇帝居住和接见使节的场所，西侧是文华门和文华殿，是太后居住和接见使臣的场所。从辽中京城城市布局情况看，可以明显地看出很多方面是仿照中原宋朝汴京开封府的城市布局，仅在武功殿、文化殿以北的后宫保留部分民族建筑，仍以穹庐毳幕为之。这和上京宫殿形成两种截然不同的风格，反映契丹族封建化进一步深化。

第七节　习俗

衣食住行　宗教信仰　祭天地　婚俗　葬俗

契丹族服装，冬季用兽皮、呢料，夏季用丝、麻织品。紫貂裘为契丹贵族皮裘中名贵者。其毛色紫中透黑，细密光亮，轻软厚实，穿在身上舒适暖和，又端庄华贵，极受契丹贵族喜爱，但不准平民穿用。宋朝使臣多次在诗文中提到紫貂裘。银貂即白貂，也很漂亮名贵，档次略低于紫貂。契丹族鞋的样式不同于中原汉族。男子以皮革制靴，长及膝下，靴头成尖状略上翘。女子鞋的样式较多，有皮革缝制的长靴，多为劳动妇女穿用。丝麻织品是契丹女子常用面料。

契丹族服饰，分官服和民服。契丹国制，因俗而制，故官服又分国服和汉服两类。国服即契丹族官员的服饰，以穿用场合的不同，又有朝服、公服、常服之分。汉服即汉官所着服装，基本与宋朝官员无异。平民百姓不得穿用驼毛织物、水獭皮裘，不许用犀玉。僧侣位及五品，才能穿紫袍。皇帝在正式场合着汉服。民服即平民穿着之服装。契丹男服有袍、袄、裘、裤、靴等。袍子是契丹族最常用的衣着，下长及靴，窄袖束口，腰身比宋朝服装瘦。圆领，左衽，腰间束带，利于马上活动。裤子较宽松，下缘装入靴内，避免蛇虫伤害。袄为冬季服装，外边罩以袍、裘。袍服腰间有种叫"捍腰"的装饰。契丹女服有袍、衫、袄、襦、裙、裤、套裤等。男女均喜戴冠帽，有金冠、毡冠、纱冠、草笠等。发、耳、面、项、腰、胸、手、臂有相应佩饰。

契丹故俗以黑为上，辽中叶后，朝服和公服以红色和紫色为上。但契丹萨满巫师的法衣，皆为白色。在契丹人心目中，白衣神人是神圣的。契丹人喜欢金玉、羽毛、花卉作头饰。内蒙古敖汉旗、库伦旗等辽墓壁画中歌舞伎、仕女像，其头上均遍饰金簪花钿，艳美异常。男女都佩戴耳坠或耳环。契丹人的发式独特，男子和未婚在室女子都髡发。契丹人髡发不是把头发全部剃掉，而是髡一部分，留一部分。

契丹人早期以游牧渔猎为业，故其主食以肉乳为主。辽国建立后，在发展畜牧业的同时，把大量汉人徙于辽上京等地，促进农业发展，食物品种增加。契丹人喜面食，流行的是煎饼。《辽史·礼志》记载，契丹族每逢正月初七，人们都在庭院中做"薰天"，即煎饼。在辽墓中出土有制作煎饼的烙锅。契丹人副食包括以肉制作的各种菜肴，还有蔬菜、水果等。辽墓壁画中多有侍女托盘进奉西瓜、石榴、桃、梨等画面。契丹人较早掌握蜜饯加工工艺，方法是把水果经过"蜜晒"保存。后人加工果脯即用此法。契丹人以饮酒为乐，凡喜庆欢聚，迎时逢令，必饮酒。帝王祭祀更以酒成礼。饮食用具以皮革、木制为多，辅以金属器和瓷器。辽中、晚期以后，随着制瓷业的发展，瓷质日用品的使用越来越普遍。

居住以穹庐为主，也有草庵、板屋、车帐，一般皆东向。

契丹人的主要交通工具为车马、舟船。毡车是契丹族随水草迁徙时常用的运输工具。内蒙古克什克腾旗二八地辽墓石棺画中，对毡车有具体描绘：长辕、高轮，车顶有黑色毡篷，辕以三角形木架支撑，外观极似近代的蒙古包。契丹人的舟楫形制，多以皮革制作，也有整块木刳的渔船。契丹人与马休戚与共，出行、骑猎、作战等各项活动都离不开马。装饰鞍马是契丹人生活中要务。从辽墓中出土的各种鞍具、饰件中可以看出，契丹人使用的鞍饰品具有轻捷、美观的特点。

契丹族与北方其他游牧民族一样，早期信奉萨满。契丹建国前，尚无专职萨满。建国后，萨满逐渐成为专门从事神事活动的宗教职业者，契丹通称这部分人为"巫"或"巫觋"（男巫）。巫分为太巫、大巫、巫三个等级，其中太巫地位最高，通常在皇帝身边为祭祀礼仪服务。契丹人崇信万物有灵，认为天、地、日、月、星辰、江河大川等都有神灵主宰，因而形成其特殊的自然崇拜、神灵崇拜和祖先崇拜等。专业的神职人员，有法衣（白衣素巾）、法器（铃、箭）。中京（今内蒙古宁城县大明城）附近地区曾出土萨满使用土铲形铁片锻制的铁器，全长 77.5 厘米，有柄，柄端平面呈亚腰三角形环，上附八个小铁环，手持舞动，叮当作响。巫从事被除、祈禳、祭东、赞助火神乃至歌呼跳跃的跳神活动。

契丹族对佛、道两教，特别是前者，十分信仰，耶律阿保机早在称帝之前，就崇信佛教。曾于潢河之南，建开教寺。辽太祖六年（912），"以兵讨两冶，以所获僧崇文等五十人归西楼（上京），建天雄寺以居之，以示天助雄武"㉔。辽道宗耶律洪基也是一个虔诚的佛教徒，辽道宗咸雍六年（1070）作诗赠法均大师，诗云："行高峰顶松千尺，戒净天心月一轮。"并颁行佛经，修寺院。

在契丹统治集团的提倡下，佛教在辽朝有很大发展。辽太宗会同九年（946）的《僧义则造经幢记》、世宗天禄三年（949）的《葬舍利佛牙石匣记》、穆宗应历二年（952）的《感化寺智辛禅师塔记》、应历十年的《大都崇圣院碑记》、应历十五年的《重修范阳白带山云居寺碑记》、应历十六年的《李崇苑为亡父彦超造经幢记》、景宗保宁元年（969）的《再建经幢记》等，显示了整个辽朝统治地区佛教的兴盛。道教的发展不如佛教，但上京建有天长观；在这座城市里，可以看见道士与其他各色人等一起，在街道中出没㉕。辽国是一个信奉多神教的封建国家，寺观建筑遍于五京，僧伽胜地誉于内外。在寺院进行宗教活动所用音乐即为寺观乐，称为法曲。寺院乐有吟诵经典时的伴读音乐，旋律简单，抑扬鲜明，用以协调吟诵节奏，主要乐器有钟、鼓、磬、锣等；有阐述教义时的演奏音乐，对内以激发信徒们涵养性情，对外法会和道场活动中用以诱引听众。佛教的盛行推动了文化的发展。鲜演是辽上京著名高僧，据林东北山出土的鲜演墓碑记述，他生于辽兴宗重熙十七年 (1048)，怀州 (今巴林右旗岗根苏木) 人，俗姓李，鲜演为法名。鲜演自幼喜欢佛学，举止言谈，异于常人。到上京开龙寺出家为僧，在同龄人中脱颖而出，成为一个出类拔萃的少年僧人。由于他的博学多思，被聘为竹林寺讲主。道宗皇帝特赐其紫色袈裟和慈惠德号，以示宠贵。鲜演领悟佛学精髓，著作颇丰，撰有《仁王护国经融通疏》《菩提心戒》《唯识论掇奇提异钞》《华严经玄谈抉择记》等八种著述，声名远播。辽道宗大安五年 (1089)，被授予"圆通悟理"师号。道宗寿昌二年 (1096) 年被封为"崇禄大夫，检校太保"。鲜演曾奉旨开坛 72 次，听众逾万人。道宗乾统六年 (1106)，以其功德优盛，赐位特进，守太傅。

契丹人祭天地，认为生民祸福、世事治乱，皆由天定。契丹礼俗，凡新君即位，必先举行祭天地大礼。辽国建立以后，凡军国大事，皆行此礼，成为定制。契丹祭天地的礼仪，均无固定场所，但一般都设在山上，设天神、地祇神位，坐西朝东。在神位前植以树木，象征朝班。祭祀用白马、黑牛、白羊、黑羊，同时还配有茶果、米酒等。契丹人祭山神，每年冬至是法定祭日。祭山神用牲是白羊、白马和白雁。

契丹人有射柳祈雨的风俗，是国家典礼仪程之一，称为"射柳仪"，又称"射柳"。仪式前期置百柳于天棚内。在二月到七月农牧业最需要雨水之季，择吉日行射。射柳时，要用酒醴、谷物等祭柳。射后如果三日内不行雨，便施以人工模拟降雨。

辽代契丹族实行异姓结婚原则，尽量避免血缘系统内部通婚。"辽代，契丹人婚嫁不拘地理，即婚嫁双方可能在同一地区，也可能在不同地区，但都严格遵循'异姓为婚'的原则，即禁止氏族内部婚，而实行氏族外婚制度。耶律王族与 (萧氏) 后族通婚，遵循高门等级内婚制。皇室婚仪既吸收了汉族的某些礼仪，又保留有契丹族的特点。契丹人还与汉、奚、渤海等族通婚。道宗大安年间（1085—1094），又明令禁止边民与'蕃部'结婚。契丹统治者为其政治目的，与西夏、高丽、大食等族上层人物也曾联姻。随着契丹社会文化的发展变化，契丹族的婚姻制度和习俗也经历了一个发展变化的历史过程。"[20]契丹人以耶律（皇族）和萧（后族）姓为贵，形成耶律氏和萧氏两大通婚集团，旨在达到皇族与后族的联合来执掌朝纲。《辽史》载"辽之秉国钧，握兵柄，节制诸部帐，非宗室外戚不使"，以此作为"帝王久长万世之计"[27]。契丹社会中的平民基本上为一夫一妻形式。收继婚是古代各游牧民族的普遍婚姻形态，在契丹社会仍有遗风流传，至辽晚期渐消亡。

契丹丧葬礼俗，据《隋书·契丹传》记载有风葬、火葬两种，是契丹族早期的葬俗。风葬即人死之后，于山林中择木搭棚，将尸体置于棚上，存放三年。三年后焚化，掘穴掩埋，是为火化。耶律阿保机建国后，丧葬礼俗发生显著变化。受汉文化影响，辽皇帝依山建陵，并制定陵寝制度，历代相延。与此同时，土葬也成为契丹族的丧葬形式。随之，土葬在民间风行。契丹人也有将尸体经药物处理为干尸再葬的特殊风俗。

契丹岁时节日依季节不同而设，吸收较多中原地区的传统节日习俗，有元旦、立春、元宵、寒食、清明、端午、夏至、中秋、重阳、冬至等。此外，契丹人对风神、火神均有礼拜。

第八节　游艺

角牴　击鞠　博弈　骑射

辽代契丹人好角牴。史载：辽太祖"八年春正月甲辰，……有司所鞫逆党三百余人，狱既具，上以人命至重，死不复生，赐宴一日，随其平生之好，使为之。酒酣，或歌、或舞、或戏射、角牴，各极其意"[28]。让死囚犯人在死前还要尽情戏射、角牴，可见契丹人对这种文体活动的酷爱。在契丹宫廷举行的娱乐活动中，角牴是必不可少的项目。如《辽史·乐志·散乐》载："皇帝生辰……酒七行：歌曲破，角牴。"又《辽史》卷十九《兴宗纪》载，辽兴宗重熙十年（1041），"上（兴宗）命卫士与汉人角牴为乐"。

击鞠是一种马上球类运动，也称"马球"，或"打马球"。鞠本为足球，古代踢足球称"蹴鞠"。而击鞠则是游牧民族骑马射猎生活的产物。从辽墓出土的实物得知，鞠的形状如拳。击鞠用杖，木料制成。击鞠比赛规则大体是：设鞠场，立双垣，置板于垣上，板上开孔，挂网为囊。两队共争一球，击入网囊者为胜方。皇家击鞠比赛，要击鼓奏乐，以壮声威。辽初，击鞠在契丹社会很盛行，击鞠场面十分可观。辽圣宗朝以后，契丹社会击鞠运动随着国势的发展而逐渐走向高潮。辽朝的五京和许多重要州城，都辟有击鞠场地。《辽史》中有多处关于契丹帝后于四时巡幸中在驻跸地观看击鞠比赛的记载，辽国诸帝，都热衷于击鞠。圣宗耶律隆绪登基后，在其执政期间，迷恋击鞠到了"以毬马为乐"[29]、击鞠无度的地步。

契丹社会流行博弈，主要有骰戏、叶格戏、双陆和围棋。其中骰戏是由六博发展而来的一种掷骰子以决胜负的赌博形式。骰子为正六面小方体，六面分刻一至六点，多以骨角为之，赌时根据所掷骰子出现的点数或骰点构成的图案确定胜负。一定的点数和骰点图案都有相应的名称，称为"采名"。掷骰获胜，称为"中采"，或称"得采"。

叶格戏又名"叶子戏"，是骰戏进一步发展的一种形式。"具体做法是制作一张表格，上面开列着从地方小吏到中央将相各级官职，参加博戏者按掷骰得采情况来决定自己表格中官职的升降，局终之际，胜者已身登将相，负者仍为小吏。后来，这种骰子选格戏，便发展定名为叶格戏"[30]。辽朝初年，叶格戏便流行于契丹社会，穆宗应历年间（951—968），穆宗耶律璟"与群臣为叶格戏"。辽朝晚期，这种游戏在上层渐渐衰落，但在契丹民间仍很盛行。

双陆来源于上古的六博属棋类。北魏宣武帝时（500—515），六博经西域民族加工改造，传入辽后，棋局固定为十二道，前后各六，棋子黑白各十五枚，分六行布列，双方两两相对。赌赛时，富者多以金、银、奴婢、羊马为博，贫者则多赌酒。

围棋在契丹社会也很盛行（图上5-7），《契丹国志》卷二十三《渔猎时候》载：契丹人"夏月以布易毡帐，籍草围棋、双陆，或深山张鹰"。在契丹墓葬中常有围棋实物出土。在辽上京和辽中京遗址中，辽代围棋子时有发现。在内蒙古敖汉旗白塔子契丹墓葬中，出土有整套契丹棋具。棋盘刻画在一个高10厘米、边长各40厘米的方桌上，纵横13道，长宽各30厘米，有黑子79枚，白子76枚，共计155枚。陈国公主墓中

图上 5-7　契丹围棋子　现藏内蒙古博物院，选自《中国少数民族文化史图典》，王永强、史卫民、谢建猷主编，广西教育出版社 1999年版，孔群摄。

也发现有围棋子 80 枚。由于围棋的盛行，辽宋并立期间，双方还时或选派围棋手，较量棋艺[31]。

　　辽代契丹人娱乐性的骑射活动主要是射猎。四时捺钵中的一项主要娱乐活动也是射猎。由射猎演绎而来的纯粹意义上的娱乐活动是"射木兔"。"刻木为兔，分朋走马射之"。射毕，择高地设帐，饮酒作乐。射猎是锻炼契丹军士作战能力的一项重要活动。

第九节　契丹文化遗存

中京大明塔　庆州白塔　万部华严经塔　缸瓦窑遗址　祖陵　怀陵
庆陵　寂善大师墓　陈国公主墓

　　佛教的传播并兴盛，带来寺院营建的兴盛。辽王朝的寺院遍布五京各地，佛塔也遍布五京，不少辽塔虽经千百年来风雨沧桑，仍然巍然屹立。辽代佛塔继承和发展了隋唐以来佛塔的结构和施工技术，形成造型风格独异的"辽式塔"，其成就远超唐、宋王朝。形制多样、内容丰富、构筑规范、雕刻精细的辽佛塔的兴盛，在契丹文化史和中国佛教史上，占有重要一页。

　　辽中京大明塔（图上 5-8）。位于赤峰市宁城县辽代中京故城遗址外城的东北角，是辽中京城内感圣寺的建筑，称"感圣寺佛舍利塔"，当

图上 5-8　辽中京大明塔　出处同图上 5-1

地群众称它为"大明塔"或"白塔"。该塔建于辽兴宗时期（1031—1054），是一座八角十三层密檐式白色砖塔（实心塔），通高 80.22 米，为中国现存第二座较高的宏伟壮观的古塔。这座塔的基部每面宽 14 米，周长 112 米，塔的直径为 35.6 米。塔座为须弥座，上有二层仰莲。塔身八面缓和的收分，给人以端庄凝重之感。每面转角雕成小塔形砖柱，砖柱基部有仰莲座。在两柱间每个立面均有高大的拱券佛龛，佛龛内雕有一尊佛，砖柱上阳刻朱色佛名。每一尊佛的神态各不相同，姿势迥异。佛像头顶佛光，两手置于胸前，似在诵经，造型丰满典雅，显示庄重肃穆。塔体上端为十三层密檐，檐下部有八层叠涩砖，塔角高挑伸出角梁。所有斗拱、角梁、檐椽、飞椽、望板均用坚硬、昂贵的柏木制作，与一般的辽塔砖雕仿木制作不同。檐头如翼，上起戗脊、博脊、戗兽、脊兽，如木构建筑形式。塔体顶部为塔刹，为砖砌小塔。南北向有两个小门，上有宝珠、相轮、宝瓶，全部为红铜制作，是晚期重修时所加。塔上挂有许多大小不等的风铎，铎下挂有奔马式、圆形、金刚杵式等各样铁锤。风吹锤动，撞击风铎，数里以外即可听见悠扬悦耳的不同音韵的风铎声。

庆州白塔。位于赤峰市巴林右旗索博力嘎苏木奉陵邑庆州故城西北隅，塔名为"释迦如来舍利塔"，俗称"庆州白塔"。为砖木混合结构的八角七层楼阁式，塔高 73.2 米，挺拔秀丽、造型优美。塔的第一层每边长 12.2 米，塔座呈八角形，无雕饰。塔身亦为八角，转角饰以砖雕圆柱，柱上有柱头铺作。铺作用斜拱并出檐，每个转角檐上有脊，脊上在檐头有一蟠首，蟠首下挂一铁马。檐出七层，结构大致相同，惟由第四层开始，铺作不用斜拱。在塔的最上一层的八角脊上饰有铜人、铜蟠首和铜凤，这些铜饰件全部鎏金，制作精细，金光灿烂，既庄严又美观。塔身每层均有金刚力士、胁侍、飞天或人物及二龙戏珠、狮子、花卉等浮雕。不仅金刚力士等雕像均神态逼真，而且在人物中有契丹人、胡人，反映出辽王朝与西北各族的频繁交往。在人物中还有吹、奏、舞蹈的乐伎及饮宴行乐等形象，反映辽王朝贵族生活的豪华及雕刻技艺高超。根据塔内两通有关建塔的砖刻碑铭得知，该塔为大契丹国章圣皇太后特建释迦佛舍利塔，建于辽兴宗重熙十六年（1047）二月十五日。庆州白塔是辽代皇庙的主要建筑，建塔是由皇室直接降旨组织，分工细致，配合密切，集中大量人力、财力完成的。此塔的营造，正处于辽之鼎盛时期。

万部华严经塔。位于呼和浩特市东郊 18 公里白塔村。是丰州城内寺庙所建的佛塔，俗称白塔。此塔因崇奉和秘藏华严经而建造，在塔南面塔身第一层券门上嵌有篆刻的"万部华严经塔"额一面。此塔造型优美雄伟。自下而上收分甚缓，塔基很高，基座上部是三层仰莲或俯莲的莲座，莲座上为塔身。塔身每层设有腰檐和平座，四面设有券门和假门，并有通风气眼。塔内设有砖砌阶梯，可以攀登至任何一层去瞭望广阔无垠的土默特平原。塔身在第一、二层各面门窗两侧塑有天王、力士二菩萨等浮雕。转角采用盘龙式柱，造型生动。

缸瓦窑遗址。位于赤峰市松山区猴头沟乡西北 6 公里缸瓦窑村，是辽三彩瓷器的主要产地。窑址地处半支箭河上游支流，南北为连绵起伏的山岗，中间为狭长的山谷河套地，地势西高东低，山坡由北向南稍倾斜。从地表散布的遗物和河岸断面暴露的遗迹等现象看，窑址遍布于缸瓦窑村四周平地和山坡上，其中以村东、村南分布最为密集。除少量在山坡上，其余大部分被耕地覆盖。范围较大，东西长 1000 米，南北宽 280 米。文化层堆积厚 1—3 米。标本以粗白瓷为主，其次是缸胎厚重瓷及少量细瓷。器形以碗、盘、碟、壶、坛为主，其次有罐、盂、盆、玩具等。釉色以白釉为主，其次有三彩和黄釉、绿釉、酱釉、铁锈花等。

缸瓦窑设有官窑，专门为皇家烧制贡瓷。它生产的仿定白瓷，胎骨洁白如玉，釉色莹润如脂，加上衬以印花、刻花、贴塑等工艺制作的团花，将瓷器装点得雍容华贵。缸瓦窑制作的辽三彩，巧妙地运用绿、白、黄三色和动、植物造型，别具特色。缸瓦窑烧制的琉璃瓦，装点着辽朝五京的皇宫帝苑，展示出辽代建筑艺术的独特魅力。辽瓷的艺术家们在中原陶瓷的基础上，创造出许多适合游牧民族特点的便携式陶瓷系列产品，如鸡冠壶、凤首瓶、长颈瓶、穿带壶、鸡腿瓶等，从而揭开中国少数民族陶瓷工艺史上新的一页。

在内蒙古赤峰市境内，有辽代皇帝陵园三处，葬有六位皇帝。即：太祖耶律阿保机的祖陵，太宗耶律德光和穆宗耶律璟的怀陵，圣宗耶律隆绪、兴宗耶律宗真、道宗耶律洪基三帝的庆陵。

祖陵，位于赤峰市巴林左旗祖州故城西北2.5公里处，是辽代开国皇帝辽太祖耶律阿保机的陵墓，为我国重要皇陵之一。太祖陵三面环山，南面谷口奇峰对峙，构成自然山门。辽太宗天显二年（927）葬太祖于祖山，同年置祖州天城军节度使以奉陵寝。穆宗应历三年（953）贞烈皇太后附葬祖陵。谷口内西、南两山上可见规模宏大的明殿和天膳堂遗址。陵园外"东偏有圣踪殿，立碑述太祖游猎之事。殿东有楼，立碑以记太祖创业之功"。立碑处存有一伕首石雕龟趺，周围出土许多契丹大字碑碎片，当为太祖纪功碑或游猎碑遗存。太祖陵是辽早期的重要建筑遗址，对研究契丹建国初期的历史、礼仪等有着重要的学术价值。

怀陵，位于赤峰市巴林右旗岗根苏木床金嘎查一个深山幽谷中，南距怀州故城3公里。怀陵为辽代早期皇陵，葬辽太宗耶律德光和辽穆宗耶律璟二帝，是我国北方古代大型陵园之一。建筑工程浩大，陵址三面环山，林木苍翠，溪流不停，环境幽雅。谷口处夯筑高大陵门，已毁坏。中部一道石墙将陵园分为外陵区和内陵区。外陵区有两处大型殿堂建筑遗迹尚能辨认。从谷口到墓地筑有六道石墙，陵墓和祭殿均建在内陵区，规模宏伟。两座陵寝均早被盗，墓室顶部严重塌陷。祭殿等建筑仅存台基遗迹，地表散布大量制作精美的辽代建筑构件。

庆陵，位于赤峰市巴林右旗庆州故城北15公里山谷（俗称"王坟沟"）中，葬辽圣宗耶律隆绪及其钦哀皇后、仁德皇后，兴宗耶律宗真及其仁懿皇后，道宗耶律洪基及其宣懿皇后。因其所葬之山辽时为庆云山，故名"庆陵"。庆陵在圣宗生前筑造。辽圣宗太平十一年（1031）圣宗崩于上京大福河行帐，同年葬庆陵。兴宗建庆州为奉陵邑，名其山为庆云山，建殿曰"望仙殿"。辽兴宗重熙二十四年（1055）兴宗崩，葬庆陵，宋和高丽遣使会葬。道宗清宁四年（1058）葬钦哀皇后于庆陵。辽道宗寿昌七年（1101）道宗崩，天祚帝于同年六月葬道宗和宣懿皇后于庆陵。

庆陵由葬圣宗的永庆陵、葬兴宗的永兴陵、葬道宗的永福陵三大陵寝组成规模宏大的陵园建筑群，方圆十余里，风景奇秀。陵寝建造十分豪华，均为砖木结构，作穹庐形。其建筑既吸收中原皇陵风格，又有浓郁的契丹传统习俗。它是辽代政治、经济、文化、军事极盛时期修筑的帝陵，随葬品极其丰富、奢侈。金破辽时，庆陵宝物被金兵盗掘一空。墓中保存的大量壁画，生动地再现契丹人生活风貌，成为我国古代草原画派的艺术珍品。墓中出土的帝后哀册分别用汉文和契丹文镌刻，碑体高大，刻工刚健，保存完好。在辽代中晚期的政治活动中，庆陵一直占有重要地位。

寂善大师墓，位于通辽市扎鲁特旗鲁北镇北50公里处。墓地北、西、南三面有石筑围墙，内有墓葬四座，呈东北、西南向排列。其中3号墓为砖筑，由墓道、天井、前室、后室四部分组成。墓道及天井壁上有壁画，但已全部脱落。该墓随葬品被盗，存墓志一方。墓主人是辽圣宗的二品淑仪嫔妃耿氏。耿氏出生于辽圣宗统和元年（983），21岁被选入宫中，得到圣宗的宠幸，生有一子名耶律忠亮。圣宗去世后，耿氏落发为尼，步入空门，并在佛学上有较高的造诣。故在她80岁病故时，朝廷追赠她为"寂善大师"，并敕具以僧人礼仪安葬。

辽朝契丹贵族墓葬，以陈国公主和驸马合葬墓为重要。公主为辽景宗耶律贤之孙女，18岁病死，于辽圣宗开泰七年（1018）追封为陈国公主，同年与其夫驸马都尉萧绍矩合葬。此墓位于内蒙古奈曼旗青龙山镇东北，距青龙山镇约10公里。为砖砌多室建筑，墓道两侧和墓室内壁均绘有壁画。主室平面为圆形，后部有一砖砌尸床，上挂缦帐。两具尸体平放于尸床之上，均着整套金属敛服。其中，网络为银质，面具为金质，规格高于一般贵族。尸床前置有供桌，各类随葬物品极其豪华丰厚。前室平面为长方形，墓志安放于前室中部。前室两侧，置东、西耳室，平面为圆形，安放鞍马用具及生活用品。

陈国公主墓是多室壁画墓，由墓道，天井，前室，东、西耳室和主墓室六个部分组成。壁画绘于墓道东西两壁、前室东西两壁以及前室顶部。壁画内容有人物、马匹、仙鹤、云朵、日、月、星辰等。在墓门两侧壁面及墓门上部的仿木结构砖雕上，在尸床和供台的侧面，均有彩绘装饰。

陈国公主墓壁画绘制，采用两种技法。前室及墓门门额上的壁画绘于白灰墙面上，赭色线勾勒轮廓，或用硬木签刻划底线，然后填彩。绘画颜色除黑色外，还有石黄、石绿、石青、赭石、朱砂等色，均为矿物颜料，故虽经近千年，仍鲜艳夺目。在墓道和墓室壁面上的装饰彩画，是吸收了汉文化的一个反映。墓道东西两壁上，各绘侍从牵马图。人马都在廊庑之下，面朝墓外方向，作行走状。东壁绘一侍从，牵黄色牝马，马双耳竖立，耳尖端均画成裂口，所谓蕃马"犁鼻裂耳者"，很可能即指此类马而言。马昂首举步，作前进状。马身躯轮廓用墨线勾勒，内用杏黄色渲染，浓淡有致。马缰、络头、后鞧、胸带、踯躅带等，都用墨线双勾，中填蓝彩。除缰绳外，络头、胸带、踯躅带之上，每隔一段都勾画白色方块，表示玉雕装饰。这些玉雕装饰墓内出有实物。马颈下悬黄缨。白色鞯及鞯面上勾彩画云纹，富有变化。马头前方内侧，有一少壮侍从，髡发，鬓毛垂至耳际，稍蓄髭须，面宠丰圆，横眉竖目，注视前方。右手握缰绳，横于马颈下方，左手执鞭，举至胸前，鞭梢紧缠于鞭杆之上。上身穿淡绿色圆领窄袄，微露白色中单。下穿淡绿色裤，脚穿白色高勒靴。腰束黄色革带，袄下襟被撩起，掖于带上。牵马图前后方，各绘彩云一朵，有廊檐和明柱作衬景。

前室东西两侧墙壁上，绘有男女仆役和手持骨朵的侍卫，还有展翅翱翔的白鹤。顶部绘有日、月、星、云、天象等。墓前室券顶上，亦画日、月、星辰。用深蓝色掺黑色绘出深沉的天空，满布白色星点，大小不等，小的直径约2厘米，大的直径不过3厘米左右，晦明闪烁。星辰则用白色铅粉缀其上，疏密错落，使人有身处夜空之感。在前室东壁之东南隅，飞鹤的上方，画旭日一轮，直径约15厘米，着以赤黄色，颜色已褪，接近暗赤，采用没骨法渲染。日中画三足鸟，昂首翘立，墨线勾勒，加红绿彩。在西壁西南隅的飞鹤上方，画满月一轮，直径约为12

厘米，略小于日，以白粉渲染。月中绘有青灰色桂树一株，以墨线勾轮廓。桂树下白色玉兔一只，背弓竖耳匍匐，墨线勾轮廓。

陈国公主墓壁画，以契丹传统的写实画风，形象地再现公主和驸马日常生活情景。在全部 30 余平方米的壁画上，以四分之一的篇幅描绘公主和驸马的仆役与骑乘，表现"转徙随时，车马为家"的游猎生活习尚。墓道东西两壁侍从牵马图是全部壁画的重点。两幅侍从牵马图，无论是在人马造型、着色，侍从的年龄大小，马的牡牝，甚至马的耳朵、鬃毛、马鞭、鞍具等细微部分，均经过细致构思，力求变化多样，各具特点。作者按照草原人们男尚左、女尚右的惯例创作。牡马着黄色，绘于墓道东壁，表示驸马的乘骑，牝马着以黑色，画于西壁，表示公主的专乘。这种一丝不苟的构图意趣，绝非信笔随意为之。牵马图用写实手法描绘马的形态。马的前额鬃毛，扎成短辫或竖立起来，或向前斜垂。马尾中段或下端，都捆扎成结子，这不只是装饰，而是有实际用处。因为草原上风大，茂草丛生，如不把马尾和鬃毛捆扎成结，任其蓬松散乱，容易被杂草或荆棘粘挂，不但有碍观瞻，而且妨碍马的行动和视力[32]。这正是契丹画家忠实于生活的真实反映。

【注释】

① 《辽史》卷一五《圣宗纪六》，中华书局 1974 年版，第 180 页。

② 《辽史》卷一七《圣宗纪八》，同上，第 200 页。

③ 《辽史》卷八二《弟德威传》，同上，第 1291 页。

④ 《辽史》卷三二《营卫志中·行营》，同上，第 375—376 页。

⑤ 同上，第 374 页。

⑥ 《辽史》卷七二《义宗倍》，同上，第 1209 页。

⑦ 《辽史》卷一《太祖纪上》，同上，第 13 页。

⑧ 《辽史》卷一《太祖纪下》，同上，第 15 页。

⑨ 《辽史》卷七二《义宗倍》，同上，第 1211—1212 页。

⑩ 《契丹国志》卷二三《试士科制》，上海古籍出版社 1985 年版，第 226—227 页。

⑪《辽史》卷四七《百官志三·南面朝官》，同注①，第788页。

⑫《辽史》卷八九《耶律庶成》，同上，第1349页。

⑬乌盟文物工作站、内蒙古文物工作队编：《契丹女尸》，内蒙古人民出版社1985年版，第119页。

⑭参见项春松：《辽代历史与考古》，内蒙古人民出版社1996年版，第289页。

⑮《辽史》卷一四《圣宗纪五》，同注①，第158页。

⑯《辽史》卷一〇《圣宗纪一》，同上，第107页。

⑰《辽史》卷一〇七《耶律氏常哥》，同上，第1472页。

⑱《辽史》卷一〇七《邢简妻陈氏》，同上，第1471页。

⑲《辽史》卷七一《道宗宣懿皇后萧氏》，同上，第1205页。

⑳《辽史》卷五四《乐志》，同上，第883页。

㉑同上，第881页。

㉒参见内蒙古文物考古研究所编：《辽上京城址勘查报告》，载《内蒙古文物考古文集》，中国大百科全书出版社1994年版，第510—531页。

㉓《辽史》卷三九《地理志三·中京道》，同注①，第481—482页。

㉔《辽史》卷一《太祖纪上》，同上，第6页。

㉕参见舒焚：《辽史稿》，湖北人民出版社1984年版，第292-293页。

㉖张久和：《辽夏金元史徵·辽朝卷》，内蒙古大学出版社2007年版，第434页。

㉗《辽史》卷一一四《逆臣下》，同注①，第1517页。

㉘《辽史》卷一《太祖纪上》，同上，第9页。

㉙《辽史》卷八〇《马得臣》，同上，第1280页。

㉚田广林：《契丹礼俗考论》，哈尔滨出版社1995年版，第302—303页。

㉛同上，第305—307页。

㉜参见郝维彬：《科尔沁文化丛书·科尔沁历史考古》第二辑第，内蒙古人民出版社2007年版，151—154页。

第六章

党项与女真文化的追踪
——夏金时期

西夏、金时期，作为边疆民族建立的王朝，在开拓边疆，推动民族融合和民族文化发展，活跃文化交流，做出重要贡献。生活在今内蒙古地区的党项、女真等民族，与汉、吐蕃、回鹘等民族一起构成了多元复合的文化社会，为中国北方统一多民族国家的历史发展和中国古代民族关系史产生着重要影响，而且在内蒙古草原上留下了丰富的文化遗产。黑城子城址、西夏壁画、金垒壕遗址、集宁路古城遗址等，都具有重要的历史价值和文化价值。

第一节　揭秘大漠深处的党项文化

党项与大夏王朝　西夏对内蒙古西部的管辖　宗教　绘画艺术

西夏是党项羌所建政权。党项是羌族的一支，早期活动在青海西南部的河曲和四川松潘以西山谷地带。公元 6 世纪末至 7 世纪初归附唐朝。7 世纪中叶，逐步散居于西北地区。

北宋太宗太平兴国七年（982），党项首领夏绥银定难军节度使降宋。族弟李继迁率部反宋，传子德明、孙元昊。西夏景宗天授礼法延祚元年

（1038），李元昊（党项族）筑坛受册，即皇帝位，国号大夏，史籍称西夏。定都兴庆府（今宁夏回族自治区银川市）。西夏在其统治的辖境内设立监军司，以黄河为界，分左右两厢。各监军司设都统军、副统军、监军使各一员，由党项贵族豪酋担任。西夏崇宗贞观十一年（1111）时，西夏王朝所置军司（监军司）、州建制在今内蒙古境内的有：嘉宁军司，治所宥州，有铁门关、白池城等，均在今鄂托克前旗南。夏州，治所在今乌审旗境，在古黄河（今乌加河）南沿岸设有多处城堡，在今临河县北境、磴口县南、乌拉特前旗东南等多处设城堡，辖区包括相当于今伊克昭盟、乌海市、巴彦淖尔盟南部等地区。黑山威福军司，治所兀剌海城（约在今乌拉特后旗境），辖古黄河以北地区。白马强镇军司，治所娄博贝（今吉兰泰盐池），辖区包括今阿拉善左旗和阿拉善右旗地区。右厢朝顺军司，治所克夷门（约在今乌海市乌达区南一带），为河南与河西之间的要道。黑水镇燕军司，治所在今额济纳旗吉日嘎朗图苏木，亦有在今额济纳旗西河以西地区，在巴丹吉林沙漠设城堡等处之说，辖区包括今额济纳旗地区[①]。

西夏人笃信佛教，兼容他教，对宗教的管理制度较为完善，中央设有功德司，各寺院亦有主管机构、僧官。为适应佛教的发展，西夏王朝以兴庆府、贺兰山、甘州、黑水城为中心，广建寺庙、佛塔。黑水城"西半部有佛塔三座和数座寺庙，城西北角有佛塔五座，城外西北部有小佛塔群，总计城内外有佛塔二十余座"[②]。黑水城还藏有大量西夏文佛经，

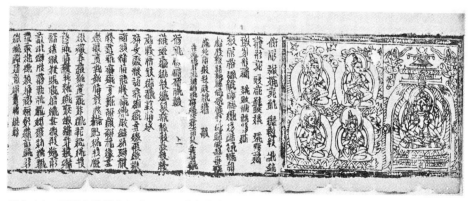

图上6-1　西夏文雕版印经内页　现藏内蒙古博物院，选自《草原文化》，孔群摄。

其中有一纸残页上书写 20 个僧人的名字，可知此地不仅寺庙集中，还是印刷西夏文佛经的场所。如图（图上 6-1、图上 6-2）中是用西夏文雕刻印刷的经卷。

道士功德司是专门管理道教事务的行政机构。黑水城出土的西夏文献中有《易经》《庄子》《太上洞玄灵宝天尊救苦经》《孙真人千金方》以及各种占卜书籍残页，反映出西夏当时的道教在理论上已有深厚的根底。另外，出土的人头骨像图与《木星图》《土星图》《月星图》《月孛星图》等道教绘画，技法娴熟，达到了很高的绘画水平。

西夏兴伊斯兰教。在黑水城的西南角建有一座伊斯兰教礼拜寺，是草原丝绸之路上的回回商贾朝拜之地。

西夏建国之后创造了自己的文字，并注意发展自己的文化艺术，其绘画、雕塑都有很高的成就。尤其是石窟作品，大多融建筑艺术、绘画艺术与雕塑艺术为一体，突出展现了西夏文化艺术的显著特点。

图上 6-2 西夏文雕版印经封面出处同图上 6-1

在黑城出土的《番汉合时掌中珠》及《音同》《文海》等古籍，证明西夏当时已有了文字。西夏建国前本无文字，候草木以记岁时。李元昊称帝后命人创制西夏文字，共 6000 余字，体式仿汉字，有会意、形声、转注等构造法，在西夏境内与汉字同时流行。西夏王朝特设"番学院"，与"汉学院"并置，培养西夏文人才。西夏人曾创造出丰富的文学作品，例如诗歌作品集《明乐诗》等。在诗集的背面，还有用草书西夏字写成的《夏圣根赞歌》，这是一首赞颂西夏人祖先的史诗。另一首《新修太学歌》是歌颂太学落成和规模的诗作。其他作品还有《三世属明言集文》《忍教搜（寻）颂》《新集碎金置掌文》《贤智集》等。

位于今鄂尔多斯市鄂托克旗阿尔巴斯苏木的阿尔寨石窟（又称百

眼窟）保藏有西夏的大量壁画。从整体看，以早中期作品居多。早期壁画的风格多承袭五代和宋初的传统，创新少。中期受高昌回鹘壁画的影响，开始有所创新；晚期吸收吐蕃密宗的某些成分，开始形成本民族的艺术风格，虚实相映，浓淡相宜，疏密相间，阴阳向背，层次分明，画面缥缥缈缈，意境幽深。构图上运用中国传统的散点透视法，人物总体布局用俯视，而远景用仰视，个别则用平视。从绘画敷彩看，多用施金法。施金的方法有多种，有涂金、贴金、沥粉堆金等。采用重墨轻彩、重彩轻色的方法，较明显地反映出受到同期中原画风的影响，也基本达到同期中原画家的艺术水平。壁画中所反映的西夏音乐文化也是研究西夏音乐与舞蹈的重要资料。从人物造型分析研究，反映出西夏人的精神面貌和气质特点。

西夏壁画大多取材于佛教故事，表现党项族后期佛教的昌盛。但在佛画中，往往穿插一些世俗画面，如犁耕图、踏碓图、酿酒图、锻铁图、唐僧取经图、国师供像图、供养人像等，是研究党项社会、经济、民俗、服饰、书法的珍贵资料。西夏时期卷轴画，既有当时宋朝十分流行的以绢、布或纸为底创作的卷轴画，也有彩缎织物装裱而成的唐卡。内蒙古额济纳旗境内黑水城遗址发掘出大量的西夏卷轴画，其画浓彩重墨，色调深沉，具有鲜明的藏佛教的艺术特色。如《文殊图》，画幅宽展，图中文殊像头戴宝冠，身披天衣，体态健美，面容丰润。木版画在黑水城遗址中也有所发展。《佛顶尊胜》长 18.5 厘米，宽 12 厘米，整个佛像工笔柔美，色泽协调，栩栩如生，充分展示了长寿女神丰腴的肌肤和安详的神态③。黑水城出土的风景画稿，写实自然，颇具宋院画风格，充分再现大漠边塞的山水风光。

西夏建有番、汉乐人院专门机构。黑水城出土物中有鼓、笛等西夏乐器。黑水城发现戏剧底本《刘知远诸宫调》为金刻本，说明金诸宫调已在西夏流传。

从西夏在内蒙古地区的古城墓葬等遗址中，出土大量文物。从黑城出土的雕塑品，数量和种类都不少，铜牛、石马、鸱吻、佛像、铜牌、瓦当等，每一件都是民族工艺的艺术珍品。出土的酱釉壶与瓷胎相同，显得明快美观。独具特点的羊首铁灯，反映西夏党项人对羊的崇拜，是研究党项民俗学的重要资料。

第二节　西夏文化遗存

黑水城遗址　高油房古城　城塔村古城和陶思图古城　西夏壁画
金庙遗址　西夏古塔　三岔河古城遗址　红庙遗址

黑水城在今阿拉善盟额济纳旗达来呼布镇以南 30 公里鄂木讷河东岸，是古代居延道路的交通要冲，如图（图上 6-3）。黑水城平面为长方形，面积为 17 万平方米。城墙夯土中夹杂沙粒和汉代灰陶片，夯筑坚实。城南设门，有瓮城马面和角楼。当时以弱水（又称黑水，今称额济纳河）为天然异障，故未设护城壕。城为平地起筑，墙土由别处运来，这与辽、金时的边堡关防城市相似，具有明显的军事性质。城分为东西两部分，西城为军政官署和寺庙等宗教活动场所，东城为吏民和军队居住区及仓库等。额济纳原是西夏党项族语，意为黑水，该河来源于祁连山的雪水。每年，祁连山上融化的部分雪水，汇成河流，向北流向内蒙古阿拉善盟的额济纳草原，最后注入最北端的居延海中。西夏建国后，

图上 6-3　位于内蒙古阿拉善盟额济纳旗境内的黑水城遗址
孔群、张向东、张文平等提供资料

为加强这一地区的管理，以防东面辽国和漠北蒙古的入侵，调集统军司驻守黑水城及整个居延地区，并将大批人口迁到黑水城一带定居，屯垦造田、生产粮食，以满足军民的生活需要。

从黑水城出土的大批的雕塑、铜和镀金的铸像、钱币等珍贵文物中，有一件罕见的星宿神图卷。这件星宿神图卷，为丝绸底绘以工笔重彩，长102厘米，宽66厘米。神像居卷轴正中，绘红色的智胜光佛，在顶髻下部，有红色标记，代表日月光。佛坐于莲花月形宝座，手结三昧印、持法轮。佛周围绘有十一位星宿神。在佛的正下方左右是日神和月神，服饰如皇帝、皇后。手持笏板。月神的头饰为两只凤凰，日神戴帝王冠。在日月神中间，是土星神，在日神正上方是水星神，在月神的正上方是金星神。其左方是木星神，在木星神的对面，佛像的左下方，是木星的多余气体构成的神，名紫微星。紫微星在日历上与每三年一次的闰月相对应。在他的上方，是土星多余的气体构成的月婆星神，为妇人装扮。在月婆星神对面，是火星神头。卷轴下方，绘有罗睺与计都，各手执宝剑，他们是促成日蚀与月蚀的凶神。在佛像左右上方，绘有二十八星宿（每边十四位），外形均如汉族文官。在卷轴上方，还绘有十二宫图。在佛的右边，依次是狮子宫、天秤宫、天蝎宫、人马宫、摩蝎宫、处女宫。在佛的左边，依次是宝瓶宫、双鱼宫、白羊宫、金牛宫、双子星和巨蟹宫。这幅卷轴构图考究，画风具有北宋特点。画的内涵是尊奉智胜光佛，祈求以佛的力量，来避免天界各位星宿神可能带来的不祥。这类卷轴画在古代被认为具有保佑人们平安的作用，与西夏王朝盛行的星宿崇拜有密切关系。卷轴画对于研究西夏文化、艺术和宗教信仰等，都具有重要的价值④。

在黑水城遗址中出土著名的西夏文字典《音同》《文海》与《番汉合时掌中珠》，使西夏文研究者得以识读西夏文材料。《番汉合时掌中珠》是党项人骨勒茂才编写的一部西夏文与汉文音义相对照的语汇词典。每个词语都有并列的四项内容：中间的两项是西夏文和它的汉译文；最右边的汉字是左边西夏文的注音；最左边的西夏文是右边汉文的注音。这种西夏文与汉文的注音解意互相对照的字典，既是党项人学习汉语也是汉人学习西夏语的工具书。这部书出土时保存了37页1000余字，它对后来解读西夏文起了十分关键的作用。《文海》是一部比较系统和全面的西夏文辞典，每一个字下面都有三部分注释：先以四字解释文字构成，然后以较多的字解释字义，最后以反切注音。黑水城出土的《文海》是一个木刻印刷的残本，共 109 页。其中平声部分 89 页，杂类部分 20 页，缺上声部分。《音同》也称《韵统》，也有称之为《同音》，是西夏崇宗正德六年（1132）刻印完成的一部西夏文字典。在这部字典的序言中记载收录了 6133 个字，但因为有些书页残缺，虽然能辨认的有 5800 个字，仍是目前所见到的收录西夏文字最全的一部字典。《音同》把西夏文字按声母分为 9 类，又把每一类声母中发音相同的字归集在一起。没有发音相同的字，称为独字，列在所在声母部分的最后。《音同》是划分西夏文字发音类别的书，也可以说是一部同音字的字典。收录的西夏字字体较大，下边注释的字字体较小，注字大多数可以和被注的字构成同义词组或者反义词组。这部字典是西夏文字的语音分类和文字规范，不仅有正音作用，还有正字的作用。

在黑水城"辉煌舍利塔"出土的西夏文书中，有一部西夏文的法典——《天盛改旧新定律令》。这是一部少数民族文字的成文法典。《天盛改旧新定律令》简称《天盛律令》，为西夏文刻本，一共 20 卷，有法律条文 1463 条，近 20 万字。其中 9 卷基本完整，另外 10 卷有一部分残缺，另有一卷缺失。《天盛律令》中刑法是重点，但与《唐律疏义》和《宋刑统》比起来，民法、行政法、军事法包括刑法的内容都增加了很多。其中诉讼法在《宋刑统》中只有 22 条，而在《天盛律令》中则增加到了 90 条，对案件的举告、接状、侦查、审理等程序及职责机关，都有比较细致明确的规定。

在黑水城遗址中出土的西夏文、汉文佛经残页，是用雕版印刷的，佛像和经文雕刻得极为秀丽端庄。

在今巴彦淖尔市临河区高油房西夏古城中，出土大量的西夏钱币以及金银器窖藏和西夏文铜印。这座古城位于由蒙古高原通过河套进入宁夏平原的交通要道上。这些钱币、金银器及官印，估计是西夏人仓促撤退时掩埋的。在额济纳旗小庙遗址中，发现 15 尊道教人物塑像，工艺水平极为高超，也为研究西夏的宗教情况提供了新材料。而从绿城寺庙中的彩塑佛像残件分析，得知雕像是用丝麻混土或草拌泥制胎，然后涂上矿物颜料，所以能在荒漠中历经 800 余年，仍不朽变，流传至今。

在内蒙古准格尔旗境内还发现西夏壁画墓群，古墓位于准格尔旗黑岱沟乡石窑子。五座墓除规模大小及墓内装饰繁简有差异外，结构形式大体相同，都是砖砌仿木结构圆形单室墓，墓内出土有"开元通宝"和陶瓷器。五号墓以壁画为主，二、三、四号墓墙壁以雕砖房屋、厨炊用具等为主。一号墓有"夫妻对饮"图，图中方背椅是唐以后才出现的。

城塔村古城和陶思图城堡的城址均在今鄂尔多斯境内。城塔村古城在达拉特旗，西距东胜县 20 公里，在哈什拉沟的北侧。古城面积约21 万平方米，与黑水城面积大致相当，东南角尚存城墙遗迹。古城中发现的文物有宋、金时期的铜钱，上印"西京雍和坊马松砚瓦记"等字的残砚、陶瓷片等。瓷器以白瓷为主，也有黑瓷片，此外还有一瓷棋子。陶思图城堡在鄂托克旗陶思图村东北 3 公里，距黄河南岸 50 米，面积 78×73 米，西、南各有一城门，城堡四角高于堡墙三倍。城堡保存较好。城堡北为黄河，南为大沙漠，东、西、南三面环抱一道高大的沙垅，是古堡的天然屏障。城内遗物以陶片为主，并有少量白釉上绘黄釉花草之残瓷片，以及较多残铁片。该古城是西夏的河防堡寨，用以防御辽、金侵袭。

西夏古塔位于阿拉善左旗巴彦别立镇贺兰山大殿沟山谷中。古塔为密檐式实心正方形砖塔。塔基边 7 米，塔身 11 层，每层间距 2.7 米。塔高近 30 米。塔身东面有砖砌假窗，3 至 6 层绘有佛像。古塔为西夏国王赏樱、避暑、打猎休憩之处[⑤]。

三岔河古城遗址，位于乌审旗河南乡政府南约 20 公里处，北邻无定河，西接毛乌素沙漠，东南地势平坦开阔，为大片农田耕地。全城呈"凸"字形状，东西 450 米，南北 680 米，城墙大部分已残。墙为白色粘土夹小石子夯筑而成，基宽 10 米，上体残宽 8 米，现存残高 1—4.5 米。东南、西南城角有角楼，均为夯筑，残高 5.6 米，呈正方形，边长 5.5 米；东墙、南墙各有城门，东门比较明显，门宽约 10 米；北部墙大部分已陷落于无定河中；西墙被流动沙丘覆盖，墙体模糊不清；城内东部有房址，跟城墙成一体，形成"凸"字体。城内文化层厚约 2 米，布满陶瓷砖瓦残片。所出器物：陶器有罐、瓮、砖、滴水、人头像；瓷器有盘、碗、罐、钵、瓶、器盖、豆柄；铜器有铜镜、铜牌、铜钱；金饰带；古币窖藏。另有三岔河古城墓，位于内蒙古乌审旗古城北、西两处，占地面积约 7.5 万平方米，共有 100 余座墓葬。部分已暴露于地表，散布大量的尸骨、砖、陶片、瓷片，也有部分铁器。墓葬为东南向，两行排列，大多为土坑竖穴墓，部分为砖室墓。墓葬所出器物及采集遗物有陶器、瓷器、铁器、银器、玉鉴等。根据采集遗物和出露墓葬形式分析，墓群与古城同为西夏时代。

红庙遗址。红庙建筑具有典型西夏风格。西夏国主德明和元昊先后五次遣使到五台山朝佛，并受其邻国宋、吐蕃、回鹘以及辽国佛教文化影响，大建佛寺，万众朝佛。西夏经文中大部分是西夏仁宗大庆年间（1140—1143）刊印，溯及红庙始建年代大约也在此时。从红庙出土文物和西夏文书残页中也得到佐证，红庙始建于西夏，毁于元末，存在时间和被毁原因大致同黑城相同。

金庙遗址在黑城遗址东南 5 公里处，建筑面积约 1050 平方米，由院墙、大殿及偏殿等部分组成。土木结构、墙四角有砖基柱，顶铺大板瓦。庙宇已毁坏，仅存墙址。遗址文化层单一，厚 1—3 厘米。有青砖、红砖，规格 40×40×9 厘米和 40×20×9 厘米两种，还有青瓦和灰色兽面纹瓦当等。米黄釉瓷片多，胎质薄，是碗碟一类小型日用瓷皿。

其他还有乌海希勒城址、乌兰拜兴城址、塔兰拜兴城址、撼坡古城堡、酒坊台古墓群、敖柏淖尔古墓群等。

第三节　兼容并蓄的女真文化

女真与金朝　习俗　女真文　文学　艺术　宗教　医学　科技

女真，又译朱理真、虑真、主儿扯惕等，属肃慎族系，秦汉以前有息慎、稷慎诸称。三国、魏晋时称挹娄，北魏时称勿吉国，隋唐时称靺鞨。辽天祚帝天庆五年（1115），于按出虎水之地（今黑龙江省哈尔滨市南阿什河地区）组建政权。

金朝疆域，北部边界至贝加尔湖、外兴安岭，东北至鄂霍次克海及日本海；金东京路东南抵鸭绿江，与高丽西北为邻；西与西夏临黄河为界，最西端直抵今西宁以东；南与南宋以淮水中流为界。

金朝初年沿袭辽朝的建制，在全国建立五京，五京之外设十四总管府，将全国划分为十九路，形成路、州、县三级地方政权。今内蒙古中东部地区，金代分别属于北京路、临潢府路和西京路管辖。

女真先民的社会经济比较原始，大体在北魏时代还有石器工具，射猎、捕貂为其谋生的重要手段之一。定居畜牧业已经出现，饲养较多的是猪、犬、马。粗放的农业在女真人早期社会经济中有一定比重，有从事耕种的记载，已经能够使用农业工具。农作物主要有粟、麦、穄之类，并且掌握嚼米酿酒技术。服饰材料有布，存在相应的手工制造业，冬季多着皮衣。北魏时代的勿吉人与中原政权有纳贡关系。辽朝时，女真诸部分布在东北较为广阔的区域内，生产力发展水平因地理位置不同而不尽一致。熟女真诸部有比较发达的农业，善耕织，精于骑射，养马、驯马业较发达。其采集的各种药材，诸如人参、白附子、天南星、茯苓、松子、蜂蜜等，受到辽朝商人的青睐。其中，曷术部女真的冶炼技术颇受辽朝统治者重视。女真制陶业也很发达（见图上 6-4、图上 6-5、图上 6-6）。女真人虽杂处于森林，却有固定居舍。生女真原本就喜耕种，农业生产已经采用牛耕。养马业较前先进，并用良马与临近政权交易。渔猎与采集业为其特色性产业，所猎获的麋鹿、野狗、青鼠、貂等是与周边民族和政

图上 6-4　金代龙卧虎仿古陶制玉壶春瓶
现藏内蒙古博物院，出处同图上 6-1。

图上 6-5　金代白瓷小口黑花罐　出处同图上 6-1

图上 6-6　金代白瓷剔花牡丹纹大罐　出处同图上 6-1

权交换的特色产品。

　　女真早期葬俗为无棺土葬，形态有石室墓、砖室墓等，至辽代出现火葬，有人殉及牲殉。女真旧俗多指腹为婚，建国前存在同姓婚姻，后过渡到异姓婚姻，有妻母报嫂之习，金朝建立后逐步转变。迁居中原后，出现与汉、契丹人通婚现象。居住从穴居逐步过渡到板居直至建房居住，一般多为东南向开门。食品种类多样，除粮食外，主要有猎获的飞禽走兽，家养的猪、鸡以及鱼虾等。并以豆为酱，以糜酿酒。服饰尚白，以麻布、兽皮等为衣料。信仰萨满教，善歌舞。女真人以部为氏，从金代至元代，女真人改用汉姓是一个值得注意的文化现象。据史料记载，女真人姓完颜者有改为王姓或陈姓者，乌古论改为商姓，术虎改董姓，纥石烈改为高姓或卢姓，徒单改为杜姓，兀颜改为朱姓，蒲察改为李姓，颜盏改为张姓，温迪罕改为温姓，奥屯改为曹姓，孛术鲁改为鲁姓，斡勒改为石姓，纳剌改为康姓，夹谷改为同姓，裴满改为麻姓，尼忙古改为于姓，斡准改为赵姓，阿曲改为雷姓，阿里侃改为何姓，赤盏改为张姓等等，反映了民族交流融合的发展。在漫长的历史发展过程中，有许多女真人融入蒙古人、汉人中。

　　金朝建立前，女真人只有语言而没有文字。金朝建立后，金太祖命完颜希尹、叶鲁等人，仿照契丹大字的创制原则，创制女真大字，并于金太祖天辅三年（1119）颁行。但契丹文和汉文，仍是金初主要的通用文字。金太宗时，始命设学京师，选拔女真贵族子弟入学，教习女真字。金熙宗天眷元年（1138）又制新字，熙宗皇统五年（1145）诏令颁行，称女真小字。大小字与契丹文、汉文共同作为通用的官方文字。现今发现的女真文字，只有一种，无法确定其为大字或小字，故只称为女真字。女真字的字形为方块字，应属拼音文字的范畴。金世宗大定四年（1164），金世宗颁行用女真字译成的经书，诏令每一谋克选派二人学习女真文字。又在中都（今北京）建立女真字学校，招收诸路学生3000人学习。培养一大批女真贵族子弟，为设立女真策论进士科、参加科举考试奠定基础。大定十三年，首创女真策论进士科。然后，以新进士为教授，设置女真国子学于京师，置女真府学于诸路，招收士民子弟入学，使女真文字得到大力推广和普遍使用。金章宗明昌二年（1191），下诏废除契丹大小字，确保女真字的国字地位。《五音集韵》用三十六字母排列各韵中的字，韵书与韵学相结合，供科举考试之用。金朝科举制度建立后，扩大了儒家学说的传播和影响，加快了北方地区文化的发展。

现存的女真字，有文献、金石和墨书题记等。女真字墨书题记，在内蒙古呼和浩特万部华严经塔内壁、内蒙古科尔沁右翼前旗和中旗境内石崖上，发现数处。成为研究女真文字，了解金代社会生活的重要资料。

女真文学集中反映女真人豪迈之精神，豁达之心境。其早期诗词更借"金鼓杀伐"之音表现出民族坚忍、豪迈、冷峻的传统性格。如完颜亮的诗词：

旌麾初举，正骎力健，嘶风江渚。

射虎将军，落雕都尉，绣帽锦袍翘楚。

怒磔戟髯，争奋卷地，一声鼍鼓。

笑谈顷，指长江齐楚，六师飞渡。

此去，无自堕，金印如斗，独在功名取。

断锁机谋，垂鞭方略，人事本无今古。

试展卧龙韬韫，果见成功旦暮。

问江左，想云霓望切，玄黄迎路。

——《喜迁莺·赐大将军韩夷耶》

纵览全诗，英雄情怀跃然纸上。没有情怀，断然成不了英雄。壮丽的北国风光，辽阔的疆域，轻柔飘洒的飞雪，白玉晶莹的冰雪世界，激发英雄深藏于心底的情怀，一段思绪溪流涓涓而出：

　　　　昨日樵村渔浦，今日琼川银渚。

　　　　山色卷帘看，老峰峦。

　　　　锦帐美人贪睡，不觉天孙剪水。

　　　　惊问是杨花，是芦花。

　　　　　　　　　　　　——完颜亮《昭君怨·雪》

　　元好问、董解元等为当时一代名家。金在平阳设有管理出版的机构。现存金版刻本有《刘知远诸宫调》等。

　　金朝书画继承辽宋风格，设有画院。女真贵族多是丹青高手，完颜允恭善画獐、鹿、人、马及墨竹；海陵王善墨画；完颜勖、王庭筠更是画中名家，传世作品有《林下清风图》《淇水修篁图》《墨竹图》等。契丹人耶律履善画鹿、马和人物，继承契丹画学传统；此外，任询、耶律浩然、李通等，都是丹青名家、画学楷模；王庭筠、党怀英、赵秉文、王竞等人，是书法圣手，善草隶楷篆，他们的字迹成为时人争购的习字法帖。

　　女真人的乐舞，早期有《鹧鸪曲》，仅高下长短二声。乐器有鼓、笛。舞蹈中有镜舞，舞女持镜上下舞动，银光闪烁；也有队舞（或群舞），"曲折回旋，莫知起止"。金朝建立后，宫廷舞沿袭辽宋旧制，拥有较大的规模，除雅乐、燕乐、军乐和佛乐外，也保持自身的特色。世宗雅好女真词，常于听政之暇，令歌者唱之。金世宗大定二十五年（1185），重返上京会宁府时，曾亲歌女真旧曲，唱至动情，慷慨悲激，泫然涕下。于是，宗室诸夫人迭起更歌女真本曲，世宗又为续词，成为女真人的歌舞盛会。以歌舞演绎故事，辅以旁白，佐以百戏杂技，助以乐器伴奏，其表演形式，已具备戏剧雏形，金元时进入繁荣时期。诸宫调，是一种有说有唱的文艺形式，但以唱为主，在金代的农村、城镇广为流传。山西侯马金墓中，发现砌有仿木结构的舞台和台上五个用砖雕成的演员，面部及服装均有颜色，目的在于区分演员的舞台角色。现有金人诸宫调说唱本，有无名氏创作的《刘知远》，董解元创作的《西厢记》。其中，董解元的《西厢记》，在我国戏曲发展史上被称为北曲之祖，为元曲的发展以及元代王实甫改编杂剧《西厢记》奠定基础。金朝沿袭辽宋时期的杂伎、百戏、像生子以及角牴和各种娱乐舞蹈等。金朝民间歌舞丰富，能歌善舞是女真人的本色。民间鼓乐、"社火"在金地也很流行⑥。

求偶歌系女真族民间歌曲（或称俚曲），多流行于平民少女。婚配年龄，少女在山间村路边舞边歌，叙述自家身世、女红、容色，以求配偶。这可能是一种无伴奏独演歌舞或独唱歌曲，与对歌、情歌迥然有别。

唢呐，一作"琐呐"、"苏尔奈"。簧管乐器，管身木制，原流行于波斯、阿拉伯一带，金时传入中国。后经改造，有喇叭、大吹、海笛、小青等类别。

射柳、围猎也是女真人的运动娱乐方式。

金朝承袭辽宋佛道两教，与自身的萨满信仰一同流行。女真统治者沿袭辽朝的佛教信仰，除修缮和改赐寺庙寺额外，佛教在金朝的发展已失去昔日的显赫。但金朝也曾经由民间集资，花费 20 余年时间，校对、搜集、整理佛教经典，终于雕版刊刻举世闻名的《赵城藏》，是研究金代佛教发展和社会生活的重要资料。

道教在金朝境内有长足发展，大道教、全真教和太一教等道教新派别，对金朝的统治产生重要影响。大道教，又称真大道教，熙宗皇统年间（1141—1149）所创，以"玄妙道诀"为人召神劾鬼，以治疾病。以《道德经》为基本教义，并吸收儒佛的部分思想，提倡"自力耕桑"，教长负责处理信徒诉讼纠纷。历代掌教都是读书人，是儒者创建和掌握的传教组织。全真教，也称全真道，海陵王正隆年间（1156—1161）所创。全真教提倡出家制度，杂糅儒释思想，主张儒、佛、道合而为一，成为影响较大的一派。太一教，创立于熙宗天眷年间（1138—1140），以老子思想为宗旨，以巫祝之术行于世，被金朝赐庵为太一万寿观，是金朝影响最大的道教派别，历任掌教均出萧氏一门。同时，还有许多小的道教宗派散布于各地。

女真人初无医药，金朝建立后，继承辽宋故地中医学传统，推动中医学的发展，出现刘完素和张元素等名医。刘完素创立寒凉派，善治火热杂症，著有《素问玄机原病式》等多部医书，提出辛凉解表和清热养阴疗法。张元素创立"脏腑辨证说"和"遣药制方论"，以脏腑征候的治疗见长，提出"主性命者在乎人"的辨证观点。张、刘二人的医学理论和医疗实践，完整地传承到元代，是金元四大家的翘楚，为中医学的发展做出重大贡献。

早期的女真人，"不知岁月晦朔"，也不懂得日月年岁，唯以草青为记。金朝承袭辽宋历法传统。熙宗天会十五年（1137），颁行《大明历》。世宗时，赵知微用几何方法预测日、月食，修订旧历，于世宗大定二十一年（1181）颁行《太乙新历》。随着天文历算的进步，金代的数学知识取得较高的成就，出现于 11 世纪末的天元术，是古代数学中建立和求解代数方程的方法。金代数学家李冶著《测圆海镜》十二卷，用天元术解决与容圆相关的 170 个问题。他还写有一本天元术入门书，名为《益古演段》三卷。此外，杨云翼著有《五星聚井辩》和《象数杂说》等天文历算著作。

金代冶铁业及铁器制造颇具规模。金代后期，因战争的需要，火器制造发展较快。抵抗蒙古军队守城时使用的一种名叫震天雷的火炮，用铁罐盛药，点火之后，炮起火发，其声如雷。所蓺围半亩以上，火伤处甲铁皆透，杀伤力很大。还有飞火枪，用十六层纸做筒，筒中装上柳炭、铁屑、硫磺等，点火之后，火焰喷出十余步远。蒙古军队与金军作战时，最怕这两种武器[⑦]。

第四节　金代文化遗存

金堑壕　净州路古城遗址　集宁路古城遗址

金堑壕又称金界壕，是金代为防御蒙古草原各部而兴筑的堑壕，有宛似城墙的长堤，故称金代长城。金代堑壕有三条主线，是先后三次兴建并逐渐南移形成的。东西横跨 2500 公里，总长 7000 公里。分布在大兴安岭北面的一条为"岭北长城"，长约 700 公里。分布在大兴安岭以南的堑壕，分别属于东北路、临潢路、西北路和西南路管辖。霍林河以东为东北路，长约 370 公里；霍林河以西至达里诺尔为临潢路，长约 300

公里；达里诺尔至商都为西北路，长约566公里；商都两条界壕汇合处以西为西南路，长1377公里。东西两端只有一条主线，而中间有很长的两条主线，称为北线和南线。

大兴安岭以南堑壕，东端从莫力达瓦达斡尔族自治旗尼尔基为起点，达斡尔族称"乌如阔"，当地汉族称边壕。经阿荣旗、扎兰屯市南部，向西伸入扎赉特旗，再西经科尔沁右翼前旗，在乌兰毛都满族屯分为南北两线。

北线自科尔沁右翼前旗乌兰毛都满族屯向西南延伸，经突泉县进入科尔沁右翼中旗北部，穿越大兴安岭进入东乌珠穆沁旗，走向西北进入蒙古国境内，再由阿巴嘎旗北部进入中国，经苏尼特左旗、苏尼特右旗，西南伸入四子王旗，在四子王旗查干敖包苏木境内与南线汇合，再西南伸入达尔罕茂明安联合旗，再折向南至武川县大青山北麓哈拉合少乡消失。南线从科尔沁右翼前旗满族屯向西南，经突泉县，至科尔沁右翼中旗土列毛都乡，经扎鲁特旗、阿鲁科尔沁旗、巴林左旗、巴林右旗、林西县、克什克腾旗，进入正蓝旗。又分南北两支，北支经正镶白旗、镶黄旗，至商都。南支经太仆寺旗，过康保县，经化德县，至商都合为一支。元灭金后，当地蒙古族称"成吉思汗墙"，汉族称"小边墙"。

金代开掘的堑壕，我国境内全部在内蒙古，贯穿今内蒙古东部、中部。北线只挖有单壕，壕宽仅略长于马身，以防马匹从壕内腾起。挖壕

图上6-7　金界壕遗址　出处同图上6-1

取出的土在壕南侧堆成长堤，高 2—3 米。北线堑壕是大定年间（1161—1189）修筑，南线是明昌（1190—1196）年间开掘。堑壕沿线都兴筑有戍堡、关隘、边堡等一系列屯戍官兵的驻所。金界壕多建于山脚下或山腰间，平原则蜿伏其上。山岗处较低矮，平原处较高大，险要处壕窄墙矮，平缓处壕宽墙高（图上 6-7）。

净州路古城遗址。净州路古城坐落在四子王旗乌兰花镇西北 25 公里处城卜子村东侧的冲积平原上。古城的东、南、西三面环山，北面地势开阔平坦。锡拉木伦河上游的塔布河水由南山缺口向北从古城东侧流过。古城西墙外侧有石羊、石狮、石人各一对。石人一为文臣，一为武将。

古城呈方形，主城的东、北墙长 800 米，西、南墙长度 900 米。城墙残高约 0.3—2 米。城内东西两门间有一直通的横街，这条横街与城中央通往南门的南北大街相汇成丁字街。在东西大街的南侧还有三条纬向的小街，这些小街都与南北大街相交。城内有建筑台基数十处。在西南角突出的一块小城内，立有儒学碑一座。碑高 1.75 米。碑阳镌刻大德十一年加封孔子制诏。碑阴因多年磨损，字迹已模糊不清，但明确刻有净州路的字样。

古城内文物较多，如：瓷片、陶片、粗沙黄绿釉的瓮片，钧窑、龙泉窑等瓷片，金黄色的琉璃瓦和金元时期的长条砖等，尤以城内西部较多。

净州路也是古代商业活动中心。净州路故城发现大小铜权各一个，其中大铜权上铸款为"南京皇甫"，大圆底座，重量为 10 斤，高 15 厘米；小铜权上铸款"至元九年留守司发"八字，重量为 1.5 斤，高 10 厘米。铜权，就是秤砣。这里当时已经有很先进的商业行为。由净州运往内地的物资以皮毛、牲畜、肉食品及各种土特产品为主；由中原地区运往净州的商品大致以茶、瓷器、丝绸、盐为主。此外，还有各种日用物品[⑧]。

集宁路古城遗址，位于察哈尔右翼前旗巴音塔拉镇土城子村，处于草原游牧与农业耕作地区的结合地带，地理位置十分重要。古城北依环伏山地，南临黄旗海，依山傍水，地势平坦，交通便利，适合于游牧居住。集宁路系金代集宁县，建于金章宗明昌三年（1192），为金代西京路大同府抚州属邑。时为春市场（榷场），是蒙古草原与中原地区商贸交易的重要场所。古城地表东、北城墙残高 2—3 米，宽 5—6 米，西城墙与南城墙湮没于地下。古城东西宽 640 米，南北长 940 米，东西各设一城门。东门位于东城墙北段，外置方形瓮城，西门位于西城墙中段，外置马蹄瓮城。城内道路六纵七横，将古城分为三十一个单元。城内北部正中有一大型建筑台基，台基南部为市肆遗址。城外西侧有一条南北向的道路与西门瓮城及城内道路相连。

集宁路古城遗址西城墙附近清理一处丝织品窖藏，出土有"集宁路达鲁花赤总府"字样的提花绫等重要文物以及一处窖藏瓷器，出土龙泉窑双鱼洗等一批瓷器。发现房址、道路、灰坑、十字街道等一批重要遗迹。还发现一座孔庙建筑遗址。庙的南墙正中开有一门，庙内有一组似为四合院的建筑遗迹。在古城西南部，发现较多的冶铁渣等遗物，为官营的冶铁地。

集宁路古城的中心地带，发掘一处完整的市肆遗址，东西长 100 米，南北宽 60 米，由十字交股街道、房址组成。房址分布在十字街道两侧。临街房屋呈格栏式布局，靠近街道的房屋前边有石砌台面，部分房间以方砖铺砌地面。火炕、石臼、石磨盘、大型陶瓮等生活设施均出土于临街房屋。距街道较远的房屋一般开间较大，屋内生活设施较少。临街房屋可能为居住、交易场所，里侧的房屋则为作坊或存放物品之地。在东西向街道的一端，还发现有栏杆基石，为开市、闭市之用。根据房屋的布局及结构特点，应是古城进行商品交易的重要场所。集宁路古城中市肆遗址位于直达西城门的十字通衢两侧，属于城市的居中要害部位。在集宁路古城遗址集中出土大量的古代钱币。在十字街繁华地带临街的一些房址内，发现烘烤食物的炉窑，炉窑内残存烤焦的食物。在一些房址内还发现成串的首饰及玉石的玩物饰件。另在东西向街道东端的一组房屋内，除出土瓷器外，最有特点的是出土一套铜勺、铜匙、铜碟等器皿。结合瓷器的底足处"王宅药铺"或"药"字的款识，是一处大型药店所在。

古城附近的大头营村，有一辽、金、元三代相继沿用的古村落遗址。地表暴露大量的遗物，有瓷器、石器、陶器和古钱币等。瓷片胎质细腻，彩釉美观，器形繁多。古钱币大多为"淳化"元宝。古城东南的窑子村，有一称为古营盘的地方，是金、元时代遗址。除有较多的石器、陶片、瓷片和瓦片外，还发现一些断壁石墙⑨。

【注释】

① 参见邢存孝主编：《内蒙古自治区志·行政区域建制志》，内蒙古人民出版社 2009 年版。

② 参见李范文主编《西夏通史》，人民出版社、宁夏人民出版社 2005 年版，第 551 页。

③ 同上，第 608—611 页。

④ 王大方：《草原访古》，内蒙古大学出版社 1999 年版，第 176—177 页。

⑤ 参见丁学芸：《内蒙古文物考古》，内蒙古高等教育自学考试指导委员会编印 1990 年版，第 186—189 页。

⑥ 叶坦、蒋松岩：《宋辽夏金元文化史》，东方出版中心 2007 年版，第 486 页。

⑦ 同上，第 493 页。

⑧ 参见《乌兰察布市方土》编撰委员会编：《乌兰察布市方土》，内蒙古文化出版社 2004 年版。

⑨ 参见《察哈尔右翼前旗文史资料》第一辑，政协察右前旗委员会编 2006 年版，第 105—108 页。

第七章

蒙古的崛起与多元文化的形成
——大蒙古国与元时期

　　12 世纪末，蒙古在额尔古纳河流域兴起。金章宗泰和六年（1206），被誉为"一代天骄"的成吉思汗统一蒙古高原各部落后，建立起庞大的大蒙古国。成吉思汗和他的子孙相继征服金、西夏和中亚、欧洲一些地区。忽必烈继蒙古汗位后，攻灭南宋，统一中国，改国号为"大元"，结束了五代以来 300 余年的多政权并立的局面。从此，蒙古民族成为北方民族游牧文化的主要传承者。特别是蒙古文字的发明，西域文化的传入，多元宗教的信仰，文学艺术创作的繁荣，及至《蒙古秘史》《大札撒》等蒙古族文献的面世，多方面呈现蒙古社会的文明与兴盛，促进着各民族文化的交流与传播，增强着民族间的了解。

第一节　大蒙古国的形成与元朝的建立

成吉思汗的兴起　大蒙古国的形成　元朝的建立

　　蒙古部落在唐代文献中称"蒙兀室韦"，是鞑靼部落的一支。"蒙兀"是最早见于史著中"蒙古"一名的汉文音译。"室韦国在勿吉北千里，去洛阳六千里"[①]。今呼伦贝尔、大兴安岭地区是蒙古族的摇篮。

在宋、辽、金时期的汉文史籍中，蒙古还有萌古、朦骨、蒙古里、萌古斯、萌古子、盲骨子、萌骨等不同音译。蒙兀室韦原居也里古纳河（今额尔古纳河）流域，9—11 世纪，一部分逐渐西迁到鄂嫩河、克鲁伦河和土剌河（一作土拉河或图拉河）上游一带，分尼鲁温蒙古和迭儿列斤蒙古两大分支，在西起三河之源，东至兴安岭一带的广阔草原上游牧。

"尼鲁温"蒙古人，包括许多氏族和部落。《蒙古秘史》记载，有近 30 个部落首领。其中成吉思汗出生的孛儿只斤部，在不儿罕山（今蒙古国境内肯特山）附近；札只剌部，在鄂嫩河畔；泰赤乌部，在鄂嫩河中游北部；还有散只兀、哈答斤、巴阿邻、照烈、那也勤、巴鲁剌思、兀鲁兀、忙兀、主儿乞等部。"迭儿列斤"蒙古人，包括兀良哈、弘吉剌及其分族亦乞列思、斡勒忽讷兀惕、哈剌讷兀惕、火罗剌思和也里吉斤、许兀慎、速勒都思、伯岳吾、不古讷惕、别勒古讷惕等大小氏族部落。以上两支合称"合木黑蒙古"，即"全体蒙古人"。其中，孛儿只斤、泰赤乌、札只剌等部曾相继推戴合不勒、俺巴孩、忽图剌（忽图剌为成吉思汗的先祖）为首领，组成一个松散的联盟。

金章宗泰和六年（1206），成吉思汗一统大漠南北，建大蒙古国，蒙古语称"也客忙豁仑兀鲁思"。大蒙古国的建立，在蒙古民族的发展史上是个里程碑。成吉思汗打破原有氏族界线，把蒙古部落和"众部落百姓"，均按十进位编制（十户、百户、千户和万户）编入组织中，分别由十户长、百户长、千户长和万户长统领。千户制既是军事组织，也是社会组织。平时放牧生产，战时上马杀敌。从此，在蒙古族历史上部落奴隶制宣告结束，而代之以封建领主制。13—14 世纪，成吉思汗及其子孙通过西征，建立起窝阔台、察合台、钦察、伊儿四大汗国，疆域横跨欧亚大陆。

成吉思汗是伟大的民族英雄，杰出的政治家、军事家。他的一生不仅影响到蒙古、影响到中国，而且影响到世界。

其一，他统一了蒙古高原，建立了大蒙古国。成吉思汗兴起以前，在蒙古高原上分布着众多大小不等的部落或部落联盟。这些部落相互抢掠和仇杀，人民生活极度动荡不安。大蒙古国建立后，结束了蒙古高原内部的无休止的混战局面，使蒙古社会逐渐走向稳定，从而促进了蒙古社会的发展。同时，大蒙古国的建立也为元朝的统一奠定了基础。

其二，推动了蒙古民族的形成。大蒙古国的建立，打破了蒙古高原部落之间长期的割据状态，促进了各部落之间的经济文化联系和共同语言的使用，使社会发展水平、经济生活、语言文化等方面大体相同的部族，开始统一起来。从此，蒙古不再是一个部落（或部落联盟）的称呼，而形成了广大蒙古地区诸族的共同族名。蒙古民族从此形成。

其三，他为蒙古民族创造了文字。文字是一个民族进入文明时期的标志。因为有了文字，蒙古民族从此有了成文法典，并产生了《蒙古秘史》等著名的历史和文学作品。这在蒙古族文化发展史上具有划时代的意义。

其四，打破了中西隔绝，加强了东西方经济文化的交流。成吉思汗通过大规模西征，将势力拓展到中亚、西亚以至东欧地区，发展成为一个以漠北草原为中心，横跨亚欧大陆的世界性帝国。这个大帝国的建立，客观上为东西方经济文化的交流提供了条件。阿拉伯的天文学知识和天文仪器、医学、数学，在此时期相继传入中国，对中国古代科学技术的发展发挥了积极作用；而中国古代重要的发明——火药、指南针、造纸、印刷术传入欧洲，其影响的巨大而深远也是不言而喻的。

元世祖中统元年（1260），成吉思汗的孙子忽必烈及其胞弟阿里不哥，分别在开平、和林几乎同时宣布即大蒙古国汗位。忽必烈立足于中原，凭借中原雄厚的财力、物力，与阿里不哥争夺汗位，并最终获胜。忽必烈于中统四年将开平府升为都城，定名"上都"。元世祖至元八年（1271）十一月，忽必烈改国号为"大元"（简称元）。至元十六年，忽必烈灭南宋，建立中国历史上疆域空前广大的封建王朝——元朝。时人称元帝国的辽阔"适千里者如在户庭，走万里者如出邻家"。忽必烈成为统一中国的第一位少数民族皇帝（即元世祖），成吉思汗被追尊为"元太祖"。

第二节　蒙古文字的形成与对外交流

回鹘式蒙古文字　八思巴文字　印章与牌符　驿站　草原丝绸之路

有无文字是一个民族文明程度的重要标志。同其他民族一样，蒙古民族也经历过漫长的无文字而以实物记事的时期。由于没有文字，其前人的英雄历史与氏族渊源只能靠口传心授的方式流传下来。

蒙古初兴时期，在与之相邻的较发达民族中，回鹘（元明时期称畏兀儿）文化最适宜其吸收与利用。蒙古与回鹘长期毗邻，互相有着广泛的政治、经济、文化联系，加之他们的语言同属阿尔泰语系，在语音、语法、词汇等方面有着很多共同成分。因此，以回鹘文字为代表的回鹘文化容易被蒙古人接受并加以吸收。金泰和四年（1204），成吉思汗率部征服乃蛮部塔阳汗时，擒获一名精通畏兀儿文字、为塔阳汗掌印的畏兀儿人塔塔统阿，成吉思汗了解到他是一个有文化、深通畏兀儿文字的忠义之人，遂命他随侍于自己身边掌印，又"命教太子诸王以畏兀字书国言"[②]。用畏兀儿字拼写蒙古语，于是形成了最初的蒙古文字，被称为"蒙古畏兀儿字"，或称"回鹘式蒙古文"。蒙古建国后，将其确立为国家的官用文字予以使用。有了文字，蒙古人就可以把精神文化记录并传承下去，为文化的进一步繁荣发展奠定了基础。回鹘式蒙古文由此开始应用于国家的社会活动与政治生活等各个领域。但是，回鹘式蒙古文有一定缺陷，即在拼写一些外来语词时明显不如人意。

元世祖至元五年（1268），忽必烈为能做到"译写一切文字，期于顺言达事"[③]，遂命西藏喇嘛八思巴（1235—1280），创制一种新文字，称为"蒙古新字"或"蒙古国字"。八思巴依藏文字母创制蒙古新字字母41个，国内外蒙古学者据该字的外形特点，称其为 Dörbeljin ÜsÜg（方体字），中国学者大都称之为"八思巴字"。这是中国文字史上的一次创造性实践，也是最早的汉语拼音化方案（图上 7-1）。据《元史》载，元世祖至元六年八思巴字颁行天下，成为元朝的官方文字。蒙古统治者为全面推广这一文字，下令在全国范围内设立诸路蒙古字学，以培养所需的人才。

图上 7-1　八思巴文铜币　现藏内蒙古博物院，选自《草原文化》，孔群摄。

但八思巴字无法翻译佛教经典，书写不方便，存在诸多缺陷，在蒙古人中没有广泛使用，未能取代原来使用的畏兀儿文。

为适应蒙古社会经济的发展，13世纪初，蒙古族语言学家搠思吉斡节尔，在成吉思汗时期创造的回鹘式蒙文的基础上，以畏兀儿文字母为基础编著《蒙文启蒙》一书，对回鹘式蒙古文字进行改革，将原有的19个字母增加到31个，更加准确体现了蒙古语的特点、语法和拼写方法，为现代蒙古文的语法、读音与书写法奠定了基础。在大蒙古国时期，回鹘式蒙古文以官方文字的身份畅通无阻地使用于汗国疆域内的各个地方。即使当大蒙古国走完自己的历史路程，在元朝和四大汗国，回鹘式蒙古文仍然是具有一定政治权威的文字。

成吉思汗从畏兀儿人塔塔统阿那里，了解到印章的意义和权威。在大蒙古汗国范围内，印章的用途日益广泛。在使用文字的同时，"是后凡有制旨，始用印章"④。大汗与诸宗王，中央各军、政、司法机构，及其在各地的派出机构与下属机构，都有各种规格的印章，以区分其等级权限。成吉思汗赐木华黎"黄金印"，赐化理伽普华"狮纽银印"，赐月朵失野纳"都督印章"等，蒙古汗国的印章已具有不同的规格与形制。

成吉思汗时期，大漠南北就建有通往中原和西域的驿道及驿站。由于有了文字，蒙古汗国也随之建立起牌符制度，在国内普遍推行。窝阔台汗建都和林以后，进一步完善驿站制度，从中原到和林每70里左右置一站，由一位千户负责站役。蒙古大汗派遣负有特殊使命的使臣时，都要颁发给他们不同规格的牌符，其作用是据以执行使命，行使特殊权力。窝阔台汗时定制："使臣无牌面文字，始给马之驿官及元差官，皆罪之。有文字牌面，而不给驿马者，亦论罪。"⑤忽必烈建立大元后，使驿站制度在前代基础上又有很大发展，牌符制度也更加完善。

四通八达的驿道，不仅是军事交通、信息传递的主要通道，也更多承担着沟通元朝与西方商贸联系的作用。元代，内蒙古地区是中原与漠北的连接地，从大都通往上都和岭北的帖里干道（车道）、木怜道（马道）、纳怜道（小道）都经过内蒙古地区，与毗邻地区驿道相连。成吉思汗在基本统一诸部后，在驿道上设置守卫，并颁布一条札撒：凡进入他的国土内的商人，应一律发给凭照。元代，统治者为便于军事行动和物资运输，广筑道路，兴建桥梁，增设驿站，这在客观上保证了东西交通的畅行和商旅的安全。窝阔台及其继承者都执行保护商业贸易的政策⑥。

元代，中西文化交流空前活跃。这一时期，仅在欧亚大陆北方就形成四条大道：从蒙古通往中亚、西亚和欧洲的道路；南西伯利亚各部间的东西交通路线；从河西走廊通往中亚、西亚和欧洲的路线；从中原内地通往中亚的道路。还有经河套、亦集乃（今内蒙古额济纳旗东南）入西域的新路。中西陆路交通空前发达，对加强东西方经济、文化联系起到了重要作用。"在这样的背景下，中国与欧洲进入了直接往来的时代。"⑦自此，元代的草原丝绸之路，创造了繁荣的景象。元朝著名的大都和上都两京，成为各国商队汇聚之地。元上都是夏都，元朝很多外事活动都在这里进行。元世祖至元八年（1271），意大利旅行家马可·波罗及其父亲、叔父，从威尼斯出发，进入中亚，踏上草原丝绸之路的南道，于至元十二年到达上都觐见忽必烈皇帝。马可·波罗于成宗元贞元年（1295）返回威尼斯之后，著有《马可·波罗游记》一书，详细记载了当时草原丝绸之路的情况。其中专门列有《上都城》章，描述了元上都的繁荣景象。除此之外，元朝历代皇帝还在元上都接见法国、意大利、日本、朝鲜的使臣。

第三节　经济　科技

官营手工业　回回天文台　郭守敬与铁幡竿渠

成吉思汗统一北方民族各部，建立大蒙古国后，今内蒙古地区的经济社会有了很大发展。因为实行千户制，蒙古社会相对稳定。"四季轮牧"的推行使畜牧业经营水平有了很大提高，北方草原呈现出一片欣欣向荣的景象。太祖十五年（1220），中原道教领袖长春真人丘处机，应成吉思汗之召西行，至今呼伦湖畔，看到牛羊遍野，随处可见驻牧毡帐的繁荣景象。在元上都附近的草原，更是"牛羊及骡马，日过千百群"。

蒙古族各部统一后，已具有一定的手工业生产水平，铁匠、木匠等专业工匠已从一般牧民中分化出来。木匠的工具已有了锛、斧、锯、凿等器物，打铁已使用风箱。畜产品加工工具有刀、剪、针、锥，可生产铁甲、环刀和铁锹等。为适应游牧经济的需要，他们的车辆制造业相当发达。成吉思汗时代，坚固耐用的"铁车"和大型车辆都能制造，以至整个帐幕可以不用卷舒而用车辆来载行，上车可坐可卧，对于追逐水草，四时移牧的生活来说更为方便。除车辆外，蒙古匠人们还制造镫、鞍、驮、板胸肚带和辔头等各种交通运输器具。蒙古人中，金属器具已广泛使用。用金属制造和加工的器具饰物有：金带、金绣被、金圈子、金纻丝兜肚、金鞍、金盂子、银壶、银碗、铜饰件、铜灌髀石、铁镫、蹄铁、铁索、铁锅等。随着蒙古对外征服疆域的扩大，蒙古吸收大批其他民族的工匠，输入先进的手工业技术和经验，从而促进本民族手工业的进一步发展。

元代，蒙古地区的传统家庭手工业有所发展，但最为发达的手工业是官办手工业。元代的上都（今内蒙古正蓝旗东四十五里）、应昌（今内蒙古克什克腾旗达里诺尔西）、集宁（今内蒙古察右前旗西北）、全宁（今内蒙古翁牛特旗境内）、德宁（今内蒙古达茂联合旗境内）以及砂井城（今内蒙古四子王旗红格尔）、察罕脑儿城（今河北省张北县囫囵淖小红城子）等一批新兴城市，都是漠南手工业者集中的地方。上都城设有金银器盒局、铁局、软皮局、斜皮局、杂造鞍子局、异样毛子局和毡局等官办手工业局院。各局管领的工匠都在百人以上，多的有上千人。在元代集宁路遗址出土的一批手工业生产工具，有炼铜坩埚、造纸槽碾、染坊碾布用的扇形大石板、制革用的铁刀、大型石磨、铁凿、铁锛、小铁锯、铜胶锅、佛座陶模等⑧。这些遗物表明，元代漠南地区的手工业颇为发达。

元代蒙古地区官营手工业的突出特点，是利用草原出产的原料发展有关的行业，如制鞍、制甲、制毡等。蒙古族特有的织造毡罽技术在元代达到相当高的水平。《大元毡罽工物记》载：忽必烈时，元朝政府中设有制毡的专门机构，工匠达数万人，制造毡房、地毯和各类不同花色品种的毡罽。据记载有入药白毡、剪绒花毡、脱罗毡、半入白矾毡、无矾白毡、雀白毡、半青红芽毡、红毡、染青毡、白袜毡、白毡胎、回回剪绒毡、白厚毡等13种之多。随着蒙古族的大量内迁，织造毡罽的技术也传播到中原汉族人中。在大同元代墓葬出土文物中，发现有毡帽和毡靴等毡制品，质地细软，具有相当高的工艺水平⑨。草原生活工艺在草原地区使用非常广泛，是草原民间工艺普遍性、群众性的最好体现。主要有金属器、兽皮、桦皮、木器、竹柳编织、陶瓷、马鞍具等制作工艺。

元代的金冠顶饰和带饰、怪兽纹金饰牌、金耳坠等金银饰品加工工艺达到相当高的水平。元朝金银器工艺，是继唐、契丹后我国金银器制作的重要发展阶段。其能工巧匠除来自中原地区外，还有来自欧亚各国和草原上的艺人。蒙古上层不仅喜爱，而且参与器物制作。金银器可以用于座椅、家具和各种生活装饰，装饰后的家具器物厚重、华贵、壮观。鞍马具用金银材料及金银器制作工艺装饰后，雅致富丽，引人注目。银碗、银镯、金带饰、镶银火镰、金银首饰等金银制品或镶嵌品多用凹凸压纹、镂空、錾刻、浮雕、阴刻线纹等多种方法制作，民族图案与纹饰是表现的主体。金银器在蒙古宫廷、民间都有流行，渗透到与游牧生活相关的衣、食、住、行等方面。

吉祥图案是贯穿其中的核心要素，对民族或族群的文化记忆、身份识别和群体界定具有重要意义。其中云卷纹、回纹、草叶纹、卍字纹、盘肠纹、龙纹等占据主导位置。在内蒙古察哈尔右翼前旗土城子乡出土的元代金簪、金耳饰和铅银合金钏，是难得的元代工艺佳品。

元代的天文学在长期实践中有了一定发展。太阳起落，月亮圆缺，群星闪烁，寒暑交替等天文现象，直接作用于人们的感官，影响人们的生活、生产。作为游牧、狩猎民族的蒙古人及其先世，通过长期实践，对时间的划分比较细密，年季月日等已作为它的基本单位载入史册。大蒙古国致力于天文历法的建设，并取得一系列的成就。大蒙古国从金人手中接管大都司天台，但设备陈旧，规模不大。元太宗五年（1233），窝阔台汗"敕修……浑天仪"。太宗八年"复修……司天台"⑩。蒙哥汗计划，"必需（须）在他强盛时代建造一座天文台"⑪。但计划未得实现就与世长辞。波斯科学家扎马剌丁曾受蒙哥汗委任参与天文台建设。元世祖至元八年（1271），上都回回天文台正式建成（也称北司天文台）。忽必烈赐扎马剌丁为提点，为元上都第一任天文台长。在扎马剌丁任内，他在托勒密式的天球仪上，又加上了中国传统的二十八宿星宫体系，并采用十二地支，这与现代绘制的中西结合的星图已基本一样。扎马剌丁在上都还制作了浑天仪（咱秃哈刺吉）、测验周天显曜的方位仪（咱秃朔八台）、春秋分晷影堂（鲁哈麻亦渺凹只）、冬夏至晷影堂（鲁哈麻亦思塔余）、浑天图（若干米亦撒麻）、地球仪（苦米亦阿儿子）、昼夜时刻之器（兀刺都儿刺不定）等测量仪器。元世祖中统（1260—1264）以来的日食、月食发生，星辰运行和气象的重大变化等都一一记录在案。同时，也为其后天文学的发展奠定了基础。

蒙古族进入中原后，仍沿用金朝的《大明历》。元太宗七年（1235），中书令耶律楚材指出它的许多弊病，要求"契勘《大明历》"⑫，得到窝阔台汗的批准。蒙哥汗时，"司天台改成新历"但"未见施行"⑬。元世祖至元四年(1267)西域人"札马鲁丁撰进《万年历》，世祖稍颁行之"⑭。从上述事实不难看出，大蒙古国在积极研制一部权威性的历法，但由于某些条件的限制，还无法全面、深入地展开。这项任务在元世祖至元十八年(1281)正式完成，那就是《授时历》的颁布⑮。

元世祖中统三年（1262），忽必烈在上都召见郭守敬（1231—1316，字若思，今河北邢台人，元朝天文学家、水利学家、数学家和仪器制造家），听取郭守敬对北方水利资源和发展华北平原水利交通的六项建议，授其提举诸路河渠使，翌年加授银符河渠使。世祖至元十六年（1279），郭守敬主持了一次大规模的天文测量，设立 27 处观测台，对一系列天文常数进行测定。根据大量实测资料并总结唐宋历法修成的《授时历》，成为中国古历的集大成之作。世祖至元二十九年，洪水冲坏上都城池，忽必烈发派 3 万虎贲（即侍卫）军来修复。为解决上都城的防洪和泄洪问题，元成宗大德二年（1298），成宗铁穆耳在上都召见郭守敬，询问开挖渠道的事情。郭守敬经实地勘测，了解到这里虽然年降水量不多，但雨水集中，易发生山洪，便亲自设计一条渠道，因为修建在上都西北的铁幡竿山上，所以命名为"铁幡竿渠"。但主持修建铁幡竿渠的官员觉得郭守敬言过其实，又不愿多所花费，便私自将渠道宽度缩减三分之一。翌年，大雨如注，山洪暴发，两岸人畜帐篷受损。后只得又按郭守敬的设计加固、修复。这一工程是中国北方草原留存的古代水利工程。

第四节　文学　史学

散体文学与韵体文学　《蒙古秘史》　《大札撒》　成吉思汗箴言　耶律楚材

蒙古族早期散文体文学，主要包括神话、传说和寓言。蒙古族神话大多以口传形式流传于民间，涉及内容广泛，上至天体星球，下至人类诞生、气候季节、火的发明使用等，展现出蒙古族先民眼中多彩而诡秘的世界。传说是一种既有某些历史踪影，又有大量虚构夸张的文学形式，热情讴歌了蒙古部先民于社会、自然重压下，在逆境中不屈不挠、顽强奋争的精神。他们不靠天、不求神，坚信自身的力量，团结的力量，最终闯出深山，走向宽广的草原。寓言是早期蒙古文学中的又一种体裁，它的产生晚于神话，是文明时代的产物。蒙古族寓言大多以动物故事为内容，生动活泼、通俗易懂，将深刻的道理寄寓其中。其中比较著名的有关于蒙古族族源传说和阿兰豁阿《折箭训子》等故事。

韵文体文学的产生和形成，晚于散文体文学，主要指诗歌（包括祝赞词、诗）和史诗两大类。其中，与萨满教密切相关的祝赞词，是蒙古族诗歌最古老的形式。每逢生产活动、战争、生儿育女、婚宴、节日乃至娱乐活动，为乞求平安和丰收，由萨满或年长者吟诵内容吉祥、形式上音韵一致、朗朗上口的祝福或祈祷词，这是蒙古族古老的风俗。蒙古族祝赞词所涉及的范围广泛，从神灵、天体、自然现象、山河林木，及至狩猎、放牧、英雄、摔跤手、长者、幼儿和家畜、住居饮食等，都有相应的祝赞词。如《公马祝词》《蒙古包祝词》等。除祝赞词外，一般意义上的诗歌，在古代蒙古人中间也得到充分的发展。如叙事诗《成吉思汗的两匹骏马》《孤儿传》和抒情长歌《母子歌》《阿莱钦柏之歌》等。这些文学作品描绘了当时生气勃勃的社会生活。史诗是蒙古族早期文学重要的内容，蒙古人世代传唱的英雄史诗达 300 余部（除去变体亦有 80 余部），如此之多的史诗，是蒙古民族对古代世界文学的贡献[⑯]。

自有文字后，蒙古人不再依靠口传背诵的方式来流传前人的历史，而是将其记录在册，形之于文。在大汗所任命"必阇赤"（书记官）的职责中，就有写史一项。必阇赤记录下来的历史，当时蒙古人称之为"脱察安"或"脱必赤颜"。在元代文献中，又将脱必赤颜一词汉译为"国史"，是指统治民族——蒙古族的历史。自成吉思汗时期，必阇赤们即开始修撰脱必赤颜，经过多次增补和修订，直到元末仍未停止。

《蒙古秘史》是13世纪大蒙古国时纂修的史书。《蒙古秘史》又称《元朝秘史》，蒙文名《忙豁仑·纽察·脱卜察安》，主要记载成吉思汗先祖和成吉思汗一生的历史，截止于窝阔台汗统治时期。原文为回鹘式蒙古文，作者佚名，书后识"鼠儿年七月"。蒙文原文版已散失，传世本为汉字音写本。《蒙古秘史》叙述蒙古高原当时存在的许多氏族和部落的起源，着重记载成吉思汗早年的艰难经历和战乱中建立大蒙古国的过程，记载蒙古南征金、夏，收服畏兀儿，远征中亚和欧洲的情形。从蒙古历史角度看，这部书的史学价值远远超出孛儿只斤黄金家族的范围，而是囊括了整个古代蒙古社会历史。《蒙古秘史》对蒙古社会生活、社会组织、部落战争、政治制度、意识形态等，均提供极为丰富的资料。从中人们可以看到古代蒙古社会的发展和变化。《蒙古秘史》全书几乎有三分之一的篇幅是优美的诗歌和引人入胜的故事，因而也是一部史诗性的文学巨著。它的思想性、史学价值、文学形式、语言、描写技巧等等，都非常丰富。《蒙古秘史》，是蒙元时代具有代表性的用蒙古语思维、用蒙古文撰写的长篇作品，是一部重要的蒙古史典籍。

《大札撒》，在蒙古语中，习惯把法律称为"札撒"，它既包含长期历史过程中形成的种种社会习惯或行为规范，也包含贵族对部众所发布的命令。自有文字以后，札撒就被记录下来，成为成文法，作为人民应当尊奉的法律。成吉思汗命令将这些规定写在纸卷上，名为《大札撒》。金章宗泰和三年（1203），成吉思汗战胜王罕后，召开忽里勒台（聚会，大会），颁布《大札撒》，命宗王们各领一部藏于金匮宝库中。每当新汗即位，或有大征伐，或诸王朝会共议国事，即先奉出《大札撒》诵读，遵照上面的规定行事。《大札撒》的制定与颁布，使人民的生命财产得到一定的保障，进一步安定社会秩序，为蒙古民族法制的建立奠定基础。《大札撒》汉文称为"青册"，据《蒙古秘史》记载，成吉思汗在任命失吉忽突忽为大断事官时说：凡断了的事，写在青册上，以后不许诸人更改。以后，凡是由失吉忽突忽记下来成吉思汗所断之事的言论，便成为大蒙古国法典。元太祖五年（1210）及十三年，成吉思汗在忽里勒台大会上，又对《大札撒》做了增补。成吉思汗又规定，所有他的子孙及各地高级官员，每年必须集会一次，检讨有无违犯《大札撒》的事，违者要受到处罚。

完整的《大札撒》原本已散佚。从各家著述中整理出较完整的《大札撒》，与现代法典对照，可以编为总纲、国际法、政府、军队及行政法（包括刑法、军法、民法、商法和禁忌）。如在总纲中，成吉思汗告诫诸王百官：凡子不听父教，弟不听兄教，夫疑其妻，妻忤其夫，男子虐待其已聘之女，女子慢视其已字之男；长者不约束幼者，幼者不受长者约束；高位达官信用亲近，遗弃疏远；富贵之家，不急公而吝财者，必致流为匪类，变为叛贼，家则丧，国则亡，临敌则遭殃。我严切告诫，以防此弊。《大札撒》的内容十分简要，条文很少，其中国际法、民法、商法均只有一条。

《大札撒》是用回鹘式蒙古文写下的一部蒙古法典。成吉思汗的大札撒为蒙古人开创了一个良好的法制传统。此后的几百年间，蒙古各部、盟旗先后有多部法典、法令、律令问世。这些法典、法令都以抗敌入侵，维护主权和统一，调整封建主内部的关系，维护社会政治秩序的安定，维护传统道德、价值观体系的规约功能，维护生产经济活动的有序进行，合理开发利用自然资源，保护生态环境等为宗旨。其中，特别值得一提的是关于保护自然生态环境的法律条文。此类内容在蒙古族任何一部法典、律例中都占有相当的比重，其规定之详尽，惩罚力度之大，恐怕在世界各民族法制历史上并不多见。如保护草原，草绿后挖坑致使草原被破坏的，失火致使草原被烧的，对全家处以死刑；保护水源，不得在河流中洗手，不得溺于水中等等，都被后来蒙古诸法所继承。

箴言在蒙古语中称"必力克"。必力克的词意是天才、禀赋，又有智慧的含义，所以把必力克的汇集，蒙古人称为"乌云（智慧）托勒乎勒（钥匙）"。成吉思汗箴言，是从 13 世纪以后流传下来的成吉思汗必力克的总汇。以成吉思汗语录、训言为主要内容，后来把汗之子孙、将领、大臣和贤圣的话也收入其中，统称为"成吉思汗箴言"。箴言的内容在

《蒙古秘史》《史集》《世界征服者史》《圣武亲征录》《黄金史》《水晶珠》中均有记载，还有一些散见在《金钥匙》《孤儿传》等民间作品中。拉施特在《史集》里用"足资垂训的言论"为题共收编33条，内容有国家与约速（理）札撒（法）；千户长的职责、任务和资格；关于禁酒的规定和处罚；对违犯札撒者的处罚；勇敢的特征及对勇士的要求；木华黎的忠诚，博尔术的忠诚；勇敢要训练，说话要可靠；男子汉的快乐，女人的美德；以及向天祈祷和对后代的担忧等。

耶律楚材 (1190—1244)。契丹族，辽皇族后裔，蒙古窝阔台汗时任中书令。他博览群书，能文善诗，留下的著作有《西游录》和后人编的《湛然居士集》。文集以诗为主，也有序、疏等。他的诗质朴、通俗，一气呵成，不事雕饰。诗文大都是送亲友的唱和之作，反映他个人的真实思想和当时的社会状况。《湛然居士集》中收有辽代寺公大师的《醉义歌》一首，原文是契丹文字，耶律楚材将其译成汉文。《醉义歌》类似乐府歌行，诗中多用汉人史事掌故，全篇依汉语用韵，长达 122 句，842 字，是仅存的契丹人的长诗。

第五节　歌舞　美术　工艺

倒喇　十六天魔舞　猎归图　礼乐仪仗图　乐舞图　元代瓷器

蒙古族是一个酷爱音乐、能歌善舞的民族。蒙古族的音乐舞蹈，大部以歌颂自然、赞美草原、歌唱爱情为主题。据《蒙古秘史》载，早在成吉思汗先祖忽图剌汗时代，人们便"绕蓬松茂树而舞蹈，直踏出没肋之蹊，没膝之尘也"。蒙古人在战斗之前要演奏各种各样的乐器，继而高唱战歌，敲钹声、击鼓声，响彻云霄，闻之使人惊心动魄。

在世俗文化中，"倒喇"值得着重关注。"倒喇"为蒙古语，意为"说唱"或"歌唱"。"倒喇"已具备一些蒙古族戏剧的基本元素。《京都杂咏·历代旧闻》中说："元有倒喇之戏，谓歌也。琵琶、胡琴、筝俱一人弹之，又顶瓯灯起舞。""倒喇"是带乐器伴奏具有较高表演技艺的戏剧，与杂剧之间存在着一定的联系。

　　元朝实施两都巡幸制度，元上都的地位在元朝政治生活中占据重要地位，宫廷音乐舞蹈在上都很盛行。元代歌舞艺术从元太祖成吉思汗，到元世祖忽必烈，历经数代，集北方游牧民族文化之精华。如元上都的宫廷音乐舞蹈，在元代文人的笔下常有记述。周伯琦《诈马行》："千官至御天门俱下马以徒行，独至尊骑马直入，前有教坊舞女引导，且歌且舞，舞出天下太平字样，至玉阶乃止。"其中"舞出天下太平字样"特别引人注目。而进入皇宫之后则是另一番景色，杨允孚《滦京杂咏》注曰："仪凤司，天下乐工隶焉。每宴，教坊美女必花冠锦绣，以备供奉。"对元顺帝时宫廷乐舞，史籍中亦有详述，"以宫女三圣奴、妙乐奴、文殊奴等一十六人按舞，名为十六天魔，首垂发数辫，戴象牙佛冠，身被璎珞、大红绡金长短裙、金杂袄、云肩、合袖天衣、绶带鞋袜，各执加巴剌般之器，内一人执铃杵奏乐"⑰。以上记述的便是著名的"十六天魔舞"表演时的情景。元代诗人萨都剌诗曰："凉殿参差翡翠光，朱衣华帽宴亲王。红帘高卷香风起，《十六天魔》舞袖长。"⑱除宫廷乐舞盛行外，在当时的宫女中，有不少来自内地的出色器乐演奏者。如元中期有一位姓李的宫女，擅弹琵琶，有诗称她"拨断冰弦秋满眼，塞天云碧草茫茫"，演奏水平之高可见一斑。

　　元朝重视宫廷音乐的建设，专门设有掌管文艺的机构翰林兼国史院。在文化上推行广采博收的政策，音乐的来源更为广泛，不仅吸收西夏、金、宋元音乐，还延至回回。元中书省礼部设立仪凤司和教坊司，专门掌管乐工、乐器。其中仪凤司下设的常和署专管回回乐人，天乐署专管河西（唐兀）乐人，并在此基础上，结合蒙古族特点创制了宫廷礼乐。

　　元代，大批蒙古、畏兀儿、契丹、女真等民族迁居中原，与汉族错居杂处，各民族间在生活习俗、文化等诸多方面渗透日深。北方民族音乐、舞蹈艺术亦不断南下，融入中原。对此，王骥德在《曲律》中说，"金章宗时，渐更为北词，如世所传董解元《西厢记》者，其声犹未纯也。入元而益漫衍其制，栉调比声，北曲遂擅盛一代；顾未免滞于弦索，且多染胡语，其声近嘌以杀……"至于北杂剧中更是夹杂蒙古语言，如《流星马》中的"必阇赤"为蒙古语，指主管文书的官吏；《哭存孝》

等剧中的"答剌森"为蒙古语，意为"酒"。随着蒙汉文化的融合，许多蒙古人、色目人也积极学习汉文化，成为著名的戏曲、散曲、诗文作家，如杨景贤、阿鲁威等人。据《录鬼簿续编》记载，杨景贤善琵琶，好戏谑，乐府出人头地，著有杂剧 18 种，其中《西游记》杂剧对后世影响尤深。阿鲁威则是散曲名家，《太和正音谱》称其作品"如唳青霄"。

在今内蒙古地区发现的元代乐舞图有《猎归图》（图上 7-2），绘于赤峰市松山区三眼井乡三眼井村元代墓室。画面所绘为迎接墓主人狩猎归来的小型乐队，由三人组成，乐工均为女性，装束大致相同：头笼平髻如裹巾，彩带扎缠，插以簪笄，身着右衽盘领束腰宽袖曳地长裙，体态端庄优美，装扮古朴娴雅。前一人欠身，腰系扁鼓，双手执槌作击鼓状，中一人双手捧排箫，后一人吹横笛，这是元朝宴乐中所用的和鼓、箫、羌笛。画面横幅，布局紧凑，主题突出，形象鲜明，线条勾勒飘洒自如，为元代人物画珍品。

礼乐仪仗图，绘于赤峰市元宝山区宁家营子乡沙子山墓葬门内东西两侧，两幅，大小相同。画面幅宽 80 厘米、高 70 厘米。东侧三人，第一人头部及胸部已剥落，身穿圆领窄袖粉红色长袍，腰围玉带，双手执杖。第二人浓眉大眼，身穿圆领窄袖绿长袍，腰系带垂至膝下，正吹

图上 7-2　猎归图　内蒙古赤峰三眼井元墓壁画，描绘蒙古人狩猎归来，举行奏乐和敬酒仪式的场面。现藏内蒙古博物院，选自《中国少数民族文化史图典》，孔群摄。

奏横笛。第三人头部已脱落，身穿紫色长袍，脚似穿麻鞋，左手执槌击鼓。一大鼓置于架上，鼓面黄色，腹侧有一提环。西侧也画三人，幅面大小与东侧大致相同，头部已残。第一人双手执杖。第二人身着圆领紧袖袍，腰间横系一鼓，鼓面黄色，右手执一细槌，作击鼓状，左手五指伸张，作拍击状。鼓为长圆形，略有亚腰，形似元代仗鼓。第三人身着圆领紧袖长袍，腰围玉带，脚穿靴，双手击拍板。拍板长条形，上窄下宽，一束四枚合穿，下端系彩带。

乐舞图，绘于赤峰市元宝山区宁家营子沙子山 2 号元墓墓室西壁。横幅，画面宽 84 厘米、高 66 厘米，画心四周加黑色边框，内加细边线。画面上半醒目位置，突出画一庭院建筑，呈长廊形，红色栏杆，长方形小隔楞，两旁衬景为湖石、芭蕉、花卉，环境幽静秀丽。近景中央有一株高大挺拔的花树，将画面下半自然截为左右两半。左侧一女子头上梳髻，身着红衣，外加蓝裙，肩配披帛，在一块方形地垫上挥袖而舞，轻盈优美。舞女旁立一男子，头戴幞头，身穿长红衫，足蹬乌靴，腰间系绿色捍腰，双手持一长柄骨朵。右侧为三个男子一列队，一人头戴幞头，身穿黄色折领长袍，右手持一乐器；中一人头戴展角幞头，身穿绿衫，足蹬乌靴，吹横笛；第三人头戴硬角幞头，绿衫，乌靴，红色捍腰，双手持斧。五人中四男一女，一舞者两伴奏，另两人持骨朵、仪斧，不似仪仗，应为元代乐舞杂戏。

元代是中华民族大融合的时期，在此时期内，陶瓷文化出现了一种蓬勃发展的势头。元代瓷器制作在宋瓷的基础上有很大的发展，青花瓷器为其代表作。内蒙古地区是元代瓷器出土较丰富的地方，在呼和浩特、包头、锡林郭勒、赤峰、通辽均有元瓷发现。在呼和浩特市出土的元代钧窑香炉，是极为罕见的稀世珍品。香炉造型浑厚硕大，制作精良，釉色细腻，光亮晶莹，体现了元代鼎盛时期的精神风貌。

乌兰察布市察右前旗土城子村发现 5000 余件完整和可修复的元代瓷器，囊括当时中国九大名窑。其中一件釉里红玉壶春瓶，堪称珍宝。它高约 20 厘米，由青白釉为底色，颈部、腹壁有红色斑块，鲜红如血，整体颜色至纯、至艳，极其精美。在锡林郭勒盟元上都遗址发现的青花梨形壶，包头市和通辽市发现的青花玉春瓶，繁复细密的花纹式样，特色鲜明，与唐宋青花瓷明显不同，体现了浓郁的草原民族风格。在赤峰市松山区、翁牛特旗，锡林郭勒盟多伦县发现的"元青花高足杯"，又称"把杯"、"马上杯"，其独特的"高足"，非常适合马背民族的生活习俗。

第六节 宗教

多种宗教的共存与传播　确立西藏佛教为国教　景教　佛道上都论战

由于古代蒙古高原的自然环境以及游牧民族的生产、生活方式所决定，以万物有灵论、多神崇拜为基础的萨满教，在蒙古之前的历代游牧民族和后来的蒙古人中广泛流行。萨满教具有复杂的灵魂观念，在万物有灵观念支配下，崇拜对象极为广泛，有各种神灵、动植物以及无生命的自然物和自然现象，还崇奉氏族或部落的祖灵。蒙古族萨满教也不例外，崇拜很多自然现象，而天是蒙古萨满教所崇拜的最主要的对象。他们凡事都向天祈祷，祈求上天保佑。赵珙《蒙鞑备录》称：蒙古人"其俗最敬天，每事必称天"。《元史》卷七十二载："元兴朔漠，代有拜天之礼。"《蒙古秘史》开篇就说，孛尔帖赤那是奉天命所生，是天子。另据《蒙古秘史》记载，铁木真统一蒙古各部登汗位时，晃豁坛氏族萨满阔阔出对铁木真说："上天旨意，你的称号应为成吉思汗。"成吉思汗每次脱离险境后，都要跪倒在大地上，虔诚地向青天顶礼膜拜，以示感激"长生天"的佑护。

蒙古族最初信仰萨满教，但对其他宗教也不排斥，而是一视同仁。大蒙古国建立后，成吉思汗始终采取允许各种宗教和教派合法存在，实行了宗教信仰自由的政策。元太祖十三年（1218），成吉思汗派哲别率军攻打西辽篡位者、原乃蛮王子屈出律时，命哲别向西辽民众宣布允许他们保留自己的宗教信仰、诵读伊斯兰教经典的政策，深得广大西辽民众的支持拥护。因此，哲别军很快击溃屈出律军，擒杀屈出律，征服西辽。

成吉思汗了解到全真道教在中原百姓中很有影响，并听说全真道首丘处机深谙治国之道和养生之术，便于太祖十四年邀请丘处机到西域相见。太祖十七年，丘处机觐见成吉思汗于西域，进讲不嗜杀人方能统一天下，治国的根本在于敬天爱民，养生之道的要领为清心寡欲的道理。成吉思汗对丘处机所讲颇为赞赏，称他为神仙，下诏保护丘处机及其门人，免除全真道士的赋税徭役，使全真道获得特殊的政治地位。史称："太祖（成吉思汗）深契其言，曰：'天锡（赐）仙翁，以寤朕志。'命左右书之，且以训诸子焉。"太祖尤重其人，"不斥其名，惟曰'神仙'"[19]。往返期间，丘处机分别途经今内蒙古的东、中部地区，在此布道讲经，传播道教文化。丘处机此次旅程之言行，由其随行弟子李志常记载，写成《长春真人西游记》一书。

11、12世纪时，基督教聂思脱里教派（自唐以来称为景教）传播到蒙古高原，在克烈、汪古、乃蛮部中有许多人信奉基督教。成吉思汗在统一蒙古高原的过程中，允许各部落基督教徒保留其宗教信仰，这就团结了各部落广大基督教徒，受到他们的拥护，有利于成吉思汗统一巩固蒙古高原大业。成吉思汗的亲属、亲信中有不少基督教徒。如成吉思汗的儿媳、拖雷之妻唆鲁禾帖尼信奉基督教，她奏请贵由汗派人从叙利亚召来基督教徒爱薛做她的近侍。爱薛带来回回医药，使回回医法和药物传播于中国。成吉思汗的另一儿媳、窝阔台之妻乃蛮氏脱列哥那也是基督教徒，她让基督教徒合答黑做她长子贵由汗的王傅，与另一基督教徒镇海一起侍奉贵由。

缘于地理接壤之故，蒙汉两族的交流由来已久，藏传佛教传入蒙古地区之前，汉传佛教就已经出现在蒙古地区，同基督教、道教、伊斯兰教等诸多宗教一样，获准于蒙古草原传播。据史料记载，当时的蒙古贵族还比较重视汉传佛教，高僧大德们与蒙古皇宫的一些高官贵族有着一定的来往，如窝阔台、忽必烈在与汉传佛教高僧们的交往中，对汉传佛教教义教规均有所认识。汉传佛教宗教人士与蒙古贵族间的这种接触，对后来藏传佛教传入蒙古地区应有某种程度的影响。

西藏佛教正式传入蒙古地区，肇端于窝阔台汗的第三子阔端（1206—1251）与西藏佛教萨迦派首领萨迦班智达（简称萨班）的一次会谈，因会谈地点在西部重镇凉州（今甘肃武威），史称"凉州会谈"。元定宗元年（1246）八月，萨班受邀赴凉州，次年会见阔端。见面后，萨班大谈教法，使阔端领会到佛教精义，十分高兴。从此，萨班成为阔端的上师，并留在蒙古地区弘扬佛法。这是蒙古与西藏萨迦派最早建立的联系。

元宪宗元年（1251）夏，忽必烈驻军云盘山，派人到凉州迎请萨班，萨班因年高未去，派侄子八思巴（1235—1280）赴云盘山会见忽必烈。忽必烈把八思巴留下，与其结为施主与福田，尊八思巴为上师。宪宗四年，忽必烈颁给已经继任萨迦派第五祖的八思巴一份诏书，这就是被当代藏学家译成的《从优礼僧人诏书》。诏书中除表明忽必烈及其夫人都已经接受灌顶、皈依佛法，并尊礼上师八思巴外，还对萨迦派僧人及其寺院作出不受损害之保证。诏书中明确谈到"汝与僧人已免除兵、差、税、役"。世祖中统元年（1260），忽必烈继大蒙古国汗位，封八思巴为国师，受玉印，任中原法主，统天下教门。这样忽必烈正式确立西藏佛教为国教，以西藏僧人为统领。世祖至元元年（1264），忽必烈迁都大都，设置管理全国佛教事务的专门机构——总制院（后改为宣政院），由八思巴领院使。是年忽必烈又颁给八思巴一道诏书，其内容谈到：治理世道要依成吉思汗的法规，执行佛法要依释迦牟尼的教法。僧人不可违背上师（八思巴）之法旨和佛陀教法，僧众为可汗告天祈福等。这道诏书是奠定元朝政教并行原则的最早的蒙古文献。至元七年，忽必烈封八思巴为帝师、大宝法王，另赐玉印，并在上都城西南建八思巴师寺。每位新皇帝继位前，都要由帝师授戒九次后才能登上皇位。平时授戒、祈福等佛事，皇帝几乎每次都参加。

上都城有着众多的佛寺、道宫、回回寺和文庙。除了蒙古萨满教以外，佛教、道教、伊斯兰教、基督教都很活跃，历史上著名的两次佛道大辩论就发生在其间。佛道两家争辩，由朝廷下旨组织辩论。两家相约：道胜则僧冠首为道，僧胜则道削发为僧。第一次佛道辩论，于元宪宗五年（1255）在漠北哈剌和林进行。当时，佛教代表少林寺长老福裕，驳倒全真教派首领李志常。宪宗八年，蒙哥委托忽必烈在开平召集汉地佛道两教代表人物，进行第二次佛道辩论。参加辩论的佛教僧侣300余人，道士200余人，达官显贵和儒士200余人。佛教方面以克什米尔僧人那摩国师为首，西藏佛教萨迦派教主八思巴作为统领，还有河西、外五路僧（畏兀儿僧）、大理僧人，以及汉地少林寺长老、五台山长老、圆福寺长老等。道教以全真道新任掌教张志敬为首。辩论大会围绕《老子化胡经》的真伪各抒己见，双方自由争鸣，辩论激烈，轰动朝野。辩论结果全真道惨败，参与辩论的 17 人当场被削发为僧，焚道经 45 部，又令其归还佛寺 200 余所。通过这次辩论，抑制了道教全真派势力的膨胀。

蒙古族宗教信仰多元化的现实，是其宗教政策多元化的必然结果。中世纪欧洲四大旅行家之一的鄂多利克，曾感慨地称蒙古人信仰自由是世界上最大的奇迹。多元宗教信仰必然带来多元文化，这不仅有利于各民族文化的交流与传播，而且也增强了民族间的了解，有着十分重要的作用。

第七节　大蒙古国与元代文化遗存

古城遗址　铭刻　百眼井　元宝钞　火铳

大蒙古国与元代的文化遗存非常丰富，其城邑可分为都城、宗王分封城邑、路城、州城、县城五种形式，它们分布在茫茫草原或沙漠的绿洲上，由发达的驿路交通线所联系，为开发草原经济，起到重要作用。在内蒙古地区，规模最大的是位于锡林郭勒盟正蓝旗金莲川的元上都遗址。13 世纪，元上都与元大都（今北京市）一样，是当时世界上繁华的都城。成吉思汗建国后，首先分封他母亲、弟、妹和儿子等宗亲，其次分封异姓功臣。成吉思汗母亲诃额伦太后和幼弟斡赤斤受封地在今内蒙古东部，其宫帐、城址在今呼伦贝尔市鄂温克族自治旗巴彦乌拉古城。成吉思汗二弟哈撒儿的封地有城邑三座，其中一座在呼伦贝尔市额尔古纳市黑山头古城，另两座在今俄罗斯境内。

成吉思汗家族与弘吉剌部是世代姻亲，弘吉剌部因此受到元朝皇室的特殊礼遇，享有很多特权。在其封地内，可兴筑城郭，任命官吏、管理军队和百姓。据此，弘吉剌部先后建筑应昌路（即鲁王城）和全宁路（故城在内蒙古赤峰市翁牛特旗乌丹镇），分别作为夏季和冬季的住所。弘吉剌部于元世祖至元七年（1270）建应昌城，其后，至少有四位首领被封为鲁王。因此，应昌城又被称为"鲁王城"。元顺帝至正二十八年（1368），妥懽帖睦尔退出大都，先至上都，次年又退至应昌府。退回草原的蒙古政权是元朝的继续，史称"北元"。元至正三十年、明太祖三年（1370），妥懽帖睦尔病逝于应昌，其子爱猷识理达腊继位，改元"宣光"，是为昭宗。北元昭宗宣光二年、明太祖五年（1372），明军攻入应昌，北元势力退至漠北，应昌城废弃。

赵王城遗址在今包头市达尔罕茂明安联合旗百灵庙东北约40公里，艾不盖河北岸。古城内发现一块石碑，碑上刻有《王傅德风堂碑记》，碑文900余字，证实这座久已废弃的古城，即赵王城。当地牧民称其为"阿伦斯木"，蒙古语是"许多庙宇"的意思。因为达茂旗草原是蒙古汪古部世代所居之地，汪古部首领在元代受封为赵王，此城因名赵王城。元世祖中统元年（1260），忽必烈的二女儿月烈公主嫁给汪古部首领孛要合的二子爱不花。后爱不花跟随丞相伯颜出征西北平定叛王撒里蛮，立下汗马功劳。爱不花成为赵王城的第二代驸马。赵王城的第三代驸马是阔里吉思，他是爱不花的四子，娶元世祖忽必烈太子真金的女儿忽答迭迷失公主，继室是忽必烈次孙元成宗铁穆耳的女儿爱牙迷失公主。元英宗至治二年（1322），忽必烈的长孙甘麻剌之女阿剌的纳八剌，嫁给阔里吉思之子术安，术安成为赵王城的第四代驸马。因此，这座草原古城还有一个名字——四驸马城。

古城遗址平面呈长方形，城墙用土夯筑。东墙残高2米，长951米，南墙长582米，西墙长970米，北墙长565米；在西、南、东三墙正中开设城门。城内建筑遗迹甚多，有院址17处，建筑台基99处，城内街道宽阔，布局整齐。在中部偏东靠近南墙处，有一大院落，院内有一组高台基址。

元察罕脑儿宣慰司城址在鄂尔多斯市乌审旗与陕西靖边县交界的白城子。察罕脑儿宣慰司属陕西行中书省管领，所辖区域包括今鄂尔多斯市和乌海地区。

今内蒙古地区属于元代甘肃行中书省所辖的，有兀剌海路和亦集乃路。兀剌海路城址，在今乌拉特中旗新忽热古城。亦集乃路是沿袭西夏黑水城建置的，亦集乃是党项语"黑水"的意思，也译为"额济纳"。元太祖二十一年（1226）蒙古军攻下黑水城，元世祖至元二十三年（1286）正式设置亦集乃路，城址即今额济纳旗黑城。

元代所遗留的石刻文献很多，其中主要的有：

《张氏先茔碑》，全称为《大元敕赐故荣禄大夫辽阳等处行中书省平章政事柱国追封蓟国公张氏茔碑》，元顺帝至元元年（1335）立碑。发现地点在今内蒙古赤峰市东北 80 公里处的国公坟之地。

《大元同知徽政院事住童先德之碑》，额刻篆书，正面阴刻汉字楷书，共 28 行，每行 68 字。碑文已难辨认全貌。该碑立于元顺帝元统元年（1333），比《张氏先茔碑》早两年，亦为奉旨所建。住童是建碑的建议者。在他生前已刻就此碑⑳。

《竹温台公神道碑》，全称为《敕赐诸色人匠都总管达鲁花赤竹温台公神道碑》，元顺帝至元四年（1338）立碑。发现地点在今内蒙古赤峰市翁牛特旗乌丹镇南 3 公里处。

《松州景教墓碑》用回鹘文和古叙利亚文书写，证明死者很可能是来自西部地区的讲突厥语的蒙古部落。在内蒙古西部达尔罕茂明安联合旗鄂伦苏木古城附近，分布着众多汪古部景教徒的墓碑和墓顶石，这些墓碑上刻写的文字除了少量汉文、八思巴文以外，绝大多数使用回鹘文或者古叙利亚文。信奉景教的回鹘贵族在东迁以后，将景教的官方语言叙利亚古语传入汪古部，和汪古部使用的回鹘语并用。松州出土的这块墓碑上的两种并用文字，属于汪古部景教传统㉑。

在鄂尔多斯高原的鄂托克旗公其日嘎乡百眼井村的大平梁上，有一凹形延伸地带，长 300 余米，宽 100 余米。其上分布着 80 余眼水井，每个水井间距 10 米左右，俗称百眼井。当地蒙古族牧民称之为"敖楞瑙亥音其日嘎"，汉语的意思是"众犬之阵"。传说，当年成吉思汗在这里屯驻大军，每日携带众多猎犬，在草原上围捕黄羊、狍子、狐狸。一日，猎队人困马乏，猎犬焦渴。草原上既无清泉也无水井，成吉思汗命令兵器巨匠尧勒达日玛以最快的速度找到水源地。尧勒达日玛在众猎犬的帮助下找到水源。从此，当地牧民就称这片水井为敖楞瑙亥音其日嘎。这处古井群遗址是成吉思汗于西夏末主宝义元年（1226）征西夏时，解决军卒和战马饮水的坎儿井。波斯史学家拉施特的《史集》中，两次提到成吉思汗征西夏，来到翁浑—答兰—忽都黑地方。这个地方应当就是百眼井之地。

元朝虽然也铸有铜钱，但是铜钱的数量和种类都比其他朝代少，全国主要广泛通行纸币。纸币的种类很多，主要有三种。一是元世祖中统元年（1260）发行的"中统元宝交钞"，钱面为汉文，用桑皮纸印制。二是元世祖至元二十四年（1287）颁行的"至元通行宝钞"，与"中统元宝交钞"并用，用蒙汉两种文字印刷。三是元顺帝至正十年（1350）颁行的以"中统元宝交钞"为名，钱背面有"至正印造元宝交钞"的戳记，也就是"至正交钞"。在内蒙古阿拉善盟额济纳旗黑城遗址中发现有至正年间印制的"中统元宝交钞"，钱上有八思巴文和汉文两种文字。黑城遗址中还发现"至元通行宝钞"，有贰贯文、壹佰文和贰佰文，钱上也为八思巴文和汉文两种文字。尤其可贵的是，在维修呼和浩特市东郊辽万部华严经塔时，在塔内发现一张元代早期纸币"中统元宝交钞"，用桑皮纸印制，面额为壹拾文，为一行九叠篆书汉字。万部华严经塔位于辽、金、元的丰州故城西北角，俗称"白塔"。这张元早期纸币当是元朝佛教信徒虔诚的供奉，当时将它塞在塔内墙缝里，后来掉下埋在塔内灰土中，直到维修这座塔时才重见天日[22]。

在锡林郭勒盟发现的元代铜火铳，重 6.21 公斤，长 34.7 厘米，口径 10.2 厘米。在铜火铳身上铸有两行八思巴文，汉译为"大德二年于迭额列数整八十"。大德二年为公元 1398 年，迭额列为地名，数整八十为铜火铳编号。元代铜火铳是世界上最早的金属管形射击火器。在锡林郭勒盟草原发现的这尊铜火铳，是世界上和中国最早的火炮[23]。

元代是蒙古族文化和中华文明发展史上的一个重要时期，从此，蒙古民族成为中国北方游牧文化的集大成者和主要代表，元朝成为中国历史上版图广大、文化多元的一个朝代，为多元一体的中华文化打下了基础。四大汗国的建立、中西交通的开辟，都为中西文化的交流与彼此促进创造了前所未有的便利条件。中国的火药、印刷术、历法、数学、瓷器、丝绸等东方文化的优秀成果，以中亚为跳板传入欧洲。大批穆斯林迁居中国，回族形成，基督教、天主教传入中国，马可·波罗等旅行家游走中国等，在中国文化史乃至世界文化史上一系列重要事件的发生，使得东西方文化交流掀开了新的一页。如果说，世界航海文化的大发展、新大陆的发现，预示着世界将要告别中世纪，迎来文艺复兴和工业革命，那么，它的普罗米修斯的火种便借自于东方的蒙古。美国的杰克·威泽弗德在《成吉思汗与今日世界之形成》中，这样评价蒙古人对世界近现代秩序的影响："商贸、技术和知识相互统一的机制的建立，并由此而发现美洲大陆，以致其后的一系列重大变化，成吉思汗对此是无法预知的。不过我们生活的世界的确是从他的活动中真正形成的。对我们今日生活方式的形成，他比世界历史上的任何一个人都发挥了更大作用。"㉔

　　附：元代草原城市分布图（图上7-3）、蒙古汗国疆域图（图上7-4）。

【注释】

①《北史》卷九四《室韦》，中华书局1974年版，第3129页。

②④《元史》卷一二四《塔塔统阿》，中华书局1995年版，第3048页。

③《元史》卷二〇二《释老》，同上，第4518页。

⑤《元史》卷一〇一《兵四》，同上，第2584页。

⑥张来仪：《蒙古帝国与东西方文化交流》，载《西北大学学报》1991年第二期第二十一卷。

⑦袁行霈主编：《中华文明史》第三卷，北京大学出版社2006年版，第278页。

⑧参见《元代集宁路遗址清理记》，载《文物》1961年第九期。

⑨参见罗贤佑：《元代民族史》（中国历代民族史丛书），四川民族出版社1996年版，第57—61页。

⑩⑫《元史》卷二《太宗》，同上②，第33—34页。

⑪[波斯]拉斯特：《史集》第三卷，商务印书馆1992年版，第73页。

⑬《元史》卷一五七《刘秉忠》，同上②，第3691页。

⑭《元史》卷五二《历一》，同上，第1120页。

⑮参见孟广耀：《蒙古民族通史》第一卷，内蒙古大学出版社2002年版，第497—500页。

⑯同上，第451—455页。

⑰《元史》卷四三《顺帝六》，同上②，第918—919页

⑱ [清] 顾嗣立编：《元诗选》初集二戊集萨都剌著《上京杂咏五首·之三》，中华书局 1987 年版，第 1228 页。

⑲ 同上③，第 4525 页。

⑳ 参见魏坚主编：《内蒙古文物考古文集》第二辑，中国大百科全书出版社 1997 年版，第 678 页。

㉑ 参见李逸友、魏坚主编：《内蒙古文物考古文集》第一辑，中国大百科全书出版社 1994 年版，第 673—674 页。

㉒ 参见林平、崔瑞堂、马大正、丁学芸、薄音湖著：《内蒙古历史与文化》，内蒙古人民出版社 2000 年版。

㉓ 中国军事百科全书编审委员会编著：《中国军事百科全书》第五卷，军事科学出版社 1997 年版，第 279 页。

㉔ 参见西里尔：《成吉思汗与今日世界之形成》蒙文版，乌兰巴托，2005 年，第 408—409 页。汉文版参阅温海清、姚建根译本，重庆出版社 2006 年版。

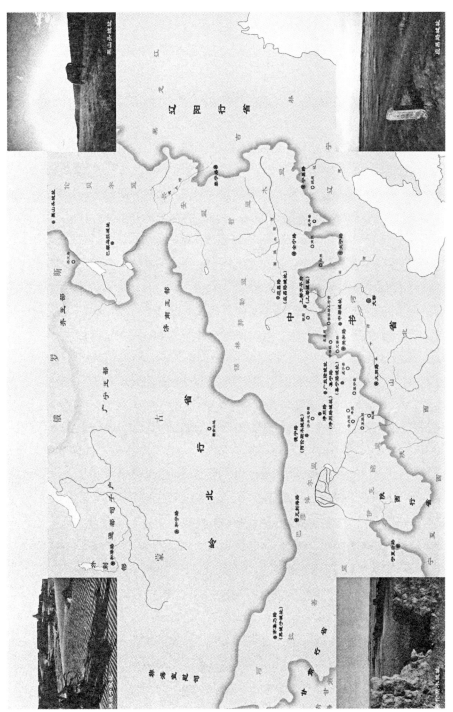

图上 7-3　元代草原城市分布图

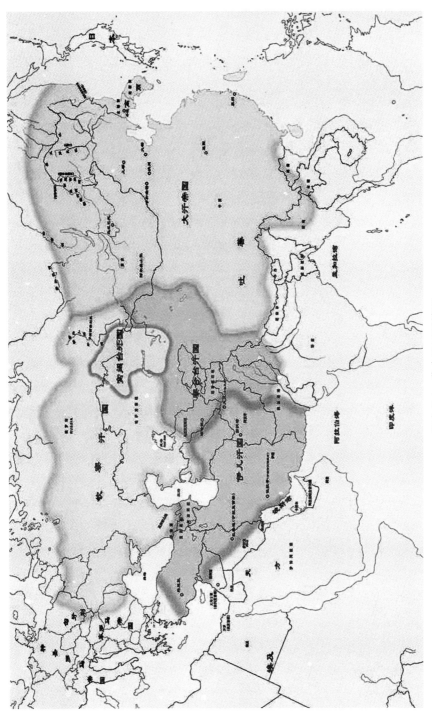

图上7-4　蒙古汗国疆域图

第八章

蒙古文化的传承

——明时期

明中叶，蒙古地区在久经割据混乱之后，于达延汗时代重归统一。其后，蒙古土默特部首领阿勒坦汗（俺答汗）与明朝达成"隆庆和议"，阿勒坦汗被明廷封为顺义王。通贡互市与板升的兴建，促进着长城内外经济的流通与互补，使蒙古社会日趋稳定，农业和手工业得以发展，蒙汉民族间的文化交流进一步融洽。藏传佛教的再次传入，寺庙的大量兴建，佛经的翻译，《阿勒坦汗法典》的制定，民族史籍的面世和史诗的流传，草原城市"归化城"的修筑，标志着蒙古文化在传承中稳步发展。

第一节　北元的社会状况

明军北伐　满都海夫人　达延汗中兴　万户制　五执政

元至正二十八年、明洪武元年（1368），明军北伐。闰七月，明军进克通州，元惠宗妥懽帖睦尔于二十八日率宫室百官退至上都。洪武三年四月，妥懽帖睦尔病逝在应昌，皇太子爱猷识理达腊继位，称必力克图汗。洪武十一年，必力克图汗死，其子脱古思帖木儿继位①。洪武二十一年，也速迭儿杀脱古思帖木儿后，登上汗位。从此，蒙古社会陷入连年不断的内讧和割据战争之中。蒙古地区分裂为许多独立的封建领地，各领地的封建领主互争雄长，草原又陷于割据混乱状态。明成化十一年（1475），永谢布首领乩加思兰太师拥立脱脱不花的异母弟满都鲁为汗。满都鲁汗封侄孙（脱脱不花之弟阿巴噶尔济济农之孙）巴颜蒙克为济农，称孛罗忽济农。济农是大汗的副手，统领大汗的一部分部众。巴颜蒙克与妻子锡吉尔生有一子，即巴图蒙克。成化十五年，满都鲁汗死。之后，成吉思汗—忽必烈的直系后裔只剩下一个人，就是巴图蒙克。数百年来蒙古社会中根深蒂固的传统观念认为，只有成吉思汗—忽必烈的直系后裔，才有资格成为统治整个蒙古的大汗。

满都鲁汗去世后，满都海夫人驻守宫帐，统领大汗的部属主持汗位的继承。明成化十六年（1480），在一些蒙古贵族首领的支持下，满都海夫人按照草原上的古老习俗下嫁巴图蒙克，并以哈屯的名义扶持巴图蒙克登上汗位。此时，满都海33岁，巴图蒙克7岁。在即位大典上，人们给巴图蒙克上尊号为达延汗。"达延"意为"大元"，表示他仍在继承大元朝的帝统。明廷仍称他为"小王子"。

从妥懽帖睦尔退回蒙古草原，到达延汗成长为新一代汗王，东蒙古社会逐步形成六个大部落集团，称六万户。六个万户分属左右翼，左翼三万户，右翼三万户。达延汗作为蒙古可汗，名义上虽为六万户之主，但他能够直接统率的只是左翼三万户（察哈尔万户、喀尔喀万户、兀良哈万户），驻牧在东北方向。而西南方向的右翼三万户（鄂尔多斯万户、土默特万户、永谢布万户），则在一些大大小小的"赛特"（非黄金家族的异姓封建领主）把持之下。

明正德三年至四年（1508—1509），右翼三万户的几位小头领前往汗廷，恳请大汗派遣一位皇子去管理。达延汗选派次子乌鲁斯博罗特前往右翼。当他到达右翼鄂尔多斯后，亦不剌、满都赉阿固勒呼两位异姓贵族首领十分不满，暗中密谋挑起事端，并伺机杀死乌鲁斯博罗特。正德五年，达延汗重整旗鼓，率部拼死血战，将右翼联军彻底击败。

大战结束后，达延汗来到八白室前，向圣主成吉思汗叩拜，重新宣布大汗的称号。六万户真正全部归于他的统治之下，达延汗终于成为全蒙古的大汗，开创蒙古社会的大一统局面。由此，蒙古社会进入一段相对和平稳定的时期，大汗的权威得以重新树立，成吉思汗黄金家族开始复兴。达延汗重新建立六万户制度，整顿六万户统治层，直接向五个万户及其属下的部落，派遣自己的子孙担任首领，使之成为大汗子孙的世袭领地。其中：察哈尔万户是大汗的直属领地，达延汗及其长子图鲁博罗特一系驻牧在这里，统辖左翼三万户。达延汗的儿子斡齐尔博罗特占据察哈尔的克什克腾部，格呼博罗特占据察哈尔的敖汉、奈曼诸部，阿尔博罗特占据察哈尔的浩齐特部。喀尔喀万户封给达延汗的两个儿子格呼森扎和阿勒楚博罗特。后来，格呼森扎将占据的领地和部众分封给他的七个儿子，形成外喀尔喀七鄂托克。阿勒楚博罗特的领地、部众，则因他有五个孙子各领一部而形成内喀尔喀五鄂托克。鄂尔多斯万户是济农的直属领地，达延汗的第三子巴尔斯博罗特及其长子一系世代任济农驻牧于此，并统辖右翼三万户。土默特万户封给达延汗之孙、巴尔斯博罗特之子阿勒坦汗。达延汗之子阿尔苏博罗特领有该万户中的多伦土默特（七土默特）部。巴尔斯博罗特之子拉布克得到兀甚部。永谢布万户由永谢布、阿速、喀喇沁三部组成，以永谢布作为万户的名称。其中永谢布和阿速最初封给达延汗之子乌巴繖察，后来被巴尔斯博罗特之子博迪达喇鄂特罕占据。喀喇沁七鄂托克则由巴尔斯博罗特之子巴雅思哈勒领有。

达延汗分封诸子，使他的子孙世代成为各万户及其各部落的领主，也使东蒙古社会出现完全由成吉思汗—托雷—达延汗一系黄金家族成员组成的贵族统治阶层，因此，达延汗被称为"蒙古中兴可汗"。达延汗的军事胜利和重建六万户，使割据混乱长达一百多年的蒙古高原复归统一，给渴望安定统一的人民造成较为有利的生活和生产环境。达延汗的事业顺应了社会历史进程的要求，客观上起到进步的作用。蒙古社会在达延汗时期及其后的一段时期内，得到较为迅速的发展，特别是蒙古右翼三万户，在达延汗之孙、土默特万户阿勒坦汗统领下，草原上人畜兴旺，农业生产初具规模，手工业发展，商业贸易繁荣，从而推动了文化的进步。

万户称为"土绵"，是由若干部落组成的松散联盟，即部落集团。其首领一般由其中某个部落的领主兼任，并世袭传承。万户之下的社会组织是"鄂托克",可称为部落。鄂托克的形成基于地域关系,在一定地域范围内的若干"爱马克",组成一个鄂托克,较大的爱马克则单独成为一个鄂托克。鄂托克首领在同一家族中世袭传承。爱马克在一般情况下,是低于鄂托克的社会组织,由不同社会阶层、不同血缘关系的人组成,但在爱马克领主家族内部,则具有源自同一祖先的血缘关系。爱马克由若干个更基层的社会组织"阿寅勒"组成,阿寅勒是由数个家庭形成的小型游牧集团。

图们汗,在明代汉籍史料中被记作"土蛮罕",他是达赉逊库登汗的长子,博迪阿拉克汗之孙。为了重振正统大汗日益衰落的权威,图们汗选任左右翼五万户首领担任执政,制定大法,宣示大政,试图重新统一蒙古诸部。《古蒙古汗统大黄册》(简称《大黄册》)载:图们汗"令左翼三万户内阿穆岱洪台吉、喀尔喀之素布该卫征,右翼三万户内鄂尔多斯之库图克台彻辰洪台吉、阿速特之诺木达喇豁洛齐诺颜、土默特之阿穆岱楚鲁克洪台吉等人执政焉"。《蒙古源流》记载:图们汗"命左翼万户中,察哈尔之阿木台洪台吉、喀尔喀之卫征索博海;命右翼万户中,鄂尔多斯之库图克台·彻辰洪台吉、阿速特之诺木达喇·高拉齐诺颜、土默特之楚噜格洪台吉等人执政"。

以上五人,在明代汉文史籍中分别是:察罕儿的脑毛大洪台吉、罕哈的威正速不亥台吉、阿儿秃斯的忽图黑台切尽黄台吉、阿速的哑速火落赤把都儿、土蛮的扯力克洪台吉。他们在各自的万户中,或者是重要首领之一,或者本来就是该万户的最高首领。图们汗选择这些能够代表各自万户势力的人物出任执政,并将其置于自己掌控之下,目的就是通过他们将汗权行使到左右翼各万户,尽可能抵制蒙古社会政治生活中日益明显的分离或分裂倾向,以求实现统一号令蒙古各部。

第二节　隆庆和议与贡市

阿勒坦汗求贡　庚戌之变　隆庆和议　俺答汗封王

元王朝崩溃后,各代蒙古封建领主为摆脱困境,多次派遣使团,携牲畜和畜产品，以进贡名义送给明朝。明朝为笼络蒙古封建领主和保持边境的安宁，一方面回赐给这些蒙古封建领主金银等，另一方面也常常授予他们以王、都督、指挥等官职，这种官方贸易和封赠形式，史称"通贡"、"封贡"。达延汗继位之初，曾与明朝有过不定期的贸易活动。明弘治十一年（1498），达延汗两次派人前往明朝入贡、贸易，其中一次人数多达六千人，明朝方面允许两千人入关，五百人到达京师，朝廷赐彩缎绢匹等物[②]。

16 世纪 20 年代初，阿勒坦汗成为土默特万户首领（图上 8-1）。此时，明朝坚持不与蒙古互市贸易，蒙古地区经济生活十分困难。第一，灾荒疾疫，人畜死亡。游牧民向以食肉为生，但由于灾疫，他们不得不转求于菽粟等农产品以为补充。第二，手工业极不发达，日用品必资内地以为用。大量的日用品如布帛绢缎、锅釜炊具等，或者因缺乏原料，或者因不具备生产条件，完全不能自给，人民普遍陷于窘迫之中。第三，生齿日繁，用度日增。日益增加的用度，使脆弱的经济不堪重负[③]。为了解决这些问题，阿勒坦汗让汉人屯垦，在畜牧经济中增添农业的因素，又让汉人工匠制作各种手工业品，同时提高蒙古人的手工艺水平。他还向青海地区移民，开拓其他生存空间。为了解决经济困难，阿勒坦

图上 8-1　阿勒坦汗画像
出自包头市美岱召壁画，
孔群摄。

汗还经常对明朝作战，抢掠财物以弥补游牧经济的不足。

明朝方面，为抵御蒙古的入侵，除修筑长城和堡垒，严兵设防之外，还在每年秋季纵兵深入草原五六十里甚至三五百里纵火焚草，目的是使蒙古骑兵缺少草料，减轻临边骚扰的威胁，谓之"烧荒"。明军还时常趁虚偷袭蒙古后方老营，赶走大量牲畜，谓之"捣巢"，也称"赶马打帐"。

因为严重的军事对立给蒙古、明朝双方都造成伤害，所以不少人宁肯采用互相贸易的方法来平息边事和解决经济困难。明朝军士暗中与蒙古人做零星贸易，以内地产品换取畜产品。明军高级将领则时常送给阿勒坦汗等封建领主大量物品，希冀以此求得蒙古封建领主少侵扰各自辖区，保持边境安宁。蒙古民众对于和平贸易的要求更为强烈，小规模的违禁交换，远不能满足他们对内地产品的需求，因此盼望统治者更进一步创造顺利交换的条件。

阿勒坦汗顺应蒙汉人民的和平贸易愿望，在自力更生谋求解决经济困难的同时，决心用和平方式来加强与内地不可分割的经济联系。明嘉靖十三年（1534），27岁的阿勒坦汗第一次向明朝提出通贡要求，从此开始近40年的漫长求贡活动。嘉靖二十年，阿勒坦汗派石天爵和肯切赴大同阳和塞求贡，明确提出他的和平主张。但明朝认为阿勒坦汗的求贡没有诚意，只是为了松懈明朝的边防以便大举入犯，所以严辞拒绝。明边将扣留肯切等人，放石天爵回报消息。得到明朝不允贡市的消息，蒙古右翼诸部发兵进入山西境内大掠而去。嘉靖二十一年闰五月，阿勒坦汗再使石天爵、满受秃至大同求贡，进一步阐述蒙古首领们的意愿，明大同巡抚龙大有擅自擒石天爵，杀满受秃等。明廷不仅没有追究龙大有擅杀蒙古使臣的行为，反而为其加官晋爵。明廷杀使拒贡，使双方关系进一步恶化。嘉靖二十五年，阿勒坦汗遣堡儿塞入大同左卫双庙山墩，"投番文言：俺答（阿勒坦汗）选有白骆驼九头、白马九匹、白牛九只及金银锅各一，求进贡讲和。自后民种田塞内，虏牧马塞外，各守信誓，不许出入行窃。"④然而，堡儿塞却被明总兵的家丁杀戮以报功。嘉靖二十六年，阿勒坦汗派遣部下入塞求贡不下数十次，并且会同大汗、济农一起遣李天爵为使。边臣将此情况上报朝廷，嘉靖皇帝横加拒绝。

　　屡次求贡遇挫，阿勒坦汗十分愤怒。嘉靖二十八年（1549），他命军士把书信束在箭端，射入明军营。信上一方面说明近年入边抢掠，是由于求贡不得，如果许贡，立即停止战争；另一方面警告明朝，如果再不答应通贡要求，就要兴兵到明都城北京去抢掠。明朝对此不予理睬。第二年，阿勒坦汗率兵杀向明京师。明军在蒙古铁骑面前溃逃躲避，不敢撄其锋，堂堂首都几乎沦于阿勒坦汗之手。然而阿勒坦汗的目的是以战求和，因此没有继续组织力量攻坚，而是将俘虏的明朝宦官杨增等八人放还，让他们带书信去见皇帝，再次提出通贡要求。阿勒坦汗围困北京三天，在得到明廷通过边臣答应通贡互市的允诺后，开始从容撤军。这个事件史称"庚戌之变"。

　　嘉靖三十年（1551），明朝怵于阿勒坦汗的威势，在大同镇羌堡、宣府新开口堡以及延绥宁夏开设马市。大同马市共易马 2700 余匹，以明朝方面缎布穷竭而止。宣府马市共易马 2000 余匹，延宁马市共易马 5000 余匹。但是由于只能以马换取布帛，并且富者有马，贫者唯有牛羊，阿勒坦汗又提出以牛羊易菽粟，以满足更多贫苦牧民的合理要求。然而却被杨继盛等空谈激昂之论的书生们所反对，嘉靖帝更耻于城下之盟，出于专制君主的妄自尊大和对蒙古的歧视，严令罢各边马市。阿勒坦汗的要求被拒绝，贫苦牧民不能以牛羊易菽粟，遂分散抢掠。马市关闭后，蒙古人又沿袭以往的做法，冲破明朝的禁令，与明朝边境军民私相贸易。但零散而又充满危险的贸易，杯水车薪，不能解决根本问题。嘉靖帝死后，形势发生转折。新入内阁的辅臣高拱、张居正推行改革，整顿吏治，清除积弊，朝廷空气为之一新。对于拒绝阿勒坦汗要求通贡互市的做法，也做了反省。

　　长期的战争使蒙明双方疲惫不堪。明朝君臣经过反复商讨，决定封阿勒坦汗为王，并允许通贡互市。明隆庆五年（1571）五月二十一日，边镇得胜堡（在今内蒙古丰镇市南境）塞外高筑晾马台，广设黄帏蓝帐，在喧天的鼓乐声中，阿勒坦汗接受明帝所封"顺义王"称号，另外还有65 人被封为都督、指挥、千户、百户等官职。同时宣布十三条和平条款，对如何处理双方往来的问题做了规定⑤。

　　明朝封阿勒坦汗为顺义王，允准蒙明通贡互市，《阿勒坦汗传》对此做了充分的肯定与赞扬：

> 此次会盟中为消弭（弥）对和局的疑虑，
> 蒙汉两大国一再聚会，
> 洒酒祭祀共同说誓于长生天，
> 从此和局确立之情如此这般。
> ……
> 其后汉蒙之和平大局稳定，
> 普大国休兵息民乐业安生，
> 使大元国大享其乐，
> 和平大局稳定之情如此这般。⑥

"隆庆和议"、"俺答封贡"的实现，结束了自明初以来蒙古右翼地区与明朝长达近200年的战争局面，蒙明边境很快呈现一派和平繁荣景象，并维持数十年之久。蒙明之间长达数十年的经济贸易，促进了当时蒙古社会经济、文化的发展。

安定的社会环境，促进右翼蒙古地区特别是土默特地区的经济迅速发展。从东起宣府，西迄甘肃的11处互市的官市和民市上，蒙古人以牲畜、畜产品，以及盐、碱、木材等交换内地的粮食、布帛、农具、种子、铁锅、纸张、医药等用品，贸易种类繁多，交易额历年递增，在很大程度上满足了蒙古地区的需要，也刺激了生产的积极性。后为满足蒙古人民日益增长的交换需求，又在沿边适当地点开设若干小市，也称月市，便于民间小规模的经济交流。阿勒坦汗等上层封建领主，则根据规定的贡期、贡道和贡额，每年遣使臣携带马匹入贡明朝，明朝以马的质量论价，给以金银，使臣也可以用金银购买内地的生活用品。阿勒坦汗历经37年努力，矢志不渝，终于实现他所期望的与明和平贡市。在当时的历史条件下，他所表现出的政治远见明显高于明朝君臣。正是在他的不懈努力下，明蒙之间出现了数十年的和平局面。

乌讷楚，原名君根，或称钟金哈屯，汉名三娘子，蒙古族。她资性颖捷，酷爱读书，通晓兵略，擅长歌舞骑射，通达事务，一生历配四王，为蒙古族杰出女性。明嘉靖四十四年（1565），为阿勒坦汗妾。乌讷楚深受阿勒坦汗的宠爱和器重，拨给她精兵万骑，并参与政事。隆庆和议达成后，阿勒坦汗命乌讷楚主持贡事，经管互市市场。乌讷楚不负重托，竭诚尽力，严守协约，使通贡互市活跃，边境安宁，人民安居乐业。互市每年一次，每逢农历二月至四月的数十天，蒙汉人民纷纷涌向张家口、新平堡、得胜堡、水泉营、红山墩和清水营等互市市场。蒙古人用马、牛、羊、骡及皮张、毛绒等与内地汉人交换布匹、绸缎、茶叶等生产生活用品。每当互市之时，三娘子均身着彩衣，腰佩刀箭，奔走其间，或调解纷争，或选购心爱物品，或参与骑射比赛，异常活跃。她还常与明王朝官吏会面，商谈互市事宜。有人曾赋诗赞三娘子曰："少小胡姬学汉妆，满身貂锦压明珰。金鞭娇踏桃花马，共逐单于入市场。"如图上 8-2，系包头市美岱召壁画中的互市图。

图上 8-2　边塞互市图　描绘蒙古与明朝互市贸易的繁盛景象。选自《中国少数民族文化史图典》，孔群摄。

万历九年（1581）十二月，阿勒坦汗病故后，乌讷楚又先后与辛爱黄台吉、扯力克、卜石兔三位汗王合婚。乌讷楚顾念一方之安宁，遵循阿勒坦汗生前与明王朝达成的"世代相传为王，以长部落归心"的约定，为蒙明边境安稳而奔波。万历十五年，明王朝为嘉奖乌讷楚顾全大局的精神和为蒙明边境和平而做的贡献，敕封他为忠顺夫人。乌讷楚由衷感谢，表示"我子子孙孙各部族，永世为天子守边，不敢背德"。

明万历四十年六月（1612年7月），乌讷楚（三娘子）病逝，时年62岁。明王朝准予七坛祭。乌讷楚去世后，后人在美岱召大雄宝殿东侧，专门为她修建太后庙，庙内供奉着她的发辫、梳子、腰刀、骨灰、靴帽、盔甲等物，还有一座3米高的覆钵式檀香木塔。乌讷楚为蒙明边境30余年之安稳，起到非常重要的作用。

第三节　农业　手工业经济的振兴

汉人出边　板升农业　板升手工业

发展农业，首先要有足够的从事农业生产的劳动人口。阿勒坦汗决定在土默川发展农业之际，已经初步具备这个条件。明嘉靖三年（1524）和嘉靖十二年，明朝大同镇先后发生两次兵变。据《明史纪事本末》载："初，大同之变，诸叛卒多亡出塞，北走俺答诸部。俺答择其黠桀者，多与牛羊帐幕……其有材智者李天章、高怀智等皆署为长。"[7]明朝的军卒绝大多数是农民出身，脱掉戎装，就是身怀熟练农业生产技能的劳动力或管理者。阿勒坦汗对于他们的到来，表示欢迎并加以妥善安置。嘉靖二十四年，湖广黄冈县人周元被充军大同后，投奔阿勒坦汗，被委任为"大笔写气"，受到阿勒坦汗重用[8]，拉开大量汉人逃亡塞外的序幕。嘉靖二十五年（1546），阿勒坦汗曾在砖塔城用牛二犋，耕地五六顷，种谷、黍、糜子、蜀秫。嘉靖三十年，阿勒坦汗广招汉民前来垦种，据《万历武功录》载，嘉靖三十六年，已经在塞外站稳脚跟的李自馨，随入关的蒙古军队回到其家乡招人前往塞外。

阿勒坦汗既已认识到汉族人口在开发农业中的作用，便悉心经营，继续扩大塞外汉族人口的规模，更注重招徕汉族知识分子，使丰州川从事农业生产的人口快速增长。这些汉人在丰州滩大黑河中下游一带广建房屋，形成村落，曰"板升"（板升是方言百姓的谐音，意为汉民居住的村落）。明隆庆四年（1570），从事农业生产的汉人达到5万余人。经过阿勒坦汗的努力经营，广泛推广应用中原农耕技术，使这里的农业生产得到迅速发展。截至隆庆五年"封贡"前后，出现"开云田丰州地万顷，连村数百。驱华人耕田输粟，反资虏用"⑨的局面。万历年间，板升地区的农业进一步发展。蒙古人的食物中，粮食开始占有越来越大的比重，以前没有的茄子、韭菜、大葱等蔬菜和瓜果等，也普遍种植。无论是生产工具的采用，还是谷物、蔬菜品种的丰富，都达到与明朝边境地区没有明显差别的水平。

为了解决缺少手工业生产工匠和生产原料不足的问题，阿勒坦汗采取各种手段，从明朝边境及内地招徕和招募汉族工匠。嘉靖三十年间投奔蒙古的丘全，是一位既能起建房屋，又会制造船舻的木匠师傅。早已效力于阿勒坦汗的汉人吕鹤等人，从中原招引造弓匠人投奔阿勒坦汗麾下。嘉靖二十五年，阿勒坦汗部下数十骑驰至明朝塞下，要求明朝派遣木工、画工、铁工等前往丰州建城⑩。隆庆五年蒙明和议实现后，阿勒坦汗更是屡屡要求明朝派遣大量各种工匠到蒙古地方从事手工业、土木建筑等。与此同时，阿勒坦汗还特别注意培养本民族的工匠，大大扩充蒙古族工匠队伍。通过以上措施，在蒙古社会中集聚起一大批各色工匠。

发展手工业的另一个要素是生产所需的原料。这些原料，有的可以自给，如砍伐木料，烧制砖瓦；但制造生产工具、兵器、生活用具的铁、铜、金、银、丝线、布帛等则必须依靠内地。在蒙明通贡互市之前，蒙古地区的这些原料主要通过如下几个渠道获得：一、在战争中夺取战利品。二、利用逃亡塞外的汉族兵民带去的一些原料、器具。三、变相或间接贸易。兀良哈三卫及哈密等卫与明朝保持长期、稳定的贡市关系，阿勒坦汗派遣自己的人夹杂在他们的使者中，来回沿途购买原料，还以较高的代价向诸卫换取原料。四、走私贸易。明朝边塞一些官兵，为了交好蒙古封建领主和牟取私利，不顾朝廷禁令，进行走私贸易，边民与蒙古人的私下交易则屡禁不止，交换的物品更加广泛⑪。隆庆和议之后，通过互市、民市等交易，除钢铁外，其他手工业原料源源不断地流入蒙古地区。在招徕和培养工匠、多方筹措原料的同时，阿勒坦汗还通过奖励措施刺激手工业发展。规定造甲胄一副奖一峰骆驼，造良弓一张或利刀一把奖一匹马，造牛角弓奖一头牛，造羊角弓奖一只羊。

经过阿勒坦汗等人长期苦心经营，右翼蒙古地方，特别是板升社会的手工业有了空前发展。一大批各色匠人的劳作，使畜产品加工、农产品加工、日常生活用品加工得以正常进行，甲胄、鞍辔、兵器等军事装备生产也初具规模。此外，板升社会还先后建有不少村镇、宫室，一些建筑物高大壮观，结构复杂，雕梁画栋。这些村镇还是手工业生产基地，从事各种手工业生产的作坊及匠户星罗棋布，手工业产品交易相应发展。

第四节　藏传佛教传入蒙古社会

阿兴喇嘛传教土默特　阿勒坦汗迎请索南嘉措　三世达赖喇嘛土默特弘法　四世达赖喇嘛云丹嘉措　佛经翻译　藏传佛教对蒙古地区的影响

北元早期，蒙古与西藏建立的联系基本中断。明嘉靖四十五年（1566），阿勒坦汗的侄孙、鄂尔多斯万户的库图克台切尽黄台吉（即库图克台彻辰洪台吉）出兵西藏，回师时迎请三位藏族喇嘛来到蒙古地方。这三位藏族喇嘛来到右翼蒙古之后，备受敬重，由于他们的影响，右翼蒙古的许多贵族开始信仰藏传佛教。

明隆庆五年（1571），西藏阿兴喇嘛来到右翼蒙古土默特，向阿勒坦汗讲述佛法，劝其皈依佛教。阿兴喇嘛十分了解自忽必烈开始蒙古诸汗世世崇信藏传佛教的历史情况，因此他以佛教的"因与果相符"，"善因得善果"的理论启发阿勒坦汗，并暗示他是元代"最初的上汗"忽必烈的转世。阿兴喇嘛的这一番谈论，正合阿勒坦汗的心愿。阿兴喇嘛为引导阿勒坦汗步入佛门，进一步向他讲述佛教所称佛、法、僧三宝，信奉三宝的三项要求，以及"六字真言"、"八戒"等。看到阿勒坦汗欣然接受佛教，阿兴喇嘛又向他提出迎请格鲁派教主索南嘉措的具体要求。阿勒坦汗“欣然赞同”。

明万历二年（1574），阿勒坦汗向西藏派出使团，并要求他们在青海恰布恰地方兴建寺庙。土虎年（万历六年，1578 年）五月十五日，索南嘉措在青海湖畔新建起来的恰布恰庙会见阿勒坦汗。会见期间，索南嘉措将阿勒坦汗称作忽必烈汗的化身，赠给他“梵天大力咱克喇瓦尔迪法王”称号；阿勒坦汗将索南嘉措称作忽必烈汗的帝师八思巴喇嘛的化身，赠给他“持金刚达赖喇嘛”称号和金印。“达赖喇嘛”的称号向上追溯两世，索南嘉措称“三世达赖喇嘛”。从此，“达赖喇嘛”这一称号一直沿用至今。

三世达赖喇嘛索南嘉措，被阿勒坦汗迎请到新建的恰布恰庙的法座上，剃度以三家王族子弟为首的百余名蒙古人出家，并授戒律。三世达赖喇嘛的行为，以及后来他的转世也出生在蒙古地方，都是为了有意识地培养蒙古僧人，使他的教派扎根于蒙古地区，深入蒙古人心中。在恰布恰庙会谈中，索南嘉措还为在场的土默特、鄂尔多斯、永谢布—喀喇沁等右翼蒙古万户的领主们和蒙藏僧俗要人颁赐各种佛教称号。获得称号的这些僧俗要人，对后来蒙古地区佛教的发展起到非常重要的作用。阿勒坦汗从青海返回归化城后，即按照自己的许愿，完成供奉释迦牟尼佛的大召寺的建造，使其成为蒙古地方第一座格鲁派藏传佛教大寺院。

明万历十年（1582）二月，阿勒坦汗去世。阿勒坦汗夫人三娘子遣使赴西藏，邀请三世达赖喇嘛前来蒙古为阿勒坦汗做法事，进一步在蒙古各部广泛传播格鲁派藏传佛教。三世达赖喇嘛到达鄂尔多斯后，开展灌顶、做法事、开光等一系列弘教活动。万历十三年初，三世达赖喇嘛来到土默特万户，驻锡于归化城释迦牟尼召（即今大召），并在这里继续传教弘法。他先后为释迦牟尼银像装藏开光、为信徒举行灌顶仪式。万历十四年，三世达赖喇嘛举行新年庆典和神变供养法会。不久，他又主持辛克都隆汗的葬礼，并为之做法事。是年三月二十六日，在三世达赖喇嘛主持下，为阿勒坦汗遗骨举行隆重的火化仪式。

喀尔喀万户首领阿巴岱·车臣汗闻知三世达赖喇嘛在归化城弘法，于万历十四年（1586）赶到归化城拜见三世达赖喇嘛，倾听其讲述佛教经义，三世达赖喇嘛赐他"瓦齐赉汗"称号。阿巴岱·车臣汗返回喀尔喀后，在喀尔喀地方修建寺庙，弘扬格鲁派教义。不久，应喀喇沁白洪岱昆都仑汗邀请，三世达赖喇嘛前往喀喇沁传教。

明万历十六年（1588）三月二十六日，三世达赖喇嘛在吉嘎苏台地方圆寂。为巩固格鲁派藏传佛教与蒙古的同盟关系，三世达赖喇嘛的遗愿是：他的继承者四世达赖喇嘛，转生于成吉思汗的王族中。万历十七年正月，驻牧于宣府下西路正北边外擦哈猱儿（今商都县查汗诺尔）之地的阿勒坦汗之孙松木儿台吉家诞生一男婴。三世达赖喇嘛的管家楚臣嘉措和许多土默特人认为此男婴即三世达赖喇嘛的转世灵童，并派人前往拉萨说明情况。万历二十年，在僧俗众人的陪护下，小灵童从家乡来到归化城。西藏方面也派出三世达赖喇嘛的大管家巴丹嘉措为首的三大寺僧众代表，前来灵童的家乡核查、迎请。僧众代表启程前，西藏格鲁派喇嘛中年龄最大、最具权威的班觉嘉措为小灵童起法名"云丹嘉措贝桑布"。实际上是对灵童地位的确认。云丹嘉措入住释迦牟尼召，研修佛法。万历三十年，四世达赖喇嘛启程赴藏，翌年到达拉萨，受到数万人隆重热烈的欢迎。从此，蒙古人与格鲁派藏传佛教的关系更加密切。

随着藏传佛教的传入，佛经的翻译（蒙译）活动也在蒙古社会中兴起。阿勒坦汗与索南嘉措在青海湖畔会见期间，阿勒坦汗就命令摆要把都儿台吉（阿勒坦汗次子不彦台吉之子）组织人员翻译重要的佛教经典《金光明经》。"佛教界认为，《金光明经》与《法华经》《仁王护国般若经》同为镇护国家之三部经"[12]。万历十一年，该经译讫刊行。

从明万历二十年（1592）开始，蒙古社会出现大规模的译经活动。在土默特万户那木岱彻辰汗（扯力克）和钟根哈敦（三娘子）的倡导下，将全部《般若波罗蜜多心经》译成蒙古文。万历三十年，在那木岱彻辰汗、钟根哈敦以及温布洪台吉（阿勒坦汗之孙）三人的倡导和资助下，经师们开始把《甘珠尔》经翻译为蒙古文。到万历三十五年，一百零八部《甘珠尔》经全部蒙译完毕。此外，还蒙译成《贤愚因缘经》。在译经活动中，一批高僧承担了佛经翻译的具体工作，其中最著名的是锡埒图·固什·绰尔济。锡埒图·固什·绰尔济是三世达赖喇嘛的高徒，万历六年随从三世达赖喇嘛参加青海湖畔与阿勒坦汗的会见，得到阿勒坦汗的敬重，并随阿勒坦汗前往蒙古地方传教。他一生的宗教活动，除了培养四世达赖喇嘛之外，主要是在归化城用蒙古文翻译佛经。他在译经方面最大的建树，是万历三十年至三十五年间，领导和主持蒙古右翼三万户译经师把《甘珠尔》全部译成蒙古文。他还亲自翻译《般若波罗蜜多十万颂精义》《般若波罗蜜多一万八千颂》第三卷、《般若波罗蜜多一万颂》第四卷、《吉祥金刚怖畏雅曼达嘎 [威德金刚] 生成威德起始道次第》《大吉祥怖畏起始道次第》《吉祥智慧本尊六臂法王》《目犍连报母恩记》等十余部佛教经典。此外，他还撰写佛学著作《本义必用经》。该书对日后的蒙古史编纂产生巨大影响。

在林丹汗时代，译经活动仍在继续。林丹汗命高僧贡嘎斡节儿领导一个由 35 人组成的译经班子，于明崇祯元年至二年（1628—1629），对元代和 16 世纪以来所译的《甘珠尔》零星经文以及那木岱彻辰汗等人倡议蒙译的《甘珠尔》经重新进行校勘整理，将其所缺内容进行补译，用金粉书写在青色的"中国纸"上。

蒙古右翼三万户在阿勒坦汗率领下皈依藏传佛教，并致力于藏传佛教在蒙古地区的传播，其历史影响巨大而深远。随着藏传佛教的迅速传播，蒙古人对它的崇拜和信仰越来越深，大量人丁出家，西藏式僧侣阶层在蒙古地区逐渐形成。在格鲁派教义的束缚下，昔日蒙古人的开放思想和尚武精神逐渐泯灭，其影响一直延续到近代。尽管藏传佛教传入蒙古社会后带来不少消极影响，但其对蒙古社会的积极作用也不容低估。例如随着大量佛经的翻译，许多学科如天文、历法、医学、建筑、音乐、绘画等知识也系统地传入蒙古社会，并造就一代代蒙古族知识分子。为了便于佛经翻译，明万历六年（1578），在三世达赖喇嘛的指导下，土默特部高僧阿优希固什，将梵文佛教名词术语用蒙文音标进行标写，创造"阿礼嘎礼"（Ali Gali）字母，对后来蒙古文献的整理、研究发挥巨大作用。藏传佛教的传入，还使中断二百余年的蒙藏关系得以恢复和加强，沟通相互间的政治、经济、文化交流。藏传佛教传入蒙古，促进蒙古社会文化的明显发展。

第五节 法典 史著 碑铭 石刻

《图们汗法典》《阿勒坦汗法典》《十善福经白史》《阿勒坦汗传》《黄金史纲》 大公大运固什碑 阿勒坦汗碑铭 林丹汗碑铭 美岱召泰和门石刻

蒙古民族是一个注重法制的民族。早在成吉思汗建立大蒙古国之前，蒙古社会中就有"古来的约孙"，是一种长期积淀而成的社会习惯或行为规范。成吉思汗建立大蒙古国后，又制定了"大札撒"。北元时期，蒙古人依然保留着法制传统，大汗或各万户、部落首领先后制定、颁布成文的法典。其中较著名的有：

《图们汗法典》是在明嘉靖三十七年（1558）图们汗继位后，为了恢复大汗的权威，加强统治而制定的法典。《古蒙古汗统大黄册》（《大黄册》）记载：图们汗会见噶尔玛喇嘛，遂受禅教，聚集六万户，造大法典。《蒙古源流》等蒙古文历史文献中也有类似记载。文中的"大法典"即《图们汗法典》。《图们汗法典》的法律条文有：打架、斗殴、人身伤害、人命事；婚姻嫁娶、治奸事；葬埋、治盗事；追捕、逃亡事；使者、官差事；出征、战阵事；听讼、判刑事；证人、设誓、服法事；遗产分配、财产继承事；诸颜与平民关系事；尊师、敬上、禁忌事；牧养、射猎事等事项。

《阿勒坦汗法典》的制定。"隆庆和议"后，阿勒坦汗统领的土默特万户经济得到迅速发展，整个右翼蒙古社会进入稳定发展时期。藏传佛教再次转入蒙古后，阿勒坦汗在大力弘扬佛教的同时，致力于法治建设，制定、颁布法典，并要求"一切人等都要明确地铭记于心"，否则，"不真正顺应［政教二法规］而各行其是者，无不变作罗刹女的眷属，必被永久镇压"[13]。《阿勒坦汗法典》是一部刑、民、行政诸法合一的法律，约有一百数十条，内容包括：前言、人命案、致人伤残案、盗窃案、夫妻、家庭纠纷案、主奴纠纷案、尸体与传染病事项、抗灾保畜事项、保护野生动物事项、扶助救济他人事项、使臣与公差、叛逃案等，对违反条文者，均有明确而详细的处罚规定。《阿勒坦汗法典》大体规定三方面的内容：（一）有关刑事方面的法律规定；（二）有关民事方面的法律规定；（三）有关行政法规方面的规定。

16 世纪下半叶，蒙古族史学家开始编写一些重要史学著作。

《十善福经白史》简称《白史》。该书序言说："并行不悖政教两道之纲领《十善福经白史》，初由查克拉瓦仑彻辰皇帝编著，后经呼图克图·绰克查松·吉鲁肯·岱青·彻辰·洪台吉预知其真意，自松州城觅得之，并与维吾金氏比兰纳识里微征固实之古本相校核，精心酌撰修订。至顺元年写就。"⑬亦即该书是由忽必烈汗编著，到北元时期又由鄂尔多斯库图克台彻辰洪台吉修订而成。然而据后世学者研究，该书似为明代喇嘛伪托忽必烈汗和库图克台彻辰洪台吉之名撰写而成的。书中指出，从忽必烈汗开始，元朝奉行"政教两道"，记述了忽必烈汗以来元代的一些世俗法规和佛教教规。该书记载的元代官职、教职多数与元代的实际情况不符，甚至还记有明代的官职⑮。

明代流传的用蒙古文书写的史学和文学著作不多，《阿勒坦汗传》占有极为重要的位置。本书原题名《名为宝贝汇集之书》，正文中又有《转轮王阿勒坦汗生平的名为宝鉴之略传》《天圣阿勒坦汗之善行传记》《转轮王阿勒坦汗传》等名称。作者佚名，应当是阿勒坦汗身边一位通晓佛教的亲信人物，约在 17 世纪初成书。《阿勒坦汗传》是一部不可多得的史学著作，内容主要叙述阿勒坦汗的生平事迹，其中又以阿勒坦汗引进藏传佛教及佛教在右翼蒙古地区传播的内容最为丰富。通过该书的记载，使人们对达延汗的一些活动，达延汗家族系谱，阿勒坦汗征讨兀良哈、卫拉特和青海，阿勒坦汗与明朝的交往，庚戌之变与隆庆和议，兴建归化城及寺庙，当时的蒙藏关系，阿勒坦汗与三世达赖喇嘛的会见，阿勒坦汗的继任者及其若干活动等等，都会有更加清楚的了解。其记载可以在汉文及藏文史籍中得到印证，人物、时间、地点较为准确，尤其是对蒙古社会内部情况的记载，有着汉文史料无法替代的价值。该书还是一部优美的文学著作，全书用诗体写成，是研究 17 世纪初前后蒙古语言、文字、文学等极为珍贵的重要材料。

《黄金史纲》全称为《诸汗源流黄金史纲》，作者佚名，成书于明万历三十二年至明天启七年（1604—1627）间。该书首先简单追述印藏王统，然后记叙蒙古王统，作者将蒙古族源同印度、吐蕃联结起来，在蒙古编年史中首创印藏蒙同源说。该书主要记载从孛儿帖赤那到元顺帝妥懽帖睦尔的历史；从北元汗廷建立到林丹汗继位的历史，其中较详细地描写满都海哈屯扶持达延汗统一蒙古的事迹。《黄金史纲》是一部简明的蒙古编年史，是《蒙古秘史》之后出现的又一部重要的蒙古史著。它史料翔实，记事年代较为准确，是研究北元时期蒙古史的重要文献，特别是研究北元蒙古汗系和诸诺颜台吉谱系的珍贵资料。《黄金史纲》成书之际，在佛教得以弘扬等多种因素的影响和推动下，蒙古社会出现文化复兴的趋势。《黄金史纲》之后，又有一批史著陆续编撰完成。因此，《黄金史纲》对于其后编纂的蒙古历史文献，如无名氏《古代蒙古汗统大黄史》、萨冈彻辰的《蒙古源流》都产生程度不同的影响，在蒙古史研究和编纂中占有重要地位。《黄金史纲》是在蒙古古代民间传说和历史故事的基础上编撰而成，保存了古代蒙古民间传说、故事、诗歌等文学体裁，所以又不失为一部优秀的文学作品，是蒙古古代文学的珍贵遗产。

罗卜藏丹津所撰《黄金史》，大约写于林丹汗时期，它晚于《蒙古秘史》，早于《蒙古源流》，是一部较完整的古代蒙古史。尤其是它将窝阔台汗至林丹汗时期的蒙古历史作了较完整的记述，这是《黄金史》优于其他蒙古编年史的一大特点。

16 世纪后期，随着经济社会发展以及佛教寺庙的建设，蒙古社会开始刻碑勒石，记人志事，成为弥足珍贵的石刻历史文献。

大公·大运·固什碑系蒙汉文合璧的碑铭，立碑于火母羊年即丁未年（万历三十五年，1607）。发现于呼和浩特市西郊达尔扎村旧址。碑高 64 厘米、宽 45 厘米，厚 15 厘米。石碑阳面为汉文碑额，因后人将阳面汉文基本除掉另刻龙王神像，只存汉字约近 200 个，几乎无法释读。碑文中有"忠顺夫人长子不他失利"等字样，很可能此碑与三娘子长子不他失利有关。碑阴面为蒙古文，共 14 行，近 400 余字。主要内容为：1."祝愿奉天命而降生的阿勒坦汗的法规永远在蒙古地区弘扬光大"；2. 蒙汉"议和"（指隆庆和议）中立过功勋的蒙古大臣们获得印信和赏赐；3. 阿勒坦汗时代所征服的蒙古各部的名称及其功勋。协助阿勒坦汗建立大政的人也获得"拔希们"的尊号，并成为"自由自在行走的人"；4. 最后特别强调夏季三个月内禁止杀生举行血祭的法规。

阿勒坦汗碑铭在内蒙古百灵庙东北部的阿伦苏木古城东北方发现。该碑为蒙文碑，碑文前的题目为"石文"，通称为"阿勒坦汗碑铭"。碑高 112 厘米，宽 68 厘米，厚 17 厘米。正反两面各有文字，正面 20 行，清晰可辨，反面字迹不清。立碑时间，碑文未记载具体年月，但根据碑文内容可以断定为明万历二十二年（1594）前后所立。碑文内容主要赞扬阿勒坦汗及其孙子大成台吉和夫人太后哈敦等人修建寺庙，弘扬佛教的功德。碑文由德利戈尔·班智达的人撰写。

林丹汗碑铭于清光绪十九年（1893），在内蒙古巴林右旗北部的白塔子旧城（辽代庆州）遗址上发现。该碑立于明天启六年（1626），碑文用藏文、蒙文刻写，蒙文碑文系从藏文碑文逐字逐句翻译而来。碑文正面文字 34 行，每行约 65 字，碑石旁侧也刻有 6 行文字（字数近似正面），共 40 行字。碑文纪录建立佛塔的历史和功德，西藏萨迦派高僧夏尔巴呼图克图来到林丹汗身边，成为可汗的供养喇嘛；林丹汗为其曾祖父图们扎萨克图汗的遗体举行火葬后，为他建立法身崇拜的对象——大神变塔，又为了实现他母后的愿望，建造天降塔。碑文中特别提到林丹汗的妹妹索拉斯瓦蒂，于天启六年建成这两座塔的同时立石碑纪念之事。

美岱召位于内蒙古土默特右旗境内大青山南麓，召庙前矗立着一座城门——泰和门，城门门额上镶嵌一方刻有文字的石匾，称美岱召泰和门石刻。长约 69 公分，宽约 52 公分，刻有藏汉两种文字。一行藏文刻在石匾上方，藏文下方为汉文。经释读，藏文开头为种子字，中间部分为"向圣识一切索南嘉措顶礼"，结尾为观音菩萨心咒，六字真言[16]。汉字 113 个：

元后敕封顺义王俺答呵嫡孙钦升龙虎将军天成台吉

妻七庆大义好五兰姚吉誓愿虔诚敬赖三宝选择吉地

宝丰山起盖灵觉寺泰和门不满一月工城圆备神力助

佑非人所为也

皇图巩固　帝道咸宁　万民乐业　四海澄清

大明金国丙午年戊戌月己巳日庚午时建

木作温伸　石匠郭江

石刻中的"俺答呵"即阿勒坦汗，"天成台吉"、"五兰妣吉"是指大成台吉把汉那吉及其妻大成妣吉。"金国"是指阿勒坦汗(Altan，金)统治下的土默特部(ulus，国)。蒙古人使用"大明"一词，并不具有"大明朝"的意思，而是"伟大的、包括一切的"意思。当时的蒙古上层人物纷纷在其名号前冠以"大明"一词，例如，在蒙古末代大汗林丹汗的一长串称号中，有一部分即"……索多·成吉思·大明·薛禅……汗"，甚至成吉思汗也被称作"大明·索多·成吉思汗"。因此，"大明金国"表示的是"伟大的金国"之意⑰。"大明"一词来自阿勒坦汗尊号"格根汗"，"格根"的意思是"光明"、"大明"，"格根汗"可汉译为"光明汗"或"大明汗"，所以"大明金国"即"格根阿勒坦汗之国"⑱。"大明"，蒙古语为"义和葛根"，即太阳、大光明、无限光明、佛光之意，应与佛教有关，"大明金国"即佛光普照无限光明之金国⑲。其石刻落款中指明泰和门修建于"丙午年"，即明万历三十四年（1606）。

第六节　史诗　文学

《江格尔》　江格尔奇　《华夷译语》　口头文学

英雄史诗《江格尔》，产生于蒙古原始社会末期和奴隶社会初期，到明代基本完善定型。它最初以口头说唱形式在卫拉特蒙古民间流传，后来广泛流传于整个蒙古地区。在漫长的流传过程中，它以神话传说为根基，以英雄故事为主干，以诗韵说唱为形式，经过历代民间艺人加工再创作，内容不断丰富、篇章日益扩展，最终成为 60 余章，10 余万诗行的鸿篇巨帙。《江格尔》主要描写了以江格尔为首的几个部落盟主和 6000 余名蒙古勇士，以超人的智慧和非凡的才能，同侵略家乡的敌人进行征战的过程。《江格尔》在篇章结构、故事情节和人物塑造等方面具有游牧民族说唱艺术的特征。各章由江格尔、洪古尔等人物贯穿起来，故事情节保持一定的连续性，使全书成为一个有机整体。这部史诗所塑造的各类形象、浓厚的抒情色彩、鲜明的民族风格、精巧的构思和丰富多彩的语言，把蒙古族英雄史诗推向成熟阶段。

《江格尔》在蒙古文学史、社会生活史、思想史、文化史中均占有重要地位，它不仅代表了远古蒙古文学的最高成就，具有很高的文学价值和珍贵的史学价值，而且对于研究远古蒙古的哲学思想、宗教信仰、伦理道德、风俗习惯等方面，都具有不可忽视的作用。《江格尔》与藏族的《格萨尔王传》、柯尔克孜族的《玛纳斯》，并列为中国的三大英雄史诗。

在历史上，说唱《江格尔》的艺人被称作"江格尔奇"。数百年来，江格尔奇们用马头琴或"托甫秀尔"（一种弹拨弦鸣乐器）作为伴奏乐器，大多以自拉自唱的方式，一代接一代地说唱着《江格尔》史诗中的故事。江格尔奇之所以能够一连几天几夜说唱篇幅浩繁的《江格尔》，他们靠的不是通篇背诵，而是首先将整体结构熟记在心，然后再掌握史诗中大量的程式化片语——即对特定人物、特定环境、特定情节的固定表达方式。有了这些作为基础，剩下的主要依靠江格尔奇的个人才能的现场发挥，有时也即兴插入一些自己创作的段落。所以说，江格尔奇不仅是英雄史诗《江格尔》的继承者、传播者，而且也是再创作者。

明代，随着对外交流的增多，翻译学得到重视。明洪武十五年（1382），火源洁（蒙古族）等受朱元璋之命撰写《华夷译语》，并于洪武二十二年锓板发行，被称为洪武板。这是最早的一部蒙汉正规辞典。《华夷译语》按天文、地理、人物、器物分门别类对蒙古词汇进行汉译，并列出汉字音译。《华夷译语》出版后，翻译了大量蒙古史著。当时的语言文学家们将《蒙古秘史》畏兀儿原文用汉字逐句音译出来，附以汉文总译，并改名为《元朝秘史》。在明代，这是一项重要的文化成就。《华夷译语》还不单是一种蒙汉辞典，对蒙古史学、语言学的研究，也有着重要的史料价值。明代蒙古族语言学家贡嘎敖其尔编著的《心鉴》，也是一部蒙古语言学巨著，它总结了历史上蒙古语言文字发展的成就，具有很高的学术价值。

16世纪末至17世纪初，反映蒙古社会生活的文学作品《乌巴什洪台吉的故事》，表现蒙古族杰出人物的作品《达延汗所属四万户蒙古人颂》《满都海彻辰哈屯的传说》等，也以陶力、乌力格尔口头说唱的形式在蒙古草原流传，它们在蒙古文学史上占有重要地位。"乌力格尔"是蒙古族特有的说唱艺术，汉意为说书。在蒙古族民间，将只说唱故事而无乐器伴奏的，称作"亚巴干乌力格尔"，用潮尔伴奏说唱的称为"潮仁乌力格尔"，用胡琴伴奏说唱的称为"胡仁乌力格尔"。蒙古族口头文学，题材多样，内容丰富，风格多样，大多富有诙谐幽默、轻松活泼的特色，深受广大蒙古族人民喜爱。

第七节　明代文化遗存

归化城　弘慈寺　美岱召

明隆庆五年（1571）和议的实现，结束了蒙明之间的长期对峙与战争，和平局面的出现，为蒙古的城镇建设提供了必要的前提条件。"隆庆和议"的第二年，阿勒坦汗开始着手实现他酝酿已久的"城丰州"的决策，大规模建城。《阿勒坦汗传》记载道：

名圣阿勒坦汗于公水猴年（壬申年，明隆庆六年，1572），
又倡导仿照失陷之大都修建呼和浩特，
商定统领十二土默特大众，
以无比精工修筑（此城）。
于哈鲁兀纳山（今大青山之南）
阳哈敦木伦河（黄河）边，
地瑞全备的吉祥之地，
巧修拥有八座奇美楼阁的城市
及玉宇宫殿之情如此这般[20]。

明万历三年（1575）城市基本建成，阿勒坦汗请明朝皇帝为此城命名，被赐名为"归化"（图上8-3，今呼和浩特市玉泉区，俗称旧城）。

万历九年，阿勒坦汗又修建周长20里的归化城外城，使这座城市具备更大规模。应阿勒坦汗的请求，在建城过程中，明朝大力支援建城所需的

图上8-3　归化城北门　孔群、张向东、张文平等提供资料

颜料、车辆、食米等。

万历十五年，明王朝特封三娘子为"忠顺夫人"。三娘子在三代顺义王期间，一直住在归化城，因此，人们又称归化城为"三娘子城"。

万历六年，阿勒坦汗在青海与三世达赖喇嘛会见时，应达赖喇嘛要求，许诺返回蒙古后在归化城修建佛寺。阿勒坦汗于万历七年底回到自己驻地，翌年底释迦牟尼寺建成，明朝赐名"弘慈"。弘慈寺又称"大召"，蒙古语称"伊克召"，伊克召意即"大庙"。万历十四年，阿勒坦汗的继承者僧格杜陵汗邀请达赖三世来归化城，主持弘慈寺银佛开光法会，并驻大召佛爷府。从此大召成为漠南蒙古地区最著名的寺院。释迦牟尼佛像为白银所铸，故大召又叫"银佛寺"。崇祯十三年（1640），土默特都统古禄格重修大召，改弘慈寺为"无量寺"。

大召建筑格局，分为纵向三列，占地面积 3 万平方米。大召建筑宏大巍峨，布局别具一格。最南面中间是山门，门前有石鼓两对，青石狮子一对。山门内是天王殿，再后为菩提过殿，过殿以北是全寺主体建筑经堂、佛殿，二者连为一体，统称大殿。经堂门前阶下，东西各有铁狮子一只，翘首蹲吼。经堂内空旷森严，殿宇宏伟。佛殿正中为巨型释迦牟尼像，端庄安坐，栩栩如生。银佛前特设两根通天柱，盘绕二龙戏珠，工艺精湛。殿顶有万人镜，辉映殿堂，东西两侧为八大菩萨和护法神，造型优美，世所罕见。银佛左右为宗喀巴、达赖三世和达赖四世铜像。大召东边一列，俗称"东仓"，东北隅有喇嘛印务处。西边一列，俗称"西仓"，有乃春庙、庙仓、喇嘛住房等。大召建筑面积 2560.8 平方米，建筑风格以汉式为主，唯经堂是汉藏混合式建筑。大召大殿绘有壁画。殿内保存着一百零八部《甘珠尔》经及乐器、法器、供器等珍品。

在归化城西北 83 公里处的大青山脚下，阿勒坦汗还另建一座规模较小的城美岱召（图上 8-4）。该城于明万历五年（1577）开始兴建，万历八年底完工。为此，他请明朝派一名阴阳先生来选择吉日，以便进城居住[21]。

美岱召，总体布局风格独特，是城与寺相结合的建筑群。其独特之处在于：起初为城，后城中建寺，再后来改建为寺庙。其四周筑有高而厚的城墙，有城门和城楼。城楼为两层悬山顶式建筑。城墙四角有突出的马面，上有重檐角楼各一座。城墙内的主体建筑分布在中轴线上，两

图上 8-4　美岱召全景　孔群摄

侧有附属建筑。从外观上看，美岱召似乎是一座典型的城堡，然而在这座城堡内建有佛教寺院的大经堂以及各类佛殿、佛像；佛殿内绘制有精美的壁画。这种城与寺相结合的建筑物，在内蒙古地区堪称第一座[22]。一般寺庙的正殿内，正中为释迦牟尼佛（现世、现生），东首为弥勒佛（来世、来生），西首为燃灯佛（前世，前生）三世佛。美岱召正殿后方有一座三层歇山顶式楼阁，是专门供奉三世佛的大殿，俗称"三佛殿"。这里原塑有巨大的三世佛泥塑像，造型精致而优美。

美岱召城寺合一，人佛共居。融蒙、藏、汉三种风格为一体的建筑群落，恢弘而精美的壁画艺术，厚重而丰富的历史文化内涵，使美岱召闻名遐迩。阿勒坦汗家族礼佛图大型壁画，绘制在美岱召大雄宝殿佛殿西壁。画面长 16.5 米，高 1.9 米。描绘大小人物 62 个，其中主要人物 9人，配景人物 53 人。须弥座在中间将家族礼佛图整幅画面分为南北两部分，北为三娘子图，南为礼佛图。须弥座中有一金刚杵形篆书"寿"字，周边环绕五只蝙蝠，系"五蝠捧寿"吉祥图案。间饰吉祥云纹，边饰缠枝蔓纹。

三娘子图，绘有人物 19 个。中心醒目位置画一老年妇女像，像高1.7 米，为整组壁画表现最为尊贵的核心人物。老妇人面容红润，弯眉细目，朱唇小口，面目慈善。头戴红色皮檐笠字帽，外着黄色皮领对襟长袍，圭形发袋垂于胸，脚穿白底皂靴。耳坠大环，颈挂红色珊瑚项链，左手托本巴瓶，拇指挂一串乌木佛珠，右手托着被称之为"淖尔布"的喇嘛教圣物摩尼珠，结跏趺坐于铺有红色绒毯的木几上，一副雍容华贵之态。几前放摩尼宝珠，左右各有一红袍束带喇嘛侧身敬立，一人执壶，一人托碗，作恭谨侍奉状。

礼佛图描绘人物众多，总计 43 人，占整组壁画人物数量的三分之二。其中主要人物 5 人，以红装妇女和红衣喇嘛为核心安排布置。这位妇女画面高 1.3 米，地位仅次于三娘子，她头戴红缨彩色席帽，浅蓝色半袖长袍，罩大红比甲，黄色披肩，耳环略同于三娘子，颈挂连环项链，嵌松石方形项坠。左手上托淖尔布，右手持乌木佛珠，趺坐在半圆形墩台上，表情温和庄重，侧身面向红衣喇嘛。红衣喇嘛头戴红色荷叶形笠子帽，穿红黄僧衣，大红袈裟，右手托火焰钵，左手托摩尼珠，须发卷曲，大眼炯炯有神，透射出练达与睿智，侧身趺坐与红装妇女相对，作宾主相迎状。红装妇女的上方，绘宝幢、法轮、宝瓶、双鱼、伞盖、海螺、盘肠、莲花，谓之"佛教八宝"。红衣喇嘛左上方置各种经卷和净瓶，下部左右放置两个高坐白色嘎波罗，即颅器，器腰装饰三个骷髅，器内血浆波涛翻滚。

佛殿北墙绘佛祖释迦牟尼组画，画面高 6.55 米，阔 16.5 米。佛祖双目微启，左手持钵，钵内现大红莲花一朵，右手示降魔印，结跏趺坐于莲台宝座。迦叶、阿难二弟子毕恭毕敬侍立于左右。

释迦牟尼巨像东侧，绘六尊姿态相同的释迦牟尼小佛像，导出释迦牟尼六大生平故事图，分别是腋下降生、太子试箭、出游四门、剃度出家、牧女献糜、初转法轮。巨像西侧也绘有六尊小释佛像，导出"降魔神变"等故事。

佛殿东墙正中，绘宗喀巴祖师巨像。画面高 6.55 米，阔 16.5 米。宗喀巴大师结跏趺坐，双手作说法印，肩后生出白莲花。其右肩的白莲花上竖有一剑，左肩白莲花上置有经箧。在造像上，双肩生莲花，右出宝剑、左出经箧是文殊菩萨的标识。宗喀巴自称是文殊菩萨的化身，所以也用这样的标识，标明自己的身份。画面主尊身份是宗喀巴八大心传弟子在诵经、听法，周围绘宗喀巴生平事迹图。

西墙正中所绘的也是宗喀巴巨像，其画法与东墙大体相同，局部作了不同处理。这是一组"师徒三尊"画，其侧二位弟子，一位是宗喀巴的上首大弟子、甘丹寺的建造者和接班人贾曹杰，一位是后被追认为一世班禅的克珠杰，他们是格鲁派的主要奠基人。主尊宗喀巴右手作指地降魔印，左手持钵，与释迦牟尼手印相同，肩上则不再画剑和经书的标志。

在八角庙门东侧的墙壁上，绘有《猴子百戏图》，有为酬神演出之意，也许是画家即兴之作。反映民俗、民情的绘画，给严肃的宗教内容增添了轻松活泼的气氛。还有一"昆仑奴"模样的人露出身影。"昆仑奴"是指被贩卖至中国的印度人，表演杂技、魔术以娱人。

【注释】

① 参见薄音湖：《关于北元世系》，载《内蒙古大学学报》1987 年第三期。

② 参见《明孝宗实录》弘治十一年二月己巳、五月乙巳。

③ 参见晓克主编：《土默特史》，内蒙古教育出版社 2008 年版，第 125 页。

④ 《明世宗实录》卷三一一。

⑤ 参见王士琦：《王云筹俎考》卷二《封贡考》，国立北平图书馆善本丛书第一集，1937 年版。

⑥ 珠荣嘎译注：《阿勒坦汗传》，内蒙古人民出版社 1990 年版，第 76、78 页。

⑦ 谷应泰：《明史纪事本末》卷六〇《俺答封贡》，中华书局 1977 年版。

⑧ 参见薄音湖、王雄编辑点校：《明代蒙古汉籍史料汇编》第二辑《赵全谳牍》，内蒙古大学出版社 2000 年版。

⑨⑩ 瞿九思：《万历武功录》卷八《俺答列传·下》。

⑪ 参见杨绍猷：《俺答汗评传》，中国社会科学出版社 1992 年版，第 40 页。

⑫ 参见乔吉：《蒙古佛教史·北元时期（1368—1634）》第五章，内蒙古人民出版社 2008 年版。

⑬ 苏鲁格译注：《阿勒坦汗法典》，载《蒙古学信息》1996 年第一期。

⑭ 吴柏春、鲍音：《〈十善福经白史〉浅译注析》，载《内蒙古民族师院学报》1988 年第四期。

⑮ 参见达力扎布：《蒙古史纲要》，内蒙古大学出版社 2002 年版，第 404 页。

⑯⑲ 参见金晨光：《美岱召泰和门石匾铭文考释》，载《蒙古学信息》2004 年第四期。

⑰ 参见薄音湖：《明美岱召泰和门石刻考》，载《民族研究》2005 年第五期。

⑱ 参见乔吉：《内蒙古寺庙》，内蒙古人民出版社 2003 年版。

⑳ 同上⑥，第85—86页。

㉑ 郑洛：《抚夷纪略·虏王西牧申明约法·答虏王请出边阅城》，薄音湖、王雄编辑
点校：《明代蒙古汉籍史料汇编》第二辑。

㉒ 参见徐来自：《美岱召》，内蒙古人民出版社2009年版，第62页。

第九章

内蒙古文化的发展
——清时期

清康熙帝三征噶尔丹后，北方蒙古地区的局势得以稳定。盟旗制度的设立，使内蒙古地区成为"朔漠屏藩"。满蒙贵族的联姻封爵，则在政治、军事、文化等方面产生着重大影响，进一步巩固了蒙古地区与清廷的臣属关系。随着汉蒙禁例的开放，中原农耕文化与北方游牧文化进一步融合，促使蒙古族的文化日益突破宗教的樊篱而扩展到新的领域。草原上数以千万计的文化遗存，可以证明，清代内蒙古地区的建筑业、农业、手工业，以及教育、文学、艺术、科技等诸方面均得到了发展。

第一节　北部边疆的巩固和统一

三征噶尔丹　多伦会盟　土尔扈特回归　盟旗制

康熙二十七年（1688）准噶尔部首领噶尔丹勾结沙俄，制造分裂，在沙俄的怂恿支持下，率军三万进犯喀尔喀蒙古地区。康熙二十九年，康熙帝率军亲征，在乌兰布通地方与噶尔丹军交战，大败噶尔丹军。康熙三十五年，噶尔丹经过几年恢复，再度侵掠喀尔喀。康熙帝亲率中路兵出征巴颜乌兰。同年五月，费扬古统领西路军在昭莫多与噶尔丹激战，大破噶尔丹，其投降和被俘者 3000 余人，噶尔丹仅率数十骑败逃。同年十月，康熙帝亲至归化城（今呼和浩特），传谕噶尔丹部众归降。康熙三十六年，康熙帝再度亲征。噶尔丹逃至阿察阿穆塔台地方病死（一说自杀）。属下 300 户，送噶尔丹尸体降清。

康熙三十年（1691），康熙皇帝亲赴多伦诺尔，召集进入漠南的喀尔喀三部首领和哲布尊丹巴活佛及内蒙古等 48 家名王郡长举行会盟，宴赏各部，按内蒙古编设盟旗的办法对喀尔喀各部编设盟旗札萨克，加强清朝对外蒙古的统治。此次会盟，史称"多伦诺尔会盟"或"康熙会盟"。多伦诺尔会盟，在清前期是一件极为重要的事情。其最大的成果是漠北喀尔喀三部归附清朝，漠北蒙古正式纳入清朝版图。它对于稳定蒙古地区，维护国家统一，促进蒙古地区的经济文化发展产生了重要作用。会盟后，应蒙古各部"愿建寺以彰盛典"的请求，在会盟地先后建造汇宗寺及善因寺，使之成为内蒙古藏传佛教的中心和内外蒙古的宗教圣地。

清康熙三十七年（1698），游牧于伏尔加河流域的土尔扈特部首领阿玉奇汗之侄阿喇布珠尔，率部族 500 余人到西藏礼佛。返回途中，率众内附清廷。康熙四十三年诏封阿喇布珠尔固山贝子之职，并赐嘉峪关外党河色尔腾一带为其牧地。阿喇布珠尔之子丹忠继袭贝子职后，为避准噶尔部侵扰，请求徙牧于关内。至雍正九年（1731），经清廷陕甘总督查郎阿允准，初牧于阿拉克乌拉、阿拉腾特布西（今内蒙古阿拉善右旗）一带，后定牧额济纳河流域。乾隆十八年（1753），清廷正式设置"额济纳旧土尔扈特特别旗"，颁发银制满蒙文合璧札萨克印鉴，印文："管理旧土尔扈特旗扎萨克之印"。赐旗王府驻地名威远营。因额济纳旗的土尔扈特蒙古部族是土尔扈特万里东归的先驱，故称"旧土尔扈特部"。在阿喇布珠尔回归祖国 73 年后的乾隆三十六年，土尔扈特留在伏尔加河流域的另一部，33000 余户土尔扈特人从伏尔加河右岸出发，历时半年，行程万里，战胜了沙俄、哥萨克军队不断围追堵截，克服了难以想象的困难，承受了巨大的牺牲，终于实现了东归壮举。这批回归的土尔扈特人大部分被安置在新疆。

清代以前，今内蒙古地区尚未形成单独的地方行政区域。清朝时期，漠南蒙古各部的大多数，被编为"外藩蒙古"中的"内札萨克蒙古"

六个盟四十九个旗。从此，内札萨克蒙古各盟旗分布的地域，即称为内蒙古。在内蒙古（漠南蒙古）地域内除内札萨克各盟旗外，还有被清朝列为"内属蒙古"的察哈尔八旗，归化城土默特两翼（旗），呼伦贝尔和西布特哈（今呼伦贝尔盟东部）各旗，列为札萨克蒙古的阿拉善旗和额济纳旗。内蒙古地区的札萨克盟旗，分别由各地的将军、都统统辖。内属蒙古各旗（部），归各地都统、副都统管辖。分布在内蒙古各地的汉族民户，则归各邻省设在内蒙古境内的府、厅、州、县管辖。

　　按照清乾隆朝的"定制"，内蒙古地区的各盟旗、厅县大致的分布和隶属关系：东部的哲里木盟、呼伦贝尔盟和西布特哈各旗，分别归盛京（今沈阳）、吉林（今吉林）、黑龙江（驻今齐齐哈尔）三个将军统辖或管辖。哲里木盟境内各厅县，除长春厅隶属吉林将军管辖外，其余均隶属盛京奉天府。卓索图、昭乌达两盟归设在承德的热河都统统辖。境内州县，隶属直隶省（今河北省）承德府。锡林郭勒盟、察哈尔八旗及四牧群，归驻张家口的察哈尔都统统辖或管辖。察哈尔东部境内的口北三厅，隶属直隶省口北道（驻今宣化）。西部的乌兰察布、伊克昭两盟，由绥远城（今呼和浩特新城）将军统辖。归化城土默特两翼（旗），由归化城（今呼和浩特旧城）副都统管辖。察哈尔西部的丰镇、宁远（今凉城）隶属山西省的归绥道（驻今呼和浩特）及大同府、朔平府。阿拉善旗、额济纳旗，分别由驻银川的宁夏将军和驻西安的陕甘总督统辖。晚清新政以后，内蒙古地区辖属体制发生变化。东北八旗将军体制改为行省制，黑龙江省辖呼伦贝尔副都统改设为呼伦道，奉天省在哲里木盟地区设立洮昌道。

　　清政府统一内蒙古各部后，为加强统治，采取分而治之的政策。对各部实行拆部编旗，设佐驻牧和会盟的盟旗制度。部落大者，一部编数旗，部落小者，一部编一旗，以部落旧称为旗名。各旗划定牧地，领户驻牧，不得互相侵入。授予各部领主以亲王、郡王、贝勒、贝子、镇国公、辅国公及台吉等爵位，世袭罔替，以笼络上层。顺治元年（1644），清朝入关后，顺治皇帝"题准会盟敕书"。从此，开始建立札萨克旗会盟制度。由几个或十数个札萨克旗参与会盟而组成一盟（有个别札萨克旗因情况特殊不设盟）。盟名以会盟的地址确定。盟设盟长，由旗札萨克中推举产生，经理藩院请旨简任，不世袭。盟长在会盟期间，执行检阅军队、检查财务、清理民刑案件、处理重大旗务等。雍正六年（1728），各盟增设副盟长一人。道光二年（1822），昭乌达、哲里木、卓索图、伊克昭四盟各增设帮办盟长一人。盟旗属理藩院，同时受附近地区将军节制。曾因反清失败而被征服的察哈尔部族，清政府依照满洲八旗制度，将部落原驻区划分左右翼，编为正黄、镶黄、正红、镶红、正白、镶白、正蓝、镶蓝八旗，称为"内属八旗"，由清政府委派总管或都统管辖。其小部落不足为旗者，则编为苏鲁克（牧群），亦设总管编佐管理。内属旗与苏鲁克和盟旗不同，不封王公爵位，不设世袭札萨克，不设盟，隶属清政府，无自治权，直接由将军、都统或大臣管辖。后金天聪九年（1635）至清乾隆元年（1736），清政府先后将内蒙古科尔沁部等二十四部，分别编为卓索图、哲里木、昭乌达、锡林郭勒、乌兰察布、伊克昭六盟和喀喇沁左旗等四十九旗。

第二节　满蒙联姻　稳定漠南蒙古

满蒙联姻　孝庄文皇后　固伦淑慧公主

后金皇室与科尔沁部蒙古王公世缔国姻，互为婚娶，以血缘关系为纽带，满蒙联姻，达到羁縻蒙古之目的，这是努尔哈赤确定的基本国策。有清三百余年，这种联姻从未停止。

明万历四十年（1612），努尔哈赤聘娶科尔沁部台吉明安之女为妃，开始满蒙贵族的联姻活动。万历四十二年，努尔哈赤第二子代善、第五子莽古尔泰、第十子德格类皆娶内喀尔喀五部之一扎鲁特部的女子为妻。同年，努尔哈赤第八子皇太极娶科尔沁部莽古思之女（即孝端文皇后）。次年，努尔哈赤又聘科尔沁台吉孔果尔之女（即寿康太妃）为妃。努尔哈赤特别重视同蒙古贵族的姻亲关系，曾告诫他的四大贝勒，要与已建立姻亲关系的蒙古台吉们和睦相处。明万历四十五年、后金天命二年（1617）以后，努尔哈赤开始以满洲贵族女嫁蒙古各部贵族。是年，以弟舒尔哈齐之女妻内喀尔喀五部之一巴岳特部台吉恩格德尔，接着包括他亲女在内的多名皇族女子"下嫁"蒙古贵族奥巴、古尔布什、莽果尔、多尔济、布彦代等。

皇太极即位后，通过联姻手段，将满蒙贵族利益进一步联系起来。皇太极首先加强了同科尔沁部的传统联姻关系。他的孝端文皇后、孝庄文皇后、敏惠恭妃和元妃都是科尔沁的博尔济吉特贵族女子，他的兄弟子侄的福晋中也有五位科尔沁女子。蒙古王公之女入宫的同时，清皇室也不断将公主格格下嫁蒙古王公。科尔沁部自天命末至顺治间，共尚清室公主五人，也是同期蒙古各部尚公主最多的。其次，皇太极也十分注意同新归附的其他部落蒙古贵族的通婚。他的懿靖大贵妃、康惠淑妃皆为阿霸垓部女子，庶妃奇垒氏为察哈尔部人，侧妃之一是扎鲁特部女。天聪元年（1627），敖汉、奈曼部来归，天聪三年以太祖第三女下嫁敖汉部长索诺木杜棱。天聪二年，巴林部来归，以郡君妻该部色棱。天聪四年，阿鲁科尔沁部来归，以郡主妻该部穆彰。天聪七年，以长女固伦公主下嫁该部班第。

清朝入关以后，清世祖福临继承先人的对蒙政策，继续拉拢蒙古贵族，就奉行联姻政策而言，世祖不比太宗逊色。他的废后、孝惠章皇后、淑惠妃均为科尔沁贵族女，恭靖妃和端顺妃分别为浩齐特与阿霸垓部女。清世祖为了巩固与漠南蒙古的联姻关系，在漠南蒙古实行"备指额驸"制，规定于科尔沁左翼中旗、科尔沁左翼后旗、科尔沁右翼前旗、奈曼旗、翁牛特右翼旗、土默特旗、敖汉旗、喀喇沁中旗、喀喇沁左翼旗等十三旗"查取各该旗王、贝勒、贝子、公之嫡亲子弟，公主格格之孙内，十五岁以上，二十岁以下，有聪明俊秀、堪指额附之台吉塔布囊，将衔名年命注明，每年于十月内送院"。"其已开送职名人等，令其父兄于年节请安时，各带来京备指额驸"。康熙朝以后，清朝皇帝还有选择的对某些王公子弟"教养内廷"，联络感情，使他们的生活习惯和心理状态与清朝皇室贵族接近，培养成清廷可靠忠实的工具。待他们成年后再纳为额驸，送回原属旗即位袭职。如喀喇沁的扎拉丰阿、科尔沁的色布腾巴勒珠尔都是经"内廷教养"的额驸[①]。据统计，清代公主下嫁外藩蒙古王公者有 61 名，阿拉善九代十王中就有八代宗王与满清王室结亲。而清代皇帝的后妃亦多来自蒙古王公的女儿。这种相互姻亲关系，使蒙古王公成为清朝统治者有血缘关系的忠诚支柱，是稳定皇权的政治需要。

布木布泰（1613—1688），姓博尔济吉特氏，蒙古科尔沁部人，贝勒宰桑之女。后金天命十年二月初二（1625 年 3 月 10 日），嫁给努尔哈赤第八子皇太极为妻。皇太极改号称帝后封布木布泰为永福宫庄妃。清太宗崇德三年正月三十日（1638 年 3 月），生皇九子福临（顺治帝）。崇德八年八月初九（1643 年 9 月 21 日），皇太极患脑溢血猝死于盛京（今沈阳市）清宁宫。福临继位后，庄妃被尊为皇太后。顺治七年（1650），孝庄文皇后辅助顺治帝亲政。顺治十一年，孝庄文皇后发宫中节省银 4 万两赈恤灾区百姓。顺治十三年，她得知畿辅地区连年荒歉，又把宫中节省银 3 万两散给灾民。这种注意节省宫中开支、赈济灾民的做法，一直影响到康熙、雍正两朝。孝庄文皇后为稳住平西王吴三桂，将皇太极最小的女儿——和硕恪纯长公主嫁给吴三桂的儿子吴应雄，使吴三桂在南土为清廷效力 20 年。顺治十六年，郑成功率 10 万军队北伐，围困南京，攻克苏皖四府三州二十四县，孝庄文皇后参与谋划战略，调兵遣将，打退了郑成功的北伐，使其退走台湾。顺治十八年，顺治帝福临死后，由玄烨（康熙）继位，时年 8 岁，孝庄文皇后全力辅助主政。玄烨10 岁时，生母慈和皇太后病逝，玄烨就由孝庄文皇后教养，祖孙二人感情十分深厚。康熙帝每天上朝前或下朝后都要到祖母房中请示问安，孝庄文皇后经常面授机宜。她还支持并赞赏翰林院译刻《大学衍义》一书，并要求康熙帝治国必先修己，努力学习儒家经典。

清康熙十二年（1673），"三藩之乱"暴发，孝庄文皇后非常关心战局的发展，她念出征驻防兵士劳苦，经常发散宫中金帛加犒。康熙十四年，内蒙古察哈尔部布尔尼乘三藩叛乱，清军无力北顾之机，兴兵作乱，严重威胁京师的安全。孝庄文皇后要康熙沉着应战。一边派遣使者招抚，观其虚实；另一方面建议大学士图海领兵前去镇压。结果"公率众夜围其穹庐，察哈尔部长布鲁尼（即布尔尼）不及备，仓促御敌"，大败而逃，布尔尼被杀，叛乱遂平。康熙二十六年十二月二十五日（1687年 1 月 27 日），孝庄文皇后病逝。

固伦淑慧公主，名阿图，满族，清太宗皇太极第五女，母为孝庄文皇后。清天聪六年（1632）生于盛京（今沈阳市）帝宫，卒于清康熙三十九年（1700），终年69岁。清顺治五年（1648），淑慧公主远离京都嫁与巴林右翼旗札萨克辅国公色布腾。出嫁时，因其母被册封为庄妃，她遂被晋封为和硕长公主。庄妃被尊为皇太后时，淑慧公主晋为固伦长公主。淑慧公主是顺治皇帝的胞姐，居京时备受清室眷爱。嫁到巴林以后，顺治帝赐给她隆化县（在今河北省）波罗和屯平地500顷，随嫁仆从300户，这些专为烧砖、伐木、建造房屋、拓街辟巷等所谓"七十二行"匠人，均定居于王府附近，使巴林草原出现较大的聚落。顺治十七年，淑慧公主聚资在西拉木伦河上建造巴林石桥，后人尊称"公主桥"。

清康熙六年（1667），淑慧公主在王府西侧朝格敖力格尔地方修建圆会寺（俗称西大庙），又由青海达赖喇嘛处请来额尔德尼嘎布其喇嘛，封为达喇嘛，主持西大庙，并令其主持全旗教务。之后，又出巨资，在北京制作一部《甘珠尔》经，还用千两黄金制作金佛、金塔供奉于寺内。从此，藏传佛教在巴林右旗开始传播。康熙二十四年，孝庄文皇后患病，公主回京探视时，亲自煎汤熬药，不离左右。因而得到皇后的怜爱，皇后嘱咐康熙皇帝要"护视阿姑"。康熙皇帝表示按照祖母的训谕，一定"迎养以后暮年，毕姑一生，皆朕之事"。康熙三十九年，固伦淑慧公主在北京病故，康熙皇帝三谏祭文，并命送葬巴林右翼旗。初葬于巴彦山赛音宝力格，后迁葬于都希苏木凤凰山西南，再迁于查干木伦河中游西岸额尔德尼山前。

第三节　教育　科技

庙学　官学　私学　五塔寺蒙古文天文图　明安图与《割圆密率捷法》

清代前期，蒙古地区只有少数封建王公贵族子弟，在王府官邸聘塾师教学、读书识字，接受传统的文化教育。其余广大蒙古族平民子女没有接受教育的机会。19世纪后期，随着维新运动的兴起，内蒙古地区的教育事业有了发展。

自唐以来，中国就有庙学体制。清代，朝廷积极鼓励各地修建文庙，兴办庙学，使各地纷纷仿其庙学之制，办起庙学教育。归化、绥远两城，雍正、同治、光绪年间建有三座文庙：一座是绥远城南街的八旗文庙，另两座是归化城的土默特文庙和归绥县文庙。

五当召、昆都仑召、阿巴哈纳尔贝子庙是藏传佛教格鲁派在内蒙古地区的传承寺院，在佛教课程中，设有五门学科，即声明（近于语言学中的训诂和词汇学）、因明（关于逻辑推理的学说）、医方明（医药学）、工巧明（工艺技术）及内明（佛学）。分显教学部、时轮学部、日木伦部、密咒学部、医学部。除此以外，还设有语言文字翻译学科和建筑学科，僧人在召寺中学习蒙藏文化。据不完全统计，清朝中期藏传佛教召寺有1800余座，分布在内蒙古草原的各个地区。由此可见，在清代，庙学教育，特别是藏传佛教的召寺，曾对内蒙古地区的教育发展起到特殊作用。

内蒙古的官学始于清乾隆年间，最早兴起在归化、绥远两城。雍正十三年（1735），在文庙西侧设土默特官学。乾隆四年（1739），在绥远城将军衙署为八旗子弟设兴、校、庠、序、塾五学。镶黄、正白二旗入兴学，正黄、正红二旗入校学，镶白、正蓝二旗入庠学，镶红、镶蓝二旗入序学，两翼蒙童入塾学。为了解决来往公文急需的翻译人员，乾隆八年，又在绥远城内设翻译官学，先在八旗两翼各设一所，三年后，照蒙古官学之例，又设满汉官学一所。乾隆五十年，又建蒙汉翻译官学一所。

光绪十一年（1885），始设归化厅学，并置总教谕一员，兼管萨拉齐、丰镇、宁远、托克托、和林格尔、清水河六厅。时于归绥两城设有古丰书院、启运学院、启秀学院。古丰学院于光绪二十九年秋改为归绥中学堂，学科废止八股文，以经义、史论为主。启运学院原为土默特官学，课程除蒙、满文外，《圣谕广训》十六条为必修之科，光绪三十三年改为土默特高等小学堂。启秀学院，原系同治十一年（1872）绥远城大将军定安所创建之长白书院，后易名"启秀"，光绪三十年改为绥远中学堂，学科为经学、国文、算学、英文、历史、国画、博物等各科。

在内蒙古东部，卓索图盟盟长贡桑诺尔布于光绪二十八年（1902）

兴办崇正学堂，课程有：修身、习字、读经、史学、满蒙文、舆地、算学、体操。次年办起崇正武学堂，培养初级军官。同年又办起毓正女子学堂，首批招生青少年女子入学。

清末蒙古族学堂教育是从兴安岭东部、阴山山脉南部、黄河流域的农业和半农半牧地区首先发展起来的。在这些地区，随着汉族移民的蜂拥而至，不仅导入了不同的教育观念（读书做官），而且社会对教育提出了新的要求（随农业社会的发展而来的对管理和技术的要求），学校教育条件（以村落为基础的集团生活）也逐步得到满足。清朝前期，严禁蒙古族和汉族来往，随着汉族的大批移民，汉族的影响越来越大。在蒙古族地区，不仅出现了蒙汉学堂，即使是在蒙古学堂中，汉语汉文也得到重视，有些地方还派学员到内地学习技术。在学堂的汉语文教员中，除精通汉语汉文的蒙古族教员外，从内地聘请的汉族教员也很多。同时，清朝政府开始允许蒙古族学生进入天津、上海、保定等地工厂学习和实习。除了同汉族的频繁接触和赴内地学习外，留学生的海外派遣也促进了教育的开放性[②]。

清代，真正起到普及教育的还是私塾，几乎每个较大的村庄都有一所。私塾多是富户和官宦人家筹措办起的教育学馆。一般分为蒙馆和经馆，蒙馆以启蒙教育为主，先是识字，接着教《三字经》《百家姓》等。经馆是读经阶段，主要是读儒家的四书五经，学习做八股文。汉族私塾和蒙古族私塾的主要区别在于语言的不同，教学内容完全一样。清朝年间，蒙古族地方工商组织"公行"或地方官吏、绅士出资创办免费教育机构，称"义学"。嘉庆八年（1803），归绥道长白德公纶重建古丰义学。而后在包头办四大义学，每学有职教一人，四学共计有学生100人。除此之外，在乾隆年间创办有清水河义学，雍正年间创办丰镇厅义学。光绪年间杜尔伯特旗驿站设置私学馆，招收站丁及商号子弟就学。绥远城大将军定安，任期六年，曾在绥远城内立义塾20余所，严定课程，扶正学科。

清代庙学、官学、私学的发展，推动了大众教育的发展与全社会文化水平的提高，进而促进了内蒙古地区的文化繁荣与文明的演进。

在归化城东南方五塔寺，金刚座舍利宝塔北墙壁上嵌着一幅阴线雕刻蒙古文天文图。这幅天文图落款为"钦天监绘制天文图"，是经实测绘制而成，组成要素是三垣二十八宿，赤道、黄道和内外规等几个圈，均用蒙文标注，字头向北极。蒙古文石刻天文图，在全国发现仅此一幅。与蒙古文天文图相映生辉的还有清代学者用蒙古文编著的《天文学》，这是一本探讨盖天说与浑天说相结合的天体理论书。

　　明安图（1692—1765），字静庵，蒙古正白旗人，清代著名科学家。在清廷历任钦天监五官正、兵部郎中和钦天监正等职务，在数学、地理测绘学和天文历法方面做出突出贡献。明安图先后参加清代几部重要的天算历象著作的编修。康熙五十二年至六十一年（1713—1722），明安图主要担任编撰《律历渊源》中《历象考成》一书的考测工作，吸收明末以来中西天文学的新成就。乾隆二年至七年（1737—1742），他参加《历象考成后编》的撰修，并担任副总裁。乾隆九至十七年（1744—1752），明安图参加编修《仪象考成》，承担书中繁杂的推算工作。这些大型天文历法著作集当时中西方天文历象科学的新成果，成为清代编制历法的依据。康熙四十七年（1708），法国传教士杜德美来清后，传入欧洲的三个无穷级数。这三个级数公式在当时是很适用的，但杜德美仅介绍公式，而对其推导方法则秘而不宣。明安图决心将其公式加以证明。于是，他以惊人的毅力，前后凡三十余年，终于创立"割圆连比例法"，写成四卷本数学专著《割圆密率捷法》。他不但严密地证明西方传进来的三个无穷级数的正确性，推导出圆径求周、弧背求正弦、弧背求正矢三个公式，而且又发现并论证六个无穷级数，创立超越当时世界科学水平的六个公式：弧背求通弦、弧背求矢、通弦求弧背、正弦求弧背、正矢求弧背、矢求弧背。在证明这六个公式时，他又创造余弧求正弦正矢、余矢余弦求本弧、借弧背求正弦余弦、借正弦余弦求弧背等四个公式。他所创立的这种割圆连比例法，与西方的微积分具有相同意义，是当时世界数学领域中一种比较先进的思想。

　　敖拉·昌兴（1809—1885），又名阿拉布登，字芝田，敖拉氏，达斡尔族。内蒙古呼伦贝尔索伦左翼镶黄旗双宝佐（今鄂温克族自治旗）人，阿尔山温泉的发现者。道光三十年（1850），敖拉·昌兴与一位喇嘛医生从海拉尔出发，根据民间流传的圣水治万病的故事，到索岳尔济山一带寻找圣水。当他们来到哈拉哈河南岸山坡下的哈伦·阿尔山地区时，发现 32 个汩汩涌水的泉眼。用手对所有泉眼测试水温，明显感觉水温各有不同。于是，他们断定这就是传说中的圣水。咸丰元年（1851），敖拉·昌兴带领医生、工匠等，对哈伦·阿尔山所有泉眼一一进行初步测量，鉴别命名，逐一记录在册。之后，用石块修砌泉眼，修建木池，设置木桩，用蒙、汉、满三种文字注明泉眼名和泉水可能达到的功效，对 32 个泉眼起到较好的保护作用。咸丰三年，敖拉·昌兴用筹集来的捐款和牲畜，从西藏请来活佛、藏医以及内蒙古地区有名的蒙医，再次对阿尔山矿泉群进行更全面的勘察、鉴别，重修大小石池 32 个，详细注明泉眼的名称、水温、水质成分以及治疗症状和使用时注意事项。这些大自然恩赐的温泉，得到很好的开发利用，四方百姓，领享福祉。

第四节　史学　文学

史学　小说　史诗　叙事诗　民间故事　辞典与翻译

清代，是蒙古族文学的繁荣发展期。小说、史诗、翻译等反映蒙古族生活的作品大量涌现。萨囊彻辰的《诸汗根源珍宝史纲》，于康熙年间刊印。该书从藏传佛教传播于蒙古地区写起，记述元明两代蒙古诸汗世系和蒙古社会的兴衰治乱，尤其对阿勒坦汗和鄂尔多斯部活动的记述甚详，是一部史料价值较高的史学著作。乾隆年间该书译成满文和汉文，定名为《蒙古源流》，被收入《四库全书》史部，与《元朝秘史》《蒙古黄金史》合称为蒙古民族的三大历史著作，在国内外蒙古史学界产生了巨大影响。衮布扎布的《恒河之流》是一部蒙古编年史。该书分为《首章》和《另章》两部分，分别叙述成吉思汗前后蒙古诸可汗及各部落首领的世袭历史。该书打破已往史学界将印度、西藏诸王作为蒙古诸可汗渊源的观点，从而对 18 世纪以后的蒙古史著作产生较大影响。

尹湛纳希（1837—1892）是近代蒙古族杰出的文学家、史学家、思想家。他的《大元盛世青史演义》，从成吉思汗及其祖先写起，到成吉思汗之子窝阔台，共 69 回 78 万字，在广阔的社会历史背景下展现了 12—

13 世纪蒙古草原的历史风貌。尹湛纳希在曹雪芹的《红楼梦》的影响下，根据自己的家世和个人经历，创作了《一层楼》和《泣红亭》，以及《红云泪》等长篇小说。这些小说围绕富有传奇色彩的爱情故事，满怀同情地描写了封建礼教桎梏下蒙古青年男女的不幸遭遇，揭露了封建统治的罪恶以及清末种种腐败社会现象，有力地鞭笞了腐朽没落的封建制度。他还写下了中篇小说《月鹃》、杂文随笔《村野老翁志》《勿忘祖先》、诗歌《白云》等脍炙人口的作品。尹湛纳希实现了蒙古族文学与史学的最终分离，把书面小说和传说故事彻底划分开来，为蒙古文学引进了长篇小说这一体裁，开创了蒙古族近代文学历史的崭新纪元。尹湛纳希对蒙古文学的发展做出了多方面的巨大贡献，他的影响是深远的和划时代的。他的文学创作结束了佛教神权思想对蒙古文学长期的统治和束缚，实现了人本的回归。他坚持思想性和艺术性高度统一的创作原则，使文学真正朝着真善美和谐统一的目标迈进。他在继承蒙古文学优秀传统的同时积极汲取汉族古典文学的丰富营养，从内容到形式进行许多大胆而有益的探索，从而使蒙古文学创作与汉族进步文学同步前进。尹湛纳希的文学创作不仅是蒙古文学史上的一座丰碑，同时也是中国近代文学史的宝贵财富。

尹湛纳希也是一位杰出的思想家。他的文学创作不仅有着始终明确的社会功利目标，他还在《青史演义·纲要》、杂文、随笔体裁的作品中就哲学、政治、宗教、文化、伦理等诸多领域的各类问题发表过许多精辟的见解。在这些著述中表现出追求光明，向往变革，关怀人生的社会理想；反对民族歧视，追求民族平等，呼唤民族觉醒的民族启蒙思想；反对封建专制和愚民政策，鞭挞宗教迷信，倡导科学、进步的民主精神；忧国忧民，为国家和民族的前途命运呕心沥血的忧患意识和社会责任感，等等，都是蒙古族乃至 19 世纪中国宝贵的思想文化遗产。

尹湛纳希之外还应提到的蒙古族文学家有：古拉兰萨、贡纳楚克、嵩威丹忠、伊希·丹金旺吉拉、贺希格巴图的诗歌创作，哈斯宝的《新译〈红楼梦〉及其回批》。哈斯宝《新译〈红楼梦〉及其回批》具有鲜明的风格特征，其评点有着不少独到之处，在红学研究中占有独特地位。这些杰出的成就不但标志着文人创作的书面文学开始占据蒙古族文学发展的主导地位，同时也标志着蒙古族文学摆脱印藏佛教文学的一元影响，到印藏佛教文学和中原汉文学影响二元并存局面的形成。19 世纪蒙古诗歌史上出现的律诗现象，"古—尹诗派"与"伊—贺诗派"两大流派并存现象，小说史上出现的章回小说现象，便是最好的证明。

清代，史诗和叙事诗也很发达。史诗《格萨尔王传》最初在西藏和青海、四川、甘肃的藏区流传，约 17 世纪前后传入蒙古地区。早期以口传的方式在蒙古民间流传。在流传的过程中，经过民间艺人和文人的改编、丰富和再创作，最后形成了一部为蒙古族人民所喜爱的独特形式的自己的民族史诗——《格斯尔》。蒙古族的《格斯尔》和藏族的《格萨尔王传》是同源异流的两部史诗。蒙古族的《格斯尔》不但采用蒙古地名、人名，真实地反映蒙古社会的风貌和风土人情，而且形式上也有自己的特点，即韵文体、散文体和韵散文体结合并存。18 世纪初蒙古文体《格斯尔》首次刻本发行，全书共七章，十余万诗行，内容十分丰富。其中有关于蒙古社会历史、宗教信仰以及生活习俗的大量资料，有社会关系、生产生活方式的真实写照，同时也反映了广大牧民铲除强暴、战胜灾害的美好理想。《格斯尔》是蒙古族英雄史诗发展到后期阶段的产物，其内容、形式、结构、人物形象、故事情节以及题材，不但继承发展了蒙古英雄史诗的优秀传统，而且融入了当时社会生活内容。《额尔戈乐岱的故事》是叙事诗形式，描述英雄拒纳赋税与蒙古封建王爷和清朝宫廷斗争的故事。《巴达尔沁努乌勒格尔》和《巴拉根仓》是新颖幽默的民间寓言故事，前者的主人公是饶有风趣的云游僧巴达尔沁，后者是机智诙谐的巴拉根仓。这两个故事的主人公都以辛辣的手法，揭露和嘲笑僧侣封建主和不法商人的种种卑鄙的行径。清代后期，在内蒙古地区产生了大量叙事诗、长篇叙事民歌，特别是东部地区的叙事民歌非常丰富。这些作品一般都有着较长的篇幅，故事情节复杂多变，大多以歌颂忠贞不渝的爱情为主题，表现出反对封建包办婚姻、追求民主自由和美好生活的强烈意向。如《诺丽格尔玛》《万黎》《金珠尔》《达那巴拉》等，表现了作品主人公对封建包办婚姻的不满和反抗。达斡尔诗歌如《仲春》《四季诗》《百花颂》等，表现了达斡尔民族热爱自然、追求美好生活的愿望。这些诗歌在达斡尔民众中广泛流传。

明末清初，随着陕、晋、冀、鲁籍汉族移民的大量进入蒙古地区，中原农耕文化与北方游牧文化的交流、融合进程进一步加速，开始形成特色浓郁的"西口文化"和"旅蒙商文化"。爬山调、漫瀚调这些融合了中原农耕文化与北方游牧文化因素的民歌在内蒙古地区广泛流传。同时，一些汉族的民间故事也随之产生，如《昭君桥》《康熙爷大闹月明楼》《御泉井》《刘大人私访归化城》等。

入清以来，清廷提倡使用蒙古语言文字，因而出现了许多有关蒙古文字、语法、语汇、辞典等著作。较著名的有丹津达格巴的《蒙文启蒙诠释苍天如意珠》、阿旺丹达尔的《善说蒙文文法语饰》、都格尔扎布的《蒙文汇通》、拉哈木苏隆和脱王的《蒙文旨要》等。《蒙文汇通》按照蒙文字母顺序逐类详解，由浅入深，先示语音正确读法，次解三性拼写规则，最后详论通假界限及作文规矩和方法。全书共 36 卷，堪称蒙文文法巨著，具有学术价值和实用价值。《蒙文旨要》首次对蒙古语的后缀逐一进行了解释。《详解蒙文文法》对蒙古文的正字法及正音方面作出了规范和界定。通过对蒙古文字的逐步改革，蒙古语基本定型，文字亦趋于规范化。

随着语言文字的逐步规范和各民族文化交流的加强，蒙藏、蒙满、蒙汉各类字典也陆续问世。清代纂修的著名辞书有《御制满珠蒙古汉字三合切音清文鉴》《钦定西域同文志》《五体清文鉴》《御制满蒙合璧文鉴》（又称《二十一卷本辞典》《满蒙文鉴》）等。这些辞典的出版发行，极大地促进了翻译文学的兴起。衮布扎布是中国较早提出翻译理论的人，他在乾隆二年（1737）编印的《藏语简明经书》中，首先提出"文雅、意全、通顺"等翻译的基本标准。他把藏文的《造像量度经》译成汉文，编入汉译的《丹珠尔》经书中。他的主要著作还有《汉地传教史》《汉区佛教流源》《金刚寿命陀罗尼经》等。

清政府提倡鼓励藏传佛教在蒙古地区的传播发展，在翻译藏传佛教和其他宗教书籍的同时，许多世俗的藏文和梵文的文学作品也被介绍过来。如《蕴查单特尔》（灵水滴）《苏必喜地》《三十二个木偶的故事》等。蒙古族文学家格尔布鲁布桑·楚鲁腾（1740—1810）用蒙藏两种文字撰写的《宗喀巴》，流传于蒙古和西藏及其他藏区。在这些藏译蒙的大量作品中有些是从印度流传到西藏，再从西藏传到蒙古草原的，也有相当一部分则直接译自于梵文。这里特别值得一提的，是举世闻名的英雄史诗《罗摩衍那》和印度大作家檀丁的名著《诗镜》。《罗摩衍那》没有蒙文的全译本，但在各种印藏文献的翻译、注疏中包括了其大部分内容，并被介绍到蒙古地区，对蒙古文化产生了重要影响。《诗镜》是古印度七世纪著名诗人檀丁以韵文撰写的诗论著述，全书由三章 656 段韵文构成，13世纪被译成藏文，18 世纪上半叶由藏文译为蒙文。历史上有志于诗学的蒙古族学者、高僧多人几度翻译、阐释、研究此书，并按照《诗镜》的理论进行创作实践，对蒙古文学、特别是对诗歌理论和创作产生过巨大影响。蒙古族近代诗歌富于变化的韵律、丰富多样的修辞手法、工整和谐的形式追求，无不与《诗镜》的影响和佛门诗人的实践有关。印藏文学作品在翻译或流传的过程中发生了明显的变异，以至更加符合蒙古受众的审美取向。

　　清代有大量汉文书籍被翻译成蒙古文并广泛流行。如《四书》《五经》以及《红楼梦》《金瓶梅》《聊斋志异》《封神演义》《列国志》《今古奇观》等明清时期的汉族著名长篇小说、大众叙事作品几乎全部被译成了蒙文，其中如《西游记》《水浒传》《三国演义》等古典名著的人物、故事在蒙古民间广为流行，可谓家喻户晓。清代蒙古人对汉藏作品的翻译是一种相当具有创造性的翻译，往往是不拘一格的编译、节译，甚或改写、补写。如三国演义中的赵子龙、关云长的描写，剔除了一些儒雅的成分，更加突出了英勇刚毅的性格特征。"从一些史料看，清代翻译的汉族文学作品的数量达到惊人的程度。它不仅包括了以上提到的历代名著，也包括了一般汉族文人尚未见到过的不甚流传或不甚出名的小说。"③其中一些作品并非译自汉文，而是从满文转译的。"这说明，从满文译本转译汉族文学作品在清代曾经是汉文小说蒙译活动中的一条重要的途径。"④

　　从汉文翻译的叙事文学作品，经过蒙古受众的民族化改造之后获得了新的生命力，也有了另一番情趣。比如，在蒙古受众当中最受欢迎的当数那些魔幻神话故事类、战争题材类、武侠演义类的作品，如《西游记》《水浒传》《三国演义》《封神演义》《隋唐演义》《薛仁贵征东》等。

分析这种现象的深层原因，可以从蒙古民族的文化历史传统及其清代的现实命运中找到一定的答案。至少可以说，这是传统的英雄崇拜心态和传统宗教的神秘主义观念，在特殊现实条件下的曲折表现，它也表明这一阶段蒙古民族自己的文学创作未能满足广大受众的需求。同时，这种文学翻译又催生了蒙古文学艺术的两种新的体裁："本森乌力格尔"（本子故事）和"胡仁乌力格尔"（胡尔故事）。特别是在人口相对稠密的内蒙古东部半农半牧区，这种新的艺术体裁十分流行，在一定程度上取代了传统史诗。

清朝作为一个多民族的中央集权制封建国家，各民族生活在统一的国度内，民族间的关系进一步加强是不可逆转的。在这一大背景下，北方民族出现了大量精通满、汉、藏（梵）文的学者，也逐渐形成了以寺院僧侣为主体的藏学派和以驻京官吏及其子弟为主体的汉学派。他们有的两种文字并用，有的干脆用母语以外的文字进行著书立说，出现了大量满、蒙古、达斡尔族作家用藏文、汉文创作的作品。如用汉文创作的蒙古族作家、诗人就有色冷、梦麟、法式善、博明、松筠、和瑛、那逊兰保、清瑞、贵成、柏春、锡缜、恭钊、倭仁、恩泽等数十位，留存下来的诗文汇集达百余部；用藏文创作的蒙古族作家诗人有扎雅班第达·纳木海扎木苏、松巴堪布·耶喜班觉、察哈尔格西·罗桑楚臣、扎雅班第达·洛桑赤列、罗桑扎巴丹白达杰、大固什·阿旺丹培、阿拉善·阿旺丹达喇兰巴、阿旺海达布等。

第五节　艺术

什榜　安代　跳驼峰　诈马戏　绘画　银器　织毯　皮艺　桦树皮器皿　木器　剪纸

清代，在蒙古族中流传的著名民族音乐有"什榜"。《清稗类钞》记载，什榜为"番乐"，有上古遗音之特点，它是以笛、管、筝、琶、弦、火不思等民族管弦乐器演奏的交响乐。演奏时还有声乐伴唱，伴唱者引吭高歌，声音洪亮，极富于节奏感。有所谓"鼓喉而歌，和罗应节"⑤

的说法。这种乐曲，多用于宴会时的伴奏。清廷把这套蒙古乐曲，列入国乐之中，在宫廷的节日和清廷赐宴蒙古王公贵族时演奏。据《清会典·乐部》载："太宗文皇帝平定察哈尔，获其乐，列于'燕乐'，是曰蒙古乐曲。"

"安代"，是北方游牧民族传统的舞蹈之一，具有歌舞结合，载歌载舞的特点。这种文艺形式，在蒙古族中普遍流行。在喜庆的日子或盛大节日，青年男女们总要穿着鲜艳的民族服装，围着篝火，伴着乐曲欢腾起舞，纵情高歌。"安代"，是一种综合性的民族艺术形式，它把音乐、舞蹈和歌谣三者密切地结合起来。在"安代"的唱词中，既有民歌、好来宝，也有祝词、咒语，以及讽刺歌谣。在清代流行的"安代"，还与达斡尔、蒙古族古代所信仰的萨满教有密切的关系，继承许多北方游牧民族古代舞蹈的遗风。

清代蒙古族不仅有优美精湛的音乐、舞蹈，而且盛行跳驼、布库和"诈马戏"等角力表演。这些活动除在民间欢庆节日时举行外，还被选为清廷的筵宴中表演节目之一。在举行这些活动表演时，事先皆精选出蒙古族角力健儿数十名进行比赛。

跳驼峰，是蒙古族传统的体育节目，表演时"牵驼高八尺以上者，立于庭。捷足者在驼旁，忽跃而越驼背而过，到地仍直立不仆，亦绝技也"⑥。

布库（即摔跤、撅脚），在蒙古族民间普遍流行。它是蒙古族健儿们"徒手相搏，而专赌脚力，胜败以仆地为定"的体育活动。参加布库表演的健儿们，"皆穿白布短衫，窄袖，而领及襟率用布七八层密缝之，使之坚韧不可碎"。表演者"初则两两作势，各欲俟隙取胜；继则互相纠结，以足相掠，稍一失即拉然而仆矣。既仆，则敛手退，胜者跪饮一卮而去"⑦。

诈马戏，是草原上蒙古健儿们比试骑术和体魄技艺的体育表演活动之一。骑士们"驱生驹之未羁鞯者（即未经驯服之驽马）千百群，令善骑者持长竿，竿头有绳作圈络，突入驹队中，驹方惊，而持竿者已绳系驹首，舍己马跨驹背以络络之，驹弗肯受，辄跳跃作人立，而骁骑者夹以两足终不下，须臾已络首而驹即贴伏矣"⑧。

此外，赛马、射箭等比赛活动，也为蒙古族传统的体育项目，这些活动一般多在草原上的那达慕和祭鄂博（敖包）等节日期间举行。

清代蒙古族的绘画、织绣等艺术都有一定的发展。察哈尔部镶黄旗蒙古族绘画家松年（1837—1906），自幼爱好书画，在长期自学的基础上，又拜满族名画家如山等指授，山水、花卉、鸟兽、虫鱼，无所不能。他的画作，早年用笔工细，晚渐豪放，写生更有独到。他除画作外，尚有专著《颐园论画》。

韩葆纯（1847—1917），字子厚，别号塞外山樵，汉族。祖籍山西省文水县，清道光二十七年（1847）出生于归化城。韩葆纯一生不求功名仕途，少年时在归化城前人市街绛雪斋攻读诗书，后继承祖上遗产，衣食无忧，在归化城大西街宁武巷构筑芸香书舍，专心攻读经史，从事丹青研究和收藏金石，把一生心血全部倾注于书画。他信步于市井之间，游历于田园之上，观鱼虫出没，听百鸟飞鸣，潜心揣摩自然风光、世间百态，将采撷所获，融入笔端。韩葆纯的绘画，勾皴染点运笔自如，人物鸟兽惟妙惟肖，一花一叶情趣盎然。光绪初年，韩葆纯绘画誉满塞外青城，蜚声大漠南北，各界人士以得到韩葆纯画幅为幸，视为珍品。清钦差垦务大臣贻谷在归绥办理垦务期间，常将韩葆纯新画作品题词作跋，馈赠同僚。韩葆纯一生绘画，作品无以计数。去世后，其子收集他中晚年作品70幅，定名为《绛雪斋画册》。

美术与蒙古族的日常生活有着密切的联系。在日常衣、食、住行中的各种器物上，都绘制有造型奇特的各种工艺花纹图案。例如用作交通工具的牛车、马车、驼车的毡棚上，都装饰有朴素美观的云纹曲线图案。适用于草原冬季防寒的风雪帽、四耳帽等，不仅式样美观，而且绘制有各种云头、卷草纹、蝙蝠等图形。各地不同式样的蒙古袍和妇女服装，摔跤健儿们穿的各种彩色鲜艳的绣花坎肩、套裤和绚丽多彩的妇女头饰，以及各地牧民们穿的马海靴、蒙古靴等都堪称装饰独特的艺术品。蒙古人居住的蒙古包围毡、门帘，日常生活所用的家具如木箱、桌子、铜壶、木碗、银碗等，都绘制或镶嵌着极其丰富多彩的艺术图案。

蒙古人热爱自己的骑马，他们用各种装饰来美化自己的坐骑，如制作精美的银马嚼子、镶嵌各种金属彩图的鞍具和缝制各种花纹的马垫等。在这些装饰上，把五畜和各种野生动物都绘制成图案，十分精致。蒙古人认为盘羊的犄角卷曲好看，因此把一般曲线纹的图案，都称为"贺乌格拉古"（即盘羊犄角），用于日常生活用品的装饰。

　　蒙古民间的各种镶嵌艺术也很发达，妇女们把珍贵的首饰，放在用骨或贝雕成的各种花鸟图案镶嵌的小匣子中。有许多说唱艺人和歌手们，在自己动手制作的马头琴、胡琴等乐器上，用最好的紫檀、红木等雕成各种民族图案，镶嵌在乐器的显著部位，颇富艺术色彩。

　　在汉族的织绣、刺绣和西藏佛像刺绣等艺术的影响下，蒙古族的民间刺绣、贴花等艺术，得到不断的丰富和发展。蒙古人常用刺绣、织绣和贴花等艺术品来装饰帽子、靴子、腰边、荷包等服饰和被褥单、枕套、门帘等工艺品，既吸收汉、藏民族的花纹、图案和技巧，又继承、丰富和发展了本民族的装饰艺术。这些具有浓厚草原情趣，古朴大方的作品，色彩鲜明，构图奇异，造型夸张，绣技粗犷，充满着游牧民族的豪放风格。

　　蒙古族银器常见的有银碗、蒙古刀、银壶、奶桶、饮酒器具、鼻烟壶、头饰、各种马具鞍花等。蒙古刀和银碗都是家家必备的。包镶银的木碗，多用桦木镟挖加工而成，碗面用银片包镶，碗托錾刻精细花纹。蒙古族牧民把包镶银的碗视为珍宝，用它喝茶、饮酒、盛饭，用过之后揣在怀里，日久天长，木碗色泽变深，银光闪亮。蒙古族银器造型大方浑厚、精巧细致，强调形体的平衡和对称。蒙古族工匠在制作银器过程中，通过对金属的板打、錾刻、花镏、编织、烧珐琅、嵌宝石，形成一套综合处理工艺手法，俗称"蒙镶工艺"，其中錾雕是蒙古族银器最主要的加工手段。匠人们在银器上錾刻出精美的云纹、犄纹、龙凤、卷草、八宝及几何图案，古雅大方，引人入胜，反映蒙古民族别具一格的审美情趣。

　　蒙古族的纺织毛毯工艺，在辽金时已经盛行，至元明时期有较大发展。清代，一些大的喇嘛庙和有影响的王爷府常年雇有纺织毛毯的工匠，他们有的是晋籍工匠，有的是蒙古族手艺人。如图上 9-1 所示，毛毯的工艺制作与花色品种都已达到较高水平。

　　草原民族多用皮革制作服装和日用品。地处大兴安岭林区的鄂伦

图上 9-1　清代民间匠人织毛毯图　选自《历史绘画》，孔群、张向东、张文平等提供资料。

春、鄂温克、达斡尔、蒙古等民族，长期过着游猎生活，兽皮资源非常丰富，在兽皮制作工艺和装饰技法上逐渐形成地区风格，创造出独具特点的兽皮文化。用鹿、熊、狍、鼠、犴皮制作皮衣、皮袍、皮裤、皮被、皮帽、皮靴、皮手套、皮口袋、烟荷包等，并喜用各种图案和纹样进行装饰。装饰技法有刺绣和镶嵌两种。刺绣多用于衣领、袖口，衣服的开衩、襟摆边处，皮裤的膝部和裤角上端，手套的背部等处。图案以对称的十字辐射型为主，纹样包括各种几何形图案、云卷纹、鹿角纹、蝴蝶纹等。皮毛镶嵌工艺多用于女性背包、皮褥。一般使用灰鼠、黑鼠、棕熊、黄狸、白马的皮毛，利用毛皮本色拼对出有规则的图案。图案以对称、辐射的云卷纹最多。他们用上百条脚皮拼对出各种花纹的皮褥,非常精美。

　　桦皮器皿,在北方狩猎游牧民族中已有数千年的历史。发展到清代,在内蒙古的鄂温克、达斡尔、鄂伦春等民族中,其制作工艺更加成熟。桦皮器皿在中国器皿造型艺术史乃至世界文化史上都占有重要地位。桦皮器皿具有防潮、防腐蚀、不怕碰、轻巧耐用的特点,在生活中广泛使用。大到桦皮盖的房子和桦皮船,小到含在口里的狍哨,还有桶、衣箱、篓、筷筒、碗、盆、碟、勺、针线盒、烟盒、帽盒、火药盒、小孩摇车、挎包等,都可用桦皮制成。桦皮器皿制作精巧,造型美观。在弯折的地方涂上兽油,用火烤弯。衔接处,削成齿状互相咬合,或用兽筋、马鬃缝合,再涂上松树脂。器身上还装饰有精致的花纹和图案,使用刻划、压凹、骨针点刺、烫花、绘彩、镂空、镶嵌等装饰技法。装饰纹样有水波纹、回纹、云卷纹三角形、芙形等几何纹,驯鹿、兽角、蝴蝶等动物纹,花草、树叶、树木、花朵、幼芽等植物纹。这些桦皮器皿,既是实用器,又是艺术品。

　　木器制作是蒙古等民族的传统手工业。草原民族的木器家具生活气息浓厚,民族特点显著。蒙古族家具以桌、柜、箱、橱、门为主,这些家具通常要用彩绘、雕刻和镶嵌工艺进行装饰。受藏式建筑彩绘影响,家具纹样多以盘肠、八结、万字纹为骨架,在骨架纹样上缠绕变化繁密的云卷纹、卷草纹等,间绘藏传佛教装饰艺术中常见的龙凤、法螺、佛手、宝莲等。使用退晕法,画面层次繁多而又谐调,色彩鲜明而富丽。有的蒙古包支柱从柱础到顶部,通体彩绘描金,十分精美。牧民还在家具上圆雕、透雕、浮雕或浅雕以线条明快、纹饰简洁的花纹图案,然后再进行彩绘。牧民妇女的首饰匣多使用镶嵌工艺,用骨雕、贝雕组成各种富有装饰性的图案。

　　内蒙古的剪纸艺术同样特点鲜明。内容可分为两大类:一是传统的表现富贵、长寿、多子、平安、吉祥、丰收的题材以及历史故事、神话传说等,多为动植物图案,如牡丹、石榴、荷花、桃、西瓜、鱼、龙、凤、蝙蝠、宝葫芦、鹿、鹤、松树等。二是表现作者熟悉的具有地方色彩的民俗生活题材,包括放牧、狩猎、舞蹈、摔跤,牧区、农区生活场面等内容。内蒙古剪纸从功能上可分为四大类：一是岁时节日住居装饰类，包括窗花、挂笺、炕围花、房顶转花等。多以喜庆、吉祥、平安、如意、人畜兴旺、祈求丰收为目的，形式上则求热闹、红火、有看头。二是婚嫁寿庆时使用的喜花、寿花，用大红纸或五彩亮光纸剪成。三是避邪剪纸，如狮虎图案。在民间一般用来酬神敬祖、祛病禳灾和丧俗葬礼。四是绣花样以及其他工艺图案装饰用的纸样子，蒙古族剪纸中有不少作品是作为衣服、鞋帽的布贴或刺绣花样使用的。达斡尔、鄂伦春族兽皮工艺上的刺绣，桦皮器皿上雕刻、压印、烫花的花纹，多用剪纸作为样本。内蒙古剪纸总体风格纯朴、浑厚，东部偏于严谨、规整，西部较粗犷、豪放。多用夸张手法，追求神似。反映生命崇拜、子孙繁衍和避邪驱鬼的题材较多。

第六节　寺庙与佛经翻译

寺庙　御书汇宗寺碑文　善因寺碑文　佛经翻译　蒙古文大藏经

清代是藏传佛教在内蒙古地区最兴盛时期，内蒙古的藏传佛教寺庙和喇嘛人数均达到了最高峰。据不完全统计，当时内蒙古地区有藏传佛教寺庙 1800 余座，喇嘛人数约 15 万人，而且内蒙古地区的大部分寺庙均由清廷赐寺名、匾额。归化城的大召寺被赐名"无量寺"，为清廷对内蒙古地区寺庙赐名的开端。在众多寺庙中规模较大、喇嘛人数较多、较有影响的藏传佛教寺庙有汇宗寺、梅力更召、五当召等。

汇宗寺是多伦会盟以后，应蒙古各部的请求于康熙三十年（1691）开始兴建的，于康熙五十一年建成。康熙皇帝为该庙敕额"汇宗寺"。汇宗寺属于清朝皇帝敕建寺庙，由清政府出资建筑。康熙五十三年，康熙皇帝为汇宗寺题写"御制碑文"。碑文用满、汉、蒙古、藏四种文刻写在两块汉白玉碑上，立于汇宗寺释迦牟尼正殿前两侧。

御书汇宗寺碑文全文为：

我国家承天顺人，统一寰宇，薄海内外，悉宾悉臣。

自太祖、太宗握枢秉轴，驾御风云，蒙古诸部，相继效顺，暨于朕躬，克受厥成，前所未格，罔不思服。惟喀尔喀分部最多而又强盛。朕绥德辑威，薰陶渐革，二十余载，七家之众，既震且豫，咸来受吏。乃除其顽梗，扶其良弱，锡之封爵，畀以土疆，朕亲北巡，以镇抚之。于康熙庚午之秋，大宴赉于多伦诺尔。四十八家名王郡长，世官贵族，靡不毕集。拜觞起舞，稽首踊跃。盖至是而要荒混同，中外一家矣。醑赐既毕，合辞请曰："斯地川原平衍，水泉清溢，去天闲刍牧之场甚近。而诸部在瀚海龙堆之东西北者，道里至此，亦适相中。而今日之筵赏敷锡，合万国以事一人，又从古所无也。愿建寺以彰盛典。"

朕为之立庙一区，令各部落居一僧以住持。

朕或间岁一巡，诸部长于此会同述职焉。至于今又二十余年矣。殿宇廊庑，钟台鼓阁，日就新整，而居民鳞比，屋庐望接，俨然一大都会也。先是寺未有额，兹特允寺僧之请，赐名曰"汇宗"。盖四十八家，家各一僧。佛法无二，统之一宗，而会其有极，归其有极，诸蒙古恪守候度，奔走来同，犹江汉朝宗于海，其亦有宗之义也。夫是为之记，以垂永久云。

康熙五十三年五月初一日^⑨

碑文记述了多伦会盟的盛况和汇宗寺建寺原因，阐明了"汇宗"的意义，即"会其有极，归其有极"，维护清王朝的统一。康熙四十年（1701），康熙下达谕旨，任命章嘉呼图克图为"多伦诺尔喇嘛庙总管内蒙古喇嘛事务之札萨克喇嘛"。康熙五十二年，康熙向章嘉呼图克图宣布："黄教之事，由藏向东均归你一人掌管。"从此，正式确定了章嘉呼图克图总管蒙古喇嘛教和汇宗寺的地位。

雍正五年（1727），雍正皇帝下达谕书，拨国库银十万两，在汇宗寺西南，再建一座寺院，雍正为其敕名"善因寺"。雍正书写的"御制善因碑文"，亦用满、汉、蒙古、藏四种文雕刻在两块汉白玉石碑上，立于善因寺两侧。

御制善因寺碑文为：

洪惟我

皇考圣祖仁皇帝，恩被九有，威加八纮。曩岁厄鲁特噶尔丹，跳梁朔漠，扰乱喀尔喀诸部，喀尔喀七旗数十万众，怀德慕义，稽首内附。

皇考躬率六军，远行天讨，驻跸多伦诺尔之地。受喀尔喀诸部郡长朝谒，锡之封爵，为我屏垣。既翦凶渠，荡定朔漠，抚安藩服。允从诸部所请，于斯地创建汇宗寺，俾大喇嘛章嘉呼图克图居之。章嘉呼图克图道行高超，证最上果，博通经品，克臻其奥，有大名于西域部，诸蒙古咸所遵仰。今其后身，秉质灵异，符验显然，且其教法流行，徒从日广。朕特行遣官，发帑金十万两，于汇宗寺之西南里许，复建寺宇，赐额曰善因。俾章嘉呼图克图呼毕尔汗主持兹寺，集会喇嘛，讲习经典，广行妙法。蒙古汗王、贝勒、贝子、公、台吉等俱同为檀越主人，前身后身敬信无二，自必率其部众，听从诲导，胥登善域。稽古圣王之治天下，因其教，不易其俗，使人易知易从，此朕缵承先志护持黄教之意也。况此地为我皇考驻跸之地，灵迹斯存，惟兹两寺，当与漠野山川并垂无极。诸部蒙古台吉属下，永远崇奉，欢喜信受，薰蒸道化，以享我国家亿万年太平之福，朕深有望焉。

雍正九年四月初二日[⑩]

雍正在碑文中重点阐述了"因其教，不易其俗"的治边理念，这一思想被清王朝的后继者广泛认同，其影响极其深远。

梅力更召，建于康熙四十一年（1702），位于包头西北大青山下，是最早用蒙古语诵经的寺院。梅力更召三世活佛劳布桑丹·碧扎格撰著的《梅力更葛根全集》，使蒙古语诵经自成体系，是蒙古族宗教文化的重要文献资料，从中也可以看出藏传佛教在蒙古地区传播中，逐步与蒙古族文化融合的过程。

五当召，坐落在包头大青山五当沟内，建于乾隆十四年（1749），原名"巴尔嘎尔"（白莲花）庙，乾隆二十一年，乾隆赐名"广觉寺"，是蒙古地区最大藏传佛教寺庙。召寺主体由八大经堂、三处活佛府、一幢塔陵、近百栋喇嘛楼组成。所有建筑呈梯形楼式结构，上窄下阔，平顶小窗，完全是藏族风格。五当召一向以藏传佛教高级学部著称，其第一任活佛罗布桑加拉错学识渊博，曾获得西藏哲蚌寺拉布占巴学位，清廷册封他为"对音库尔·班第达·呼图克图"（即大学者）称号。五当召藏有唐卡 400 余幅，其中一幅成吉思汗戎装唐卡十分珍贵。五当召鼎盛时期有喇嘛 1200 人，与西藏布达拉宫、青海塔尔寺齐名，为我国藏传佛教三大名寺之一。

呼伦贝尔地区的甘珠尔庙，因乾隆皇帝赐蒙古文《甘珠尔》经而得名。昭乌达盟的荟福寺，因供巴林右旗乌尔衮郡王所猎斑纹猛虎，又被称为"虎庙"。梵宗寺以中轴线建筑群落和雕刻、彩饰、壁画闻名。锡林郭勒盟的贝子庙，因阿巴哈纳尔左翼旗称贝子旗得名，又因高僧阿日雅·章隆·班智达而被称为"阿日雅·章隆·班智达庙"。哈音嘎尔瓦庙主供马头金刚，也是阿巴嘎旗祭祀祖先的寺庙。乌兰察布盟希拉木仁庙因管辖察哈尔、绥远数十旗和青海部分地区藏传佛教事务而号称"塞北拉萨"，最盛时喇嘛人数达到 1400 余人。鄂尔多斯乌审召因从北京旃檀寺取来一百零八卷《甘珠尔》经又称"甘珠尔经庙"。准格尔召以供有金银铸造如人身一般大的释迦牟尼、弥勒菩萨、莲花生像而享有盛名。阿拉善地区的广宗寺以建筑群气势宏伟，供奉六世达赖喇嘛著名。

清代，随着藏传佛教大规模传入蒙古地区，蒙译佛经又形成一次高潮。由于建立大量寺庙，蒙古喇嘛的人数大为增加，喇嘛们不仅接受了藏文佛教经文，而且把一部分经文翻译成蒙文。

二世章嘉呼图克图因精通汉、蒙、满、藏语言文字，有崇高的宗教地位和精深的佛学知识，他受命主持蒙译《丹珠尔》的工作，于乾隆十四年（1749）完成二百二十五卷本《丹珠尔》的蒙译。由内务府刻印发行，传布内外蒙古各地。并协助庄亲王编译《首楞严经》，刊为汉、蒙、满、藏四替合璧本，后又编纂《同文韵统》《御制满汉蒙古西番合璧大藏全咒》《喇嘛佛像记》等十余部经籍，还编著一部蒙藏两种文字对照的佛学词汇《正字贤者之源》。

蒙古文大藏经分类、函数、种类，完全与北京版藏文大藏经相同。即《甘珠尔》经为 108 函；《丹珠尔》经为 226 函，是关于《甘珠尔》的解说和注释，以及历史、哲学、文学、语言、医学、历法、工技、艺术等。

蒙古文大藏经《甘珠尔》经的目录分：秘密经、大般若经、第二般若经、第三般若经、诸般若经、大宝积经、华严经、诸品经、律师戒行经等十类。计：秘密经645部，24函；大般若经1部，14卷；第二大般若经2部，4卷；第二般若经1部，4卷；第三般若经1部，1卷；诸般若经24部，1卷；大宝积经46部，6卷；华严经1部，6卷；诸品经260部，32卷；律师戒行经18部，13卷。共计999部，105卷。大藏经是藏传佛教的基本经典。因此，对藏传佛教寺庙来说，是必不可少的，如果一个寺庙没有大藏经，该寺庙的地位自然要降低，因此，各地寺庙在建寺庙的同时，首先要考虑筹购大藏经的问题。大寺庙一般每一个苏格沁殿（大雄宝殿）都必须购置一部《甘珠尔》一部《丹珠尔》经。每一个扎仓都置有一部《甘珠尔》经。"却伊拉"扎仓，由于修行的需要，置有一部《丹珠尔》经。

第七节　城镇建筑与文化遗存

绥远城将军衙署　公主府　喀喇沁亲王府　鄂尔多斯郡王府　苏尼特德王府

雍正十三年（1735），清廷为进一步控制漠南蒙古诸部及安排从漠北归来的八旗将士，决定在归化城（今呼和浩特旧城）东北，新建一座驻防城——绥远城。乾隆元年（1736）十月，绥远城开始破土动工，兴建营房，乾隆四年建成。每面城墙中设城门，南名"承薰门"，北名"镇宁门"，东名"迎旭门"，西名"阜安门"，均由乾隆皇帝亲自命名。城门匾额分别用满、汉、蒙三种文字石刻，镶嵌于城楼门额上。城外有石桥、护城河。城门上有门楼，东门书"得树"，南门书"仰日"，西门书"控河"，北门书"吞山"。绥远城的中心点，为钟鼓楼及绥远城将军衙署。以此为中心，东南西北四条大街将整个城区一分为四。全城街道呈棋盘状，有主要街道28条和小巷26条。西城门外设有36万平方米的大校场和演武厅，为驻防军平时检阅、操练之外，战时系将军出征点将、开拔军旅的出发站。绥远城作为军事要塞，不仅守护中原北大门，还保护着中、蒙、俄之间的商路，战略意义十分重要。

绥远城建城后，八旗驻防兵仿京师驻防之分布，按阴阳五行安排驻防方位。城内共有十六个佐领的满洲八旗兵，四个佐领的蒙古八旗兵。满洲正黄旗和镶黄旗兵驻扎城北，北方代表水；满洲正白旗和镶白旗兵驻扎城东，东方代表木；满洲正红旗、镶红旗兵驻扎城西，西方代表金；满洲正蓝旗、镶蓝旗兵驻扎城南，南方代表火。而蒙古正黄旗、镶黄旗、镶白旗、镶红旗与相同旗分的满洲兵混居。黄色代表土，土能挡水；红色代表火，火能克金；蓝色代表水，水能灭火；白色代表金，金能克木。据说这样的布局，一伸一抑，一张一合，可以平衡和克服各自带来的副作用。也就是清廷希望八旗内部减少摩擦，消除矛盾。

绥远城将军衙署（图上9-2），坐落在绥远城中心。衙署建筑为庙堂式五进四合院落。大门前两侧，是两个威风凛凛的卧式大石狮，石狮两侧有钟、鼓亭各一座。进入衙署大门迎面为仪门，过仪门依次为大堂、二堂，两侧分别为左司、右司、印务官署，三堂、四堂属后宅，是将军及其眷属的居宅处。衙署中还有前锋营、回事房、文案处、官厅、土默特官厅、箭厅、更房等建筑。将军衙署门前有一高大青砖筑影壁，影壁上端有四个端庄的石刻"屏藩朔漠"楷书题字，显示建筑绥远城的目的。影壁北面有根旗杆，上悬黄龙旗。旗杆北侧，影壁两端用鹿角栅相连东西两侧辕门。清代绥远城将军的权限，除统辖绥远城驻防八旗兵，同时统辖归化城土默特两翼蒙古，并节制乌兰察布、伊克昭两盟诸旗，遇有战事，还可调遣大同、宣化两地之绿营兵。据《清实录》载，清廷驻绥

图上9-2　位于呼和浩特市新城区的绥远城将军衙署正门　李原、孔群摄

远城将军始设于乾隆二年（1737），共派遣驻城将军74任。清代历任驻绥远城将军有善武者，有善政者，有擅琴棋书画者，他们从不同方面，促进与繁荣着绥远城的经济与文化。绥远城的西南是归化城。归化、绥远两城一个建于明朝，一个建于清朝，虽然相隔五华里，但民风、文化各有特点。归化城居民以蒙古和汉族为主，城内有大盛魁、元盛德、天义德等众多商号，是塞外重要的商埠。归化城因是阿勒坦汗所建，因此藏传佛教的召寺较多，如大召、小召、席力图召、乃莫气召、巧尔齐召，民间有"七大召、八小召、七十二个免名召"之说，享有"召城"之称。绥远城是清廷为了控制漠南蒙古诸部而建，"屏藩朔漠"凸显它的建城主要目的是一个军事要塞。城中居民以满族为主。因满族入关后受汉文化影响较深，在绥远城内建有众多汉庙，如观音庙、文昌庙、财神庙、城隍庙、龙王庙、关帝庙等。长期以来两城蒙、汉、满各民族和睦相处，也见证了蒙古、汉、藏文化在这里广泛交融的历史过程。

公主府，为固伦恪靖公主府邸。固伦恪靖公主（1679—1735）是康熙帝第六女，其母贵人郭络罗氏。康熙三十六年（1697），19岁的恪靖受封为和硕公主，嫁给博尔济吉特氏喀尔喀郡王敦多布多尔济。康熙四十五年，受封为和硕恪靖公主；雍正二年（1724），晋固伦恪靖公主。雍正十三年去世，终年57岁。恪靖公主嫁给敦多布多尔济之后，本应回到外蒙古的库伦王府，因当时喀尔喀蒙古借牧清水河和山西地界，噶尔丹的残兵袭扰，漠北烽烟迭起，康熙皇帝不放心，于是赐公主住归化城（今呼和浩特市旧城）。康熙三十六年，康熙帝三次亲征噶尔丹后，漠北战事未尽，归化城同样处于战争前沿。为保证公主的安全，康熙帝让她暂居清水河，因这里距离山西的八旗驻防很近。随着战火的远去，恪靖公主迁居到归化城西的扎达盖河畔。经康熙钦定，在离归化城北门2.5公里的扎达盖河东岸建公主府。恪靖公主到归化城时，随其下嫁的有千余名满洲八旗兵丁、侍从和包衣，以及各类工匠、太医、文士。这批满洲人的迁入，对内蒙古西部经济文化的发展和民族的交融起到重要作用。公主府按皇族亲王品级营造，占地面积1.8万平方米，古建筑面积4800平方米，房舍69间，为四进五重院落。寝殿两面建花园、马场，其后为禁卫房和园林，园林内池、山、楼、塔诸景齐备。府门前有一幢大照壁。府门为朱红色，门前一对汉白玉石狮。

喀喇沁亲王府，系清朝贡亲王的府邸。始建于康熙十八年（1679），坐落于赤峰市喀喇沁旗王爷府镇，东北距承德150公里，西南距赤峰70公里。乾隆四十八年（1783）晋亲王品级后，又在郡王府基础上扩建为亲王府邸。历代亲王皆有扩修，但中轴建筑形制一直保持至今。先后有十二代喀喇沁旗蒙古王爷在此袭政。王府建成后的300余年间，一直是历代郡王、亲王的府邸。喀喇沁王府由五进22幢正堂、配房和厢房构成连续四合院式格局。主体建筑分大堂、二堂、仪门、大厅和承庆楼等部分。主建筑群外，东西两侧建有跨院，左右对称，每个跨院有若干四合院，由垂花门和回廊相连。

鄂尔多斯郡王府，位于鄂尔多斯市伊金霍洛旗阿勒腾席热镇王府路王府巷西侧，是内蒙古西部地区最完整的一座王爷府。清军入关前，成吉思汗第二十代世孙鄂尔多斯部落首领额林臣率部归顺后金。清顺治六年（1649），清王朝对鄂尔多斯部落分旗而治，置六旗。额林臣被清世祖封为多罗郡王，并任伊克昭盟第一任盟长，其封地为鄂尔多斯左翼中旗，俗称"郡王旗"。郡王府为郡王旗札萨克私邸。由于历代王爷世袭更替，其王府也不断迁徙。清光绪二十八年（1902），郡王旗第十四代札萨克特克斯阿拉坦呼雅克图袭位后，王府正式迁至现存郡王府所在地。

苏尼特德王府，始建于清同治七年（1868），由德王的祖父为德王的父亲那木济勒旺楚克承袭锡林郭勒盟盟长而建，有房83间。是一座既有藏传佛教建筑风格、又有清末汉族宫廷建筑风格，同时兼有蒙古民族建筑特色的大型建筑。正殿、配殿、厢房组成两个四合院，以及两侧结构近乎一致的偏殿、厢房，构成一个完整、庞大的建筑群。王府正殿前竖立着两根10余米高的查迪格（竖杆），正殿后面竖立着苏鲁锭，偏殿前有蒙古包群，在大院两侧100余米长的路段上，有百十根拴马桩。

【注释】

① 参见乌云毕力格等撰：《蒙古民族通史》第四卷，内蒙古大学出版社2002年版，

第 67—68 页。

② 参见宝玉柱：《清代蒙古族社会转型及语言教育》，民族出版社 2003 年版，第 263—264 页。

③ 同上①，第 420—421 页。

④ 荣苏赫等主编：《蒙古族文学史》第三卷，内蒙古人民出版社 2000 年版，第 287 页。

⑤ [清] 吴振棫：《养吉斋丛录》卷一六。

⑥⑦⑧ [清] 赵翼：《檐曝杂记》卷一。

⑨⑩ 参见卓孔铭主编：《多伦县志》，内蒙古文化出版社 2000 年版，第 733 页。

下 编

绚丽丰厚的草原文化

第一章

狩猎与游牧文化

公元五至六世纪，一部分游牧民族告别森林、江河，来到草原，从渔猎经济过渡到畜牧业经济时期。他们在维系着原始的狩猎生产与生活方式的同时，发展家畜驯养和游牧生产。在畜牧业经济得到发展的同时，积累着丰富的生活与生产经验。随着经济的发展与人民生活水平的提高，狩猎演变为竞技角逐、比试骑射的社会性娱乐活动。蒙古人与马结缘，被称为马背民族。他们养马、爱马，无论是战争，还是生产、生活，马都发挥着无可替代的重要作用，从而形成独具民族特色的马文化。伴随着养马业的发展，以马奶酒为主的制酒生产发展起来，酒文化也随之应运而生。适合于游牧生产方式、生活习俗和地理气候特点的医药知识不断积累，逐渐形成具有独特理论体系与疗效的蒙医蒙药，进一步促进着畜牧业的稳步发展。

第一节　历史悠久的狩猎文化

狩猎技法　猎物分配　狩猎工具　狩猎谚语

北方游牧民族如林胡、楼烦、匈奴、乌桓、鲜卑、柔然、室韦、敕勒、突厥、回纥等，注重狩猎，多以此为生。《出使蒙古记》载："他们有大量的鹰、白隼和隼，人们把这些鸟放在右手上。他们经常在鹰的颈子周围系一根小皮带，这根小皮带挂到鹰的胸前，当他们把鹰掷向它捕捉的动物时，就用左手拉皮带，把鹰的头和胸向下拉，这样它就不会被风吹回来或者向上飚去。他们通过打猎获得他们食物的一大部分。"①广泛分布于内蒙古各地的岩画，多有狩猎的图案。以契丹为例，狩猎在生活中占有重要地位。张舜民在《使北记》中记载："北人打围，一岁各有住所，正月钓鱼海上，于冰底钓大鱼，二三月放海东青扑雁，四五月打麋鹿，六七月凉淀坐夏，八九月打虎豹之类，自正月至岁终，如南人趁时耕种也。"狩猎既是契丹人生活中的常务，因此在制度、法律、职官设置、阶级关系、民族关系及宗教思想、文化艺术等方面都有鲜明的反映。《辽史·仪卫志》载："皇帝幅巾，擐甲戎装，以貂鼠或鹅项、鸭头为扞腰。蕃汉诸司使以上戎装，衣皆左衽，黑绿色。"②库伦旗六号辽墓、敖汉旗康营子辽墓、翁牛特旗解放营子辽墓壁画中的出猎图与归猎图等，均绘有贵族行猎的场面。

狩猎也称"打猎"、"打围"。契丹国为狩猎设置专门机构，有专职官员。机构有围场、鹰坊、监鸟兽详稳司等。围场是皇家的狩猎禁地，官吏有围场太师、围场都管、围场使、围场副使等。鹰坊管理皇家的各类猎鹰，官吏有鹰坊使、坊副使、坊详稳、坊都监等。监鸟兽详稳司分虎、狼、鹿、雉等若干监，负责饲养驯化皇家的猎获物，官吏有鸟兽详稳、鸟兽都监等。

契丹国的狩猎在文化艺术，甚至科举上都表现出来。辽道宗作《放鹰赋》赐群臣，以喻信任放手之意。辽圣宗狩猎射杀二虎，驸马刘三嘏献《射二虎颂》。辽朝贵族文士以狩猎为题作诗文，也常以狩猎为题作画。《辽史·宗室列传》载，东丹王善画本国人物，如《射骑》《猎雪骑》《千鹿图》，皆入宋秘府，有《射骑图》传世。胡瓌的作品传世较多，其中以《卓歇图》受后人推重。庆陵、库伦六号辽墓、敖汉旗康营子辽墓、翁牛特旗解放营子辽墓壁画，从不同角度表现狩猎生活。皇帝殿试进士，也以狩猎为题目，《辽史·兴宗本纪》载，辽兴宗"御元和殿，以《日射三十六熊赋》《幸燕诗》试进士于廷"③。

清代，对分布在黑龙江、嫩江、兴安岭一带的狩猎民族鄂伦春、索伦等部，称为打牲部，并设布特哈总管。在长期的狩猎实践中，形成许多相约成俗的规矩。打猎时有不杀怀胎野兽、幼小野兽，不伤害天鹅、鸿雁、黄鸭、鹤等鸟类的规矩。有些被认为是具有特殊来历的或者捕杀会有报应的动物，如虎、熊等，往往让人敬畏而不敢轻易捕猎。传成吉思汗有一次围猎时告诫部下，如遇苍狼和白鹿入围不可射杀。满族人不准打杀喜鹊、狗、马，不食其肉。清代狩猎业文化被推向高峰，与军事训练、经济文化、民族团结结合在一起。木兰围猎成为国事，为国家重要活动之一。

内蒙古东部区的狩猎期多在春秋两季，有圈围和散围两种。圈围多在狼害猖獗时由若干努图克（苏木或村屯）联合举行，主要为消除当地狼害。打野猪也用此法。组织大型圈围时，官府通知有关村屯家家户户都要有成年男子参加，在指定地点集结。大型圈围由阿宾达（狩猎长）统一指挥，参加圈围者进退有序，悉听指挥，不得怠慢或违令。圈围多以哄赶猎物到一定地点为目的，推进中不准放鹰，不准放缓前进速度。大型围猎纪律严格，猎获狼或野猪要交公，隐匿者受罚，交公者受奖。散围指个人自由组合狩猎，猎人有"一人不打猎，二人不采参"之说。为防止相近各努图克猎人行猎时冲突，将各努图克打猎时间分开，如按一四七日、二五八日、三六九日行猎，一年四季都进行，惟猎物不同，方法不同。如春季猎野鸡、野兔。规模可大可小，几个人、几十个人或上百人都可以。狩猎当天完成，用砂枪、布鲁（一种狩猎工具，形似短柄镰刀）打，或让猎犬扑咬。立秋后，夜间捕捉刺猬、獾（刺猬、獾在夜间活动，靠犬捉获）。

清代，猎虎须有旗札萨克命令，由王府指定专人猎虎。到老虎出没的山下，先向山神禀明来意，以旗札萨克名义向山神敬祭奶酒，历数虎伤人畜罪状，祈求山神恩准捕获老虎，然后上山。猎人高举套鞍屈扎枪，来到猎场，在隘口险路分别把守，同时滚石呐喊，击鼓喧噪，驱赶老虎。猎杀老虎以后，猎人头领佯装愤怒，命猎虎者跪在死虎前悔罪，以示惩罚他杀死镇山之主、百兽之王的过失，并令众猎手将其责打四十大板。打板时，在被打者臀部垫以鞍鞯，使其不受皮肉之苦。演示后，给猎虎者以重赏。

　　敖鲁古雅索伦人又称"雅库特人"（鄂温克族），他们捕猎鹿犴的技法有鹿哨诱捕、猎场蹲坑、守石待猎、泡中智擒、俄开堵截等。其中鹿哨诱捕的方法是：每年8—9月，是鹿、犴（麋鹿）交配期。猎人藏在丛林地带，用鹿哨学公鹿、公犴叫声。远处孤单公鹿或公犴闻声赶来，意在与其同类雄性搏斗，独占雌鹿、雌犴群。雌鹿、雌犴听到其雄性叫声，也会跑来，同样易被捕获。

　　猎狍子技法有围猎、拟声诱猎、跟踪猎捕等。猎谚云："隆冬狍子上冰场，棒打狍子不用枪。""落雪撵兔，化雪猎狍。"每年农历五月初五、十三、二十五日是围猎狍子的日子。捕獐捕鹿，各有其法，猎人总结：绊马索，捕獐子；蹲碱场，获鹿犴。黄羊围属大型围猎，一是众人把黄羊群赶到深渊绝壁，逼其跳下去；二是在黄羊经常出没的草场上堆起两个土敖包，敖包尾设暗箭，然后把黄羊赶进敖包中间，黄羊惊慌触动暗箭被射中而死。黄羊围狩猎是显示快马、好射手的场所。围猎时众人骑马，手持套马杆或马棒，带猎犬。狼具有视觉好、嗅觉好、听觉好的特点，老鹰、乌鸦在哪里盘旋飞翔，在哪里叫，哪里就有死牲畜，狼在很远的地方就能觉察。猎手利用狼的这一特点，在死牲畜附近躲藏起来，当狼到跟前时突袭捕杀。民间流传狼是"铜头、铁背、纸糊的鼻子、麻秆腿"，所以，打狼要打鼻子和腿。

　　几个人行猎，所获大小猎物归个人所有。众人合围猎物分配则有所不同，大者，如野猪、黄羊、狍，无论何人猎获，凡目击者每人一份。先抓到后腿者分后腿，其余人赶到用刀割多少是多少。猎获野鸡、野兔则谁猎获归谁。猎物先中枪击，后被犬咬的归枪击者。单人从远方跟踪并将猎物追得疲惫待毙，无论是被犬咬，还是枪击棒打致死都归追逐者，众人追逐不在此例。在围场中犬抓住猎物，主人不在场，由目击者证明把猎物交给犬主人。当发生枪击和犬咬争执时，验证有弹痕即归枪击者，否则归犬主人。如两人争执不下时，往往将猎物送给徒步老人或孩子。如双方不愿这样做，就由一徒步老人或孩子将猎物放在30米以外，约定争执双方各打三次布鲁，谁命中率高则归谁。如双方都未命中，猎物则归置放者。发现卧在草丛中的猎物，可请持械者代击，击中后归发现者。围猎中，众犬咬死狼，谁的犬咬住要害部位，狼皮即归犬的主人。有配药者可现场割取狼胆、狼油等物。

猎产品分为肉食、毛皮和药材三类。蒙古族及达斡尔、鄂伦春、鄂温克族日常生活以食肉为主。狍子肉无脂肪，蛋白质含量高，是猎民的主要食品，猎民猎取狍子最多，狍肉一年四季不断，鹿肉、野猪肉、熊肉也是猎人主食的重要组成部分。此外，猎人也吃灰鼠肉、榛鸡肉等，但不吃貂、狼、狐、鼬等肉。猎获狍、鹿、犴、熊、野猪等野兽后，取其皮制作衣帽、鞋靴、手套、被褥及猎场住所覆盖物。细毛皮有狐狸皮、黄鼠皮、猞猁皮、旱獭皮、灰鼠皮、香鼠皮、貂皮、水獭皮、獾皮。药材类有鹿茸、鹿胎、鹿鞭、鹿心血、鹿筋、鹿角、熊胆和麝香等。

原始狩猎工具有石块、木棒、布鲁、铁蛋。传统工具有弓箭（图下1-1）、扎枪、火枪、夹子、套子、网子、匣子、弹弓、火枪、燧石枪、鹿笛、狍哨等。骑乘运输工具有驯鹿、马、桦皮船、滑雪板等。最具特色的狩猎助手是鹰和犬。

鹰又称"海青"、"海东青"、"白海青"，属雕类，被称为"带翅膀

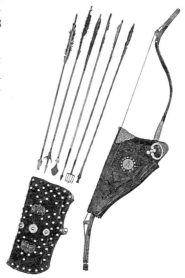

图下 1-1　清代弓箭　弓囊：长 56 厘米，最宽处 32 厘米。箭囊：长 48.7 厘米，宽 27.5 厘米。角弓：长 148 厘米。鱼叉箭：长 103.5 厘米。水箭：长 100.5 厘米。兔叉箭：长 106.5 厘米。哨箭：长 105.5 厘米。枪头箭：长 105.5 厘米。索伦箭：长 98.5 厘米。内蒙古锡林郭勒盟乌珠穆沁征集，现藏内蒙古博物院。选自《成吉思汗》，北京出版社 2004 年版，孔群摄。

图下 1-2　游牧民族使用的火枪　孔群摄

的猎狗"。辽太祖耶律阿保机于神册元年（916），在龙化州（今赤峰市敖汉旗教来河东）设置专门驯化飞鹰的机构——鹰坊。辽、金、元代，朝廷命地方贡献海青，专门驯练鹰犬的行家入府驯练幼鸟，经驯服后的海青由驯者携之陪帝王狩猎，拜授皇帝放之，以娱诸侯。契丹、女真及后来的蒙古民族崇尚白色，成吉思汗统一北方民族后，白海青成为蒙古族崇拜的偶像。清代满洲八旗几乎家家驯鹰，用以狩猎。

猎犬是猎民最宠爱的狩猎工具。猎犬除替主人寻觅野兽外，在关键时刻能保护主人。扎鲁特旗猎犬又称细犬，体形细长，跑得快，性情温顺，易于驯养。主人放羊时，犬跟随主人跑在羊群前后，替主人看护羊群。晚上羊群回圈后，犬在羊圈外放哨，夜里一旦狼来，犬会狂吠不止，给主人报警。犬是猎人得力的助手和忠实的朋友，受害死后不能随便抛弃，要把它拉回家。经驯化的猎犬死后，猎人在其嘴里放上炒米、黄油，抬到山上埋葬。

内蒙古地区狩猎民族总结出的狩猎谚语如：

打狍子，棒子阵，一片冰场一群人。

老虎称霸豹宿滩，獐狍鹿熊住深山。

不怕野兽狡猾，就怕猎手笨拙。

猎人不怕猎物多。

打雁打飞没有打落好。

打野猪有法，打群围准拿。

高卧低，低卧高，两头停，正中腰。

打起踪，打落踪。

上打毛尖，下打蹄。

顺跑打迎头。

第二节　独具特色的游牧文化

逐水草而迁徙　四季轮牧　走敖特尔　游牧技能

原始农业衰退后，畜牧经济逐渐在北方游牧民族社会经济中占据主导地位。先民们先是把一些幼兽和温顺的猎物圈养起来，准备需要时宰杀使用，并开始最初的驯化。一开始驯化的动物种类很多，经逐步选择和淘汰，最终留下了适应放牧的马、牛、骆驼、绵羊和山羊，称之为"五畜"，遂使畜牧业迈出了第一步。

在历史上，畜牧业是北方各民族共同的经济行为。商周时期（前16世纪至前771年），今内蒙古地区是北方游牧部族从事畜牧、狩猎活动的主要场所之一。从有文字的商、周时代起，史书中记载有鬼方、土方、犬戎、玁狁（荤粥）、猃狁等部族游牧在今乌兰察布高原、呼和浩特平原和鄂尔多斯高原一带。周穆王时（前947—前927），北方游牧部族以马、牛、羊、犬等换取中原的铜器、银器、丝物、桂姜等物。

公元前3世纪末，冒顿单于建立起匈奴奴隶制政权，在内蒙古的历史上出现第一个阶级社会。匈奴人住穹庐、食畜肉、饮乳浆、披毡袭，主要经营畜牧业，而且规模很大。匈奴人善制毡，所产彩毡和花纹毡制品，收藏于中原王朝的府库之中。属于公元前1世纪的北匈奴古墓中，也有花纹毡出土。匈奴人还掌握制造皮革的技术。并与中原有经常的产品交换关系。西汉高帝九年（前198），朝廷派刘敬前往匈奴结和亲之约时，即已开放关市，准许汉匈两族人民交易。据史书记载，匈奴与汉王朝通市时，要驱赶几万头牲畜入塞交换。

魏晋南北朝时期，有拓跋鲜卑以及敕勒（高车）、柔然等民族驻牧于今内蒙古地区，经济生活皆以游牧的畜牧业为主。北魏道武帝天兴元年（398），迁都平城（今山西省大同市城区及其附近地区）前后，他的部众还是以游牧业为主。《资治通鉴》记载，道武帝登国十年（395），为逃避后燕的侵扰，曾西渡黄河，把他的部众和牲畜迁到千余里外的河套一带去驻牧。北魏太武帝神二年（429），朝廷把征服的漠北敕勒数十万户，牲畜百余万头，迁于漠南，漠南成为敕勒人聚居的地方。

隋唐五代时期，有突厥、回纥以及奚、室韦等民族驻牧于今内蒙古地区，经营游牧的畜牧业。隋文帝开皇五年（585），突厥启民可汗有杂畜20余万头只。

辽金时期，今内蒙古地区的畜产品交换有所发展。辽太祖时（916—926），已设立牲畜交易所。金朝有与北方各部族贸易的榷场。后又设庆州朔平榷场（今内蒙古巴林右旗境）、昌州狗泺榷场（今内蒙古太仆寺旗西南）、抚州北羊城榷场、抚州春榷场（今内蒙古察哈尔右翼前旗土城子）、天山榷场（今内蒙古四子王旗吉生太乡）。对西部的贸易主要通过东胜州（今内蒙古托克托县城关镇）。辽朝始，今内蒙古地区设官有群牧所，后世《金史·兵志》记述，辽时置迪河斡朵、斡里保、蒲速斡、燕恩、兀者五个群牧所。辽太祖神册六年（921），朝廷设群牧职官名。

元代，畜牧业迅速发展。元人李志常在《长春真人西游记》中记述，元太祖十五年（1220）三月五日，中原全真道教领袖长春真人丘处机，应成吉思汗之召西行蒙古，行至今呼伦湖畔，随处可见牛羊遍野、毡帐座座的兴盛景象。

明代，蒙古族牧民的经济生活仍以游牧的畜牧业为主。蒙古右翼土默特万户首领俺答汗时（1507—1581），畜牧业发达，其时，俺答汗有马40万匹，骆驼、牛、羊数以百万计。明万历六年至九年（1578—1581），俺答汗主持制订的《俺答汗法典》（《阿勒坦汗法典》），其中包括有关于保护草原、保护牲畜和野生动物等法律内容。

清代，察哈尔游牧八旗大兴官牧厂（场）。据《口北三厅志·牧考》等史料记载，清顺治（1644—1661）初，清廷在大库口外设种马厂，隶兵部。康熙九年（1670）改牧厂，属太仆寺，分左翼、右翼两厂。康熙十六年前后，建上驷院所属驼马厂，由镶黄、正黄、正白三旗放牧，称"三旗官驼马群厂"。有上都牧厂和达布逊诺尔牧厂，合称"上都达布逊诺尔牧厂"，又称"御马厂"。据记载，康熙年间（1662—1722），察哈尔游牧八旗各牧厂牧养的马、牛、驼、羊总数为300余万头只。

游牧生产方式是人类顺应自然的选择，其核心和关键是逐水草而迁徙，这是北方游牧民族经营畜牧业最基本的生产方式。最初，牧民为解决牲畜和草场的矛盾，为寻找新的草场而迁徙。他们赶着勒勒车和畜群，拉着蒙古包和日常生活用品边行走边放牧，直到找到理想的草场。这种迁徙有时是几千里甚至上万里，人口在几百人、几千人、上万人不等，牲畜则多达几十万头只。最初的游牧是"随牧"，即人被动地跟着畜群走，随着畜群转移。以后，随着对草原、畜群、人群三者关系的进一步认识，发展到"驱牧"，即主动赶着畜群按一定的路线迁徙。"冬则徙度漠南，夏则还居漠北。"④

　　游牧民族的迁徙活动当时大都由"游牧庄子"组织进行。游牧庄子是游牧社会最基本的单位，由近亲组成，蒙古人称之为"阿寅勒"。蒙古人还在普通牧庄的基础上建立了更大的游牧社会组织——"古列延"，这是一个血缘氏族或部落组织。据拉施特的《史集》记载：扎勒亦儿蒙古部在怯绿连河境内就有70个古列延，当时一千座帐篷组成一个古列延。游牧民族以阿寅勒和古列延为单位进行游牧生产和各种社会活动。为了扩张和争夺草场，各游牧部落之间，也时有战争发生，此时阿寅勒、古列延又是一个准军事组织，可组织牧民随时出征。"上马则备战斗，下马则屯聚牧养。"⑤

　　成吉思汗统一草原蒙古各部后，实行千户制，由成吉思汗的贵戚和功臣担任千户长，对草原进行统治和管理。蒙古社会从部落奴隶制，过渡到封建分封制，古列延的作用大为削弱，遂被取代。但阿寅勒则一直延续下来，后来被称为"浩特"。在历史上，北方游牧民族因各种原因进行过大规模的迁徙。匈奴分裂为南北匈奴后，北匈奴进行了历时200余年的漫长迁徙，途经西域及中亚进入了欧洲。拓跋鲜卑从森林进入草原，先是"南迁大泽"（今呼伦湖），而后又迁入今阴山南麓河套平原、鄂尔多斯高原一带。

　　元代，一方面因为在大汗分封制下初步形成了草原管理体系，长距离的大迁徙受到了限制；另一方面则因为牧民开始对草原和牲畜的规律有了粗略的认识，畜牧业经营方式开始转为四季轮牧。牧民根据季节、气候、草场、牲畜的情况，经常将草场按照春、夏、秋、冬划分为四个营盘，按季节将牲畜赶到水草丰美、气候适宜的营盘放牧。春季，经过了寒冷的冬季，牲畜膘情大为下降，抵抗力相对较弱，因此春营盘要选择风弱雪小的草场。夏营盘一般选择在地势较高、通风凉爽的地方。秋营盘为了牲畜的膘情，要选择牧草茂盛、草原较好的场地。冬营盘一般选择在山谷阳坡背风的地方，还要搭盖一些棚圈，并且备有牛羊粪砖和充足草料，准备渡过漫漫长冬。"夏天到山坡，冬天到暖窝"。在实际生活中，这种轮牧倒场一般一年内进行两次，即冬春为一营盘，夏秋为一营盘，春秋各倒场一次。采取轮牧、倒场的方式选择牧场，既有利于牲畜的膘情，也体现了游牧民族对草原难以割舍的眷恋和珍爱。

传统畜牧业抵御自然灾害的能力不强，一遇自然灾害，遭受损失将是巨大的。《史记》载："匈奴大风雪，畜多饥寒死"。"匈奴中连年旱蝗，赤地数千里，草木尽枯，人畜饥疫，死耗太半。"⑥为了减少损失，牧民们在实践中总结出迁徙倒场的办法。当遇到"白灾"（雪灾）、黑灾（旱灾），或者其他突发事件时，人畜的生存受到威胁，则需要随时迁徙倒场，匈奴人称为"瓯脱"，蒙古人称之为走"敖特尔"。走敖特尔的时间、距离视灾情而定。近距离的在自己的草场内进行，远距离的则要到较远的地方，借用他乡的草场。走敖特尔，牧民有较细的分工，有的负责选择路线，羊群先行，马群断后，有的专管蒙古包的拆装和搭建，有的负责照顾老小。走敖特尔时还要选择吉日，途中遇到敖包还要敬献哈达以祭祀，求上天保佑迁徙倒场安全顺利。到了新的草场，搭建蒙古包时，忌讳在岔道处或别人蒙古包旧址上搭建。

逐水草而迁徙、四季轮牧、走敖特尔，都是北方游牧民族在长期的生产、生活实践中总结出来的，这种古老的经营方式沿袭几千年，闪耀着北方游牧民族无尽的智慧光芒。

游牧民族在长期生产实践中，积累了丰富的兽医方面的经验。成书于元世祖至元十年（1273）的《农桑辑要》，在其《孳畜篇》中就阐述了关于牛、马、羊、猪、鸡等九种牲畜和家禽的饲养以及各种畜病的治疗方法。这些治疗方法，有的是古医书中的有关论述，更多的则是根据蒙古等游牧民族在实践中总结出来的经验。文献记载，蒙古人很早就掌握了记录年、月、日、时刻的方法，知道了月亮和太阳的关系，因而能够依据季节的特征，合理的安排倒场。

草原和水与游牧民族息息相关，因而游牧民族对草原和水充满了深情，他们把大地比作母亲，把草原比作摇篮，把水比作乳汁。据粗略统计，历史上讴歌草原和水的歌曲、诗歌不下500余首。蒙古族早在成吉思汗时代就将对自然的认识上升到生态自觉的高度，通过习惯法以及蒙古政权颁布的成文法来规范人们的行为，保护草原和水源。如在成吉思汗颁布的《大札撒》中，就严禁破坏草原、污染河流，违者要受到严厉的惩罚。游牧民族的这种重视生态环境的意识，有着积极的社会意义。

北方游牧民族的生产、生活方式，对他们的政治、军事、社会生活都产生过重要影响。如，契丹建立的辽朝，建有多个"捺钵"，它随着四季的变化而变更地点。一年之中，皇帝有相当一部分时间是在捺钵中度过，与诸大臣共议国事，或接见其他国家的使节。

成吉思汗建国初期，没有固定的都城，但有四个"斡尔朵"分布四处，起着首都的作用。斡尔朵是突厥语，意为"宫帐"，它由数百千座毡帐组成。每个斡尔朵均居住着成吉思汗的若干后妃，负责管理斡尔朵的日常事务。第一斡尔朵，又称"大斡尔朵"，是汗国最重要的政治中心，其位置约在克鲁伦河边的库迭额阿勒。《元史》称为胪胸河（即克鲁伦河）行营。该斡尔朵的主持人是成吉思汗的原配夫人、大皇后孛儿帖。另外三个斡尔朵分布在蒙古高原，居住着其他后妃。成吉思汗轮流在四个斡尔朵居住、处理朝政，政治中心也随之而移动。

另外，北方游牧民族建国后一般都盛行多都制和巡幸制。辽代、金代都有四五个京城。元朝曾先后建立上都和大都。大都即今之北京城。上都在今内蒙古正蓝旗境内。元朝实行两都巡幸制，每年农历二三月至八九月，元朝皇帝及随行大臣、宦官等都有半年时间在这里避暑理政。元朝主要机构，如中书省、枢密院等都在上都设有分衙或下属官署。不难看出，无论是捺钵还是斡尔朵以及后来的多都制和巡幸制，都带有浓厚的游牧文化色彩。

蒙古族盛行密葬。成吉思汗死后究竟葬在何处，至今无人知晓。但成吉思汗有灵堂，由八座白色的毡帐组成，分别供奉着成吉思汗与他的三位夫人和两个胞弟的灵柩，以及成吉思汗生前使用过的战刀、弓箭。蒙古人东征西讨，为了便于祭奠，这八座白色的毡帐也随着蒙古政权中心的转移而游动，从漠北逐渐移到漠南。

祭敖包源于古代蒙古先人的祭山神活动。蒙古族到草原后多有丘陵，少有大山，蒙古族就选择地势相对较高的丘陵，捡来石块堆积起来，作为祭奠之地。这种敖包遍布草原，是游牧民族留下的历史痕迹。

匈奴人的穹庐，突厥人、鲜卑人的毡帐，蒙古人的蒙古包等，均为适应地理、气候、环境和游牧生产生活方式所致。一是就地取材，多用牛羊毛擀制，二是方便于搬迁，三是有利于保温，能抵御风雪。游牧民族的日常饮食多以肉、乳为主，为了有利于保存并方便食用，还要制成肉干和奶酒。

　　游牧文化是游牧民族在北温带草原上，经营游牧业而创造的文化类型，源远流长且丰富多彩，与北方游牧民族特殊的生产生活方式密切相关，承载着游牧民族厚重的发展历史，是中华文化宝库的珍贵财富。

第三节　草原民族的那可儿——马

蒙古马　马文化　鞍具艺术　丰富多彩的马术　马的赞歌

　　蒙古族的马文化，是中国草原游牧民族马文化中最有代表意义的部分。

　　中国北方草原是少数民族的历史摇篮，矫健的蒙古马是北方少数民族创造历史文化的主要工具。人类从原始社会进入逐水草而居的时期起，马就逐渐成为人类的亲密朋友。特别是马成为人类的作战、交通、运输工具之后，极大地提高了古代各民族，尤其是少数民族的迁徙能力。在内蒙古地区，从古至今，蒙古族不论从事什么职业，对马都有着特殊的情感。在蒙古族的生产劳动、行军作战、社会生活、祭祀习俗和文学艺术中，几乎都伴随着马的踪影。尤其是蒙古骑兵和战车的出现，深刻地影响了世界许多民族的盛衰荣辱。由此，在人类文明发展过程中，就自然而然地逐渐形成一个特殊的历史产物——独特的、多姿多彩的蒙古族马文化。这一文化成为草原文化的核心。

　　蒙古马是中国乃至全世界较为古老的马种之一，主要产于内蒙古草原，是典型的草原马种。中国北方自古以游牧狩猎为生的游牧民族，如匈奴、鲜卑、柔然、突厥、回鹘、契丹、女真、蒙古等，都有发达的养马业。在鄂尔多斯匈奴古墓和宁城县南山根东胡墓葬中出土的马衔、马镳、辔、马护面饰等，证实在战国时期，匈奴和东胡人已经发明驾驭马匹的用具。公元前 8—7 世纪，山戎、猃狁、荤粥等部族，已经饲养着马骡、驴骡等牲畜，自觉不自觉地掌握了动物的杂交技术。在长年的生产生活中，他们积累起丰富的饲养和驯化经验，一代一代地不断培育出优良的马种——蒙古马。蒙古马与新疆伊犁马，为世界马种的两大种类，久享盛名。

蒙古马的特点是：体形较小，平均体高 120—135 厘米，体重 267—370 公斤。身躯粗壮，四肢坚实有力，体质粗糙结实，头大额宽，胸廓深长，腿短，关节牢固，肌腱发达。被毛浓密，毛色复杂。它耐劳，不畏寒冷，不择食，能适应极粗放的饲养管理，生命力极强。不怕寒冷，极耐劳苦，且跑速快，耐力久，远行出征，途中不用喂饮。8 小时可走 60 公里左右路程。经过调驯的蒙古马，在战场上不惊不诈，勇猛无比，历来是蒙古人最爱用的军马。在蒙古高原的不同地区，蒙古马有着不同的优良品种。在锡林郭勒草原上，有著名的乌珠穆沁马、阿巴嘎马以及皇家马的后代上都河马，在克什克腾旗有白岔铁蹄马，在鄂尔多斯高原有善走沙漠的乌审马。其中，以乌珠穆沁马和上都河马为蒙古马的代表品种。

《元史》载："西北马多天下，秦、汉而下，载籍盖可考已。元起朔方，俗善骑射，因以弓马之利取天下，古或未之有，盖其沙漠万里，牧养蕃息，太仆之马，殆不可以数计，亦一代之盛哉。"[7]草原皇家御马文化，是太仆寺旗源远流长的历史文化的组成部分。"太仆寺"为衙门名，是负责马政的机构。水草丰美的牧场，使太仆寺旗在清代成为规模巨大的皇家御马场，太仆寺旗因此得名。清政府在此设立察哈尔左翼牧群，最多时养育着七万余匹御用马匹。清顺治九年至光绪三十二年（1652—1906），前后经历 244 年，太仆寺旗承担着皇家御马场的使命，每年朝廷派出负责马事的官员到太仆寺旗挑马，然后集中到京师（今北京）。这里的牧民爱马、养马的习俗十分朴实而讲究，驯马、育马、赛马、打马鬃、烙马印等马文化内容色彩缤纷。

马在蒙古人的日常生活中起着很大作用。马可以拉车、驮运，蒙古人的小孩在刚懂事时就被父母抱上马背学习生存技能，将马视为自己的"那可儿"（蒙古语，意为伙伴）。蒙古人爱马如命，视马为命根子。"夷人畜产，惟牛羊犬马骆驼而已，其爱惜之勤，高南人爱惜田禾尤甚。其爱惜良马，视爱惜它畜尤甚。见一良马，即不惜三四马易之，得之则旦视而暮抚。"[8]蒙古人和蒙古马的灵魂是结合在一起的。蒙古族谚语说，歌是翅膀，马是伴当。无论外出放牧、搬迁转场，还是传递消息、探亲访友，以至婚嫁，都要靠骑马去完成。

马又是蒙古人生存生活的资源。特别是在生产领域，马是牧民最重要的生产工具，又是生产对象。放牧、挽车、乘骑、迁徙，乃至以马为资源的商品贸易，都离不开马去完成。马是蒙古族进行贸易的主要交换产品之一。蒙古人生活所用的日用品，主要通过马市与内地交换获得。为此，元朝时在天山县、砂井府、集宁县、大同县等多处，设有互市的榷场。当时，上都是草原著名的商业城市，也有马市、牛市，城里聚集着来自中原、中亚及欧洲的商人，以金属器皿和日用品换取马牛羊等牲畜和畜产品。明清两朝，马市和城镇集市更成为蒙古族牧民进行商品贸易，换回生活日用品的场所。所以马是牧民富有的标志，繁荣兴旺的象征。草原上富有的人，马匹之多，以浩特格尔（蒙古语，意为山沟或洼地）和套海（蒙古语，意为湾子）来计匹数。马是畜牧业发展的一个重要基础，没有马，草原经济便无从兴盛和拓展。

某种意义上说，在蒙古族兴起的时期，是马把他们推向历史的辉煌。蒙古族的军事活动，须臾离不开马。军队中的骑兵，是人与马的力量之和，是步兵所不及的。蒙古马具有灵活、疾速和耐力强等特点，视觉、听觉、嗅觉、触觉都颇发达，训练得当，能很好理解骑者及主人的意图，按主人的命令完成静立、稍息、进击、退却、左转、右拐、卧倒、起立等动作。12世纪是蒙古草原部落战争风起云涌时期，马的多寡壮弱对战争起着决定性作用。到成吉思汗时代，百万铁骑则成为世界征服者的象征。在成吉思汗的军队中，有一面图案为一匹奔驰的白色骏马的狼牙镶边蓝色大旗，这匹"白骏"就是军队的精神支柱。成吉思汗的蒙古骑兵，都是从训练得最好的士兵中挑选出来的。他们在三四岁时就被送入戈壁沙漠，进行严格的骑马射击训练，因而个个具有过人的驾驭马匹和使用武器的本领。蒙古骑兵随身携带的武器通常有弓箭、马刀、长矛、狼牙棒，以及套马的绳套和网马的网套等，可以随时完成不同的任务。由于蒙古马不论严冬酷暑都生活在野外，具有极强的忍耐力，行军时不必带饲料，士兵只自带少量食物和装备，途中士兵能喝马奶生活，逐水草而生存，踏水草而征战。因此，蒙古军队不需要拖带庞大的后勤供应辎重车队，也不必保留一个后方供应基地。

蒙古族马文化内涵极其丰富，主要包含鞍具艺术，赛马与马术文化，马头琴与歌舞艺术，马奶节、马驹节等节庆文化，马的祝赞词和文学艺术等。

马鞍是北方少数民族，特别是蒙古人的精神摇篮，托起游牧文明的历史和光荣。马鞍的发明，使游牧民族跃上马背，生成所向无敌的生产力和战斗力。马具用品在中国有几千年的历史，北方少数民族制作马鞍和装饰马鞍更是历史悠久。契丹的马鞍，被北宋人评为天下第一。出土于奈曼旗青龙山镇陈国公主墓里的两套十八副完备的马具，包括络头、衔镳、缰、胸带、鞍、鞯、镫、蹀躞带、鞧带等，都相当精美、完备，集中体现出契丹金银鞍辔制作工艺的高超水平，成就了契丹马具"甲天下"的地位。出土于锡林郭勒盟镶黄旗宝格道和苏木乌兰沟的大蒙古国时期的整套金马鞍，在全国和全世界都极为罕见。这套金马鞍继承北方草原民族的传统手艺，彰显出令人赞叹的草原鞍马文化。蒙古人的马鞍具有装饰美化的传统，而且通常都用白银雕镂出各式各样的花纹。马鞍是"四匠"（即木匠、铁匠、铜匠、皮匠）合作的产物，再配上一双灵巧的手将各种零部件组合起来，就成为一副好的马鞍。太仆寺左翼牧群的男子十分讲究马的装饰，把马鞍、马嚼装饰得非常漂亮。马鞍以香牛皮、毛、绒作面料，用地毯或呢绒作鞍座垫，有银鞍鞒、钉、泡的马鞍叫镶银马鞍；还有用骨头或玉石、金银做鞍上的钉、泡等。经过千百年的锤炼，蒙古马鞍具的制造发展成为一门独立的艺术。

在以马为主要交通工具的时代，不论王公贵族还是普通百姓，都把马鞍看得非常重要，为一副称心如意的马鞍，他们甚至要准备好多年。一副好的马鞍能抵得上几头带犊乳牛、带驹马的价格，是游牧民族家庭财产的组成部分之一。每当做成一副好马鞍，就要选择良辰吉日，把左邻右舍和亲戚请来，设宴祝赞。"女人们有钱戴在头上，男人们有钱用到马上"（蒙古族谚语）。一匹训练有素的快马，配上一副雕花镶银的马鞍，可以抬高主人的身价。人靠马扶，马靠鞍妆，马鞍的优劣和好坏，是主人身份和地位的体现。

"哲里木"是蒙古语音译，意为马鞍的"提肚带"。成吉思汗时期，哲里木盟地区就专门生产和供应马鞍肚带，故得名。在鄂尔多斯伊金霍洛旗成吉思汗陵内的八白室，供奉着三套马鞍具，相传为成吉思汗生前使用过的征战马鞍、生活马鞍及狩猎马鞍。

马术是蒙古族特有的马上竞技表演项目，包括赛马、马上技巧、乘马超越障碍、马球、驯马、套马、打马鬃等项目。据《史记·匈奴传》载，早在公元前3世纪末到2世纪初，就有马术运动。匈奴每年正月小会于庭祠，五月大会于龙城，祭祀祖先与天地神鬼。到秋季马肥，还要大会于蹛林，课校人畜，即进行越野赛马和竞速赛马。参加竞赛时多者万骑，少者数千骑，下自牧民，上至部落盟长，一起上阵参加比赛，规模宏大，场面壮观。关于马术运动，在东汉曹植的《名都篇》《白马篇》以及《元史》《金史》中，都有描述和记载。在一年一度的那达慕大会上，最引人注目、所得荣誉最高的活动，莫过于赛马。草原上的牧人们都希望得到几匹跑得最快的马，他们聚到一起时总要比一比谁的马跑得最快。

打马鬃是牧马人展示套马和骑技的良好机会，建立新群又是牧民经济生活中的大事，一向十分隆重。打马鬃、打火印、去势、分群，是项连续性完成的牧业劳动，非一家一户所能办到，必须各牧户联合起来，全力以赴，协作进行。事先由养马户定下时日通知各家，届时远远近近的男女老少着盛装、骑骏马，欢欢喜喜集合在指定的牧场上。养马人家杀牛宰羊，大办饮食，广备酒菜招待。在象征性地喝完一些酒后，火印烧红，群马聚拢，于是根据来者特长，分别组成套马手、戴笼头者、揪尾巴者、剪马鬃者、送火印者等六七个组，分工负责，各把一摊。

首先，由套马揭开序幕。套马，是牧马人一项艰巨、勇敢和智慧的劳动。此时，套马手争先恐后，迅如箭发，从斜刺里冲出，将烈马追出马群（图下1-3）。好的套马手，当杆梢离被套之马距离四五尺远时，爬在前鞍轿上，贴着马鬃，伸展前臂，甩出套杆，被套的烈马长嘶一声，前蹄跃起，奋力狂奔，套马人稳坐在马背上，人借马力，或追逐，或后拽套马杆，终将烈马驯服。这时，姑娘、媳妇手提笼头，迅速飞扑上去，给烈马戴上。戴笼头的好手在离马头二三尺远时，可以手疾眼快地弯腰将笼头准确扔出，稳稳地套住马头。更有技艺高超的，能赶在套马

图下 1-3　蒙古族牧民在套马　额博摄

手套住马之前扔出笼头，不偏不倚地抢先给马戴上，在此刹那间与套马手相视一笑，欢乐之情荡漾胸间。如此这般，男男女女，互相摽劲儿，各显神通，赞扬声、惊叹声震荡牧场，把劳动紧张喜悦之情逐步推向高潮。烈马被套上笼头之后，几个人揪住马尾，将马摔倒，坐压摁住马身，剪鬃者跑来刷刷几剪，除额鬃和迎鞍鬃外，将烈马鬃毛齐齐剪成一寸长，马尾则只剪去中间二三缕以保持整齐美观。紧接着，烙火印者在马胯上或大腿上烙下具有所属者特征的火印。整个过程一气呵成，令人目不暇接。烙马印有多种图案（图下 1-4），烙在马身上经久不褪。

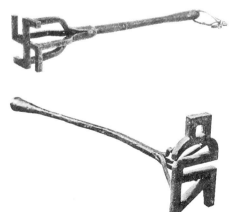

图下 1-4　各种图案的烙马印　现藏内蒙古博物院，选自《中国少数民族文化史图典》，孔群摄。

这就是达嘎（指两岁马）打鬃。在这一过程中，要吟诵《达嘎打鬃祝词》：

> 剪裁的顶鬃，长得像毡包顶篷。
>
> 轻如羽毛飞蓬，快似箭飞横空。
>
> 有雄狮威猛的胸膛，有骏马美好的姿容。
>
> 从尘土飞扬那边腾跳而至，从洼地卷来势如飞鸿。
>
> 竞赛中每每稳获魁首，众骏中总是独占鳌头。
>
> 千万惯熟骏马到达，愿你成为飞速的神骥良种！⑨

打马鬃结束，再将"乌热"（三四岁公马）套来去势。马去势后，21天之内不许抽打。去势时举行祝福仪式，吟诵道：

> 所有要去势的每一匹小公马，
>
> 今天都要抹上黄油，洒上圣酒，
>
> 淋上鲜奶，进行净身的祝赞！
>
> ……
>
> 愿你以后是主人的友伴，拴在门外是马桩的点缀，
>
> 放到草滩是故乡的风水，写进书里是史传的灿烂！

牧马人不但要会套马，还要会驯马、压马（通过骑乘、调教马匹学会各种走或跑步法）、骟马，还要能识别马之优劣。驯马是通过调教马匹，使其熟悉装具、器材、厩舍、环境和建立人马感情。蒙古人自幼在马背上成长，马就是他们的摇篮。蒙古人认为，马是世界上最完美、最善解人意的牲畜。蒙古马性烈、剽悍，对主人却十分忠诚，主人如果受伤、醉酒，只要把他放在马背上，它就会十分温顺地将主人驮送回家。在赛场上，它会按照主人的意愿拼死向终点奔跑，为了主人的荣誉，它会拼尽最后气力，宁愿倒地绝命也不会半途放弃比赛。蒙古人视马为良朋好友，马以头为尊贵，严禁打马头，不准对其辱骂，不准两个人骑一匹马，秋天抓膘期不准骑马狂奔让它出汗。马倌、骑手要随身携带刮马汗板、马刷子，随时为骑乘的马刷洗身子、刮除马汗，为马舒筋活血、放松肌肉、消除疲劳，同时，这也是主人与马亲近、增强感情的有效手段。牧马人认为：为马刮一刮，刨一刨，胜似喂精料。

谚语说："蒙古民族有双翼，一个是骏马，一个是歌舞。"古代蒙古

人与天地万物和谐共生。他们通过音乐与大自然相知、相通、相融，与骏马相提并论的歌舞也是源自对马的热爱。蒙古族舞蹈就是人对自然的审美感受、领悟、把握与再现。草原民间舞蹈中马的形象最为常见，观之使人深切感受到骏马的奔腾纵跃和蒙古族人民的剽悍勇敢。

马深深地融入蒙古人的精神世界中。蒙古人以马为主题的赞美诗、寓言故事、警句格言、民间传说、民歌、音乐、舞蹈、美术、雕塑，数之不尽。在蒙古族文学艺术作品中，随处可见马的矫健形象，蕴含着美好的、吉祥的寓意和主题。在蒙古英雄史诗中，几乎篇篇都有对骏马的赞歌，以及它和主人（英雄）共命运的战斗传说。当英雄出征辖马时，首先要对战马的外貌形态唱大段赞词。如：

> 身高像一座山，耳大像一只船，
>
> 脑袋像丘陵，后胯赛平原，
>
> 眼睛像湖泊，嘴大像深渊，
>
> 鼻子像高峰，牙齿像半座山，
>
> 尾长有千尺，脊峰像沙原。

登程后的飞驰情景则是：

> 刚披下后襟，就驰过了十座山岭。
>
> 刚披下前襟，就跨过了七座山峰。
>
> 比出弦的箭还快，比飞旋的雄鹰还猛。
>
> 除了它的尾巴一切都被它落下，除了它的影子什么都追不上它。

蒙古马在暴风雪中驰骋如飞，烈日炎炎中行走如流。在蒙古族著名英雄史诗《江格尔》中，有段描写英雄战马的诗句：

> 如同离弦的箭一样快，
>
> 像火花似的闪耀气势磅礴。
>
> 像万马奔腾，像万牛怒吼。
>
> 让那公牛和大象吓得胆战心惊。
>
> 人们一看那漫天红尘，
>
> 就可知道阿兰扎尔神驹来临[⑩]。

旋风塔布嘎对他自己的坐骑说：

> 从日出方向过来的，以草为食的你。

　　血肉之躯的我，我撇开你怎能行动。

　　你离开我如何生存。

　　这种英雄与坐骑之间的爱恋，具有浓厚的游牧生活气息，贴切地反映蒙古民族尚武爱马的性格。

　　《成吉思汗的两匹骏马》是一首脍炙人口的民间叙事诗，在鄂尔多斯高原以及其他蒙古族聚居区以各种手抄本形式流传，是保存下来的最早的蒙古族民间叙事诗，流传久远，妇孺皆知。它采用寓言形式，以拟人化的手法，描述两匹骏马逃到阿尔泰山追求自由生活的故事，来表现被压迫者渴望摆脱奴役的美好理想。无论从性格的刻画、情节的安排、语言的运用以及叙事抒情严密的结合上，都达到一定的高度，是蒙古族文学史上不可多得的优美作品。诗的最后写道：

　　从此两匹骏马满足了心愿，诸事如意心神安定。

　　圣主在小骏马的鬃尾上佩以彩带，被命为"神马"自由奔腾①。

　　在一些民间故事、民歌中，马的美好、马的情感、马的忠诚，被叙说得淋漓尽致。马不仅在民间故事中是主人的得力助手，而且也是蒙古民歌的主人公。如在《蒙古马之歌》中唱道：

　　护着负伤的主人，绝不让敌人靠近。

　　望着牺牲的主人，两眼泪雨倾盆。

　　仁慈的蒙古马哟，英雄的蒙古马……

　　在蒙古族的小说、散文中，不少作品直接以马为题，如《枣骝马的故事》《小白马的故事》《神马》等。关于马的绘画作品与画家，在历朝历代中层出不穷。如上编第五章第四节所述辽代画家耶律倍的《骑射》《双骑图》《猎骑图》，胡瓌的《番骑图》《秋陂牧马图》《骑射图》《射雕双骑图》等。其他还有胡度的《番部放牧图》《平远猎骑图》《猎骑图》《番骑图》《番马图》《平远射猎七骑图》等。或清淡细腻，别有气韵，或气势磅礴，撼人心灵，为内蒙古地区的文化发展史写上浓墨重彩的一笔。郭沫若说：静态，人体为美，动态，奔马最美。这种感悟和理念，从曹霸到徐悲鸿相承不绝，画肥画瘦，画奔画嘶，画尽马的风骨，马的精神。

　　马文化是人类最宝贵的非物质文化遗产之一。中国北方游牧民族创

成吉思汗的两匹青马

流行于鄂尔多斯地区
郭永明 巴雅尔 赵星 东晴 译配

1=C
自由 赞颂地

造的马背文明，是人类最古老、最卓著的文明之一，是内蒙古足以骄人的优秀地域文化。坐落于呼和浩特市南郊的蒙古风情园，建有马文化博物馆，丰富的藏品和深厚的文化底蕴，让人们充分感受到蒙古族的马背文化的魅力，成为世界上独具特色的专题性博物馆。以世界马文化为主题，集中展示世界名马风采并突出展示"蒙元文化"的锡林郭勒马文化博物馆，也已在锡林郭勒赛马场建成。

第四节　美酒飘香

马奶酒　谷物酒　酒器酒具　饮酒习俗　酒歌酒令

北方游牧民族在长期的生活实践中，对酒的制作、饮用、敬酒、酹酒、款待客人等诸多方面，都形成一套有一定标准的礼节，由此而创立出风格鲜明的酒文化，并在传统的内蒙古草原文化中有着独特的地位。

奶酒起源于春秋时期，极盛于元，流行于北方少数民族中有两千多年。汉唐时期，北方少数民族就有饮奶酒的习俗。西汉时期，就已酿制马奶酒。大蒙古国和元时期，马奶酒流入中原，被更多的人所认知。大蒙古国汗廷所用马奶酒称"哈拉其格"，这种马奶酒是贵族那颜享用的奢侈品。元世祖忽必烈曾用马奶酒止渴，并因而纳妃。《元史》载："世祖出田猎，道渴，至一帐房，见一女子缉驼茸，世祖从觅马湩。女子曰：'马湩有之，但我父母诸兄皆不在，我女子难以与汝。'世祖欲去之。女子又曰：'我独居此，汝自来自去，于理不宜。我父母即归，姑待之。'须臾果归。出马湩饮世祖。世祖既去，叹息曰：'得此等女子为人家妇，岂不美耶！'后与诸臣谋择太子妃，世祖俱不允。有一老臣尝知向者之言，知其未许嫁，言于世祖。世祖大喜，纳为太子妃。"⑬这位太子妃就是伯蓝也怯赤，亦称"阔阔真"，后封为徽仁裕圣皇后。马奶酒，蒙古语称"其格"，或作"马奶子"。马奶营养丰富，元文宗至顺元年（1330），蒙古族营养学家忽思慧确认马奶酒是有滋补作用的良方，载入《饮膳正要》。蒙古人饮马奶酒始见于《蒙古秘史》，从成吉思汗先祖时代即已酿制，到元代时已成为宫廷中的国宴之酒。

蒙古贵族对马奶酒的需求是相当巨大的，特别是宫廷对马奶酒的消费更是惊人，马奶酒消费主要用于宫廷宴饮和祭祀等方面。元泰定帝泰定元年（1324）八月，亦曾"市牝马万匹取湩酒"。蒙古宫廷和贵族对马奶酒有如此巨大的需求，就需要有专门机构来对马畜和马奶酒进行经营管理。元代承担这一职责的部门是太仆寺，秩从二品，置卿、少卿、丞、经历、知事、照磨、管勾等官员。"其牧地，东越耽罗，北逾火里秃麻，西至甘肃，南暨云南等地，凡一十四处，自上都、大都以至玉你伯牙、折连怯呆儿，周回万里，无非牧地。"⑬对如此大的牧场，进行严格管理，确保马奶酒的生产。元帝两都巡幸时，太仆寺的官员几乎倾巢出动，扈从始终。不仅要挑选马匹，还要备置酕都（乳车），日酿马奶酒，负责到底。

马奶酒的酿制和饮用，主要是在夏秋水草丰美、牛肥马壮的季节。成吉思汗曾经诏令禁止军队饮酒，一旦发现严惩不贷。这个诏令中所指的酒不含马奶酒。当时大蒙古国汗廷认为马奶酒不是酒，而是酸奶，并且是专治百病的药物。蒙医认为，马奶酒具有药品的功效：一是可以改善肠胃消化，增加食欲，达到强身健体的目的。二是调节气血，对治疗肺结核、肺空洞等有显著疗效。三是马奶酒性热，有增加体能的效果，同时也能起到减少多余脂肪、镇静、补血、补钙的功用。四是适量长期服用马奶酒，还有有显著的美容效果。由于马奶酒有上述药用价值，蒙古人将它视为珍品。

马奶酒自古以来深受蒙古族人民喜爱，是他们日常生活的传统饮品。蒙古族《八大名贵食品》中的"白玉浆"就是马奶酒。将士出征凯旋、祭祀祖先天地神灵、封官晋衔、活佛转世、授予佛教职称等重大仪式，以及宴会节日、婚丧嫁娶、生子庆寿、祭敖包、那达慕大会，还有平时亲友相见、故人重逢、宾客造访、家人团聚、招待陌生来客，都将马奶酒摆到主要位置上品用。就连给孩子起名、举行剪发仪式时，也都要以马奶酒和手把肉款待亲朋好友。老人去世，在举行葬礼或祭典的过程中，也要用酒表达对已故亲人的怀念之情。饮酒和敬酒还体现着蒙古族传统的尊老敬长美德。每逢酒席，年轻人都要给长辈敬酒，并须用双手敬献，把酒作为礼物赠送时，只送给长辈。过去讲究年轻人不在长辈面前饮酒。蒙古人从求婚到举行婚礼的整个过程中，酒都是不可缺少的。盛大的祭敖包活动开始后，人们首先要在敖包前献上烤制的全羊、奶食品、炒米，然后举起银碗，向敖包敬献马奶酒。马奶酒是蒙古族祭天地的酒，以示虔诚；是婚宴喜庆、招待亲朋好友和客人的酒，以示敬重。

　　元廷的各项祭祀活动都要大量的酒，马奶酒便是祭祀当中的首先用酒，"凡大祭祀，尤贵马湩。将有事，敕太仆司（寺）拥马官，奉尚饮者革囊盛送焉"⑭。元英宗至治三年（1323）正月，"命太仆寺增给牝马百匹，供世祖、仁宗御容殿祭祀马湩"⑮。《元史·祭祀志》载："每岁，九月内及十二月十六日以后，于烧饭院中，用马一，羊三，马湩，酒醴，红织金币及里绢各三匹，命蒙古达官一员，偕蒙古巫觋，掘地为坎以燎肉，仍以酒醴、马湩杂烧之。巫觋以国语呼累朝御名而祭焉。"⑯由此，不难看出，马奶酒是蒙古时期的祭祖和重大活动中的必备尚品（图下1-5、图下1-6）。

　　在宋元及与之并存的辽、西夏、金浩繁的史籍中，都有河套地区谷物酒、奶酒、葡萄酒的酿造与饮用的记载。成吉思汗率蒙古铁骑横扫欧亚大陆时，畏兀儿首领亦都护率先归附。蒙古人将其酿造奶酒的方法与畏兀儿酿造果酒的方法交融后，酿造成果实酒，作为蒙古大汗及宫廷用酒。与河套地区相依相偎的古河套人，较早学会种植稷、黍、粟、麦、豆、谷等多种农作物，《吕氏春秋》中对此有记载。以庙子沟、朱开沟文

图下 1-5　蒙古族妇女在酿造奶酒　选自《蒙古族文物图典·蒙古民族饮食文化》，刘兆和主编，孔群摄，文物出版社 2008 年版。

图下 1-6　储存奶酒　出处同图下 1-5

化为代表的原始聚落人群，以氏族为单位，傍山寻食，择水而居。由于黄河的润泽，肥田沃土，所生产的粮食逐渐过剩，他们便将熟食存放在陶罐内，日久而发酵，诞生"套酿"。在和林格尔县发现的东汉墓壁画，生动地再现曾任西河长史的官吏，在他的庄园内运粮、礁春、酿造的场面。在托克托县古城乡考古发现的另一座叫"闵氏"的汉墓中，其壁画上也用同样的手法，在存放食品的灶台上，排列着四个写着"酒"字的陶罐和酒瓮。这个时期，河套的酿酒业和酒具制造业发展到鼎盛时期。之后的近1000年间，尽管在河套这个广阔的历史舞台上所活动的各民族相融相斥，但作为他们共同的历史遗产，套酿的配制秘方传承下来，并得到发展，形成河套酒系列。盛唐时期，居住在河套一带的突厥族统一蒙古草原，把汗廷设在河套地区后，曾一度促进河套地区酿酒业的发展。辽圣宗统和二十五年（1007），辽朝廷在八里罕设有专酿宫廷御酒的作坊。意大利旅行家马可·波罗于元世祖至元十二年至至元二十八年（1275—1291）漫游中国，路经阴山南麓的天德军时，曾目睹生活在那里的居民制作谷物酒的一幕。马可·波罗曾将中国的制酒配方带回欧洲，后流行于欧洲的"杜松子酒"，其配方记载于元代《世医得效方》，欧美称之为"健酒"。在四子王旗红格尔苏木达忽拉嘎查有一处元代小城遗址，里面有许多碎残的酒器瓷片，证明当时这里曾建有酒坊。当地牧民一直将酿造白酒和黄酒技艺延续下来，酿造的黄酒以当地粟米、黄芪、甘草、红枣等为原料，色泽金黄，醇美甘甜。多伦诺尔地区的酿酒业始于元代，兴盛于清代。清康熙中期，多伦诺尔又有黄酒酿造作坊，年产黄酒上万斤。黄酒在当地被称为"达拉松"，这是一种经发酵制成的酒。这种作坊被称为"烧锅"，大多是由粮食店铺经营的。当时有"十大烧锅"之说，其中较大的酿酒作坊有聚锦店、同义泉、义和店、天源店等，年产量大约上万斤。"莫谓边风恶，香醪异样清"（清·李调元诗句）。因为水质好，多伦诺尔的白酒香醇绵厚、甘甜爽净、口感纯正、余味悠长，享誉四方，尤其为蒙古王公贵族和广大蒙古牧民所喜爱。

　　蒙古族早期是用牛皮、牛角、动物胃制成各种酒具，常见的是皮囊（元代称为浑脱）（图下1-7）。据《蒙兀儿史记》记载，北人杀一小牛自背开一小孔，遂旋取去内脏骨肉，外皮皆完，揉软用以盛乳酪酒（奶

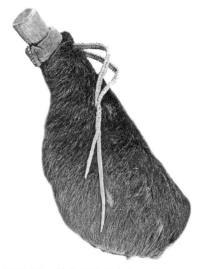

图下1-7 游牧民族用来装酒的皮囊酒壶 现藏内蒙古博物院，出处同图下1-5。

酒），谓之"浑脱"。这是一种大皮囊，制造奶酒时必须用这种酒具。一般蒙古人随身携带的酒具为小型皮囊，是用动物的胃制作而成的，叫"皮囊壶"，也称之为"浑脱"。皮囊壶里的美酒，是蒙古族人的"护身符"。皮囊壶酒器的造型，首先具有实用性，因为蒙古族是马背上的民族，所以壶的质地和造型都具有不怕摔碰、便于携带的特点。

13世纪初，蒙古族逐渐兴盛而强大，并向外军事扩张，与外界交流逐渐增多，一些瓷器酒具和金银器酒具，在蒙古大汗及宫廷中使用。蒙古汗国时期的錾花高足金杯（图下1-8）堪称精美。又如乌兰察布市出土的錾耳金杯，亦为蒙古汗国宫廷使用的饮酒器具。金杯上绘有的卷草纹样，细叶卷曲相互穿插，富有流动感和连续感，优美生动。锡林郭勒盟正蓝旗也出土有錾耳金杯（图下1-9），造型

图下1-8 錾花高足金杯 达尔罕茂明安联合旗大苏吉乡出土的元代酒具，高12.5厘米，口径10.8厘米，现藏内蒙古博物院，出处同图下1-4。

图下1-9 錾耳金杯 内蒙古正蓝旗征集的元代酒具，高3.5厘米，口径8.9厘米，形状似有檐小帽，口缘及耳部饰缠枝牡丹纹。出处同图下1-4。

雍容大方。敖汉旗敖吉乡元代窖藏出土的龙首执柄錾花银杯，采取因器施画的布局形式，花朵般的杯壁不作刻意雕饰，而将杯底錾刻以单枝牡丹花，具有很强的生活气息和写实意味。元代金、玉为禁器，只限于宫廷和三品以上官员使用。《元史·舆服志》规定诸职官茶酒器"除钑造龙凤文不得使用外，一品至三品许用金玉，四品、五品惟台盏用金，六品以下台盏用镀金，余并用银"，庶人"酒器许用银壶瓶台盏盂镟，余并禁止"⑰。大都宫殿的酒器多以金银玉石做成，宫廷精美的酒器还常常作为皇帝赏赐大臣的赐赍之物。元世祖至元十二年（1275），察罕大败宋兵，朝廷"赐以白金酒器"⑱。至元十五年，世祖召土土哈至榻前，"亲慰劳之，赐金银酒器"⑲。蒙古族酒器中的图案，多以动物和植物为主，人物很少。如出土于赤峰地区的荷叶形银杯、柳斗形银杯，均为银片捶制，上饰花纹，制作精致且极富生活情趣，是辽代酒具的代表作。莲花图案不仅是佛教的一种标志，也常见于民间，人们称颂莲花出淤泥而不染，视为花中君子，成为吉祥图案。这些出土的蒙古族酒器的图案，都来源于生活并反映生活，纹饰有朴素大方的，有寥寥几笔的，也有辉煌华丽、精致繁琐的，但都以刻画生活的美好、生命力的旺盛为主题，包含着蒙古民族独特的寓意。造型的别致实用，色彩的沉稳高贵，工艺的高超精湛，无不表现着蒙古族人民的聪明智慧。小小的酒器，不仅是一种当时社会经济政治的反映，更是一种文化的体现。当好客的蒙古人举起酒杯与尊贵的客人畅饮时，精美的酒器也带给人们一种愉悦的审美享受。

蒙古族人在结交知己朋友时，要共饮"结盟杯"酒，用装饰有彩绸的精美牛角嵌银杯（图下1-10），交杯把盏，一饮而尽，永结友好。蒙古族待客热情，设宴必备酒，并献上纯净的马奶酒和各种肉乳食品。

图下1-10　结盟杯　牛角质，包银，现藏内蒙古博物院，出处同图下1-5。

蒙古族历史上存在过原始宗教信仰，相信天地万物均有神灵，对这些神灵，人们要表示虔诚的敬意。凡饮酒，先酹之，以祭天地。蒙古族有祭敖包、祭尚西的原始宗教祭祀活动。敬酒是表示对氏族神灵的礼敬。鄂伦春族普遍信仰萨满教，信奉自然界中的各种神灵。山神白那查是鄂伦春猎人最崇拜的神灵之一。"猎人在山上狩猎期间，每逢饮酒吃饭，都要先用手指蘸酒向上弹三下，或将酒碗高举过顶绕几圈，口中念念有词，祷告白那查多赏猎物，然后才能饮酒吃饭。"[20]

不同的蒙古族部落还流传有不同的酒歌，如鄂尔多斯酒歌《浓烈的白酒》，锡林郭勒南部察哈尔短调酒歌《阿素如》，锡林郭勒乌珠穆沁酒歌《思情曲》，科尔沁酒歌《西杭盖》，呼伦贝尔布里亚特酒歌《明亮的太阳》，阿拉善酒歌《八只狮子》。蒙古族称酒歌、宴歌为"阿拉黑因·道"、"乃林·道"。宴会是酒歌的载体，酒歌则是宴会的灵魂。祝福酒、洗尘酒、下马酒、上马酒……当宾主沉浸在微醺甜畅的惬意里，一支支饱含着深情的、嘹亮的、撼动人心的祝酒歌，便在人们耳边回响：

　　　金杯里的美酒芳香流溢，
　　　赛啦尔白咚赛，哎结拜哟，
　　　让我们在一起娱乐欢聚，
　　　哎赛啦尔白咚赛。

　　　银杯里的美酒醇香流溢，
　　　赛啦尔白咚赛，哎朋友哟，
　　　让我们在一起娱乐欢聚，
　　　哎赛啦尔白咚赛。

　　　绵羊羔子的五叉摆上来，
　　　赛啦尔白咚赛，哎亲家哟，
　　　让我们在一起娱乐欢聚，
　　　哎赛啦尔白咚赛。

　　　二岁绵羊的五叉摆上来，

　　赛啦尔白咚赛，哎亲戚哟，

　　让我们在一起娱乐欢聚，

　　哎赛啦尔白咚赛。

　　二胡哟四胡拉起来，

　　赛啦尔白咚赛，哎亲家母，

　　跟您一起娱乐呢！

　　哎赛啦尔白咚赛。

　　扬琴和古筝弹起来，

　　赛啦尔白咚赛，哎官大人，

　　把这琴声献给您！

　　哎赛啦尔白咚赛。

　　在内蒙古中西部地区蒙汉民族的日常生活中，同样盛行酒歌。特别是每逢喜庆节日、男婚女嫁、起房盖屋、朋友聚会，都要摆上酒席，以歌助兴。饮酒唱歌的形式多种多样，常见的无非两种：其一是众人喝酒少数人唱歌，歌手大都是平时能唱会唱的人。其二是宾主相互唱歌敬酒，唱词合辙押韵，两句为一段落。如主人给来宾或朋友敬酒时即唱道：

　　大红公鸡窗台上卧，兄弟你不喝一杯意不过。

　　老家子吃食满院院飞，我敬哥哥酒一杯（老家子：麻雀）。

来宾或朋友接着就会唱出：

　　燕子垒窝叫出声，回敬老弟酒一盅。

　　大青山鹧鸪红腿腿，敬杯美酒表心意。

　　行酒令是活跃饮酒时气氛的娱乐形式，这种娱乐形式不仅历史悠久，且广为流行。文人雅士与平民百姓行酒令的方式自然大不相同。文人雅士常用来对诗或对对联、猜字或猜谜等，一般百姓则用一些既简单，又不需作任何准备的行令方式，大多为猜拳。当地称猜拳为搳拳，在塞外有数百年的历史。无论是婚丧嫁娶，还是起房盖屋都离不开酒，搳拳行酒令是饮酒中必不可少的一种娱乐活动。饮酒搳拳，有输有赢，常见猜拳有慢拳、快拳、唱拳、哑拳、棒子拳等。通常以快拳、唱拳为主。如唱拳中的《牛拳》唱词为：

高高山上一头牛，两个角角一个头。

四个蹄子八瓣瓣，尾巴长在尻蛋蛋。

哥俩好呀一头牛，七星高照一个头。

宝一对呀八瓣瓣，四喜来财两头牛。

全来到呀两个头，六六大顺十六瓣。

尾巴长在尻蛋蛋……㉑

第五节　蒙医蒙药

蒙医　蒙药　蒙兽医　蒙兽药

蒙医是蒙古族在长期医疗实践中逐渐形成与发展起来的传统医学。其历史悠久，内容丰富，是蒙古族人民同疾病作斗争的经验总结和智慧结晶，也是一门具有鲜明民族特色和地域特点的医学科学。民间有专门医治常见疾病的蒙药偏方。

元代，成吉思汗军中设有专门的蒙古军医。元世祖忽必烈时，在宫廷里设有饮膳太医四人，专门从事饮食营养卫生的研究。饮膳太医忽思慧，编著《饮膳正要》书凡三卷，是国内最早的一部营养学专著。据《元史》载，成吉思汗勇将布智儿作战受伤，血流如注，奄奄一息，蒙古军医速取活牛剖腹，将布智儿置于牛腹内，以热牛血浸泡，很快将布智儿抢救过来。在蒙医典籍中还有许多关于皮疗术的记载：用驴胎衣裹患处治腰腿痛，用开膛鸡治麻疹不透和疹出不畅，让关节炎患者伏身于刚取出的羊瘤胃之上，外裹刚剥下的热羊皮，治疗效果甚佳。

蒙医传统外科在清代颇受清廷重视。蒙古族外科医学家墨尔根·绰尔济，精岐黄之术，善医外伤。清天命年间（1616—1627），满洲正白旗先锋鄂硕，在作战中身受重伤，箭头留在体内，生命垂危，绰尔济为其拔镞敷良药，伤愈。又有满洲都统武拜在作战中受重伤，身中三十余矢。绰尔济让助手把一峰白骆驼剖腹后，将武拜置于其中，遂醒。清军中有许多患臂屈不伸者，经绰尔济用热镬熏蒸，按摩正骨治疗，不久痊愈。为此，清廷特设蒙古医生机构，选医术高明，擅长正骨、接骨和按摩的蒙古医生，专治外伤。乾隆年间，清朝官吏齐召南侍郎从马上坠下，颅骨严重受伤，露出脑髓，觉罗伊桑等蒙古医生以牛脬蒙其首，立见其效。清代军队中的蒙古正骨医师，还培养出许多满族、汉族徒弟。

蒙古灸疗法。传统疗术之一，有两千多年的历史。具有操作简便、用具简单，适于游牧民族生产方式、生活条件及蒙古高原寒冷气候的特点。蒙古灸疗法是从古代热敷疗术基础上发展而来。中医经典《黄帝内经·异法方宜论》即有记述，藏医经典《四部医典》中也有蒙古灸的记载。

酸马奶疗法。酸马奶是发酵而成的一种饮料，又称"马奶酒"。《匈奴史》载，两千多年前匈奴就掌握马奶发酵技术。《蒙古秘史》记载，12世纪以前的蒙古人每日都饮用额酥克（酸马奶）。在战场上，蒙医曾用额酥克治疗因大出血而昏厥的伤员。两千多年来，酸马奶一直是蒙古人特别喜欢饮用的传统饮料。

正骨法。蒙古族从事畜牧业和狩猎业，骑马射箭经常发生跌伤、骨折、脱臼、脑震荡等外伤。因此，自古以来就积累了不少正骨经验。同时，由于长期征战，古代蒙古人对战场外科亦积累有丰富经验。《蒙古秘史》中有用烧红的烙铁烙治伤口止血，用牛羊胃内的反刍物热罨治疗脏腑疾患，用热血浸疗法治愈箭伤等记载。

16世纪末，蒙医学出现不同的学术派别。古代蒙医学派，是13世纪后形成的古代蒙医学的继承，具有独特内容的骨伤科和饮食疗法经验。正骨医师觉罗·伊桑阿和外科、正骨医师淖尔济·墨日根等人是这一学派的主要代表人物。这个学派的某些疗法带有蒙古传统宗教——萨满教的色彩。藏医经典《四部医典》传入蒙古地区后，蒙古医学界坚持其理论者日增，成为一个学派，即藏医学派。与古代蒙医学派进行争论。人们称这一派医师为"雄根额木其"（经典医生之意）。近代蒙医学派，是17世纪末、18世纪中叶，从上述两个学派的争鸣中产生的又一学派。18世纪后成为蒙医学主流。代表人物有19世纪著名药物学家占布拉道尔吉，著名蒙医学家伊希旦金旺吉拉等人。

蒙古族历史上涌现出许多优秀的蒙医、蒙药学专家和著名的蒙药典籍，其中较有影响的有18世纪的松巴·堪布·伊舍巴拉吉尔著《西勒嘎日·莫隆》，是蒙药的奠基之作，书中收载蒙药390种。同时代还有察哈尔镶白旗的洛布桑·索勒日哈木著《曼奥·西吉德》，全书分为四部，共收集药物678种。在清代还将汉籍《本草纲目》《牛马经》等译成蒙文。同时在蒙古各地寺庙中都有许多喇嘛医生，他们应用藏医与蒙医相结合，进一步发扬蒙医、蒙药学，喇嘛医生还译著许多蒙藏医学著作，流传于世。

蒙药起源至今无从考证。内蒙古多伦县出土新石器时代的砭石，经鉴定是距今10000—4000年前用来剖割脓疡和针刺的工具。由此证实，内蒙古地区蒙古族以及匈奴、鲜卑、契丹、突厥等北方各民族，经过长期的生产生活实践，积累了最初的医药知识，逐渐创造出适合北方游牧民族生产方式、生活习惯和地理气候特点的治病用药方法，并进一步发展形成具有独特理论体系的蒙医药学。《后汉书》中有"胡医用毒药"的记载。古代蒙古人通过生活实践，知道奶食、肉食、肉汤等饮食能够滋补健身、防病治病，至今酸马奶、羊肉汤等仍是蒙医饮食疗法中的常用药物。西汉时，北方游牧民族在太仆寺旗设立甲马令，职掌酿制马奶酒。《北史》中有突厥人"饮马酪取醉"的记载。元代忽思慧所著《饮膳正要》中也对马奶、羊肉等蒙古族的主要饮食治疗经验进行了整理总结。

14世纪，波斯人拉施特所著《史集》中说：兀剌速惕、帖良古、客失的迷等蒙古诸部已熟悉蒙古药剂，以用蒙古方法很好地治病闻名于世。元朝在太医院内设有专为皇室服务的御药院和典药局，还设有面向民间的药事机构。在上都设立回回药物院，促进药物的交流。14世纪，蒙古族翻译家沙拉布僧格将古代印度巨著《金光明最胜王经》从畏兀儿文、藏文译成蒙古文，从而古代印度医药学部分基本理论开始传入蒙古地区。15—16世纪，藏医经典著作《四部医典》传到蒙古，以阴阳二基，地、水、火、风、空五行，赫依、希日、巴达干三邪等为核心内容的藏医药和印度医药的一些基本理论被吸收于传统蒙医药学，促进和丰富了蒙药理论的形成和发展。如《四部医典》中记载："蒙古灸是一种奶油拌小茴香涂在毛毡上加热裹敷的方法。"可见奶油和小茴香在当时已成为蒙医的药物。17—18世纪，出现罗布桑丹增扎拉散、伊西巴拉珠尔、罗布桑苏勒和木、官布扎布等蒙医药学家，编著《二十五种方剂》《认药白晶鉴》《认药学》《药方》等一批蒙药专著。蒙药六味、八性、十七效及

图下 1-11 清代金彩法轮纹团药盒 木质，高 9.9 厘米，口径 16.8 厘米，底径 13.5 厘米。现藏内蒙古博物院。选自《蒙古族文物图典·蒙古民族宗教文化》，刘兆和主编，孔群摄。

图下 1-12 清代莲瓣纹牛角式吸气银拔罐 高 16.1 厘米，口宽 5.7 厘米，出处同图下 1-11。

其变化、转换规律等理论逐步完善。传统蒙医药学是吸收汉、藏、印度医药学的理论精华后形成的具有系统理论体系的医药学。如图下 1-11、图下 1-12，是用于蒙医的药盒与吸气银拔罐。

内蒙古地区药材资源丰富。古代蒙古族及其先民利用当地自然资源治疗疾病和创伤，历史悠久。中国第一部药物专著、汉代《神农本草经》中就收载甘草、肉苁蓉、麻黄等许多北方产的药材。元太祖十九年（1224），李志常所著《长春真人西游记》中提到蒙古牧民用肉苁蓉治病的事。元末陶宗仪著《南村辍耕录》云："锁阳在鞑靼田地……土人掘取洗涤、去皮、薄切晒干，以充药货。"明初宋濂等撰《元史》中也有蒙古军用大黄治疗流行瘟疫的记载。

清康熙三十九年（1700），罗布桑苏勒和木著《认药学》，将蒙药材按类分成 10 篇予以论述，主要论述蒙药材的形态，为蒙药材的辨认、采集和研究提供依据。18 世纪中叶，伊西巴拉珠尔著《认药白晶鉴》将蒙药材分为石类、珍宝类等七部分。论述每味蒙药材的产地、形态、性味、功能，并附有藏、梵语并列对照的药物名称。19世纪，占布拉道尔基等编著的《蒙药正典》一书，收载蒙药879种，成为学习研究蒙药材的范本。

14世纪，蒙古药剂已在蒙古各部广泛使用。15—16世纪，藏、汉药影响日益扩大。17世纪，蒙医书籍中已经有蒙药方剂的零散记载。18世纪，伊西巴拉朱尔著《白露医法从新》，收载部分蒙药方剂和剂量、粉碎、代用、加味、炮制等制剂知识。19世纪占布拉著《方海》一书，共收载蒙药方2000余则，记载配方的剂量、剂型、功能、用量、用法等内容。这是第一部蒙药制剂专著。此后，罗布僧确泊勒著《蒙医药选编》，高世格亲著《普剂杂方》，伊喜丹僧旺扎拉著《珊瑚验方》，吉格木德丹金扎木苏著《观者之喜》，图布德尼玛著《珊瑚串珠》等，都对蒙药制剂的研究和发展作出贡献。

《饮膳正要》一书（木刻版），共三卷161页，元文宗天历年间（1328—1329）太医忽思慧用汉文编写，是我国最早的一部较完整的营养学专著。书中还有不少插图。《认药学》，藏名满乌西吉德，18世纪锡盟镶黄旗人罗布桑苏勒和木用藏文编著。

蒙医药著作除上述种种外，还有《油剂制法》《脉诊概要》等。

蒙药制剂一直由蒙医行医者自己采药，自己配方，自己粉碎制成

图下1-13　清代炮制蒙药的石碾　现藏内蒙古博物院，出处同图下1-4。

汤、散、丸、膏等剂型，制作方法由手搓、石砸破碎到使用石臼、铁臼粉碎（图下 1-13），丸剂采用手工捻捏。师傅配药，徒弟加工。制剂技术主要掌握在寺庙内上层喇嘛手中[22]。

　　随着蒙古地区畜牧业的发展，兽医兽药业也逐渐发展起来。元世祖中统四年（1263），在上都设惠民药局。卞宝撰《痊骥通玄论》，以诠释古兽医书为重点，并囊括北方和蒙古地区的兽医组方。成书于元世祖至元十年（1273）的《农桑辑要》，在《孳畜篇》中就阐述了关于牛、马、羊、猪、鸡等 9 种牲畜和家禽的饲养以及各种畜病的治疗方法。这些治疗方法，有的是古医书中的有关论述，更多的则是蒙古等游牧民族在实践中总结出来的经验。16 世纪，蒙古土默特右翼万户首领阿勒坦汗时，黄教传入蒙古，《丹珠尔》经同时传入，该经中有《马医经卷（马经医相合）》。是时，一些大寺庙中设有医学部，传授藏医、藏药，包括兽医。兽医大都由喇嘛充任，清人徐珂《清稗类钞》载，"颇有擅长刀圭之术而能起死回生者"。清康熙十六年（1677），清廷"上驷院设蒙古马医官，疗马病"。如图下 1-14，是一套蒙医兽医器械。清中叶以后，已有中兽医立桩开业，乾隆五年（1740），多伦诺尔有 10 余家中兽医开业。乾隆十一年，萨拉齐名兽医李德开设万名堂。道光二十年（1840）前后，已有《元亨疗马集七十二症》蒙译手抄本，并加有译者的经验。咸丰时

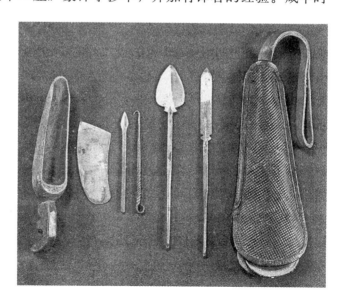

图下 1-14　兽医器械　孔群摄

（1851—1861），鄂尔多斯地区蒙兽医达拉吉撰有《疗马集》，记述以蒙
药为主治疗马病。此外，还有蒙文木刻板的《蒙译各种疾病的治测经》、
蒙文木刻板《马百病治疗集》和蒙译的《牛马驼经》问世。如图下 1-15，
是清代一部喇嘛医书的拓印本。宣统时（1909—1911），察哈尔八旗牧厂
已配备兽医宫，《蒙古地志》称：察哈尔两翼牧厂的德国纯血马"特设马
厩，由兽医官保育"。

图下 1-15　清代喇嘛医书木
刻，纸质。长 55 厘米，宽
10.5 厘米，孔群、张向东、张
文平等提供资料。

明中期以后，随着丰州川的半农半牧化，内地一些中医也陆续进入
蒙古。如板升汉人头目周元，以"善医药"受到俺答汗等蒙古贵族的信
任。西藏佛教僧侣中有精通藏医的喇嘛。藏医随着黄教也传入蒙古。藏
医对症性的或符咒性的医术，远远胜过原来萨满教的祈祷；在青藏草原
上行之有效的医术，也比汉医更能适应蒙古草原。黄教所以能在不长的
时间里风靡蒙古，喇嘛们相对高明的医道不能不说是一个重要原因。呼
和浩特市乌素图召庆缘寺第一代活佛萨木腾阿斯尔深通医道，经常为附
近农牧民治病，因而受到群众崇奉，声誉日高。蒙古人民信仰黄教，最
初主要是把喇嘛看作医生，并不完全出于宗教迷信。

【注释】

① [英] 道森编，吕浦译，周良霄注：《出使蒙古记》，中国社会科学出版社 1983 年
　　版，第 118 页。
②《辽史》卷五六《仪卫志二》，中华书局 1974 年版，第 907 页。

③《辽史》卷一八《兴宗》，第 217—218 页。

④《魏书》卷一○三《蠕蠕》，中华书局 1984 年版，第 2289 页。

⑤《元史》卷九八《兵一》，中华书局 1995 年版，第 2508 页。

⑥《后汉书》卷八九《南匈奴传》，中华书局 1968 年版，第 2942 页。

⑦⑬《元史》卷一○○《兵志·三马政》，第 2553 页。

⑧[明]萧大亨：《北虏风俗·牧养》，内蒙古地方志编纂委员会总编室编印：《内蒙古史志资料总编》第三辑，第 146 页。

⑨莫·宝柱整理：《蒙古民间祝词赞词》，内蒙古教育出版社 1991 年版，第 254、255、256 页。

⑩⑪色道尔基等编译评注：《蒙古族历代文学作品选·江格尔》，内蒙古人民出版社 1982 年版。

⑫《元史》卷一一六《后妃二》，第 2898 页。

⑭《元史》卷七四《祭祀三宗庙上》，第 1841 页。

⑮《元史》卷二八《英宗二》，第 627 页。

⑯《元史》卷七七《祭祀六国俗旧礼》，第 1924 页。

⑰《元史》卷七八《舆服》，第 1942—1943 页。

⑱《元史》卷一二三《哈八儿秃》，第 3039 页。

⑲《元史》卷一二八《土土哈》，第 3132 页。

⑳李争平编著：《中国酒文化》，时事出版社 2007 年版，第一章第 170 页。

㉑参见张海明主编：《民俗文化·酒俗酒令》，远方出版社 2009 年版，第 430 页。

㉒参见李铁生主编：《内蒙古自治区科学技术志》第八篇《医药卫生科学技术·第八章蒙药》，内蒙古人民出版社 1997 年版，第 839—841 页。

第二章

草原盛会那达慕

源于成吉思汗时期的那达慕，集祭祀、竞技、娱乐、祝福等项活动于一体，形成蒙古族重要的传统节日，定期在每年的夏末秋初举行。蒙古族称射箭、摔跤、赛马为"男儿三技"，成为那达慕节日活动的主要竞赛项目，充分展现出游牧民不畏环境艰苦，战胜一切困难的勇敢、机智、顽强、剽悍精神。那达慕期间开展的民族商品贸易活动，进一步增加了各民族之间的交流。那达慕期间，也是青年男女谈情说爱、幽会交往的机会。作为民族传统节日，那达慕盛会在蒙古人的生活中占有重要地位，不同的人都能从那达慕活动中得到从物质到精神上的满足。

第一节　那达慕

蒙古民族的传统节日　祭敖包　交易盛会

历史悠久的那达慕盛会，源于成吉思汗时期，已成为蒙古民族隆重的传统节日。金章宗泰和六年（1206），铁木真统一蒙古各部落，建立大蒙古帝国，被推举为成吉思汗，在斡难河畔举行"忽里勒台"（蒙古语，意为聚会）。会上组织1024名摔跤手进行比赛。这次聚会旨在增进各部落之间的团结，称为"乃日"，意为和谐、庆典，其中也有娱乐之意，称"乃日那达慕"。

铁木真统一蒙古各部落建立大蒙古国后，把摔跤、射箭、赛马作为训练蒙古人勇敢、机智、剽悍、顽强精神的主要项目，成为那达慕会上的重要竞技内容，称"男儿三技"赛。以摔跤比赛为主的男儿三技那达慕得到发展，涌现出别力古台、毛胡来等出类拔萃的摔跤高手。当时成吉思汗出征前，部队祭祀举行男儿三技比赛，是演习和激发军威的一种形式。征战胜利后，举行男儿三技赛，是为庆祝消灭敌人、胜利凯旋的活动。

忽必烈即汗位后，每年都要在上都城举行大规模的诈马宴。出席诈马宴会的人身着华丽的服饰，按照贵贱亲疏的次序各就其位，在宴饮的同时观看歌舞表演、男儿三技竞赛活动。规模宏大的诈马宴，使那达慕盛会无论在形式上或内容上都有了明显的变化，更具欢庆色彩，把蒙古民族的节日那达慕推向新的发展阶段。为了不断发展和完善蒙古乃日那达慕，元仁宗皇帝还专门设立管理此项事务的"赛事署"。从而，产生了专事那达慕活动的组织机构。

元朝时期民众生活环境相对稳定，蒙古皇帝一有喜庆之事就举行乃日那达慕，称"巴雅尔那达慕"，意为喜庆节日。那达慕在元宫廷表演成分增大的同时，在民间也越来越兴盛起来，成为牧民喜闻乐见的活动之一。每逢节日庆祝，或祭典仪式，都要举行巴雅尔那达慕。民间有喜庆活动，如婚嫁、祝寿等喜庆日，也要举行小规模家庭式的那达慕活动，邀亲朋好友参加。在这些活动中，除有传统的摔跤外，也开展掷布鲁、赛马等竞技比赛，并举行歌舞活动[①]。

寺庙祭敖包时也举办那达慕赛马和摔跤活动。其间，要举行祭祀，喇嘛焚香点灯，念经诵佛，祈祷草原牛肥马壮，人畜两旺。夜间，人们围着篝火，尽情歌舞，热闹的情景往往通宵达旦[②]。

每逢祭敖包时，要把参加敖包联欢的摔跤手名额和参赛的马匹向各所属苏木和寺庙分摊。行动敏捷、有能力的祭祀主持总会按时收集到所需的"珠玛馐斯"。所谓珠玛馐斯，其中包括若干只羊、若干坛酒（每坛8—10斤）、炒米、奶皮、奶酪、黄油、"宝尔毕酸马奶"（每宝尔毕

250—300 斤），并按时在联欢预定地点架起帐篷、蒙古包。大部分地区的祭敖包那达慕活动，需时一天。当祭敖包仪式结束后，人们走下敖包岭，到预先架起帐篷的空地上举行比赛。多伦淖尔的汇宗寺和善因寺在祭玛尼图敖包时，要有 16 名小沙弥进行摔跤比赛。在喀尔喀达尔罕亲王旗的东库仑庙，祭敖包时要举行有 32 名选手参加的搏克比赛。而察哈尔正蓝旗的哈丹呼舒庙，祭敖包举行的搏克比赛则有 64 名选手参加。这种寺庙的敖包祭祀活动短小精悍，当日结束③。从清雍正八年（1730）开始，昭乌达盟巴林右旗设立"六月伏热勒庙会"，每年六月八日至十五日在大板镇东西大庙诵伏热勒经。庙会结束时跳查玛，送面塑。庙会期间有北京、沈阳、张家口、多伦淖尔等地来的大批商贩推销货物，进行物资交流。庙会举行的那达慕大会上进行男儿三技赛，巴林左、右两旗、克什克腾旗、阿鲁科尔沁旗、翁牛特旗和东、西乌珠穆沁旗等七个旗的摔跤高手都参加比赛④。

那达慕盛会一般在每年夏末秋初举行。所以选择这个时间段，是由游牧生活的特点决定的。由于蒙古族牧人逐水草而居，分散游牧，平时很少相聚娱乐。夏末秋初，牧人比较空闲，而这时的草原秋高气爽、水草丰美、牛羊肥壮、乳食飘香，正是牧人们相聚欢乐的季节。清代兴起的旅蒙商，也多于这一季节进入牧区进行商品交易。民族民间的交换与贸易，无论其方式如何，都是游牧民族最感兴趣的一件事。每逢那达慕大会举办之际，牧民骑着骏马，赶着勒勒车，身穿艳丽的民族服装，带着皮毛、药材等土特产品，从四面八方奔向那达慕会场，各家选择满意的地方，扎下蒙古包参加大会各项活动。

清时，那达慕期间同时举行射箭、赛马、摔跤比赛的规模越来越大，参赛人数也越来越多。那达慕颂词中说：有得心应手的马头琴声，悠扬动听；洁白无瑕的哈达，闪闪发光；传统的三项那达慕接连不断，蒙古力士整队上场。那达慕逐步形成由官方定期召集的有组织、有章法的游艺活动，以苏木（相当于乡）、旗、盟为单位，半年、一年或三年举行一次，其规模、形式和内容较前均有发展。随着大批旅蒙商进入蒙古草原经商，那达慕成为他们进行交易的重要场所，这无疑对于交通相对闭塞的塞外草原经济发展起到积极促进作用⑤。那达慕承载着蒙古人民对友谊、和谐、欢乐的孜孜追求，是蒙古族文化生活和体育活动的显著标志之一。

第二节　男儿三技

摔跤　射箭　赛马

摔跤、射箭、赛马是那达慕大会主要竞技比赛项目。凡有此三项比赛的那达慕均称"额仁—古日—板那达慕"（汉译为"好汉三技"赛或男儿三技赛）。

摔跤，蒙古语称"搏克"，是草原蒙古族牧民最喜欢的一项传统体育竞技活动。摔跤手，蒙古语称"布赫沁"，个个是身强力壮的小伙子，壮若铁塔的勇士。在广阔的草原上，每当举行传统那达慕盛会时，各地的摔跤手纷纷来到会场，大展身手，较量一番。自古以来，摔跤能手是草原牧民心目中的骄傲。据《蒙古秘史》记载，一天，成吉思汗在敖恩河畔举行盛大乃日娱乐时，叫来其弟别力古台与朱日金部的大力士布来摔跤。布来惟恐摔倒别力古台可能对成吉思汗有失恭敬，便自己顺势倒地。

摔跤运动是群众性的运动，蒙古、鄂伦春、鄂温克、达斡尔、回等民族的选手都可参加。不仅男子，女子也同样有参加摔跤比赛的。蒙古族民间流传着女子摔跤手的故事：传说海图王有个女儿，父亲叫她嫁人，她不同意。她说非能摔倒她的青年不嫁。父亲同意她按自己意愿选婿，并发出公告，举行摔跤比赛。这一公告发出后，各地赶来许多青年欲与之较量。赛场极为庄严，父王升堂就座，很多男女仆人服侍。比赛开始后，公主与男青年在台下展开激烈角逐。按规定如果有青年摔倒公主，就可娶她为妻；如果被公主摔倒，对方则要送给公主一百匹骏马。结果无一人摔倒公主。从此后，海图王领着女儿南征北战，屡建战功。

蒙古式摔跤参加比赛者必须是2的某次倍数，如：8、16、32、64、128、256、512、1024等。参加人数多少要根据其比赛情况而定。一般情况128人或512人参加的最为普遍。其胜负采取单淘汰制。无时间限制，参赛者的任何一个部位触地为负，一跤定胜负，每轮淘汰半数。在比赛规则方面与其他民族摔跤不同的是不许抱腿、不准打脸、不准触及眼睛和耳朵，不许拉头发、不准从背后抱人或把人从背后拉倒、不许踢肚子和膝部以上的任何部位。摔跤时可以互捉对方肩膀，也可互相搂腰，还可钻入对方腋下进攻，可抓摔跤衣、腰带、裤带等。在对抗中以手、腰、腿部动作的协调配合，充分显示出自己的力量和技巧。蒙古式摔跤衣具有鲜明的民族特色。上衣类似坎肩，紧身、半袖，蒙古语称"召德格"。多用牛皮、鹿皮、驼皮制作，上有镶包，亦称泡钉，蒙古语为"陶布柔"，以铜或银制作。召德格后背饰有精美图案，图案形状及颜色各不相同，给人以古朴庄重之感。摔跤手下穿宽大裤子，蒙古语称"班扎拉"，用十五六尺长白布、绸子或各色绸料制成，宽大多褶，活动方便，大方美观。在班扎拉外面穿一种无裆套裤，蒙古语称"图呼"，双膝部位绣有吉祥图案，底色鲜艳，图呈五彩。它除护腿护膝作用外，还起着装饰作用。摔跤手穿马靴或蒙古靴子，腰缠宽皮带。著名摔跤手脖子上缀有各色彩条的彩套，蒙古语称"景嘎"，彩条的颜色及数量不等。景嘎是摔跤手在比赛中获得多少名次的标志，是著名摔跤手的象征。

参加比赛的摔跤手们入场时，分左右两翼排成两行，著名摔跤手在前，随着摔跤助兴的歌声，腰胸挺直，两臂平伸，慢而自如地上下摇动跳跃进场。这种入场时的跳跃动作蒙古语称"德比呼"，动作优美，如雄鹰展翅，格外矫健，是蒙古式摔跤的显著特点之一。

摔跤手开赛场面气氛十分热烈。先由祝赞者唱颂浑厚、雄壮的《布和—乌日纳》（即摔跤歌）：

　　　布和——帖力呗！
　　　布和——帖帖呗！
　　　从七勃里挥舞而来，震得山摇地动；
　　　从八勃里挥舞而来，踏得山川颤抖；
　　　从前面猛一看去，犹如一只斑虎；
　　　从后面乍一看去，好似一只雄狮；
　　　他有猛虎般的力气，他有雄狮般的身躯。
　　　这摔跤手的技巧呀，实在令人惊奇！

连唱三遍之后，摔跤手纷纷跃出队列，一面跳跃，一面高唱：快一点把你们的摔跤手选出来，让我们进行比赛吧。旋即挥动双臂，犹如雄鹰，上下拍动，威风凛凛，跃入场内，展开激烈较量。

蒙古摔跤一般每次出场 8—12 名摔跤手，分头对赛。得胜者把对手摔倒后再把他扶起来，之后再跳鹰舞，并随手抓一把放在台前桌子上的奶食、糕点、糖果等，一边撒向天空和人群，一边自己吃着跑回原地，等待再次出战。传统的摔跤比赛，摔跤手如夺得一个旗或一个盟的冠亚军，通常会获得一匹马或一头牛的重奖，被大家公认为勇士。摔跤比赛结束，照例要唱祝赞歌：

　　　　高山能被他推倒，大树能被他拔起。

　　　　他的眼里已没有勇士，周边草原已没有对手。

摔跤竞赛的发奖仪式更是别具一格。其他比赛中，奖励前八名、前六名、前三名不等。但摔跤比赛与之不同，参赛者均获奖。摔跤采取的是"一跤定胜负"的多轮淘汰制。每轮中都有专人负责向淘汰的跤手发奖，这无疑是对摔跤手"胜不骄、败不馁"精神的一种鼓励和认可。竞赛结束时，由德高望重的老者、地方首脑或知名人士为前十六名跤手发奖。摔跤手的称号有"阿尔斯楞"、"扎安"、"哈尔查盖"、"雄呼尔"，即雄狮、大象、雄鹰、海青，以此表明他的成绩和等级。

射箭，蒙古语称"苏日—哈日—巴乎"。弓和箭蒙古语称"淖木—苏木"。弓箭最初是狩猎的工具，后来用于部落战争，成为人们对敌作战的兵器。弓箭在蒙古族的生产活动和军事行动中产生过不可低估的作用。因此，蒙古人喜弓箭好骑射，把它视为男子汉的象征和标志。蒙古人称射箭能手为"莫日根"，是神箭手的意思，他受到全社会的尊重与爱戴。据《蒙古秘史》记载，在成吉思汗时期有专门携带箭筒的人，称为"豁儿赤"。蒙古人制造弓箭很早，在蒙古民族群体形成之前已有之。历代流传有许多关于射箭的神话传说。有一则"天降弓矢"的故事，大意是古代蒙古人有一次和敌人作战，不幸被敌人包围，弓多数坏了，箭也射完，正在万分危险的紧急关头，忽然天降大雨，雨停后，满地是弓箭，士兵拾起弓箭射杀敌人，终于反败为胜。这些虽是神话、传说，但充分反映了弓箭对蒙古人的生存繁衍所起的重要作用。

蒙古族弓箭属古代匈奴式弓箭，弓长约 100—150 厘米。弓用有弹

图下 2-1　老弓箭手在静射　选自《蒙古族文物图典·蒙古民族娱乐文化》，额博摄。

性的木料制作，有桦木、李木和竹子等。为加强硬度，在弓鞘等处加贴兽骨。弦一般用加工后的牛皮或牛筋制作。箭有两种，一种是镞箭，一种是无镞箭。箭一般用柳条制作，长约 80—100 厘米。射箭分静射、骑射、远射三种。静射即站立射靶（图下 2-1）。其步呈八字，重力在下，弓的弹力与人的拉力相和谐，故命中率颇高[6]。

月亮靶射箭是在内蒙古东部流行的重要形式，有古代和近代两种类型。古代月亮靶射箭是蒙古人组成"嘎拉"或"巴嘎"（等于小组）进行的一种比赛形式。准备九张"塔日扎"（脱毛后撑开的大张皮），把每张皮抻开钉在两根木橛上，然后上面画盘口大小的黑圈或野兽、敌人的头部作为月亮靶，分嘎拉进行射箭比赛。

月亮靶射程距离一般为 20 弓，有时 18 弓或 22 弓。射箭成绩为射中央眼得 5 分，射中央眼外环得 4 分，射中第三环得 3 分，射中第四环得 2 分，射中外环得 1 分。每人射 10 支箭后计算成绩。如果二人成绩相等，就每人再加射二支箭后计算总分而定。参加那达慕射箭比赛，射手必备拉弓用的指箍，蒙古语称"额日和布其"，用白玉、翡翠、玛瑙或铜制作。

静射和骑射，距离多在 25—35 米之间。每一名射手分射三轮，每轮三箭，以中靶箭数多少来评定名次。大型骑射比赛，参加者多达百人，中型的二三十人。赛场置三个靶位，每个靶位之间 25 米。第一靶是在 2 米高的木架上挂一条一尺见方的彩色布袋，第二靶是一个一尺见方的白布袋，第三靶是一个等边三角形的白布袋，袋中均装着棉花。整个赛场气氛热烈、激情洋溢。

每逢那达慕射箭比赛决出胜者，长者便把盛有鲜奶的银碗献给射手，之后唱赞词：

你擎起万钧弓啊，搭上金色利箭。

引弓如满月，放箭如疾风。

你能射倒耸立的高山，你能射穿飞翔的大雁。

啊，祝福你啊，

生铜熟铁般的力士。

赛马，是整个那达慕大会最引人注目的活动。参赛马匹都是经过严格调教的骏马，身瘦有神，耳如竹削，马的毛色也很美，如菊花青、雪里站、黄骠、青鬃、枣红、白色（图下2-2）等。鞍辔整齐，列队入场，整装待发。骑手本身要有娴熟的技巧，还要人谙马意，马知人心。传说，古代蒙古族骑士和马匹配合默契，骑士在疆场上发射的时候，站立马背，撒开缰绳，马就领会了主人的意图，向敌人直冲过去[⑦]。

赛马作为那达慕一项重要的活动极受重视，清雍正七年（1729），漠北喀尔喀诸部专门会盟制定出一部《赛马条例》，详细规定有关注意事项、比赛规则、奖品颁授等。比赛参加者多为孩童，也有成年人，必须由起点线一起跑出，违者没收马匹，骑手受鞭打惩罚；不得中途参赛，违者除没收马匹外，还要罚九畜。参赛马匹为四岁以下之马。奖品除主办者筹备外，不足者由富户补充。王公（诺颜）要占有优胜马匹，须按马之岁数大小付给主人不同数量牲畜为赏赐，五岁马要赏赐骆驼一峰、马八匹；四岁马赏赐骆驼一峰、马二匹。

清末，有些地区的赛马会由官员与喇嘛主持，每岁举行两次。上半年于农历六月二十三

图下2-2　草原骑手　出处同图下2-1

日在马王神诞辰日举行；下半年九月初九重阳节或十一月十六日举行。

蒙古族的赛马，分为走马、跑马、颠马等三种。走马，即跑马时比侧步的马。马的前后腿交错前进，主要比稳健、美观。跑马，是疾速狂奔，主要比速度、耐力。颠马，是快速颠走之马，既不是走马式的前后腿交错前进的稳健、轻快，也不是跑马式的前后腿同时前进的飞速狂奔，而是介乎于二者之间。跑马比赛的骑手一般是8—12岁的儿童，而走马赛、颠马赛的骑手一般都是成年人。因为走马、颠马时特别讲究"压走马"和"压颠马"，其目的是保持走马、颠马的步形，不让因狂奔而破坏走马、颠马步形的美观⑧。

参赛马的数量不受限制，十几、几十或几百匹均可。赛程一般为20—40公里。形式有直线赛跑和转圈赛跑两种。赛马一般按马的年龄分成赛组，根据其不同年龄，一般情况下分为三岁马比赛、五岁以上骟马比赛和公马比赛等。赛程可按不同年龄段灵活决定。跑马比赛不用平时的马鞍，而用特制的赛马鞍，小骑手们要穿上别具一格的赛马服装。这种服装各不相同，主要由赛马者的爱好而定。走马、颠马的骑手无规定的赛马服装，根据各自的爱好穿新衣戴新帽。而赛奔马时则不备马鞍，不穿靴袜，要穿布做的软鞋，身穿华丽的彩衣，头上有的缠红绿绸，有的戴三尖帽，有的戴圆筒帽。

参加那达慕大会赛马活动，选好马匹十分重要。快马的马头较为骨感，眼睛凸出，鼻孔洞大，马耳很尖，人们把这样的马称为宝马。参赛的马在赛前还要做好充分准备：选马、吊马、饲养。吊马，即把马拴在木桩上，从早晨拴到下午三时，约拴一个月左右，木桩设在阴凉地，避免马被风吹日晒。夜间把马放在水草丰盛的地方，早晨日出前牵回，饮水后再吊拴，每天进行练跑调教。饮水时加几斤马奶更好。吊马就是节制马的食草摄入量，并通过加强运动锻炼，达到消掉马的虚膘，强健其肌肉，提高其耐力的目的。在比赛的前一天，像给出征的将士送行一样，精心装束骏马，给骏马扎起小辫，束住修尾，戴上彩绸扎成的项圈儿，把身上擦抹得油光铮亮。晚上更是繁忙的一夜，一般要早点把马喂上，半夜再喂点水和马奶，休息一阵再喂，一直喂到参加比赛。这样调养出来的马，腹小而坚，臀大而实，跑起来气不喘，力不竭。

比赛开始前，赛者手牵千姿百态的扎尾骏马，依次排列在宽宽的起跑线上，骏马躁动，骑手搓掌。当比赛命令一下，骑手扬鞭策马，你追我赶，场面热烈。比赛结束后举行颁奖仪式，授称号，唱马赞，奖赏名列第一至第十名的快马⑨。颁发奖品多由旗王爷或德高望重的老者进行，手捧哈达和盛满鲜奶的银碗，将一些奶子抹在跑了第一名的骏马脑门上，剩余的递给骑手，并将哈达系上马的叉子或缰绳，高唱领先马赞祝词：

> 毡帐之民都来聚集，啊，
>
> 这珠拉格盛会上，脱颖而出的骏马——
>
> 脖颈上系着龙王的彩带，胯骨上打着经师的烙印。
>
> 大象般的头颅，鱼鳞般的腭纹，
>
> 苍狼般的双耳，明星般的眼睛，
>
> 彩虹般的长尾，丝绒般的顶鬃。
>
> 每个关节上长满茸毛，每根茸毛都流金溢彩。
>
> 这匹天选地设的神驹宝马哟，
>
> 把那吉祥圣洁的鲜奶涂抹在你身上。

在以驼乡著称的阿拉善和乌拉特地区，赛驼也成为那达慕的一项比赛项目。牧民挑选膘肥体壮、毛色纯正，在驼群中跑得快的骆驼作为骑乘，并加以训练。参赛者不分男女老少，赛程一般为40公里或10公里。牧民在放牧中经常三五成群挑选自己的骆驼相互赛跑，以示骆驼的强健。每逢婚宴，敖包盛会，寺庙法会等主要集会，牧民从居住地驱驼疾驰也为一大乐趣。

马术是蒙古族传统的马上竞技表演项目。蒙古族马术的传统项目有：骑马越障，其中包括连续障碍、火球障碍、火墙障碍等。骑射，马上角力，马上劈斩，马球，马上功夫，驯马套马等。蒙古人在马球、赛马、驯马、障碍、斩劈、轻乘方面技巧高超，他们熟练地掌握了各种平衡、支撑、倒立、空翻、转体、飞身上马等动作。其体态之灵活，动作之敏捷，令人惊叹不已。马术运动是蒙古族人民喜爱的运动之一。它能培养人们的机智、勇敢、灵活、耐力等，是一种项目甚多、技艺惊险、紧张激烈、引人入胜的传统体育运动项目。

第三节　游戏　娱乐

蒙古象棋　鹿围棋　曲棍球　布鲁

那达慕期间还举行棋类、曲棍球比赛及投布鲁比赛等多项游戏娱乐活动。

蒙古象棋，蒙古语称"西塔日"，类似国际象棋。棋盘有深浅两色间隔排列 64 个小方格。浅色称白格，深色称黑格（图下 2-3）。棋子共 32 枚，双方各 16 枚，有诺彦（王爷）、哈敦（王后，也称波日斯）各一枚，哈萨嘎（车）、特莫（骆驼）、毛日（马）各两枚，厚乌（儿子）各八枚。对弈时白格先走，以后双方轮流各走一着。吃掉对方棋子，由原停一格王车易位，吃掉路兵，兵的升格都算走一步。双方任何厚乌到达对方最末一格时，都可变成自己一方被吃掉任何一枚棋子。玩蒙古象棋，不能吃掉对方乌努钦厚乌（孤儿）。王若被对方将死，就算输棋。双方均剩王或双方只剩同色格单骆驼算和棋。蒙古象棋巧妙运用进、退、制止、反攻、突袭、遮挡、挪开、行骗、遁逃、固守、设障、摆阻、诱惑、声东击西等方法，趁对方不备占领要塞，取得胜利，明显含有军事性质和游牧文化特点。蒙古象棋比赛中马不受约束，诺彦也可以随意行走。在蒙古象棋比赛的输赢之中，存在许多人道主义的道理。如国际象棋中马有机会就能直接将王，而蒙古象棋中就不能，只能将过而不能将死，这与不准随便杀动物和人的道理是一致的。

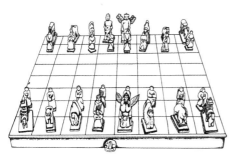

图下 2-3　蒙古象棋与棋盘　出处同图下 2-1

围鹿棋是北方狩猎游牧民族的一种娱乐棋具，在内蒙古阴山岩画中，发现有围鹿棋的棋盘图案。辽墓出土的黑白子围鹿棋，说明在一千年前北方的游牧民族已流行此种娱乐。达斡尔族围鹿棋木雕艺术独具特色，雕有两只有角叉的公鹿和 24 只猎狗，体态各异，桦木雕成，很有欣赏价值。

曲棍球。那达慕大会上的曲棍球比赛，是达斡尔族传统体育活动，系辽代契丹人击鞠运动的继承和沿袭。达斡尔语称"贝阔他日克贝"，其中"贝阔"系指击球曲棍。球称为"朴列"。曲棍选择根部自然弯曲、树干挺直坚韧、粗细适手的柞木削磨加工而成。球有木球、毛球、火球三种。木球用桦树根或柞树根磨圆制成，毛球用畜毛兽毛制成，火球用生长于桦树上的已然硬化的白菌制成，球上穿通数孔，注入桦明点燃。曲棍球比赛也在重大节日、集会时进行，以氏族（莫昆）、村屯为单位进行比赛。

布鲁。蒙古语原为投掷的意思。13 世纪以后，成为一种狩猎工具的专用名词。布鲁，俗称"涛拉棒"，形似一把短柄镰刀。在单人狩猎和数人围猎时，手持刀把，投掷出去，旋转前进，是在平坦的草原上命中率极高的武器。为准确打击猎物，掌握投掷布鲁的娴熟技术，猎手们平时加强练习，并经常相互比试高低，逐渐形成投掷布鲁这项比赛运动。近代，人们也把投掷布鲁作为一种锻炼身体的活动。

投掷布鲁分为投远和投准两种。投远布鲁为"海木勒布鲁"（海木勒，蒙语为榆木意思），为扁形，握手处是圆的。投准布鲁为"图拉嘎布鲁"（图拉嘎，蒙语为头的意思），是圆柱形的，头顶处包有铅头或箍以铜环、铁环。这种布鲁能投打较大的野兽。游戏和打猎用的布鲁，重量因人而异。比赛场上，比赛掷远的海木勒布鲁通常重量为 500 克，投准的图拉嘎布鲁重量和形状不限。布鲁制作简单。儿童从五六岁就进行投布鲁游戏，到十几岁，就开始跟着大人在围猎中使用布鲁。它有益于增强人的四肢肌肉，还可以锻炼力量、速度、灵巧度以及准确的目测能力。布鲁还可以在马上投掷，并可连续投出。投布鲁比赛场地，一般选 750 平方米左右的长方形平坦场地。在场地一端划一条投掷线。投掷目标为圆形木柱三根。在正式比赛时，不论投远和投准，每人以三次为限。

每次投掷时间不超过 30 秒。投掷姿势不限。布鲁赛的奖品，一般为绵羊、砖茶、绸缎等。

【注释】

① 参见冯玉楼主编：《搏克》，内蒙古人民出版社 2006 年版，第 20 页。

② 参见张秀华编著：《蒙古族生活掠影》，沈阳出版社 2002 年版，第 80 页。

③ 参见巴·哈斯牧仁总编：《蒙古族祭祀》，内蒙古大学出版社 2008 年版，第 354、357 页。

④ 参见那·恩和确吉编著：《蒙古族那达慕》，内蒙古文化出版社 2007 年版，第 20 页。

⑤ 参见张彩珍主编：《中国马术史》第 63 页，武汉出版社 1994 年版。

⑥ 同上②，第 86—87 页。

⑦ 参见傅井山辑：《内蒙古风物志·马术竞技》，内蒙古人民出版社 1985 年版，第 128 页。

⑧ 参见林干主编：《塞北文化》，内蒙古教育出版社 1997 年版，第 689 页。

⑨ 同上②，第 84 页。

第三章

草原艺术三宝

　　在古老的草原上，踏着漫漫的历史进程，音乐始终伴随着草原游牧民族的生产和生活，他们的悲欢离合、胜败兴衰，往往寄托在音乐语言之中。马头琴最早出现于宋、辽、金时期。元朝建立后，宫廷大乐沿用宋、辽、金之乐，马头琴这一民族乐器尚未在宫廷中使用，故正史中有关马头琴的记载很少，至明时在民间广为流行。呼麦，又称"浩林潮尔"或"潮尔"，是蒙古族特有的单人多声表演艺术，即一个人利用嗓音的低音持续声部产生的泛音，与低音持续声部形成两个或以上声部的和声。这在人类唱歌史上绝无仅有的歌唱技巧，是蒙古民族的独特创造和杰出贡献。呼麦表现的主题，是对宇宙、大自然、祖先和英雄人物的敬仰与赞颂。按照蒙古人的习惯，呼麦只有在严肃隆重的场合或重要的礼仪才可以演唱[①]。长调舒缓的节奏、宽广的音域、颇具诗歌与哲学意味的歌词，最能表达出牧民们生活在草原上广袤、平和的自然环境所赋予的种种价值，可以说，蒙古族长调展示了传统的游牧精神[②]。马头琴、呼麦与蒙古长调，同被誉为蒙古族三种最具有代表性的音乐文化形式。

第一节　马头琴

感人的传说　潮尔与莫林胡兀尔　马头琴的构造与演奏技巧　马头琴代表曲目

　　形成于清代中叶,流行于内蒙古东部地区的"潮尔",与流行于中西部地区的"莫林胡兀尔"乐器,因琴头形状是仿马头雕刻而成,俗称"马头琴"。潮尔与莫林胡兀尔系同宗乐器,仅其形制有差异。其特点是,潮尔的琴箱上宽下窄,为倒梯形。莫林胡兀尔的琴箱上窄下宽,为正梯形或方形。民间偶有六边形、八边形的马头琴,乐器多由艺人自制而成。两种形制的马头琴在其历史发展过程中,借鉴并沿用中国古代北方民族乐器胡琴、奚琴的制作工艺和演奏技巧,形成独特的风格特点。将"潮尔"、"莫林胡兀尔"称作"马头琴",始于清代末年。

　　马头琴是草原民族的独特乐器(图下3-1)。关于马头琴的传说有很多,其中"苏和的白马"最为感人。传说在科尔沁草原上有个爱唱歌的贫穷牧人苏和,他有一匹心爱的小白马,皮毛像缎子一样光亮美丽,嘶鸣起来银铃般清脆悦耳。在一次赛马会上,小白马夺得锦标后被王爷抢去。一天,王爷骑小白马炫耀,被摔得头破血流,小白马脱缰而逃,却不幸中了王爷的毒箭,死在主人身边。苏和悲痛欲绝,日夜守着死马。有一天,他梦见小白马对他说:"主人,请用我的筋骨、鬃尾制作一件乐器吧,它能解除你的忧愁。"按照小白马在梦中所说,苏和用小白马的腿骨做琴杆,头骨做琴箱,马皮蒙琴面,马尾搓成琴弦,套马杆做琴弓,并照小白马的模样雕刻一个马头,做出草原上第一支马头琴。从此以后,马头琴就成为草原牧民最喜欢的乐器。马头琴的演奏风格因地区不同而各异,其中有科尔沁派、土尔扈特派等。

　　马头琴发音柔和、浑厚而低沉,音色悠扬、醇美。音色细腻如小提琴,醇厚如中提琴,深情如大提琴。马头琴,尤可模仿马的嘶鸣,几可乱真。马语中常有悲声,而马头琴如马语,含悲悯之情,聆听者愀然而泣。富有草原风味,多用于独奏以及蒙古族民间曲艺好来宝、乌力格尔的伴奏。马头琴也与四胡、笛、雅托克等乐器合奏。最早的艺术已不可

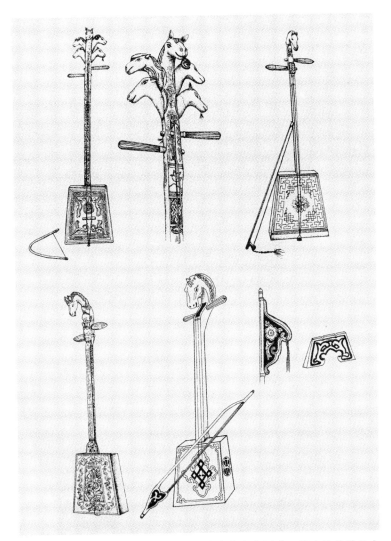

图下 3-1　马头琴及其构造　选自《蒙古族文物图典·蒙古民族游乐文化》，出处同图下 1-11。

　　考，民国初年，已有科尔沁草原的色拉西和锡林郭勒草原的巴拉贡等民间艺术家在王府、牧民中献艺。

　　马头琴的制作，因其风格流派不统一，故其形制也不统一。初时，琴箱用一块整木刳制而成，面蒙以马皮或羊皮，弦和弓均用以马尾。后经加工发展，始将其音箱以四块木板拼成梯形，上底宽约 24 厘米，下底宽约 30 厘米，厚约 9 厘米。琴头、音箱镶有骨装饰品，并将琴头雕刻成马头状。马头琴全长约 100 厘米，指板长约 48 厘米。传统的小马头琴经不断改革，扩大了琴箱，改用蟒皮蒙面。弓子富有弹性，音量显著增大，并将定弦提高四度。既保持传统马头琴原有的柔和、深厚的音色，又增加清晰、明亮的特点。还创制出中马头琴和大马头琴，它们相当于西洋拉弦乐器中的大提琴和低音提琴。中马头琴的共鸣箱两面都蒙以薄木板，在琴的面板或侧板上，镂有民族图案风格的音窗。琴杆正面设有指板，各有四条琴弦并都采用金属弦，定弦及演奏方法借鉴大提琴和低音提琴。其外表装饰在原来的马头琴共鸣箱中，用油漆彩绘民族形式的图案，古色古香，雅致大方。中、大马头琴在琴箱面板的边缘，用黑白相间的细木条镶嵌出各种图案或线条，加之音孔的对称开列，富有蒙古族审美情趣。

马头琴的外弦音低，里弦音高。传统的马头琴多按正四度的关系定作 e、a，音域从 e-e2 有两个八度；或定作 a、d1，音域从 a-a3 有三个八度，也有按五度或反四度关系定弦的，音色柔和、深沉。其弓法技巧有分弓、连弓、顿弓、快弓、抖弓、跳弓等；指法技巧有颤指、滑音、柔弦、拨弦、弹弦等。该乐器有两种运指法，一是在演奏高音区（高把位）的音，或音符较密集的旋律，可像拉大提琴那样用指尖按弦，但琴弦不接触指板。二是在演奏低把位的音或舒展缓慢的乐曲时，用指甲根部从里向外顶弦。其演奏风格因为地区的不同而各异[③]。

马头琴乐曲以羽、徵调式为多，多采用变奏加花或转调发展旋律。马头琴乐曲转调较自由。其独特的演奏技巧，能够充分表现蒙古族乐曲的神韵，抒情绵长，轻快跳荡。马头琴善于演奏柔和细腻的抒情乐曲，特别适合于演奏悠长辽阔的旋律[④]。马头琴代表曲目有《珍宝》《四季》《巴雅龄》《嘎达梅林》《朱色烈》《凉爽的杭盖》《鄂尔多斯的春天》《清凉的泉水》《走马》《马的步伐》《褐色的鹰》《宴歌》等。用马头琴演奏的节奏性较强的短调类乐曲也别具特色，如《乌龙黛》《万马奔腾》等。

第二节　呼麦与长调

单人多声的表演艺术　悠扬舒缓的长调民歌

　　呼麦是蒙古族的单人多声表演艺术，即一个人利用嗓音的低音持续声部产生的泛音，与低音持续声部形成两个或两个以上声部的多样化和声。蒙古草原的先民们，在长期的狩猎和游牧过程中，以宗教式的虔诚之心，精心聆听、模仿和试图解读来自大自然的声音——在他们看来，这极为重要，这是与自然宇宙沟通、和谐相处的重要途径，与他们的生产生活息息相关。在岁月积累中，他们便获得了一种异乎寻常的能力和习惯——可细致入微地模仿来自大自然的他们认为有意义的音声。随着这种模仿的深入和技术的精熟，单纯的模仿自然之声，被越来越多地赋予了人文的理解，于是，呼麦产生了。

　　原始形态的呼麦主要的社会功用有二：一是作用于生产领域——吸引猎物、捕捉猎物、劝奶等等与狩猎经济和游牧经济相关的实践，这种遗留在内蒙古的山林和草原民族中，至今依然可寻。二是应用于宗教领域——在宗教仪式中，用呼麦强调宗教气氛，并将之作为人与自然宇宙沟通的媒介与手段。古代蒙古族信奉萨满教，呼麦是萨满教仪式的组成部分。信奉藏传佛教后，呼麦成为喇嘛诵经的重要方法，这一诵经方法被称之为"堪布潮尔"，至今在内蒙古喇嘛寺庙中仍可听到。随着社会的发展以及呼麦的进一步成熟，呼麦更多地弱化或脱离原始的功用，或者说进入更为广阔的社会生活领域，成为蒙古民族主要的代表性艺术形式。

　　在历史上，呼麦有较高的社会和艺术地位。按照蒙古人的习俗，呼麦是不能随便演唱的，只有在一些庄严隆重的场合才可以演唱，主要是对自然宇宙、祖先、英雄的赞颂，营造某种肃然的景仰的氛围。同时，它也承担着人文教化、模塑人格的不可替代的社会功能。从呼麦的起源、演变、功能作用等层面，审视呼麦的历史和人文价值，至少可以作出以下概括。即呼麦"一声能歌两曲"的表象特征，实际上在传达着蒙古民族对自然宇宙和世界万物的深层次的哲学思考和体悟，表达着蒙古民族追求和谐的生存发展理念、审美情趣以及最基本的价值判断标准。

　　呼麦是蒙古民族最为古老的艺术形式之一，更多地保留了原始形态的特征，是来自民族历史深处的久远回音，与蒙古民族的历史、文化息息相关。呼麦已超越艺术领域本身，而具有民族身份的认同作用，成为蒙古民族的身份象征。它是民族历史、民族文化的活化石。呼麦独树一帜的艺术形态和艺术表现，向世界展示了蒙古民族所创造的独特的单人多声艺术，展示了多声艺术在古老东方的起源与发展轨迹，打破了西方国家认为东方民族没有和声艺术的历史偏见，见证了蒙古民族对世界文化多样性的贡献以及非凡的文化创造力。

　　长调、呼麦和马头琴，被学界公认为是蒙古族最具代表性的音乐文化形式之一。基本主题是对宇宙、大自然、祖先和英雄人物的敬仰与赞颂。其重要特征，与蒙古民族的重要习俗礼仪紧密关联，构成习俗礼仪的重要部分。呼麦一般在较为庄重或具有仪式性的场合中演唱，如祀典、节庆和那达慕盛会等。所表演的曲目与相关的仪式对应，顺序排列严格有序。赞美自然风光的呼麦，如《阿尔泰山颂》《额布河流水》等，模拟野生动物声音的呼麦，如《布谷鸟》《黑走熊》等。以上两种呼麦保留着蒙古氏族社会时期的音乐文化遗存。赞美骏马和草原的呼麦，如《四岁的海骝马》等。就音乐形态而言，呼麦以短调音乐为主，鲜有长调歌曲。在表现形态上，呼麦可分为非单独演唱型和单独演唱型。这两种表现形态，从古至今一直都有流传。非单独演唱呼麦就是呼麦与蒙古族长调结合，形成蒙古族著名的和声演唱"潮尔哆"（两个人以上的和声演唱艺术，一个人演唱长调构成高声部，另一个人演唱呼麦构成低声部），这种形式是呼麦较为原始的形态。

　　蒙古族先民创造了独具特色的民歌。蒙古族从狩猎到游牧过渡的漫长历史时期，凡缔结联盟、推举合罕、祭祀祈祷、誓师出征、婚丧嫁娶等活动，唱歌是必不可少的内容。在蒙古文字未发明之前，蒙古族的文化载体主要依赖于民间故事或民歌。蒙古族民歌分长调和短调，两种音乐形态相互影响，相互交融又相互促进，共同组成内蒙古草原音乐文化的交响乐章。

　　长调一词是蒙古语"乌日汀哆"（也音译为乌日图道、奥尔图道）的音译。长调民歌系蒙古族民歌主要艺术形式之一，由一人演唱，流行于牧区，半农半牧区。长调民歌随着地区的不同，其旋律风格与演唱风格各有特点。如阿拉善长调民歌、乌拉特长调民歌、鄂尔多斯长调民歌、锡林郭勒长调民歌、呼伦贝尔长调民歌，以及科尔沁长调民歌、察哈尔长调民歌等，各呈风韵。

长调民歌的曲式结构较自由，有的是两句式，有的是三句式为散板，各乐句之间旋律长短不尽相等。后世音乐工作者也有将旋律节奏规整为 4/4、5/4 小节者。调式以五声音阶为主，多用徵、羽、宫调式，商调式很少。其旋律特点是字少腔长，适于抒情。以锡林郭勒盟长调民歌为例，多以上下行大二度、大小三度等旋律音程和悠长的节拍形成特有的旋律风格，有的民歌还在嘹亮的高音区突然收煞，然后使旋律音程大幅度下跌，以此加强并形成长调民歌热情奔放的特点。长调民歌中的上回还大二度三连音和小三度连音及颤音的使用很有特点。在一些长音的演唱上，演唱者甚至可以根据自己的气息和情绪而即兴延长。其衬词的使用多用"嗒咿"、"咿哟"、"咿呀"等，而且，高音区的衬词多用开口音或半开口音，中音区衬词的使用较灵活，结尾处的衬词多用半开口音或闭口音。草原上牧民特定的劳动方式与生活环境决定了长调民歌从旋律风格及演唱特点上，都较好地表现出辽阔自由、舒展悠长的典型的草原牧歌特色，也体现出蒙古族人民豪爽、粗犷的民族性格。

长调民歌的题材集中表现在思乡、思亲、赞马等方面，在一首民歌中所反映的内容多集中于一个侧面，很少有长篇巨制的题材。例如流行于阿拉善的《富饶辽阔的阿拉善》《轮番酒之歌》《查干套海》《辞行》《牡丹梁》，流行于呼伦贝尔的《盗马姑娘》《辽阔的草原》，流行于锡林郭勒的《小黄马》《走马》，流行于科尔沁草原的《威风矫健的马》《思乡曲》等，均是结构较短小的分节式单乐段民歌体。思乡曲以思念家乡故土、怀念亲人旧友为内容，其音乐体裁有长调也有短调，但长调歌曲更为深刻、感人。在蒙古族民歌中思乡曲占有相当大的比例，思乡曲的产生与蒙古族历史上女子远嫁的婚俗有着直接联系。因为远嫁后的女子将要终身再难相见，只能用发自内心的歌声来表达对亲人及家乡的思念之情，久而久之，便产生了大量的思乡歌曲。因为此类歌曲均出自女性之口编唱，所以也称之为"妇女思乡曲"或"女性思乡曲"。如：

花纹羽翅的小麻雀来回飞翔，喳喳叫。

远离生身的父母亲，牵肠挂肚实难熬。

悠长舒缓是长调旋律的重要特点，其乐句呈大波浪形起伏，句中、句尾的拖腔更是发挥旋律的丰富表现力。保持基本构架下的即兴演唱是长调的魅力所在。在蒙古族民间庆典或喜宴的聚会上，首先演唱的是长调，不同地域在演唱时均有其代表曲目和演唱程序。对于这一类歌曲，不同地区有不同的称呼，大部分地区称之为"耐林道"，意为"喜庆歌"或"欢宴歌"，也有的称之为"萨斯特尔道"（传统民歌）。演唱的内容大都是以赞颂、祝愿、祭祀等为主。在其他场合演唱的长调，其内容更广泛一些。不同地区的长调在风格、方法等方面存在差异。例如：呼伦贝尔草原上的长调高亢嘹亮，热情奔放。锡林郭勒草原上的长调绵长开阔、深沉悠远，结构较为繁复。阿拉善草原上的长调庄重、古朴。鄂尔多斯草原上的长调则质朴无华，装饰音运用较少。

【注释】

① 参见乔玉光主编：《跨入新世纪的辉煌》第二单元《非物质文化遗产申报与保护成果·中国蒙古族呼麦歌唱艺术》，内蒙古大学出版社 2009 年版，第 307 页。

② 同上书《蒙古族长调民歌》，第 287 页。

③ 齐·宝力高：《马头琴演奏知识》，内蒙古人民出版社 1974 年版，第 9—10 页。

④ 参见简其华、萧兴华、张式敏、王迪、齐毓怡编著：《中国乐器介绍》（修订版），人民音乐出版社 1997 年版，第 30 页。

第四章

古老的民族信仰

　　萨满，通古斯语"巫"的意思，是东胡民族的原始宗教。在众多的北方民族中，如突厥、回鹘、契丹、女真、蒙古、达斡尔、鄂温克、鄂伦春等北方游牧和狩猎民族都信仰萨满教。藏传佛教在蒙古地区兴起之后，原来占主导地位的萨满逐渐趋于衰落。元朝尊崇佛教，设梵像提举司，专司佛像雕塑。明清时广建召寺，推动藏传佛教广为传播。遍布广袤草原上的召庙中都绘有色彩绚丽的各种壁画，题材广泛，技法细腻，达到了佛教教义与绘画艺术的完美结合。各大寺庙的查玛不仅起到传教、娱神作用，同时也为广大牧民群众所崇敬与喜见。

第一节　萨满

　　神灵信仰　长生天　翁衮　占卜　祭祀　歌舞　服饰　法器

　　萨满信仰的产生，基于自然界的各种现象，如苍天、暴风、骤雨、闪电、雷霆以及日月、星辰、高山、森林、湖泊、江河、水火等，被人们认为是有神灵的，力图通过崇拜这些神灵来改善自然和人之间的关系。这种神灵信仰成为萨满产生、演变和发展的基础。

在蒙古人的萨满诸神信仰中，一个很重要的位置是属于腾格里（天）。阿尔泰语系民族中有一个共同的词语——腾格里，这个词语在突厥民族和蒙古人中广泛使用。据蒙古人的祭天文献载，他们把天作为自然现象本身来崇拜它，世间万物都是生存在"天苍苍，野茫茫"的大草原之上。在这一望无际的广阔草原上，使人最容易感觉伟大的，就是覆盖在这茫茫大地之上的无边无际的永生苍天。因此，在蒙古萨满巫师的词汇中称其为"长生天"。其次，天又被认为是赐予生命的男性神灵，所以蒙古人自古以来也称之为"天父"。成吉思汗即汗位时，即由知天意的最高字额（含伊都罕，下同），把上天的意思转达给他，"要铁木真作国家之主"后才即大汗位的。古代蒙古人认为，天能看到人的一切行为和意图，人什么时候也不能逃脱天的审判。蒙古人自古以来有个口头禅，他们预测某一件事的结果好与坏时，总是说："天哪，你审判吧！"或者说："天哪，你恩赐吧！"如果什么事情违背天的意志，天就会发怒，人就会有灾难。

除长生天这一最高神以外，仅次于长生天的崇拜对象，就是大地。古代北方游牧民族按照自己的神权观点，大地是排在长生天之后居第二位的神。"把天视作自然界的阳性根源，将地视作阴性的根源，认为天赋予人们以生命，地赋予人们以形体"①。因此，蒙古人有"父亲天，母亲地"之说。此外，认为日月、山河、水火都是有神灵的，都加以祭奠敬拜。

萨满属多神的泛灵论宗教，不具有其他宗教的排他性。从统治阶层的政策来看，成吉思汗本人是崇信萨满的，而且他在进行对外征服战争的过程中，对各种宗教所采取的是兼容并蓄，加以保护的宽容政策。元代，萨满的领袖已经成为专职人员（即巫师），并且掌握各种祭祀仪式，是部落联盟中的神权代表、国家的神职人员，地位相当崇高。在蒙古统治阶级实行这种政策的背景下，汉传佛教和藏传佛教进入大蒙古国及元朝宫廷，后来藏传佛教成为国教，原来占统治地位的萨满则渐渐走向衰落。

翁衮，是萨满的保护神。萨满"跳神"蒙古人称之"博鄂勒呼"（意为进行萨满活动），即为治病或祭祀而进行的萨满教仪式过程。其内容形式，一是通过对某一翁衮（守护神）的崇仰、祭祀和祈祷对病人施加影响。萨满为病人治病的形式，主要是由兴奋而狂舞的萨满特有的活动来进行。二是兴奋而狂舞的目的，是驱逐引起病因的魔鬼。驱魔是萨满通过焚烧一个替身或是宰杀一只活牲畜来进行。萨满认为，这些翁衮个个都是与自己已故的祖先和其他成员的灵魂融合为一体的神物。因此，常把它悬挂在帐屋里面或安置在房舍外面，不许随意触动。活着的人们不断向翁衮供奉饮食，供奉目的是获得翁衮的护佑。孛额和伊都罕死后其灵魂便成为翁衮。

占卜。萨满以烧胛骨占卜其吉凶，一般使用绵羊、羚羊、麋鹿、驯鹿的胛骨。其方法是先将胛骨用水煮熟，然后用刀剔去肉，再置于火上炙烧，等到胛骨充分烧裂之后取出，然后根据裂纹的方位、大小等来断定事物的吉凶、人的生死或决定自己的行动，如作战、出远门、狩猎等。不仅萨满、巫师可以占卜，其他人也可以占卜。连成吉思汗也不例外，每次出兵前都要占一卦，看此次战事是否能成功；甚至他相信占卜的程度，有时候超过他的谋臣耶律楚材的高谈阔论。其后的蒙哥汗也是不论做什么事，都要先和绵羊胛骨"商量"一番。

祭祀，是萨满活动的重要组成部分。蒙古人在家庭生活中很重视祭祀，尤其是制作和供奉偶像（翁衮）。古代蒙古人的祭祀仪式的一个重要特点是带有氏族性。祭祀时，全氏族人聚集在一起，以连在一起的牲畜或野兽的头、气管、心、肝、肺、蹄或兽皮（图下4-1）捆在一起，悬挂

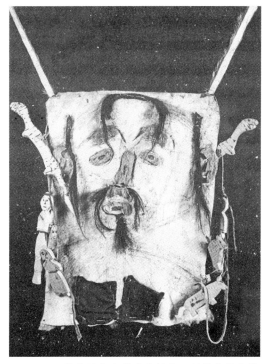

图下4-1　萨满用兽皮做成的神像　现藏内蒙古博物院，选自《中国少数民族文化史图典》，孔群摄。

在杆子上祭天。蒙古人把这种仪式称"主格黎"，意为以杆悬肉祭天。这是由萨满主持的祭祀大典。此外，蒙古人有到祭祀祖先之地进行烧饭祭祀的重要祭典，参加这种祭典的人有分食牺牲的习惯②。自16世纪末藏传佛教传入蒙古以后，这种大型祭祀活动基本停止。萨满歌舞，由孛额在实施萨满活动时表演。使用圆形单鼓伴奏，鼓柄环上缀有铜钱等金属物，摇之作响。以鼓鞭敲击鼓面，按鼓点节奏而舞。萨满歌舞将音乐、舞蹈、诗歌、魔术、杂技等民间艺术形式熔于一炉。一场完整的萨满歌舞，由三个阶段构成：请神歌舞，娱神歌舞，精灵歌舞。此外，尚有祭祀歌舞、巫术歌舞。每个阶段内，划分若干小部分，其结构为：散板—慢板—中板—快板（急板）—慢板。也有集体歌舞。最后，主祭孛额歌唱《送神曲》，萨满歌舞即进入尾声。孛额表演歌舞时，严格遵守一套固定的宗教程序。

萨满的服饰分头饰和法裙。其中伊都罕的头饰较为简单，只是把头发梳成三股大辫，在辫梢上系三个红缨穗。孛额头饰：大红丝绸包头，用毡子制成的圆盅状帽盔，周围有一圈檐，顶端有帽疙瘩和红穗，用铜或铁制成的头盔。法裙包括衬裙和罩裙。衬裙为布质，分左右两片，每片略呈上窄下宽，用一根布带连接。颜色有黑、黄、绿、红等。罩裙，是一宽围腰，下垂很多飘带。飘带很长，呈上窄下宽状。有些飘带的中间和末梢还缀有小铃铛和穗。飘带的片数不尽相同，有21条、23条、27条不等。萨满的法器有铜镜、单面鼓、神鞭、宝剑、腰刀等。科尔沁地区孛额作法时，师傅戴9—13面铜镜，最少戴5面（多系单数），徒弟戴8面，这些铜镜从小到大，用皮条穿系挂在腰间或前后胸，常达几斤甚至几十斤（图下4-2）。行萨满时，要不停晃动，发出响亮而有节奏的撞击声，以显示其神威、法力。表演时，法器用单面鼓，以一名孛额为主，另有一二名孛额为之击鼓伴奏。舞蹈多模拟鸟兽与各种精灵的动态，最后多表演耍鼓旋转，技艺高超者，手持多面鼓作各种姿态的连续旋转。孛额的单面鼓是孛额须臾不离的法器，一般用铁圈蒙以皮革制成，其状如蒲扇，直径为30厘米，下有铁手柄，柄尾端拧成三个环，环上又挂九个直径相同的小铁环。作法时，且击且摇，发出哗哗的声响（图下4-3）。

图下 4-2　萨满法服　孛额作法时穿的
法衣，上缀 11 面铜镜、铜铃等，并饰
有多条飘带，出处同图下 4-1。

图下 4-3　萨满在作法　左手
摇铃，右手摇单鼓，出处同
图下 4-1。

第二节　寺庙　佛塔的建筑风格

藏式建筑　藏汉式建筑　金刚座舍利宝塔

　　16 世纪末，藏传佛教在内蒙古地区兴起，建造了很多寺庙，其建筑
样式基本为藏式、汉式或汉藏混合式，如甘珠尔庙、百灵庙大经堂、美

岱召大经堂等即如是，而且大部分寺庙是由苏克沁殿（正殿或主要殿堂）和僧舍两部分组成。

藏式建筑，从其总体布局来看，基本以正殿为中心，其他建筑散布四周，格鲁派寺庙多以此布局。在内蒙古地区的寺庙中，五当召为此种布局，而且其全部殿宇均为典型的藏式建筑。每座殿宇都是独立的，不规则地分布于吉忽伦图山的主峰及两侧山麓，众多的僧舍则散建于山谷内平地上。总体布局没有中轴线的格局，也无山门，正殿、厢房的配置及围墙。各殿宇错落有致而又和谐统一，形成一组鳞次栉比的藏式建筑群。从其单体布局来看，主要是方形或长方形建筑物，平房平顶（实际后顶稍高，以利出水）。顶盖无瓦，墙壁很厚，外墙涂白色或红色，门窗齐整，为多层楼房。殿顶中央装饰金属制造的宝塔，四角陪衬塔形幢幡。乌兰察布盟的锡拉木伦庙（普和寺）正殿，锡林郭勒盟的贝子庙（崇善寺）、查干敖包庙（福佑寺），阿拉善盟的福园寺等庙宇及僧舍等，均属藏式建筑。

内蒙古的大多数寺庙，在群体布局上受汉式寺庙影响较深，构成整饬严谨、气势磅礴的建筑群。汉式寺庙的典型布局是伽蓝七堂制，即山门、天王殿、钟楼、鼓楼、东配殿、西配殿和正殿，如呼和浩特市大召

图下 4-4　呼和浩特大召鸟瞰　出处同图下 4-1

的布局（图下 4-4）。明代以后，伽蓝七堂制成为定式，殿堂、塑像也大体一致。自南向北依次为：山门、天王殿、大雄宝殿、法堂、藏经楼。东西配殿有伽蓝殿、祖师殿、观音殿、药师殿等。其特点是严格按着中轴线布置建筑，保持传统的宫廷、邸宅形式。赤峰地区的梵宗寺为典型的汉式风格寺院。它坐北朝南，依山势起伏，由南向北按一条轴线布置建筑，颇显庄严肃穆。

归化城的席力图召（又称锡埒图召），其山门与天王殿合二为一，并在轴线上加进藏传佛教特色的建筑，经堂和佛殿合并组成的大殿立于一米高的台基上。台基象征须弥座，意为世界中心的最高山，在周围建筑烘托下，凸显大殿之宏伟。殿顶有铜铸鎏金宝瓶、法轮、飞龙、祥鹿，或象征吉祥安定，灭火消灾，或象征法轮常转，佛法常在。与朱门彩画相辉映，极为绚丽夺目。其东南隅有白石雕砌覆钵式塔。这种建筑布局在内蒙古各地寺庙中很为常见，是内蒙古地区寺庙布局的一大特点。寺庙的中心建筑即苏克沁殿，汉藏建筑样式结合，更多的应用和强调汉式建筑型制中的歇山顶和廊柱环绕的副阶周匝形式，檐下也都采用汉式。席力图召的正殿面阔九间，中国古代以单数（阳数）为吉祥，九，象征帝王之尊。前为藏式平顶建筑，后为汉式歇山顶建筑，这种平顶和歇山顶的巧妙结合，形成一种汉藏合璧的建筑艺术。哲里木盟的兴源寺正殿、福缘寺正殿，也是类似席力图召正殿的上下两层汉藏混合式大殿。这种混合式建筑，造型上打破了藏式建筑的厚重封闭和汉式建筑形体单一的局限，创造出一种稳健而不失轻巧，庄重而不失华丽的独特风格。这种风格被建筑学家认为是中国蒙藏寺院的典型范例。

佛塔是佛教建筑艺术和佛教文化的内容之一。汉传佛教的佛塔为密檐式和楼阁式，藏传佛教佛塔为覆钵式。佛塔是佛陀涅槃神圣的象征。覆钵式佛塔代表了佛教"天圆地方"的宇宙观。内蒙古地区的佛塔多为覆钵式，如归化城席力图召佛塔，土默特旗喇嘛洞召佛塔，五当召灵塔，梅力更召高塔，百灵庙双塔，鄂尔多斯乌审召大白塔，阿拉善南寺塔、福因寺塔、达喇额肯塔，奈曼旗须弥座白塔，扎鲁特旗多门吉祥塔，黑水城（哈拉浩特）古塔，达尔罕旗（科尔沁左翼中旗）唐阿里克庙佛塔，土谢图旗（科尔沁右翼中旗）白音和硕庙内齐因舍利塔，巴林右旗喇嘛塔等。此外，还有造型别致的归化城慈灯寺五塔，奈曼旗五塔等。

慈灯寺，又称"五塔寺召"。蒙古语称"塔本苏布尔嘎召"，俗称"新召"。位于归化城东南康平街南（今呼和浩特市五塔寺西街）。清雍正五年（1727），崇福寺喇嘛阳繁尔济呼毕勒罕一世任呼和浩特副札萨克达喇嘛时，呈请清廷后建立。雍正十年，清廷赐名"慈灯寺"。寺后五塔是全寺精华荟萃的一座建筑物。塔门正中，石刻有蒙古文、汉文、藏文所书之"金刚座舍利宝塔"匾额。五座塔的安排，既不是横列成行，也不是环形围绕，而是按中心和四隅簇立在一个拱门方形高台之上，象征着金刚五界。这种造型被称为"坛城"，即曼陀罗式。五个塔分别代表五方佛，正中一座代表大日如来，四周四座分别代表东方阿閦佛、南方宝生佛、西方弥陀佛、北方不空佛。中塔为七层，四隅塔为五层。每个塔下部都有须弥座，每层饰以绿琉璃瓦窄檐，黄琉璃瓦塔顶。整个塔形是根据佛教经典《金刚经》教义设计。装饰手法有圆雕、浮雕、半立雕和线雕。慈灯寺五塔为方形，每一塔身都以琉璃砖砌成，梵文佛像，备极精巧，其凌云挺秀的风格，可与北京西直门外大正觉寺的五塔媲美。四周有玲珑短墙围绕，墙中每隔咫尺，即置一铁铸莲花灯，每值春节元宵放灯时，光明点点，耀若繁星。北墙中心嵌一精石雕成"六道轮回图"，天人花鸟鲜活灵动。中间是"须弥山分布图"，东侧是蒙古文"天文图"。该天文图是以北极为中心的放射状"盖天图"，所有文字都用蒙古文标注，用藏码标度数，准确而详细地刻画出传统的星辰坐标二十八宿，1500颗可见星座，并以偏心圆黄道圈的移动，十分合理地表示二十四节气和十二生肖、十二宫等。这幅图是根据清代钦天监制定的天文图刻制，是中国和世界上发现的唯一用蒙古文标注的天文石刻图[③]。

第三节　佛像　壁画　唐嘎与饰物

大召寺银佛像　佛教教义的艺术化　唐嘎　形形色色的寺外装饰物

关于佛像之造像，据《元史》记载，元代设梵像提举司，并在匠作院分设石、玉、木、瓦等局，专司雕塑工作。佛教显宗佛像雕塑的形态一般为慈悲、和善之姿。内蒙古地区的显宗佛像，与内地寺庙常见的佛像无多大区别。藏传佛教寺庙在佛像制作方面，接受藏传佛教的佛画规则和艺术手法，并吸收汉族的佛画艺术营养，逐渐形成蒙古族寺庙具有的独特的宗教艺术。传神是中国艺术的最高审美要求。面部神韵是最能表现人的思想感情的。佛的庄严、观音的慈祥，愤怒的天王、剽悍的力士，都要通过眼神、嘴唇的微妙变化传达出来，注重五官的和谐，身姿、手势的表征等。16 世纪后半叶藏传佛教再度传入内蒙古地区后，建造的第一尊佛像便是归化城大召寺银佛像。

归化城大召寺银质释迦牟尼雕像，俗称银佛，距今已 400 余年，是中国现存最大的银佛之一。佛像呈坐姿，高达 3 米，由纯银铸成。据史籍记载，当年银佛落成时，西藏的达赖三世索南嘉措亲临大召，为银佛举行开光法会。大召因此有银佛寺之称。寺庙中常见的释迦牟尼塑像，基本姿势主要是成道相。其塑像姿势为结跏趺坐（佛教中修禅时的坐法，即双足交叠在左右股上），左手横放在左脚上，名为"定印"，表示禅定的意思。右手直伸下垂，名为"触地印"，表示释迦牟尼佛在成道以前，为众生而牺牲自己。这种姿势的塑像，在内蒙古寺庙中极为普遍。如呼和浩特市大召鎏金佛像（图下 4-5）即属此例。大召寺银佛座前的两条造型生动的金色蟠龙，高约 10 米，分别雕在两根通天柱上，由下上望，双龙对翔，昂首奋尾，盘旋而上。

图下 4-5　呼和浩特大召鎏金佛像　邢泰摄

在内蒙古地区寺庙中常见的佛像还有：毗卢遮那佛、十一面观音、千手千眼观音、四臂观音、马头观音、红观音、白观音、白度母、绿度母、胜乐金刚、密集金刚、时轮金刚、马哈拉嘎护法神、佛母、天王等。

内蒙古地区的大部分寺庙，在彩绘风格上同为藏汉结合式。从土默特地区现存寺庙彩绘情况来看，大致可分为各式图案和人物绣像两种。各式图案主要以各种花边、云水、画池、花卉、梵文等为主，纷纭万状。而人物绣像则以佛像、佛经故事中各类人物、动物为主，千姿百态。彩绘色调，以赤、橙、黄、绿、青、蓝、紫各种色彩交替使用。图案内容，多用汉式寺庙所用的云、水、龙、凤、花卉，再加上藏式寺庙特有装饰法轮、独角兽、祥鹿、梵文美术字。这一切，与殿堂红色的檐柱、黄色的平座、耸立的旗杆、洁白的覆钵式白塔相互辉映，使整个建筑变化多样，色彩绚丽，落落大方。另外，在土默特地区寺庙中，也有在正面墙上用青色琉璃瓦的习惯，这是藏汉寺庙少有的特点。

寺庙壁画同佛寺、佛塔、造像等一样，是把佛教的教义艺术化，是佛教教义与艺术的结合。寺庙壁画可以增强殿堂的佛教气氛，并装饰殿堂，便于俗讲之用，是佛教的重要宣传画。即便是俗世图景，也与宣传佛教有关。寺庙壁画描绘于寺庙前廊、殿堂四周墙壁和楼阁、殿顶、藻井等处，其内容题材广泛，涉及各种人物、故事、传说。主要内容如：

佛神像、菩萨像、金刚像、度母像、天王像、天女像；

皇帝像、皇妃像、供养人、达赖、班禅及著名呼图克图像；

释迦牟尼传记、宗喀巴传记、莲花生传记等；

佛教历史故事、神话传说故事，天堂、地狱、须弥山、曼陀罗图案；

历史传说、历史人物故事；

名胜古迹、寺庙、圣地图案；

宗教活动、跳查玛舞、说法、辩经等；

宗教供品、法器、乐器、佛具"七珍"、"八宝"等；

民间故事，祭敖包、打猎、摔跤等；

动物、植物、山石、鸟、马、鹿、虎、狮、牛、羊、鱼、蝶等飞禽走兽；

劳动场景等。

这些壁画，以油画、漆画、水彩画手法绘制，吸收藏、汉、蒙古族绘画特点，艺术上融会贯通。这些壁画构思巧妙，色彩绚丽，描绘细腻，美观大方，装饰性强。特别是神佛和人物画像，工艺粗细协调，形象逼真，线条柔和，丹唇微启，慈眉善眼，神态各异，栩栩如生。如美岱召大殿的土默特贵族供藏传佛教的壁画，其艺术风格、人物造型、工艺技巧，堪称绝世之作④。

大召寺内的壁画更是该寺庙的一大特色。题材丰富，画面生动。内容以佛教人物故事为主，描绘天上、人间及地狱的各种景象。其中以佛祖与外道六师辩经、斗法图最为精美。画面既整体连贯，又能独立成章。全图绘有神佛、凡俗等各种人物770余人，场面宏大，颇为壮观。壁画用天然石色绘制而成，虽历经数百年之久，依然色泽艳丽。

美岱召大雄宝殿内的壁画，上层为佛本生故事壁画，下层绘四大天王、白度母等尊像图。最富有价值的是西壁下层所绘的供养人物像，主要人物为阿勒坦汗及其夫人三娘子，还有他们的家族后裔等画像。这组壁画不仅在绘画艺术上有较高造诣，而且是研究蒙古历史的重要资料，可谓珍品。图中有一支庞大的蒙古族乐队，其中有拉四胡的，弹古筝的，吹骨号的，有打鼓打镲的，也有吹牛角号的，生动而真实地反映当时蒙古地区的音乐艺术生活。壁画中的人物服装有白、蓝、黄和赭色，帽子有栖鹰冠（风雪帽），也有元朝时期流行的铜盆帽，还有圆形帽（蒙古语：图克利克）等，形式多样。阿勒坦

图下4-6　五当召壁画护法神　邢泰摄

汗和三娘子头戴圆形图克利克帽，三娘子的耳环以及富有装饰性的发套等，描绘得都十分细腻生动。又如，包头市五当召壁画中的护法神，威严肃穆、生动逼真（图下4-6）。

乌素图召的壁画以勾线平涂为主，注重装饰性，采用夸张与变形的手法，风格鲜明。在庆缘寺东壁左下角有一幅描绘草原生活的牧羊图，正是蒙古族人民世世代代辛勤劳动的写照。这显然是民间画工热爱乡土、热爱生活的襟怀抒发。壁画上线条流利，描绘生动，人似移动，马似飞驰，其笔墨似不经意而不失准确。庆缘寺壁画多用金色、银色。在菩萨、四大天王和各种神像的宝冠、项圈、手镯及各种衣服装饰上，为求其有亮光和立体感，采用的是堆金立粉方法。

唐嘎也称"唐卡"，是一种在布上绘制或刺绣的美术形式，随藏传佛教传入内蒙古，从北元时期开始流行。自阿勒坦汗邀请格鲁派（黄帽派）索南嘉措到青海、蒙古各部以及土默特蒙古地区传教后，趋于兴盛。

蒙古族唐嘎画基本上和藏区的唐嘎画一样，多数绘制佛教内容。这些唐嘎画悬挂在各个召庙的殿堂或其他室内。唐嘎画除反映佛教内容外，还有一些反映当时生活的风俗画，如美岱召的唐嘎风俗画，一共有8幅，每一幅宽2尺、长1丈。画的内容是以一个老年蒙古妇女为中心的行乐图。有的是她坐在宝座上，接受别人的朝拜。有的是在她的后面跟随着一些侍从，若闲暇作乐或散步游玩状。呼和浩特大召的唐嘎（图下4-7）也很有特点。

唐嘎画分为绘制和刺绣贴花、木刻等不同的制作形式，其大小不等，没有统一规格，一般大者有丈余高或更大些，小则一二尺高。常见的唐嘎画多为绘制的，各召庙唐嘎艺术具有浓厚的宗教色彩和装饰特色，主要绘制佛像、菩萨和活佛，构图讲究。画中的云纹、花朵配置得体，色彩鲜明而不耀眼，大有民间美术大胆用色之特点。在画面的空隙处常常填以花朵、祥云与莲座、图案花纹，把画面局部与整体极完善地连接起来，画中空间块面的大小，以及色彩的对比协调深浅等组织恰当。画面主体人物安排得体，宾主分明。色彩运用多为石青、石绿、赭石以及光泽色和极色等。画中云山树木，不是作为画中的背景，而是作为故事的间隔，形成一幅幅丰富多彩的图案效果。绘制采用建筑彩画中

图下 4-7　呼和浩特大召唐嘎　邢泰摄

的渐变（即推晕）手法，其用线部分多用铁线描，与各召庙壁画用线手法相似。

藏传佛教寺庙外面，有不少装饰物，但各寺之间不尽相同。一般为：

旗杆一对，立于寺庙正门前两侧，高 2—5 丈，石或木制，杆顶用铜铸塔形顶头，内藏经卷或佛像。每当庙会时，用白布或黄布写上经文，在旗杆顶端悬挂，通称法幢。

寺庙正门两侧立一对雄狮，石制或铜制、铁制，以示佛法力大无穷。

嘛呢筒或嘛呢轮，设置在寺庙殿堂正门两侧，圆形，大的周长丈余，小的几尺，分木、铜、铁制几种，圆周刻梵文"唵、嘛、呢、叭、咪、吽"六字真言，供信徒进庙前转动，表示法轮长转。

象，立于正门正殿两则，石、铜、铁制。以示象载八万四千部佛经，弘通佛法。

太阳和月亮，装饰在寺庙殿顶上，为铜制太阳、月亮塑像，表示佛法同日月一样，昼夜发光生辉。

香炉，置于庙殿院正中，供信徒烧香之用。

八幅轮，装饰在寺庙正殿顶端中央。金碧辉煌的八幅轮，表示法轮流转，天地生辉。

甘吉尔，装饰在殿堂顶部，为铜制圆形嘛呢筒，其中藏有嘛呢六字真言，表示佛经传遍宇宙。

胜幢，装饰在寺庙殿堂顶端。幢幡表示佛法幡起生辉于天空之中。

鹿，在寺庙顶部八幅轮两侧。雌雄两只鹿，表示鹿野苑中流转法轮之意。

羚羊，在寺庙顶端八幅轮两侧。雌雄两只羚羊，其含义与鹿野苑相同。

勇士，立在寺庙顶端甘吉尔两侧，表示捍卫着佛法[5]。

第四节　法器　音乐与舞蹈

多种多样的法器　佛教音乐　查玛舞　转召　送巴令

内蒙古藏传佛教寺庙中，采用的法器、乐器主要有：

盾，也称"法螺"、"海螺"。每天在开第一趟经之前吹一遍，小嘛喇听到第一遍盾声后，即刻到正殿前集合。大约十分钟后，接吹第二遍，这时"经头"则披袈裟、捻佛珠姗姗而来，及至经堂前，盾音停。盾，其声呜呜作响，音色浑厚，低沉悠远，穿透力很强，声音传递得很远。其音因螺体的大小而高低不同。螺尾钻眼，系之以绢。

法锣，也称"大锣"、"啥楞克"。直径约66厘米，黄铜制成。锣锤长约45厘米左右，锤头缠以黄绢。法锣多悬挂于寺庙之高堂通达处，开第二趟经和第三趟经时击之。其嗡音极强，近听时沉滞，远听则浑如闷雷。

哼哈，也称"手铃"。响铜制成。铃身镶有吉祥花纹图案，铃柄镂有佛像。专供经头讲经时用之，以便掌握时辰、机缘。使用时手执铃柄摇之，其声叮咚作响，清脆悦耳。常和金刚杵并用。

金刚杵，寓有摧毁敌者之义。有独股、三股、五股、七股、九股、四面十二股之别。独股表示"独一法界"，三股表示"身、口、意"三密平等，五股表示"五智五佛"等。

镗姆布勒，也称"郎巴鼓"。用两颗人头骨壳磨制镶嵌而成，面蒙人皮，继将二鼓背对背连在一起，中腰系之以绢，以利持鼓。又以两根丝绳各绾一小铜球，附于左右，以击鼓面。诵经时摇动，以球击鼓，为经文节奏。用毕置于特制之兽皮袋，或悬挂于干燥处。

甘令，俗称"鬼号"。有骨质、铜质两种。骨质者用人腿骨制成。制作时先将人之大腿骨取下，继将大头端横截见眼，抽出骨髓，又将小头一端磨光取平，钻眼嵌哨以便吹之。器身镶银裹铜，置于特制之兽皮袋。此器大召寺有二支，后失传，现以铜质甘令代之。骨质甘令仅在每年腊月三十接神时吹之，两小喇嘛各操一支，面向四面八方。其声呜呜咽咽，粗犷雄浑，颇有震撼力，借此以吓魑魅魍魉，驱昔日之灾星祸根，迎来年之欢乐与顺利。平时不用此器。其他乐器尚有大鼓（图下4-8）、管、笙、大木鱼、大号、筚篥、铙钹、唢呐等。

佛教音乐的表现形式分为：梵呗，用以唱经或唱赞。佛曲，以说唱形式用于宣讲佛经。法曲，举行法会时演奏的乐曲，用于传佛经、佛旨，为弘佛的形式之一。音乐曲牌有：《六字真言》《千声佛》《嘛呢》《水龙吟》《苦伶仃》《山坡羊》《将军令》等。藏传佛教音乐念经时，铃、鼓叮咚作响，以击节相助。跳查玛时，筚篥、甘令、鼓镲齐鸣，以助神

图下 4-8　呼和浩特大召正殿中使用的大鼓　邢泰摄

威。超度亡魂时，笙管齐鸣，鼓乐升平，以示亡魂游憩于极乐世界。乐曲开始时，首先由管子领奏第一乐句，接以笙笛鼓镲应和。在全部演奏中，笙、笛是乐队的中坚乐器。尤以笙这种乐器，因为能够吹奏出三、四、五、六、八度的和声音程，从而加强音乐整体的音响效果和立体感。笛子吹奏主旋律。管子成为乐队中一件比较特殊的色彩性乐器。另有鼓、镲、云锣、丁西等打击乐器，以起到镂金错彩、铺锦垫玉的作用。喇嘛音乐的艺术表现手法为轻吹弱打且节奏徐缓，及至高潮之处，仍无喧嚣里之嫌。而且，任何一首世俗音乐，一经喇嘛之手演奏，自会使音乐的风格与韵律发生一定的变化。这个变化的原因是因为演奏风格的不同，乐队的组成部分不同，乐手们的精神气质不同，环境的不同，音乐服务的对象和性质不同。藏传佛教音乐的传承，首先是通过拜师的方法，小喇嘛向老喇嘛学艺。开始学习时，一般先由老喇嘛口授心传教会小喇嘛读谱，并记会、背熟。然后，小喇嘛根据乐器上的字（即音）的位置学习吹奏。待学到一定程度后，便可参加合奏，正式吹奏经曲。其次是用记谱的方法，把喇嘛音乐的乐曲逐条用传统的工尺谱记录下来，以便于习艺传承，如下表[6]。

本　调：合　四　一　上　尺　工　↑凡
　　　　　1　　2　　3　　4　　5　　6　↓7

上字调：上　尺　工　凡　六　五　　乙
　　　　　1　　2　　3　　4　　5　　6　↓7

凡字调：凡　六　五　↓乙　上　工　尺
　　　　　1　　2　　3　↑4　　5　　6↓7

显贵人物寿终正寝后，往往要请三班鼓乐做道场，这三班鼓乐以喇嘛居中，和尚居左，道士排右。起初三家所奏之乐各不相同，尽管自家吹打，以后因经常合作，耳濡目染，一些旋律优美的曲牌如《十番》《青天歌》《黄莺亮翅》等曲目就成了喇嘛、和尚、道士共同熟悉和经常演奏的曲牌。有趣的是，喇嘛、和尚、道士的乐手们还经常进行"客席演奏"。如大召寺的喇嘛奏乐时，因人手不济，常请城隍庙玉皇阁的火居道士前来帮忙。

藏传佛教所使用的两大类乐器（念经所使用的法器和超度时的鼓

吹），与蒙古族传统乐器（如马头琴、四胡、胡毕斯等）有着明显的区别。其中，念经所用的法器从西藏传来，系藏传佛教之固有；鼓吹乐则由汉传佛教音乐传来，多少受到汉族民间鼓吹乐的影响。因此，客观上形成了喇嘛音乐（主要指那些鼓吹器乐曲如《大转号》《小转号》《五台山》《鬼拉腿》等）与蒙古族音乐无关或关系不大，却与汉传佛教音乐有关，甚至和当地流行的某些汉族民间音乐有关的特殊现象。有趣的是，这些音乐却又被所有的信徒和喇嘛所宠信、膜拜。从这里，也能窥测出当地的民族变迁、社会变革和宗教发展的许多重要线索来。

查玛，也叫"恰木"，是藏传佛教密宗金刚神舞，由藏语"羌姆"转音而来，俗称"跳神"。查玛舞随着藏传佛教在蒙古草原的广泛传播，寺庙的跳神又与古老的萨满巫舞相结合，经蒙古族喇嘛们的加工、创造，使这种寺庙舞蹈得到广泛的普及和发展，成为蒙古族舞蹈中风格浓郁的一种传统舞蹈形式。跳查玛的目的，就是驱逐心魔，排除孽障，使众生来世永享神佛佑护。蒙古族的寺庙，多在每年正月或七月，由全寺僧众表演查玛，方圆数百里的牧民云集观看，常连续表演数日，为蒙古草原上每年不可多得的盛事。查玛的内容，与藏族的羌姆相似，有《骷髅》

图下 4-9　查玛舞牛神面具　现藏内蒙古博物院，选自《蒙古族文物图典·蒙古民族宗教文化》，孔群摄。

图下 4-10　查玛舞鹿神面具　出处同图下 4-9

《牛神》（图下 4-9）《鹿神》（图下 4-10）《寿星》《蝴蝶》《凤凰》《阎王》
等舞蹈，表演时头戴面具，若古之傩戏。有严格程式和规范化的舞蹈动
作，如双臂外甩、抬腿跳转等，动作刚健有力。表演人数少者数人，多
者百人。伴奏乐器以大鼓、铜号、钹等为主。

　　归化城大召寺（弘慈寺）每年举行两次大型的跳查玛，是一项重要
佛事活动，有打鬼驱邪、庆贺丰收和预祝来年吉祥如意等多层含意。每
年旧历正月初八，寺庙里专门负责跳查玛的喇嘛就开始进行准备，如整
理服装、道具、乐器，选派表演者等。正月十四上午九时许，大召正殿
前高台搭座，锦毯漫地，住持喇嘛居正中，左首是召内有头衔的喇嘛、
高官显贵或来宾，右首是乐队。全部表演仪程及场面指挥由圪速贵喇嘛
负责。

　　查玛有大小之分。大型查玛共 28 套，先后出场达 40 余人次[⑦]。小
型查玛有七八出，多至十出左右不等，出场者 10—20 人次。为跳查玛伴
奏的乐器有：大镲、筚篥、大鼓、喇叭、铜质甘令等。跳查玛时，舞蹈
人员要穿上特定的服装，戴上面具，扮成各种神灵模样，在藏传佛教特
有的大号、海螺、大镲、人腿骨号等乐器的伴奏下起舞。跳查玛的场面
庄严而热烈，舞蹈神幻迷离，令人莫测。查玛结束时，骷髅、牛神、寿
星、蝴蝶、鹿神、天王等诸神依次出场，围圈跳舞，象征吉祥太平和坚
不可摧。绕场一周后，查玛舞结束。

　　转召也称"打鬼"、"驱鬼"。这一仪式在旧历年的年底举行。喇嘛
们在大喇嘛的率领下，各人手执法器，跟在鼓吹乐队之后，绕正殿自右
至左转三圈，而且边走边念经。音乐演奏先由大镲大鼓打出各种特定的
节奏，又有喇叭、甘令、盾等间或鸣响起来，喇叭吹起《加力登》调。
鼓镲队后边的笙管笛则自成一格，一板一眼地奏起《玛尼》《大转号》等
曲牌。

　　送巴令即送鬼之意，是藏传佛教特有的一项佛事活动。巴令是一种
用油和面捏成的三棱状身躯，头顶骷髅的魔鬼形象，是"魔"与"孽"
的化身。"魔"与"孽"主要是指人类本身的弱点和恶念，是造成世界上
战争、仇杀以及种种灾难和罪恶的根源。送巴令时，要先诵经祈祷，之
后由两人将巴令从佛殿抬到广场上，再进行打鬼形式的跳恰木（查玛）

活动。跳恰木完成后，将巴令抬出山门外，用火焚烧后，活动结束。送巴令，喻意一年之中的晦气和灾病被送走。整个活动，场面热闹，观看者云集如潮。

佛教艺术的审美离不开形象，艺术把宗教的观念变为形象，使人产生直观的认识，感之以美，动之以情，进而产生信仰。佛教艺术所追求的，绝不仅仅是一般形式上的华美富丽，而是给人一种能引起信仰、可以信任的有感情的形象。艺术想象力最大的特征是表现形象思维的具象性。想象力在佛教艺术中，把人间"秽土"化为"西方极乐净土"，把宗教的恐惧化为慈悲，把凶神恶煞的天王化为"护法"，把人生烦恼与菩提化为"从莲花中再生"的形象，把三世因果、十二因缘的玄奥教义化为形象的生死轮回圈。这就使那些一般人不敢问津的精深教理变得浅显、形象、生动，而吸引大众。

明清以后的佛教艺术，无论建筑、雕塑、绘画，已失去了内在蓬勃的生命感，汉唐那种磅礴、飞扬、雄浑的气象，让位于小情小景的八面玲珑；魏晋的气韵生动，换成了笔墨技巧；宋元深邃苍茫的宇宙意识，只留下小小的几圈趣味性的涟漪[8]。

【注释】

[1] 刘小萌、定宜庄：《萨满教与东北民族》，吉林教育出版社1990年版，第48页。

[2] 参见余大钧译注：《蒙古秘史》，河北人民出版社2001年版，第43、70页。

[3] 参见德勒格编著：《内蒙古喇嘛教史》，内蒙古人民出版社1998年版，第597页。

[4] 同上，第586页。

[5] 同上，第578-579页。

[6] 参见邢野：《大召喇嘛音乐考》，载《呼和浩特史料》第二集，中共呼和浩特市委党史资料征集办公室、呼和浩特市地方志编修办公室1983年编印，第403页。

[7] 同上，第406—407页。

[8] 参见徐湘霖：《中华佛学文化系列·净域奇葩·佛教艺术》，四川人民出版社1995年版，第16、17、18、22、29页。

第五章

别具特色的衣食住行

在北方游牧经济的摇篮中诞生的民族，其衣食住行各具特色，却又有许多相似之处，其间无不体现着他们劳动生产和社会生活的特色。以蒙古袍、蒙古坎肩、蒙古靴为代表的草原民族服饰，展示着游牧民族的独特风貌；以奶食、肉食、茶为主，多种饮食并存，呈现出游牧民族的生活特色；因逐水、草而生息所创造出的蒙古包、斜仁柱、撮罗子、窝棚等居住形式和勒勒车，最适宜于频繁搬迁的游牧生活。

第一节　服饰

蒙古袍　蒙古坎肩　蒙古靴　金银首饰　鄂伦春族、鄂温克族、达斡尔族服饰

蒙古族服饰的形成源远流长，为适应生存环境及生产、生活的需要，创造出了独具特色的衣冠服饰。服饰以有元一代最为华丽考究，后经明清两代发展，形成蒙古各部落不同的特色与风格。服饰主要包括袍子、腰带、坎肩、帽子、靴子、首饰六个部分。各部落服饰的用料大致相同，初为皮、毛为主，后有麻、布、绸、缎等。唯富贵者以绸、缎为多。各部服

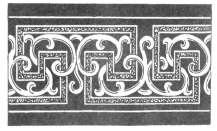

图下 5-1　蒙古族民间图案　选自《蒙古族图案》，阿木尔巴图编著，内蒙古大学出版社 2005 年版。

饰特点的区别以款式与图案为准（蒙古族常用图案如图下 5-1）[①]。

　　蒙古袍宽大、袖长、高领、右衽，多数地区下摆不开衩。袍子的边沿、袖口、领口多以绸缎花边绣上盘肠、云卷图案或缝上虎、豹、水獭、貂、鼠等皮毛装饰。冬天防寒护膝，夏天防蚊虫叮咬、遮暴晒。蒙古族男女老幼一年四季喜穿长袍，款式分为有领、无领，有马蹄袖、无马蹄袖，有衬肩、无衬肩，有开衩、无开衩，有大襟、斜襟、方襟、直襟以及一至四条镶边或单条宽窄镶边之分。为适应北方草原气候，蒙古人的袍子以立式高领为定型。但古代的衣领有两种款式。一是袍子、领子和帽子是相互连接的，二是宽领袍。前者适合冬季穿着，后者适应夏季生活。蒙元时期，贵族喜欢穿交领长袍。藏传佛教传入蒙古地区后，盛行交领式喇嘛袍[②]。蒙古袍根据使用的面料，可分为皮袍和布袍两大类。袍子的颜色以红、蓝、绿、粉、青、紫等较为鲜艳的色彩为主。春秋穿夹袍，夏季穿单袍，冬季穿皮袍、棉袍。男袍一般都比较肥大，女袍则比较紧身，以显示女子身材的秀美（图下 5-2）。

　　腰带一般用棉布、绸缎制成，长约三四米，色彩多与袍子的颜色

图下 5-2　明代蒙古族服饰　选自《蒙古族文物图典·蒙古民族服饰文化》，王瑜提供资料。

相协调。扎腰带可防风抗寒，骑马持缰时能保持腰肋骨的稳定垂直，不易被他物刮扯，行动利落，而且能起到装饰作用。男子系带环扣的皮腰带，在打猎或出远门时，上面挂上箭筒、火镰袋、带鞘的蒙古刀等。平时则挂鼻烟壶袋，去别人家做客或与他人相见时交换鼻烟壶，以示礼貌与诚意。成年女子的腰带比少女腰带宽一些。腰带的质地及相关配饰也体现着使用者的身份和地位。可汗、首领和大臣们的腰带与百姓不同，分金、银、玉三种，以体现其身份和地位。男子扎腰带时，多把袍子向

图下 5-3　蒙古刀与火镰　现藏内蒙古博物院，内蒙古阿鲁科尔沁旗白思府遗物。蒙古刀全长 38.2 厘米，刀鞘口径 2 厘米。刀为铜制，牛角制的柄和木质鞘上嵌有带龙纹的镀金银饰和箍。鞘中除刀外，还装有银筷子。火镰套为皮制，银饰镶珊瑚。选自《中国少数民族文化史图典》，孔群摄。

上提起，不仅骑乘方便，又显得剽悍潇洒。腰带上还要挂上"三不离身"的蒙古刀、火镰和烟荷包（图下5-3）。女子扎腰带时将袍子向下拉展，以显示出娇美身段。鄂尔多斯等地区扎腰带还有一定的讲究和规矩，未婚女子扎腰带，要在身后留出穗头，如果出嫁，便是"布斯贵浑"（蒙古语：妇人），代替腰带的是紧身坎肩，以此区分未婚姑娘和已婚妇女。

蒙古坎肩是蒙古民族服装的主要配套服饰之一。把坎肩的领子、前襟和底边加以修饰，贴以镶边。妇女穿坎肩，一般不扎腰带。坎肩大多无领，正胸横列两排纽扣或缀以带子，四周镶边，对襟上绣花。坎肩有四个下摆，把脖领、襟、腋窝和四个开衩口用黑色或红色大绒或库锦缎、彩绦镶边。坎肩开襟分直襟、斜襟两种，并吊里子。式样有大襟右衽式，对襟式，前后两片有纽扣连接式，后开衩式，两侧开衩式，有领式，无领式等。开衩边缘处饰以花边，前襟上带有绣花。

首饰分为头饰、项饰、胸饰、腰饰、手饰。头饰有头巾、帽子、辫钳、辫套、头钗、头簪、耳环、耳坠等。如顾古冠是元代蒙古族已婚女子流行的高冠，主体高约一尺，顶部为四边形，上裹各色绸缎，缀有琥珀、串珠、玉片及孔雀羽毛、山鸡尾毛等饰物。妇女罩的头巾质料有布、麻、绸、绢等。姑娘将头巾缠在头上，在右侧挽一个小结，把穗头垂下。已婚妇女用头巾包住头顶后，缠一圈，不留穗头。头巾长丈余。相传成吉思汗统一蒙古各部之后，下令每个人都要罩头巾，以表示头颅上飘有旌旗之角，象征胜利。蒙古族的盛装头饰，以鄂尔多斯地区最为典型。这种头饰当地人称之为"头戴"，主要由连垂和发套两部分组成。多用数百颗珊瑚、数十条银链、珍珠串和许多银环、银片以及玛瑙、玉石等穿缀而成。扎鲁特旗女子头上戴的额箍用红珊瑚、松石、琥珀、玉石、珍珠串起来，玉石之间搭配好大小间隔和颜色之后，缝在布绦上，平行四五趟缝制后，垂戴在前额上。耳坠用红珊瑚、松石穿连而成，也有银球配珊瑚串的。女子十七八岁后开始戴耳坠，老妇则摘掉耳坠，以耳环代替。耳环有玉石、玛瑙、翡翠或松石等。女子戒指多为金银质，镶嵌翡翠、珊瑚、玛瑙或白玉。手镯多为金银质，上有各种花纹或镶珊瑚、松石来修饰，也有玉和翠镯。阿拉善旗已婚妇女一般发套顶端饰有两颗大红珊瑚珠，额上系银饰带，镶翡翠、玛瑙、珠玉等。两耳戴金银耳坠。手戴银镯，金银戒指。喀尔喀蒙古族女子服饰也很有特点，看上去琳琅满目（图下 5-4）。

蒙古帽，一是礼帽，多为呢料制作，帽筒前高后低，帽顶中央稍凹陷，帽筒与帽檐相接处，缀以花纹镶边。二是幞头，一年四季，不分男女，均喜爱包幞头，即把长头巾由头后至头前绕一周，头巾两头在后，左右各一，称"垂巾幞头"。妇女冬季一般用貂皮、狐狸皮、兔皮、羔羊皮做幞头，既御风寒，又美观大方。三是草原帽，为尖顶、卷檐，展开可以遮住耳、腮、脖子，以御风寒。

蒙古靴有皮（图下 5-5）、毡、布（图下 5-6）三种，款式分为抠花、压

图下 5-4　喀尔喀蒙古族服饰　王瑜提供资料

图下 5-5　清代牛皮马靴　纳千层底，牛皮帮，补花彩云纹图案。现藏内蒙古博物院，出处同图下 5-3。

图下 5-6　清代布靴　纳千层底，黑绒帮，多在靴面上用绣花、补花装饰。出处同图下 5-3。

纹、厚底、薄底、长筒、短筒靴等。17世纪的蒙古人加工牛皮的技术已达到较高的水平，用油漆着色牛皮，并压出均匀美观的花纹，做成蒙古靴子。其式样大体分靴尖上卷、半卷和平底不卷三种，分别适宜在沙漠、干旱草原和湿润草地上行走。毡靴用羊毛模压而成。靴帮、靴勒上多绣纳图案。

鄂伦春族（意为"山岭上的人"）聚居于呼伦贝尔大小兴安岭一带，以游猎为生，传统衣着用狍、鹿、犴皮制作，其中狍皮制品最多。皮制品由妇女制作。鞣制皮革非常原始，把狍肝捣烂涂在皮板上发酵，然后去掉污垢反复鞣制而成，柔软耐用。用兽筋做线，缝制服装。用狍皮制作的皮袍（苏恩）带大襟，袍边、袍口都镶有薄皮边，右衽，女袍上绣有花纹和项圈。夏天穿去毛短衣（依力格依）。冬天穿皮裤（额勒开依）。狍头皮帽（麦特哈）用整张狍头皮制作。皮靴（其哈密）用狍腿皮做靴面，幼狍脖皮做靴底。还有用狍皮做的手套（考胡鲁）、狍皮皮被（乌鲁达）、皮褥子（师克吐恩）、皮背包（卡皮参）、烟荷包（卡巴达拉嘎）等。自从布匹、绸缎进入草原后，鄂伦春族猎民平日也穿布衣服，喜庆和节日穿绸缎衣服。但是，猎人打猎，妇女采集、打柴仍穿皮衣服。在喜庆节日，妇女佩戴的头饰式样最多，但材料因贫富而不同，富者多用金银、珍珠、宝石、珊瑚、玛瑙制成。未婚女子梳一条发辫，以彩绸绕头；已婚妇女盘高髻发型，或梳两辫垂于左右，佩金、银、铜发簪，缀以宝石、珍珠、玛瑙、珊瑚等。

鄂温克族（意思是"住在大山林中的人们"）分布在陈巴尔虎旗、额尔古纳左旗敖鲁古雅和嫩江流域一带，以畜牧业为主。衣着多畜皮制作。制革方法同鄂伦春族。男袍下边开衩，女袍不开衩。女上衣在袖口周围卷边，寒冷时可放下。男上衣在手背部分突出宽长一样的边，称马蹄袖，既美观又御寒。敖鲁古雅鄂温克族人的衣、帽、鞋、靴、被、褥都用兽皮制作。衣服是用刮去毛的犴皮制作而成。还用树皮水或烟熏等方法，把皮衣濡染成黑色、黄色。冬季皮帽用狍头皮做帽面，用灰鼠或猞猁皮毛做帽里，暖和、美观，且在狩猎时作为伪装不易被野兽发现。清代以来，开始用棉布做衣服。女子一般外穿连衣裙，衣领较大，领上有白道镶边，下摆较宽，前面对襟。过去衣服曾以兽骨做扣。老年妇女多穿蓝色、黑色，少女穿红色、天蓝色。男女都穿犴皮靴子，冬靴带毛，夏靴去毛，便于狩猎和在山林中行走。

达斡尔族主要聚居于呼伦贝尔地区。冬季男子多穿羊皮衣服，夏季穿布衣、布裤和长袍。女装以棉布为料，夏季穿单长袍和单布裤，冬季穿棉袍、小棉袄和棉裤，颜色多为蓝色或黑色。少数妇女备置绸缎料长袍、上衣，供参加各种典礼时穿用。绸缎服装花色，以年龄不同而有别。年轻女子绸缎服装颜色鲜艳，并喜穿绣花鞋。绣花鞋是达斡尔族青年女子服饰中不可缺少的，绣花技艺高低是评论年轻女子家教标准之一。已婚妇女则在右侧大襟上佩挂缎面绣花荷包和绸手帕。绣花烟荷包，也是妇女在礼仪场合不可缺少的物品，多以缎料为底刺绣各种图案。女子的发式也颇有讲究：未婚前在颈后中心编一根发辫垂在身后，辫根和末梢扎以头绳。结婚时女子要用细线绞净脸上汗毛，头发在头顶部盘成发髻，插上银簪，并戴头饰。

汉族服饰，大体如中原汉族风俗。内蒙古东部区汉族，其民多为冀鲁豫闯关东者并后裔。男子冬穿袍子，长袍高领右衽，自领口至腋下钉五枚用布条绾结的扣。夏穿大褂，衣服开合处钉有用布条编结的纽襻，俗称"算盘疙瘩"。鞋为毡疙瘩、趟趟牛、单脸或双脸棉夹布鞋。女子冬夏穿襟长苫膝右衽大褂，开襟处镶宽绣花边，穿绣花布鞋。未婚女子梳辫，婚后绾篆，讲究佩戴手镯、戒指、耳环、发簪等首饰。汉族显贵人家之妇女有穿旗袍者，高立领，胸身下摆较窄，臀部略宽，能显现出曲线美。袍长及膝下，窄袖口。冬衣为长袖，夏衣为半袖。

中西部区汉族多为晋陕宁移民，经世代交融，形成本地习尚。服饰多为粗布手工缝制，款式为中式裤褂。其褂为对开式或大襟式，立领，纽扣为布条缝制的绦疙瘩或铜纽扣。多数人穿贴身背心，俗称"腰子"，防寒取暖。裤子为大裆，不分前后，可调换着穿。裤带多为布质。每当逢九年时（俗以出生年龄为九和九的倍数称逢九年），须系红色裤带，穿红色腰子，红色内裤，谓红色避邪防灾。冬天多数人穿羊皮袄，羊皮裤，戴毡帽或皮帽，穿毡袜或毡靴。富裕之户，以穿市布为荣。商人大多穿大襟长袍，外套马褂，脚着圆口布鞋，头戴平顶缎帽（俗称瓜壳帽）。中年女子梳转子头（把头发缠绕在头后侧，呈乳突状），上罩黑丝网。饰物除簪环外，其他甚少。耳朵下部从小穿孔，戴银质或银镶玉的耳环。家境富裕者，佩戴饰品有手镯、戒指等。小孩多戴虎头帽，穿牛鼻鞋，成年男子穿牛鼻鞋的也较普遍。

第二节　饮食

白食　红食　面食　烤全羊　羊背子　诈马宴

蒙古族饮食主要为奶食、肉食、茶三大宗。习惯上把以奶为原料加工制作的各种奶食品称为"白食"，用牛羊肉加工制作的各种肉食品称作"红食"传统饮食习惯，东起呼伦贝尔草原的巴尔虎、布里亚特及科尔沁等部，中经察哈尔部和土默特平原的土默特部，西至巴丹吉林沙漠的额济纳土尔扈特部，均以奶食、肉食为主。早餐必饮奶茶，有"宁可一日无食，不可一日无茶"之说。

奶茶，蒙古语称"苏太切"。奶茶制作方法：捣，把砖茶捣碎；泡，把捣碎的砖茶放在凉水中泡10—20分钟；熬，将茶叶置水中煮沸；扬，用勺搅动、提扬茶水；澄，将茶叶渣从茶水中澄出；炒，将糜米炒成金黄色；兑，把炒米、奶、盐兑入茶水；烧，将兑好的茶汁加入适量黄油，煮沸。图下5-7为熬奶茶的工具。

酸奶子，蒙古语称"艾日克"。把奶子积存在奶桶或奶缸里经过25℃—30℃的恒温发酵而成。也可将少量熟酸奶（做奶豆腐时产生的酸奶汁，储存一段时间便成为熟酸奶）作为"呼荣格"（即酸奶曲），加上鲜奶发酵做成。艾日克具有较强的解毒功效，对药物中毒、煤气中毒、蛇咬虫蜇等都有一定疗效。

稀奶油，蒙古语称"卓海"、"乌如木"。把牛、羊、骆驼的鲜奶盛在瓷盆里，在20℃—25℃的气温下放6—8小时，鲜奶发酵变稠并在表面形成一层稀奶油。稀奶油可以放在炒米、奶茶、面食、蔬菜中食用。

奶皮子，蒙古语称"哈塔森乌如木"。把鲜奶放在锅里文火加热，奶锅中便产生很厚一层泡沫。停火后，表面凝成一层脂肪，挑起晾干即成奶皮子。

奶豆腐，蒙古语称"呼如德"，是用提取稀奶油（蒙古语称卓海）后

图下 5-7　清代蒙古人用于熬奶茶的火锛和铜壶　火锛高 20.5 厘米，腹径 27 厘米。铜壶高 28 厘米，腹径 17 厘米。内蒙古西乌珠穆沁旗征集，现藏内蒙古博物院，选自《蒙古族文物图典·蒙古民族饮食文化》，孔群摄。

剩下的稠状酸奶做的。把稠酸奶煮开，再把乳清（蒙古语称夏如苏）从锅中舀出，凝固成一体为止，然后装入奶豆腐模子（蒙古语称呼如丁和布）成型，晾干即成奶豆腐。

奶酪，蒙古语称"比什拉克"。把鲜奶放入锅里煮开后，熟酸奶与鲜奶按 1:10 的比例调制，锅里便形成稠状奶酪，然后经过压制便形成甜味奶酪。晾干的比什拉克呈淡黄色，口感甘甜柔和。蒙古人的比什拉克不加食盐。

红食，即肉食品，主要是牛肉、羊肉，驼肉、马肉次之。每年农历十月中下旬，开始宰牲畜进行冬储肉。把灌血肠和心肝肺等装在牛羊的肚子里冻储叫"赛达斯"（冻肚儿）。另一种传统的储肉方法是做"宝日查"（即干肉条）。冬初，用牛羊肉做肉条挂在阴凉通风处，肉条先冻后干。干肉条营养丰富，食用方便（图下 5-8）。

图下 5-8　蒙古族妇女晾制肉干　出处同图下 5-7

　　宴席有全羊席，蒙古语称"布和勒秀斯"。整羊除去内脏全部下锅煮熟，再把煮熟的带骨肉（包括头蹄）摆上宴席。通常把两条前腿摆在前面，两条后腿摆在后面，其上摆羊背子肉，再把羊头摆在最上方，呈卧状。羊头上涂抹白奶油或摆放其他奶食品以示吉祥。也有在羊头前额上用刀子刻画"卍"字样，以示永久和吉祥。在羊肉的各部位里羊腰是最受推崇的，用全腰宴招待非常受欢迎的客人，女儿出嫁时以羊腰作为主要礼物。出全腰宴时，将煮熟的腰脊向上，并以胸椎肩胛、四条长肋骨、胫骨等相配，然后涂抹奶食品。

　　诈马宴，一作"卓马宴"、"质孙宴"。元朝制度，国有朝会、庆典，或宗王、大臣来朝，皆有燕飨之礼。凡新皇帝即位，群臣上尊号，册立皇后、太子，以及每年元旦，皇帝过生日，祭祀，春搜、秋狝，诸王朝会等活动，都要在宫殿里大摆宴席，招待宗室、贵戚、大臣、近侍人等。出席这种内廷大宴的人，都要穿皇帝颁赐的特别贵重服装，按照贵贱亲疏次序安排座位。每次宴会，与宴者的服装从皇帝到卫士、乐工都是同样颜色，虽然精粗、形制有等级之别，但总称为"质孙"（蒙古语意为颜色）服，因此这种宴会就称为"质孙宴"。元朝皇帝特别热衷于宴飨，一年之中质孙宴要举行许多次。"皇帝赏赐给宗亲、大臣的多属宴飨用品，如上尊（美酒）、金银酒器、质孙服等，耗费巨大，成为元朝财政上的沉重负担。"[③]每次大宴前，要由掌管金匮之书的大臣捧出成吉思汗大札撒，诵读其中若干条文，然后开始饮酒作乐。

　　元代成书的蒙古族医学家忽思慧所著《饮膳正要》中，记载卓马宴的烹调方法。羊屠宰后，煺去羊毛并把内脏取出，腹腔内放食盐和调料，然后用麻线缝住，放入柳条筐内用泥封严实，放置于火炉膛内，周围堆放干牛粪，用慢火烤之。等泥筐渗出油水散发出肉香味时，打开筐子取出烤好的整羊，然后装点后上席。

　　经过明末清初的连年战争，内蒙古地区人口锐减，牲畜大量死亡，畜牧业受到重创。康熙中叶，漠南蒙古经济开始恢复，但到咸同以后，又出现衰退之势。清代放垦以来，牧场逐渐缩小，转向农牧兼营或完全从事农耕的蒙古人日益增多，改变了蒙古地区单一的畜牧业经济形态。蒙古人的饮食习惯也随之改变，米面等渐成日常生活中的主食。中午、晚上有捞饭、蒸饭、黄米酸奶稀粥饭，黄米窝窝、火燎饭。火燎饭又称"蒙古饭"，将肉（干肉或鲜肉）切成若干块，加米盐用慢火煮熟，再加酸奶子和葱花即成。

　　各种饼食称"包日苏格"，分圆饼和方饼，均油炸而食。馓子，蒙古语称"章色"，为过年节主要食品，另外还有饺子、馅饼、面条。用大麦、青稞、燕麦等炒熟后磨成的面为炒面，携带和食用方便。黄教传入内蒙古地区后，利用炒面制成很多工艺品，称为"巴林"，作为祭祀用品。蒙古族还喜欢吃沙蓬（一种野生植物）籽炒面，拌酥油、糖。把糜米带皮炒熟后，去掉皮壳，即为炒米，是蒙古族家庭必备的食物（图下5-9）。

图下 5-9　身穿皮袍的蒙古族妇女正在加工炒米
出处同图下 5-7

鄂伦春族传统饮食以食狍、鹿、犴、野猪、熊肉为主，食用最多的是狍子肉。食肉方法很多，常见的是煮肉，煮得很嫩，蘸盐水吃，还有烤肉、烧肉、炖肉等。

烤肉是把木棍削尖，插上肉用火烤，烤得焦黄即可食用；烧肉是把一块肉扔在火里，烧得外黑里红即为恰到好处；炖肉是把肉切成小块，放野葱和柳蒿菜一起煮，味道鲜美。还有一种吃法称"阿素"，即把剔骨狍头肉、狍肺、狍脑浆煮熟后切成小块，和在一起，浇上野猪油，放些葱花吃，为待客佳肴。猎民有吃狍、鹿等生肝的习惯，据说可增强视力。保存肉食方法很多，把兽肉煮熟晒干贮藏或把生肉切成条用烟熏风干贮藏，或把野猪和熊脂肪炼成油贮藏。鱼主要是炖着吃，也烧、烤干鱼吃，把生鱼晒干或煮熟晒干贮存。自与外界交易后，鄂伦春族人开始经营农业，并食用五谷杂粮。

林区内的鄂温克族人也以兽肉为主食，食用方法与鄂伦春族大同小异。狩猎的鄂温克猎民很少吃蔬菜，便采集野葱、蘑菇等野菜做咸菜或熬汤。另外，也挤驯鹿奶熬奶茶饮用。早餐和午餐都喝奶茶，再吃些自制面包或油炸点心，故把这两餐称之为喝茶。嫩江流域的鄂温克族人，粮食逐渐成为主食，用糜子米熬肉粥和奶粥、蒸干饭，是常吃的饭食。

达斡尔族主食有米食和面食两类。米食以糜子米饭为主，分为两种，一种是把糜米用锅蒸熟，炕干后碾成米，饭粒大而不粘连，有糊香味；一种是未经蒸熟直接碾成米，颗粒较小稍有粘性，除做干饭外，还可做成黏粥或糕点。其他还有酸奶拌米饭、奶粥、牛奶面片等。面食主要是荞麦面。传统吃法是压荞面饸饹浇野味肉汤，还可以烙苏子馅荞面饼。过箩留下的颗粒称"尼基"，可做黏粥。荞麦蒸熟炕干后碾成米，可作干饭。将熟糜子米炒成焦糊状为炒米，做炒米鲜牛奶粥和炒米奶茶。燕麦炕干后碾成米，可熬稀粥。把燕麦炒熟后磨成面，过箩筛，漏下细面称"哈格"，留在箩筛上碎末称"新特勒"。炒米、炒面可以干嚼着吃，可以用开水冲食，也可以拌着牛奶、奶油、白糖等食用。炒米、炒面易存放，食用方便，便于在野外劳动、进山狩猎、采伐放排、长途运输时携带食用。

闯关东迁入内蒙古东部区的汉族人，大部分保持原籍饮食习惯。冀鲁豫人多食玉米粥、面条。当地农民食高粱米饭、玉米楂子饭、小米捞饭、黏豆包等。大兴安岭西麓地区的汉族人已习惯于奶食、肉食，不少人家同蒙古族人一样把奶茶喝得津津有味。

在中西部区的汉族乡村，食物以小米、莜面、土豆为主。有婚丧之事，则饮酒食肉，以油炸糕、烙油饼和烩菜、炒鸡蛋为佳席。河套以及黄河沿岸各县农家，多为晋、陕、甘移民，境内盛产糜黍，盛夏时喜食用米汤浸泡发酵的酸粥、酸饭，家家锅台上或炕头上都有一只酸米罐。早餐糜米酸粥，午餐糜米干饭，佐以米汤，晚食糜米稀饭。面食较为稀罕，无菜则做烙饼、面条，有菜则蒸饼、锅贴。农家常以酸米汤代茶，唯产妇、病人或待客则以红糖调水为饮。

武川县盛产莜麦，莜面为内蒙古中部地区独具特色的主食。食用莜面有"四熟"的讲究：莜麦成熟后，磨面时将莜麦颗粒炒熟，做饭时用沸水将莜面泼（烫）至半熟，食用时上笼或入锅蒸（煮）熟。莜面的吃法多种多样，主要有：

块垒。将焖熟土豆去皮、搓碎，掺入适量莜面，拌匀，文火翻炒七八分钟后再盖锅焖五六分钟或上笼蒸十几分钟便熟。

鱼鱼。有蒸、煮两种，做法是将莜面用沸水和好，用手搓成细条，放在屉上蒸熟，称"蒸鱼子"。另有一种用手心搓挤成扁鱼状放在锅内煮，称"煮鱼子"。蒸鱼子打卤汤，煮鱼子炝锅煮熟食用。

窝窝。用沸水将莜面和好，取一小块面团放在平滑石板上，用手掌压成薄片，然后用食指卷成长筒，做成莜面窝窝，放入笼屉蒸10分钟，蘸各种汤羹食用。

莜面饺子。用沸水把莜面和好做皮，用土豆、野菜等做馅包成莜面饺子，蒸熟或放在锅里煎熟即可食用。

第三节　居所

蒙古包　斜仁柱　撮罗子　窝棚　窑洞

蒙古包是北方游牧民族的主要居所。

图下 5-10　蒙古包
郭永明摄

　　蒙古包（图下 5-10），即《史记》《汉书》《匈奴传》中所说的穹庐、庐帐，俗称"毡帐、氊帐"。它被称为"蒙古包"，是在满人和蒙古人较多接触以后。满族人称家、屋为"博"，把蒙古人的毡帐称为"蒙古博"，"博"和"包"谐音，汉译时，取其音和形，写作"蒙古包"。蒙古包是最早安装在车上的篷车，便于拆装。辽金时代的契丹、女真人就使用这种居所。皇帝与可汗使用的大型篷车，与一般车在结构方面有较大区别。如《长春真人西游记》所载，成吉思汗会见丘处机是在征战使用的大型不拆卸行宫式宫帐中，宫帐豪华，用 20 余头牛才能拉得动。车上的篷子一般都用黑色毛毡覆盖，吸热好，有调节篷内温度的特殊功能。蒙古包面对风雪阻力小，下雨时不漏、不存水，门方而小，为"扫地门"，冬天雪不易堆积，并易于拆迁搭盖，适应游牧生活。蒙古包以木架为骨干、围盖毡子组成。老式蒙古包只有门框，上边固定毡子，放下毡子就算关门，以后逐渐有木制门，并在上半部安装玻璃。蒙古包壁架称为"哈那"，用直而粗细相差无几柳条，以生牛皮或驼皮条串联，张开后成为网状，形成蒙古包木架。顶部天窗常以桦木或硬质木做成圆形，上凿与顶部"乌尼杆"（若椽子）数相等圆孔，以插乌尼杆的顶端。各部落蒙古包大同小异，做法大致相同。

　　阿勒坦汗入主丰州滩后，晋陕民人大量流入，架木为屋，开始出现房子，蒙古语称"板升"。不少蒙古族人从事农业劳动，同中原人一样住板升。蒙古族宅院多为二进式，正庭出厦，三间四椽，东西有配房。在土默特蒙古族居住区，院前方或院内多栽有高 10 米的木杆，称"玛尼杆"。杆顶置一三股叉铁戟，被视为吉祥如意圣物。杆上悬挂小旗，旗上印有奔马和经文，每逢年节，要在杆前点灯焚香，俗称"祭杆子"。清代，土默特得功名之蒙古族人家，朝廷允准其门前树功名旗杆，以示荣耀。

鄂伦春族传统居所为"斜仁柱"（图下 5-11）。搭盖斜仁柱时用三四十根 5 米长桦木杆，交叉搭成圆锥形架子，冬天上面覆盖"额勒敦"（狍皮围子），夏天覆盖"铁克沙"（桦皮围子）。斜仁柱门朝南开，冬天挂皮门帘，夏天挂柳条门帘。斜仁柱朝门铺位称"玛路"，左右两侧称"奥路"，地中间是盆。玛路左侧悬四五个桦皮盒，里边供奉"博如坎"（神偶），右侧悬挂用马尾刺绣在狍皮上的神像。凡供神地方，只许男子坐卧，妇女不准靠近。右侧奥路是老年夫妇席位，左侧是年轻夫妇席位。奥路里侧放桦皮箱、篓、桶和皮口袋，装常用的衣物、粮食、肉干等。鄂伦春族人还有两种原始建筑："恩克那力纠哈汉"（产房），比斜仁柱更矮小简陋。"奥伦"是盖在深山中的高脚仓库，放肉干、粮食和不常用的东西。定居后这两种建筑均逐渐消失。鄂伦春族人取暖或做饭用树枝、牛粪等。蒙古、达斡尔、鄂温克族同之。

图下 5-11　鄂伦春人用于居住的斜仁柱　郭永明摄

生活在敖鲁古雅的鄂温克族人，他们的住房称"撮罗子"。一般选在群山密林环抱，背风向阳，附近有小河的平地上。建撮罗子时，先用三根有杈木杆立成三角形架子，再用二十根落叶松杆子，斜搭成圆锥形，高3米，底部直径4米，夏季在撮罗子外部用桦树皮苫盖，冬季用犴皮苫盖。有条件的用毡子苫盖。顶部留出通风出烟孔，一般朝日出方向设门。在撮罗子中央设锅架，生火做饭烧水。室内铺有犴皮褥子和熊、鹿、犴皮垫子。鄂温克族猎民还利用四棵呈长方形生长的松树，锯掉树头，留三四米高树干作为柱子，用细檩子在上面搭成仓库，称"靠劳宝"，用于存放暂时不用的衣物、食品等。这种仓库底部开门，设有梯子。嫩江流域的鄂温克族人，很早就居住土木结构房屋，称"纠"，有两间和三间之分，以西屋为尊。在两间房内，西屋为卧室，东屋为厨房。三间房内，家庭主要成员住西屋，中间为厨房。

西屋一般有南、西、北三面炕，长者住南炕。为通风方便，开南窗和西窗。院内正房前左右两侧建仓房和畜圈，仓房底部高出地面0.5米，起防潮作用，便于存放粮食等物品。

达斡尔族屯落，多数建在依山傍水的向阳之地。选择这种居住地点同多种经营、自给自足的自然经济分不开。17世纪中叶，达斡尔族人从黑龙江北岸迁到嫩江流域时，多以"莫昆"（父系血缘组织）为单位建屯居住。院落配置院宅，中间靠后是住人的主房，东西两侧是厢房。东厢房一般作为库房，有的用原木垛成、木板镶成或柳条编成。这种库房通风良好，防潮湿，防鼠害，存放粮食不易霉烂。西厢房北头存放农具，南头是碾房。院内大门东侧是马厩，西侧是牛棚，东北角有猪圈和厕所。院宅东、西、北三面是菜园子，栽种各类蔬菜和黄烟。居室设施：窗户大而多，一般南面是三扇窗，西面是两扇窗。窗户纸糊在外，喷涂豆油提高透明度，又能抵抗雨雪潮湿。主房多是两三间。两间房屋者，西屋住人，东屋是厨房。西屋搭南、西、北三面工字形连炕，南炕是长辈寝位。炕头有柜，摆放日用物品。靠西墙放置长辈衣柜，未出嫁女儿住此柜前。三四岁的孙子往往与爷爷、奶奶住在一起。北炕是儿子儿媳起居处，入寝时放下幔帐。西炕待客，如有未成婚小儿子则住于西炕。西屋两侧梁砣之间搭一道横杆，挂婴儿摇篮用。老人健在时，兄弟不能分家。三世同堂乃至四世同堂家庭很多，所以一般住房开间都很大。

东部区闯关东汉族农民多住窝棚、马架子、地窨子，有条件者住土坯房，富裕人家住木刻楞。马架子用土垒筑，上苫茅草，山墙开门，窗户小，炕灶相连。中西部区靠近晋陕甘地区居民住宅多为窑洞，院落多不讲究，且为敞门院。河套一带木材缺乏，建造房屋极为简陋。房屋皆泥土所筑，土多含铅，粘力很大，造屋坚固而耐雨。乡村多随隙结庐，以草坯垒墙。有俗语说："中滩后套三件宝"，而"草坯叉墙墙不倒"即为其中一宝。一根木檩为梁，数条木椽搭架，上铺柳笆或芨芨草盖顶，抹泥即成。没有木制门窗，而以柳棍编织，糊以麻纸，以避风寒。城镇官吏、地方商户、财主及商业铺面，多盖四合头院落，土木结构。

第四节　行旅

骑马　骑驼　勒勒车　雪橇　驯鹿　大轮车　船筏

骑马，要鞴鞍具，不鞴鞍具者，称作"骠骑"。家有匹好马，是全家人的骄傲。骑手在赛马中获得名次，大家首先赞颂马而不是骑手。牧民视马为神圣生灵，尤喜走马。一匹好走马配上高档鞍鞴，是主人身份的标志。非赛事或特定场合，不轻易让马狂奔。牧民骑马，讲究双脚蹬稳马镫，双腿夹马有力，上身平稳挺拔。放牧时，马是牧人的最好助手。至清代，富裕者以骑骡为讲究，妇女出门多乘轿车。

骆驼被称为沙漠之舟，驮驼负重致远，知泉脉，耐饥渴，是沙漠地区主要的交通工具。一峰成年驼，一般能驮150—200公斤货物，相当于自身体重的40%。骆驼不善疾驰，但腿长步大，行步稳健，持久力强，日行六七十公里不在话下。旅蒙商人用骆驼运输货物，把9—14峰骆驼连在一起，称为"一链子"。驼运季节为农历十月至翌年三月，夏天因骆驼脱毛而停运。中国的骆驼以内蒙古为最多，内蒙古的骆驼则多集中于阿拉善盟。

勒勒车，俗称"大轱辘车"、"大轮车"。北魏高车部善制高车，金代女真人有所改进，元代仍保留使用，称"勒勒车"（图下5-12），历代

图下 5-12　蒙古族勒勒车　郭永明摄

延续。此车以骆驼或牛驾辕，是牧区主要交通工具。勒勒车制作是用直径 8 厘米桦木加火烤软，撖成半圆，再用烧软柳条拉住晒干，两合为一个轮。车轮头是用粗桦木锯成 40 厘米墩子，用火薰后凿成轴心孔和辐条眼，辐条用桦木劈开晒干后加工而成。车辕子用碗口粗细桦木做成。勒勒车因各部落所居环境和材料资源不同，制作方法和用材也有所不同。大体分为三类。其一为篷车，车辕上部制成半圆形篷架，篷架外面围以毛毡或围以苇席，冬季以御寒挡雪，夏季防晒避雨。此种车多用以接送亲友、婚配嫁娶等。其二为库房车，载一长方形有盖有门木柜，柜外面用白铁皮加固，或围以生牛皮以防风、防水、防潮。柜内可贮粮食、肉食等，成为牧民的游动库房。其三为装水车，车上装载牛皮口袋、木制水桶等，用以盛水。勒勒车不仅是运输工具，也是牧民的储藏用具，有时也当作睡眠和守夜的栖处。另外，在蒙古人信仰萨满教时代，勒勒车也是供奉翁衮（萨满教偶像）的地方。

　　雪橇，又名"爬犁"，是蒙古族在冬季使用的运输工具，称"其日嘎"。其制作是将桦木粗头（碗口大小）作成向上翘的小半圆，细头直，做滑板，上备篷，以便乘坐和运载货物。一般用役马、骆驼或牛拖拉。雪大车难行时，爬犁往来迅速畅通无阻。冬季，鄂伦春族、鄂温克族及巴尔虎蒙古族猎人在森林狩猎时，便制作察纳（滑雪板）代步，以皮带将察纳系于脚下，在雪上滑行，其速如飞。

鄂温克族猎民很早就饲养驯鹿作为运输工具。驯鹿体轻、蹄大，善于在密林和沼泽地中行走，一只驯鹿能驮上百斤。鄂温克族猎民用其游猎、搬迁很是便捷。出猎时，用驯鹿驮行装，并驮回兽肉。搬迁时，驯鹿为老人、孩子的乘骑，且驮全部生活用品。

17 世纪以来，呼伦贝尔牧区和嫩江流域的鄂温克族人除以马代步外，大轮车是传统运输工具。大轮车以桦木和桦木为原料，轮高 1.5 米。一般套牛或马，可载重上千斤。拉柴、拉水、搬家、赶集、送牛奶和拉脚等，都用大轮车。达斡尔族人的交通工具也多为马和木制大轮车，大轮车自重 200 公斤，载重 500 公斤。有普通车、苇厢车、篷车三种。普通车，达斡尔族语称"杭盖·特日格"，多用于运输。苇厢车，即在普通车厢后面加配横档，三面配夹苇子以挡风雪，称"卡日奇木勒·特日格"。篷车，在苇厢上用柳条设置半圆形篷架，包盖桦树皮或苇席以遮阳挡雨，称"木拉日·特日格"。后两种车都是在第一种车基础上改进而成的。达斡尔族姑娘出嫁时大都乘坐篷车，送亲友则坐苇厢车。

传统的水路交通工具有：

刳木船，将大树干刳心，留其空壳，呈圆箱状，置水中作舟，可乘一两人。达斡尔、鄂伦春、鄂温克族人常以其运载食品和猎物等。

皮筏，将整牛马皮以素油浸涂鞣制而成，多个皮囊联合即成皮筏。皮筏柔软油滑，适于在急流峡谷卵石河道中使用。内蒙古地区黄河北岸汉族人多以浑筒、皮囊船、皮筏子在黄河上乘渡、运输。

桦皮船（图下 5-13），是达斡尔、鄂伦春、鄂温克族猎民使用的水上运输工具。桦树皮柔韧坚厚，将整张桦木皮从树干剥下，用鱼膘胶粘合而成。清咸丰元年（1851），呼伦贝尔佐领常兴等人率兵巡边，巡察水路时即乘此船。较大的桦皮船船长 20 米、宽约 3.5 米，船底套上轻木筏可载 12 人，或运载布匹、粮食、水、糖、茶等物。

图下 5-13　鄂伦春人乘桦皮船用鱼叉捕鱼　选自《内蒙古民族文物》，人民美术出版社 2005 年版，伊赫、塔拉摄。

高帮船，长 10 米，中宽 4—5 米，高 1 米，形尖且略向上翘，无隔舱和甲板，船板 3.3 厘米厚，吃水浅，适于浅水石质河道。船中部立桅杆一根，顺风时挂帆，逆水时拉纤。一般载重量 10 吨，满载可达 15 吨。其航行速度较慢，逆水日行 10 公里，顺水日行 25 公里，洪水期顺水可达 35 公里。

七站船，又名"七栈"、"七仓"、"七子船"，俗称"东船"。因船的深度有七块板之高（用七块柳木板拼立成船帮）而得名。全船分前、中、后三舱，中舱较短。舵与桨相似，舵的长度约与船长相等。七站船吃水 1 米，船体较大，是黄河上游区段的大型木船。

小划子，长 5 米，宽 1.7 米。一人操桨，可乘两三人，一般作摆渡或渔民捕鱼用，或为大船引航用。黄河河套区段有一种长 9 米的划子，载重可达 4 吨，从事短途运输。

至于汉族人的交通方式，东部地区多以马匹和畜力车为主。丘陵山区，道路崎岖，交通闭塞，行路、运输多以徒步、肩背、担挑和牲畜驮运为主。之后，有专门营运抬轿、驮轿、驼队、趟子车出现，供官商富户出门、行路乘坐。驮轿不用人抬，而是把轿搭在两骡背部，一前一后驮着走，俗称"骡驮轿"，以清水河县骡驮轿最为有名。长途运输工具为驼队和趟子车。趟子车轱辘为木制，轮 3 厘米厚，外钉 4 块铁瓦，俗称"花轮车"。驾两骡，除载客外，也拉运货物。中部地区多靠畜力，骑马、驴，或坐马、牛、驴拉的旱板车、勒勒车。

　　河套及鄂尔多斯地区，上岁数老年人出门多骑毛驴，妇女坐二饼牛车或花轱辘车，财主、官员出门多骑走马，或坐骡子轿车。因而人们出门远行，视百里之途为愁事。民谣曰：

　　　　二饼子牛车慢悠悠，甚时候才能到包头。

　　　　夏天带上冬天的衣裳，一天带上两天的干粮。

【注释】

① 阿木尔巴图编著：《蒙古族图案》，内蒙古大学出版社 2005 年版，第 204—250 页。

② 参见乌云巴图、格根莎编著：《蒙古族服饰文化》，内蒙古人民出版社 2003 年版，第 37—38 页。

③ 参见叶新民、齐木德道尔吉编著：《元上都研究文集》，中央民族大学出版社 2003 年版，第 352—353 页。

第六章

蒙古高原上的节庆、婚俗与自然崇拜

　　由于蒙古族、汉族和其他少数民族长期共同生活，使内蒙古文化呈现出你中有我、我中有你，互相借鉴、相互融合，且又风格迥异，谁也离不开谁的生活方式与民俗文化。来自不同地域的移民与移民之间、移民与当地蒙古族之间，在语言、信仰、饮食以及生活习俗等方面经历多年的渗透与重新组合，产生新的礼仪、风俗、文化以及生活习惯。如蒙古族借鉴中原汉族纪年法，创造蒙古纪年。普遍实行聘婚制的蒙古族，其婚礼隆重、热闹，比汉族有过之而无不及。达斡尔、鄂温克、鄂伦春族的婚礼各具特色，令人生羡。自然崇拜、葬俗忌俗古风犹存，然则各异其趣。所有这些，随着历史的变迁与社会的发展，却又发生着细微的变化。

第一节　纪年

蒙古纪年　五色　十二生肖纪年

　　蒙古纪年用青、红、黄、白、黑五色与十二生肖搭配纪年，每60年一循环。《蒙古秘史》用"只勒"表示年。从事物及其相应的词语之关系判定，当时，年（只勒）已有特定的概念。纪年方式采用十二生肖：鼠、牛、虎、兔、龙、蛇、马、羊、猴、鸡、狗、猪。每12年为一周期。金泰和元年是鸡儿年（辛酉年），依其顺序，金泰和六年，成吉思汗即大位时是虎儿年（丙寅年）。十二生肖法是中原汉族纪年法，蒙古族引进或间接引进应用于本民族纪年。大蒙古国建立后，与外界交往日益频繁，纪年方式也随之改变。据赵珙记载，蒙古汗国"年号曰兔儿年、龙儿年，至去年方改曰庚辰年，今曰辛巳年"①。

蒙古纪年（五色　十二生肖）循环表

鼠	牛	虎	兔	龙	蛇	马	羊	猴	鸡	狗	猪
青鼠 1	青牛 2	红虎 3	红兔 4	黄龙 5	黄蛇 6	白马 7	白羊 8	黑猴 9	黑鸡 10	青狗 11	青猪 12
红鼠 13	红牛 14	黄虎 15	黄兔 16	白龙 17	白蛇 18	黑马 19	黑羊 20	青猴 21	青鸡 22	红狗 23	红猪 24
黄鼠 25	黄牛 26	白虎 27	白兔 28	黑龙 29	黑蛇 30	青马 31	青羊 32	红猴 33	红鸡 34	黄狗 35	黄猪 36
白鼠 37	白牛 38	黑虎 39	黑兔 40	青龙 41	青蛇 42	红马 43	红羊 44	黄猴 45	黄鸡 46	白狗 47	白猪 48
黑鼠 49	黑牛 50	青虎 51	青兔 52	红龙 53	红蛇 54	黄马 55	黄羊 56	白猴 57	白鸡 58	黑狗 59	黑猪 60

蒙古及其先世熟练地掌握一年春夏秋冬四个季节，以使畜牧、狩猎生产与其相适应。蒙古许多部落都有冬夏营地之分，他们"随季候而迁徙。春季居山，冬近则归平原"②。《蒙古秘史》载有表示四季的符号：合卜儿（HABOR），春。谆纳（JUN），夏。纳木儿（NAMUR），秋。兀不勒（EBOL），冬。

从13世纪30年代始，蒙古人有时用十二生肖纪月。如《白史》就有龙月、虎月、蛇月等词语。

日，用十二地支纪之，"凡宿卫，每三日而一更。申、酉、戌日，博尔忽领之，为第一怯薛……亥、子、丑日，博尔术领之，为第二怯薛。寅、卯、辰日，木华黎领之，为第三怯薛。巳、午、未日，赤老温领之，为第四怯薛"[3]。

五色　十二生肖　十天干对应表

生肖		鼠	牛	虎	兔	龙	蛇	马	羊	猴	鸡	狗	猪
五色天干	青	青鼠甲	青牛乙	青虎甲	青兔乙	青龙甲	青蛇乙	青马甲	青羊乙	青猴甲	青鸡乙	青狗甲	青猪乙
	红	红鼠丙	红牛丁	红虎丙	红兔丁	红龙丙	红蛇丁	红马丙	红羊丁	红猴丙	红鸡丁	红狗丙	红猪丁
	黄	黄鼠戊	黄牛己	黄虎戊	黄兔己	黄龙戊	黄蛇己	黄马戊	黄羊己	黄猴戊	黄鸡己	黄狗戊	黄猪己
	白	白鼠庚	白牛辛	白虎庚	白兔辛	白龙庚	白蛇辛	白马庚	白羊辛	白猴庚	白鸡辛	白狗庚	白猪辛
	黑	黑鼠壬	黑牛癸	黑虎壬	黑兔癸	黑龙壬	黑蛇癸	黑马壬	黑羊癸	黑猴壬	黑鸡癸	黑狗壬	黑猪癸

上述时间的表示方式，说明蒙古及其先世在长期生活实践中，对气候周期性变化，太阳和月亮运行等自然规律，早就有明确的时辰概念和科学的认识。

第二节　节庆

查干萨日　迈达哩节　清明节　氏族大会　阿涅　米阔鲁节　抹灰节

蒙古族的节庆主要有：

查干萨日，汉语春节，又称白月。清代以来，蒙古族年俗大体与汉族相似。唯拜年时，一面请安叩首，一面用蒙古语祝贺，并洒酒一杯。家里拜年之后，天将拂晓，出门向本姓各家拜年，接着向全村族人拜年。年后相逢，男女互祝，相互拜年。

迈达哩节，迈达哩即弥勒佛。蒙古族崇信正月十五为迈达哩佛降福日，官宦、大户人家请喇嘛诵经，一般人家则由老人轮流聚会念"六字真言"，念毕聚餐。

清明节。近现代以来，蒙古族习俗基本与汉族相同，唯祭祖稍异。祭奠时，对老祖宗（五世以上者）坟墓各家共同祭奠。之后，把祭剩酒食聚集一处，人们按辈分、长幼依八字形排坐，由长者给每人分酒食，受分赠者向长者请安问好。

鄂伦春族的节庆主要有：

鄂伦春族一年或三年召开一次氏族大会。是时各处氏族成员集中到一起，先祭族谱，处理氏族中重大事项，然后进行娱乐活动。

鄂伦春族人对春节非常重视，出猎在外者，在节前都要赶回家里来。为过好春节，要准备大量野兽肉、烧酒和面粉等。节前，要把斜仁柱内外打扫干净，不论老少都穿上新衣服。除夕晚上，把各尊神龛打开，给神烧香上供。当晚守岁，认为这一夜不睡觉，一年都会精神饱满，百事顺利。是夜，要吃得饱饱的，象征一年都有吃的。并要拿着桦皮盆绕马圈转几圈，同时发出"木合、木合"的马叫声，祝愿马匹健壮兴旺。正月初一早晨，按家族、氏族和亲友辈分顺序给长者拜年。到各家先向斜仁柱中火塘敬酒、磕头，然后才给长者敬酒、磕头。初二、初三、初四举行赛马、摔跤、射击比赛。过初五，恢复正常，方出猎。正月十五备有丰盛酒肉，尽情欢饮、歌舞。正月十六，有互相抹黑脸习俗。要从清晨进行到中午。除儿子、儿媳与父亲，大伯与弟媳之间不能互抹外，其余人都可互抹。但青年人给老人抹脸时，要先给老人磕头，然后才能抹。

鄂温克族的节庆主要有：

腊月二十三，是火神回天日子，日落之后祭火，祈求火神来年仍然保佑全家平安。

春节是鄂温克族重要节日，称"阿涅"。除夕夜晚，家家供诸神，老人祝福晚辈生活幸福，像自己一样长寿。正月初一，家家停止一切生产劳动，吃饺子、肉食，穿戴整洁鲜艳的服装，向长辈或亲友拜年，对前来拜年晚辈，长者给予祝愿。过节期间，晚上还要在宽敞明亮的房里举行歌舞晚会。

正月十五供灶神（灶乌勒神）和"吉雅奇神"，以奶粥和乳制品为供物。人们停止生产劳动，串门相聚，举行娱乐活动。正月十六清早起来，争相为别人脸上抹锅灰。认为抹黑脸是吉祥征兆。

米阔鲁节是陈巴尔虎旗鄂温克族的丰收节，一般在农历三月下旬举行。届时，人们清早起床，青壮年便从浩特一头开始，逐户给马烙印、除坏牙、剪耳记、剪鬃尾和给羊去势。老人在这一天送给儿女、外甥、侄子母羊羔，祝福羊群兴旺。青壮年不论到谁家，主人都要设酒席致谢。酒席先茶后酒。在敬酒时，主人捧一木盘放两个酒杯，依次敬让，向帮助去势者敬献哈达，并说明当年仔畜成活和牲畜增殖情况。来者也要祝愿主人牲畜兴旺，被烙印去势的牲畜数量与岁俱增。酒席间，尽情歌唱。繁忙而又欢乐的活动，从一家转到另一家，牧民们整日都沉浸在丰收喜悦之中。

达斡尔族的节庆主要有：

春节，达斡尔语称"阿涅"，是一年中最隆重的节日。从除夕下午开始，各家各户都要打扫庭院。在屋内贴年画和对联，大门外堆好点烟火的干粪，向诸神上香摆供，晚饭吃手把肉。傍晚，各家都点燃烟火，并向火堆扔进一些肉食饭菜、水饺、糕点等，祈求新一年人畜安康，五谷丰收。此时，整个村落笼罩在烟雾的吉祥气氛之中，认为烟火愈旺，点燃时间愈长，愈象征着来年诸事兴旺。夜幕降临后，男子在同族近亲间拜年，妇女包饺子。达斡尔人喜欢在饺子里包一些小玩艺，如谁吃到包在饺子内的一枚铜板便预示一年里不缺钱花，一颗铜纽扣则意为得到顶戴做官等。有经验的老人还要观察天象，预卜年景好坏。以初一至初八各占一物，依次为一日鸡、二日狗、三日猪、四日羊、五日牛、六日马、七日人、八日谷。以其日天气好坏，预卜是年吉凶。初一早餐后，男子以长辈为首，按辈分年龄顺序到莫昆家族各家拜年。初二、初三是妇女拜年的日子。拜年活动通常延续到初五。初五以后转入娱乐活动，打贝阔（曲棍球），跳阿根贝舞等。此项活动一直延续到元宵节。

抹灰节，达斡尔族称为"霍·乌都热"（黑灰日）。正月十六，老奶奶鸡叫起身,从锅底抠下黑灰,在熟睡儿孙脑门中间点一个拇指大的黑点,意为避邪免灾,一年太平。这一天,小伙子用锅底灰拌油,甚至拌车轴黑油,走家串户,趁嫂子或姐妹们不注意,冷不防地涂其一脸黑。屯中遇到过路人,小伙子也要骑马追上抹灰,表示祝其一路顺风,驱邪免灾,平安到达目的地。晚上,老人、孩子洗头发、洗脚,祈太平无灾。

端午节为农历五月初五,这一天,人们早早起来到江河里洗澡,用晨露洗脸,采艾蒿塞耳朵,插在头上或帽子上,采大把艾蒿拿回家里插在门窗上,认为这样能防虫、防疫、不得病。

立春,家家户户门窗画红色十字,并在牛角、羊角、白马或浅色马脑门上涂以红色,以示迎春、避邪、免灾。

第三节　礼仪

献哈达　递鼻烟壶　装烟　请安　敬酒　献茶

蒙古民族虽然分布地域广阔,部落众多,但在交际方面形成比较固定的礼仪形式。蒙古族礼仪有:

献哈达。哈达是藏语音译,常在迎送、馈赠、敬神、拜年以及表示敬意和祝贺时使用。哈达质料多为丝绸、绢纱。因蒙古族崇尚蓝色和白色,所以哈达白色、蓝色为多。哈达长短不等,一般礼尚往来所用者为一尺三寸至三尺,重大礼仪用三尺以上哈达。献哈达时须用双手捧着,身体微躬,接受哈达者也以同样姿势,并表示谢意。献哈达分敬献和互献,朋友相见互献哈达。专门拜访某人或政治、宗教界高层人物,也要敬献哈达,质料必须是上乘的。

递鼻烟壶。是蒙古族古老习俗,也是普通相见礼(图下6-1)。赴蒙古族家庭做客,主人先要拿出鼻烟壶,敬给客人嗅闻。壶内有勺,勺与盖相连,勺用金、银、铜、驼骨、象牙制作。壶内装带有香料烟粉,或装药物。如果是同辈相见,要用右手递壶,互相交换,或双手略举,鞠躬互换。然后,各自倒出一点鼻烟,用手指抹在鼻孔上,品闻烟味,品毕再互换。长辈和晚辈相见,要微欠身,用右手递壶,晚辈跪一足,双手接过,

图下 6-1　两位蒙古族老人互敬鼻烟壶　选自《蒙古族文物图典·蒙古民族服饰文化》，出处同图下 1-11。

各举起嗅闻，然后再互换。外出时，将鼻烟壶装在褡裢内或夹在腰带上。

装烟。家来宾客，主客寒暄后，客人取出烟袋说"达木哈塔塔"（请吸烟），主人边答应边用客人烟袋装自己荷包中烟，点火后，用布擦烟袋嘴，双手或右手递给客人，客人接受后，也同样取主人烟袋，装自己烟，点火后递给主人。烟袋杆套有银箍，银箍有錾花。烟嘴多以玛瑙、玉石、翡翠等制作。烟锅铜质嵌银錾花。装烟荷包以缎、绒、布或熟鞣革制作，有绣花，包口缀五颜六色飘带，或连有挖烟锅钩、防火罩、耳勺、牙签等物。

请安。同辈相见都要问好，遇到长辈则首先请安，如骑在马上要先下马，坐在车上要先下车，以示尊敬。男子请安，单曲右膝，女子则曲双膝。走路、上车、进门、入座、喝茶、吃饭、饮酒一定要让老人或长辈在前。在长辈面前，年轻人要说话和气、恭恭敬敬。还特别尊重"巴格西"（教师），对巴格西常作为贵宾款待。

敬酒是表示对客人、尊长的欢迎和尊敬。敬酒时用双手捧杯，身略向前躬，接者也同样前躬接酒。要将酒盅托在哈达上端着，并伴唱祝酒歌，整个过程颇显敬重。

献茶有用双手，有用右手，接受献茶者也同样用双手或右手。喝完可再要，不喝可把碗中余茶倒掉，表示不再要。但对主人斟好的茶不能不喝，以表示对主人的尊敬。

　　鄂伦春族礼节是：年轻人与老人说话要和蔼恭顺，呼唤老年人时要使用尊称，晚辈绝对禁止直呼老人名字。在各种场合长幼有序，落座让长辈为先，喝酒先让长辈开杯，吃肉先让长辈动刀，走路先让长辈起步。在出猎途中遇到长者，相距很远就要下马，牵着马迎面走去，到近前要向老人请安、问好。远猎时，出猎前要向老人请安，老人也对出猎者祝福一路平安、多打野兽。如常年在外年节回来，要向老人请安两次。一次是见面礼，另一次是节日礼。如集体出猎，找老人请教到哪个猎场，并请老人当"塔坦达"（狩猎组长）。不论是对本民族客人还是对外民族客人，只要是来到鄂伦春人的"乌力楞"（家长制家庭公社），主人都热情接待。首先将客人让进斜仁柱里，如是男客人，要让到玛路席上，如是女客人，让到奥路席上。客人就座后，要为其点烟倒茶，对远方贵客，还要以丰盛兽肉和好酒款待。

　　鄂温克族礼节是：年轻人出远门归来或在外遇见长辈时，要行屈膝请安礼，并敬烟。如果路上相遇，要下马、下车向老人请安问好。无论是在撮罗子里或蒙古包里，还是在土木结构住房里，座位、铺位都讲究长幼有序，以长者为尊。平时长辈老人来串门，年轻人要起立让座，行装烟礼。长辈交谈时，年轻人不得随便插话。平时出入屋门，要礼让长辈在先。吃饭时，在老人动筷后，晚辈才可动筷用餐。客来时，出门相迎，向客人问候并热情让进屋里。对来客，无论年轻人还是长者，都要倒茶敬烟。在牧区，要向客人敬奶茶、奶食品、酒肉。敖鲁古雅鄂温克族人习惯用鹿、犴的胸口肉、脊骨肉、肥肠和驯鹿奶招待尊贵客人。到别人家做客时，要问候主人家的长辈老人，尊重主人家习惯。

　　达斡尔族提倡敬老，尊重老人是达斡尔族的传统美德。当老人出门时，儿女把车马备好，老人上车、上马坐稳后，把缰绳交给老人，并送到大门外。老人回来时到大门外迎接，老人下车下马进屋，儿女卸车卸马。用餐先让老人，家中大事取得老人应允才能去办。长时间外出前，要向老人请安辞行。遇不相识老人也要让座、让路、请安问候。达斡尔族使用的烟袋叫"待伊热"，敬烟是一种施礼的表示，在家中儿媳要给公婆经常敬烟，每个妇女随身携带精致烟荷包，随时向长辈老人或客人敬烟。每个成年男子都佩有一套烟具，便于向老人、客人敬烟或互相敬烟。老人出门归来，晚辈必须请安，儿女出门七天以上归来，先向长辈老人请安问候，儿媳回娘家即使只有二三天，返回后也要先向公婆请安敬酒。男子请安时伸左腿，弯右腿，两手放在膝盖上，向前弯腰；女子屈膝下蹲，双手扶膝，稍低头。受礼者辈分越大，请安者则弯腰越深，平辈之间稍弯一点即可。宾客朋友光临必出门迎接。先以烟敬客，若是远道客人，须备好酒餐待客。送客时，让客人先出，长者前行，晚辈随后，女主人送至屋门外，男主人送到大门外。家长与客人攀谈时，晚辈不得在一旁说笑，不准随便插言。

第四节　婚俗

蒙古族婚礼　鄂伦春族婚礼　鄂温克族婚礼　达斡尔族婚礼

蒙古族在历史上曾经有过收继婚、抢婚习俗。抢婚是奴隶社会的一种婚姻形式。13世纪前，蒙古社会多半为抢婚制。13世纪后，蒙古进入封建社会，即普遍实行聘婚制度。

蒙古族男子求亲要委托信赖的说亲人，择吉日良辰到女家相亲。如果姑娘和其父母看上小伙子就收下献上的哈达，如果不同意，则婉言拒收。定亲后，男方要送给女方彩礼。农区多以金银首饰、衣物为彩礼。牧区常以牛、马、羊、驼等牲畜为彩礼。牧民视九为吉祥数，彩礼以九为起点，从一九到九九。也可以择小于九的奇数三、五、七为起点。但绝不能择偶数。彩礼多少由男方的经济情况而定。蒙古族讲究陪送嫁妆。通常是女方陪嫁的东西要比男方送给女方的东西多，所以有的俗语说："娶得起媳妇，聘不起姑娘。"定亲后，首先要请喇嘛占卜，选择吉日确定结婚日期。吉日择定后，由男方家派媒人和亲友带上哈达、美酒等礼品前往女方家，同其父母商量结婚事宜。

蒙古族娶亲非常隆重，以鄂尔多斯婚礼、布利亚特婚礼最具特色。鄂尔多斯婚礼的全部过程，一般分为八个步骤。

第一步乘马娶亲。男家的亲戚朋友接到婚礼的邀请之后，便在婚宴开办的当天，带着礼物，骑着骏马，陆续来到男方门上。下午申时左右，宾客一起聚到婚宴正厅，向新郎父母递送礼物：有整煮的肥羊，有整块的砖茶及布匹等。主家接受了亲友的馈赠，便设宴摆酒。宴罢以后，到黄昏之时，娶亲的人祭过成吉思汗像，新郎便披弓挂箭，翻身上马，待命出发。祝颂人则手端鲜奶，念《弓箭赞》《骏马赞》，念过三遍以后，以大宾为首的一行四人便策马向女方家奔去。

第二步闭门迎婿。娶亲的人来到女家门前，看见一堆旺火，知道女方的一切已准备就绪，便按照预定的仪程，从新娘家院子后面兜一个圈子，来到东面办喜宴的灶台跟前，念过《图勒嘎赞》《骏马赞》，到女家院外的看席，尝过奶食圣饼，举步欲入婚宴正厅，却被女方四位大嫂砰地一声，将门关闭。于是男方祝颂人就和女方大嫂展开了难分难解的舌战。当男方祝颂人问到为什么堵门时，大嫂答道：

> 看你桂冠锦袍，
>
> 像是探亲的嘉宾，
>
> 看你披弓挂箭，
>
> 像是打牲的猎人，
>
> 若是走错了门庭，
>
> 南有大路可寻，
>
> 若是找不到猎物，
>
> 北有深山老林。
>
> 你的家乡在何地，
>
> 你的信仰是谁人；
>
> 要去的地方在哪里，
>
> 要会的亲人叫啥名？

男方祝颂人答道：

> 布尔陶亥是我的家乡，
>
> 成吉思汗是我的信仰。
>
> 用那熟制的佳肴作为求婚礼品，
>
> 遵循迎亲的大礼来到你家门上。
>
> 阿爸订下的金玉般的良缘，
>
> 额吉许诺的磐石般的婚约，

我们才千里迢迢来到你家。

经过应答，女方把象征聘礼的牛犊红筒收下，把男方的四位娶亲人放进门。

第三步献羊祝酒。男方要请女方亲朋全部入席，把带来的全羊放在女方主婚人面前的桌上，让新郎面向席位跪倒。男方祝颂人斟酒向着满座宾客致《献羊祝酒词》，新郎起立向宾客一一敬酒。这时女方的待客者从全羊身上少割一点肉祭过天，再将羊头捧给女方主婚人，让他品尝以后，算是领了男方的心意，便把全羊端了下去。接着便由女家先茶后酒，对所有来客加以招待，欢唱婚宴歌曲。

第四步是求名问庚。夜阑更深，当鼎沸一时的歌声沉寂下来以后，婚宴便改换了一项内容，由男方祝颂人向女方求问新娘的姓名年龄。原来鄂尔多斯的少女，在出嫁时都要另起一个新名，就在这次婚宴上公开宣布。再加上女方故意避实就虚，对男方提出的问题有意回避，却提出许多奇闻逸事、传说掌故诘难对方，使婚宴变得十分有趣。

第五步是女家晚宴。这是女方仪程中最大的一次婚宴，要拿出整煮全羊招待所有来宾。晚宴以后，新娘就要上马出嫁了，所以也是"离娘宴"。晚宴以新郎论资排辈给宾客叩头敬酒拉开序幕，而女方的主要亲戚都要在叩头时给新郎赠送礼品。按照规矩，岳家赠送的衣着再多，新郎也必须当时穿起来带回去，中途不能脱掉，有点专门向两家亲戚炫耀的意思。

第六步是新娘上马。晚宴以后，要好的姑娘知道新娘就要登程，便用绸带把她们自己和新娘拴在一起，准备"阻嫁"。为了缓解这一插曲，娶家总要另请一对德高望重、儿孙满堂的老夫妇作为女儿的"绾头爹娘"。当婚事总管宣布妆新的命令，新郎方面的人来抢新娘的时候，十几个阻嫁的姑娘便又哭又闹，不让对方把姑娘拉走。这时，总是"绾头爹娘"悄悄找来姑娘们的父母前去解围。一旦解围之后，姑娘们便不再纠缠，绾头额吉便把新娘的大辫解开，蘸着碗里的清水，梳得油光铮亮，再把链垂、头饰戴上去，表示她的姑娘时代已经结束，今后将作为一个少妇的形象出现在众人面前。当金色的朝晖把草原镀亮的时候，女方送亲的人们准备好了骑乘，在悠扬的礼赞声中，新娘的两位兄长把头蒙红纱的新娘扶到红马上，再由新娘的嫂嫂前面牵马，在大队人马的簇拥下绕蒙古包一周，慢慢地向婆家走去。这时，宾客便唱起惜别的歌儿为她送行：

> 前额上嵌着玉点的骏马，还在沙丘上奔跑。
> 身穿蟒缎长袍的姑娘哟，就要离开娘家的毡包。
>
> 脊梁撒满银花的骏马，还在冰滩上奔跑。
> 头戴珠宝玉器的姑娘哟，就要走进陌生的毡包。

第七步迎新拜灶。新娘来到婆家附近时，男方要派出十几位精干的小伙子，骑着快马到野外迎候。将奶茶、美酒、圣饼、羊背子等摆在地上，由男祝颂人致《迎新词》：

> 石山升得再高，有路通往山顶。
> 珍珠撒得再多，有线把它穿拢。
> 亲家离得再远，宿愿能为联姻。
> 今日清晨的时分，
> 把这心爱的姑娘，扶到矫健的骏马上；
> 把那两箱的嫁妆，驮到高大的骆驼上；
> 从娘家动身，来到婆家门上。
> 乳汁的精华是奶酒，我们把奶酒敬上。
> 五畜的精华是乌查，我们把乌查献上。
> 远道而来的各位亲朋，请你们赏光。

新娘来到婆家门前，新娘的牵马嫂嫂，这时要把头蒙红纱的新娘牵到两堆火跟前，将马缰绳结一个环儿，使劲向火堆那面扔过去。早就做好准备的新郎便驰马而来，用马鞭插入环中，把即将落地的缰绳挑起，牵着新娘缓缓从两堆火间走过。新娘步入正厅，首先要向灶神三拜九叩，在拜叩中间男方祝颂人要为她诵读《祭灶词》。拜灶以后，才依次向婆母、主婚人等叩头，婆母、主婚人等要给新娘赠送礼品，由送亲的嫂嫂代收。新娘叩罢头，婆母给新娘揭去面纱，从此新娘才彻底亮了相。

第八步是放夜送客。送亲的宾客喝过茶以后，要派出自己的代表，到婚宴正厅向男方献上礼节性的全羊，而后才能正式坐入席位。宴席以饮酒唱歌开始，由男方总管敬第一轮，新郎敬第二轮，第二轮后开始吃全羊。吃罢以后由新郎父母敬第三轮酒，一直欢饮达旦。

婚礼结束的当天晚上，新郎新娘就可以入洞房了。第二天早上起来新娘要把婆家灶里的灰掏出去倒在灰堆上，回来把火生起来。这时婆母象征性地交给新娘一把勺子，对她说："从今往后你就是这个家的主人了，吃稠喝稀全凭你用这把勺子料理了。"新娘接过勺子，向婆母叩头表示谢意。接着，婆母还要赏给媳妇一个煮熟的羊胸叉骨肉，让媳妇吃掉，表示婆母对新娘疼爱之意。三天以后，由公公婆婆或哥哥嫂嫂领上新郎新娘到娘家去，住一天两夜，公公婆婆或哥哥嫂嫂先回去，新郎新娘再住一天，就偕同娘家没有来参加过婚礼的亲戚来到婆家，这叫倒回门。回门的时候，新郎新娘要给娘家带一块砖茶，作为成家以后第一次上门的礼品。出嫁的姑娘还要给弟弟妹妹每人送一些毛巾、玩具之类的小礼物④。

鄂伦春族婚俗为：

求婚。由男方父母托媒人到另一氏族女方家求婚。女方父母一般不轻易答应亲事，推说姑娘还小、蠢笨，配不上聪明小伙子等。媒人则要夸奖姑娘，并求其父母答应亲事。媒人都很敏感，只要女方父母在言语上稍一流露同意，就给女方双亲磕头，求婚就告成功。

认亲。男方母亲、媒人和未婚新郎携酒肉上门。到女方家后，未婚新郎要向女方长辈磕头，惟不给岳父母磕头。男女如已成年，当天就可同房。同房二十日或一个月不等。

过彩礼。媒人和男方近亲携新郎带着马匹、烧酒、野猪肉等前往女方家。彩礼中的马匹由女方父母和亲属瞧看，认为满意就收下，如不满意则要求更换。之后，女方家大摆筵席，这时女婿才给岳父母磕头。但岳父母不参加酒宴。过彩礼后，男女可再次同房，此后，直到婚礼前，不许再同房。

婚礼。双方各邀请亲友参加，在男方家举行婚礼。婚前数日，新郎到岳父母家接新娘，由兄弟姐妹陪同。女方家人要出来很远迎接新郎及其同来的人。回程时，新郎早走一天。新娘由本家伯伯或叔叔等前往相送。新娘及其亲友快来到男方的乌力楞（家长制家庭公社）时，新郎带领其氏族兄弟走出很远来迎接。女方家送新娘一行，把男家馈赠马匹全部或部分及其他妆奁一并带来。到达乌力楞前，新郎和岳丈家来的男亲友要以赛马的形式进入乌力楞，新娘和女亲友则不参加赛马。进乌力楞后先拜天，然后新娘拜公婆及男方长辈亲友。这时点燃斜仁柱前预积柴薪，亲友围薪而坐，款以筵宴，酒至数巡，歌声大作，直到深夜始散。入洞房前，新郎和新娘用一个碗、一双筷子吃"老考太"（粘粥），以示白头偕老。

鄂温克族婚俗为：

订婚。有在孩子尚在母亲怀孕或在摇篮时就订下婚事者，多数还是在子女成人后请媒人求婚订亲。一般由男方氏族中辈分大，能说会道，又懂求婚规矩者担任媒人。媒人到女方家时，须带两瓶酒，并向女方家长借酒壶为主人敬酒。女方父母便知来意，让女儿避开。媒人再次敬酒说：某某长辈让我来你们家做客，听我们氏族长辈说，你们氏族有个拿剪子的姑娘，我们氏族有个拿弓箭的小伙子，我是为两家美好姻缘而来。女方父母说些推托之词。媒人使出善于言辞本事，甚至数次登门，直到订下婚事。

过彩礼。彩礼中的牲畜各地不同，有的是马、乳牛，有的是乳牛、马、羊，有的是驯鹿等。

结婚。各地的鄂温克族人婚俗不同。

敖鲁古雅乡鄂温克族在结婚之日，男方乌力楞一定要搬到女方乌力楞近处。由男方出人在通向女方家路上，把两旁树木皮刮掉一些，为新郎开道。结婚之日，新郎及其父母、乌力楞成员，都要去女方家。去时，最前面走的是一位老人，其后是新郎，再后是新郎父母和乌力楞成员，最后是牵着驯鹿的人。女方也以同样队形出来迎接。新郎和新娘相遇后，先要吻耶稣像，而后两人拥抱接吻，并交换礼物。新郎、新娘从男方送来的十只驯鹿中各自牵一只按太阳运行方向绕撮罗子三周。人们在撮罗子里吃过喜酒后，傍晚时分点燃篝火唱歌跳舞。翌日，女方乌力楞里的人也要到男方的乌力楞去，共进婚宴。之后送亲人们回自己的乌力楞，新娘就算正式嫁到男方家。

陈巴尔虎旗鄂温克族结婚时，男方派人在半路摆酒肉，以迎送众亲人。新郎、新娘进入新蒙古包时，要拜神、拜火。之后新娘换上妇女装束，和新郎一同去包外筵席上为父母和长辈们敬酒，受敬者祝福新人勤于劳动，和睦相处，白头到老。男女双方参加婚礼的青年们则争抢送亲车上带来的枕头，争取由自己方面的人把枕头送入包内。争抢激烈时，由长者出面调解，让双方各出人员共同把枕头送进包中。翌日清晨，在新婚夫妇所住蒙古包里摆酒席，招待来宾。宴会结束时，坐在火位正北侧席位的长者，要把割下的羊耳朵从包顶扔到外面。男女双方青年们便一哄而上抢夺羊耳朵，若被女方夺得，男方一定要夺回。另有，女方来人趁男方不备，从酒席上拿走一个盅或碟子，骑上马后拿出给男方人们看。男方发现后，一定要上马前去夺回。夺不回时，则请求对方还回盅、碟，并向对方敬烟敬酒。

达斡尔族的婚俗为：

订亲，由男方家长请与女方有亲友关系的人做媒人，到女方家说亲。媒人要向女方家长详细介绍男方年龄、相貌、身材、人品及其家庭状况。如果是两地生疏、素不相识的双方家庭，为谨慎从事，女方父母对媒人暂不表态，经侧面了解后，认为这桩婚事可以时才能应允。所以媒人说媒往往不是一次就能大功告成，有时往返多次才能成功。女方家长一旦同意，媒人便向女方家长辈敬酒致谢，并表示祝贺。女方家长也备好餐饮款待媒人，这样亲事就算说成。

过礼，媒人把亲事说成后，男方的叔叔或伯伯，在媒人陪同下，带领未婚女婿到女方家认亲过礼。彩礼中有一匹带缰绳马，寓意把两家姻亲连接在一起，有一头乳牛，意为补偿岳母哺育新娘之乳汁。还有肥猪、酒、糕点、奶皮等。女方家长邀请亲友前来参加酒宴，女婿向岳父母敬酒磕头，并向女方近亲长辈一一敬酒磕头认亲。认亲过礼时，姑娘到近亲家回避。女婿返回时，岳丈家送些酒肉回赠亲家，富裕人家还给女婿一匹马骑回去。

娶亲，姑娘多在17、19、21奇数年龄结婚。结婚前一个月，男方第二次到女方家送衣服、首饰、耳环等，还携带酒肉招待女方父母及其长者，并商定良辰吉日。婚礼之日，新娘由最年轻女傧相陪同乘坐搭篷喜车，其余男女傧相分别乘坐两辆马车，最年轻男傧相骑马殿后。送亲车队来到离屯二三公里时，男方两名骑手前来迎接，敬酒欢迎送亲人员，新郎父母和其他直系亲属在大门前满酒迎接送亲车队。男女傧相都在大门外下车下马，接受新郎父母及其直系亲属敬酒欢迎，只有新娘和伴娘不下喜车直接驶入院内。新娘在鞭炮声中下车，头盖红布，由妯娌们引进西屋，在南炕面对窗户下盘腿而坐。妯娌们给新娘揭下红布，梳理头发，更换衣服。此间，设酒席首先招待送亲的亲家，南炕是女傧相席，由男方等数女宾陪坐；西炕是男傧相席，由等数男宾陪坐。北炕是车夫席，由新郎弟弟们陪坐。送亲傧相们宴毕即日返回，新郎父母及直系亲属送客人至大门外，新郎一直送到屯外返回。送亲客人走后，新郎家设宴招待屯内亲友。席间，新郎、新娘先给父母敬酒磕头，并给新郎长辈一一敬酒磕头。晚上入洞房后，男方由一个儿女双全的全福人请新郎、新娘喝用红线连在一起的两盅酒，然后为他们铺好被褥。翌日起，新媳妇每日早晚要对公婆及长辈行装烟礼。三日后，新娘由妯娌们带领拜见莫昆内老人和近亲长辈，告知新娘各位老人辈分和亲属关系，新娘敬烟、敬酒、磕头认亲。婚后一个月，由女婿赶车送媳妇回娘家住半个月，后由新娘之弟赶车将姐姐送回婆家。

第五节　丧葬

天葬　火葬　土葬

蒙古族传统丧葬习俗有：

天葬，又称"野葬"或"弃葬"，是早期蒙古社会中流行的一种葬式。早期的天葬形式，各地区有明显的区别。有的地方人死以后，换上新衣或用白布缠裹全身，将尸体放在勒勒车上，赶车急行，使其任意颠簸，尸体掉在哪里，哪里就是吉祥的葬地。然后，车夫赶着勒勒车快速返回，直奔家中，不得回头看。三日后，死者家属去察看，若尸体被禽兽吃掉，就认为是死者已经升了"天堂"，或者已进入"极乐世界"；若尸体完整无损，就认为死者生前的罪孽未消，对其子孙后代是不祥之兆，于是要请萨满或喇嘛念经，替死者忏悔，消除罪孽。大部分地区，有专门开葬的地点，人死以后都送到指定地点，头朝北或西北方向，男的枕右手侧放，女的枕左手侧放⑤。

火葬，原本是喇嘛圆寂后采用的丧葬形式，曾在蒙古地区的王公贵族和达官显要中盛行。普通人家也有实行火葬者，尤其患传染病或产妇死后必须进行火葬。藏传佛教火葬，讲究将死者脱去旧衣换上新装，或用白色绸缎包裹全身，将尸体盘坐放入木制轿箱内。出殡时，由引魂马将轿箱用车运至荒野，点火焚烧，亲属围在火旁默念祭词，祝愿死者灵魂尽快升天，去往佛国圣地。第三天，逝者亲属每人带一白面薄饼、一双筷子去捡骨灰。用筷子将脚、腿、胯、腰、臂、颈、头等部骨灰挟到饼上。如果发现圆球形舍利子要拣起另放。全部拣完后将骨灰放入瓦罐或木匣内，不满要用饼填满，然后用红布扎口，送到僻静山洼、沟壑，用大石头盖压或埋在事先挖好的坟内。

土葬，也称"生葬"。此俗受内地迁来的汉族人影响。除喇嘛一直坚持火葬外，农区、半农半牧区蒙古族逐渐实行土葬。入殓时让尸体仰卧棺内，请喇嘛念经，在门隅或阴暗处烧奠纸。叫魂时令马在院内跑动，如马出汗，家人皆喜，认为亡者已乘此马驰往阴间极乐世界。出殡时不拉灵，不拿出丧捧，早年不堆墓，清末开始堆圆形墓，坟上插木杆，挂写经文布旗。

鄂伦春族人亡后，换好衣服，停放在原斜仁柱中，前来吊唁的亲友同逝者家属一起哭祭。然后选择葬地。葬地要距乌力楞较近，风景（水）较好的地方。天葬也称"树葬"或"风葬"。用柳条编棺，逝者头朝北，置于林中树上。火葬用于得急病死去的青年或孕妇，恐其死后变为恶魔来缠绕家人。土葬将亡者装入棺材，就尽快挖坑掩埋；如没有棺材，就挖坑用木椽筑成方框（箱状），将尸体放在里面掩埋。鄂伦春族认为，人死后肉体虽然消失，但灵魂还存在，它在阴冥世界仍要生活，因此要把其生前所用碗筷、猎刀、烟荷包、弓箭或针线盒等放在棺材中做殉葬品。鄂伦春族对亡者，周年祭最为隆重，时于斜仁柱前另搭一个斜仁柱，搭一床铺，象征逝者回来在此休息。床前放一供桌，桌上摆烧酒、野兽肉等祭物。亲友送来衣物等礼品，也挂在斜仁柱内。祭祀开始，主持人念礼单，来客中晚辈要双腿跪下，平辈以上者站着。随后设筵宴，喝酒、吃野猪肉。亲友要守夜。天黑以后和午夜要各烧纸一次，翌晨再烧纸，周年祭才算全部结束。周年祭过后，家属脱孝。

鄂温克族实行土葬，部分地区曾有树葬（天葬）习俗。同一氏族有共同墓地。阿荣旗查巴奇鄂温克民族乡的鄂温克族办丧事时，先给逝者穿寿衣，停在屋中间一块木板上，子女亲属守灵。守灵时还请人吟唱逝者生前所做的好事。若是 70 岁以上的老人去世，被认为是成神，全氏族的人都要参加葬仪。埋葬时，陪葬之物男女有别，男子有烟袋、烟荷包、小刀、小锅、火镰等，女子有头巾、烟袋、烟荷包、耳环、镯子、戒指等。埋葬前，要在逝者头前连续打三次火镰，以示告别。子女在服孝期内不能喝酒、理发，不参加娱乐活动，不与人争吵打架。清明节时烧纸、给坟墓培土。

达斡尔族人亡后实行土葬，各屯都有莫昆的公共墓地，墓地内各户都有指定的位置。埋葬次序顺着岗坡，长辈在上，晚辈在下，如是平地，长辈靠北，晚辈靠南。埋葬同辈人年长在左，年幼在右。晚辈先逝给长辈留位置，年幼先逝给年长留位置。夫妇先后死亡要实行夫左妇右并骨。难产、孕妇或未婚姑娘亡故及其他暴死者都火化，遗骨埋在别处。婴幼儿夭折，用草捆扎弃于野外。若萨满亡故，则按其嘱咐在离屯较远较僻静的地方树葬，过几年后再把其遗骨埋入土里。

汉族凡大家族多有祖坟，各村社有坟园，均为土葬。其丧葬习俗东部同冀鲁，中西部同甘晋陕等地。

第六节　自然崇拜

日月星辰崇拜　山水崇拜　龙崇拜　马崇拜　树木崇拜　苍狼崇拜
鹿崇拜　熊崇拜　天鹅崇拜　鹰崇拜

日月星辰崇拜中的祭天。蒙古人称天神为"腾格里"，认为天是一种超自然的神力。祭天仪式每年农历正月初一、九月初九举行。每逢祭天日，民众齐集一处高地，向天祈祷，并杀牛宰羊，把牛羊肉煮熟后，先向老天爷上供祭祀。祭毕，大家吃手把肉和肉粥，以庆丰收。剩余肉和粥分给各家各户，当日吃完，骨头深埋。

　　北方游牧民族崇拜太阳之光，认为自己是光的后代。据《蒙古秘史》记载，孛儿只斤氏族的祖先孛端察儿就是日月之光孕育而生。阿阑豁阿的丈夫死后，每夜月光从窗而射，光浸其腹，怀孛端察儿而生。这一"神孕"、"感生"的神话故事，追其渊源与远古图腾崇拜及泛灵信仰有关。日月给人们温暖和光明，崇拜太阳（图下6-2），通过祭祀来表达自己的敬畏之心，形成拜日月习俗。每天清晨日出和正午日照时祭日，求育男婴时举行拜日活动，遇灾害、疫病蔓延时也虔诚祭日，以求解脱。月初与月中十五、十六日进行拜月，得眼病、祈求生女儿时也祭月。每年正月初二为公祭日，用马奶酒、鲜奶朝向日月叩拜、致祭词、献洒祭礼。禁忌对着太阳和月亮大小便、扔垃圾、吐唾沫、谩骂和泼脏水。

图下6-2　阴山岩画中凿刻的太阳崇拜图　选自《中国少数民族文化史图典》，孔群摄。

　　北方游牧民族也崇拜星宿。以畜牧业为主的蒙古人经常夜牧，并在多年观察夜空天象中产生对星宿的崇拜和信仰。他们主要崇拜的星宿，一是北斗星，蒙古语称"道兰额布根"（七老翁）。二是北极星，蒙古语称"阿勒坦嘎达斯"（金钉子）；三是三犬星，蒙古语称"古日本瑙亥"（三只犬）或"古日本敖敦"（三颗星）。蒙古族民间流传着北斗星祭祀，并传有七翁祭祀经书，列入《甘珠尔》经。北斗星的祭祀每月有固定的祭日。祭祀时先备好干柴，然后于蒙古包或庭院东北角仿照北斗星堆起七堆土。夜幕降临，北斗星全部出齐后开始祭祀。点燃松柏枝，投入羊肉、果点、茶叶、红糖、奶皮子、白酒、奶酒等供品。参加祭祀的人朝东北方向列跪，叩拜七次或九次。

山水崇拜。游牧民族将自己居住区域内雄伟险峻的山称为"神山"，晶莹碧透的江湖称为"神河"、"神湖"，冬夏长流的泉称为"神泉"。他们认为神山、神河、神湖、神泉能保佑五畜兴旺、风调雨顺、人丁安康，故对其祭祀和顶礼膜拜。不而罕山是蒙古人祭祀的神山。12世纪末，蒙古族先祖成吉思汗被篾儿乞惕部落追捕时，隐藏于不而罕山才得救。据《蒙古秘史》记载，铁木真走下山来，捶胸告天说：我的小性命被不而罕山遮救，这山久后我要时常祭祀，我的子子孙孙也一定祭祀。从此，成吉思汗的后代子孙就世世代代祭祀不而罕山。蒙古族各个部落公祭的山水有阿尔泰山、博格达山、罕肯特山、杭盖山、牟尼山、克鲁伦河、土拉河、色楞格河、额尔奇斯河等。除此之外，各地区的部落还有自己祭祀的神山、神河。

经过漫长的岁月，由早期的祭祀山河本身演化为祭祀山神河神，后来把神人格化，赋予人的形象。比如巴颜珠日河山的神是黄面、塔式头发的年轻人。博格达山神是嘴里叼着长蛇的金翅鸟形象的人。准格尔山神是黄面、长须的老翁。松根山神是紫面、浓黑眉毛、表情深沉的老翁。蒙古族认为蛇是下界的占领者，也是江湖河水共同的主人，因此对蛇也崇拜和祭祀。苏尼特蒙古人有祭泉的习俗。他们在泉水之源堆起石头敖包，献上各种奶食供品，并举行洒酒、洒鲜奶的祭礼。山祭分为公祭和户祭。公祭没有固定的祭日，每年农历七八月份择3—5日祭奠。祭山时，周围各村屯农牧民，骑马或坐车云集神山，安营扎寨，参加祭奠。公祭一般由大萨满或部落尊长、王公诺颜和札萨克主持。藏传佛教传入蒙古之后，寺庙的喇嘛也到场诵经念法。古代时宰马祭山为多，后来一般用羊背子、牛胸、奶制品、炒米、奶酒和果品祭祀山神。庆典上还要举行祈福仪式。献供品、献马的同时，主祭人双手捧起祈福木桶和系有各种各样彩绸的神箭，跪在祭台前，晃动木桶和神箭大声呼叫："降福！呼瑞！呼瑞！"宣读祭文，向山水叩头祈祷。仪式供品大家分享。

龙是中国神话中的一种善变化、兴云雨、利万物的神物。上下数千年，龙已渗透到中国社会的各个方面，成为一种文化的凝聚和积淀。内蒙古地区古代先民也与中原地区人民一样信奉、崇拜龙这种神物。赤峰市翁牛特旗出土的玉龙为原始社会新石器时代之物，有5000余年历史。

玉龙通体呈墨绿色，高 26 厘米，重 1000 克，身体呈 C 形状，因此被命名为"C 形玉雕龙"，是举世无双的国宝。玉龙的出土标志着早在 5000 余年前，西辽河上游已形成对龙的崇拜。同龙崇拜一样，凤崇拜也渗入到北方游牧民族的始祖崇拜之中。

对马的崇拜多流行于北方牧民、猎民中。清代文献中多有祭马神仪式和修建马神庙的记述。神马多为全白色，全尾全鬃，从不修剪，并常在鬃尾上拴五彩绸作为标志。遍布于蒙古高原上的关于马的岩画充分说明，蒙古人与马有着不解的情结，同时马也成为蒙古人所崇拜的神物。成吉思汗时代，马被作为蒙古社会中最重要和最受尊敬的"贵族"。饰以白色马鬃的"苏鲁锭"（大旗上的铁矛头）是精神之旗，饰以黑色马鬃的苏鲁锭是战神之旗。成吉思汗陵八白宫中，专辟一室摆放马的用具。另一室祭祀"温都根查干"（洁白鬃毛的骏马），这匹马是成吉思汗曾祭奠过的苍天赐予的神马。蒙古族不仅把马视为神加以崇拜，更把马鬃装饰在苏鲁锭上。"神马"是人们爱马和祝愿马群兴旺的寄托。成吉思汗统一蒙古诸部，建立大蒙古国，皆得益于马。所以马被蒙古人当作崇拜的偶像，自在情理之中。按照蒙古族传统习俗，人们从马群里挑选出一匹自己最喜爱的马或劳苦功高的马，举行祝福涂抹仪式，在它的鬃毛或脖颈上系上彩绸带，宣布为献给神的马，名曰"神马"。这匹神马从此终生不受羁勒，不服劳役，撒群闲游。这是牧民爱马思想的集中表现，体现着丰富的文化内涵和鲜明的人文特征。

有关树木崇拜，无论在神话传说还是蒙古英雄史诗中，都记载有树木崇拜。北方各民族狩猎，自古栖居山林，靠山林哺育成长，发展壮大。蒙古人对树木的崇拜和供祭，在《蒙古秘史》等典籍以及萨满的祭仪中均有明显表现与记载。如供独棵树、繁茂树、萨满树、桦树、落叶松等，从根源上说，无不与树木图腾观念有关。由此产生的与树木、鸟、摇篮相结合孕育出的首领、先祖的各种神话传说，在通古斯语族、突厥语族的民族中均有流传。生活在高山密林里的原始狩猎民，离不开野兽飞禽，同时也离不开森林带来的恩泽。四季常青的苍松翠柏，巍然挺拔，蔚为壮观，在古人眼里最感神奇。表象、意识、情感交相混杂融合，幻想和现实不加区分，视树木与自己有血缘关系，从而对之敬重有加，于是北方古代民族便自然产生树木图腾观念。

蒙古族崇拜"尚西树"。尚西（蒙古语是一棵大树和神树的意思）为荒原上或大山中孤立生长的十分茂密的大树，也称"尚欣毛都"。历史上很多蒙古部落有自己祭祀的尚西，会盟誓约等重大政治活动，一般要在尚西下举行。蒙古大多地区以独棵大榆树为尚西，少数地区以松、柏、桦树为尚西，个别地区也以柳树为尚西，每年农历五六月择吉日祭祀一次。祭祀尚西时，一个或几个村落为单位举办。届时村民们聚集在独棵神树之下，用哈达和鲜艳的布条，将树干、树枝装饰一新，还向尚西献全羊和白酒、奶酒、白食品和糖果等。尚西老人即主祭人盘膝坐在神树之下，向尚西致祭词，被推选出的几名主祭人手捧哈达、美酒、奶食品，向尚西老人行酒祭礼，向大树膜拜祈祷，请萨满巫师致词祈祷或请喇嘛诵经。接着围绕尚西跳舞，唱祈雨歌和其他蒙古族歌谣。

哲里木盟开鲁县大榆树镇内，有一珠千年古榆，树高约 26 米，胸围 7 米余，为辽代遗存。它有四条主枝，各指东南、西北、西南、东北。盛夏，翠叶重重叠叠、密密匝匝，远望恍若一朵落地绿云。树冠宛如巨大的伞盖，巍峨支撑在空中，枝繁叶茂不露一丝缝隙；四周垂条披散，几乎触地；繁密错杂、粗细不一的枝干千奇百怪，各具形态。传说曾为龙的栖息场所，被当地蒙古人崇拜为尚西。

位于鄂尔多斯准格尔旗西南一座山头上的油松（图下 6-3），其形态似金鹏展翅，其枝叶如垂天之云，人称"中国油松王"。这棵油松王始生长于宋英宗治平三年（1066），高 25 米，胸径 1.3 米，材积 13.5 立方米，人们不远百里去参拜它。阿拉善盟额济纳旗生长着一棵被誉为"尚西"的胡杨树，树高约 27 米，主干直径 2.07 米，胸围 6.5 米，需 6 个人手拉手方能合抱，到清宣统三年（1911），树龄达 790 年。

考古文化遗存表明，北亚、中亚地区许多游牧民族都曾以鹿为神兽，并崇奉有加。蒙古萨满认为，鹿能显灵，可以驱魔镇邪。内蒙古巴尔虎、察哈尔、科尔沁等地萨满巫师所戴的帽子都用铁皮制成鹿角加以装饰，所用的青铜镜和法鼓也都刻画着鹿的形象，说明蒙古先民、特别是森林猎民曾以鹿作为崇拜的偶像。

布里亚特人、达尔哈特人崇拜熊。布里亚特和达尔哈特人用 dbege

图下 6-3　位于鄂尔多斯准格尔旗境内的油松王，至 21 世纪初已有 900 年树龄。　杨玉铭等提供资料

（祖先）、qairqan（神圣的）、otog（熊的别称）称呼熊，将其看成猛兽之王。在猎熊时，他们要遵循从古以来传承的熊祭仪，举行许多奇特的祭祀仪式。熊崇拜不仅在布里亚特存在，其他地区也有类似现象。一直到近代，布里亚特临近的北亚地区还留存着大量有关熊崇拜的遗存，其中包括在民间可以见到的祭熊仪礼和与熊有关的习俗禁忌。达尔哈特人在猎熊时遵循一套非常特殊的习俗和礼仪。比如，公熊四季均可捕猎，母熊则要等到它生养小熊，春天走出洞穴之后才可以捕猎。在洞穴捕杀熊时，首先要在洞口附近进行虔诚的祈祷，还要敲打火镰，向洞口抛三次火。猎获熊后，在一定时间内熊头不能剥皮，把头和两条前腿放置在特定的尊贵位置上，祭奠一番后才能剥皮煮熟，举行敬献熊头的仪式。品尝时，从村里最长者开始，依次让每家都吃到熊头肉，后将熊头骨拿到野外，挂在树上。

　　辽捺钵捕天鹅，获头鹅者（第一个捕获者）要举行隆重的仪式以示庆贺。布里亚特蒙古崇奉天鹅，居住于内蒙古呼伦贝尔地区的巴尔虎人，自称远祖来自斡难河上游及贝加尔湖地区，形成共同的、来自远古的对天鹅崇拜的观念。蒙古高原曾有许多民族或部落将白天鹅作为吉祥的象征，甚至奉为神鸟（翁衮）加以祭祀。布里亚特蒙古萨满在举行宗教仪式时，开始便要吟唱"天鹅祖先、桦树神杆"的颂词。春季天鹅北归凌空翱翔时，巴尔虎和布里亚特人都以洁白的鲜奶祭洒，表示祝福。

鹰（蒙语为布日古德）是萨满化身的神物象征。蒙古萨满的起源离不开鹰。鹰这种猛禽猎鸟，早在原始狩猎时代就受到人们的钦慕崇敬，它那高超的飞翔技术、凶猛异常的擒拿扑击本领，以及傲然挺立的威武雄姿，使人觉得神奇而叹赏。在残酷的自然环境面前，狩猎先民极其自然地幻想有鹰一样的本领。狩猎业的发展，狩猎民驯养鹰作为自己的助手，鹰成为他们不可缺少的依靠。所以，腾飞的鹰和奔驰的驯鹿，堪称为狩猎民的左臂右膀。狩猎民由神秘钦羡到生活依赖，从而与鹰建立起极其亲密的关系，鹰自然成为一些民族普遍崇拜与信奉的"天神"。

关于苍狼的崇拜，说法不一。据波斯史学家拉施特《史集》记载，距成吉思汗前两千年许，蒙古部落在一场战争中仅剩娜古斯、戈岩名氏两人，他们到额尔古纳河南岸的深山居住。400年后，又迁移到蒙古沃嫩河、克鲁伦河、套勒河三角地区。他们的后代"布尔贴·川"（苍狼）、"华玛日勒"（白鹿）过河到大草原上生活。布尔贴·川是成吉思汗的祖先。《蒙古秘史》开篇第一句说："成吉思汗的根祖是苍天降生的孛儿帖赤那（苍色狼）和他的妻子豁埃马兰勒（白色鹿）。他们渡腾汲思水来到位于斡难河源头的不儿罕山，生有一个儿子叫巴塔赤罕。"⑥这是一则流传久远而被记录下来有关动物崇拜的神话。据《蒙古源流》卷四记载，成吉思汗在围猎中特降旨对黄母鹿与狼要放生，作为神兽加以爱护。

第七节　祭祀

祭敖包　祭山　祭火　祭祖　祭陵　祭苏鲁锭　祭鬼神　祈雨

祭敖包是蒙古族最普遍的祭祀活动（图下6-4）。祭敖包源于古代蒙古族的祭山神活动。在草原地区比较凸显的丘陵或高坡上，人工用石片或石块垒砌成圆形石堆，顶端插一长杆，系牲畜毛角和经文布条，远望

图下 6-4　喇嘛与蒙古族牧民祭敖包　出处同图下 6-2

如蒙古包状，人们视为神之栖息地，蒙古语称"敖包"。在无石材的沙地也可用柳条扎成敖包。敖包均有名称，多取自所在山名或地名。它除具有祭坛的作用外，也是区分不同地区的标志。祭敖包仪式一般在每年农历五月至七月举行，有一旗、一苏木独祭，也有几个旗、几个苏木联合祭祀。祭祀时，场面隆重、严肃、热烈，喇嘛选好日子后，远近牧民坐勒勒车或骑马，捧着祭品赶来。祭品主要是熟羊肉和羊内脏、糕点、乳制品、砖茶、酒等。祭敖包礼仪结束后，举行赛马、射箭、摔跤以及唱歌、跳舞等娱乐活动。

祭山，以扎赉特旗为例，分全旗性和地区性两种。旗内最大的名山由札萨克主祭，费用由全旗辖户分担。每年农历五月初一，由王府主持祭祀孟格罕山。骑马坐车云集在罕山脚下，参加祭祀活动。大庙还派三十余名喇嘛登罕山主峰，在罕山顶上敖包旁边诵经说法。祭品丰盛，有羊背、牛胸、奶制品、炒米、酒和果品等。祭毕，祭山官吏和民众吃肉喝酒，举行摔跤、赛马、射箭、投布鲁等活动。

蒙古族新郎新娘结婚时必须跪拜火，建新家时须从原家借出火种点燃新房火种。每早要对火敬献火饭（炒米拌黄油加糖）。出门寻找牲畜，特别是远行或路过险要地段时，要拜火烧香祈祷火神保佑。蒙古族民间有火神爱吃红枣之说，如果得到红枣尽可能用于祭火。家家都有祭火专日，还有专门祭火喇嘛。最隆重的祭火是腊月二十三，家家都祭火，用火做各种禳除灾害仪式。若帽子掉地被人畜踩过，须用火在帽子上来回挥动三次以示净化。另外，挤奶用桶、妇女作完新衣、小孩感冒发烧等，也都要用火净化一番。

祭灶神，每年腊月二十三，阿巴嘎旗、苏尼特左旗、苏尼特右旗、东乌珠穆沁旗、西乌珠穆沁旗等地都要祭灶神。清晨，家家户户都打扫院子，清除蒙古包内的灰尘。取出准备好的羊胸叉骨、胫骨、四条长肋骨和羊的内脏，放在大锅里煮熟，然后把羊胸叉骨进行整理，做九个灯芯，浸透黄油，分别插在胸叉骨三个角的腹膜上，中间放一小把针茅。把其余的肉和煮熟的内脏放在招财桶内。在煮肉汤内放小米，熬成粥。做好这一切后放鞭炮，示意祭灶神的用品准备完毕。夜幕降临，天上布满星星时，开始祭灶神。如果同浩特的几户人家是一个家族，则祭祀要从辈分最高的人家开始。

蒙古族祭祖分年祭、节祭。年祭在家中设祖宗灵牌，或赴坟园供以年节食物，与汉族杂居或汉地接壤的蒙古人祭祖，与汉族人无甚差异。唯清明节扫墓、祭祖与汉族人不同。祭品以羊背子或羊肋骨为主，其他物品视家资而定。每届祭期，俟全族人齐集坟园，乃从事修治垄墓，陈荐时食，并由宗族或行辈最长者一人，率同族致祭。部分蒙古族家庭也同汉族，绘制先人容帧，于新年、娶亲时挂起来进行家祭。

蒙古族除祭祀成吉思汗陵外，伊金霍洛旗、乌审旗、鄂托克旗、杭锦旗等地还祭祀文贡希里陵（位于乌审旗沙尔利格苏木文贡梁）。旗衙门派一个台汗，专司此事，并发有红章大印任命书。外省祭陵地有：胡图克台彻辰洪台吉陵墓（位于陕西省榆林市大保当乡大坟滩），乌审旗中东部牧民每年定期前往祭奠；萨囊彻辰陵墓（位于陕西省榆林县金鸡滩乡大坟滩），萨囊彻辰后代定期前往祭奠。

苏鲁锭是成吉思汗征战时常用的一种兵器，后成为蒙古族的军徽和旗帜，是代表平安无事的吉祥物。每年农历三月，蒙古族人都要把羊肉、奶食、奶酒供奉在苏鲁锭前，缅怀成吉思汗的丰功伟绩。在鄂尔多斯伊金霍洛旗成吉思汗陵的西殿内，除了成吉思汗用过的马鞍和战刀外，还有三支成吉思汗用过的苏鲁锭。每年农历三月十七日，成陵都要举行隆重的祭拜苏鲁锭仪式。

汉族人有祭天、祭地、祭祖、祭神佛以及祭鬼神之举。祭鬼神，此俗源于巫说。巫把浑圆世界分为天堂、人间、地狱三重。人死后善者升天堂，恶者入地狱，这些全由神灵掌握。故汉族人无论贫富，家家户户供奉天地牌位。祭祀，除平时每月初一、十五日烧香外，主要是每年农历除夕。辰时起，每家在供奉天地牌位下边搭桌摆供焚香祭祀。祭祀中全家行跪拜大礼，家主还要说些上天保佑全年风调雨顺、全家幸福安康等企盼言辞。祭毕，把旧牌位上的黄表取下来焚化，再贴上新黄表。每天焚香三次，直至破五后撤去。另外，婚丧嫁娶时，也要在天地牌位下焚香祷告。在道教和佛教影响下，人们还祭奉关圣帝君，对灶神、门神、财神也很信奉，供其牌位，祈求禳灾避祸，发财幸福。另外各行各业都有自己的祖师敬祀，如木匠供鲁班，铁匠供老君，医生供孙思邈等。

大旱之年，民间要进行祈雨祭祀。旱情严重时，设坛，官吏与群众一起行跪叩礼，然后锣鼓开道，去请龙王。龙王泥塑披锦衣，奉入彩轿，游街过市。人们赤足，戴柳枝圈随行，彩轿所过之处，村民洒扫街道，虔诚迎送。到设坛之庙，奉龙王于上，人们轮流跪祈、焚香、敬纸、摆供、献牲。待降雨后，将泥塑龙王送回原庙。呼和浩特地区察素齐镇，大旱之年有去万家沟水神庙取水之习。取水人沐浴斋戒，赤足前往，置瓶于庙前泉中，跪祈至瓶中出现水珠，捧瓶下山，入龙王庙，供于香案上。降雨后摆供、献牲、唱戏，以谢水神。

另尚有祭天、祭树等，其俗与自然崇拜同。

第八节 禁忌

做客忌讳 生活禁忌 生育禁忌 儿童禁忌 妇女禁忌 婚姻禁忌 丧葬禁忌 岁时禁忌

蒙古族禁忌主要有：
做客忌讳：到牧民家做客要适当带一些礼品，如糖、酒、茶等，不要空手。客人进蒙古包时，要注意整装，也不可提着马鞭进去，要把鞭子立放在蒙古包门外的左方。进蒙古包后忌坐佛龛前面。

火忌：蒙古族崇拜火，所以进蒙古包后禁忌在火炉上烤脚烤湿靴等。不得跨越炉灶或脚蹬炉灶，不得在炉灶上磕烟袋、摔东西、扔脏物。不能用刀挑火，或用刀子从锅中取肉。

水忌：蒙古族认为水是纯洁的神灵，忌讳在河流中洗手或沐浴，更不许洗女人的脏衣物，或将不干净的东西投入河中。

忌蹬门槛：进入蒙古包时，忌在门槛上踩蹬。

忌摸头：蒙古族禁忌用手摸小孩头。认为手不干净，摸小孩头会对孩子健康成长不利。

忌打狗：蒙古族视狗为自己的忠诚朋友。到牧民家做客时，要勒马慢行，待主人看住狗后再下马，千万不能打狗。

生育禁忌：蒙古族妇女生小孩时不让外人进产房。一般要在屋檐下挂一明显标志。生男孩挂弓箭，生女孩则挂红布条。也有挂草枝的。客人见了则自然避开。

病忌：牧民家里有重病人或有人病危时，一般在蒙古包左侧挂一绳子，并将绳子埋在东侧，说明家里有重病人，不待客。

达斡尔族禁忌有：

生产禁忌：忌在鼠日开犁播种。忌在渔场拿着鞭子走，也不能背着手走，不能跨越渔具。妇女、萨满、戴孝者不能去渔场，乘船不说不吉利的话语。出门远行（打猎、放排木）前遇到兆头不好之事要改日而行。猎人不直呼熊（博博吉）和虎（塔斯哈）的名字，而称熊为"额特尔肯"（老头之意），称虎为"诺颜故热斯"（兽王）。不用白桦和榆木盖房子，不用白桦做排木之舵。3岁母马下驹后即卖掉，但要剪一点尾和鬃毛留下来。

生活禁忌：忌带马鞭入屋，忌乘马乘车直接进院。忌用手指以及刀、剪、筷子等锐器和带尖器物指点人。不得跨越他人身体和衣帽。不得踏坐门槛和窗台。不得在室内打口哨。不得在火盆上烤脚，不得往火堆里投入脏物。不能将锅在地上拉着走。不把自己的物品放在别人家过年。囤底和囤顶尖的粮食不给也不借给别人，日落后不得将粮食运出大门。夜间不能让小孩顺着炕沿睡觉。

妇女禁忌：妇女不能从车后上车，不得上屋顶，不得睡西炕，不得面对灶门而坐。孕妇不能铺熊皮，不得吃驴肉、坐驴车。产妇一个月内不出大门，不得到房屋西北角，不得到井边。妇女产后忌门，在门前横放车轴作为标志，外人不能擅自撞入产妇居室，如非进不可，要在门外放一铲火，来人要从火上跨过。

丧葬禁忌：家中重病人临咽气时，全家人不许睡。停灵时，不得让猫接近尸体。外人死于家中，不能从门抬出，要走窗户。莫昆公共墓地不准葬无儿无女之人和小孩。

鄂伦春族禁忌有：

生产禁忌：出猎前不许说这次狩猎能猎取到多少什么野兽，认为这样说会什么也猎取不到。不能猎取貂等小动物。取火时不能烧长木柴，认为烧长木柴野兽会跑得很远，不易猎取。猎取到鹿等大兽，开膛时，舌头、食道和心脏必须连在一起，直到煮熟食用时才能割断，认为只有这样才能不断猎取到野兽。出猎中猎取到第一只猎物，要祭祀"白那恰"（山神），否则在这次狩猎中再也猎不到野兽。

生活禁忌：晚辈不得直呼长辈名字，也不得把长辈名字告诉别人，否则生下孩子会没有骨头节。给神上供牺牲，只能用偶蹄类动物，不能用带爪类动物，否则神会抓坏人之躯体。

妇女禁忌：妇女经期不能食用狍、鹿内脏和头肉，否则子弹会穿不透野兽。经期不能到河里洗澡，否则要降大雨。也不能跨过泉水，否则泉水要干涸。孕妇不能进入办丧事人家，不能走抬过死人的路，否则生下孩子会死去。孕妇不许进产房，若进产房，自己会难产。产妇不能在斜仁柱中分娩，怕冲犯神灵。产妇在产房居住期间，不许吃新鲜野兽肉，否则猎人会打不到野兽。妇女不能跨越男子衣帽，否则男子要倒霉。

鄂温克族禁忌有：

生产禁忌：春季禁止用牲畜腮骨作游戏，认为春季是牲畜繁殖期，玩腮骨，生下畜崽会有歪腿情形。不许宰杀脖子上带绳子的羊，杀时须先解绳。

生活禁忌：不得叫长辈名字，公务人员要问时，可告给父名，不得告给母名。不得用有刃东西指人。不让孩子吃羊肥肠，否则，会找不到好草场。任何人不得带马鞭子进屋。

妇女禁忌：妇女不得使用男子马鞍。对孕妇不许说怀孕，而说有了。妇女不可从斧子上跨过，否则会生傻孩子。妇女不可在日落后吵架，否则全家不得安宁。妻子梳头还没编成辫子前，丈夫不得往外走。对生下婴儿不得说生孩子，而应说添了孩子或育了孩子。产妇未满月前，不可有带枪或钥匙者进屋，以防产妇断奶。产妇三日内不许拨火。

丧葬禁忌：老人去世，不得说死，而说成佛。小孩去世不得说死，而说少活。戴孝人不得理发刮脸和参加娱乐活动。在老人去世祭日，数年内禁止向别人借用东西。

其他禁忌：小孩不可玩火，玩火牲畜会走得很远。不能谩骂牲畜，否则会变成赤贫。不可无故钉橛子，否则土地神不满，钉橛人不吉利，拔橛者得福气。不可背后说别人坏话，否则本人要受到报应，或子孙尝到恶果。不可撒掉奶类食品，如一时不慎撒掉，应把所撒之奶涂在前额少许，认为奶子是宝贵东西，象征福气，以防撒掉福气。不得杀或卖未停奶的母畜，否则家里会有母子分离事情发生。出远门人回来进屋后，要向门外扔出一点火，以防妖魔跟随着进来[⑦]。

汉族禁忌有：

生产禁忌：买卖牲畜不随带笼头，俗有"卖牲口不卖笼头"之说。

生活禁忌：青年男女忌在夜间照镜子。客人入室忌踩门槛，忌蹬炕沿，忌在饭碗中插筷子。客人走时忌泼水。朋友相逢时忌当面吐唾沫。忌在客人家号啕大哭。女婿不得见岳父家宗谱。忌在梁柁下睡觉。忌在下午或晚间探视重病人。刀不能放在盆里，筷子不在碗上放成叉形，锅不能空着。为客人摆桌子要横纹放，不能纵纹对着客人。农历正月初一至初五日不扫地，否则认为会把财气、福气扫走。借别人家的药壶煎药，归还时忌空壶，要在壶内放一些米、豆之类或硬币。忌茶壶嘴对客人。晾晒的衣服天黑以前要取回屋，否则贼星落上，会生贼心铁胆。夜晚不梳头，俗称"黑夜梳头百夜愁"。

儿童禁忌：儿童不准站在门槛上，谓站门槛不长个儿。忌食猪尾巴，若吃，走路时后怕。忌吃鸡爪，传言"吃鸡爪将不会写字"。小辈不能顶撞长辈。小孩忌食鱼籽，恐长大不识数。不准打燕子、掏燕窝、捉青蛙，谚曰害燕要害眼病。不许玩火，否则要尿炕（床）。

妇女禁忌：已出嫁女子孕期忌在娘家过春节和生孩子。陌生人、男子忌入未满月产房，若非进入不可，需先打招呼，让产妇抱起婴儿。已婚妇女忌在农历正月十五、二十五、二月初二、三月初六、六月初六、七月初七日住娘家。女子忌戴孝期间穿红挂绿。出嫁姑娘去世后不能进自家祖坟。女子不过15岁，不准独自出远门。嫂子可与小叔子开玩笑，弟媳与大伯子则要一本正经，互相谨慎。姐夫可与小舅子、小姨子开玩笑，禁忌与大兄哥、大姨子开玩笑。女子不吸烟，个别女子吸烟必须到中老年之后。其他还有行不侧视，笑不露齿等。

婚姻禁忌：婚姻忌属相不合。如：白马怕青牛，羊鼠一旦休，蛇虎如刀锉，兔龙泪交流，金鸡怕玉犬，猪猴不到头等。刚过门新娘不许出院门，更不许串门子。男女结婚时，男方三个娶，女家四个送，俗有"姑不娶、姨不送，妗妗（舅父之妻）送到黑圪洞，姥娘送到米面瓮，姐姐送断妹妹命"之忌。结婚时，娶亲行程忌走重路，有"不走回头路"之说。

丧葬禁忌：未婚及未成年男女去世后忌入祖坟。未婚青年女子去世忌单独埋葬。因服毒、上吊、枪杀、溺水死亡者称"横死"，忌入祖坟。每逢农历闰月年，不到坟上添土。人去世后，家里三年忌贴春联。或第一年忌贴红纸春联，第二、第三年贴蓝地白字或黑字春联。客死他乡，尸体及棺木忌进村，更忌进自己家院。忌在坟地大小便。忌戴孝看望产妇。忌戴孝拜年。棺木等殓具忌用铁器。父母去世，子女百日不理发，不剃须，不看戏。人死后要停放在门板或棺盖上，忌背炕板。

岁时禁忌：除夕之夜至正月初五日不动针线、剪刀，忌说不吉利话。正月初三、十三、二十三日，不摸碰锹镢斧头等劳动工具，更不使用上述工具干活。从农历正月初一日至二月初二日均有忌针之日，尤其是初八、初十日两日称为"大忌针"。初三、十三、二十三日，忌搓麻绳捻毛线。正月初五日之前，忌用生米面做饭，忌往出扫倒尘土、垃圾。正月十六日，男女相率出游，谓之"游百病"，此日妇女忌针线，即市上缝工，也不拈针，停工一日。各鬼节前三、后四日，忌洗衣服。除夕夜忌出门。立春、立夏、立秋、立冬前一日定为四绝日，忌出行。忌在正月里洗头、洗脚。

其他禁忌：房门不能对着前面房子烟囱，如对着要在门楣上挂一块镜子，以避邪。改建扩建住宅忌新房墙压住原房屋滴水檐。居室忌正南、正北方向，需稍偏离。客人进院不准打狗，要由主人拦护。男不袒胸，女不露皮。忌一年孵三窝小鸡。忌大门开在南墙正中。忌起房后垒院墙。庭院里安碾和磨时讲究碾在东、磨在西，称"左青龙"、"右白虎"。养羊之家不再养兔，俗说"黄眼睛与红眼睛不合"。外孙忌在外祖父母家剃头、理发。凡有丧事家，忌当年办婚事。忌一年办两次婚配喜事。男子54岁始逢九，以后凡逢九年，忌进产房、丧房，须着红背心或红腰子，系红裤带，以避邪气。男子忌从晒有女子内衣杆绳下通过。姓张、王、李、赵者忌六月、腊月打扫家、搬迁、建房。其他姓忌三、九月。五月为恶五月，无论何姓者都忌打扫家、搬迁、建房。忌路途拾帽子（谓之愁帽）戴。忌拾不通气的烟具，谓"不通顺、不吉利"。忌鸟粪落在身上。忌母鸡啼鸣，忌猫头鹰叫。

【注释】

① 《蒙鞑备录笺证》，载《王国维遗书》第十三册第 4 页。

② [瑞典] 多桑著，冯承钧译：《多桑蒙古史》上册，上海书店出版社 2006 年版，第 28 页。

③ 《元史》卷九九《兵二·宿卫》，中华书局 2000 年版，第 2524 页。

④ 参见夏日主编：《可爱的鄂尔多斯》，内蒙古人民出版社 1985 年版，第 215 页。

⑤ 参见白音查干主编：《内蒙古民俗概要》，内蒙古教育出版社 1999 年版，第 134—135 页。

⑥ 特·官布扎布、阿斯钢译：《蒙古秘史》卷一，新华出版社 2006 年版，第 2 页。

⑦ 参见邢野、宿梓枢主编：《内蒙古民俗风情通志》卷五，内蒙古人民出版社 2005 年版，第 493—495 页。

第七章

走西口与旅蒙商

中国历史上出现过四次大规模移民：晋陕走西口，冀鲁豫闯关东，湖广填四川，广东福建下南洋。其中的晋陕走西口，即指今之晋北、晋中、陕北人越过长城，北出塞外谋生的历史。走西口改变了塞北大地的社会形态，使传统的游牧经济逐渐演进为农牧结合的多种经营。走西口人与塞北本土民族文化的结合，形成丰富多彩的民间艺术。旅蒙商的出现，不仅发展着边疆贸易，沟通国际商路，同时也为增进蒙古地区与中原的经济文化联系，加强各民族团结，发挥着积极作用。客观上促进着内蒙古地区农业的发展，催生着商业的繁荣，为草原上的交通、金融、文化、教育等方面的发展带来生机。

第一节　走西口与西口文化

杀虎口　　口里　　口外　　走西口的艰辛　　爬山调　　漫瀚调　　二人台北路梆子　　赛社　　庙会　　西口文化特征

西口，通常指山西省晋北右玉县境之杀虎口。隋唐时名"白狼关"，宋时称"狼牙关"，明代称"杀胡堡"，清康熙第三次征噶尔丹时途经此地，改称"杀虎堡"。其他还有雁门关、大境门等关口。民间所谓"口里"，泛指今之晋北、陕北与冀北张家口地区，"口外"，即今内蒙古乌兰察布、呼和浩特、包头、巴彦淖尔、鄂尔多斯，统称为内蒙古中西部地区。长城上的这些关口，既是晋、陕、冀人北出塞外垦荒谋生的交通要道，也是北方游牧民族频繁进入中原地区的主要通道之一。

明建文四年（1402），明成祖朱棣即位后，由南京迁都北京，而北京三面地处边塞，敌患颇多。明王朝为巩固以京畿为中心的统治，加强西部边塞防御，修建东起山海关西至嘉峪关的明长城，并在沿长城边塞地区，设置辽东、宣府、大同、延绥四镇。继又设宁夏、甘肃、蓟州、偏头关、固原五镇。定为九边，设立五口，即喜峰口、古北口、独石口、张家口、杀虎口，为中原与北方游牧民族界隔的重要关隘，派遣大将重兵把守。因杀虎口地处五口之西，故称"西口"。由于历史原因，明廷与北方少数民族关系紧张，明廷以巨资修长城，拒北方部族南入，设五口作为战略要塞和通道，且时时关闭，又常常兵戎相见。

明隆庆五年（1571），土默特蒙古部首领阿勒坦汗归附明王朝，与明和平交好，社会得以安定，经济进一步得到发展。时晋陕冀民人或因饥馑困饿，或因官司逼迫，或避罪逃逸，或经商买卖，一批一批越过长城，北出塞外至漠南，走西口逃生到今内蒙古中西部地区安家落户。他们当中有农民，有艺人、匠人，也有商人。清代，实行移民实边政策。于是，一批又一批的晋陕冀农民携带着他们传统的农耕技艺与当地的文化习俗来到漠南，与游牧文化进行着广泛深刻的交流，在内蒙古中西部地区形成由移民而产生的西口文化。

后金一统大漠南北，建立清朝。在平息噶尔丹叛乱之后，康熙下令开放五口，以北方各族为屏障防御沙俄，这个战略决策解决了历史上以长城为屏障，隔绝中华民族南北交往的历史。此后，中原大量流民和商人开始走西口。走西口比较集中地出现在晋陕北部地区的河曲、保德、府谷、神木、榆林等地。这些地区土地贫瘠，恶劣的自然条件迫使大量人口迁徙塞外。走西口多出雁门关，经右玉县杀虎口，进入归化城、包头，也有人走水路越过黄河，进入鄂尔多斯草原、河套地区。神木、府谷等陕北移民则北越长城，穿过毛乌素沙漠进入鄂尔多斯草原或河套地区。另有一批从事商贸者从大同、张家口出发，到漠南、漠北，远至俄罗斯。

"走西口"唯一的行旅方式是步行。河曲的走口外者，从城关或其上游的河湾、梁家碛渡口过河后，经内蒙古的马栅、府谷县的古城，然后进入鄂尔多斯境内，经纳林、马场壕、达拉特等地，到达包头，稍作休整，再分散到各地。这一段路，"快五（天）慢六（天）"。在这段旅程中，进入库布其沙漠最令人毛骨悚然。大漠荒凉，只能瞅着零星的骆驼粪，凭着感觉与经验在沙包和蒿草中探索前进。一旦迷路，就有倒毙的危险。人们视其为"鬼门关"，有的人索性先给自己烧了"离门纸"，再踏上路程。走西口者每日约行 60—80 里路，风餐露宿，走到哪里天黑了便在哪里歇脚，一般是"就水不就店"。

"走西口"的行装极为简单：扁担一条，一头扎捆简单的行李，另一头扎捆行路用的食品。更有贫者，连铺盖也没有，只有一件穿了多年的烂皮袄，白天做衣，夜间当被。扁担除挑行李外，还有三个用途：一是对付饿狼和野狗的袭击，二是露宿搭茅庵时当梁架，三是初冬返回老家过黄河时冰冻不实，横架扁担可防止掉进冰窟。如果能和拉骆驼的同行则是天大的幸运，驼队可供水，宿营时睡在两峰骆驼中间，既暖和又安全。因荒漠之中极少村落，偶尔有，穷人也住不起店。于是在天黑人乏之后，就地选择一块平坦而又杂草少的地方，稍加清理，将铺盖或皮袄一铺，头枕自己的鞋，就算宿营了。这种方式，必须人多势众，结队而行，否则就会成为饿狼的野餐。到了打工的目的地，也多无房屋可住。因草原辽阔，本无村落、房屋可言，蒙古民族又是游牧方式，逐水、草而居，往往相隔数十里方能见到一座蒙古包，所以全凭自己"另起房舍"。这种房舍是一种临时搭的茅棚。它的建造方法是：选择一个土质较好的小丘，开一个豁口，叫"马口"，进深约 6 尺许，宽窄最多可容纳三人，高低以人可以猫着腰进出为度。然后在马口上架上扁担，盖上草席，四周用土压住，地上铺些枳机或沙蒿，便是一个"卧室"。

走西口人在草场上干活，必须一次喝足一天的水，否则外出掏草时便只有干渴。为了应付这种困难，人们尽量少吃加盐的饭食，而以小米粥作为主要食品。掏草工一般一天只吃两顿饭，第一顿在柜房吃，第二顿为野炊。这种野炊很别致。如果作业点有水，他们就带着锅去干活，挖个坑，支起锅，拾点沙蒿、干牛粪，熬点粥喝。如不带锅，他们把生米装进一个小布袋里，用麻绳系住，在水里浸湿，在火上烤，湿漉漉的口袋烤得直冒热气，待布袋烤干了，再浸湿，如此反复多次，米就被蒸得半生不熟了。他们称这种夹生饭"耐饥"。在没水处干活，就带小米冷饭，或和个面团揣在怀里，想吃时捏成饼，放在锹头上烤熟。还有的人，将小米泡透，装在布袋里，到了草地，埋在湿土里保水，饿了时挖坑燃火烤至半熟即可食用①。

清中叶，由于政府禁令森严，走西口人大多是春来秋回称"雁行客"。随着出塞禁令的宽缓和废弃，到乾隆时期，走西口之民逐渐开始定居塞外，由孤身而渐成家室。到晚清，走西口形成高潮，内中包括不少手工业工匠，如木匠、铁匠、石匠、泥瓦匠、银匠、裁缝等等。有的种田兼手工业，或经营商铺、作坊和客栈，渐由客居、简易工棚到兴建板升（房子）。至清末民初集中放垦时期，由于汉族垦区大幅延伸，蒙汉杂居现象大规模出现，蒙古族与汉族村落的交错，或同一村落里蒙汉杂居，蒙汉通婚等情况大量出现。风俗习惯也逐渐适应双方。如此一来，口外之地一年成聚，二年成邑，及至板升星罗棋布。图下7-1为当年走

图下7-1　走西口人与旅蒙商途经的小路和路边的辘轳井　邢野、王新民等提供资料

西口人北出归化城，赴武川路上的一口水井，远处为段家窑村。塞外传统的游牧经济，逐步演进为农牧结合的多种经营。蒙汉民族由淳朴的伙伴、搭档，情感步步深化，结为亲密的安达（弟兄）。

特别是走西口由最初的单纯谋生，打开一条长城内外的通道，使得塞北草原揉进中原文化的基因，开发了多元一体的文明，在中华文化史上功不可没[②]。

晋陕移民文化是西口文化的主流，西口外是晋陕人的第二故乡。晋陕是中国古老文明的发祥地之一，西口文化不论哪个范畴都与晋陕文化有着密切的渊源关系。但是，西口文化又不同于晋陕文化，是适应新的地域后的晋陕文化的变迁与发展。许多村落的名称很自然地烙上了走西口的印记。如山西偏关县人在内蒙古清水河的聚居区偏关堡，宁武县人在归化城聚居的宁武巷，乃至人死后聚集埋葬的代州坟、偏关坟等。以蒙语作为地名的，则举不胜举，如"乌兰板升"，汉语红色的村子；"察素齐"，做纸的地方；"毕克齐"，文书；"口肯板升"，有女人的地方等。陕北人在黄土高原挖窑洞作屋，来到口外仍沿其俗，这些村落便称窑或窑子。在乌兰察布盟南部形成隆盛庄、巨宝庄、四美庄、集贤庄、丰镇等村镇又多与商业有关。

成千上万的中原汉人来到口外，在与北方游牧民族共同劳动、创造、生活的漫长过程中，相互依存，相互促进，一方面延续着中原文化的内涵，同时，又不断增加游牧民族文化的因素，形成丰富多彩的民间艺术。西口文化中所呈现的民间艺术有：

牌子曲广泛流行于内蒙古中西部地区。是蒙古曲儿与内地移民带来的丝弦牌子曲结合而成的民间丝竹乐。牌子曲演奏在民间拥有广泛的观众，曲目有《西江月》《敏金杭盖》《柳青娘》《森吉德玛》《水龙吟》《推碌碡》《三百六十一只黄羊》等数十首。枚（笛子）、四胡和扬琴是传统的牌子曲乐队必备乐器，民间称"三大件"。另加击节乐器四块瓦，组成吹拉弹打乐器俱全、人员配合默契的乐队。牌子曲演奏或热烈奔放，或粗犷豪迈，或委婉幽深，风格迥异。牌子曲的曲目除含有一定数量的蒙古族民间音乐外，还有山西、陕西民间音乐，兼用江南民歌、戏曲音乐、寺庙音乐等。

爬山歌，又称"爬山调"、"山曲儿"，属于传统民歌中的山歌系列，有后山调、河套调、前山调之分。爬山歌属于移民与本土民族结合的文化，它的形成，凝聚着晋陕百姓北出塞外走西口垦荒谋生的历史，是农耕文化与游牧文化互相撞击后的产物。爬山调主要流行于武川县、四子王旗、达尔罕茂明安联合旗、固阳县、巴彦淖尔市、呼和浩特市、包头市等地区。经过对晋陕内蒙古毗连地带民歌圈的考察，发现流传于山西河曲县的山曲儿与西口外爬山歌是相近的。例如根据割莜麦这一农活推断，《割莜麦》这首民歌的原生地在塞外地区，歌词中的蛤蟆戒指、银手镯镯等，是塞外妇女普遍佩戴的首饰。又如《远远瞭见他家的门》中的"脑包"系蒙古语，汉意即隆起的高地，"灰塌二胡"也系蒙古语，汉意冷落凄凉的意思。在唱词中把汉语和蒙语混合在一起演唱，形成独特的"风搅雪"的演唱方式：

远远瞭见他家的门

山药皮皮盖脑包，谁给俺们管媒天火烧。

远远瞭见他家的门，灰塌二胡像死下个人。

爬山歌反映走西口移民喜怒哀乐的内容，独具特色，把走西口的悲欢离合、走西口的艰辛、走西口后的生活娓娓道来，哀婉凄怆，听后令人热泪潸潸。如：

光景逼下个走口外

有钱的人儿不离家，无钱的穷汉胡乱刮（即胡乱跑）。

老羊皮袄顶铺盖，光景逼下个走口外。

东离西散一家人

出门的男人卖了的地，火扑扑的人家散了戏。

春天干旱秋天涝，天年逼得人走后套。

孤零零漂流该到哪

大黄风刮起满天沙，穷光景逼得人离家。

半切切葫芦半切切瓜，娶下个媳妇守不起个家。

什么人留下个走口外

寡妇上坟泪长流，什么人留下个走西口？

千年的黄河水不清，跑口外跑了几代人。

走了一茬茬又一茬

千年的黄河滚泥沙，走了一茬茬又一茬。

二饼子大车慢慢走，魂灵儿跟在你西包头③。

地方小曲，是内蒙古各地群众对诸多汉族民间音乐形式的泛称，其分布地域以中西部为主。这些地方小曲既体现汉族的音乐文化形态，又融入蒙古族和其他少数民族音乐元素，丰富多彩，独具特色，是内蒙古地区各民族人民心声的自然流露，是这一地区社会历史、生产生活以及世情风俗的多彩画卷。在这些地方小曲中，有西部群众闹社火时演唱的码头调，也有走西口人倾诉自己不幸的曲目，如《遭年馑》《卖老婆》《回关南》等。反映爱情婚姻题材的作品在小曲中占很大篇幅，其中有争取婚姻自由，蔑视封建礼教，歌颂劳动生活的小曲《打樱桃》《割莜麦》《栽柳树》等。有些曲目则表现生活的困苦与艰辛，如《拉骆驼》《背炭》等。地方小曲集中表现当地人民的礼仪习俗和风土人情。严寒酷暑、艰难困苦并没有泯灭走西口人乐观豁达、积极向上的精神，他们常用幽默诙谐的方式抒发内心的情感，代表性曲目有表现春节喜庆气氛的《拜大年》，表现佳节欢乐场面的《闹元宵》《大观灯》，反映劳动人民生活情趣的《踏青》《放风筝》，还有传播知识的《对花》《对铁牛》等。

漫瀚调，主要流行于鄂尔多斯地区以及包头的黄河沿岸，特别是在准格尔旗和达拉特旗一带蒙汉杂居地区最为流行。是蒙汉两族人民长期友好相处，两种文化相互交流融会的产物。漫瀚调也称之为"蛮汉调"或"蒙汉调"，现大多称"漫瀚调"。一般认为，"漫瀚"一词是由蒙语芒赫（沙漠）音译而来。漫瀚调是蒙汉两个民族共享的歌种，以"风搅雪"的形式用汉语演唱，有时也糅以蒙古语。漫瀚调的曲调主要来自鄂尔多斯高原的蒙古族短调，虽也有一部分源于汉族的山曲儿，但总体来讲，漫瀚调是蒙古族民间音乐同汉族民间诗歌的融合，也可以说是一种大型的"风搅雪"（即用蒙汉两种语言演唱），鲜明地显示出蒙汉两族文化交融的广度与深度。

在漫瀚调的歌词中，还有一些小型的"风搅雪"，例如：

"忽尼马汗布旦古利儿"妹子不会做，

"不审莫乃"黄米干饭将就两天吧。

"合勒黑勒毛利白呀"妹子不会骑，

"不审莫乃"大耳朵毛驴将就两天吧。

这支民歌的歌名为《将就两天吧》。"忽尼马汗布旦古利儿"是蒙古语，意为"羊肉白面虽然有呀"，"合勒黑勒毛利白呀"，意为"黑枣骟马虽然有呀"。两个下句中的"莫乃"也是蒙古语，意为"咱的"。这首歌词不但新颖别致，而且很风趣。再如《珍珠玛瑙》中："珍珠玛瑙（哎）满头红（呀啊），进财的胡痕都（呀）马内都（呀啊）。""胡痕都"是蒙古语，意为"妹妹"；"马内都"意为"在这里"。至于歌词中穿插一个蒙古语词的，就更为多见了。如"早想和妹妹为朋友，就怕你额吉下眼瞅"（额吉：母亲）；"一进门来拉住你的手，一开口先说了声'赛拜奴'（你好）"等等。

这种蒙汉双语合璧的漫瀚调歌词，大都流行于蒙汉两族居民对两种语言都懂的地区。由于它的别致和新鲜感，颇为人们喜爱。这种歌词的出现，反映了蒙汉两族人民的兄弟情谊，同样显示了两族文化交融的深度④。

漫瀚调音乐曲调，绝大多数是以鄂尔多斯蒙古族短调民歌为母体，同时具有鄂尔多斯蒙古族短调民歌和晋陕"山曲儿"与"信天游"等汉族民歌的风格特征。半蒙半汉、半汉半蒙的歌词则体现了蒙汉民族语言文化的和谐。如：

三十三颗荞麦"依仁依松达楞太"（九十九道棱），

再好的妹妹"忽尼混拜"（人家的人）。

"郭庆古日万萨各达"（三十三颗荞麦）九十九道棱，

"雅么日赛得口肯"（再好的女子）也是人家的人。

"毛日牙乌奎"（马儿不走）拿上鞭鞭打，

"努胡日依日奎"（朋友不来）捎给一句话。

水红花开花"乌松当特日瓦"（水里头），
想你想在"色那当特日瓦"（心里头）。

爬场毛驴也是"依勒吉格勒哇"（毛驴哇），
小脚女人也是"努胡日哇"（朋友哇）。

二人台，是广泛流传于内蒙古中西部地区，同时流传于晋北、陕北、冀北、宁北等地区的地方戏，多由丑、旦二角色表演。其中，也吸收蒙古族演唱的蒙古曲儿。每于劳动之暇，茶余饭后，大家围坐一起，席地而唱，称为"打坐腔"，由此形成二人台艺术的雏形。随着经济的发展，诸多旅蒙商走口外经商，随之带来内地的梆子戏等戏曲艺术。蒙汉艺人合作同台献艺，因用两种语言演出，称为"风搅雪"。群众称其为"蒙古曲儿"，如《阿拉奔花》《四公主》《三百六十一只黄羊》《巴音杭盖》等。二人台剧目分为硬码戏与带鞭戏，题材丰富。有的反映劳动生产；有的针砭时弊，规劝行善；有的赞美生活，歌颂爱情，反对封建礼教；也有根据历史故事改编的剧目。主要剧目有《走西口》《惊五更》《进兰房》《尼姑思凡》《思妻》《光棍娶妻》《种洋烟》《庆寿》《打金钱》《打秋千》《挂红灯》《打连城》《牧牛》《压糕面》《顶灯》等。

二人台传统剧目的唱词多运用排比、对偶、夸张、比拟等多种手法，创造出逼真动人的意境和形象，如《走西口》（图下7-2）中的唱词：

走路走大路，你不要走小路，
大路上人儿多，能给哥哥解忧愁。

坐船坐船舱，你不要坐船头，
恐怕那风摆浪，摆在哥哥河里头。

一不要抽大烟，二不要贪耍钱，
学会那赖毛病，恐怕哥哥受可怜[⑤]。

二人台传统剧目中的念白（也称道白），用方言土语，即内蒙古中

图下 7-2　二人台传统小戏《走西口》太春欲走口外谋生，玉莲哭留。邢野提供资料。

西部地区方言。二人台的念白幽默风趣，诙谐逗人。有大量的民谣、谚语、谐音字和选字选句运用于念白中，增加了语言艺术的魅力。如《打金钱》唱词：

> 丑：（数板）一苗树，两个权，一个权上五个芽。
>
> 摇一摇，开金花，要吃要穿全靠它。
>
> 这苗树，哪里有？原来就是两只手来两只手。
>
> 旦：（数板）一片两片连三片，雪花正在空中旋。
>
> 好像好像多好像，好像刘海撒金钱。
>
> 雪花下在酒席前，好像好像多好像？
>
> 丑：好像什么？
>
> 旦：好像王母醉八仙[6]。

二人台音乐包括唱腔、牌子曲两部分。其中传统剧目是以同曲为基本唱腔结构，专曲专用的曲联体地方小戏。二人台从打坐腔演唱发展为化妆表演时，其演出形式简单，角色为一丑一旦，旦角由男性艺人扮演。在表演中，由于扮演多种角色，前张三，后李四，艺人来不及换妆，只能换顶帽子或头巾，以区分男女老少。这种一人饰多角的表演形式称"抹帽儿戏"。随着二人台艺术不断发展，二人台表演逐渐有多人表演，剧目发展成为按人物、剧情进行表演，化妆、服装逐渐人物化。二人台广泛吸取晋陕民歌和蒙古民歌的营养，借鉴梆子等戏曲表演艺术，互相渗透、融合，形成独特的表演艺术，其艺术特点主要表现在：

民歌的特点。二人台的传统剧（曲）目，有许多题材内容还远远没有脱离民歌的艺术形态，从题材、唱词来说，具有典型的晋陕民歌特点，如《绣荷包》《串河湾》《十嫌》《十爱》等。这些曲目在唱词的题材内容、结构形式、韵律特点、音乐特点、流行方式及至表演与演唱方式等，都有许多雷同之处，有许多甚至与民歌无异。故而有的爱好者完全可以凭借一副天生的唱民歌的嗓子，而不再凭借戏曲的、舞蹈的基本功，也能成为艺术家或角儿。

舞蹈的特点。二人台从打玩艺儿衍变而来，学习借鉴民间社火扭秧歌的表演特点与音乐特点，还广泛汲取了其他姊妹艺术，如二人转、花鼓戏以及蒙古舞的特点，使二人台的舞蹈有长足的进步，并形成自己的特点。

牌子曲音乐的特点。二人台牌子曲在二人台音乐中属于一个单独的组成部分，它作为丝竹乐单独演奏，也可以把它结合到戏剧中的具体故事情节中演奏。它的形成与发展，是伴随着二人台艺术而成长起来的。其曲目来源有晋剧曲牌、民间鼓吹、宗教音乐、晋陕汉族民歌和蒙古族民歌等。

曲艺的特点。西路二人台的台词中，有许多合辙押韵、流畅上口的道白，称之为"串话"、"呱嘴"，东路二人台称"揪烂席片"、"戳古董"。艺人们都有即兴编创、出口成诵的能力，具有易学易记，便于普及流行的特点。许多段子在民间流行很广，客观上成为人们增长知识的媒体。串话、呱嘴在演出中起着活跃气氛、变换节奏的作用。

戏曲的特点。作为戏曲，或作为一个剧种，要有剧本、唱腔、表演程式、音乐伴奏、舞台美术等方面，还应有剧种的代表演员。二人台的许多剧目，如《走西口》《钉缸》《摘花椒》《回关南》等，均具备这些特点。这些剧目在它的流行与发展过程中，作为二人台的代表性剧目，在社会上广为流传。

大秧歌，于清乾隆年间由山西朔县传入土默川、乌兰察布、河套地区。村民看戏叫看秧歌，一般在农历正月十五、二月二演出。早期秧歌，由跑圈子秧歌发展而成，为即兴表演，演员二三人。表演形式多是走圆场，插科打诨，无程式，无服装、道具，演员不扮相，题材多以反映家庭琐事为主。清光绪至民国初年，秧歌进入成熟阶段。形成完整的唱腔与曲牌、曲调。演员阵容不再是三五人组班的抹帽儿戏（演出时串场、顶替），而是成龙配套，行当基本齐全，表演有一定程式，剧目演出有移植、改编的大型剧目，如《九件衣》《火焰驹》等。此间，习惯在秧歌之前冠以"大"字，以区别传统的正月十五扭秧歌。大秧歌不入城镇，只适应社戏演出。因为小村镇只求省钱热闹。久而久之，归化城郊的塔布板、淌不浪、前不塔气、苏木沁，土默特旗的铁帽、章盖台、陶思浩、大古城、善友板升等村多有业余大秧歌班社活动。大秧歌唱腔接近北路梆子，多吸收归绥地区民间曲调，形成行腔稳健婉转，字正腔圆的塞外风格。

北路梆子，主要流行于内蒙古中西部地区，在东部区赤峰也有流行。清初，晋商、冀商在内蒙古中西部地区修建庙宇、戏楼、乐楼蔚然成风，为戏曲活动提供场所。商家举办社戏酬神，都要从家乡请来戏班演出，"城乡旧例，四时季节，赛社酬神或祈雨还愿，演唱台戏，北路梆子最为民众所欢迎"[⑦]。社戏在城镇演出，每台三天，从农历正月初四开始，直至九月底关庙门。"岁三百六旬六日，赛戏之期，十逾七八，此外四乡各厅，尚难指数"[⑧]。不仅城镇如此，郊区野台戏也不例外。归化城郊白塔庙台一则光绪二十年（1894）九月十三山陕梆子的舞台题壁，记载着这个戏班演出的《天门阵》《忠保国》《下河东》等剧目。归化城最早的大戏馆子以宴美园最为有名，建于清乾隆二十一年（1756），楼上楼下可容千人吃饭看戏。同和园仅次于宴美园，也可容700余人。这两个大戏馆子专邀北路梆子戏班演出。清中叶，蒙古王府蓄养戏班之风盛行。东土默特旗王府的庆和班、喀喇沁旗王府的三义班和巴林旗王府的双盛班享有盛名，演出戏均为晋腔。其中，以"山药红"为首的庆和班联合其他王府戏班，于乾隆四十四年（1779）八月十三，在承德避暑山庄清音阁演出梆子腔《秋胡戏妻》《朱砂痣》，为乾隆皇帝庆寿，得到乾隆的赏赐。北路梆子名角十三红（孙培亭）、十七生（宋赢海）、老三鱼儿、盖七省（董瑞喜）、飞来凤、油糕旦等都在此两园演出过。

赛社，又作"赛神会"、"赛神"，系晋陕遗风。每年农闲之时，民以酒食祭神灵。赛社多在归绥、包头、乌兰察布盟、河套等地农区举行，牧区无此习。《古丰识略》记述："时当咸丰年间，口外物力丰盈，正其兴盛时期。经商或营工于斯土者，业必有社，社必演剧，所谓终岁赛社之期，十剧七八。彼时观众只享耳目之娱，而无场券之费。洵可谓大众化矣。"清咸丰年后，归绥、包头、萨拉齐等城镇商号都按照行业、籍贯结成各种社，演出时，各个社都有专门负责联系和接待戏班子的排官。演戏前几天，排官要预先和戏班的写头择好日子，订下戏谱，戏班按合同前往献艺。其中规模较大的社要演三天，小的社演一至两天。

庙会，多于农区、半农半牧区举办，每于农历三月三、四月八、四月二十六、六月六、八月十五、九月九等日子活动，以隆盛庄庙会最负盛名。每年农历六月二十四，四面八方的百姓和商人云集隆盛庄。二十四日晨八时许，第一声铁炮响后，饰张飞的人骑马巡街三圈（俗称三出街）。第二声铁炮响过，庙会正式开始。依次排列为武社火、脑阁、抬阁等表演项目。阁架上的演员由10—12岁的儿童扮演，阁架由八人或十六人承担。扮演故事有《李彦贵卖水》《王小二卧鱼》《侯尚官采花》《狐狸缘》《水淹金山寺》《天河配》《走雪山》《小放牛》等。中间是八抬明轿，上供伏魔大帝关老爷的木质偶像，跟着便是龙王小轿，上立龙王牌位。最后，是四十个背弓的、四十个挎刀的对子马队。骑乘者身着黄马褂、青缎裤，头戴红缨帽，脚踏薄底快靴，象征80万兵马。午后，赛马开始。入夜，街头巷尾有各路艺人施展拳脚卖艺，南北庙还有请来的戏班献艺，直到深夜。

游九曲，即"九曲黄河阵"的简称，民间称"灯游会"、"游九曲"。清代中叶，游九曲成为归绥地区常见的社火节目之一。传承的九曲黄河阵有两种阵式，一为十六省九曲，一为十三省九曲。两种阵式都是以老杆为中心，方形布阵，横竖皆19排，全阵361根灯杆。布阵时，将灯杆依划好的线路竖栽曲场，杆顶置灯碗（多用胶泥或蒸熟的黄米面捏成），在灯碗内贮满麻油，置一棉花灯捻，届时点燃。后经对传统九曲进行改革，将老杆换成 8 米多高木杆，上绕彩绸大龙，顶端十字交叉绑两根 2 米长的细杆儿，杆梢挂四盏大红宫灯，分插红、黄、蓝、绿四面彩旗。从老杆顶分向九曲方阵外沿四角斜拉四串彩灯，每条线从顶至底，间隔 1 米安一彩灯。此外，对九曲出入口和州门进行装饰。出入口前搭一座大彩门，两边分设一进一出的小门。彩门顶部为纸扎仿古斗拱重檐，匾额装饰出九曲二字及花卉图案。依《周礼·职方》所载，定为冀、幽、并、豫、青、兖、扬、雍、荆九州，并依大致方位将各州名写于州门门匾上，把州门装饰为砖券拱洞型，在连结灯杆的绳索上插各色三角纸旗。彩门与州门柱上，书写吉祥吉庆对联。土默特农区农历二月初二日舞龙灯与灯游、游九曲一并举行，形成规模宏大的场面，是社火的一大盛举。民间有"转一遭九曲，保一年平顺"之说。

丰富多彩的西口文化，以平民为主体，与中原文化交流、借鉴、发展、提高，使长城内外两种不同的文化在广阔的草原上相互交汇，将各地优秀的大众文化融合在一起，从歌舞说唱到服饰礼仪，形成了与走西口紧密相连的文化现象，丰富了草原文化的内涵。

首先，西口文化具有源远流长的历史性特征。阴山南北、黄河河套地区自古以来是草原游牧民族与中原农耕民族的交流地带。随着自然气候条件的变化和社会环境的演变，游牧文化与农耕文化相互演替又相互结合，形成源远流长的历史脉络。明代阿勒坦汗招募流民，在土默川平原发展垦殖，建村筑城，有力地促进了草原文化与中原文化的交流，在这一地区形成了深厚的历史文化积淀，从而孕育、催生了西口文化。

其次，西口文化具有草原文化与晋陕文化有机结合的复合文化的特征。西口文化的复合文化特征，突出地表现在民间文艺方面。例如，蒙古族传统民歌特别是短调与陕北的信天游以及晋西北民歌结合，产生了漫瀚调、爬山调。漫瀚调的曲名也体现了这一特点，有蒙语汉译的，如《达呼儿希里》《召根希里》《查干其其格》《阿拉腾达日》。有蒙汉双语连璧的，如《蔚林花》《纳林沟》《达庆老爷》《德胜西》。有的曲目则是汉语的，如《帐篷》《白菜花》《芹菜花》《四帐篷》等。许多漫瀚调都保留了蒙古短调的曲式，有的还保留了原来的蒙文歌词。基本上定居的蒙古族的炕围画、家具的装饰图案往往既保留了原来的蒙古族艺术特点，也吸收了山西、陕北汉文化的因素。

第三，西口文化具有商业文化的显著特征。身处塞外边远苦寒之地，旅蒙商及其店员、雇工远离故乡，长年奔波在举目无亲的茫茫草原、无垠沙海，家乡食、家乡衣、家乡语、家乡曲、家乡情是他们不可或缺的心灵依托。同时，旅蒙商也是西口文化形成、发展的有力支持者。旅蒙商兴旺时期，商业交际活动大大增加，作为塞外商埠的归化城、包头，饭店、酒楼、茶馆、歌肆、剧场纷纷应运而生，呈一时之盛，时人有"宴罢白沉千帐月，猎回红上六街灯"（高其倬《青城怀古》）；"小部梨园同上国，千家闹市入丰年"（王循《归化城》）之赞叹。旅蒙商在长期的经营实践中创造了"艰苦创业，吃苦耐劳；勤俭守业，克己敬业；诚实守信，严格管理；尊长助少，团结互助"的商业文化，成为西口文化不可或缺的重要组成部分。

第四，西口文化基础深厚，具有广泛的群众性。西口文化是植根于广大人民群众的生产、生活、社会活动、思维情感之中，涵盖了不同民族、不同阶层、不同职业、不同信仰的人群的地域文化。广泛的群众性，使西口文化在其形成发展的历史进程中不断地汲取营养，吐故纳新，并形成了广泛的社会需求。

第五，西口文化具有与时俱进的开拓性。在体现中国人传统思维的农耕文化中，农民以农为本，以田为系。背井离乡，抛家舍业，别父母、离妻子外出谋生，一曲穷愁凄绝的《走西口》，如实地刻画出人们的这一心态。另一方面，生存的艰难也培育了晋陕文化中坚韧不拔、勇于开拓的人文品格。与其坐困愁城，不如舍命一搏。因此，走西口者多为不惧风险、勇于开拓的有志之人。迈出"走西口"的这一步，是决定一生命运的关键一步，生死成败皆未可料定，前途未卜，风险难料。然而，迈出了这一步，就意味着告别了年年月月甚至祖祖辈辈因循往复的人生老路，踏上了一条必须勇往直前、履险克难的不归之路、开拓之路。

正是在这条十几代人前赴后继、不断前行的开拓者之路上，走西口的人们垦荒莱，植稼禾，营村舍，筑城郭，兴贸易，昌手工，发展经济，繁荣文化，创造了适应不同的社会历史条件、具有与时俱进精神和开拓精神的、多姿多彩的西口文化⑨。

第二节　旅蒙商与商贾文化

随军贸易　旅蒙商路线　大盛魁　九行十六社　商号与冠名　商幌
标签　楹联　买卖隐语　旅蒙商的成就与特色　旅蒙商的影响

旅蒙商，又称"边商"。原指对晋、陕、冀等地商人北出塞外，在
漠南、漠北等地区经商者的称谓。旅蒙商的名称，初以蒙古语"丹门庆"
（一作"丹门沁"、"买卖沁"，汉译挑货郎、买卖人）出现并发展而成。
买卖人是蒙古语中对经商者的统称，泛指专门从事商业的人们，如与只
适用于牧民的"玛拉沁"和农民的"他日亚沁"相对称。旅蒙商以一定
的区域作为活动范围，他们在蒙古地区专门从事民族贸易。

康熙二十九年至三十六年（1690—1697），康熙平定噶尔丹叛乱时，
为解决庞大的军队给养，根据需要建立随军服务贸易商队，即有山西商
人随军进入蒙古草原。他们除运输军需外，兼与牧民贸易，有的还留居
所到之地，人们便把这些在随军贸易的带动下，到蒙古地区从事民族贸
易活动的内地商贾，称为"旅蒙商"。如晋人王相卿、张杰、史大学创办
的大盛魁（前身系吉盛堂）即是一例。在随军贸易的过程中，商人也与
沿途的蒙古人进行交易，用日常生活用品换取牲畜及畜产品。乾隆二十
年（1755），乾隆帝允许为军营运粮的商人携带货物以辅助军饷之不足。
商贩们发现蒙古地区易物贸易利润很大，就暗地与蒙古人进行民间贸
易。这些商贩借名运输军用物资，用所携带的砖茶和布匹与当地的蒙古
人进行交换。于是，以晋商为主体的行商便在蒙古和西北地区流动起来。

早期的清廷统治者，为满足蒙古上层对商品的需求，以达到笼络和
控制蒙古诸部的目的，对于北部口外的蒙汉贸易活动，基本采取鼓励和
保护的政策，允许他们到张家口、归化城、多伦诺尔以及西宁等沿边城
镇进行商品贸易，还可在蒙古伐木出售。商人们由内地贩运蒙古封建王
公贵族、寺庙喇嘛所需的生活用品乃至奢侈品，以及牧民所需的生产和
生活用品，采取以物易物、折合现金、赊销等方式，进行交易。这种贸

易活动适应蒙古地区与中原互通有无、发展经济的客观需要，为旅蒙商的产生创造着条件，并进一步得到发展。

康熙后期，对旅蒙商实行既利用又限制的政策，规定旅蒙商赴蒙贸易要向主管蒙古事务的理藩院，或向设在归化城、察哈尔、多伦诺尔、库伦等地的将军、都统、参赞领取"票照"（一作部票、信票等），上写商人的姓名、经营商品名称、数量、经商地点、起讫时间（最长不得超过一年）。还规定不准携带家眷、娶妻立户、苫盖房屋、开设店铺，严禁输入铁锅、铁器等金属物品（以防制造兵器），严禁放贷白银等。并指定只在长城沿边的喜峰口、古北口、独石口、张家口、杀虎口、归化城和西宁等地进行贸易。此外，还要课征旅蒙商多种税赋，包括支搭帐幕的地皮税、放牧的草地税、商品交易税、出入关卡税等。除棺材不征税，任何商品都要征税。清廷的严苛政策，造成蒙古地方商品的匮乏，蒙古王公贵族、牧民要求开禁的呼声越来越高。部分王公贵族借进京朝觐的机会，向清廷呈请增加商贾入蒙贸易。于是，清廷向旅蒙商赐予"票照"，有了对蒙古地区的商贸特权。

清廷驻守蒙古各地的封疆大吏与大小官员，以及蒙古封建王公贵族、寺庙上层喇嘛，都和旅蒙商有着瓜葛且相互利用。旅蒙商送给他们许多好处，他们便暗中保护旅蒙商。这样，清廷所谓的贸易限制虽然延续到道光年间，结果仍是禁者自禁，来者自来。从 18 世纪后期到 19 世纪初，随着清廷对蒙古地区封禁政策的松弛，成千上万的晋商、陕商、鲁商、冀商、京商纷至沓来，足迹遍布漠南、漠北和漠西蒙古。他们带着内地生产的粮食、烟茶、布匹、器皿和生产工具，车运驼载，周游蒙境，换取蒙地的牲畜、皮毛等畜产品以及裘皮、金沙、玉石、鹿茸、麝香和羚羊角等，运回中原出售。来去不落空，往返皆赢利。经过不断发展，旅蒙商贩所设的具有固定性质的销售网点逐步扩大，于是，行商易为坐贾。一些旅蒙商便在蒙地建立起永久性商铺。

旅蒙商贸易的发展，带来经济与文化的繁荣与发展。归化城、包头等地的茶庄、绸布庄、银楼、钱庄、皮毛行、货栈、饭馆以及私塾、学堂、戏院等，相继建立和发展起来。在多伦诺尔、包头以及乌兰哈达（赤峰）、经棚、小库伦等地，逐渐形成商贾云集的商业城镇，在外蒙古的大库伦、科布多、乌里雅苏台和俄罗斯的恰克图、伊尔库茨克等也成为旅蒙商汇聚的商业城镇，出现"无晋不商、无晋不镇"的局势。以这些商业中心城镇为枢纽，形成沟通大漠南北的商路。仅归化城回民从事皮毛、驮运行业的就达数百户。他们在库伦、恰克图、乌里雅苏台和科布多等地，建造店铺、货栈和宅居，形成名副其实的"买卖城"。

旅蒙商贸易路线，以张家口、大同为出发点的有：

张家口——贝子庙——库伦——乌里雅苏台、科布多——恰克图，及至俄罗斯沿途各地；

张家口——多伦——贝子庙——漠北各旗；

张家口——四子王旗等；

大同——丰镇——商都——库伦。

以归化城为出发点的有：

归化城——库伦——恰克图；

归化城——乌里雅苏台——科布多——古城；

归化城——向西横跨沙漠到新疆。

以包头为出发点的有：

包头——库伦——恰克图；

包头——新疆——乌里雅苏台——科布多；

包头——甘肃——青海。

此外，还有从天津、北京、唐山、大连等地出发，途经乌兰哈达、通辽，到达海拉尔等地的路线。

旅蒙商贸易有两种形式：一是在蒙古地区进行国内贸易；二是经由蒙古地区进行的国际贸易。大多的旅蒙商做第一种贸易，个别大旅蒙商号在第一种贸易形式发展壮大的基础上从事第二种贸易。旅蒙商大盛魁商号，从归化城把买卖一路做到恰克图，所从事的是国内、国际贸易混杂在一起的综合性贸易。

旅蒙商在边疆贸易中发展壮大，商品流通量不断增长的结果，必然是商品市场的进一步扩大。新兴城镇大批出现，从事对蒙贸易的市场增多。内蒙古东部区有海拉尔、开鲁、赤峰、林西、多伦，中西部有陶林、兴和、丰镇、武川、和林格尔、清水河、托克托、萨拉齐、包头、五原、定远营等十余座城镇。一些建城较早的商业城镇张家口、归化城、库伦、乌里雅苏台、科布多等，商品流量更是大为增加。

归化城是清廷设置的对蒙贸易中心之一，是全国各地商人同蒙古和西北地区进行贸易的一个重要贸易集散地，也是蒙古地区屈指可数的商业重镇。砖茶、绸布、棉花、米面、布匹、京广杂货等，经此转销于甘肃、新疆及外蒙古地区。尔后将各地的土特产品，诸如皮毛、牲畜、葡萄干、药材等运回，销往北京、天津等地。随着旅蒙商号的增多，贸易范围的扩大，归化城居民稠密，商铺林立，一切外来货物先汇集该城囤积，然后陆续分拨各处售卖，发展成为著名的商业城市。正如清王循诗《归化城》云："穹庐易绝单于城，牧地犹称土默川。小部梨园同上国，千家闹市入丰年。"归化城边商云集、百货流通，俨然中原都城。当时山西人已占百分之七十，大都以商业、手工业为生。他们行商的走向大多在西北部，向北可经库伦到恰克图及俄属各地，向西可到包头、宁夏、乌里雅苏台、科布多、乌鲁木齐、塔尔巴哈台等地。大多以驼队运货，运去绸布、茶烟、食糖等日用品，运回绒毛、皮货、牲畜等，还有新疆的特产白银、金砂、鹿茸、葡萄干等，在丰镇、包头、归化城等地销售。

以归化城为基地，从事蒙古贸易已有二百余年资历的大盛魁、元盛德、天义德"三大号"旅蒙商，每年仅在外蒙古地区成交的贸易额就分别达到 1000 万两、800 万两和 700 万两银之多。其中为首的大盛魁，到光绪年间，已积累了 2000 万两以上的巨额资本，拥有从业店员达 2500 余人，经营商品范围"上自绸缎，下至葱蒜"无所不包。他们除在内蒙古中西部地区各盟旗设有分号经营外，在外蒙古科布多、乌里雅苏台、库伦、俄罗斯恰克图（图下 7-3）和新疆塔尔巴哈台、古城子等地，都建有长期性的商店分号。

这些商号，在蒙古地区从事贸易既久，经营颇有心得。他们善于揣测蒙古人的习俗、嗜好，运销的货物多能投其所好。所以每当他们运载货物的驼队、货车所至，蒙古人纷纷赶来，货物很快交换或售完。江南出产的茶叶（特别是砖茶），行销蒙古和西北哈萨克诸族地区由来已久。大盛魁附设的三玉川、巨盛川两大茶庄，以经营砖茶为主，专销内外蒙

图下 7-3　大盛魁
商队前往恰克图经
商，在路边小憩。
王新民提供资料。

古各盟旗和新疆、青海、甘肃等地区。清同治六年（1867），大盛魁还联合归化城其他旅蒙商大号，经恰克图与俄罗斯通商，大量经销中国的茶叶和大黄。

大盛魁还附设有经营金融业务的票庄、银号，总号设在祁县城内。据范椿年《山西票号之组织及沿革》载：光绪十五年（1889），由大盛魁出本银十万两，护本银十万两，开设资荣昌银号，并在张家口、归化城、多伦诺尔、库伦、科布多、乌里雅苏台、卜奎、天津、北京、上海和汉口等地设有庄口、分号，专门从事商业汇兑、存款和高利贷业务。其中设在归化城、张家口和北京的裕盛厚钱庄，通盛元、鸿盛久等银号，除经营旅蒙商户的贸易汇兑、存款外，还包揽对入京朝觐、值年班和参观的内外蒙古各旗王公、上层喇嘛筹备旅费和银钱贷款业务。

乾隆朝以后，归化城商业发展较快，位居塞外诸城榜首。在归化城的十二家专营运输拉脚的驼行，每年可出租骆驼 7000—7500 峰。驼队外运的主要货物是布匹、茶叶、杂货，换回驼、马、牛、羊和皮毛制品。将马匹运往南方各省，羊群运往北京、河南、山西。各省在归化城设有收购站，北京的几家收购站每年从归化城收购 50 万只羊。归化城本地购买和消费的羊也达 20 万只，牛 4 万头[⑩]。

多伦诺尔。清咸同年间，全城人口已达 20 余万，商号 4000 余家，手工作坊雇工 2 万余人。远至云贵的药商和上海、香港的马贩，都要到这里进行交易，是国内最大的牲畜交易市场之一。每年六月中旬的庙会，吸引众多的西藏喇嘛和内地商人，远近蒙汉各族民众也云集此处。在这里集散的农畜产品，运销张家口，部分皮张、毛绒运往天津等地，牛皮多运销东三省。经棚、赤峰、乌丹、围场等附近旗县的农产品及加工成品，也由此转运到张家口销售。连洋商也在此设庄，采购皮张、毛绒，计有十余家。成交额也很大，素有"斗金斗银"之说。总之，这些旅蒙商家大都崛起于明清以来九边重镇的军需贸易上，发达于汉蒙贸易的巨额盈利中，终成国内首屈一指的金融票号商，形成与徽商齐名的区域性商业集团，除支配着整个黄河流域外，远及东北、西北，甚至还辐射到日本、欧洲，经济实力堪称雄厚。

包头，原是西部的一个小镇，同治末年修筑内城。以后逐渐发展成为内蒙古西部地区水陆交通枢纽、货物集散中心，以及河套、甘肃、宁夏、外蒙古皮毛的囤积之地。河套的牲畜、药材、粮食等，都经过这里转销中原，这座边疆小镇变成了西北地区的重要商埠之一。外国资本和内地买办商人相继进入后，包头的商业地位更趋重要。商人从这里采办各种日用百货，车载驼运到蒙古各地，换回羊毛、绒毛、驼毛及牲畜，每年贸易额达白银30万两以上。"先有复盛公，后有包头城"，是民间流行的关于旅蒙商由贸易而成就包头商埠的一句佳话。复盛公是山西祁县乔姓商号。清乾隆初年，两个穷汉走西口到内蒙古萨拉齐厅老营村谋生，先当伙计，后开小铺，移居包头之后，随盈利而买卖越做越大，先挂出复盛公的牌子，后派生出复盛西、复盛全、复盛油房、复盛菜园等许多商号，统称之"复"字号。经营项目除日杂百货外，又设有洗染铺、旅馆、当铺、钱庄、票号等等，还在北京、南京、上海、西安、武汉、广州以及东北各大城市，广设分号店铺，全部资产折白银达1000万两。清代中后期，其票号生意迅速发展，成为国内资金雄厚的金融商。

清康熙初年，蒙古地区仍人烟稀少，除少数城镇有正式商号和零散手工业作坊，其余大多是小商小贩，流动四方，很难形成一个大的行会组织。至乾隆年间，随着新兴城镇的崛起，内地富商大贾纷纷出边，在各大城镇建立商号与手工作坊。为维护行业利益和协调彼此间关系，各自建起行会组织。如新兴城镇包头城，同治年间，从商业和手工业系统中分出九行十六社。九行为钱行、当行、粮行、皮毛行、货店行、牲畜行、杂货行、蒙古行、六陈行（粮食加工业）；十六社是一种商业性的手工业组织，有毡帽社、绒毛社、靴鞋社、理发社、麻绳社、仙翁合义社

旅蒙商的印戳

旅蒙商伙计自制学习蒙语、俄语的课本

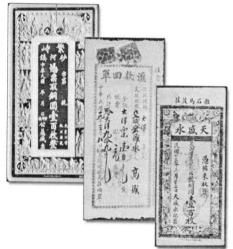

旅蒙商的印票

旅蒙商的票范　　　　　　　　　　　旅蒙商的印票

图下 7-4　旅蒙商用过的书本、票证、印戳等　邢野摄

（饮食业）、清水社（染坊等）、金炉社（铁匠）、得胜社（肉铺）、裁绒社（毯社）、鲁班社（木匠）、恒山社（山货铺）、义和社（留人店）、成衣社、会仙社（画匠）、糖粉社。包头是西北地区和内外蒙古皮毛集散中心，与此相关的贸易行业如蒙古行、牲畜行、皮毛行、货店行等，作为民族地区特有的行业组织得到突出发展。这些行会互为依存又各有分工，它们维系着行业的秩序和发展轨迹。这些商家字号，都有自己的票证、印戳等（图下7-4）。至于店家的伙计，学习蒙文、俄文或学习珠算则是必修之课，如上图的右上方即为伙计学习蒙语、俄语的课本。

蒙古行是专门同蒙古人做买卖的民族贸易行业，咸丰年间，有德厚成等十多家蒙古行。为便于牲畜行出售牲畜、皮毛和方便外地买客，一些资金充裕的牲畜贩子，三五合伙，由行商变为坐商，成立字号，牲畜店便应运而生。咸丰年间，除原有的南北公义店外，又陆续开设复义厚等十余家牲畜店。皮毛行是专做皮张、毛类生意的中介行业。清咸丰五年（1855），成立生皮社和绒毛社。生皮社社规提倡同行不抢买卖的原则，如"凡遇买卖，许过谁家，只宜一手成全，有伙过买卖，只宜伙做，不准投机取巧，一家独做，违者要查伊买卖多寡，见十抽三，入社公用"等。货店业也是蒙古地区的一个特殊行业，是经纪人、客栈、货栈三者合一的行业。外地毛商行大多住在当地毛店，有的住货栈，所带货物存卸栈内。栈柜受客商委托，或介绍于毛店、皮庄，或直接介绍给买主。成交后，酌情收取买卖双方佣金各百分之一，或收栈租。

旅蒙商在塞外经商的同时，也在传播中原文化，形成独特的旅蒙商文化。店铺称谓，讲究富有特色、寓意深刻、吉祥顺利、读音响亮。它们有的以商店主营商品命名，有的以商店服务特点命名，有的以历史名人命名，有的以创业者名字命名等。

旅蒙商商号都很重视用吉祥顺利的字眼，来寓意自己的生意，店铺大都冠以和、昌、魁、丰、信、德、广、通、利、厚、源、隆、瑞、福、万、元、裕、仁、全、茂、聚、安、顺、泰、祥字眼。凡塞外各字号的匾额，或中堂字画，盛行由名人题字泼墨，多是黑底金字。

商幌，古称"招子"，也称"幌子"、"望子"或"招幌"，大体分为文字幌、模型幌、实物幌和象征幌四类。如当铺挂一块牌，上书"当"

字。茶庄在木牌中间写一"茶"字，两上角用茶叶形状加以装饰。裁缝铺挂一块布望子，两旁及下面以锯齿形色布加边点缀，上书"成衣局"三字。酒店是在七尺长的红布旗中间画一酒坛，里面写"酒"字，叫酒旗儿。元曲《后庭花》中"酒店门前七尺布，过来过去寻主顾"，描绘的便是随风飘荡的酒幌子。药店是由四块红色木牌相连垂下，上面画着圆形黑色膏药，有的上面写着"药"字。另一种是形象性的悬挂广告，如饭店的幌子是在罗圈的下面贴上红色布条，罗圈象征笼屉，红布条象征火焰，红布条的多少代表着饭店开业的年数。小型旅馆则挂一个柳条笊篱，下边系着一块红布，以示留人小店，饮食方便。如果门前挂四个幌子，则是大酒店。

图下 7-5　当年旅蒙商大盛魁制作的广告
邢野摄

根据经营的业务，标签用布条或纸条注明，也有的写在商品包装上，一般以进价计算。为招徕顾客，有时把一些通用货（即日用畅销货如粗细布、绸缎等）定价降低一些，而将其他货定价提高一点，用老板的话说，叫"哭的引笑的"，人们把这种销货法称作是"以货拉黑牛"。"事忙先写账，免的后思想"，凡发生经济往来，先用毛笔写在带柄的木制白漆水牌上，也称作留言牌。至于广告的制作则广泛而普遍（图下 7-5）。

店堂楹联与商店牌匾珠联璧合，交相辉映，构成商业门市特有的装饰景观，起到传播中原文化的特殊作用。这些楹联取材广博，内容丰富，包罗万象，为世人提供文学、历史、地理、书法等方面的丰富知识。巧妙地使用楹联，不仅可以美化店貌，招徕顾客，还可以给人以艺术享受和启迪，如：

酒馆楹联

举杯邀明月　和曲舞春风

人走茶不冷　客来酒尤香

铁汉三杯脚软　金刚一盏头摇

饭店楹联

驼峰熊掌岂堪夸　猫耳拔鱼实且华

柳茂花香五湖巷　饭菜宜口四海店

饭热菜香春满店　窗明几净客如云

五味烹调香千里　三餐饭菜乐万家

茶馆楹联

煮沸三江水　同饮五岳茶

客至心肠热　人走茶不凉

醋行　烧锅楹联

千秋醋史百年业　一品佳酿四海扬

华夏文明融醋史　梗阳灵秀毓醯香

一盏清香传醇正　千年醯史竞风流

综合楹联

财源通四海　生意畅三春

吉星常在店　祥霭喜临门

旅蒙商交易有独特的买卖隐语。老板们为对付各种讨价还价和市场竞争，均在标签和口头上设有隐语及密码，用文字或符号来表示数字，灵活而神秘地进行交易，形成各具特色的经商行话。且在本店专用，有一定的排外性，对外绝对保密。

隐语10个字为：天、地、光、时、音、律、政、宝、畿、重。这10个字，分别代表汉字数码一、二、三、四、五、六、七、八、九、十。天，称作一，因为天最大；地次之为二；光指日月星三光，称为三；时，指春、夏、秋、冬四季，为四；音，古代的音阶有宫、商、角、徵、羽，故为五的代名词；律，指黄钟、太簇、姑洗、蕤宾、夷则、无射六律，代表六；政，指日、月、水、火、木、金、土七星，代表七；宝，指景天科、蝎子草等八种多年生草木，故以八名之；畿，是先秦时期的行政区划，分为侯、甸、男、采、卫、蛮、夷、镇、藩九畿，以代表九；重，重点之意，即一的重复数，九加一为十，完满货足，是为一十之数。

<h3 style="text-align:center">数字隐语一至十对照表</h3>

一 1	二 2	三 3	四 4	五 5	六 6	七 7	八 8	九 9	十 10	备　注
天	地	光	时	音	律	政	宝	畿	重	(明)《辍耕录》记
由	中	人	工	大	元	夫	进	羊	非	山西宏顺德 绸布店用语
点	欺	品	协	挠	候	巧	弯	海		包头地区牙行用语
且根	抽工	川扭	不回	缺丑	断大	毛根	入开	不丸	秃千	归化城、包头当铺、做衣铺用语
流	戳	品	瞎	拐	挠	候	桥	弯	海	归化城牙纪袖语 (捏手指)
老叶嘎	门子嘎	斜子嘎	方子嘎	麻子嘎	挠子嘎	捏子嘎	撇子嘎	钩子嘎	一	赤峰马桥袖语

　　归化城牲畜交易，有牙侩从中经纪，成交后抽取佣金2分。牙侩也称"牙纪"或"桥贩子"、"桥伢子"，在交易中，完全采用互相保密的形式，双方讨价还价都在袖筒内或衣襟下捏手指，说行话。如：一为流、二为戳、三为品、四为瞎、五为拐、六为挠、七为候、八为桥、九为弯、十为海、十一为一大一小、五十五为两拐等。

　　在城乡集市交易活动中，一些行业经纪人常以手指比划十个数字，在袖筒内讨价还价，如：一、二、三、四、五分别以手指代数；六为大小指，形如烟袋；七为拇食中三指，形如镊子；八为八叉；九为勾子；十为拳头。

　　通辽马市的暗语交易，多在袖筒内用手指作暗示数字。其表示法：一，握对方拇指；二，握对方食指和中指；三，握对方食指、中指和无名指；四，握对方除拇指以外四指；五，握对方五指全部；六，用除己拇指以外四指挠对方四指；七，将对方拇指、食指插入己拇指、食指之间；八，己拇指、食指插入对方拇指、食指之间；九，用己食指挠对方或勾对方食指。上述暗号，"一"意味着十或百，"二"意味着二十或二百，以此类推。

赤峰马桥袖语称"嘎儿"。为价格保密，起初使用行话暗语来表示价目。未成交之前，价钱不公开。价不叫价，叫"嘎儿"，管不懂行叫"不懂嘎儿"。一（老叶）可以表示十、百、千、万，不过要在百以上加个大字。其他八个数以此类推。此外还有：十一叫刘丁儿，十二叫刘次儿，十三叫刘叶儿，十四叫刘虎儿，十五叫刘慢儿，十六叫刘鼠儿，十七叫刘荣儿，十八叫刘握儿等。密码使用久，有的难免被破译，因此不得不经常变换代号，把象形、会意造字法以及修辞都用上，或在手指上作文章，袖筒里转乾坤。这种方式叫"团嘎儿"：如甲握乙的食指，单位为一，即老叶嘎儿，代表十、百、千、万；同时握住食指和中指，单位为二；同时握住中指、无名指和小拇指，单位为三等。牲畜通人性，自家养的牲畜多有感情。牲畜交易时不明码喊价，而用袖语商定，有对牲畜的尊重与留恋之意。特别是在买卖马匹时，不仅不喊价，成交后，主人还要摘下自己家的马笼头，意给马自由，而新笼头则由买家重新套上。

商号在经营策略方面很重视保密性，内部的行文往来多用特定的暗语和代号。如当铺的当头按"天地玄黄宇宙洪荒日月盈昃"12个字来代替月号，当物也用一些特定的符号。坐堂医生的处方，事先和药铺约定，用一些生僻的药名或极难辨认的草体，一来防止泄漏秘方，二来使别的药房不敢贸然抓药，从而维护本堂的利益。用暗语和代号最多的则是钱庄票号。如用"国宝流通"代表万、千、百、十；以"赵氏连城璧，由来天下传"代表数码1—10；以"谨防假票冒取，勿忘细视书章"12个字分别代表12个月，以"堪笑世情薄，天道最公平，昧心图自利，阴谋害他人，善恶终有报，到头必分明"30个字代表30个日期。各商号都有类似的暗语代码，用于书信往来，或单据防伪。与这种商业暗语代码相近，各商号交易所用的工具秤的秤星，在商界有公认的特定含义。当时所用的秤以十六两为一斤，这十六两的秤星分别代表北斗七星、南斗六星和福禄寿三星。交易过程中如果缺斤短两，少一两是损福，少二两则是伤禄，少三两就是折寿，再少到天上星宿之位，则天理不容。秤星处须是黄色或白色，禁用黑色，以示买卖人不昧良心。

一代又一代旅蒙商人，在长城外辽阔的草原上，面对逐水草而居的游牧民族，以敢为人先的商业胆识，不畏艰辛的创业精神，万里行贾，勤俭经商。尤其在封建社会重牧轻商、重农抑商的经济环境中，建立起一种秩序井然、自由顺势的庞大经济模式，形成卓尔不群的自身文化特色，蕴含着广博的商业文化与商业文明。而且，在经商的过程中滋生着具有一定的文化理念和道德观念的精神产物。它是由物质文化产生的非物质文化，是一种宝贵的值得后人借鉴的文化遗产。

旅蒙商不畏艰辛，牵驼拉马，千里走沙漠，冒风雪，北越蒙疆，开辟出一条以山西、陕西、河北等地区为基地，贯穿蒙古戈壁大沙漠，到库伦，再至恰克图，进而深入俄境西伯利亚，又达欧洲腹地彼得堡、基辅的国际商路。这是继中国古代丝绸之路衰落后，在清代兴起的又一条陆上国际商路。山西商人到归化城、包头经商，杀虎口是必经之路。有民谣称"杀虎口，杀虎口，没有钱财难过口，不是丢钱财，就是刀砍头，过了虎口还心抖"。但是旅蒙晋商并不因此退缩，而是毅然向前，势如潮涌。

增强蒙古地区与内地经济文化联系，提高民众的生活质量。"饮中原美酒，用曲沃生烟，品江南名茶"成为草原上蒙古民族和其他各个民族的时尚。通过贸易和商贾的往来，使草原游牧经济文化，与中原各族人民的生产和生活之间逐渐形成互相依赖，互为补充的密切关系。

牧猎产品的商品化程度提高，牧民的商品交换意识逐步增强。旅蒙商在牧区收购的商品不仅有马牛骆驼和贵重毛皮及畜产品，而且也收购马鬃、马尾、牛角、羊肠、蘑菇等。从前被视为无用而被抛弃的东西，也成为可以出售或换取生活、生产所需的商品，激发了牧民的商品价值意识，促进游牧经济向更深层次发展。蒙古地区畜牧业的商品化进程，促使大量的旅蒙商来到草原，形成商业、手工业、农业等多元化经济交错发展的经贸体系，对蒙古地区以畜牧业为主的单一经济结构产生重大的冲击。游牧经济开始从单一、粗放的牧猎生产经营中分化出来。

随着蒙古地区商业贸易活动的发展，人们的货币意识得到加强。蒙古地区长期处于自然经济状态，商品经济不够发达，货币意识也很淡薄。在相当长的时期内，各民族之间，以至旅蒙商和俄国商人之间的贸易都是以物易物的贸易。最初以人们普通乐于接受的羊作为一般等价物，后来用中原地区的茶、布来代替，而货币作为价值尺度在蒙古地区广泛流通，促进了商业贸易的发展。

旅蒙商的发展加强了蒙汉各民族的经济文化交流和相互了解。旅蒙商在商贸交流中学习蒙古语言，了解蒙古人民的风俗习惯和宗教信仰，学习饲养牲畜，同时将中原地区的酿酒、榨油、制碱、制革、制毡、制衣、烧砖等手工业技术带给蒙古人民，而且自然而然地促进了草原集镇的形成。先有商业，后有城镇。如塞外著名城镇归化城、张家口、包头、多伦诺尔、赤峰、通辽就是在旅蒙商的发展中逐渐繁荣起来的。

过去那种地方的和民族的闭关自守状态，被各民族的互相往来和各方面的互相依赖所替代。大量旅蒙商进入蒙古社会，在年轻的时候就学习蒙古语，有的商人还学习针灸，参与携带医药，有的传授中国的书籍等等。为长期在蒙古族地区经营发展，对蒙古人的思想、感情和文化进一步了解，交流进一步增强，这种交流有利于促进蒙古社会的发展。有些地区，汉蒙等族人民杂居一处，他们使用相同的语言，穿相近的服饰，从表面上已很难区分蒙古人与汉人。

旅蒙商不仅把新的生产方式、新的商品交易和经营模式带到草原上，而且随着他们的定居，他们原有的语言、信仰、饮食以及生活习俗，在与蒙古人的相互交往过程中，逐渐趋同并发展成一种新的文化现象。由于旅蒙商中晋陕两省人居多，因此蒙古人承继的一些生活习俗自然以这两地的特征为主。嘉庆二十年（1815），《大清会典·藩部》载："近来蒙古渐染汉民恶习，竟有建造房屋、演听戏曲等事。"这一记载表明，受旅蒙商和移民影响，蒙古人已开始建造房屋以求居有定所，一个以唱蒙古长调闻名的马背民族也开始演戏听戏，可见变化之大。

旅蒙商移民供奉关帝庙、龙王庙，很快在草原多处兴建起来。归化城内，山西旅蒙商帮的祁县社、太谷社和宁武社在小东街最早兴建关帝庙，代州社在西口子修建龙王庙，冀籍旅蒙商的京都社在太管巷西南兴建三官庙。春节是汉族人最隆重的节日，蒙古人学汉俗，在过年的时间、形式方面与汉人基本相同，也放鞭炮，贴对联，燃旺火。受旅蒙商和移民的影响，他们也在元宵节点旺火，张灯彩，以元宵祭祖，并赴龙王庙焚香叩拜。随着民族交往互动的频繁，有些蒙古人还把自己的姓氏按汉字的谐音简化，如宝日库、博尔吉特等简称姓包，还有些蒙古人甚至直接用汉字如张、王、李、赵等作为自己的姓氏。

旅蒙商贸易导致的蒙汉族际交流，同时也体现在文化习俗领域。蒙汉两族大量吸收对方的文化习惯，在语言、居住、饮食、婚葬、娱乐等多方面发生改变，一方面反映蒙汉近距离交往的深入性，另一方面也反映民族文化交流的双向性和自愿性。在中国民族贸易史上占有特殊地位的旅蒙商，对于祖国多民族大家庭的稳定与繁荣，对于民族商贸经济的发展，对于巩固和加强边防，一直产生着重要的影响，发挥着不可忽视的作用。

【注释】

① 参见陈秉荣、周少卿：《"走西口"的习俗文化及其历史成因初探》，载《西口文化》2009 年 7 月（总第七期）第 39—40 页，包头市西口文化研究会主办、包头大漠文化艺术中心编，内蒙古自治区内部资料 15-259/C 号。

② 参见伏来旺：《漫谈西口文化》，载《西口文化》2010 年第二期。

③ 邢野主编：《中国爬山调艺术集成》上册，内蒙古人民出版社 2008 年版，第 75—84 页。

④ 参见李野：《蒙汉两族文化交融的产物》，载《西口文化》2008 年 8 月第二期。

⑤ 邢野主编：《中国二人台艺术通典·丑集·二人台传统剧目》，内蒙古人民出版社 2005 年版，第 10—12 页。

⑥ 同上⑤，第 33—34 页。

⑦ 韩绍祖主修：《萨拉齐县志》卷十二《生活·娱乐》，1941 年手抄本，1943 年出版，第 281 页。

⑧ [清] 张曾辑：《归绥识略》，手抄本。

⑨ 潘照东:《略谈西口文化的基本特征》,载《西口文化》2008 年 8 月(总第二期),第 16 页。

⑩ 参见 [俄] 波兹德涅耶夫:《蒙古及蒙古人》第二卷第三章《归化城》,内蒙古人民出版社 1983 年版,第 97—99 页。

第八章

大漠瑰宝

内蒙古地区的文化现象、文化活动，上自远古留存的岩画、陶艺，近到清代的天文、著述、建筑等，交相辉映，像一条星光闪烁的银河映照着这片辽阔的沃土，讲述着从远古走来的悠久历史。蜚声中外的阴山岩画，神秘莫测的阿尔寨石窟壁画，继承藏传佛教艺术精华，向世人传达着草原游牧民族文化博大精深和丰富内涵。还有被所有泼墨挥毫者青睐的鸡血石，无不令人驻足相邀、流连忘返。明清以来，因长城内外经济与文化的互补，黄河两岸民间艺术的交流，为内蒙古地区文化的繁荣与创新带来前所未有的发展机遇，呈现出蓬勃发展的局面。内蒙古地域文化，承载着中国北方辉煌壮丽的文明史，是长期生活于斯的各民族和睦共处、共同创造的宝贵精神财富。

第一节 阴山岩画

天体岩画 偶像岩画 动物岩画 狩猎岩画 舞蹈岩画

在内蒙古境内赤峰、锡林郭勒、乌兰察布、包头、巴彦淖尔、乌海、阿拉善等地的山脉中，分布有许多岩画，如阴山岩画、东宝石山岩画、查干哈沙图岩画、乌兰察布岩画、贺兰山岩画、阿拉善岩画、曼德拉山岩画等。凡岩画分布地段，北方游牧民族如戎狄、匈奴、鲜卑、敕勒、突厥、回鹘、契丹、蒙古都相继活动过。考古学家在阿拉善左旗、磴口县、乌拉特中后联合旗等地，发现成千上万幅各个历史时期游牧民族独具特色的岩画。其中有太阳图形、舞蹈图形、动物图形、行猎图形、征战图形等，还有反映游牧民族衣食住行的画面。阴山岩画分布于东西长约 300 公里地段上，面积达 2.1 万平方公里，发现岩画多达万幅以上，已拓描 1500 余幅。阴山岩画比较全面地反映古代北方各游牧民族的经济生活、审美观念、宗教信仰和意识形态。阴山岩画按创作年代划分，大体可分为原始氏族部落岩画，春秋至西汉的匈奴岩画，北朝至唐代的突厥岩画，五代至宋朝的回鹘和党项岩画，元朝以后的蒙古岩画。

阴山岩画犹如一部鸿篇巨帙的史书，生动描绘、真实记录古代先民在这一广阔天地间生活的各个侧面，反映远古先民与大自然斗争的历程，以及赖以生存的自然环境。岩画中的日、月、星辰、云朵等天体形象，反映居住在阴山地区的先民最初的天文知识和天体崇拜。日月经天，星斗回转，河汉纵横，以及在广阔天穹瞬息万变。他们以好奇、敬畏的心情观测着这一切令他们疑惑不解的自然现象，对日、月、星、云等天体形象的崇拜油然而生，便将这些天体之象刻凿于岩石上，供祈祷和祭祀。如在磴口县格尔敖包沟畔山腰有一幅拜日图，一个站立的人形，两腿自然叉开，双臂上举，两手合十，头上一圆圈，以示高悬天际的太阳。整幅图形庄严肃穆，表现出先民对太阳的崇拜心情。

阴山先民的偶像崇拜，在岩画中也多有表现。在崖高涧深、壁立千仞的石面上，往往磨刻有成片的神格面具，构成气势恢弘的"圣像壁"。如见于磴口县默勒赫图沟崖壁上两片大面积的神格面具，每片由十余个人面组成，形貌千奇百怪、狰狞可怖而富于变化。凡是磨刻这类神像的地方，都是山高沟深、地形险要之地。大概古人认为，这些常人难以接近的地方是众神灵居住或登天的地方。缅怀当年，居住在这里的原始氏族成员，在巫师率领下欢跳规模盛大的、热情洋溢的媚神娱人的舞蹈，尽情地高歌，尽意地狂跳，以祈求神灵的保佑。在众神头像间，往往有一簇簇星星，以示众神高居于苍茫的太空。高居于空际的天神，头顶布满太阳光芒的射线，推断应是太阳神。

阴山岩画中有人的手印、脚印和各种动物的蹄印、爪印。磴口县阿贵沟洪洋洞洞口和乌拉特后旗大坝沟南口西畔，人脚印磨刻规整而光滑。乌拉特后旗卜尔罕图山石崖中的人手印形，是自远古以来就广为流传的一类古老岩画题材。

阴山岩画是古代游牧人贡献于人类古代文明的一份厚礼。在文字出现以前，岩画以图画记事和符号记事的形式，展现出他们的文明历程。

位于杭锦后旗陕坝镇北东升庙的巴日沟虎群岩画（巴日，蒙语，汉译老虎。图下 8-1），画面由五只彪形大虎组成，宽 3.45 米、高 1.26 米。左边是一圆腰粗腿的小虎，作伫立远眺状，嘴下有三个圆点，后脚下有一简略的动物形。小虎右边为一回首的大虎，嘴下连挂着一只小动物。画面中部为另一只回首的老虎，虎背上有一个双臂上扬的人形，双腿开叉，站在虎背上，尾部连着一骑者，腹下一背部高耸的动物形。这只虎的头部有一小动物，前腿踏在另一只虎的臀部。画的右边是一对头部相对并交互一起的虎形。左边那只虎脚下，踏着一只小虎，鬃毛上连着一个马形，背上有一柱状物，应是一骑者，就在这只虎的尾巴尖，还悬挂着一个鹿形。画面中上部有长腿的驼形、简略的动物形和类似人面的图形。五只虎形左右陈列，使观众一眼可以看到其间的相互关系。又以嘴、鬃、尾、臀、背、脚各部悬挂着各种动物形、小人形以及上部的骆驼形等，巧妙地填补了各虎形间的空白，使画面生动活泼而富于变化。

图下 8-1　五虎图　位于杭锦后旗陕坝镇北东升庙的巴日沟的虎群岩画，图上端的中部为老虎捕获的猎物。盖山林、盖志浩提供资料。

各个虎形大小有别，形态各异，或眺望，或回首，或两首交互一起。各虎造型生动优美，形似神传，惟妙惟肖，恰到好处，是难得的艺术佳作，在题材上和风格上具有鲜明的民族特色和时代特征。以虎为题材的岩画，不仅在狼山普遍存在，而且在鄂尔多斯草原出土的青铜牌饰或动物形铜饰件中也经常碰到，可见它是游牧人喜闻乐见的艺术题材。从画面的画风看，那种大动物之上缀以小动物的手法和动物作回首之态的风格，是鄂尔多斯高原及阴山地区匈奴人早期文化所特有的表现。

　　阴山岩画，动物骨干有"骨架"线条，又称"花纹风格"。动物多合体形象。在动物的头、嘴、颈、腹、眼、尾、脚各部缀连以其他动物形，多呈咬斗形象。画中动物的腿多采取奔跑中四蹄瞬间并拢或所谓"蜷息"、"蹲踞"之姿态。阴山岩画野生动物中有：狐、狼、虎、豹、黑熊、野马、野驴、岩羊、盘羊、北山羊、羚羊、藏羚、黄羊、梅花鹿、马鹿、麋鹿、驼鹿、驯鹿、麅（狍）、野猪、双峰驼、单峰驼。可以确定动物的属名、但不能定其种名的有：野兔、大角鹿、野牛、龟、鹰；不能确定其属与种的有：鸟、蛇；因缺乏充分根据而只能作出推测的有：蜥蜴、羚羊、白唇鹿、牦牛和跳鼠。以上这些岩画动物，无疑是当时狩猎的对象，是阴山狩猎时代人们赖以生存的衣食之源。

　　在阴山史前岩画中，狩猎或与狩猎相关的画面占有很大的比重。见于画面的猎人形象，一般身体粗壮，或执空弓，表示箭已射出，或弓拉满月，蓄势待发。行猎方式，多种多样，有独猎、双人猎、三人猎、众人猎和围猎五种。以独猎场面最多。双人猎是由两个猎人，通力合作共同打野兽，两猎人或一前一后或一左一右，双方配合紧密。众猎场面，如阿拉善岩画（图下

图下 8-2　阿拉善岩画：围猎图　左边的几个猎人在追赶着成群的盘羊，右上角一个猎人在张臂作围堵状。盖山林、善志浩提供资料

8-2）。人数在四人以上，有的多达六七人，众多手执弓箭的猎人与群野兽混杂在一起。在众猎人中，常有一个空手者，可能是狩猎的指挥者或对野兽的监视人。岩画中的狩猎工具，有弓箭、木棒、刀、剑、弩、流星索等，有些画面中还有类似陷阱之类的图形。在所有的狩猎武器中，以弓箭最常见。无论阴山地区以狩猎为主的细石器遗址，还是乌拉特中旗狩猎岩画（图下 8-3、图下 8-4），都证实阴山远古时期与世界其他地区一样，确实存在过一个漫长的狩猎时期。

阴山舞蹈岩画，展现出阴山地区古代的人体艺术（图下 8-5）。其舞蹈的形式与内容，都是由阴山先民的劳动性质决定的。先有狩猎的活动，才有狩猎的舞蹈；先有民族部落间的战争，才有战争舞蹈；先有原始宗教的祭祀活动，才有宗教祭礼舞蹈。磴口县托林沟的一幅狩猎舞蹈图：一猎人前行，后跟一猎人，头作鸟头形（图下 8-6），有鸟喙，身侧有翅膀，舞之蹈之。岩画中手舞足蹈的舞者形象，成为艺术的形式，是

图下 8-3　乌拉特中旗昂根苏木海日呼图格岩画：猎山羊。盖山林、盖志浩提供资料。

图下 8-4　乌拉特中旗几公海勒斯岩画：三人狩猎。盖山林、盖志浩提供资料。

图下 8-5　阴山岩画：单人舞　人物头扎小辫，双手叉腰，作舞蹈状。盖山林、盖志浩提供资料。

图下 8-6　阴山岩画：双人舞　前边一人双手叉腰，后边一人双臂作摆动状。盖山林、盖志浩提供资料。

远古长期劳动的产物，是对劳动的抽象概括。岩画舞蹈图可分五大类：

一是狩猎舞。磴口县、乌拉特后旗阴山岩画中多见狩猎舞，应是猎人伪装狩猎的直接模拟或重演。在乌拉特中后旗西地里哈日山脚下一幅行猎图中，画一个经过伪装的猎人，穿着斗篷一类的衣服，一直蒙盖到头顶，只露着两只眼睛，臀下系着一条粗尾。在这个猎人右下方，一猎人头部也化妆成动物头样，长长的两耳，伸着嘴巴，头顶着曲长的饰物。

二是原始宗教舞。是人们原始宗教思想和浓重的宗教感情在原始舞蹈上的具体表现形式。宗教舞蹈中，有杀人以祭的场面，血淋淋的人头、尸体被置于舞场或抛向空中，以示对自然神无限崇拜的心情。

三是原始集体舞。这类舞蹈，大概是由于猎人行猎回来，因获得食物（兽类）和兽皮而欢欣鼓舞。磴口县托林沟一幅集体舞岩画，栩栩如生的动态和热烈昂扬的气势，极其形象地描绘出猎牧民在集体劳动中紧密配合、亲密合作的情景。一幅被称作"白岔河岩画群舞图"的新石器时代的岩画，刻画在悬崖底部一块内凹的岩面上。以红色矿物颜料涂绘，面积达13平方米。画面中部画九人，其中四人作侧身舞，二人作双人舞（其中一人直身，另一人曲身），右手互挽，似为旋舞，三人为手拉手作一字形横列舞蹈。画面右上角，有两个体态健壮丰满的人，手拉手作直身双人舞，上方有一圆环，环中横一直线，不解其意。画面左上角，画一斜线，似为山川。山路上三只野猪，前后列队作行进状。画面下缘画一鹿，长角，趴卧在群舞人群之下。整个画面布局疏朗、动静结合，气氛生动活泼。另如胡日哈苏木东马鬃山岩画，画面宽7米、高4米，也以红色矿物颜料绘制，分东、西、中三个部分。东区画十几人，其中二人并列手拉手舞蹈，三人集体舞，一人独舞，一人领舞，三人结队并舞。中区画面最高，绘有灯幢、宝顶、射手射箭等内容。整组岩画人物众多，气氛欢快，应是草原先民大型喜庆聚会，表达人们对美好生活的祝愿和向往。其他又如阴山岩画上的四人舞（图下8-7）。

四是战争舞蹈。乌拉特中后旗东地里哈日有一幅双人舞岩画，两人腰间各佩带着武器，臂连着臂手舞足蹈。氏族部落间的战斗是产生战争舞蹈的社会基础，而战争舞蹈则是对战争生活的真实反映。在磴口县格和撒拉石壁有一幅炫耀战功描绘厮杀场面的岩画：只见胜者一方的战

图下 8-7　阴山岩画：群舞　前面 4 人手臂相连，作舞蹈状。盖山林、盖志浩提供资料。

士，个个披坚执锐，腰佩战刀，挽弓搭箭，英勇拼杀；而败者一方，却兵溃被杀，有的身首异处，有的落荒逃跑。对抓捕回来的俘虏，就像处理猎来的野兽一样，将头颅砍下，将四肢扔掉，将头和躯干拿去敬祭神灵。图下 8-8 是阴山岩画中一幅描写战争的岩画。

五是摹仿生育的舞蹈。舞者的形象，颇似妇女生小孩的姿态。这类画面，倘若与出现在乌拉特中后联合旗和磴口县山中的几处表现性交的

图下 8-8　阴山岩画：战争图
盖山林、盖志浩提供资料。

岩画结合起来考虑，它的含义很容易得到解释，无疑是阴山先民多产、再生产崇拜思想在岩画图形上的反映①。

图下 8-9 是阴山岩画各种形式的舞蹈图。

图下 8-9　阴山岩画：舞蹈　盖山林、盖志浩提供资料。

第二节　草原石窟阿尔寨壁画

阿尔寨石窟　壁画内容　壁画构成形式　人物造像　色彩与技艺

阿尔寨石窟又称"阿尔寨乌兰素"，俗称"百眼窟"，因石山包上开凿有百余座大小石窟而得名。阿尔寨石窟位于内蒙古鄂托克旗境内。"鄂托克"一词系蒙古语，汉译为"营"或"部"，是元明两朝蒙古万户下设行政建制名称，即千户辖地。阿尔寨石窟即坐落于鄂托克旗阿尔巴斯苏木东北部一处红色砂质岩山包上。

阿尔寨石窟原有 108 个窟，采用佛教惯用的吉祥之数。因自然和人为的破坏，多数石窟倒塌埋陷，现存 60 余窟，窟内绘有以藏传佛教密乘题材内容的壁画近千幅。阿尔寨石窟是一座集寺庙、宫殿、石窟建筑、摩崖石刻造像、壁画、雕塑、回鹘蒙古文、梵文、藏文榜题、八思巴文为一体的佛教艺术宝库，也是一座集礼佛与祭祀双重功能的石窟寺。因石窟规模宏大、壁画精美而被誉为"草原敦煌"②。

阿尔寨石窟还是一代天骄成吉思汗率大军征伐西夏的前沿总指挥部。据《蒙古秘史》记载，金哀宗正大三年（1226）秋，64 岁的成吉思汗"去征唐兀（西夏），以夫人也遂从行"，"冬，间于阿尔不合地面围猎，成吉思汗骑一匹红沙马为野马所惊，汗坠马跌伤。就于搠斡尔合惕地面下营"。据专家考证，"阿尔不合"，即现之阿尔巴斯；"搠斡尔合惕"蒙语意为"多窟汇聚之处"，即阿尔寨石窟。后来阿尔寨石窟成为拖雷（成吉思汗季子）领地，拖雷的后代元世祖忽必烈及元朝国师、帝师、藏传佛教萨迦派法王八思巴等也在这里留下自己的足迹。因此，阿尔寨石窟是研究古代蒙古汗国和元朝政治经济、历史文化、宗教民俗、人文地理极其珍贵的遗产。

阿尔寨石窟的开凿和壁画绘制年代及其历史沿革，分为北魏、西夏、元朝、明朝四个阶段。

北魏时期在阿尔寨开凿的石窟以第 10 窟和第 28 窟为代表，石窟平面呈方形，窟中央凿刻方形塔柱，后壁开凿佛龛。此种形制与云冈第 1、2 窟，宁夏须弥山第 14 窟，敦煌 254、257、259、260、435、248、249 窟相似。阿尔寨石窟开凿于北魏中晚期，其石窟的形制风格受到云冈等石窟模式的影响。

西夏是佛教昌盛之地，魏晋时期敦煌已有开窟建寺的佛教活动，经北凉至北朝时期，形成敦煌佛教石窟蓬勃发展的第一次高峰。阿尔寨石窟所在地区，在西夏时期属夏州和宥州地区，是拱卫河西地区之军事要地，因此，阿尔寨石窟不少即为此时凿建。从阿尔寨石窟窟形平面布局，中心柱石窟的应用，壁画题材的环形多层布局表现形式，众多的浮雕石刻佛塔形制，大量的密宗题材，石窟藻井装饰及图案等特征，也可见其与敦煌莫高窟、榆林石窟一脉相承。

蒙古人统一中国建立元帝国后，弘佛建寺成为时尚。蒙古人继续在阿尔寨建庙开窟，山顶的三座庙宇不仅规模宏大，建筑材质华贵，功能也各不相同。由于藏传佛教萨迦派在元朝中央的特殊地位，萨迦派第五祖八思巴被忽必烈封为国师、帝师之位，萨迦派十分得势，藏传佛教密乘盛行各地，因而阿尔寨石窟中也出现大量密教题材的壁画、萨迦派的图案和世俗人物祭祀、礼佛的场面。壁画中还出现用竹笔书写的回鹘蒙文、梵文、藏文榜题及盛放高僧骨灰的覆钵式浮雕佛塔和塔瓶洞穴结合的佛塔形制。

明朝仍沿用尊崇藏传佛教的贯制，并对藏传佛教各教派高僧采用"多封众建"的国策。明万历六年（1578）五月，蒙古土默特部阿勒坦汗与格鲁派上师三世达赖喇嘛索南嘉措在青海湖相见后，索南嘉措亲赴鄂尔多斯地区传教，藏传佛教格鲁派取代原始的萨满教而盛行蒙古草原。阿尔寨石窟再度兴旺，所绘壁画画面宏大，富有装饰性，壁画中出现格鲁派祖师宗喀巴大师的形象。这一时期的壁画风格具有强烈的蒙古草原民族地方特色。

阿尔寨石窟壁画表现的题材内容也十分宽泛，除继承传统的藏传佛教密宗题材外，还有大量表现蒙古民族历史典故、讴歌蒙古民族传统文化精神，图释马背民族吃苦耐劳、英勇善战，与大自然顽强拼搏生存的现实题材作品。歌颂成吉思汗黄金家族事迹，忽必烈接受藏传佛教的《灌顶图》及国师、帝师八思巴弘传佛法的写真壁画十分醒目。即使是佛教题材的神佛造像，也赋予特定的象征内涵和神圣的现实意义。壁画以史作画，以画记史，以画传史，紧密结合蒙古民族政治、军事、历史、文化的发展，表现活态的现实生活之美，是阿尔塞石窟壁画重要特色。以成吉思汗、忽必烈、八思巴、仲敦巴、德洛巴、宗喀巴等祖师的真实事迹为主线的壁画，具有原创性特色，有重要的历史价值和现实意义。大量民间世俗生活题材的铺陈，独具生活情趣和审美意趣的内容，也是世俗大众宗教信仰、精神文化追求、物质生产生活的真实写照。阿尔寨石窟壁画中也穿插大量的写实性的动物造型，尤其是当地常见的牛、马、羊、狗、鹰、羚、鹿、豹、鸟等，更增加民间世俗生活的情趣。宗教图符有着象征性审美内涵，象征性是宗教艺术中常用的一种表现形式和艺术语言，因为它属典型隐喻类。"象征"在藏传佛教艺术中充当比喻性的绘画语言，它揭示藏传佛教的深奥义理，可以说宗教题材的壁画艺术本身就是一种象征艺术。

阿尔寨石窟壁画基本构成与布局可分为如下三种：

环状长卷分格式布局。即一铺壁面或一窟四壁面之壁画以构图的长卷形式布局为特征，其构图形式遵循表现内容和特殊审美的需要，将壁面从上到下分为二至三层不等，均呈条带状顺时针环绕石窟一周。一是单尊独幅排列式，这类壁画是在上述基本型的基础上，在其主尊佛像的位子上等距排列，每尊像外四周用数条宽窄不同的彩色线边框装饰。形成既是单尊独幅画，又有连续性排列的总体构图布局。远看犹如一幅幅装裱好的肖像画挂在展墙上，具有一种整体的规整美和群体性气势感。二是单尊连续性排列式，这类壁画构图的特点是，在环状多层构图的下半段，用连续性的横分隔的形式，在大致相似的背景中，每一横隔表现一位人物的动态情节，绕石窟一周。三是散点透视全景式，这类壁画采用鸟瞰散点透视方法，无固定视点，因而比较自由灵动，活泼多变，构图以场面宏大，人物众多，情节复杂为特点。壁画大多以整铺墙面为一个独立单元，按表现题材内容的主次关系进行布局刻画。长卷式壁画的构图形式包容量大、内涵丰富、形式美观，每层表现内容各不相同，但又服从于中心主题。

中心肖像式布局。在阿尔寨石窟壁画中应用较多，其布局结构主要表现佛、菩萨、度母、佛母、金刚、护法、天王、罗汉等的尊像画或其他神祇的肖像作品。通常是在一幅壁面的中心主要位置绘主尊像，其四周绘以众多神、佛、弟子等小像和动物、景物等不同造型的情节内容和精细的装饰图案，以突出画面的中心神佛像。中心肖像式布局特点是壁画主体突出，造像体态伟然庄重，气势恢弘壮美。

网格式布局。其形式是用深色条线将一个完整而又不同人物或不同情节的内容以方形网格或竖、或横、或多列分割画面，于方格内展开每一个相对独立的故事情节，使方格画面内容之间既有内在联系，又各有独立的表现内容。这种构成形式具有连环画般长于叙事的特点，网格形式视其题材内容和场景的不同又可分为横排多行分格式、多行多列分格式和满壁分格式三种。多行分格式，即将画面从上到下横分成若干格，于格内描绘一个故事中的一段情节，并与上下格内容相连贯。多行多列分格式，即用粗墨线将画面横竖分格成若干对称方格，展开既相关又不同的故事情节表现一个完整主题。满壁分格式，即一铺壁面从上至下、从左至右等距离分格，在每一格内表现一尊佛像或一个完整的具体内容。

　　阿尔寨石窟壁画的人物造型个性鲜明，可分为两大类和两种风格：一类为神佛造型类，它包括佛、菩萨、度母、佛母、罗汉、金刚、护法、天王、天女等。一类为现实人物类，有大成就者、各教派传承上师、成吉思汗黄金家族（图下 8-10）、汗王忽必烈及其家族、萨迦派五祖八思巴师等。前者造型忠实于藏传佛教造像严谨的规范要求；后者强调现实主义的写实特征及个性化表现，由此使阿尔寨石窟的汗王忽必烈及其家族、萨迦派五祖八思巴国师等人物造型，呈现出统一规范性和变化多样性的鲜明特点。

　　阿尔寨石窟壁画中佛像最生动的是观音、度母像，其审美特征更强调自觉、觉他的人文主义色彩和天人合一的理念。佛像少些许庄严肃穆之威，更多一些人间世态的洒脱欢悦和轻松自如。其中的二十一度母像，造型变化丰富，姿态生动婀娜，神貌表情格外温顺含蓄，给人以亲切和蔼之感。而石窟壁画中的护法金刚像造型，又表现出与上述佛像表征截然相反的形式，它以动态表情高度夸张，身姿造型变化无穷而呈现

图下 8-10　阿尔寨石窟壁画：成吉思汗家族图　左三为成吉思汗。选自《草原文化》，孔群摄。

出威猛雄强、孔武有力的超人法力，以示对外道邪魔入侵的震慑、对修法中不正之意念的警示和对佛法的捍卫守护之威。

阿尔寨石窟壁画的用色，早期与敦煌西夏壁画风格类似，以大量石绿色打底，有"壁画绿"之谓。中期壁画采用藏族传统绘画手法，多使用绿、黑、白、红等诸色矿物质颜料绘制，色调浓烈，线条奔放。晚期壁画色彩以红、白、绿、蓝、黄为主，使壁画在材质应用上体现出强烈的地域性、民族性和独特的原生态材质审美效果。阿尔寨石窟壁画的颜料种类有"草原绿"、"蒙古蓝"、"宝石黄"、"珊瑚红"、"珍珠白"、"松烟黑"六种。由于蒙古民族生存环境地域的特殊性，绿色的大草原和蓝色的天空体现着草原游牧民族特有的自然生存状态，蓝绿二色是统领蒙古大草原变幻莫测、异彩纷呈的主色调。

线描勾勒是阿尔寨石窟的重要技艺特色，既有北方草原画派的骨脉神韵，也有藏传佛教传统绘画风格，种类多样。一是阳刚豪放的铁线描，多用来表现现实生活题材中的人物、景物，造型简洁，用笔洗练，气韵生动。二是精细的高古游丝描，多用来刻画构图严谨，造型精细复杂，人物、动物变化较多，动感较强的画面。三是飘逸潇洒的兰叶描，以富有粗细变化，表现力活泼多姿为特点。四是水墨山水画般的意笔描，墨色浓重，色彩少而清淡，线描重写意传神，风格独特。

阿尔寨石窟壁画的书写榜题，从一个侧面印证蒙古民族历史文化源远流长：一是书写文字种类多，有回鹘蒙古文、梵文、藏文，多种语言文字共用、通用。二是时间跨度久远，其中回鹘蒙古文榜题时间最早者，比敦煌莫高窟壁画上的蒙文榜题还要古老。阿尔寨石窟壁画和回鹘蒙古文、藏文榜题是同一时期的文物，从字体和语言特点来看，回鹘蒙古文榜题可能书写于元末明初。三是榜题内容丰富。四是榜题量大，其中大部分是由藏文翻译的有关佛教的赞颂词。五是书写形式不拘一格，一般多在佛像的两侧和上方的竖长方形榜题牌上书写回鹘蒙古文，横长方形榜题牌上书写藏文榜题内容。

阿尔寨石窟中近千幅壁画，是蒙古民族历史的缩影。它为研究古代北方民族的政治、经济、文化、艺术、宗教信仰和民风民俗提供丰富的形象史料，被誉为"草原文化宝窟"。阿尔寨石窟壁画不仅继承和弘扬蒙古民族优秀而古老的文化艺术传统，同时，又是吸收和融合着多种外来文化精华而创造出来的艺术珍品。在漫长的发展历程中，无论是对博大精深的藏传佛教文化的接受，对风格浓艳的西夏地方文化的吸纳，或是对中原古老文明影响的融汇，都反映蒙古民族长期以来与国内各民族及世界各国多元文化广泛进行交流的优秀历史传统。

阿尔寨石窟佛教题材壁画艺术，是蒙古民族历史上继成吉思汗征服西夏王朝之后，伴随着藏传佛教文化在蒙古地区的传播，应运而生的一个重要的标志性文化艺术宝窟。它不仅以其佛教寺院、宫殿、石窟建筑数量的规模性、集约性令人瞩目，更以鸿篇巨制的壁画艺术，开启着蒙古族佛教文化和佛教艺术在蒙古大草原的崭新篇章。壁画表现的题材、内容、形式、色彩、线条、装饰、造型等艺术特色，所取得的辉煌成就和人文审美特征，再现草原民族古老的传统文化一脉相承的深厚源流和此时期蒙古民族文化大开放、大交流、大吸收、博采广撷、融汇发展的新局面。

阿尔寨石窟壁画艺术精湛的绘制技艺和博大深邃的表现内涵，是蒙古民族本土文化发展凝聚的璀璨结晶。同时，也是蒙古民族以高尚的人文境界，开阔的胸怀，广撷世界多元地域文化艺术精华，和多种民族交流互补、融汇发展、精心培植的瑰丽明珠。阿尔寨石窟壁画艺术所形成的艺术特色、审美特征和文化价值不仅具有质朴的地方性、浓烈的民族性、神圣的宗教性和神秘的地域色彩，也具有宽泛的包容性和世界性。

第三节　鸡血石

产地　种类　鉴赏　雕刻　印章

中国四大名印石为：巴林石、寿山石、青田石和昌化石。中国三大彩石为：巴林彩石、寿山彩石和青田彩石。巴林石又称"叶腊石"，俗称"美石"、"画石"，在工业上统称玉矿石，系高档印材石，又是珍贵的收藏品。巴林石产于内蒙古赤峰市巴林右旗。

在红山文化遗址和出土墓葬发现的古玉石器中，以巴林石为材料的玉器占有一定比例。巴林右旗那日斯台遗址出土的文物中，共发现玉器100余件。其中鸟形玉玦，系用巴林石的围岩所制，通体为乳白色，整体形状似"C"字，高5.5厘米，厚1.1厘米，宽4.8厘米，首尾相近，大嘴尖喙，额间隆起。用黄冻石制的纺瓜和纺轮，其纺瓜为桂叶形，在两个尖头间沿瓜刻有对称的一周沟槽，厚与宽相近，略显扁平，高4.1厘米，宽1.6厘米。纺轮呈椭圆形，刻有一周沟槽，平面中间钻有一圆孔，厚度稍小于宽度，长1.6厘米，宽1.1厘米。另外还有用巴林石中的瓷白石制成的玉蚕、玉人面等。在赤峰市宁城县甸子乡小黑石村发现的夏家店上层文化墓葬中，随葬品中也有一些巴林石制品。在巴林左旗十三敖包乡红土沟子村还发现有两枚玉玦，直径7厘米，厚1厘米，玉玦口很窄，为斜切面，系用巴林石的冻石所制。

公元9世纪，契丹人建立辽王朝，设皇都上京临潢府于巴林草原。辽代中期，佛教日盛，巴林石多被雕作佛像，或雕作法器。在赤峰市喀喇沁旗锦山灵悦寺中供奉的一尊辽代石佛，考定为巴林石制品。还有从辽遗址中出土的项珠323粒，其中小粒321粒，外径0.7厘米；乳状大粒坠两粒，外径2.3厘米，均用巴林石中的瓷白石制成。在巴林左旗辽祖州遗址发现的一枚巴林石兔雕件，高2.5厘米、长3厘米、宽2厘米，尾短臀肥，两耳后倒，形象逼真，系用巴林石中的红花冻所制。另外，在巴林左旗白音敖包乡发现有辽代玉石作坊遗址，有大量巴林石碎片、残片，残片上有砣具加工痕迹，切割面平滑规整。

元、明时期，对巴林石的开采在继续。工匠和技师还根据玉石上的色彩和自然形成的花纹图案，制作碗盏、烛台、荷包坠等日常生活用品，以及用作祭祀和宗教用品的香炉、佛像等。出现过一批具有一定雕刻技巧的民间艺人，制作出各种精美的工艺品。赤峰市阿鲁科尔沁旗博物馆收藏有一只用巴林石黄花冻制作的酒碗，无论是质地还是雕刻工艺，都堪称绝品，蒙古语称"腾格里朝鲁"（意为天赐之石）。

清代，开采、雕刻工艺较先进。矿工及艺人能根据石料上的色彩和自然形成的花纹图案，看材布局，因势利导，虚实相间，高下相随，制作出各种主题或布局的工艺品，供世人欣赏。在沙巴尔台的一位蒙古族艺人，将精心雕制的鸡血石鼻烟壶和一枚荷包坠子献给大巴林第四代王爷乌尔衮，乌尔衮札萨克复将此珍品献给康熙皇帝，博得皇帝喜爱。此后，历代巴林王每次晋京，都要携带若干巴林石及其制品，作为贡品和礼物。在清朝摄政王多尔衮的属地发现过两方巴林石印章，一方刻着"世守漠南"，另一方用小篆和隶书刻着"喀拉沁王之宝"。

巴林石主要依据质地、颜色、光泽等分类定级，分为巴林鸡血石、巴林福黄石、巴林冻石、巴林彩石、巴林图案石和围岩高岭石6类。

鸡血石，指含有红色辰砂（硫化汞），并有一定聚集的巴林石，因颜色如同鸡血而得名。巴林鸡血石血色有鲜红、朱红、暗红等，呈块状、条带状、点状分布。在巴林石中，凡含有硫化汞，带有鸡血者，不分地、色、质，均归此类，并按整体和质地、颜色划分为彩霞红、夕阳红、翡翠红、桃花红、白玉红等品种。巴林鸡血石珍品有：巴林鸡血石王、芙蓉红素章、芙蓉红岁寒三友、芙蓉红九龙壁、芙蓉红对章、芙蓉红花果山、芙蓉红龙腾盛世、芙蓉红金蟾送宝、芙蓉红闹天宫、芙蓉红蓬莱仙境、芙蓉红螳螂、白玉红双鹤、白玉红山水、白玉红对章、白玉红自然形、白玉红素章、白玉红招财进宝、白玉红定海神针、福黄红松鹤延年、福黄红自然形、福黄红素章、福黄红对章、金银红松鹤延年、金银红三星高照、金银红对章、金银红宝山览胜、金银红齐天大圣、自然形金银红对章、夕阳红自然形、夕阳红素章、夕阳红金蟾献宝、夕阳红女娲补天、夕阳红和平天使、多彩红海市蜃楼、多彩红原石、水草红自然形、大红袍松竹梅、大红袍松鹤同春、大红袍原石、刘关张（三彩红）松鹤图、刘关张对章、刘关张西游记等。

福黄石。巴林石伴生氧化亚铁，颜色鲜黄、质地透明、细密坚实、温润剔透。因区别于寿山的"田黄石"，取名巴林福黄石。凡在矿山卧子采出的同类黄色巴林石，统称"巴林福黄石"。巴林福黄石珍品有：兽钮对章、兽钮章、螭虎章、巧色钮章、豹子点章、童子祝寿、金桔黄素章、罗汉、渔翁、雕钮章（人物）、铁拐李、螭虎、弥勒佛、笑佛、金银冻七仙女、西游记、八仙过海、罗汉、寿星、五龙戏珠、达摩、天伦之乐、双牛图、哈哈二仙、三罗汉、寿双星、寿星呈祥、九罗汉、土地公婆、古兽等。

巴林冻石、彩石、图案石珍品有：红芙蓉罗汉章、红芙蓉渔翁、红芙蓉冻佛、红芙蓉寿星、红芙蓉笑佛、红芙蓉五色瓜、白芙蓉天女散花、白芙蓉素章、彩芙蓉雕钮对章、醉芙蓉狮球、醉芙蓉弥勒佛、醉芙蓉童子戏佛、芙蓉冻章、芙蓉嫦娥奔月、芙蓉王母出游、芙蓉雕钮章、芙蓉兽钮章、芙蓉招财进宝、芙蓉冻钮章、芙蓉冻铁棒磨成针、芙蓉冻素章、芙蓉冻飞天、芙蓉冻寿星、芙蓉冻组合章、芙蓉冻五老洗象、芙蓉冻晨曦、芙蓉冻熟能生巧、芙蓉冻寿桃、芙蓉冻海神、朱砂红古兽链章、朱砂红群龙戏珠、朱砂冻钮章、朱砂冻古兽、湘竹冻对章、湘竹冻钮章、灯光冻麻姑献寿、玫瑰冻章（女儿红）、紫云冻素章、紫云冻自然形、冻石五子献寿、冻石花好月圆、冻石组章、冻石钮章、冻石素章、冻石百龟、牛角冻巧雕、彩霞红章、彩霞红兽钮章、彩霞红素章、彩霞冻兽钮章、彩霞冻素章、彩霞冻寿星、彩霞冻金蟾献宝、水晶冻观音章、水晶冻石榴、水晶冻龙戏珠、五彩冻对章、彩冻香山老、彩冻鹰、彩冻福降人间、彩冻南瓜、彩冻济公、彩冻佛、彩冻巧雕、彩冻狮子绣球、彩冻踏雪寻梅、彩冻鹿豹、彩冻童子戏佛、彩冻嫦娥奔月、彩冻八骏图、彩冻石凤凰牡丹、彩冻石蟹篓、彩冻寿星、云水冻素章、羊脂冻素章、羊脂冻三羊开泰、瓷白石观音、瓷白石珊瑚、环珠冻素章、三彩冻鸟、桃花冻笑佛、晨曦冻素章、金银冻七仙女、奇纹冻兽钮章、彩石鸡笼、彩石组合、彩石豹子点双豹、福黄巧色五子祝寿、福黄达摩祖师、福黄微雕、象牙白微雕章、水草冻自然形、水草冻、虎纹冻自然形、图案石对弈、图案石如虎添翼、图案石孔雀、图案石自然形、图案石鸟、图案石苍茫乾坤等。

巴林石在雕刻时，须将形状各异的石料反复推敲、研究，分析其适于雕刻哪种类型的图案造型。一般说来，长方和扁圆的相对开阔，收放有度，适合于做立体图案的雕刻，其构图灵活性大，收放由人，是最佳石形。扁平则受限制，不宜进行立雕，可进行浮雕、平刻等。以石形而论，一般选择凸起不平的部分作正面，将平板凹陷的作背面。如雕刻卧放作品，则将平板的一面作为底面，将突起的一面向上方，以便对物象层次进行安排。巴林石采出来后一般石块都比较大，因而取舍的余地也比较大，易于进行群体组合设计。其他还有研质、观色、查纹等，每道工序，均要反复推敲、认真揣摩，不可轻易奏刀。

其技法有圆雕、浮雕、镶嵌、平刻等技法。其中圆雕难度较高，雕刻者须把一块石料的各个部分都充分加以利用，巧妙构思，悉心镂刻，作品竣毕，可四面观赏，并各呈风韵。巴林石雕在雕刻艺术上，借鉴、吸收、融合国画的工笔白描手法以及玉雕的色彩选择、骨雕的镂空技艺，发挥凿、铲、雕、剔、刨、刮、钻、拉等工艺，精心加工雕镂，以使作品主题突出、形体清晰、层次分明、玲珑剔透。雕件中的图案有人物、动物、山水以及典故等 200 余种造型，规格大小不一，大者盈尺，小者寸许。雕件有具民族特点的单马、群马及牛、羊、驼等，传统作品有天女散花、神像佛祖等，仿古器物有炉、鼎、瓶、樽等，其他还有亭台楼阁、花鸟草虫等题材以及实用与欣赏相结合的笔筒、台灯、手球、镇尺、墨盒等。

巴林石的雕刻与使用，以印章最为普通广泛。巴林石质地脆软坚实，容易奏刀，雕刻图章刀锋挺立，汲朱、不渗油、不伸缩、不变质，印文鲜明。图章分为平头、雕头、自然形状 3 类。平头章规格齐全，款式多样，印面小到 0.5 公分，大到几十公分。雕头章分为兽头、人物。兽头多为传统作品，有螭、龙、狮、凤、十二属相等；人物有八仙、寿星、西游记人物、罗汉等；仿古有八宝、琴棋书画等。自然形多为鸡血石、冻石料。有的利用天然形状、色彩兼以巧雕，成为具有一定艺术水平的精美工艺品③。

【注释】

① 参见盖山林、盖志浩：《丝绸之路岩画研究》，新疆人民出版社 2009 年版，第123—127 页。

② 参见包崇明主编：《阿尔寨石窟壁画·蒙古民族精神的写真》，文/康·格桑益希、仁钦道尔吉、格桑梅朵，内蒙古人民出版社 2010 年版，第 10 页。

③ 参见邢野主编：《内蒙古国土资源通志》卷八，内蒙古人民出版社 2001 年版，第470—480 页。

第九章

草原访古

　　雄峙于中国北方的万里长城，曾几何时，其抵抗外族入扰、安边卫民的作用已消失殆尽。历史却恰恰告诉人们：城外的人要进来，城里的人要出去。于是，长城内外各民族在历史的过程中互相交流融合，走向共同发展之路。和亲，是历代封建王朝与少数民族首领以及少数民族首领之间具有一定政治目的的联姻，始于汉高祖以宗室女嫁匈奴单于。《史记·刘敬传》载，高祖"取家人子名为长公主，妻单于，使刘敬往结和亲约"，后为各代王朝所沿袭。而昭君出塞则成为千古佳话流传至今。一代天骄成吉思汗谢世后的陵寝成为千古之谜，坐落在鄂尔多斯高原伊金霍洛旗的成吉思汗陵，是世界上唯一象征并追思成吉思汗的大型殿堂。人们将象征他灵魂的灵柩、画像等安放在宫帐内，进行供奉。作为元朝的夏都——坐落在锡林郭勒正蓝旗的上都城，每年夏历二三月至八九月，皇帝及随行大臣、官员等有半年时间在这里避暑理政。就在这座世界上罕见的草原都城，大元朝的十一位皇帝中有六位在这里登基。"一座上都城、半部元朝史"，此言当真。

第一节　塞外长城

战国长城　秦长城　汉长城　北魏长城　北齐长城　隋长城　明长城　长城诗词

内蒙古境内分布有春秋、战国、秦、汉、北魏、北齐、隋、金、明不同时代的长城，长度约 1.5 万公里，占全国长城总长度的三分之一。内蒙古境内最早的长城，是公元前 8 世纪末春秋时期周王朝修筑的城堡。周朝长城以一座座小城堡连接并配有烽火台，不同于战国以后修筑的长城形式。进入战国时期，各诸侯国为加强防御，把烽火台、列城用城墙联接起来，作为防御工程，就是长城。长城的出现，标志着古代军事防御工程体系已开始臻于完备。

战国七雄之一的魏国，修筑有三道长城。一道是为防御齐、楚的河南长城，两道是为防秦而又兼防戎的河西长城和河北长城。河西长城的修建，始于魏惠王九年（前 361），到魏惠王十八年完成，前后持续 10 年。清代学者杨守敬认为，河西长城纵穿内蒙古鄂尔多斯高原，到达黄河北岸。在内蒙古境内的魏河西长城，出现在达拉特旗库布其沙漠北缘，约 100 公里，为白色土夯筑，残高 1.5—2.5 米，基宽约 20 米。在准格尔旗境内也有河西长城的遗迹存在。

战国赵武灵王元年至赵惠文王元年（前 325 至前 298）间修筑的赵北长城，东起代郡（今河北宣化境内），西经山西雁北地区进入内蒙古，傍阴山东段大青山南麓迤逦西行，再西北折至阴山西段的狼山，到狼山口的高阙止。在乌兰察布市的兴和县、化德县、察哈尔右翼前旗、卓资县旗下营，呼和浩特市武川县、包头市土默特右旗水涧沟门和巴彦淖尔市乌拉特前旗白彦花等地，均有赵长城遗迹，全长约 500 公里，存有墙体的约 460 公里，有烽火台 104 座、马面 2 座、关堡 21 座、相关遗存 4 处。北魏地理学家郦道元至此考察后在《水经注》中写道："山下有长城。长城之际，连山刺天，其山中断，两岸双阙，善能云举，望若阙焉。即状表目，故有高阙之名也。"①赵长城墙体因地制宜，用土夯筑或石块垒砌，基宽约 6 米，残高 1—2 米，沿线分布有障城遗址。

燕国位居战国各诸侯国的东北部，北部为东胡，南部为赵国和中山国。约于燕昭王十二年（前300）开始，由秦开率领，修筑自造阳（河北张家口附近）至襄平（辽宁辽阳一带）1000余公里的北长城，用以防备东胡再度骚扰。它由河北丰宁县进入围场县，向东进入内蒙古昭乌达（今赤峰）地区。在昭乌达地区，现存有南、北两条墙体，南北相距30—50公里，分别称作燕北内长城和燕北外长城。燕北外长城西端起点在滦河东岸，南行经河北丰宁县、围场县境，再东行至赤峰市松山区，经敖汉旗、奈曼旗，至库伦旗西南部伸入辽宁阜新境内，全长约300公里。

秦昭襄王（前306至前250）时期，秦国打败义渠族以后占领魏国河西地区，为防止义渠族卷土重来，修筑有一条长城，主要在甘肃、宁夏、陕西境内。在陕西境内分为两支，其中一支经靖边县东，再北折东行，经榆林县东北、神木县北，进入内蒙古伊金霍洛旗，东抵准格尔旗境内黄河边，在内蒙古地区总长约120公里。这条长城曲折蜿蜒于高峻的山梁上，迄今尚可见到断断续续的遗迹。

公元前221年，秦始皇兼并六国，建立起中国第一个统一的多民族中央集权国家。为防御匈奴的侵犯和东胡的南下骚扰，秦始皇派遣大将蒙恬统帅30万大军征伐匈奴，迫使匈奴北撤350公里，收复河套地区，继而开始大规模地修筑长城（图下9-1、图下9-2）。秦始皇将战国赵、秦、燕三国原有的北边长城修缮、增筑，使其连接，到达今乌拉特后旗。穿越

图下9-1　位于巴彦淖尔市境内的秦长城选自《草原文化》，孔群摄。

图下 9-2　位于包头市
固阳县境内的秦长城
孔群、张向东、张文平
等提供资料

呼鲁斯太沟，至海流图以南约 20 公里的红旗店，进入巴音哈太。沿查斯太山山脊向东，进入乌拉特前旗小佘太乡，从狼山东尽头处插入大青山北麓，经包头固阳县东进，经武川县向东南折入大青山。出大青山与南麓原有的赵长城相连，从呼和浩特北郊毫沁营，沿大青山南坡向东南走向，与赵长城交会。向东至卓资县、察哈尔右翼中旗、兴和县、商都县、化德县，再东行经太仆寺旗、多伦县到河北围场县。进入赤峰市境内至敖汉旗，再向东延伸至辽宁境内。赤峰市境内的秦长城，是在燕北长城的墙体上加以修缮而成的。固阳和武川大青山北麓的秦长城，与战国时期修筑在大青山南麓的赵长城相比，最远处大约向北移 50 余公里。

秦长城有的修筑在阴山关隘，以险制塞，在深入山口 5 公里处筑一条如同封山水库大坝一样的土石混筑或石筑的"当路塞"，在陡峭的峡谷中切断山路交通。沿长城各重要隘口和高岗处，每隔 0.5—1.5 公里还筑有烽火台，并筑有小城障以屯戍士卒。烽火台用土筑或石垒，一般为直径约 10 米的圆形。城障为方形，边长约 150 米，往往仅开一南门出入。经过两千多年的风雨剥蚀，内蒙古境内秦长城用石头垒的城墙保存较好。在内蒙古阴山（大青山）深处人迹罕至的山谷中，保存有数百公里秦长城，至今雄风犹存。

汉武帝时，还在居延海（今额济纳旗境内）附近兴筑张掖郡北面的外长城，通称"居延塞"或"居延边塞"，也称"河西走廊长城"，并将烽燧、亭障延伸到玉门、敦煌和盐泽（今新疆罗布泊）。自武帝后半个多世纪，这里的长城一直为汉朝军队驻守。著名的鸡鹿塞、高阙塞、光禄塞、五原塞、益寿塞、葛邪塞、居延塞等要塞，均在内蒙古境内。高阙塞，一般认为在乌拉特中旗石兰计西侧的狼山口。高阙地形险要，故许多朝代都在这里立关建塞。战国赵长城即西止于此；秦汉长城也都从这里通过，并以高阙为重要关塞。北魏也在此筑城置戍，派军驻守。居延塞又称"遮虏障"，以居延故城（今额济纳旗达来呼布镇东南）为中心，南达河西走廊北山之一的合黎山麓，北入外蒙古腹地。

北魏道武帝登国元年至四年（386—389），中国历史上出现南北两个王朝分立的局面，带来长城南北、大江南北政治、经济文化的大交叉、大对话、大交流，这种情况在长城南北尤为突出。公元4世纪，长城以北以游牧为业的鲜卑族拓跋部继匈奴之后兴起，于公元386年建立北魏王朝。北魏的都城一再南迁，先由今内蒙古和林格尔迁到大同，后又迁到中原文化的中心地区河南洛阳。为保卫国家安全，于公元5世纪大修长城。其后的东魏、西魏、北齐、北周几个王朝也继修不止。据文献记载，北魏长城有三，一是泰常长城，二是畿上塞围，三是六镇长城（六镇长城属于壕堑）。

北魏明元帝泰常八年（423），北魏王朝为防御柔然部落（即史书中的蠕蠕，为东胡后裔）南下，修筑泰常长城。据《魏书·太宗纪》记载："（正月）蠕蠕犯塞。二月戊辰，筑长城于长川（故址在今内蒙古兴和县城西北15公里土城村）之南，起自赤城（今河北赤城北部独石口一带），西至五原（故址为今包头昆都仑河西岸孟家梁古城），延袤二千余里，备置戍卫。"②长川是北魏拓跋珪于登国元年（386）即代王位的地方，也是当时南北往来的重要通道。泰常长城从长川起筑，从兴和县向东，经过尚义县、张北县、崇礼县到达赤城县，沿阴山北麓走向。从兴和县向西，经过察哈尔右翼中旗、卓资县、呼和浩特、土默特左旗、土默特右旗，到达包头，由阴山北麓转到阴山南麓。北魏在长城沿边的要冲地带，设置怀朔、武川、抚冥、怀荒、柔玄、御夷（沃野）六个军事重镇，分布在阴山以北，自西而东排成一线，经武川县、达尔罕茂明安联合旗、四子王旗、察哈尔右翼中旗、察哈尔右翼后旗、商都县、化德县、康保县、太仆寺旗、正蓝旗，进入河北丰宁县。北朝各少数民族统治的朝代，围绕着长城南北的多种文化的复杂交叉对话与交流，呈现空前繁荣的情况，其中尤以北魏统治的时间最长，国力强盛，留下十分丰富的文化宝藏，长城沿线的许多艺术宝库如敦煌石窟、云冈石窟、麦积山石窟、万佛堂石窟等等，大多是北魏时期开凿的。

北齐王朝建立后，为加强对北方游牧民族和北周的防御，于文宣帝天保三年（552），在内蒙古境内，自西河总秦戍（今内蒙古清水河县黄河畔的老牛湾）起修筑横跨北部的长城，东至于海（今渤海北岸山海关）。还修筑南北向的长城。北齐长城由南至北、从东到西纵横 500 公里，其中在内蒙古境内部分，经清水河县老牛湾向东，经和林格尔县、凉城县、丰镇县、兴和县进入河北境内，长度约 380 公里。

隋文帝、隋炀帝时期，为防御突厥的侵扰，也修筑过长城。《隋书·炀帝纪》载，隋炀帝大业三年（607）秋七月辛亥，"发丁男百余万筑长城，西距榆林，东至紫河"③。榆林后来改称胜州，其故址在今内蒙古准格尔旗十二连城。大业长城沿紫河走向到达胜州边境，全长 120 公里。隋炀帝杨广出征辽西，经过长城时写《饮马长城窟行·示从征群臣》：

> 萧萧秋风起，悠悠行万里。万里何所行，横漠筑长城。
>
> 岂台小子智，先圣之所营。树兹万世策，安此亿兆生。

唐朝虽然未修筑长城，但是以长城为题材的诗词创作却很繁荣。王维的《使至塞上》，描绘经居延地区（今内蒙古额济纳旗境内）过边关所见的景色，堪称千古壮观：

> 单车欲问边，属国过居延。征蓬出汉塞，归雁入胡天。
>
> 大漠孤烟直，长河落日圆。萧关逢候吏，都护在燕然④。

唐代边塞诗抒发立功边疆的雄心壮志成为风气，如杨炯的《从军行》，高适的《塞下曲》。王昌龄的《出塞》《从军行》更是气魄宏伟，意境宏大，脍炙人口。王昌龄《出塞》诗曰：

> 秦时明月汉时关，万里长征人未还。
>
> 但使龙城飞将在，不教胡马度阴山⑤。

诗人李益曾在夜晚登上西受降城（唐代设置，在今内蒙古杭锦后旗乌加河北岸），写下《夜上受降城闻笛》，把守卫边关将士的思乡之情，刻画得淋漓尽致，感人至深：

> 回乐烽前沙似雪，受降城下月如霜。

> 不知何处吹芦管，一夜征人尽望乡⑥。

辽代修筑有长城和边壕。边壕有两条，一条在松花江上游与拉林河之间，一条在内蒙古呼伦贝尔境内。呼伦贝尔边壕东始额尔古纳右旗（今额尔古纳市）上库力，沿根河南岸向西，到达黑山头附近的四卡以后，折向西南，沿额尔古纳河东岸向南，到红山嘴越过额尔古纳河，进入俄罗斯外贝加尔，沿额尔古纳河西岸，到达奥特波尔（即外贝加尔斯克），进入满洲里、新巴尔虎右旗，再进入外蒙古东方省和肯特省，最后终止于鄂嫩河源与乌勒吉河源之间的沼泽地中，全长700公里。这道边壕是辽朝为防御乌古、敌烈（为当时的两个游牧民族）所修。

明朝时，为防御蒙古骑兵南下，从明初洪武年间（1368—1398）开始修筑长城。内蒙古南部边缘保存有明长城遗址两道。一道东起自河北省怀安县马市口村，向西行经内蒙古兴和、丰镇、凉城、和林格尔县南境，至清水河县丫角山为止，全长约311公里。另一道东起内蒙古清水河县丫角山（图下9-3），西行至黄河东岸的老牛湾墩为止，长约70公里。两段边墙多数地段为今内蒙古与山西的分界线，总计长约380公里。长城以北的草原文化，骑马、射箭、摔跤、歌舞、音乐通过长城沿线的经贸互市，传到长城南面的许多城镇，传到帝都北京以及全国许多城市。长城以南的文学作品、诗歌、戏剧、绘画、工艺美术、手工业技艺等也通过长城沿线的互市，传到长城以北。与此同时，通过文化的对话与交流，不仅丰富南北文化的内容，而且促进长城南北经济的繁荣发展。明代徐渭的《边词》，抒发长城内外本是一家的真实感情：

> 十八盘山去路赊，顺川流水落天涯。

> 真凭一堵边墙土，画去乾坤作两家？

以雄峙中国北方大地的万里长城为中介的南北广大地域所构成的长城带，自远古至今居住着众多的民族。在历史发展过程中，有些民族消失，一些新的民族又融合生成，它们都与长城有着密切的渊源关系。无论已经消失的，还是至今继续发展的各民族，都对中国的历史发展做出

图下 9-3　位于清水河县境内的明长城　孔群、张向东、张文平等提供资料

过重要的贡献。长城带古代的经济、文化结构与古代民族的构成格局，决定中国古代农业经济地区与畜牧业经济地区的关系集中表现于长城一线，其农业经济、文化与畜牧业经济、文化的对立统一也沿长城一线展开。与此相适应的中国古代的民族问题也集中于长城一线，表现得异常突出，无论是民族间的联合与交流——政治的、经济的和文化的，还是民族间的斗争——军事的、政治的，都沿长城一线展开，它对于主体民族的形成与发展，主体民族与长城带各民族的关系，以至整个中华民族的形成与发展都曾起过重要作用。在长期发展过程中，农牧两大经济、文化类型之间存在相互依存、相互需要、相互促进的关系。自秦汉至明清，内蒙古地区长城沿线的许多关口，成为农牧两大经济、文化系统民族交易的场所或中心，加之特殊情况下的民族之间的抢掠，使农牧业产品沿长城一线集散，长城一线也就成为国内最大的贸易市场和物资供求、集散基地。在历史发展过程中，内蒙古境内许多关口逐渐发展成为长城沿线的重要城镇。又起着调解两种经济，使农牧业经济朝着主辅相互配合的方向发展的重要作用。

在林林总总连绵不断的长城诗文中，有控诉秦始皇暴虐无道的，有称赞秦筑长城开千秋功业的；有反对战争歌唱和平的；有旨在赞美长城山川壮美，描绘长城边关荒凉冷漠的；有凭吊以抒忧国忧民之情愫，登临以寄个人壮怀激烈的；有筑边者的痛苦呻吟，有空闺妇的凄婉悲号。很多长城诗文涉及对长城的评价，有的认为长城起到安边卫民的作用，有的则认为长城不足御敌，有的认为秦皇无道而长城有功，也有的认为秦始皇筑长城是"英雄举事必无穷，害在一时利万纪"。现代和当代，长城诗文则多把长城作为中华民族的象征而讴歌称颂。在悠久的历史长河中，活跃在内蒙古草原的匈奴、鲜卑、突厥、党项、契丹、蒙古、女真等民族先后登上历史舞台，他们与汉民族之间通过在长城内外各种形式的经济文化交流与融合，最终形成中华文化一体多元的格局。

第二节　汉匈和亲与昭君出塞

呼韩邪单于附汉　昭君出塞　塞外青冢　咏昭君诗文

秦二世皇帝元年至汉文帝六年（前209至前174），匈奴冒顿单于率部征服周边邻部，控地东自辽河，西达葱岭，北至贝加尔湖，南抵长城，绵延万里。以大漠南北为中心，建立起一个庞大的政权，成为中原统治者的劲敌。

汉高祖（刘邦）七年（前200），匈奴兵围马邑，南袭晋阳（今太原），围困刘邦于平城白登山（今山西大同一带）达七昼夜。后刘邦用陈平之计，重赂冒顿单于阏氏，得以脱险。继而采取和亲政策，选送宗亲之女远嫁冒顿单于，与匈奴缔结盟约，以忍让换取边境的暂时安宁。然而好景不长。汉文帝十四年（前166），匈奴14万骑入侵那萧关（今宁夏固原一带），杀北地（今甘肃庆阳西北）都尉，烧毁回中宫（今陕西陇县），汉匈关系又处于敌对状态。

《汉书·匈奴传》载，汉宣帝五凤元年（前57），匈奴内讧，"五单于争立"，征战纷起，互相攻杀。呼韩邪在五单于混战中取得胜利，控住局势，使漠南匈奴多数部落归于治下。值呼韩邪单于着手收拾战后残局之时，又遭其兄左贤王呼屠吾斯在东部自立为郅支骨都侯单于之变故，北尚有郅支单于的对抗。在这种内忧外患的困境中，"事汉则安存，不事则危亡"⑦。

呼韩邪审时度势，决意与汉联合，以便在汉朝的强力支持和帮助下，挽回败局，统一匈奴，从而巩固和延续自己的政权。

汉宣帝甘露三年（前51），呼韩邪入汉都长安觐见汉帝，向汉廷称臣。汉朝待以客礼，使他位在诸侯王之上，颁赐匈奴单于玺，赠大批珍贵之物，并准其率部众留居黄河河套北面塞下。从此，扭转自汉初以来汉匈两族之间的敌对局面。汉元帝初元五年（前44），漠北郅支单于西奔康居（今哈萨克斯坦东南一带），呼韩邪北归漠北单于庭。汉元帝竟宁元年（前33），呼韩邪再度入汉朝觐见，自言愿当汉家女婿，与汉朝进一步亲近。《汉书·匈奴传》记载："竟宁元年，单于复入朝，礼赐如初，加衣服锦帛絮，皆倍于黄龙时。单于自言愿婿（婿）汉氏以自亲。元帝以后宫良家子王墙（嫱）字昭君赐单于。单于驩（欢）喜，上书愿保塞上谷以西至敦煌，传之无穷，请罢边备塞吏卒，以休天子人民。"⑧王昭君奉诏和亲。遵汉帝旨，呼韩邪单于加王昭君以宁胡阏氏称号，远出塞外，母仪匈奴，奠定汉匈两族和平友好的基础。汉朝为此改年号为"竟宁"（竟同境，竟宁，意为边境安宁之意），足见汉匈和亲具有非凡的意义，成就一段千古传诵的佳话，像一块闪光的瑰宝，历久弥新。

据考证，王昭君生于南郡秭归香溪水畔山村（今湖北兴山县西北）。她远嫁塞外，融入匈奴人的生活，住穹庐，被毡裘，食畜肉，饮酪浆，与两代单于生儿育女，为促进汉匈友好贡献一生。昭君嫁给呼韩邪单于后，生有一子，名伊屠智牙师，被封为右日逐王。呼韩邪死后，其前妻大阏氏所生长子雕陶莫皋被立为复株累若鞮单于。按照匈奴传统的"父死妻其后母"的收继婚俗，"及呼韩邪死，其前阏氏子代立，欲妻之，昭君上书求归，成帝敕令从胡俗，遂复为后单于阏氏焉"⑨。昭君与复株累生二女，长女名云，嫁给右骨都侯须卜当，遂被称为须卜局次（局次意为公主）。云生有二子，长子名奢，后为大且梁（官职名称），次子未见名传。昭君次女生一子，被封为醯椟王，均享有较高地位。昭君去世后，她的两个女儿、女婿、外孙和她在老家的两个侄子，都为汉匈之间的和平友好积极奔走，汉匈双方当局也都利用这层亲戚关系作为交往联系的渠道，昭君家族亲属所起的纽带作用十分显著。

王昭君出塞和亲之后，汉匈两地在相当长的时期内呈现和平安宁局面，"边城晏闭、牛马布野，三世无犬吠之警，黎庶亡干戈之役"⑩。王昭君奉诏和亲，安于塞外，扶助单于，成就汉匈和平大业，其功绩彪炳千秋。首先，和亲出塞受到汉匈双方的一致欢迎和后人的赞扬，被视为"和平的象征"。从历史的发展来看，昭君出塞有利于进一步推动民族间的友好往来，有利于中原的文化进一步向漠北地区传播，有利于扩大汉匈两族经济文化的交流，有利于进一步消除汉匈两族的隔阂，为其后汉匈的民族融合提供了更有利的条件。其次，王昭君出塞后以实际行动维护和巩固汉匈两族的和平友好，"从胡俗"再嫁，顾全大局，她的种种言行在汉匈人民中播下友谊的种子。由于汉匈双方政治、经济、军事力量的制衡和双方统治者采取的明智政策，加以王昭君个人所做的种种努力，致使汉匈之间，上承二十年的停战，下开六十年的和平局面得以维持和发展，造福于两族人民。使中国北方广大地区一度呈现出繁荣景象，其时间之长，贡献之巨，影响之远，在古代民族关系史上也是不多见的。再次，昭君死后，其子女、亲属、后裔为民族友好继续贡献力量，也是十分感人的。由于王昭君对汉匈两族人民团结友好做出贡献，她理所当然地成为汉族和北方少数民族人民心目中的巾帼英雄，千百年来被传颂，甚至被神化⑪。

王昭君一生献大漠，万世留芳名，其葬地坐落于大青山南麓土默川平原（图下9-4）。宋、辽以来，称其曰"青冢"。唐杜佑在其《通典》卷一七九《州郡》条载："金河，有长城，有金河上城，紫河及象水，又南流入河。李陵台，王昭君墓。"

金河，唐时属单于大都护府，原为云中都护府，治所在云中古城（今内蒙古托克托县一带）。《太平寰宇记》《辽史·太祖纪》《元史·太祖纪》均有青冢的记载，其所指即坐落在呼和浩特市南郊的昭君墓。青冢之名，《太平寰宇记》谓之"其上草色常青，故曰青冢"。此说亦多为后人沿用。昭君史传千万代，留与游人话古今。一座青冢就是一座不朽的丰碑，任世人凭吊，抒发怀古之情感。唐代诗人李白在《王昭君》诗中说：

生乏黄金枉图画，死留青冢使人嗟。

杜甫诗云：

图下 9-4　位于呼和浩特城南的昭君墓　选自《追梦中原》，内蒙古大学出版社 2008 年版，孔群摄。

　　一去紫台连朔漠，独留青冢向黄昏。

　　"交和结好，昭君是福"，这是王昭君同代人焦延寿（生活于西汉宣、元年间，曾任小黄县令）所作《萃之益》中的诗句，对匈汉和亲的意义和作用做出最好的概括。在王昭君出塞和亲不久，就有人撰文对她的事迹加以吟咏。东汉末年蔡邕著《琴操》、晋葛洪著《西京杂记》、南北朝刘义庆著《世说新语》等，对王昭君的故事均有记述。唐宋时，诗人李白、杜甫、白居易、李商隐、欧阳修、王安石、苏轼、陆游等，皆有咏王昭君诗作面世。及至元、明、清，历代歌咏从未间断，粗略统计仅诗就达千首以上，成为中华文学宝库中的流行题材。唐德宗贞元十四年（798）进士张仲素，宪宗时官中书舍人，其所作《王昭君》诗云：

　　　　仙娥今下嫁，骄子自同和。剑戟归田尽，牛羊绕塞多。

寥寥二十字，勾勒出昭君和亲至塞，带来匈汉各族人民和平劳动、蓬勃兴旺的景象。

宋王安石作《明妃曲》二首，一扫大民族主义的传统偏见，着眼于"人之相知，贵在知心"，把昭君的遭遇，提高到人生哲理的高度，打通昭君与无数人生失意者的联系，其胸怀眼界，高人几筹，也把咏昭君的诗作提高到一个新的境界：

其一

明妃初出汉宫时，泪湿春风鬓角垂。

低徊顾影无颜色，尚得君王不自持。

归来却怪丹青手，入眼平生几曾有？

意态由来画不成，当时枉杀毛延寿。

一去心知更不归，可怜着尽汉宫衣。

寄声欲问塞南事，只有年年鸿雁飞。

家人万里传消息，好在毡城莫相忆。

君不见咫尺长门闭阿娇，人生失意无南北。

其二

明妃初嫁与胡儿，毡车百辆皆胡姬。

含情欲语独无处，传与琵琶心自知。

黄金捍拨春风手，弹看飞鸿劝胡酒。

汉宫侍女暗垂泪，沙上行人却回首。

汉恩自浅胡自深，人生乐在相知心。

可怜青冢已芜没，尚有哀弦留至今。

元英宗至治元年（1321），礼部郎中吴师道所作《昭君出塞图》，称赞王昭君和亲，巩固和发展汉匈友好关系，功胜前人：

平城围后几和亲，不断边烽与战尘。

一出宁胡终汉世，论功端合胜前人。

明代霍瑛，祖籍丰州（今内蒙古土默特旗），明万历四十四年（1616）进士，官监察御史。其诗《青冢吊明妃（二首）》，高度评价昭君出塞和亲，为国为民，芳名千古：

其一

琵琶弹出汉宫秋，青冢千年姓字留。

多少红颜承主幸，各随身世尽东流。

其二

蛾眉出塞万家春，不数将军作虎臣。

但使此身能报国，何妨恩宠属他人。

清代彦德，正黄旗人，道光年间曾以将军职镇守绥远城达六年之久。其诗作《青冢》，称昭君出塞和亲带来边境几代安宁，功比汉武时名将卫青、霍去病。诗云：

闺阁堪垂世，明妃冠汉宫。一身归朔漠，数代靖兵戎。

若以功名论，几与卫霍同。人皆悲远嫁，我独羡遭逢。

纵使承恩宠，焉能保始终。至今青冢在，绝胜赋秋风。

王昭君故事进入戏曲题材之后，长盛不衰。元有马致远的《汉宫秋》，明有陈与郊的《昭君出塞》，清有尤侗的《吊琵琶》和毛世来本京剧《汉明妃》等。自民国初始，"青冢拥黛"就成为土默川平原八大盛景之一。

第三节　八白宫与成吉思汗陵

成吉思汗　八白宫　伊金霍洛成吉思汗陵　祭成陵

铁木真（成吉思汗），孛儿只斤氏，蒙古族。乞颜（又译乞牙）部人。金世宗大定二年（1162），出生于蒙古贵族世家。蒙古汗国的君主和创造人。大定二十九年，被推举为蒙古乞颜部汗。金章宗泰和六年、成吉思汗元年（1206），建立大蒙古国，被推举为全蒙古大汗，尊号成吉思汗。随后，率铁骑灭夏、伐金，横扫欧亚大陆，为元朝的建立奠定了基础。

成吉思汗时期的蒙古人大多信仰原始的萨满。他们相信世上的万物都有神灵存在，相信人去世后灵魂不灭。他们崇拜天地，崇拜祖先，祭祀长生天。成吉思汗去世后，没有留下陵寝。为纪念这位伟人，当时建立白色宫帐，将象征成吉思汗灵魂的灵柩、画像等安放在宫帐内，进行供奉。这一祭祀形式，由成吉思汗子孙后代及守灵的达尔扈特部代代相传，一直延续至今。供奉成吉思汗的白色宫帐，最初称之为"全体蒙古的总神祇"或"奉祀之神"。随着成吉思汗几位皇后的去世，祭祀内容逐

图下9-5 成吉思汗八白宫 孔群、张向东、张文平等提供资料

渐增多，白色宫帐随之增加（图下9-5）。后来，祭祀成吉思汗与几位皇后以及成吉思汗弓箭、苏勒德等遗物，形成多个白色宫帐。祭祀成吉思汗及其夫人和圣物的白色宫帐，蒙古语称"查干鄂尔多"，意为"白色宫殿"。简称之为"白宫"或"白室"。

成吉思汗去世时，随行的儿子窝阔台、拖雷及博斡尔出、速别台等诸将，按萨满传统习俗将一绺白骆驼头顶上的绒毛，放在成吉思汗嘴上，留下他神灵，与他的画像和部分遗物一同供奉在白色宫帐内。这就是象征成吉思汗陵寝的"奉祀之神"。

成吉思汗二十一年（1226），成吉思汗出征西夏路经木纳山（乌拉山）以南的地方，看到这里水草丰美，花鹿出没，不禁发出由衷的赞叹："这里是梅花鹿儿栖身之所，戴胜鸟儿育雏之乡，衰落王朝振兴之地，白发老翁享乐之邦"；"将亡之国可以寨之，太平之国可以营之，耄耋之人可以息止"。翌年七月二十一日，成吉思汗驾崩于西夏朵儿蔑该城（灵州）。正当众人奉其灵柩嚎啕大哭而行至木纳山呼格布尔时，灵车车轮突然陷进泥泽地里，深达辐轴而移动不得，套上各色骏马都拽不出。普土大国全体黎庶在忧虑，雪你惕（苏尼特）的吉鲁格台把阿秃儿呈献祈求辞：

　　我的长生天所命而降生的英杰圣主，

你抛弃普土大国驾返而去。

你生前服绥、定统的邦基，

你肇基、立纲的国家，

你所庇护的后妃、皇子，

你所出生的大地故乡，乃在彼处；

你清明兴建的汗统，

你威武创立的国家，

你可亲可爱的后妃、皇子，

你的黄金宫阙，乃在彼处……

我的主啊！

你可怜的黄金之命即使超生，

由我们将你那玉宝般的灵枢载还故土，

请你那皇后孛儿帖格勒真看看吧，

送你回到那自己的国家。

奏毕，灵车辚辚徐动，众庶欢欣，运往不儿罕山大地。

拖雷监国派以乌达吉千户长所属兀良合部千人，守护成吉思汗墓所在地伊克霍日克，免其兵役。他们"置遗像于其地，香烟不息，不准任何人进入此地，包括四大斡耳朵之人也如此"。"来岁春草既生，则移帐散去，弥望平衍，人莫知也"。将成吉思汗"真身"埋葬之后，拖雷在成吉思汗大鄂尔多处又建立祭祀大汗八座白色宫帐，名为"八白宫"，又称"八白室"。内安放成吉思汗画像、灵匣以及一些遗物，由成吉思汗大将博斡尔负责守护[12]。

随着蒙古政权中心的几次转移，八白宫从漠北逐渐迁移至漠南。明天顺年间（1457—1464），八白宫迁至鄂尔多斯。清初供奉在王爱召。额林臣担任伊克昭盟盟长时，把八白宫移到他的封牧地郡王旗。八白宫所在地被命名为"伊金霍洛"，意为"圣主的陵寝"。迁至伊金霍洛之后，将八白宫更名为"成吉思汗陵"，简称"成陵"。

是一座雄伟建筑。由仿元式城楼的门庭和三个相连通的蒙古包式大殿构成，极富蒙古族特色，敦厚宏伟、富丽堂皇，高80尺。正殿为双层屋檐，东西殿单层屋檐，高70尺。殿顶加伞盖，外覆黄色琉璃瓦，金光

灿灿。其下是以蓝黄相间的琉璃瓦砌出的卷云纹图案。正殿八角飞檐下
悬挂着天蓝为底的竖匾，上书"成吉思汗陵园"蒙汉文金色大字。正殿
是祭祀的灵堂。正中坐着成吉思汗高达5米的汉白玉雕像。身后是大型
欧亚历史地图。坐像两边立着红缨银戈和3米多长的长矛。长矛蒙古语
称"苏鲁锭"，是战神的象征。"后殿是成吉思汗和三位夫人以及两个弟
弟的灵榇，东殿是成吉思汗四子拖雷及夫人的灵榇，西殿陈列着成吉思
汗用过的马鞍、战刀、长矛等器物。东西走廊的大型壁画，生动地再现
了成吉思汗及其子孙建树的丰功伟绩。"⑬

　　从大蒙古国及元、明、清、中华民国和中华人民共和国，历代朝
廷和中央政府，都尊重蒙古民族风俗，公认八白宫是祭祀历史伟人成吉
思汗的圣地，并将成吉思汗八白宫看作是世界上唯一象征成吉思汗的陵
寝。守卫八白宫是沙日达尔扈特的神圣义务。达尔扈特人的祖先是成吉
思汗的警卫部队，成吉思汗逝世后，就在原来的万名近卫军中，挑送500
户警卫部队守卫成吉思汗的陵寝，专门管理成吉思汗陵寝和有关祭奠工
作⑭。陵寝守卫人持有专门写着日岗、夜岗的牌子，分别负责日夜的守
卫。沙日达尔扈特还有一项义务，就是每户每年交一两银子，共交五百
两银子。这些银子主要用在平时祭奠的牲畜、佛灯油、帐幕的毡子绳
等。沙日达尔扈特要按规定，保证祭祀所用的酸奶、圣酒，同时要选择
最好的绵羊，宰杀干净后煮熟，按规定的数量摆到祭案上。达尔扈特不
服兵役，不纳捐税，从元朝到民国末年，国家都用法律保护达尔扈特的
这项神圣权利⑮。

　　祭成吉思汗陵是蒙古民族最隆重庄严的祭祀活动，简称"祭成陵"。
蒙古族祭奠成吉思汗的习俗，最早始于窝阔台时代，到忽必烈时正式颁
发圣旨，规定祭奠成吉思汗先祖的各项祭礼，使之日臻完善。成吉思汗
祭祀一般分为日祭（由守护成吉思汗陵的轮值达尔扈特每日点桑、点长
明神灯、诵《伊金桑》）、月祭（每月初一、初三为成吉思汗举行小祭。
献哈达、点神灯、献牲羊、点香、祭灶、诵祭文）和季祭（每年春夏秋
冬各一次，春在辰月〈三月〉，夏在午月〈五月〉，秋在戌月〈九月〉，
冬在子月〈十一月〉），都有固定的日期。专项祭奠一年举行六十多次，
祭品齐全，皆供整羊、圣酒和各种奶食品，并奉行隆重的祭奠仪式。每

年阴历三月二十一日为春祭，也称"查干苏鲁克祭"，祭祀规模最大最隆重，各盟旗都派代表前往伊金霍洛成陵奉祭。祭时，成吉思汗的银棺及其他遗物均陈列出来供瞻仰。各地蒙汉群众也纷纷赶来参加，同时进行传统的民族体育运动和物资交流活动。

祭祀活动顺序为：

早晨，当满目葱绿的草场沐浴在金色阳光里的时候，专司成吉思汗陵寝祭祀的达尔扈特人，按照历史上沿袭下来的传统祭奠程序，把成吉思汗的银棺从八白室里请出来，抬到那辆一年只能使用一次的特殊、高大、古老的枣木花轮车上。为银棺驾车拉套的是一峰威武、英姿勃勃的双峰白驼。达尔扈特人驾着白驼枣木花轮车，将成吉思汗的银棺运载到与八白室相距 2.5 公里的宽阔平坦的甘德尔敖包东草滩上。一年一度的成陵大祭的盛典在这里举行。德高望重的达尔扈特达玛勒（达尔扈特部中的一个官职）带领一些专司移灵的达尔扈特人，把成吉思汗的陵包、银棺安放在灵枢的祭台上。

灵枢在台上安置停当之后，达尔扈特达玛勒们按照打开银棺的顺序，排成一字序列，每人都从怀中掏出封锁某层银棺的金钥匙。然后，按着第一层、第二层……的开启顺序，一层一层地打开银棺上的金锁。开完最后一层锁子，将灵枢的金盖撬开枳机草叶宽的一道缝隙。这时，祭台四周的蒙古族牧民，纷纷跪下，朝着成吉思汗灵枢磕头，人们用虔诚的心灵，去感应、去祈求成吉思汗的保佑。

两匹银白色的骏马，拴在成吉思汗银棺祭台前两侧的拴马桩上。这是成吉思汗当年乘骑的两匹骏马的转生神马。成吉思汗虽然已经离开人间 700 余年，而他的两匹马，却世代转生。

开始大祭的时辰，达尔扈特的昏真（即司乐）们奏起悲壮、深沉、怆然的乐曲。全盘统领大祭的济农，带领由各旗王公组成的 6 位大达玛勒，18 位小达玛勒，8 位亚马图，还有太师、太保、好尼锦、忙乃、呼和、哈沙嘎、桃力、嘎拉其、达柱马共 45 人。这支蟒袍龙襟、花翎顶戴的行祭队伍，从祭台前 27 步远的布罗温德尔（用枣木箱做成的半人高的大木桶，是祭奠成吉思汗时盛奶酒专用器具）一侧走来，走到布罗温德尔后侧的红毡上停下。最前面的主祭济农（达尔扈特部落的最高首领）

面对银棺双膝跪下，磕一头。这时，济农身后的主祭人，便亦步亦趋地跟着济农跪下磕头。前来祭陵的牧民们，都跪倒在地，跟随主祭，向成吉思汗的银棺行跪拜礼。

济农带领的致祭队行过礼后，昏真们吹奏的乐曲换成欢乐、明快的旋律。这是给成吉思汗敬献供品的曲子。主祭济农后边的陪祭的人们，都按顺序站成两行，济农捧着表达各盟各旗蒙古人圣洁心意的 81 条雪白的、天蓝的绢质哈达，将哈达放在祭台前两匹银马之间的第一张高大结实的长条供桌上。济农敬献哈达，是大祭程序中敬献供品的开始。接着，由达尔扈特的台吉（总管）在放哈达的供桌点燃九盏古老高大的银灯。济农带领这支行祭的队伍行过三跪九叩大礼后，达尔扈特的库呼克（司仪）开始朗诵成吉思汗及其子孙名单：

铁木真——成吉思汗；

二世术赤，察合台，窝阔台，托雷；

三世蒙哥，忽必烈汗，旭烈兀；

四世朵尔只，真金，那木海，蒙吉拉；

五世甘麻勒，管尔麻八勒，铁木儿；

六世海山，宝音图；

七世和世瓎；

八世妥懽帖木尔；

九世脱古思帖木尔；

十世恩克卓里克图，额勒伯克，哈尔克楚克，都古楞特木尔鸣台吉；

十一世阿寨台吉；

十二世阿嘎巴尔济，满都图勒；

十三世哈尔固楚克；

十四世巴延蒙克；

十五世巴图蒙克达延汗；

十六世巴尔斯博罗特；

十七世衮必利克墨尔克济农；

十八世诺延达喇济农；

十九世布彦巴图尔鸿台吉，诺尔图都古棱诺延，鄂木布达赖诺延，伊必巴锡鄂特罕诺延，芬固斯楚克库尔；

二十世博硕克图济农，乌勒克别力格图鸿台吉，班弟墨尔根卓里克图；

二十一世额璘臣济农，包林额尔德尼，陶瓦，楚赉鸿台吉；

……

之后，库呼克开始朗诵祭奠成吉思汗的诗体祭文：

承受天命而生，威名巨姓在身，

占领世界江山的生于威望的成吉思汗。

睿天之祖先的聪明机智，无教之箭能，

无错之治国，天生的成吉思汗。

命名为铁木真英雄，有四位珍贵的哈敦，

有四位威力的弟弟，有四位杰出的儿子，

世界的国王，成吉思汗。

你在成功之前知道的，有布尔特格勒哈金，

有宝格达国主之称，金姓为布尔吉金，

有布吉尔其，毛胡来同伴，

世界的国王，成吉思汗。

库呼克念完颂词，主祭济农宣布前来祭奠成吉思汗的各蒙旗札萨克各系各支子孙名单。接着，以济农为核心，各蒙旗致祭官员以9人一伍，共同组成一个敬酒队，每人端一银碗马奶酒，由达尔扈特库呼克高唱颂词，引导着敬酒队将马奶酒敬献到祭台上的圣主陵包里。人数相同的敬酒队共敬过九次酒，才行完敬酒礼。祭台正前方27步远的地方，放着半人高的布罗温德尔，这时候，布罗温德尔里早已灌满用一年里第一次挤出的新奶酿造的马奶酒和鲜奶的混合物，奶和酒的表面上，漂浮着一层鲜艳夺目的藏红花的花瓣。敬酒礼进行完毕后，拥挤在祭台四周的牧民，争先恐后地跑到布罗温德尔跟前，用九盏杯（把9只酒杯并在一起的祭器）朝布罗温德尔里舀满奶酒，向与布罗温德尔相距27步远的人马桩（以人做马桩子用）跑去。端着九盏杯奔跑的人们，跑过人马桩将九盏杯里的奶和酒，向天空洒去。洒完奶和酒之后，从人马桩面前绕一圈，又向布罗温德尔跑去。此后，是零散人员的祭奠。这种活动一直进行到深夜。

第四节　忽必烈与草原皇城元上都

忽必烈　元上都及其地位　两都制　上都的建筑　游皇城　咏上都诗　上都文化

忽必烈，蒙古族，孛儿只斤氏。生于元太祖十年（1215）。成吉思汗幼子拖雷的儿子，宪宗蒙哥的弟弟。元朝的创始皇帝，庙号世祖，谥号圣德神功文武皇帝。蒙古语尊称"薛禅皇帝"。第五代蒙古大汗。元世祖至元三十一年（1294）去世。

忽必烈童年时就跟随太祖成吉思汗西征。青年时期，在经常出征中，善于领导部下。乃马真后元年（1242），太宗窝阔台卒。皇后乃马真氏问政，蒙古事业停滞。忽必烈留心政治，善请老臣及学士，研究治理国家的大道。元宪宗元年（1251），宪宗蒙哥把大漠以南汉人地区的军国重事，交由忽必烈管理。宪宗二年，忽必烈带领军队驻扎在桓州（今内蒙古正蓝旗西北）、抚州（今内蒙古兴和县境内）一带。宪宗三年，忽必烈奉宪宗蒙哥之命，领军征服云南。忽必烈做事极其稳健。奉命南伐的第二年，宪宗蒙哥将京兆府分封给他，他便以京兆府为基地，筹储南下的力量。宪宗五年秋，回到抚州。宪宗八年，忽必烈奉宪宗蒙哥命伐宋。元世祖中统元年（1260），忽必烈回到开平（今内蒙古正蓝旗东北），亲王合丹、阿只吉率西道诸王来会，塔察儿、也先哥等率东道诸王来会。在亲王和诸大臣的恭劝下，忽必烈遂即位。可是，阿里不哥在阿蓝答儿等怂恿下，也在和林（今蒙古国土谢图汗库伦西南）即位。忽必烈在分封大臣和派置各行省高级官吏后，领军讨伐阿里不哥。元世祖至元元年（1264）夏，阿里不哥同跟随他的诸王从漠北来归。至元八年，忽必烈建国号为"大元"。

蒙古族立国中原，受汉人农业定居生活的影响，以及汉地宫殿的吸引，开始营造城郡。首先是都城建设。元太宗七年（1235），大蒙古国的第一座都城——哈剌和林建成，这座古城遗址，位于今蒙古国北杭爱省哈尔和林农牧场。忽必烈为藩王时即元宪宗六年（1256），在今内蒙古正蓝旗兴筑开平府，这是蒙古人在内蒙古地区建起的第一座都城。元代设于今内蒙古地区的城邑众多，可以分为都城、宗王分封城邑、路城、州城、县城五种形式。它们分布在茫茫草原或沙漠的绿洲上，由驿路交通线所联系，为拱卫大元一统，开发草原经济，交流文化艺术做出独特的贡献。同时，城市的建设，为游牧民族从游牧到定居奠定基础。

上都，又称"滦京"、"上京"，其城址在今内蒙古正蓝旗境内（图下9-6），当地牧民称"兆奈曼苏默城"，意为108庙。上都城平面呈正方形，边长2200米，分宫城、皇城和外城三重，城外的关厢地带分布着大面积的民居，再远些则分布着粮仓、军营和据点等重要设施。上都山川雄壮，风景秀美，龙岗蟠其阴，滦江经其阳，四山拱卫，佳气葱郁。上都城兴建之前，金代属桓州。成吉思汗曾在这里避暑。

元宪宗五年（1255），忽必烈受命驻守此地。元宪宗六年，忽必烈

图下9-6　元上都故城航拍图　选自《内蒙古东南部航空摄影考古报告》，科学出版社2002年版，孔群、张向东、张文平等提供资料。

奉蒙哥汗旨，命刘秉忠于岭北滦河之阳，筑城堡，营宫室。北依龙岗，南临滦河，放眼金莲川。元宪宗九年，建成开平城。忽必烈即位后，升开平为府，一跃成为元夏都，置中书省，总理全国政务。中统四年（1263），扩建开平府，正式加号为上都，设上都总管府。中统五年，改燕京为中都，中统八年改为大都，但上都仍是元朝的政治文化中心之一。从忽必烈巡幸上都开始，元上都正式成为元朝诸皇帝避暑与处理政务的夏都。每年二月，元朝皇帝带领百官来到上都，八月返回大都。两都巡幸成为定制。上都留守司达鲁花赤为正二品，与大都的右丞、左丞、知枢密院事、同知枢密院等重要官职同一级别。主要官员由中书省的左丞、右丞、平章政事兼任，其中多由蒙古贵族中的勋旧近臣充任，对联络、控制拥有强大势力的漠北蒙古宗亲贵族有举足轻重的地位。它不仅是对付蒙古宗王反叛势力的前沿基地，也是便于运筹帷幄的最高决策场所。元代先后有六位皇帝在上都登基。元中期以后发生的"南坡之变"、"两都之战"、"上都兵变"等宫廷斗争也都发生在这里，足以证明上都重要的政治、军事地位。

上都设有许多手工业生产和管理机构，手工业生产已趋专门化。有制毡、制革、制甲、织染、酿酒、铁器冶铸、金银冶造、砖瓦烧造、山林采伐等，行业俱全。据《元史》卷十七《世祖纪十四》记载，世祖至元三十年（1293），上都工匠有2999户，说明上都在元代官营手工业中占有举足轻重的地位。上都又是元代北方重要的粮食储备基地和转运集散地，也是北方牲畜、皮毛等畜产品及其加工产品的交换贸易重地。据《元史》载，元中期，上都税课提举司收入已逾10525锭5两，比岭北行省高出近30倍。上都成为沟通东西南北的草原大都会，具有重要的经济地位。

上都在元朝外交史上同样具有重要地位。许多外国使者、传教士、商人、游客等，都在上都受到元朝皇帝的接见。例如，意大利威尼斯商人尼古刺兄弟带马可·波罗到中国，在上都受到忽必烈极高礼遇。此后，马可·波罗在中国居住生活17年，深得忽必烈器重。元成宗大德四年（1300），缅国（今缅甸）91人使团来中国，在上都受到元成宗铁穆耳召见，此后，贡使不绝。元朝诗人杨允孚的《滦京杂咏》有"碧服黄须骑象来"的诗句，生动地描述了元朝时期的上都城外国使臣辐辏云集，境外商人纷至沓来的景象。

　　上都城内有官署约60所，各种寺庙160余处。有大明、仪天、宝云、宸丽、慈福、鸿禧、睿思等殿，大安、延春、连香、紫檀、凝晖等阁，绿珠、瀛州、振堂等重要建筑。城内除中央及北城墙中部的大型宫殿位于中线以外，大部建筑未采用对称的布局格式。殿、亭、阁、榭各具特色，或近临沼池，或开渠引流，或亭阁相连，形状大小各异，色彩风格不同。上都的建筑风格，可分为两种类型，一种是中原传统类型，另一种是蒙古族风格类型，蒙汉合璧，相映生辉。不同的建筑风格融为一体，凸显元王朝的大一统权威与风范。《马可·波罗游记》中载："终抵一城，名曰上都，现在位大汗所建也。内有大理石宫殿，甚美！其房舍皆涂金，绘有种种鸟兽花木，工巧之极，技术之佳，见之足以娱人心目。"这座令马可·波罗惊叹的东方城市，几百年来在欧洲享有盛名。图下9-7是元上都遗址的石墩。

　　元朝皇帝在上都期间要隆重举行盛大宴会，举行祭天、祭祖等活动。游皇城是元代宫廷祭祀习俗。至元七年（1270），被封为帝师的西藏佛教密宗大师八思巴说服元世祖忽必烈于大明殿御座上置一大白伞盖，顶用缎，泥金书梵字于其上，称之为"镇伏邪魔护安国刹"。此后，每

图下9-7　元上都遗址　图前方为基石墩，孔群摄。

年二月十五，便在大明殿举行佛事。其间，举行庞大的迎引伞盖仪式，以神化皇权，动用浩大的仪仗队，周游皇城内外，为众生祓除不祥，导迎福祉。其中"陈百戏"是最为壮观的场面。各仪仗队、佛坛、乐队、戏队相随，首尾排列20余里，鼓乐齐鸣，边走边演出各种歌舞、戏曲、杂耍节目，百戏纷呈。从预演到正式仪式，前后要花费一个月时间。正月十五，宣政院同中书省奏，请先期奉旨移文枢密院，八卫拨伞鼓手120人，殿后军甲马500人，抬舁监汉关羽轿军及杂用500人。宣政院所辖寺360所，掌供应佛像、坛面、幢幡、宝盖、车鼓、头旗360坛，每坛掌擎执抬26人，钹鼓僧12人。大都路掌供各色金门大社120队，教坊司下辖云和署掌大乐鼓、板杖鼓、笙箫、龙笛、琵琶、筝七色，凡400人。兴和署掌杂把戏男女150人，仪凤司掌汉人、回回、河西三色细乐，每色各三队，凡324人。执役者皆由官府供给铠甲、袍服、器仗，俱以鲜丽整齐为尚，珠玉金绣，装束奇巧，首尾排列30余里。夏六月中，上都也要举行同样的游皇城仪式。完成在上都的一系列重要活动后，元朝皇帝携带大臣、嫔妃踏上返回大都之路。

上都巍峨壮丽的宫殿、金碧辉煌的庙宇、皇家内苑的奇花异草、珍禽异兽及辽阔美丽的草原风光、多姿多彩的民族风情，吸引大量中外游人前往。不少文人墨客留下吟咏上都的诗文。如周伯琦、杨允孚、马祖常、刘敏忠、许有壬、虞集、宋本、萨都剌、王恽、胡助、张昱等名士硕儒，从不同侧面描绘上都的自然风光、物产资源、民情风俗、宫廷礼仪、典章制度、舞乐游猎、宗教文化等诸多状况，生动地展现上都的历史风貌。咏上都诗作，内容大致可分为两类：一类是描述上都及其周围地区的山川景物、社会生活的作品，一类是歌咏从大都（今北京）到上都沿途中的地理景观、风土人情的作品。在艺术体裁上，既有长篇组诗式的纪行诗，也有短小精悍的五言、七律、绝句等。咏上都诗作几乎与元王朝的兴衰相始终。

郝经（1223—1275），是从金入元的儒士，他的《开平新宫五十韵》是咏上都诗的代表作，描绘金莲川、上都城的自然景色和宫殿建筑，词采绮丽，气势豪壮。诗曰：

欲成仁义俗，先定帝王都。畿甸临中国，河山拥奥区。

燕云雄地势，辽碣壮天衢。峻岭蟠沙碛，重门限扼钣。

侵淫冠带近，参错土风殊。翠拥和龙柳，黄飞盛乐榆。

风入松杉劲，霜寒水草腴。穹庐罢迁徙，区脱省勤劬。

阶士遵尧典，卑宫协禹谟。既能避风雨，何用饰金朱。

栋宇雄新选，城隍几力扶。建瓴增壮观，定鼎见规模。

元代后期诗坛，蒙古人和色目人的创作尤为引人注目。他们吟咏上都之诗作异彩缤纷，风格独特。如蒙古汪古部人马祖常（1279—1338）《上京翰苑书怀》，描绘上都地区自然景色和民族风情绘声绘色，境界清峻优美：

沙草山低叫白翎，松林春雨树青青。

土房通火为长炕，毡屋疏凉启小棍。

六月椒香驼贡乳，九秋雷隐菌收钉。

谁知重见鳌峰客，飒飒临风鬓已星。

门外春桥漾绿波，因寻红药过南坡。

已知积水皆为海，不信疏星又隔河。

酒市杯陈金错落，人家冠簇翠盘陀。

薰风到面无蒸署，去鸟长云奈客何？

萨都剌（1272—1355），被誉为元诗六家之一，著有《雁门集》十四卷。他的《上京即事》五首、《上京杂咏》四首，表现上都的自然景色和社会生活，读之使人神清气爽。如：

上京即事（节选）

祭天马酒洒平野，沙际风来草异香。

白马如云向西北，紫驼银瓮赐诸王。

牛羊散漫落日下，野草生香乳酪甜。

卷地朔风沙似雪，家家行帐下毡帘。

紫塞风高弓力强，王孙走马猎沙场。

呼鹰腰箭归来晚，马上倒悬双白狼。

上京杂咏（节选）

凉殿参差翡翠光，朱衣华帽宴亲王。

红帘高卷香风起，十六天魔舞袖长。

大野连山沙作堆，白沙平处见楼台。

行人禁地避芳草，尽向曲栏斜路来。

诗中描绘上京原野广阔、沙丘连绵、楼台高耸、芳草茵茵、奶酒飘香、马群如云的景色和狩猎场面都非常精彩。元代吟咏上都的诗作，不仅艺术品位达到相当高的水平，而且具有珍贵的史学价值。

上都作为元帝国最早的首都，在世界看来是神圣的。上都注重文化的多元，兼容并蓄，是当时中西文化交流的中心之一，影响非凡。上都城市建设的理念和思维比较独特。从遗址的复制模型分析，都城建设运用中国传统的生态学、风水学原理，建立园林式的古建筑群，既有中原文化中轴对称的巍峨宫殿，又有草原游牧民族的穹庐毡帐，其布局活跃、不拘一格，民族风情浓郁。既体现出象征皇权的典雅高贵，又有草原辽阔的开放风度。忽必烈建立大都，保留上都，并将两都巡幸作为制度，既可以有效地体现对中原的控制，又使蒙古族文化得以传承，对蒙古族的宫廷文化、民俗文化、祭祀文化等完整地保留起到作用。上都皇城遗址里，清晰可见佛教、道教、伊斯兰教、景教、基督教、天主教等宗教场所的遗迹，表明当时的统治者对宗教的宽容态度和相融和谐的政治主张。上都对民族语言及艺术有很大的影响力。我国蒙古语言学家们认为，正蓝旗蒙古语在内蒙古方言区内具有很强的代表性，故确定以正蓝旗蒙古语言为内蒙古蒙古语标准音。这与正蓝旗曾经为蒙古民族政治文化中心的历史不无关系。

"上都文化"扎根于草原，既是游牧文化的典型代表，也是游牧文化发展为城市化、宫廷化的典型代表。"上都文化"吸收汉族和北方其他民族文化精华，又借鉴来自西方的文化，是由众多民族共同创造的，是中华文化的重要组成部分，是兼容并蓄的文化，包容开放的文化。

【注释】

① [后魏] 郦道元撰：《水经注·河水》卷三，涵芬楼影印本，第4页。

②《魏书》卷三《太宗明元帝嗣》，中华书局校点本1984年版，第63页。

③《隋书》卷一《炀帝纪上》，中华书局校点本1984年版，第70页。

④《全唐诗》上册，上海古籍出版社1986年版，第294页上栏。

⑤ 同上，第330页下栏。

⑥ 同上，第718页下栏。

⑦《汉书》卷九四《匈奴传》，中华书局1975年版，第3797页。

⑧ 同上，第3803页。

⑨《后汉书》卷八九《南匈奴列传》，中华书局2000年版，第2941页。

⑩ 同上⑦，第3832—3833页。

⑪ 参见林干主编：《民族友好使者——王昭君》，内蒙古人民出版社1994年版。

⑫ 参见旺楚格编著：《成吉思汗》第31—33页，内蒙古人民出版社2004年版。

⑬ 张相文总纂：《伊金霍洛旗志》第927页，内蒙古人民出版社1997年版。

⑭ 参见夏日主编：《可爱的鄂尔多斯》（续编）第88页，内蒙古人民出版社1987年版。

⑮ 参见赛音吉日嘎拉、沙日勒岱著：《成吉思汗祭奠》第299页，内蒙古人民出版社1988年版。

主要参考文献

1. 《北史》，中华书局 1974 年版。

2. 《后汉书》，中华书局 1965 年版。

3. 《汉书》，中华书局 1975 年版。

4. 《辽史》，中华书局 1974 年版。

5. 《蒙古秘史》，道润梯步译，内蒙古人民出版社 1979 年版。

6. 《明史纪事本末》，谷应泰，中华书局 1977 年版。

7. 《契丹国志》，上海古籍出版社 1985 年版。

8. 《全唐诗》，上海古籍出版社（据康熙扬州诗局本剪贴编印）1986 年版。

9. 《三国志》，中华书局 1959 年版。

10. 《史集》，[波斯] 拉斯特，商务印书馆 1992 年版。

11. 《水经注》，[后魏] 郦道元，上海武英殿聚珍版，涵芬楼影印本。

12. 《隋书》，中华书局 1982 年版。

13. 《宋书》，中华书局 1974 年版。

14. 《三云筹俎考》，王士琦，国立北平图书馆善本丛书第一集，1937 年版。

15. 《唐会要》，中华书局 1957 年版。

16. 《魏书》，中华书局 1974 年版。

17. 《元史》，中华书局 1995 年版。

18. 《元诗选》，[清] 顾嗣立编，中华书局 1987 年版。

19. 《俺答汗评传》，杨绍猷，中国社会科学出版社 1992 年版。

20. 《阿勒坦汗法典》，苏鲁格译注，载《蒙古学信息》1996 年第 1 期。

21. 《阿勒坦汗传》，珠荣嘎译注，内蒙古人民出版社 1990 年版。

22. 《成吉思汗》，旺楚格编著，内蒙古人民出版社 2004 年版。

23. 《草原访古》，王大方，内蒙古大学出版社 1999 年版。

24. 《草原考古学文化研究》，塔拉，内蒙古教育出版社 2007 年版。

25. 《多伦县志》，卓孔铭主编，内蒙古文化出版社 2000 年版。

26. 《多桑蒙古史》，〔瑞典〕多桑著，冯承钧译，上海书店出版社 2006
　　年版。

27. 《对匈奴创建政权若干问题的探讨——匈奴政权始自冒顿单于说质
　　疑》，何天明，载《内蒙古社会科学》2006 年第 1 期。

28. 《大召喇嘛音乐考》，邢野，载《呼和浩特史料》第二集，中共呼和
　　浩特市委党史资料征集办公室、呼和浩特市地方志编修办公室 1983
　　年编印。

29. 《鄂尔多斯式青铜器》，田广金、郭素新，文物出版社 1986 年版。

30. 《额济纳旗志》，李生昌主编，方志出版社 1998 年版。

31. 《鄂伦春自治旗志》，金勋等主编，内蒙古人民出版社 1991 年版。

32. 《关于北元世系》，薄音湖，载《内蒙古大学学报》1987 年第 3 期。

33. 《瀚海集·汉代北方民族地区的军政建制》，何天明，载内蒙古人民
　　出版社 1995 年版。

34. 《和林格尔县志·文物古迹》，温明亮主编，内蒙古人民出版社 1993
　　年版。

35. 《科尔沁文化丛书·科尔沁历史考古》，郝维彬，内蒙古人民出版社
　　2007 年版。

36. 《论北方草原文化在中华文化大系中的地位及其影响》，乌恩，载
　　《草原文化》第一辑，内蒙古教育出版社 2005 年版。

37. 《论草原文化在中华文化发展史上的地位与作用》，内蒙古社会科学
　　院课题组，载《草原文化》第一辑，内蒙古教育出版社 2005 年版。

38. 《辽代历史与考古》，项春松，内蒙古人民出版社 1996 年版。

39. 《辽史稿》，舒焚，湖北人民出版社 1984 年版。

40. 《略谈西口文化的基本特征》，潘照东，载《西口文化》2008 年 8 月总第 2 期。

41. 《辽夏金元史徵》，张久和，内蒙古大学出版社 2007 年版。

42. 《明代蒙古汉籍史料汇编》，薄音湖、王雄编辑点校，内蒙古大学出版社 2000 年版。

43. 《美岱召》，徐来自，内蒙古人民出版社 2009 年版。

44. 《蒙古帝国与东西方文化交流》，张来仪，载《西北大学学报》1991 年第二期第二十一卷。

45. 《蒙古佛教史·北元时期（1368—1634）》，乔吉，内蒙古人民出版社 2008 年版。

46. 《蒙古及蒙古人》，[俄]波兹德涅耶夫，内蒙古人民出版社 1983 年版。

47. 《蒙古民族通史》，孟广耀，内蒙古大学出版社 2002 年版。

48. 《蒙古史纲要》，达力扎布，内蒙古大学出版社 2002 年版。

49. 《蒙古族服饰文化》，乌云巴图、格根莎编著，内蒙古人民出版社 2003 年版。

50. 《蒙古族祭祀》，巴·哈斯牧仁总编，内蒙古大学出版社 2008 年版。

51. 《蒙古族历代文学作品选·江嘎尔》，色道尔基等编译评注，内蒙古人民出版社 1982 年版。

52. 《蒙古族那达慕》，那·恩和确吉编著，内蒙古文化出版社 2007 年版。

53. 《蒙古族图案》，阿木尔巴图编著，内蒙古大学出版社 2005 年版。

54. 《蒙古族文学史》，荣苏赫等主编，内蒙古人民出版社 2000 年版。

55. 《蒙汉两族文化交融的产物》，李野，载《西口文化》2008 年 8 月总第 2 期。

56. 《马头琴演奏知识》，齐·宝力高，内蒙古人民出版社 1974 年版。

57. 《宁城县南山根的石椁墓》，辽宁省昭乌达盟文物工作站、中国社会科学院考古研究所东北工作队编，载《考古学报》1973 年第 2 期。

58. 《内蒙古风物志·马术竞技》，傅井山辑，内蒙古人民出版社 1985 年版。

59. 《内蒙古旧石器时代考古简史》，王晓琨，载《内蒙古文物考古》2008 年第 2 期。

60. 《内蒙古喇嘛教史》，德勒格编著，内蒙古人民出版社 1998 年版。

61. 《内蒙古历史与文化》，林平、崔瑞堂、马大正、丁学芸、薄音湖，内蒙古人民出版社 2000 年版。

62. 《内蒙古民俗风情通志》，邢野、宿梓枢主编，内蒙古人民出版社 2005 年版。

63. 《内蒙古民俗概要》，白音查干主编，内蒙古教育出版社 1999 年版。

64. 《内蒙古清水河西岔遗址发掘取得重要成果》，曹建恩、孙金松，载《中国文物报》2004 年 11 月 19 日。

65. 《内蒙古寺庙》，乔吉，内蒙古人民出版社 2003 年版。

66. 《内蒙古中南部汉代墓葬》，魏坚编，中国大百科全书出版 1998 年版。

67. 《内蒙古朱开沟遗址》，内蒙古文物考古研究所，载《考古学报》1998 年第 3 期。

68. 《内蒙古自治区科学技术志》，李铁生主编，内蒙古人民出版社 1997 年版。

69. 《内蒙古自治区志·行政区域建制志》，邢存孝主编，内蒙古人民出版社 2009 年版。

70. 《清代蒙古族社会转型及语言教育》，宝玉柱，民族出版社 2003 年版。

71. 《契丹礼俗考论》，田广林，哈尔滨出版社 1995 年版。

72. 《契丹女尸》，乌盟文物工作站、内蒙古文物工作队编，内蒙古人民出版社 1985 年版。

73. 《塞北文化》，林干主编，内蒙古教育出版社 1997 年版。

74. 《萨拉齐县志》，韩绍祖主修，1941 年手抄本，1943 年出版。

75. 《萨拉乌苏遗址发现八十五周年回顾与展望》，杨泽蒙，载《内蒙古文物考古》2007 年第 2 期。

76. 《宋辽夏金元文化史》，叶坦、蒋松岩，东方出版中心 2007 年版。

77. 《托克托县日晷研究》，陆思贤，中华书局 2006 年版。

78. 《土默特史》，晓克主编，内蒙古教育出版社 2008 年版。

79. 《乌兰察布市方土》，《乌兰察布市方土》编撰委员会编，内蒙古文化出版社 2004 年版。

80. 《乌拉特前旗志》，王文忠主编，内蒙古人民出版社 1994 年版。

81. 《西岔文化初步研究》，马明志，载《考古与文物》2009 年第 5 期。

82. 《西夏通史》，李范文主编，人民出版社、宁夏人民出版社 2005 年版。

83. 《元代集宁路遗址清理记》，载《文物》1961 年第 9 期。

84. 《元代民族史》（中国历代民族史丛书），罗贤佑，四川民族出版社 1996 年版。

85. 《伊金霍洛旗志》，张相文总纂，内蒙古人民出版社 1997 年版。

86. 《元上都研究文集》，叶新民、齐木德道尔吉编著，中央民族大学出版社 2003 年版。

87. 《中国古代北方民族与蒙古族服饰》，王瑜，北京图书馆出版社 2007 年版。

88. 《中国爬山调艺术集成》，邢野主编，内蒙古人民出版社 2008 年版。

89. 《中国全史·〈中国元代政治史〉》，史仲文、胡晓林主编，人民出版社 1994 年版。

90. 《中国文明起源新探》，苏秉琦，三联书店 1999 年版。

91. 《中国乐器介绍》（修订版），简其华、萧兴华、张式敏、王迪、齐毓怡编著，人民音乐出版社 1997 年版。

92. 《中华佛学文化系列·净域奇葩·佛教艺术》，徐湘霖，四川人民出版社 1995 年版。

93. 《中华文明史》，袁行霈主编，北京大学出版社 2006 年版。

94. 《朱开沟——青铜时代早期遗址发掘报告》，内蒙古文物考古研究所、鄂尔多斯博物馆编，文物出版社 2000 年版。

95. 《"走西口"的习俗文化及其历史成因初探》，陈秉荣、周少卿，载《西口文化》2009 年 7 月（总第七期）。

索　引

说　明：

一、本索引是主题词索引。原则上，作为索引条目的主题词是本卷的研究对象、重点展开论述或详细介绍的内容，分为以下几类：1. 人名。包括本省籍文化名人，非本省籍但曾居于本省、对本省文化产生重要影响者；2. 地名。只录本省内对文化产生过重大影响的地名。文中人物籍贯的古今地名均不收录；3. 篇名。包括有重要影响的著作、诗文、书画等；4. 文化遗产名（包括非物质文化遗产）或遗迹名；5. 其他专有名词，包括器物名、学派名以及具有地域文化特色的文化现象等。

二、索引条目按第一个字的汉语拼音（同音字按声调）顺序排列，同声同调按笔画顺序排列；第一个字相同，按第二个字音序排列。以下据此类推。

三、条目后的阿拉伯数字表示该条目所在的页码。

四、总绪论、绪论、注释、参考文献、图注、后记、跋不做索引。

S

后　记

　　《中国地域文化通览·内蒙古卷》的编纂工作始于 2008 年 9 月，至 2011 年 10 月完稿。本书上编纵述内蒙古地区文化发展史之全貌，下编横陈全区地域文化之特点。绪论则纵横捭阖，概述内蒙古文化的发展脉络和主要特征以及在中华文化中的地位与作用。全书本着以事系人的宗旨，同时彰显出对内蒙古历史发展和文化繁荣做出重大贡献的人物。

　　历史上，内蒙古地区民族众多，文化形态各异，匈奴、鲜卑、突厥、回纥、契丹、女真、蒙古、满等北方游牧民族都曾有过辉煌，并创造了灿烂的文化，对中华文化作出过不可磨灭的贡献。本卷沿着历史发展的轨迹进行叙述，且牢牢把握民族团结、宗教和谐的主旋律，充分体现出内蒙古文化发展主题的独特性与多元性。

　　《中国地域文化通览·内蒙古卷》的编纂，得到内蒙古自治区副主席、《中国地域文化通览·内蒙古卷》组织委员会主任布小林，内蒙古文史馆馆长张建华的大力支持，由内蒙古文史馆原馆长李联盟主持编写。撰稿人有：盖山林、李联盟、邢野、乔吉、晓克、卢明辉、赵振方、马庆生、王大方、康·格桑益希、仁钦道尔吉、李宝祥、何天明、刘新和、徐英、钟志祥、李春梅、胡玉春、盖志浩等。期间，由李联盟主持，先后召开 13 次中小型研讨会和一次大型研讨会。具体编辑工作，由以内蒙古文化遗产保护与发展协会会长、内蒙古通志馆馆长邢野为首的一班人具体负责，在长达三年多的时间内，四处征访资料，先后 34 次修改篇目大纲，29 次校订润色文稿。全卷初稿修成后，于 2010 年 12 月初召开了评审会，邀请自治区有关方面的专家学者 30 余人进行了专题研讨。随后，组织人员再次对全书做了修改。为保证全卷质量，又于 2011 年 4—8 月将修改后的书稿交由内蒙古党委宣传部副部长、内蒙古社科院党委书记吴团英，内蒙古文史馆馆员、内蒙古大学历史系教授薄音湖，内蒙古文史馆馆员、内蒙古社科院文学研究所所长、研究员包斯钦，内蒙古大学历史与旅游学院院长、教授张久和进行了审读与修订。2011 年 10 月下旬，经中央文史馆再次组织专家学者评审，继而进一步加工润色、精打细磨后，方成此作。

在本书的编纂过程中，内蒙古社科院首席研究员潘照东，内蒙古博物院院长、研究员塔拉，内蒙古农业大学图书馆馆长乌恩，内蒙古中华文化学院副院长杨·道尔吉，内蒙古史志鉴传媒协会会长赵振方，内蒙古文史馆馆员、《西口文化》主编郑少如，作家李悦，内蒙古艺术研究所一级评论苗幼卿等专家学者提出许多宝贵意见。又有额博、于洋、杨杰、赵国春、仁钦道尔吉、李原、高迎春、王瑜、盛丽、张向东、宋和平、宁金、包丽萍、李林远、郝宁、牧兰、邢泰、赵新民、斯琴、曹永年、张艳秋、盛明光、顾亚丽、张文平、丛禹、张力等同志提供了许多资料。在此一并致意。

内蒙古自治区文史研究馆
《中国地域文化通览·内蒙古卷》编辑部
二〇一一年十一月二十一日

跋

　　《中国地域文化通览》34卷系国家重点文化工程。经过六年的努力，终于出版发行。我谨代表《通览》组委会和编委会，向参与《通览》撰稿的500多位专家，参加讨论和审稿的各位专家，以及以各种方式给予本书关心、支持和帮助的领导及朋友们，向精心编校出版本书的中华书局，表示衷心的感谢和崇高的敬意！

　　在这部约1700万字的巨著公开发行之际，我有三点想法愿向读者请教：

　　《通览》是我国第一部按照行政区划梳理地域文化，学术性、现实性和可读性兼备的大型丛书。在大量可信资料的基础上，《通览》各分卷纵向阐述本地文化发展的历史脉络，横向展示各地独具魅力的文化特色和亮点，可视为系统、准确地了解我国地域文化底蕴的读物。2008年7月，在确定《通览》作为国家重点文化工程时，国务委员兼国务院秘书长马凯明确指出："希望精心准备，通力合作，成为立意高远、内容殷实、史论结合、特色鲜明的传世精品。"本着这一指导方针，中央文史研究馆和各省、自治区、直辖市文史研究馆、文化机构或文化组织，均高度重视、精心组织实施，并在当地政府的指导下，聚集各领域的专家学者，协力攻关。这是《通览》编写工作得以顺利推进的重要原因。香港卷、澳门卷、台湾卷亦在各方社会贤达和学界名家的参与和支持下完成。

　　《通览》编撰历时六年，先后召开规模不同的各种论证会、研讨会、审读会上千次。袁行霈馆长亲任主编，国务院参事室原副主任陈鹤良和 12 位中央文史研究馆馆员任副主编，主编统揽全局，副主编分工联系各分卷，从草拟章节目录到审定修改书稿的各个阶段，他们均亲自参与，非常认真负责，严守学术规范。全书普遍进行了"两上两下"的审改，有些分卷达三四次之多。各卷提交定稿后，编委会还进行了集体审读，各卷根据提出的意见做了最终的修订。贡献最大的还是各位撰稿人与各卷主编，他们研精覃思，字斟句酌，不惮其烦，精益求精，这是本书水平的保证。中华书局指定柴剑虹编审提前参加审稿讨论，收到书稿后又安排了三审三校。中华书局的一位编审感慨地说："像《通览》这样集体编撰的大部头著作，能有如此严肃认真的态度，近年来确实不多见。"

建议各地运用电视、广播、网络、报刊等，对本书加以必要的推介、宣传、加工和再创作。可根据《通览》的内容，改编为中小学的乡土教材，以加强对青少年了解家乡、热爱家乡的教育。可用人民群众喜闻乐见的多种形式，让中华优秀传统文化滋润民众的心田。地域文化所蕴含的优秀传统文化基本元素，更普遍更有效地融入社会道德文化建设，必将有助于提升全体国民的道德素质和文化修养。

当前，地域文化研究如何深入？一是可对近百年来地域文化的发展脉络做出梳理，也就是撰写《通览》的续编。我们鼓励有条件的地方政府，率先独立负责地启动《通览》续编的工作。若能为《通览》补上1911 年后的百年之缺，无疑是件大好事。二是拓展地域文化的科学研究，进一步探讨中国地域文化发展变化的规律，努力建设扎根于民间、富有时代特征、紧密服务于经济社会发展的地域新文化。文化大发展大繁荣，不能割断历史，不能超越历史，而只能在继承优良传统的基础上有所创造、有所创新。三是要探讨中华地域文化同世界文明的关系。今日之中国已同世界各国一道进入了经济全球化和信息化快速发展的新时期，只有放眼世界，博采众长，才能建设好我国的新文化。

总之，我们希望各地重视这部书，充分利用它，并进行地域文化的更深入研究。

《通览》生动展现了中华地域文化的多样性，揭示了中华文明多元一体的大格局。正确认识和处理统一性和多样性的关系，非常重要。这不仅是发展地域文化的要求，也是中国现代化建设的基本要求。一个国家、一个民族，尊重和倡导多样性，才能源源不断地激发全社会的创新活力，否则势必导致单一、呆板、停滞和退化。历史和现实表明，尊重和倡导多样性，对今天的国人来说，实在是太重要、太紧迫了。无庸置疑，社会主义为经济、文化、社会发展的多样性，开辟了前所未有的巨大空间。一方水土养一方人，一方水土孕育一方文化。当地域文化所蕴含的中华民族固有的道德、智慧和审美，渗透到人们的思想、行为、情感和性格中去，渗透到经济活动、城乡建设、社会管理等领域中去，那么我们的经济建设、政治建设、文化建设、社会建设、生态文明建设必将呈现出更加生机勃勃的繁荣景象。我们期待着，无论是历史名城还是新兴城市，都拥有自己的独特风格和文化内涵，如城市建筑再也不要从南到北都是"火柴盒"式的高楼林立。我们还期待着，在文化和艺术领域能涌现出越来越多植根于乡土的传世佳作，使中华文明的百花园更加绚丽多姿。当神州大地现代化建设万紫千红、异彩纷呈的时候，也就是中华民族真正强大和受人尊敬的时候。

综观数千年，中华文化不仅源远流长，博大精深，而且峰峦迭出，代有高峰。弘扬中华文化是21世纪的中华儿女共同肩负的神圣使命。我们愿为此贡献绵薄之力。

陈进玉

2012 年 11 月 21 日